北京大学"双一流"建设成果
方李邦琴北京大学人文学科文库出版基金资助

北京大学人文学科文库 | 北大中国史研究丛书

抗战胜利后北平地区学生运动行为研究（1945—1949）

A Study on the Action of the Chinese Student Movement in Peiping, 1945–1949

刘一皋 著

图书在版编目(CIP)数据

抗战胜利后北平地区学生运动行为研究：1945—1949 / 刘一皋著. -- 北京：北京大学出版社，2024.10. -- (北京大学人文学科文库)(北大中国史研究丛书). -- ISBN 978-7-301-35445-2

Ⅰ.D432.9

中国国家版本馆 CIP 数据核字第 2024TH4670 号

书　　　名	抗战胜利后北平地区学生运动行为研究（1945—1949） KANGZHAN SHENGLI HOU BEIPING DIQU XUESHENG YUNDONG XINGWEI YANJIU（1945—1949）
著作责任者	刘一皋　著
责任编辑	刘书广
标准书号	ISBN 978-7-301-35445-2
出版发行	北京大学出版社
地　　址	北京市海淀区成府路 205 号　100871
网　　址	http://www.pup.cn　　新浪微博：@北京大学出版社
电子邮箱	编辑部 wsz@pup.cn　　总编室 zpup@pup.cn
电　　话	邮购部 010-62752015　发行部 010-62750672 编辑部 010-62755217
印　刷　者	北京中科印刷有限公司
经　销　者	新华书店
	650 毫米 ×980 毫米　16 开本　29.25 印张　514 千字 2024 年 10 月第 1 版　2024 年 10 月第 1 次印刷
定　　价	128.00 元

未经许可，不得以任何方式复制或抄袭本书之部分或全部内容。
版权所有，侵权必究
举报电话：010-62752024　电子邮箱：fd@pup.cn
图书如有印装质量问题，请与出版部联系，电话：010-62756370

总　序

袁行霈

　　近十几年来，人文学科在学科建设、人才培养、师资队伍建设、教学科研等各方面改善了条件，取得了显著成绩。北大的人文学科门类齐全，在国内整体上居于优势地位，在世界上也占有引人瞩目的地位，相继出版了《中华文明史》《世界文明史》《世界现代化历程》《中国儒学史》《中国美学通史》《欧洲文学史》等高水平的著作，并主持了许多重大的考古项目，这些成果发挥着引领学术前进的作用。目前北大还承担着《儒藏》《中华文明探源》《北京大学藏西汉竹书》的整理与研究工作，以及《新编新注十三经》等重要项目。

　　与此同时，我们也清醒地看到，北大人文学科整体的绝对优势正在减弱，有的学科只具备相对优势了；有的成果规模优势明显，高度优势还有待提升。北大出了许多成果，但还要出思想，要产生影响人类命运和前途的思想理论。我们距离理想的目标还有相当长的距离，需要人文学科的老师和同学们加倍努力。

　　我曾经说过：与自然科学或社会科学相比，人文学科的成果，难以直接转化为生产力，给社会带来财富，人们或以为无用。其实，人文学科力求揭示人生的意义和价值、塑造理想的人格，指点人生趋向完美的境地。它能丰富人的精神，美化人的心灵，提升人的品德，协调人和自然的关系以及人和人的关系，促使人把自己掌握的知识和技术用到造福于人类的正道上来,这是人文无用之大用!试想,如果我们的心灵中没有诗意,我们的记忆中没有历史,我们的思考中没有哲理,我们的生活将成为什么样子?国家的强盛与否,将来不仅要看经济实力、国防实力,也要看国民的精神世界是否丰富,活得充实不充实,愉快不愉快,自在不自在,美不美。

一个民族,如果从根本上丧失了对人文学科的热情,丧失了对人文精神的追求和坚守,这个民族就丧失了进步的精神源泉。文化是一个民族的标志,是一个民族的根,在经济全球化的大趋势中,拥有几千年文化传统的中华民族,必须自觉维护自己的根,并以开放的态度吸取世界上其他民族的优秀文化,以跟上世界的潮流。站在这样的高度看待人文学科,我们深感责任之重大与紧迫。

北大人文学科的老师们蕴藏着巨大的潜力和创造性。我相信,只要使老师们的潜力充分发挥出来,北大人文学科便能克服种种障碍,在国内外开辟出一片新天地。

人文学科的研究主要是著书立说,以个体撰写著作为一大特点。除了需要协同研究的集体大项目外,我们还希望为教师独立探索、撰写、出版专著搭建平台,形成既具个体思想,又汇聚集体智慧的系列研究成果。为此,北京大学人文学部决定编辑出版"北京大学人文学科文库",旨在汇集新时代北大人文学科的优秀成果,弘扬北大人文学科的学术传统,展示北大人文学科的整体实力和研究特色,为推动北大世界一流大学建设、促进人文学术发展做出贡献。

我们需要努力营造宽松的学术环境、浓厚的研究气氛。既要提倡教师根据国家的需要选择研究课题,集中人力物力进行研究,也鼓励教师按照自己的兴趣自由地选择课题。鼓励自由选题是"北京大学人文学科文库"的一个特点。

我们不可满足于泛泛的议论,也不可追求热闹,而应沉潜下来,认真钻研,将切实的成果贡献给社会。学术质量是"北京大学人文学科文库"的一大追求。文库的撰稿者会力求通过自己潜心研究、多年积累而成的优秀成果,来展示自己的学术水平。我们要保持优良的学风,进一步突出北大的个性与特色。北大人要有大志气、大眼光、大手笔、大格局、大气象,做一些符合北大地位的事,做一些开风气之先的事。北大不能随波逐流,不能甘于平庸,不能跟在别人后面小打小闹。北大的学者要有与北大相称的气质、气节、气派、气势、气宇、气度、气韵和气象。北大的学者要致力于弘扬民族精神和时代精神,以提升国民的人文素质为己任。而承担这样的使命,首先要有谦逊的态度,向人民群众学习,向兄弟院校学习。切不可妄自尊大,目空一切。这也是"北京大学人文学科文库"力求展现的北大的人文素质。

这个文库目前有以下17套丛书:

"北大中国文学研究丛书"

"北大中国语言学研究丛书"

"北大比较文学与世界文学研究丛书"

"北大中国史研究丛书"

"北大世界史研究丛书"

"北大考古学研究丛书"

"北大马克思主义哲学研究丛书"

"北大中国哲学研究丛书"

"北大外国哲学研究丛书"

"北大东方文学研究丛书"

"北大欧美文学研究丛书"

"北大外国语言学研究丛书"

"北大艺术学研究丛书"

"北大对外汉语研究丛书"

"北大古典学研究丛书"

"北大古今融通研究丛书"

"北大人文跨学科研究丛书"①

---

① 本文库中获得国家社科基金后期资助或入选国家社科基金成果文库的专著,因出版设计另有要求,因此加星号注标,在文库中存目。

这 17 套丛书仅收入学术新作,涵盖了北大人文学科的多个领域,它们的推出有利于读者整体了解当下北大人文学者的科研动态、学术实力和研究特色。这一文库将持续编辑出版,我们相信通过老中青学者的不断努力,其影响会越来越大,并将对北大人文学科的建设和北大创建世界一流大学起到积极作用,进而引起国际学术界的瞩目。

"北大中国史研究丛书"序

近年来,北大的人文研究开始活跃起来。国际汉学家研修基地、人文社会科学研究院、区域与国别研究院纷纷成立,举办各种各样的学术活动,会议、工作坊、讲座纷至沓来。一时间,学术气氛浓郁,不同学科也进一步加强了交流。与此同时,新的人文学部也在沉闷的评审、提职、定级、评奖的会议之外,开始组织讲座、论坛和工作坊,建设跨学科研究平台;构筑"北京大学人文学科文库",希望整体展示人文学科的学术成果。我等受命编辑"文库"中的"北大中国史研究丛书",得到同行的踊跃支持。

北大的中国史研究,可以追溯到1899年京师大学堂初设时的史学堂,作为新式教育的一科,包含中国历史研究。1903年,史学堂改为中国史学门和万国史学门,相当于今天的中国历史和世界历史两个专业。1912年京师大学堂改称国立北京大学,1919年设立史学系。1952年院系调整,新的北大历史系又接纳了清华大学历史系和燕京大学历史系的许多著名学者,使北大历史系成为研究中国历史的重镇。在北大史学系到历史系的发展历程中,中国史学研究的队伍不断壮大,名家辈出,也产生了许多传世名著。

但是,由于在20世纪经历了多次国难、内战、政治运动,特别是"文革"的迫害,在处于政治旋涡中的北大,史学研究者也不免受到冲击甚至没顶之灾。而且,最近几十年来社会观念巨变,大学里政经法等社会科学越来越受到重视,文史哲则日渐萎缩,历史学科的规模更是受到较大的限制。

然而,历史学作为一个综合性大学的基础人文学科,是不可或缺的。而中国历史,更是居于中国大学首位的北京大学所不可或缺的。北大的中国史研究者,也有着比其他人更加厚重的义务,需要更加努力地做好自己的研究。中国近代学术起步要晚于西方和日本,所以在相当长的一段时间里,即便是中国历史研究领域,也有不少优秀的学者是西方或日本培养起来的,陈寅恪先生因而有"群趋东邻受国史,神州士夫羞欲死"的感叹。历次政治运动,也使国人在许多研究领域拉开了与国外优秀学者的距离。但改革开放以来,包括北大学人在内的中国学者奋起直追,在中国史的许多方面,我们已经走在了学科发展前列,产生出一批优秀的学术著作,为东西洋学者同行刮目相看。

过去,北大历史系学人的特点之一,就是单打独斗。一些优秀学者在各个出版社出版的著作,为弘扬北大学术,做出了极大的贡献。但这样的做法,也使得不少学术研究成果,变成各种丛刊的组成部分,显现不出北大的学术积淀。"北京大学人文学科文库"的想法之一,就是把北大学人的成果凝聚在一起,形成一个比较宏大的气势,推进北大的人文研究。这一做法,对于北大中国史研究,无疑有助于提振士气,凝聚力量,可以集中展现北大中国史学科的研究成果。相信北大历史系暨中国古代史研究中心的学者,有义务,有承担,把自己最满意的研究成果,在"北大中国史研究丛书"中陆续推出。

荣新江　张　帆
2018年北大校庆前两日

目 录

绪 言 ·· 1
  一、时代、地位及其产生原因 ······················ 1
  二、既有研究特点及问题 ·························· 5
  三、目的、范围和材料说明 ························ 13

第一章 新变动下之面向：民主、爱国及自身利益
  ·· 22
  一、胜利之后的紧张 ······························ 22
  二、民主精神的传承 ······························ 31
  三、甄审与反甄审 ································ 49
  四、民族主义情绪之宣泄 ·························· 63
  五、在剧烈震荡中徘徊 ···························· 81

第二章 发展的新契机：抗暴运动 ···················· 95
  一、运动前的校园氛围 ···························· 96
  二、传播、串联与冲突 ···························· 114
  三、抗暴示威游行 ································ 127
  四、后续发展之涨落 ······························ 140
  五、贞操观、民族主义及情绪 ······················ 158

第三章　成熟之标志:"五二〇"运动 …… 176
- 一、纪念、请愿、抗争、声援之混声 …… 177
- 二、反饥饿、反内战运动高涨 …… 191
- 三、平息抑或再起 …… 207
- 四、学潮持续之矛盾现象 …… 223
- 五、组织、宣传及策略之运用 …… 242

第四章　风暴潮:在苦闷与焦躁中前进 …… 262
- 一、法令与迫害的边界 …… 263
- 二、四月风暴的冲击 …… 282
- 三、学潮中之历史纪念 …… 298
- 四、民族主义魅力的减退 …… 315
- 五、校园抗争的运动化 …… 337

第五章　别样学生运动行为:"七五"事件 …… 354
- 一、流亡及其困境应对 …… 355
- 二、导火索、抗议对象与行为特点 …… 366
- 三、不同目标的声援 …… 379
- 四、善后中的分化、痞化及回归校园 …… 389
- 五、别样行为特征及学运终结 …… 410

结　语 …… 422
- 一、新政权下之发展趋向 …… 422
- 二、行为特征之归纳 …… 430
- 三、历史惯性及其启示 …… 438

附录:参考文献要目 …… 445

绪 言

一、时代、地位及其产生原因

学生运动作为一种重要的政治抗议形式,在中国近代史上占有重要地位,而中国学生运动的爆发频率、规模及其社会影响,又乃世界历史所罕见。

所谓学生运动,可有狭义和广义之分。狭义的学生运动,特指突发的、大规模的具有政治抗议性内容的学生群体行动,有着明确的口号标志、大致清晰的时空边界和以罢课、集会、示威、游行为主要内容的活动方式。广义的学生运动,还可包括日常的、分散的学生集体抗争行动,诸如生活福利待遇、学校行政管理、教学要求、毕业出路等方面的不满,在当时语境下,"运动"又往往与"工作""活动"等词语混用,也扩展了学生运动的范围。在实际斗争中,狭义和广义的学生运动往往同时存在,一般性抗争可能诱发政治性斗争,或成为政治性斗争间歇期的主要内容;较大规模的政治性斗争,也会出现夹带一般性抗争的现象。

对于已经过去的20世纪,霍布斯鲍姆(Eric J. Hobsbawm)称为革命的世纪:

> 马克思和其他预言家的眼光没错,旧日的价值观与社

会关系,果然随风飘散。资本主义本身,其实是一股有不断革命性的大力量。它将一切解体,甚至连它发展乃至生存所寄的"前资本主义"的部分也不放过。根据逻辑演练,它自己自然也难逃一死。①

蒂利(Charles Tilly)则称之为暴力的世纪:

> 在绝对意义上——也可能是平均数——20世纪发生的集体暴力比过去一万年中的任何一个世纪发生的都要多。虽然历史学家正确地将中国战国时期、古巴比伦征服、蒙古人的扩张和欧洲的三十年战争描述为恐怖破坏的时代,但是,早期的战争从未使用过大规模杀伤性武器,国家支持的针对平民的灭绝行动更加少见,而20世纪的冲突却不是如此。②

勒庞(Gustave Le Bon)以19世纪法国社会发展为研究对象,以为革命与暴力两者均为群体政治参与的特征及结果,历史演变将进入一个群体的时代:

> 不管未来的社会是根据什么路线加以组织,它都必须考虑到一股新的力量、一股最终仍会存在下来的现代至高无上的力量,即群体的力量。在以往视为当然、如今已经衰落或正在衰落的众多观念的废墟之上,在成功的革命所摧毁的许多权威资源的废墟之上,这股代之而起的惟一力量,看来不久注定会同其他力量结合在一起。③

虽然勒庞对群体的崛起较为消极,以为群体力量的破坏多于建设,可还是准确地预计到群体将是未来发展的唯一力量,尤其强调观念的传播和群体的组织。

自20世纪以来,学生运动始终位于中国各阶层社会运动的前列,学生发挥着"先锋"和"闯将"的作用,并成为中国革命特殊性的重要因素之

---

① 霍布斯鲍姆:《极端的年代》上,郑明萱译,南京:江苏人民出版社,1998年版,第24—25页。
② 查尔斯·蒂利:《集体暴力的政治》,谢岳译,上海:上海人民出版社,2011年版,第59页。
③ 古斯塔夫·勒庞:《乌合之众:大众心理研究》,冯克利译,北京:中央编译出版社,2000年版,第6页。

一。为什么学生运动会成为中国近代重要的群体政治参与形态呢？通常会被列举的主要因素有下述几类：

第一，学生运动是社会结构及民族、国家危机的产物。

中国社会的半殖民地半封建社会性质，致使近代产业落后，社会新兴阶层力量弱小，文化水平与组织程度较低，外国列强入侵和国内政治腐败的危机日渐严重。

相对而言，废科举、兴学堂以来，近代教育发展较快，产生了一个接受过新式教育的学生群体，人数众多且较为集中。大中学生多出身社会中上阶层，家庭社会关系广泛，消息来源渠道较多，政治经验相对丰富，而且，自身政治、经济利益简单，目的纯洁，在危机时刻挺身呼号，影响力较大。

第二，中国传统文化及新观念、新思潮的影响。

传统文化人以天下为己任，读书的出路大致为：在朝者，或为官，辅佐君王，或入幕，赞助权臣，共同参与国家治理；在野者，多集中于教育，以品评时政和维系纲常为政治参与的主要形式。① 他们是社会中政治敏感度较高的群体。

由于西方新观念、新思潮的传播在近代影响甚大，尤其是民主、科学观念和自治、自决意识，新式学校的学生对于中国现状普遍不满，具有强烈的改造之意愿，并能够积极投身实践，成为最有活力的社会力量。

第三，政治党派及其他社会团体、利益集团的鼓动。

由学生的振臂一呼，发展成为有各阶层民众参加的广泛的人民运动，成为中国革命的重要组成部分，学生运动需要革命政党的政治、组织指导。这是学生运动发展过程中的事实，也是历史解释的主要观点。

应该看到，政治党派或社会团体的鼓动，并非简单的外部介入，而是学生运动进入复杂的政治斗争阶段的必然反应。部分学生运动积极分子参加政党，甚至参与政党的创建，以确保学生运动发展的方向。同时，为

---

① 时人多以宋代太学生相比较，黄现璠在著作开篇中即称："我国大学生之救国运动，始于汉，盛于宋，而复兴于现代，史迹昭然。"邓之诚在序中亦称："南渡以后，每遇国家有事；若和战之取舍；宰臣之进退，太学诸生振奋之辞，往往操持其间，号为清议。"黄现璠：《宋代太学生救国运动》，上海：商务印书馆，1936年版，第1页、序第1页。

发展壮大,学生运动也会响应与联络各社会团体一致行动。另一方面,当学生运动成为重要的政治参与形式时,难免有被利用的现象发生。

第四,学校地位和师长庇护是学生运动得以持续的条件。

学生运动有街头与校园两个活动场所,以校园为主。当街头行动遭遇严重压迫时,学生便会回归校园,这是其他社会阶层从事政治抗议所不具备的条件。

学校与师长的权威,既源于中国传统文化,也就是学校与师长为社会"斯文"之所在;更重要的是,新教育受西方大学制度的影响,强调大学的独立性,作为学术研究机构的不可侵犯性。师长则有义务照顾学生,尤其是维护校园内的言论自由、管理民主,以及正常的秩序。同时,师长也往往借助学生运动,表达对政治及生活待遇的不满。韦伯(Max Weber)强调学术的神圣性还在于与政治划清界线,将校园与街头截然切割,[①]可是,近代中国并不存在西方意义上的政治活动场所,学校便承担了特殊的政治作用。

因此,校园内的民主、自由与法治精神状况,较之社会普遍为优。学生得以在校园内,进行新观念、新思潮的学习、研讨,开展对于现实政治的评论,以及学生自治会和社团组织的民主生活训练等,校园是明显优于其他社会阶层的活动场所。至于当局强调校园不是"租界",学生回以学校是"宪政"典范,充分说明了校园的特殊氛围对于学生运动的影响,甚至是学生从事运动的"特权"。

第五,公共传媒的大量报道及普遍同情与支持。

伴随新教育快速发展的公共传媒事业,社会影响甚至超过新教育。对于学生运动,多数公共传媒都能大量的、及时的报道,增添了学生运动的公共性。在报道态度上,多倾向于赞同学生行动的合理性,至少对学生的遭遇表示同情。

另一方面,在学生运动中,学生组织与传媒之间保持十分紧密的联系,常以举行记者招待会形式,借助传媒,频繁发布声明、宣言,公布真相,

---

[①] 韦伯以为:"讲台不是先知和煽动家应呆的地方。对先知和煽动家应当这样说:'到街上去向公众演说吧',也就是说,到能听到批评的地方去说话。"马克斯·韦伯:《学术与政治》,冯克利译,北京:生活·读书·新知三联书店,2016年第4版,第37页。

制造声势,博得社会的同情与支持。同时,学生也自办刊物,编辑小册子,积极从事运动之宣传。这也是其他社会运动,尤其是工农运动所缺乏的。

在各类因素之中,有些是常态的,在特定环境之下表现的强弱与方式可能有所不同。具有决定性作用的是社会背景,即学生运动是特定社会结构及民族、国家危机的产物,不过,当此种社会背景出现较大改变之后,学生运动并不会自动消失,而会以各种形式顽强地表现出来,也说明近代学生运动具有多种面向,或在民族、国家的宏大主题之下,还隐藏着复杂的、多样化的表现和内容。同样道理,学生作为近代中国社会中最积极、最活跃、最有生气的一部分力量,还具有利益分散、流动性强等特点,这使得学生运动带有偶发性强、行为易于偏激、更具情绪化等问题,大大增加了运动过程的不确定性,均需要在研究中加以揭示。

二、既有研究特点及问题

依据马克思主义的历史决定理论,社会运动是阶级矛盾尖锐化及阶级意识觉醒的产物。如果将学生运动看作社会运动的一种类型,由于历史环境的差异,马克思主义经典作家们对学生运动的论述很少,且偏重于学生政治参与的消极面,主要集中于学生的小资产阶级性,伴生有狂热、极端、幼稚、缺乏组织纪律等特点,对于解释中国学生运动有着诸多局限。恩格斯在论及1848年德国革命时,以为大学生战斗力很强,"形成了革命武装的核心和真正力量","大学生军团是从事运动的党派的堡垒,是经常的鼓动的中心",又是"一种独立的而且是颇不安静的团体","保持介于资产阶级和工人阶级之间的中间立场"。[①] 列宁在吸取了19世纪俄国学生运动的经验后,强调学生在参加直接的实际革命工作之前,要有一个培养自己成为革命党人的严格的准备过程,并且与党组织建立最密切的联

---

① 恩格斯:《德国的革命和反革命》,《马克思恩格斯全集》第8卷,北京:人民出版社,1996年版,第39、66页。

系。① 十月革命胜利后，列宁强调青年团的任务"就是要学习"，包括学校教育和训练，以及投身沸腾的实际生活，即"必须把自己的教育、训练和培养同工农的劳动结合起来"②，从而成为真正的共产主义者。

列宁关于青年学生如何改造成为新社会的新人的论述，很长时期以来，都是中国共产党关于青年运动方向的重要理论来源。所不同的是，学生运动在中国革命历程中具有十分重要的位置，学生政治参与的社会影响巨大。于是，在理论上，通常以中国革命的阶段论解释，即在民主革命阶段，作为小资产阶级的一部分，学生运动具有进步性、革命性，并能够在共产党的正确指引下，过渡到社会主义革命阶段。

因此，革命史视角成为学生运动的最重要的历史书写方式。早在共和国之初，此种方式便已形成，王念昆的《学生运动史要讲话》的小册子，就提供了一个学生运动的革命史框架。该书共分七讲，分别为：一、中国学生运动的旗帜：1919 年的"五四"运动；二、记住帝国主义屠杀中国人民的血海深仇：1925 年"五卅"运动的史实；三、为争取抗日、反对国民党卖国而斗争："九一八"时代的学生运动；四、抗日救亡运动的高潮：1935 年的"一二·九"运动；五、争民主、反内战、反对美帝国主义：1945 年的"一二·一"运动；六、人民解放战争的第二条战线：1946—1947 年 7 月的学生运动；七、反对美国扶植日本的斗争：1948 年红五月的学生运动。结尾部分强调，1950 年 10 月以来的抗美援朝运动是学生运动的继续。在时间、事件及其性质的解释上，完全与革命史相一致。该书开篇道：

> 三十年来，中国学生，由于一直能得到中国共产党的领导和教育，所以在新民主主义革命的各个阶段里面，在和帝国主义、封建主义、官僚资本主义进行的长期斗争中，都能够发挥很重大的作用。……中国学生和全国人民广大青年一道，始终都能英勇坚决的站到斗争的最前列，不迷失方向，不丧失斗志，因此，能够对人民

---

① 列宁：《致中学生》(1902 年 12 月 1【14】日)，《列宁全集》第 7 卷，北京：人民出版社，1986 年版，第 49 页。

② 列宁：《青年团的任务》(1920 年 10 月 2 日)，《列宁全集》第 39 卷，北京：人民出版社，1986 年版，第 293、307、310 页。

的革命斗争事业作了一定的贡献。①

此种解释方式,差不多成为一种标准,普遍用于学生运动的历史书写,并多由党团历史研究机关组织编写,诸如近代学生运动通史②、地方史③、校史④等相关论著,直至改革开放后,对于具体史实的叙述有所细致,研究范围有所扩大,但研究架构的变化并不大。

革命史视角的学生运动历史书写,主要源于几个方面:

一、毛泽东将百年来的革命运动归之为:"帝国主义和中国封建主义相结合,把中国变为半殖民地和殖民地的过程,也就是中国人民反抗帝国

---

① 王念昆:《学生运动史要讲话》,上海:上杂出版社,1951年版,第1—2页。
② 几种可作为通史类的学生运动史,附着于革命史写作,内容较为单薄,简单叙述为主,例如:于学仁的《中国现代学生运动史长编》(长春:东北师范大学出版社,1988年版)、施惠群的《中国学生运动史(1945—1949)》(上海:上海人民出版社,1992年版)、翟作君、蒋志彦的《中国学生运动史》(上海:学林出版社,1996年版)等。
③ 由党团历史研究机关组织编写的有:中共上海市委党史资料征集委员会主编的《抗日战争时期上海学生运动史》和《解放战争时期上海学生运动史》(上海:上海翻译出版公司,1991年版)、共青团上海市委青运研究室编的《上海学生运动史》(上海:学林出版社,1995年版);广州青年运动史研究委员会编的《广州学生运动史(1919—1949)》(广州:华南理工大学出版社,2002年版)等。张大中、宋柏、马句主编的《解放战争时期北平学生运动史》(北京:北京出版社,1995年版),罗炳权、王慧君主编的《解放战争时期的南京学生运动》(南京:南京大学出版社,2002年版),等等,以亲历者执笔,也可视为是有组织编写。以现代史、革命史框架编写的有:张海蒲主编的《第二条战线:解放战争时期湖南学生运动》(长沙:岳麓书社,1997年版)、杨立德的《民主革命时期的云南学生运动》(昆明:云南教育出版社,2001年版)、于建的《天津现代学生运动史》(天津:天津古籍出版社,2007年版)等。谢瑞华编著的《20世纪40年代青岛学生运动》(青岛:青岛出版社,2009年版)为几个运动过程简单叙述的小册子。廖深基的《全国解放战争时期福建学生运动研究》(福州:福建人民出版社,2014年版)在内容和观点上均推动不大,主要贡献在于梳理了地方学生运动史。
④ 北京大学学生运动历史的编写很有代表性。1958年"大跃进"中,北京大学历史系1956级二班同学响应号召,组成编写组编写"北大学运史",完稿后曾以《北京大学学生运动史(初稿)(1919年—1949年)》于1959年、1960年两次铅印,送请审阅。部分修改后,《北京大学学生运动史》(北京:北京出版社,1964年版)正式出版。改革开放后,又以北京大学历史系编写组的名义,两次出版《北京大学学生运动史(1919—1949)》(北京:北京出版社,1979年版;1988年版)。各版本均为八章的架构,仅部分小节标题、部分内容及文字有所变动,反映着出版年份时期的政治环境。其他学校的学生运动史编写也缺乏特点,例如:同济大学中共党史教研室编的《同济大学学生运动史(1919—1949)》(上海:同济大学出版社,1985年版),何长胜、邹乃山、郭仁成执笔的《岳麓风云:1945—1949年湖大学运史》(长沙:湖南大学出版社,1987年版),等等。高天主编的《复旦大学青年运动史(1905—1949)》(上海:复旦大学出版社,2015年版)为纪念建校110周年而编辑,主要工作是为原有简史增加了部分史料。

主义及其走狗的过程。"①近代学生运动自"五四"发端,"外争主权,内除国贼"便是主要的口号和目标,因此,也是中国革命的重要组成部分。

二、中国共产党是中国革命的领导者和组织者,党在各时期的纲领、政策、口号,都对学生运动产生过重大影响,或与学生运动的基本主张高度一致,能够反映广大人民群众的意愿。党的组织在进步学生中亦有重大影响,他们是学生运动中的骨干与积极分子,在日常的宣传、组织工作中也发挥着重要作用。

三、历史书写方式与使用材料情况紧密相关,革命史视角的学生运动历史,大量使用相关革命历史档案文献材料,其结果,或是将文献内容与运动过程作同步解释,强调指导与行动的逻辑关系;或是为党的论断寻找实证解释,如对于"第二条战线"的论证。当事人的回忆也是学生运动史研究的重要材料,公开出版的回忆材料又大多为地下党员或党的外围组织成员所提供,因此,作为胜利者的事后回忆,难免带有历史解释的政治导向。

四、统治当局为学生运动戴"红帽子",无疑也助长了由中共发动的解释。为反对派戴"红帽子",是专制独裁者最省事的办法,北洋政府、国民党政府都是如此。此种作法,一是为方便镇压、迫害,二是试图逃避责任,以遮掩色厉内荏的真实面目。无论出于何种目的,都将自己摆到了学生运动的对立面上,并使历史解释简单化。

然而,以革命史视角叙述学生运动,存在着理论解释上的矛盾,具体表现为:其一,在政治参与上强调学生的先锋作用,在阶级分析上则又需要强调学生可能具有的各种幼稚病。此种状况,如果指单一的、偶发的学生运动,还比较容易处理,需要由强大的工人运动来替代。中国的情况并非如此,所以,必须强调共产党对学生运动的领导,可共产党也有一个无产阶级化的问题。其二,在由民主革命向社会主义革命转变的过程中,学生运动的历史书写可能出现断裂,甚至无法续写。学生如何在劳动实践

---

① 毛泽东:《中国革命和中国共产党》(1939年12月),《毛泽东选集》第2卷,北京:人民出版社,1991年第2版,第632页。

中改造自己,成为新人,显然在革命史框架下无法提供准确的解释,这也是历次政治运动中学生行为出现严重扭曲的原因之一。其三,学生运动作为社会运动的一部分,除政治革命的内容之外,也有其他的主张和要求,它们共同构成学生运动的整体样貌。革命史视角的叙述,可能遗漏,甚至有意遮掩学生运动的其他内容,致使历史解释渗入过多的人为塑造成分,难以对学生运动进行准确的观察与判断。

革命史视角的学生运动历史书写的副产品,即强调学生运动是政党斗争的"运动"产物。吕芳上的研究,提供了一个20世纪20年代中国学生运动政治化的三部曲解释:

> 一九二〇年代中国学生运动的一个重要特色是逐步政治化,所谓政治化的义涵有三:一是由原来五四式爱国运动,注意外交问题,转而注意内政问题,学生作校内"民主化"的抗争,同时又走出校园作政治运动;二是学生运动激进化,再进一步就是革命化,与政治反对运动合流;三是和新兴政党合作,结果学生组织被政党汲引,学运遭政党把持,"学生运动"变成了"运动学生"。①

廖风德则更进一步,将战后学潮视为美苏在华角逐和国共两党斗争的产物,由于共产党的反战与排外宣传更加成功,"获得青年学生普遍的共鸣与支持,发展成全国性的运动,发挥巨大的影响力"。而对于战后学潮的处理,"正是国民党在大陆挫败的最有力的注脚"。② 此类研究对大陆学者亦有影响。柳轶讨论了国民党对学生运动从支持到控制的过程,将其控制失败的原因,除军事失利、经济失控、社会各界广泛支援和中共有效引导外,还提出了国民党对学生运动政策的消极、僵化和组织失策等原因。③

---

① 吕芳上:《从学生运动到运动学生(民国八年至十八年)》,台北:"中研院"近代史研究所专刊(71),1994年版,第427页。
② 廖风德:《学潮与战后中国政治(1945—1949)》,台北:东大图书股份有限公司,1994年版,第430、443页。
③ 柳轶:《1919—1949年国民党对学生运动的控制研究》,北京:人民日报出版社,2014年版,第156—161页。

表面上看,这些研究较之早期的革命史视角论著有所推进,但进步有限,反而试图以政党斗争取消学生运动。

首先,此类研究建构了一个纯真的学生运动标准,即共产党尚未建立与国民党尚未改组时的"五四"运动,但也就是一个瞬间,5月4日当天,斗争的矛头已经开始内转,从而为政治团体乃至中国共产党的建立创造了条件。所以,此种标准的主要目的,并非讨论有无绝对纯真的学生运动,而是以强调自发性和纯粹的民族主义,指责不符合自身利益的学生行动系受到政党煽动,又可能重回为学生运动戴"红帽子"的伎俩。①

其次,学生运动既然是学生在特定环境下的政治参与,势必会有一个所谓政治化的过程;另一方面,只要学生依旧是有政治参与力量的群体,就一定会有团体或政党竞相争夺。政党出于政治目的,对特定社会阶层或群体展开宣传、组织动员工作,进而展开行动,乃是一种常识和通例,并不单单针对学生。因此,在某种程度上也可以说,各种政治行动均含有"运动"或"利用"的成分,重要的是需要分析行动者参与的程度和意愿,这才是决定政治行动成败的主要因素。

再次,学生运动一经发动,政党或政府是否应对得当或能否控制,也同样是一个伪问题,因为,这只是一个假设的问题,似乎应对得当就可以消弭运动,能够控制为我所用就更好。黄坚立的研究表明,此类命题不过是在自设困境。该书以"去政治化"(depoliticization)为国民党对待学生政治运动的主要手法,其具体运用即所谓"双翼":一是制定一套"限制学生团体性质和范围的规章",使学生组织和活动远离政治;一是"向学生灌输国民党价值观,培植一小群亲国民党的学生活跃分子,在学校建立三民主义青年团等",作为遏制学生激进行为的工具。② 在实际运作过程中,

---

① 国民党当局将1946年2月22日反苏游行称为"五四"运动的继续:"二二二的爱国游行,说明了青年们仍是站在保卫民族的斗争的第一线,过去五十年是如此,在今日亦不能例外。"(社论:《青年与民族运动——纪念第三届青年节》,《中央日报》1946年3月29日,第2版)廖风德将此次运动列为由国民党所策动,并以为"原本可以发展为一个成功的学生运动",因内部党政意见不一受到影响(《学潮与战后中国政治(1945—1949)》,第441页)。

② 黄坚立:《难展的双翼:中国国民党面对学生运动的困境与决策:1927—1949年》,北京:商务印书馆,2010年版,第91—92页。

前者缺乏必要的社会环境,况且国民党也并不尊重其自定规章;后者则只能在少数学校收效,无法影响大局。现实与制度、目的与工具两相矛盾,自然难展,或者说难展与否根本就不是一个历史真实问题。应对是否合理,只能从学生运动过程的动态中去观察,政党或政府的应对只是这一动态过程的一个因素,其得失则是过程发展的结果。

最后,学生运动研究的主要对象应该是学生,偏重于政党操纵或应对的研究导向,可能受到中国革命及学生运动的特殊性、政党意识形态和政治斗争形态、历史解释及书写特点、对于史料的鉴别和使用等多重因素影响,其结果都可能丧失了研究的主体。在被运动或可控制的历史解释下,学生成为内心充满怨恨的激情、极度情绪化、易于被煽动、政治经验幼稚的一群,其富于理性、善于学习、掌握科学知识、具有组织能力的特点下沉。由于学生的位置被忽略或被掏空,学生运动的研究便出现了另类简单化,甚至被消解的情况。

20 世纪 60 年代,美国、欧洲的社会运动逐渐兴起,尤其以 1968 年的学生运动高涨为标志,产生了一批学生运动研究论著,也为中国学生运动研究提供了更为宽阔的思考空间,以及一些有价值的观点和方法借鉴。

为什么这一时期欧美国家会产生强大的社会运动,特别是出现了缺乏历史传统的学生运动呢?马尔库塞(Herbert Marcuse)认为在发达工业社会,"工人阶级似乎不再与已确立的社会相矛盾","'人民',即先前的社会变革酵母,已经'上升'成为社会团结的酵素",① 失去了对社会进行激进的改革的愿望和能力。李普塞特(Seymour Martin Lipset)同样认为,战后社会发展已经打破了马克思的假设,即工业发达国家的低收入阶层,在选举中应该投票支持左派政党,支持社会主义制度,可实际上工人,尤其是男性工人,在选举政治中表现得最为低沉。② 考虑到生活在社会最

---

① 赫伯特·马尔库塞:《单向度的人——发达工业社会意识形态研究》,刘继译,上海:上海译文出版社,1989 年版,第 31、230 页。
② Seymour Martin Lipset, *Revolution and Counterrevolution: Change and Persistence in Social Structures*, New Brunswick (U.S.A.) and Oxford (U.K.): Transaction Books, 1988, pp. xiv—xvi.

下层的失业者、流浪汉等缺乏行动的组织能力且破坏性巨大,因此,视线转向学生。但是,学生运动并非典型的阶级斗争,它们常常由抗议转变为骚乱后便戛然而止了,只有极少数学生走上了武装革命的道路。马尔库塞认为学生运动是被当局镇压下去了,其发展需要与其他阶层相联合。吉特林(Todd Gitlin)则认为,学生运动只是一次为改变世界的唤醒,虽然美国未能完全向左转,却留下了一些进步的发展方向,并成为冷战时代结束的前奏。①

阿特巴赫(Philip G. Altbach)关于学生积极参与政治的行动主义(activism)的概念,强调应该以学生行动作为学生运动的主要分析对象,具有重要的启发意义。利益分散且多样化,政治、经济环境迥异的各国、各地区学生,为什么都曾出现学生政治运动?发起后其过程及结果又各不相同,只能从行动中寻找原因。自 70 年代初以后,学生运动在欧美趋向温和,但在许多国家,尤其是第三世界,仍然保持较高水平,学生卷入政治动荡并成为重要力量,诸如韩国、泰国、阿富汗、伊朗等。阿特巴赫对工业化国家与第三世界国家学生运动的不平衡现象进行了比较,以为第三世界国家学生的政治参与更为重要、持续更久的特点为:一、缺乏工业化国家稳定的政治制度及结构,学生团体有可能直接对政治生活造成冲击。二、学生在民族独立运动中便是积极参与者,被视为政治体系中的重要组成部分。三、大学生作为社会中的精英群体,由优越感而产生出精英历史意识。四、重要大学所在地通常为政治中心,提供了学生政治参与的便利条件。五、由于缺乏民主政治传统和交通、通讯落后,学生往往作为社会良心的代表,充当公众的代言人。六、比较而言,第三世界国家的大学生多来自社会经济地位较高的阶层,很大一部分具有城市精英家庭背景,也就更容易直接获得或接近政治权力。②

西方学者对中国学生运动的相关研究,亦有借鉴意义。易社强(John

---

① Todd Gitlin, *The Sixties: Years of Hope Days of Rage*, New York: Bantam Books, 1987, pp. 437—438.
② Philip G. Altbach Edited, *Student Politics: Perspectives for the Eighties*, Metuchen, NJ.: The Scarecrow Press, Inc., 1981, pp. 6—7.

Israel)以为,"五四"运动以来的近代学生运动,已经与历史传统少有共同之处,主要受新教育和留学生的影响,但他强调民族主义是学生运动得以发展的最重要的武器。① 易社强准确地指出了各时期的民族主义特征并非一成不变,但在处理中国学生思想中的个人自由与国家强盛之间的目标紧张时,还是求助于传统文化及民族主义的解释,致使他认为学生对于个人自由的追求逐渐下降到从属位置,带有了救亡压倒启蒙的解释模式的影子。因此,易社强对战后学生运动及共和国时期的学生政治参与的解释,也就变得较为粗糙。② 华志坚(Jeffrey N. Wasserstrom)的研究值得关注。该研究试图在学生抗议的象征性和如何由集体愤怒转向集体行动两方面有所突破,并强调新社会史和政治文化两种解释方法,③对于推进学生运动的研究意义重大。不过,在具体阐述中,作者的注意力仍然集中于讨论国共两党斗争及学生与政党的关系,目的在为后来的学潮寻找历史解释,也就部分束缚了历史研究的展开。

三、目的、范围和材料说明

在近代历史研究中,学生运动可谓是一个传统且十分重要的命题,近年来多转向单个运动、城市、学校的细致叙述,但多为相互模仿,新意不多,究其原因,主要在于学生运动作为持续发展并具有跳跃性、扩张性延续特征的特殊社会运动,既有研究与后续历史发展的解释出现了某种断裂,特别是对于现实社会问题的解释显得乏力,当然,也就升高了相关研究的难度。

本研究从内容和方法上,预计从五个方面对中国学生运动研究有所

---

① John Israel, *Student Nationalism in China, 1927—1937*, Stanford: Stanford University Press, 1966, pp.1—9.

② John Israel, 'Reflections on the Modern Chinese Student Movement', Seymour Martin Lipset and Philip G. Altbach edited, *Students in Revolt*, Boston: Beacon Press, 1967, pp.310—333.

③ Jeffrey N. Wasserstrom, *Student Protests in Twentieth-Century: The View from Shanghai*, Stanford, California: Stanford University Press, 1991, pp.9—10.

推进:

一、以学生运动之行为为讨论的主要目标,即以学生为对象,强调对其集体行动进行实证研究,而非长于对认识、主张及政治意识形态影响的分析。

学生运动是一系列外部客观环境因素和学生内部主观因素共同作用的产物,从历史发展趋势观察,学生运动是整个社会运动或人民运动的组成部分,并往往发挥着先锋的作用。因此,学生运动作为一种以政治抗议为主要手段的政治参与形式,势必与各种政治团体、党派发生紧密联系,又以其进步性深受中国共产党的影响及指导。本研究不准备集中讨论学生运动与政党及国共斗争的关系,以为只有通过深入的行为研究,才能回答所谓"运动"或"控制"的问题,避免陷入简单化的定论。

在集体行为中,条件和经验仍然具有决定性的意义,但组织、宣传、目标、经费等因素的影响明显加大。本研究侧重学生运动中组织、宣传的状态及目标设定的分析,观察运动过程中的形式、手段及其变化,因经费问题十分复杂,且筹集和使用分散,单一行动的周期亦很短,只有较为简单的讨论。

二、通过学生运动之行为研究,展现学生运动复杂的多种面向,从而更深刻地理解学生运动遗产的多重性。

何为学生运动?研究者历来就存在争议。革命史视角自然以革命史要素判断学生运动。吕芳上以为:"一般而言,'学生运动'(学运)是群众运动的一种,是学生对于国家社会以群体利益作出发点,具有政治意义,与世运有影响的运动;'学潮'则指学校内部的风潮,与学生切身利益有关,反映的是教育的问题,间接也涉及政治现状。"① 廖风德的观点相近:"学潮一词与学生运动往往混杂使用,就约定俗成的意义而言,称学生运动是正面评价,称学潮则是负面评价。事实上,学潮与学生运动系一体两面,名异实同之事物;严格而论,学潮一词较学生运动更为贴切。"② 两人

---

① 吕芳上:《从学生运动到运动学生(民国八年至十八年)》,第1页。
② 廖风德:《学潮与战后中国政治(1945—1949)》,第1—2页。

均主张兼用,只是偏好不同。其实,所谓以国家社会为出发点或正面评价,与革命史视角的学生运动书写相近,源于"五四"运动的评价特征。统治当局更喜欢使用"学潮"一词,尤其是在战后,指学生运动为学风不正而受指使、策动而起的风潮,经整饬即可平息。同时,由国民党主导的学生集体行动亦自称"运动",使用很随意;在多数情况下,共产党对学生的校园经济生活、教育行政范围的斗争亦给予鼓励。因此,本研究所涉及的学生运动,具有广义的含义。

在广义的学生运动中,运动的主题、口号、对象、要求等不断变换,学生队伍也会因考试、假期、毕业、入学等因素产生波动,都可能严重影响运动的进程,尤其是战后国民党在应对学生运动时,采取组织、宣传、行动的全面对抗的策略,势必加剧学生中政治立场的分化。这些因素的结果,使得学生运动的表现更加复杂,不但不能以直线式进步观加以描述,其遗留问题需要在较长一段发展时期内观察、寻找,首先还是应该以实证研究揭示多样性。

三、既然学生运动是一个极不稳定的发展过程,需要关注单一运动发育、变化、终结的全过程,以及如何保持运动的强度和如何成功的由一个运动跳转到另一个运动,后两个问题的研究尤其不足,导致或满足于直线式发展的叙述,或切断各种转换之间的内在联系。

希克斯(John Hicks)为资本运动的研究引入了时间概念,发展成为动态理论,又为创新提出"冲动"概念,以及为使被创新扰乱了的均衡再平衡的"收敛"。① 学生运动也可以视为这样一个运动过程。

在大环境不变的情况下,学生运动的发起通常更需要外部的刺激,自身的冲动并不明显,即具有较强的偶发性或突发性。当运动发起之后,很快便会打破原有秩序的平衡,如同经济运行一样,"冲动"之后的"收敛"十分困难,差不多不可能实现理想的均衡,学生运动的收束问题异常复杂。

一般而言,学生运动达到高潮之后,声势便开始递减,并难以持久。也就是说,在高度兴奋之后,随之而来的是所谓"苦闷"。学生领袖要想继

---

① 约翰·希克斯:《经济学展望》,余皖齐译,北京:商务印书馆,2013年版,第227页。

续推进运动,必须寻找或制造新刺激源。新刺激大致有三个来源:主动以更激烈的行动刺激对抗,因动员能力限制较少发生;当局的进一步迫害,一般视为主要刺激源,但需要根据当局的应对而定;最具有学生特点的是通过各种历史纪念激发信心,积蓄力量。

发起时轰轰烈烈,收束时冷冷清清,学生运动的历史书写大多如此。当然,学生运动并不一定收获具体或可量化的成果,运动的结局,理论上是应该与工农运动相结合,但是,忽略运动收束期的研究,也可能遮掩运动对于学生群体的分化作用。

四、学生运动总体上是理性的,是使用合法手段从事政治抗议的群体行动,但其爆发和持续又往往带有强烈的情绪成分,使得运动过程中夹杂着大量的非理性内容,此种双重性或矛盾现象也是必须处理的问题。

理性与非理性的评价,在学生运动发生时期便已存在,运动领导者强调学生行动的合理性,运动过程中的过激现象,都是对当局及反对者刺激的反应,也属出于义愤之行为;当局则指过激行为破坏秩序,藐视法律,有如暴民。战后时期,此种评价上的对立愈发严重。再者,学生非经济阶层,很难使用物质利益的理性分析,更突出了集体行动中的情绪因素。

在非理性的、过激的、情绪化的集体行动中,最突出的问题,是学生运动中存在着大量使用暴力的现象。尽管较之其他社会阶层的集体行动,学生运动中的暴力属低烈度暴力,并大量表现为软暴力,历史影响却十分深远,而且,随时代发展其使用更加频繁,暴力程度也更严重。

从"五四"运动观察,在通俗化动员之中即出现辱骂等人身侮辱的语言暴力,在运动过程中遭受冷遇等挫折后,激愤的情绪很容易转变为直接使用暴力。严重的是,此种偶发的、应激式的暴力使用,渐次成为一种基于爱国、正义、公意的合理暴力,似乎成了学生集体行动中的特权,一种不良情绪的随意发泄。如此,学生运动更加具有不确定性,很难对过程加以调整或纠偏,甚至根本无法掌控,部分学生亦有"痞化"的倾向。

五、学生运动声势浩大,发展迅猛,感染力、影响力较大,"搭便车"的现象也就更为普遍。搭便车有助于壮大运动声势,同时,也使得参与者的参与意愿和目标要求复杂化,不但使运动带有快速聚集又快速消散的特点,而且可能分散运动的焦点,使运动趋向多样化,必须在研究中加以厘清。

奥尔森(Mancur Olson)在讨论集体行动时认为,一个集团或阶级中的个体均采取理性的功利主义行为,即使"他们采取行动实现他们共同的利益或目标后都能获益,他们仍然不会自愿地采取行动以实现共同的或集团的利益",但并未排斥"爱国主义的力量,意识形态的感召,共同文化的维系和法律规定制度的不可或缺"等因素。① 多数组织或集团都声称其目的是增进成员的利益,成员个人则倾向于选择以最低成本或零成本(不参与集体行动)而获得利益,也就是所谓"搭便车"(hitchhiking)心理。学生是一个特殊的社会利益群体,学生运动的目标也往往是宽泛的、宏大的,甚至是模糊的,却能在其他社会阶层之前自动的冲锋在前,故"搭便车"现象另有特征。

学生运动中大量存在的搭便车现象,主要表现为两种形式:一是随大流的政治参与。在集体行动中,个人参与更加安全,且学生更具正义感和团体归属感,所以,多数赞同在学生集体行动中十分重要。一是借助学生运动的声势和压力,夹带其他具体的、部门的、部分人群的利益要求,或者使用运动的方式提出这些利益要求,谋求能够获得更快、更彻底的解决。两种形式都十分普遍,影响都很深远,本研究着重于后者的分析。

在体例上,本研究仍将遵循依据时间、事件的历史叙述方法,在各章节中,努力贯彻上述五个方面的研究预想。

本研究的时空范围,限于抗日战争胜利后北平地区的学生运动。

之所以选择战后国共内战时期的学生运动作为研究对象,主要目标是建立由中华民国到中华人民共和国的历史解释的联系,即更强调历史连续性的观察方法,当然,截止在中华人民共和国建立前夕,也可以较为清晰地看到历史断裂性的一面,使得研究站在能够关照前后左右的有利位置。

---

① 曼瑟尔·奥尔森:《集体行动的逻辑》,陈郁、郭宇峰、李崇新译,上海:格致出版社、上海三联书店、上海人民出版社,1995年版,第2、12页。

再者,战后学生运动也出现了一些新的、鲜明的重要发展特征,需要给予准确的阐述:

一、战前国民党执政后,就已出现学生运动应该改造的议论,以解决学生与政府当局两方面的"苦闷"。① 战后各政治派别均有学生运动更新的言论。北平解放后,很快便对学生运动提出了新的要求。因而,战后学生运动对于认识转型或重新整合问题,尤为重要。

二、战后国共两党斗争成为核心政治问题,学生运动的主要对象内转,导致运动的口号、目标、形式等都会出现变化,学生队伍的分化加剧。

三、对外反对帝国主义的斗争依然存在,但针对美苏对华政策而起的抗议运动又与国共斗争直接关联,并大量出现中国周边新兴国家的反华排华事件,事态的复杂性,致使民族主义口号在学生运动中的影响力减退。

四、怨愤情绪的发泄和相对剥夺感(relative deprivation)的诱因明显上升,且来自多个方面,有大后方和收复区不同的学生怨愤,有经济危机和政治迫害形成的被剥夺感,还有东北学生再流亡的悲情,为情绪史视角提供了良好的观察对象。

五、代际(intergenerational)问题亦十分突出,不过此时的代际问题,并非社会经济、技术发展的结果,政治权力色彩浓厚,即新一代学生不满学生运动的前辈,认为他们背叛了运动的精神,堕落为现存秩序的维护者。

六、战后时期,"五四"运动就已具备的请愿、罢课、游行、示威等学生运动形式已经成熟,在简单组织条件下通过串联,也能在短时间内举行较大规模的行动,甚至有了固定的程序,这与整体运动的无序形成强烈反差。

七、就学生运动发展的前途而言,"五四"时期就已形成的罢课、罢工、罢市的大联合局面,在战后却未能再现,至多也就是出现了校园内的联合。此种状况,提供了从动态发展中进行历史反思的条件。

---

① 周开庆:《学生运动的改造》,南京:中心评论社,1936年版,第3、6页。

至于选择北平地区,理由有四:

一、政治中心的位置。国民党政府迁都南京之前,北京是元、明、清三朝故都,亦是民国首都;共和国建立后,复归首都地位。即使改称北平阶段,也是华北重要政治城市,文化人及学生关心国家命运,积极参与政治活动,有其传统。

二、城市特点的影响。北平近代工商业发展相对落后,在战后,尤其缺乏强大的工人运动和市民运动,学生运动受工商阶层影响较小,反之政治性强,对于民主、平等、自由的要求更加强烈。从城市布局看,学校与党政军权力机构及外国机构相距不远,方便请愿、示威等活动,棋盘状街道也便于游行路线选择及临时处置。郊外学校入城较为便利,也可形成遥相呼应之势。

三、高等教育的发展。北平是当时中国高等学校聚集的城市之一,学生数量较多,尤其是北京大学、清华大学、燕京大学[①]三所不同风格的大学,其学校规模、学术地位、教授团队及校长的政治影响力,均非其他院校所能比,也都是学生运动得以发动和开展的重要资源。

四、学生运动的传统。北京是"五四"运动的发源地,改称北平后,北平学生运动依旧走在全国学生运动的前列。抗战胜利后,以西南联大为中心的"一二·一"运动,依然在学生运动中起着引领和表率的作用,并随西南联大复员将学生运动传统带回北平。另一方面,战后北平学生运动在内容和类型上较为完整,有助于更为全面的观察。

本研究的材料将偏重于使用公开报刊。因为,学生运动是开放性的集体行动,对其进行实证研究,理应主要使用公开材料。当然,也有密谋存在,诸如对立双方互指的"职业学生"或"特殊学生",张贴匿名布告与壁报,以及街头施暴或深夜校园施暴的不明身份者,但影响都不大,且私密材料也尚不足以解释公开集体行动之发生。

[①] 仅就燕京大学而言,裴宜理(Elizabeth J. Perry)对燕京大学与圣约翰大学两所教会学校的比较研究,深刻地揭示了两所学校、北京与上海两座城市之间的差异,对学生运动开展的影响。裴宜理:《民国时期的学生运动应对——燕京大学与圣约翰大学之比较》,刘东主编:《中国学术》第11卷第2辑,总第34辑,北京:商务印书馆,2015年版,第204—230页。

在既有研究中,偏重使用国民党政府档案及高层人物日记、书信、笔记的研究,多倾向于解释国民党对学生运动的认识、态度、应对或派别斗争,材料使然。同理,倾向于革命史导向的历史书写,则习惯使用共产党档案文献材料,由于此类材料数量较少,又大量使用亲历者的回忆材料。

无论档案文献还是回忆材料,对细致的实证研究都有缺陷。在战后时期多数时间,中共中央对学生工作均取谨慎方针,而将注意力放在军事斗争和农村土地改革之上,从文件内容和时间看,信息传递速度较慢,反应也不及时。毛泽东对抗议美军暴行运动和"五二〇"运动的著名论述,都是事后通过定性赋予学生运动以意义,并非对运动的具体指导。地方领导部门的相关文件也是如此,对于地下秘密状态、隶属不统一的学生党组织,消息的传递速度、反应能力都无法适应突发、多变的学生运动,故多数文件为事后报告或一般性指示,其依据又往往是进入解放区的学生干部的报告。公开出版的亲历者回忆材料,主要问题是不够平衡,学生党员干部的回忆占据绝大部分,一般学生的回忆不多,难免突出学生党组织及党员干部的作用。一些较为完整的集体回忆叙述,甚至构成了材料制作的链条:由进入解放区的学生党员干部写作的运动总结报告,材料来源为报刊收集及部分学生领袖的判断;提交后供党内决策机关参考,并作为党内文献收藏;再依据党内文献中的线索和内容写作回忆录,并以亲历者身份重新确认史实。

战后报刊材料,对于学生运动研究的有利条件如下:

一、战后报刊的出版、发行情况相对平稳,北平一地就有数种日报形成竞争,报馆中也不乏进步人士,学生也得自办刊物,自行销售,且学生运动亦非秘密,并无顾虑隐而不报。至于报与不报、报道的口径、内容的选择,以及文字的褒贬,本身就是很有意思的研究问题。

二、报刊,特别是日报,消息的报道逐日记录,内容丰富、细致、缺漏较少。就连北大、清华这样注重材料积累的学校,编写校史也需要大量借助报纸记载。从报道的连续性,也可以观察运动的起落情况和社会的关注程度,这是其他材料所不具备的特点。

三、在战后社会,校园中的师生群体,是报刊重要的消息、文字来源和受众,因此,校园动态、学生生活等报道相对较多,学生运动更是无须炒作的热门报道话题,基本能够支持研究的进行。

四、报刊对学生亦十分重要,包括:学生对外部社会的了解、运动中的宣传呼吁、对其他城市学生运动的响应、运动资料的收集等,都需要通过报刊来实现。可以说,在某种程度上,报刊是学生运动的一部分,两者的共生状态,正是战后学生运动的特点。

当然,为保证研究的客观性,在使用报刊材料时,尽量多使用报道,少一些言论,以避免材料倾向的影响。此种关于材料使用的说明,无意排斥档案文献、小册子、日记、回忆录等类型的材料,笔者对它们都会视情况尽力加以利用。毕竟,只有材料的多样化,才能保证研究的质量。

第一章

新变动下之面向：民主、爱国及自身利益

1945年8月，抗日战争胜利之后中国向何处去，即刻成为世界局势发展的重要方向标志，也是全体中国民众必须认真思考的问题。青年学生作为一个特殊的社会阶层，在战后中国政治中的地位依然重要。中国国内主要矛盾的转变，促使战后学生运动的主题及对象出现变化，乃是以革命为主线的历史的一般叙述方式。① 在整个矛盾转化的过程中，尤其是在所谓过渡阶段，人心向背至关重要，而学生群体的向背，又较之其他社会阶层更为复杂，难以使用简单的阶级分析或利益区隔加以解释。② 因此，战后学生运动的开端，目标多样，内容繁杂，学生行为飘忽不定。

一、胜利之后的紧张

中国抗日战争的胜利，标志着世界反法西斯战争的最后胜

---

① 较长时期以来，战后历史书写都依据毛泽东的判断："新时期和抗日战争时期之间有一个过渡阶段。过渡阶段的斗争，就是反对蒋介石篡夺抗战胜利果实的斗争。蒋介石要发动全国规模的内战，他的方针已经定了，我们对此要有准备。"《抗日战争胜利后的时局和我们的方针》（1945年8月13日），《毛泽东选集》第4卷，第1134页。

② 金冲及主要从"深重的爱国传统和强烈的民族意识""绝大多数学生的生活是清贫的""更容易接受新思想和新知识""中国共产党在青年学生中有着长时期的影响和工作基础，并且一步一步取得领导地位"四个方面，论述战后中国学生的特点，同时亦强调全部情况更为复杂。《第二条战线——论解放战争时期的学生运动》，北京：生活·读书·新知三联书店，2016年版，第3—8页。

利,然而,国际力量格局的重组,又使整个世界即刻陷入新的紧张。

国际紧张之核心为美苏关系,在东亚,尤其表现为在中国、朝鲜半岛的争斗,以及对日本占领、管制、处置的分歧。8月19日,日本关东军司令部下达向苏军投降的命令,苏军影响达到整个中国东北地区。美军则借口解除日军武装,9月16日在青岛登陆,30日在天津附近登陆,直接激化了中国国内的紧张关系。新华社记者发表评论称,美军大量登陆的理由"殊难索解","不论其主观用意如何,实际上必然会干涉到中国的内政,必然会帮助国民党反对共产党及一万万解放区的人民"。① 另一方面,在中国周边的东南亚,英、法老牌殖民帝国也试图打着受降旗号,恢复对昔日殖民地的统治,与在抗战中壮大的独立运动尖锐对立,亦对中国政治造成重要影响。

国内紧张的核心则是国共关系。自8月10日日本政府接受《波茨坦公告》请降之后,国共两党立刻就受降问题,展开了针锋相对的斗争。10日夜,延安总部发布命令,各解放区任何抗日武装部队均得依据波茨坦宣言规定,都有全权派兵接受附近各城镇交通要道之敌伪投降。② 11日,蒋介石令全国将士加紧努力作战,"积极推进,勿稍松懈"③,唯独以"为维护国家命令之尊严,恪守盟邦共同协议之规定",命令共产党领导的第十八集团军,"应就原地驻防待命","勿再擅自行动"。④ 此种命令,立即遭到共产党的驳斥,是在"找一个借口,好在抗战结束之时,马上转入内战"⑤。15日,朱德在致美、英、苏三国说帖中声明,解放区是在国民党政府所放弃的广大沦陷区中,经八年苦战夺回的土地,范围包括大部沦陷区城镇、交通要道、沿海口岸,并在沦陷区组织了广大的地下军。国民党政府对于解放区及其军队,不予承认,不予接济,且进行包围和进攻。因此,国民党

---

① 《为美军将在天津登陆事新华社记者发表评论》,《解放日报》1945年9月30日,第1版。
② 《延安总部发布命令》,《解放日报》1945年8月11日,第1版。
③ 《最高统帅令全国将士照既定军事计划推进》,《中央日报》1945年8月12日,第2版。
④ 《军委会电令全国各部队听命执行受降决定》,《中央日报》1945年8月13日,第2版。
⑤ 《新华社记者驳斥蒋介石"命令"挑拨内战破坏世界和平》,《解放日报》1945年8月13日,第1版。

政府及其统帅部不能代表解放区、沦陷区人民和抗日武装,解放区、沦陷区人民武装有权接受被其包围之日伪军投降。① 16 日,朱德在致蒋介石电中,重申了上述主张,并再次要求:立即废止一党专政,召开各党派会议,成立民主的联合政府,罢免贪官污吏和一切反动分子,惩办汉奸,废止特务机关,承认各党派的合法地位(中国共产党和一切民主党派至今被你和你的政府认为是非法的),取消一切镇压人民自由的反动法令,承认中国解放区的民选政府和抗日军队,释放政治犯,实行经济改革和其他各项民主改革。② 蒋介石只是以盟军规定、对外守信、严守纪律、恪遵军令搪塞。③

除了为争夺胜利果实,重划力量格局而出现的国内外政治关系紧张,还有两种紧张需要特别注意:其一是对沦陷区敌伪政权、资财、事业接收之紧张。如何行使胜利者的权力?如何顺利复员并恢复正常的秩序?复杂且十分艰巨。其二是由战时转向和平建设之紧张,尤其是经济建设和民生改善。伴随中国国际地位的提高,国际社会对中国的期望甚高,但尚和平建设未有清晰可行的头绪。上述两种紧张,实为官方阐述的复员工作的两个部分:"第一步是沦陷区域的收复。我们必须发动大后方的力量,组织沦陷区的人民,共作收复的工作。""第二步是残破市乡的建设。"包括重新建设市乡的经济社会事业,必须向工业化的路程上迈进一步,必须从经济社会复兴与繁荣之中,实施民生主义的政策,特别是抑制土地兼并。④

于是,在片刻狂欢之后,胜利中之忧虑,促使人们恢复了一部分的理智,开始更多地考虑善后问题。⑤ 首先,应该由哪些人去接收呢? 特别是

---

① 《中国解放区抗日军朱总司令致美英苏三国说帖》,《解放日报》1945 年 8 月 16 日,第 1 版。
② 《附乙:朱德来电》,《中央日报》1945 年 8 月 21 日,第 2 版。《第十八集团军总司令给蒋介石的两个电报》(1945 年 8 月),《毛泽东选集》第 4 卷,第 1145 页。电报由毛泽东起草,毛泽东表示,将视蒋介石对 8 月 16 日电报的意见,考虑与其会见的问题。两个文本有个别文字上的出入,本文采用《毛泽东选集》的表述。
③ 《蒋主席再电毛泽东盼速来渝共定大计》,《中央日报》1945 年 8 月 21 日,第 2 版。
④ 社论:《创造性的复员》,《中央日报》1945 年 8 月 14 日,第 2 版。
⑤ 《狂欢后的重庆》,《大公报》(渝)1945 年 8 月 12 日,第 3 版。

那些收复区的大城市。8月13日,国防最高委员会决定以熊斌、张廷谔、钱大钧分任北平、天津、上海三市市长。① 其中,熊斌以其西北军经历和对日工作经验,在抗战后期任华北宣抚使,进行伪军收抚工作,任命明显具有过渡性质,便于接收,但非建设之选。其次,如何处理汉奸,是民族主义高涨后最为复杂的民众情绪问题。8月15日,蒋介石对全国军民及世界人士发表广播演说中称:"'不念旧恶'及'与人为善'为我民族传统至高至贵的德性。""要知道如果以暴行答复敌人从前的暴行,以奴辱来答复他们从前错误的优越感,则冤冤相报,永无终止,决不是完美仁义之师的目的。"②"以德报怨"的宽大仁恕,对于外敌似乎较为容易解释及区分处理,可是对于内部的汉奸问题却很难具体操作,国民参政会的胜利游行专车上就贴有"汉奸杀无赦!"的标语,传媒亦称"赏功不妨从优,但赦典必不可轻颁,免涉于滥,而失公道"③。普通民众想要区分汉奸与否这个"灰色"地带,就更加困难了。再次,对于收复区敌伪机构及其人员如何接收及处置? 其中,对社会影响最大的当属教育机构及教职员和学生。教育部拟定《关于收复区各省市教育复员紧急办法》14条,规定:应即组织甄审委员会,甄审教育行政人员、学校教职员,及社教人员;应即登记各级学校及社教机关所留人员,酌予短期训练后任用;对收复区学生,予以正确思想之训练,并销毁敌伪教科书及一切宣传品,应保存留作史料者除外。对于回迁之国立中学,后方教职员尽先录用;其有在后方未入正式学校之学生,应设法回迁尽先收容。④ 从抗战结局来看,内容似乎并无不妥,但收复区与大后方之待遇差异,已经暴露无遗。复次,大后方机关、企业、学校及各类人员如何复员搬迁? 胜利伊始,抗战初期南迁、西迁者热盼回迁,势必造成交通运输工具及费用的紧张,以及造成大后方社会发展的各种结构性影响。政府机关、军事单位的搬迁,问题较为简单,民营企业则显得困难重重。例如本来就很萧条的出版业,在环境变动下经营愈加困难,

---

① 《钱大钧等分任沪平津市长》,《中央日报》1945年8月14日,第2版。
② 《蒋主席胜利之日播讲》,《中央日报》1945年8月16日,第2版。
③ 社评:《最后胜利,与民更始》,《大公报》(渝)1945年8月17日,第2版。
④ 《收复区教育复员教部颁发紧急办法》,《中央日报》1945年8月26日,第3版。

庞大的复员经费负担不起,混乱的国内局势更令企业彷徨忧虑。[1] 至于各学校之复员,亦有暂缓与早日的争论。主张暂缓者强调,教育是今后建国各种事业之中心,必须保持连续性、稳定性,必须有待收复区秩序及正常教育环境的恢复,时间定在半年、一年,甚至二年以后。[2] 主张早日者的理由有三:可利用沦陷区教育设施改善学校设备;可不使沦陷区学生失学赶造建国人才;可容纳各方教授。[3] 两者的差异,主要在于对大后方与沦陷区的教育环境、作用、设施及师资、学生程度的估计不同,后者显然居于少数。最后,也是最重要的,乃是长期战争造成的民生痛苦何时能够解除?战时经济如何平稳过渡到平时经济?物资短缺、物价上涨、大批民众流离失所之痛苦,大后方和收复区均普遍存在,收复区民众还有供给体系改变、食粮日用品接济、货币兑换等不适,如何提高法币信用,抑低百物价格,扶助正当工商业发展,解除农民当前疾苦,解决知识青年求学就业,帮助侨胞重振旧业,从事荣军难民救济,力谋交通运输便利,等等,眼前应急善后工作尚无切实可行办法,同时还要完成建国大业[4],只能是说说而已。

不过,此时此刻之紧张,还只是遮盖在胜利后美好期望之下的紧张。美苏两国在中国的争斗,仍表现为以合作为主,均宣扬维护世界持久和平,支持中国的和平与民主。在国际大环境之下,国共两党对于战后的展望,也同样令人鼓舞。

蒋介石在胜利日的广播演说中还声称:"我确实相信全世界永久和平是建立在人类平等自由的民主精神和博爱互助的合作基础之上,我们要向着民主与合作的大道上迈进,来共同拥护全世界永久的和平。"20日,蒋介石再电毛泽东时称,"大战方告终结,内争不容再有"。并以为"只有

---

[1] 《新的希望又幻灭了》,《新华日报》(渝)1945年8月19日,第2版。
[2] 心丝:《日本投降后教育复员之一要事——教育"复员"不即是学校"回家"》,《中央日报》1945年8月13日,第5版。
[3] 稚云:《学校须早回家——与心丝先生讨论教育复员》,《中央日报》1945年8月20日,第5版。
[4] 社论:《论受降与复员》,《中央日报》1945年8月22日,第2版。

统一,才能开拓今后建国的道路,奠定民主的基础",试图借中央政府的地位,将统一问题的焦点推给中共。① 24日,蒋介石在国防最高委员会与中央常务委员会临时联席会议上致词,声称:在第二次世界大战中,"中国抗战的时日最久,受祸亦最惨,所以希望和平亦最为迫切。凡是以促进国内团结及国际和平者,我们必尽力促其实现"②。

在共产党方面,8月11日,中共中央决定采取两手准备,"国共谈判将以国际国内新动向为基础考虑其恢复,延安对美国与国民党的批评暂时将取和缓态度。但各地对蒋介石绝对不应存任何幻想,必须在人民中揭破其欺骗,对蒋介石发动内战的危险,应有必要的精神准备"③。25日,中共中央发表对目前时局的宣言,认为在新的历史时期,全民族面前的重大任务是:巩固国内团结,保证国内和平,实现民主,改善民生,以便在和平民主团结的基础上,实现全国的统一,建设独立自由与富强的新中国,并协同英美苏及一切盟邦巩固国际间的持久和平。④

其他党派、公共传媒及社会知名人士,亦均表达拥护和平、民主的建国方向。日本投降的消息甫一传来,中国民主同盟主席张澜立即发表谈话,以为"中国今天更迫切需要统一、团结、民主","目前最要紧的,更是希望国共两党军队赶快停止各地足以促成大规模内战的一切摩擦,并即立刻召开党派会议,从事团结商谈,以使内部的政治纠纷能迅速而彻底地得到总解决","向着民主、统一、和平、建国的途上走去"。⑤ 8月18日,民盟发表紧急呼吁,重申民主、统一、和平、建国八字口号,提出十项具体主张,"要求执政的中国国民党,同时也要求有土地有人民也有武装的中国共产

---

① 社论:《内争不容再有!》,《中央日报》1945年8月21日,第2版。
② 《蒋主席重要宣示》,《中央日报》1945年8月25日,第2版。
③ 《中央关于日本投降后我党任务的决定》(1945年8月11日),中央档案馆编:《中共中央文件选集(1945)》第15册,北京:中共中央党校出版社,1991年版,第230页。
④ 《中国共产党中央委员会发表对目前时局宣言》,《新华日报》(渝)1945年8月28日,第2版。
⑤ 《中国民主同盟主席张澜先生对抗战胜利结束发表谈话》,《新华日报》(渝)1945年8月12日,第2版。

党,对我们的主张给予充分的考虑"。① 在公开传媒方面,《大公报》似乎更强调统一与团结,"国家必须统一,不统一则胜利不完全,而建国更困难。全国必须团结,不团结则有内乱的危险,更无从使国家走上民主建设的大路"。② 邓初民更强调民主对于实现团结的重要性,即"如何配合起来使敌人的投降缴械更有效,更有助于民主团结的实现"。"民主团结之在今天的中国,决不是一个抽象的概念,更不许任何人玩弄字句,借便欺蒙,它第一件事,就是打开局面,恢复谈判"。③ 对于战时经济向平时经济转移,学者多主张民生主义的社会主义,前提依然是和平、民主的政治环境。"任何内政的纠纷都会引起经济调整的困难,延误经济重建的期间,因此都应加以避免。"④尽管不同主张的立场各有差异,但内容大体一致。

8月28日,毛泽东、周恩来、王若飞等在国民政府军事委员会政治部部长张治中、美国驻华大使赫尔利(Patrick Jay Hurley)的陪同下,从延安飞抵重庆,国共和平谈判开始。毛泽东在机场发表书面讲话,重申应在和平、民主、团结的基础上合理解决国内政治、军事各项迫切问题,"以期实现全国之统一,建设独立、自由与富强的新中国"。⑤ 经45天的艰苦商谈,10月10日,双方代表正式签署《国民政府与中共代表会谈纪要》(即《双十协定》)并予以公布。⑥

《双十协定》共12项,双方达成一致的重要收获有三:一是确定了和平建国的基本方针:中国抗日战争业已(《中央日报》公布的版本,此处还有"胜利"二字)结束,和平建国的新阶段,即将开始,必须共同努力,以和平、民主、团结、统一为基础,在蒋主席领导之下,长期合作,坚决避免内

---

① 《中国民主同盟发表:抗战胜利中的紧急呼吁》,《新华日报》(渝)1945年8月30日,第2版。
② 社评:《读蒋主席再致延安电》,《大公报》(渝)1945年8月21日,第2版。
③ 《邓初民教授对时局谈话》,《新华日报》1945年8月19日,第2版。
④ 伍启元:《由战时经济到平时经济》,《大公报》(渝)1945年8月26日,第2版。
⑤ 《毛主席抵渝发表谈话》,《解放日报》1945年8月30日,第1版。
⑥ 《政府与中共代表会谈纪要》(1945年10月10日),《中央日报》1945年10月12日,第2版;《解放日报》1945年10月12日,第1版。

战,建设独立、自由和富强的新中国,彻底实行三民主义。双方又同认蒋主席所倡导之政治民主化、军队国家化,及党派平等合法,为达到和平建国必由之途径。二是双方同意迅速召开政治协商会议,为结束训政,实施宪政,应先采必要步骤。三是一致认为政府应保证,人民享受一切民主国家人民在平时应享受身体、信仰、言论、出版、集会、结社之自由,现行法令当依此原则,分别予以废止或修正。

在国共谈判及《双十协定》的鼓舞下,政治民主化进程也出现了一些向前推进的迹象。9月3日,为庆祝抗战胜利,国民政府颁布四项命令:其一,传令全体官兵,一体优予褒奖,厚为慰劳,并各按功绩,分别给赏,以励忠勋。其二,查明自抗战以来殉职官兵籍贯及遗族直系亲属,凡阵亡将士家属及残废官兵,各依例优待,加以年时之抚慰,予以生活之保障。其三,所有在抗战期中颁布之各种战时法令,举凡人民生活经济之行为,乃至集会结社言论之自由,其有未合平时规范者,得先申请废止,以期符合约法之精神,而作实施宪政之准备。其四,明令沦陷区各省应即予豁免本年度田赋一年,其他后方各省明年亦予豁免。全国兵役自本日起一律缓征一年。各级政府应照二五减租决议及其他政纲政策中有关民生之各项规定,限于本年11月12日以前拟定办法,次第实施。①

随后,行政院核定曾经陷敌各省本年度田赋豁免实施办法,分电各省市政府遵照实施。② 又为减轻人民痛苦及避免不肖员司乘机舞弊,复电收复区省市政府,对于历年旧欠田赋,亦一律缓征一年。③ 对于各地方政府阳奉阴违,豁免同时出现补征、借征现象,12月18日,国民政府复令行政院迅速严饬收复区各省市政府将遵办情形切实呈报。④ 行政院并核定实施二五减租办法,通令各省市政府遵办,特别强调实施减租县份得审察当地实际情形,拟订实施办法;省政府对于各县办理减租,应认真督察,务

---

① 《国府奖恤有功军民,停止征兵免赋一年,各种战时法令将先后废止》,《中央日报》1945年9月3日,第3版。
② 《豁免田赋办法核定》,《中央日报》1945年9月9日,第2版。
③ 《收复区旧欠田赋亦一律缓征一年》,《中央日报》1945年11月9日,第2版。
④ 《收复区豁免田赋一年府令切实遵办》,《中央日报》1945年12月19日,第2版。

期公平切实并严密考核。① 11月15日,立法院议决通过修正惩治汉奸条例,12月6日国民政府公布施行,1938年8月15日修正公布之惩治汉奸条例同时废止,两条例规定之汉奸行为14款相同。② 实际影响更大者,为一批涉及言论、出版自由之战时法令被废止。经国民党中央常会决议通过,国府最高委员会委员长核定,自10月1日起,废止战时出版品审查办法及禁载标准、战时书刊审查规则及战时违检惩罚办法;新闻检查,除军事戒严区外,一律废止;电影、戏剧检查仍继续办理,其检查标准应予修订;现行出版法应酌予修订。又规定:"出版物负责人如对于其将行刊之言论与消息,是否合法发生疑问时,得向中央宣传部或当地政府询问请求解答。""但虽经解答,仍应由出版物负责人负法律上之责任。"③

此外,学术自由的问题,也引起多方关注。国民党第六次全国代表大会通过的政纲政策中,关于民权主义之主张第二项为:"保障人民言论、出版、集会、结社、宗教信仰及学术研究之自由。"④抗战胜利后,要求兑现学术自由的呼声立刻提升。8月18日,中国教育学术团体第四届联合年会在重庆召开,提出教育要能够帮助国民发展个性与人格,以树立学术自由的基础。⑤ 胡适在联合国教育文化会议上声称:"尤望草案中能特殊强调自由而无约束之思想及知识交换一点。"⑥尽管官方传媒力图使学术为宪政、建国的政治需要服务,也只能提出"科学的学术与民主的政治结合起来"⑦的口号,在某种程度上回归到"五四",预留了较大的发挥空间。

种种迹象,似乎可以拼凑出一幅中国政治文化环境朝向和平与民主方向发展的画图,社会政治参与活跃起来,尤以文化、教育界中上层最为

---

① 《行政院通令各省市实施二五减租办法》,《中央日报》1945年10月31日,第2版。
② 《惩治汉奸国府公布修正条例》《惩治汉奸条例,国府重行制定公布》,《中央日报》1938年8月16日,第3版;1945年12月6日,第3版。
③ 《出版检查明日废除》,《中央日报》1945年9月30日,第2版。
④ 《政纲政策全文》,《中央日报》1945年5月19日,第2版。
⑤ 社论:《教育学术团体年会》,《中央日报》1945年8月19日,第2版。
⑥ 《联合国教育文化会议胡适当选为副主席》,《中央日报》1945年11月4日,第3版。
⑦ 社论:《学术与政治》,《中央日报》1945年11月1日,第2版。

积极。9月3日,民主科学社为纪念抗日战争和世界反法西斯战争胜利,决议改组为九三学社,并成立筹备会,政治党派色彩愈加浓厚。10月1日,中国民主同盟召开全国临时代表大会,目的是把握这个千载难逢的机会,实现中国的民主。大会宣言所提政治主张中,要点为:积极支持将要召开的政治协商会议;坚信举国一致的民主联合政府,是当前国家和平、统一、团结和合作建国的唯一途径。11月2日,民盟发言人发表谈话,声称愿为四万万五千万老百姓请命,当前中国第一件事是停止内战,避免内战,消弭内战。要求政府应该在10日以内正式召集政治协商会议。11月12日,中华民族解放行动委员会发表《对时局宣言》,提出立即停止各地军事行动,迅速召开政治协商会议,在国民大会召开以前成立统一的民主联合政府等四项主张。在社会人士方面,10月1日,西南联合大学张奚若、周炳琳、朱自清、李继侗、吴之椿、陈序经、陈岱孙、汤用彤、闻一多、钱端升10教授致电蒋介石、毛泽东,主张:一党专政固须终止,两党分割亦难为训,应速成立立宪政府。燕京大学研究院政治学部研究生亦发声议政,呼吁国共双方立即停止军事行动,各保原有状态,以俟紧急召开之政治协商会议,由政治协商途径解决军事冲突问题,并以政治协商会议为过渡时期全国最高之权力机关。又强调政治协商会议之代表应尽量扩大无党派人士名额,至少应占全体代表三分之一,尤应着重德望崇高之名学者,最好由各大学教授推选。①

如此,全社会对于抗战胜利后之期望大大升高,尤其是热望切实维护中国的国际地位,首先必须实现国内的和平、民主、团结。可是,当升高的期望遭遇现实挫折时,潜在的紧张就会变成实实在在的紧张。

二、民主精神的传承

在云南昆明,抗战后期之发展尤其乐观。闻一多满怀激情地写道:

> 自从民国三十三年双十节,昆明各界举行纪念大会,发表国是宣

---

① 《我们认为制止内战之步骤》,《大公报》(渝)1945年11月10日,第2版。

言,提出积极的政治主张。这里的学生,配合着文化界、妇女界、职业界的青年,便开始团结起来,展开热烈的民主运动,不断地喊出全国人民最迫切的要求,各大中学师生关于民主政治无数次的讲演、讨论和各种文艺活动的集会,各界人士许多次对国是的宣言,以及三十三年护国、三十四年"五四"纪念的两次大游行,这些活动,和其他后方各大城市的沉默,恰形成一个鲜明的对照。①

抗战胜利之后,确定了具有广泛共识的和平建国基本方针和政治民主化的途径,各党派、团体、社会阶层的政治参与活跃起来,一批报刊先后复刊或创刊,言论环境有所改善,在此种环境下,学生的政治影响力理应更形减弱,至少运动式的振臂一呼的政治参与意义,应该已经被大大降低。

但是,出于历史发展的惯性作用,校园依然是从事政治宣传活动的重要场所。此种传统,既源于古代文人士子参与议政之习惯和现实关怀之抱负,更重要的是近代以来,尤其是从"五四"到抗战,学生运动奋力争取到的权力,继承传统也就是在维护权力。另一方面,也需要注意,尽管战后校园政治依然活跃,可主角是教授而非学生。抗战后期民主宪政运动的重要成员,许多人有大学教授的身份,而且,校园中有关心时政的学生和神圣自由的讲台,也提供了深刻阐述政见的对象与场所。进步教授冲在前面,以举行时事座谈会为主要活动形式,成为战后学生运动发起前期的重要特点。②

仅举一例,胜利前夕之8月3日,西南联合大学学生自治会请钱端升教授演讲《参政会与今后中国政治》,虽说是在联大最大的教室中举行,可教室外面也围着重重的听众。钱端升引美国副总统华莱士(Henry

---

① 闻一多:《"一二·一"运动始末记》(1946年2月),《闻一多全集》第3册,北京:生活·读书·新知三联书店,1982年版,第523页。
② 对于运动中西南联合大学教授会的研究,有利于说明教授群体在运动中的作用。可参阅闻黎明:《论一二一运动中的大学教授与联大教授会——中国40年代的自由主义考察之一》,《近代史研究》1992年第4期,第188—213页;于化民:《"一二·一"运动中的西南联大教授会》,《史学月刊》2008年第6期,第50—61,136页。

Agard Wallace)所言"20 世纪是老百姓的时代!"代表其对理想的新中国的看法,强调这是世界潮流,并严厉批判中国的政治现况:

> 我们现在有多少言论自由?可说没有,我们现在有多少结社自由?也可说完全没有!但是在这无自由的情况下,我们还要说话,这不是胆子大,也不是为了出风头,而是因为这是符合于全民利益,是无法制止的。

钱端升认为"一个富强进步的国家决不能单靠一个领袖",提出了产生真正代表全国的领袖的两条路:一是反对党参加政府领导机构;二是组织联合政府然后联合领导。并以为中国只能走第二条路。①

不幸的是,在战后中国政治发展趋向好转的热望之中,10月2日,国民政府、军事委员会下令改组云南省军政机关,3日昆明实行戒严,动用武力迫使龙云离滇,以政治阴谋和军事手段并用,解决中央与地方的统一政令军令问题。然而,更不幸的是,新的云南主政者还试图以更为严酷的特务与暴力恫吓,推行其所谓的中央与地方"二位一体"和党政军民"四位一体"②。云南的政治变动,给尚不够明朗的政治局势,蒙上了一层厚厚的阴霾。③

11月24日晚,云南省党政军各机关举行联席会议,"议决凡各团体学校一切集会或游行,若未经本省党政军机关核准,一律严予禁止"④。此举的直接结果,就是迫使云南大学校方张贴布告,对原定于25日晚由西南联合大学、云南大学、中法大学、英语专修学校四校学生自治会在云南大学至公堂联合举办之时事晚会,取消会场提供,于是,联大学生自治会临时征得校方同意,将活动按原定时间改在联大新校舍图书馆前大草坪举行。

---

① 《钱端升教授在联大演讲:中国需要联合领导》,《新华日报》(渝)1945年8月15日,第2版。
② 《李代主席报告治滇三大原则》,《中央日报》1945年10月9日,第2版。
③ 易社强特别强调云南政局变动对校园民主及学生运动的深刻影响。《战争与革命中的西南联大》,饶佳荣译,北京:九州出版社,2012年版,第311页。
④ 《集会游行未经核准一律禁止》,《中央日报》(昆)1945年11月25日,第3版。

晚七时,时事晚会开始,到会者中亦有部分中学生及社会人士共五六千人,形式为教授讲演,主题是反对内战、呼吁和平。首先由钱端升讲《对目前中国政治之认识》,极力强调目前成立联合政府之必要。继而由伍启元演讲《财政经济与内战的关系》,以为内战继续扩大,中国必将失去建立现代工业化国家的机会,财政经济必将趋于总崩溃。接着由费孝通演讲《美国与中国内战之关系》,以为美国目前政策实有助长中国内战之嫌,呼吁中美人民联合起来,反对中国内战。再接着由潘大逵演讲《如何制止内战》,亦强调从速召开政治会议,成立联合政府,以为美苏军队各从中国撤退是制止内战的主要条件。会间,还通过了昆明市四高校全体学生致国共两党反对内战和呼吁美国青年反对美军参加中国内战等通电,最后在《我们反对这个!》①的反内战歌声中散会。

时事晚会的内容与形式,包括组织者、参加者、演讲者、场所、仪式、秩序、情绪及主题、语言、通电、歌曲等,都与"以前无数次的时事晚会"无异,是动荡局势下校园内的一种常见的政治表达方式,"也是不会闹出什么事来的"。② 然而,地方军政当局压制学生集会的企图,在遭遇更具影响力的西南联大的不予理睬后,使用了更为严重的直接暴力压迫,激起了学生的群体对抗。

在学生发表的告同胞书如此描写当局的迫害:

> 正在教授讲演的时候,就在这黑暗的四周,机关枪声,冲锋枪声,还有迫击炮声,突然大作,子弹发着呼啸,从我们头上飞过。原来我们这一大群教授和学生,竟被当作"土匪"在围攻了。然而,我们这一大群仍旧镇静的结束了大会,我们准备回去了,可是联大四周交通阻绝,通道戒严,任何人都回去不得,我们这一大群教授和学生,被隔绝

---

① 歌词为:我们反对这个,我们反对这个。这违反人民进攻人民的事,这违反人民进攻人民的事! 要告诉你的父亲和祖母,要告诉你的姊妹和兄弟,要告诉你的朋友和爱人,要告诉你的亲戚和邻居,要告诉种田的做工的当兵的和全世界的人民。我们反对这个。我们反对这个! 编写组编:《一二·一运动史料选编》下,昆明:云南人民出版社,1980年版,第224—225页。

② 闻家驷:《当真是匪警吗?》(1945年11月26日),《一二·一运动史料选编》上,第58页。

在黑暗的露天,面对着冲锋枪和刺刀,徘徊了几个钟头。①

暴力的魔爪已经贴近校园,并随着枪炮的射击,笼罩在校园上空。此种压迫,在中国近代历史上前所未有,不仅对国家政治民主化的期盼给予沉重打击,而且大大压缩了校园民主的空间,这是学生运动得以生存的最后底线。当然,这也是校方及教授们所不能接受的,高等学校的相对独立和自由,是提高学术研究和培养民主精神的前提条件。教授们以为,地方军政当局的不法之举,"不特妨害人民正当之自由,侵犯学府尊严,抑且引起社会莫大之不安"②。教授奋起维护学府尊严,为战后学生运动的初起帮助甚大。

激起学生愤怒的还有另一个因素,即当局对于引发学生抗议之事件的事实与性质的造谣污蔑。11月26日,昆明版《中央日报》刊登了两则不起眼的小消息③,一是以《西郊匪警黑夜枪声》为题的不足50字的通讯:

> 【中央社讯】本市西门外白泥坡附近,昨晚七时许,发生匪警,当地驻军据报后,即赶往捕捉,匪徒竟一面鸣枪,一面向黑暗中逃窜而散。

声称军队出动是为了剿匪,枪声为匪徒所放。但是,拙劣的辩解无法掩盖"戡乱""剿匪"的政治指向,一条被制造出来的小消息,无非是想给学校围墙里面的活动定性,至少是进行赤裸裸的威胁。另一则消息为4名读者的《读者来书》,讲述时事座谈会上有老百姓要求自由讲话,"说到抗战八年方得胜利,目前有人称兵作乱,此系内乱而不是内战,自当设法予以平息",却不料被阻止不准自由说话,并遭围打。来书者还反问:

> 不容许一个老百姓说几句话,我实在不懂,他们开口民主,闭口民主的口头禅,是不是专门欺骗老百姓的,如果照昨晚的情形,他们似乎是专制暴君,这想不是现代化的学者和政治家的风度罢!

---

① 《昆明市大中学生为反对内战及抗议武装干涉集会告全国同胞书》(1945年11月28日),《一二·一运动史料选编》上,第59—60页。
② 《国立西南联合大学全体教授为十一月二十五日地方军政当局侵害集会自由事件抗议书》(1945年11月29日),《一二·一运动史料选编》上,第69页。
③ 《中央日报》(昆)1945年11月26日,第3版。

《读者来书》的作者只是一名混在人群中充当老百姓的特务,此事很快就被学生揭露,但其以民主运动中批评当局的语言反过来批评活动组织者,则大大激怒了学生,尤其是其中的骨干积极分子。如果说,"国家兴亡,匹夫有责"是学生关心现实政治的传统精神核心,为国家、为民众而抗争是学生的权利,但是,仅有传统还是不够的,一个事件能够转变为较大规模的针对执政当局的学生群体抗议,一定是在学生要求的公正性遭到诋毁、学生行为的纯洁性遭到玷污的情况下发生的。官方报纸的报道,恰恰提供了这样的条件,其拙劣程度更令学生不能容忍。

11月26日,学生开始罢课,这是学生遭遇迫害的第一本能反抗形式,也是学生运动初起时的习惯内容。学生的主张分为两类:①

第一类是原则性主张4条:第一,立即制止内战,要求和平。第二,反对外国助长中国内战,美国政府应立即撤退驻华美军。第三,组织民主的联合政府。第四,切实保障人民的言论、集会、结社、游行、人身等自由。

第二类是坚决要求云南党政军当局4条:一、追究射击联大事件的责任问题。二、立即取消二十四日党政军联席会议禁止集会游行之非法禁令。三、保障同学之身体自由,不许任意逮捕。四、要求中央社改正诬蔑联大之荒谬谣言,并向当晚参加大会之人士致歉。

可见,原则性主张是当时全社会的共识,包括政府当局的相关言论,也绝非罢课所能立即实现,更多地是一种正义象征和民意代表的政治宣示。因此,影响学生行为的主要是针对地方当局要求的结果,其中前两条为清算迫害事件及取消相关法令;第三条在于确保学生参与政治活动及从事学生运动的权利,最低限度是校园内的自由;第四条的提出充分表明,名誉对于学生运动至关重要,任何使之污名化的企图,都可能成为学生运动发起并坚持的重要因素。

面对突发事件的应对,学生显然并无准备,罢课只是学生出于情绪的

---

① 《昆明市大中学生为反对内战及抗议武装干涉集会告全国同胞书》(1945年11月28日),《一二·一运动史料选编》上,第60页。

自发反应,充其量也只是各院校的分散行动。① 当罢课成为事实后,尤其是《中央日报》的歪曲报道刊出后,首先必须着手进行组织升级工作,以适应更大规模学生群体抗议斗争的需要。11月26日下午,联大学生自治会举行临时代表大会,通过罢课决议,授权理事会组织罢课委员会,起草罢课宣言,筹备出版《罢委会通讯》。27日,昆明市学联召开各大中学校代表大会,决议全市总罢课,成立昆明市中等以上学校罢课联合委员会,选出联大、云大、中法及昆华女中、云大附中等五校罢委会负责人为罢联常委,寻求同盟行动。

罢联的组织架构虽大,但能够发挥的主要是校际间学生组织的联络作用,对于学生的领导能力十分有限,对于各校、各院系学生自治会的影响亦很有限,即使是罢课宣言之起草,也暴露出一般学生与学生自治会的矛盾和冲突,而在愿意参加政治活动的学生中一般学生占据多数。在提出质疑的学生中间,除少数三青团员外,多数自我标榜无党无派,反对内战,要求国共停战,反对干涉,要求美苏退兵,强调立场之公平、公正,同时凸显身份的中立或独立,②他们对于学生运动的发起及持续具有重要意义。

十分明显,进行有说服力的解释工作相当困难,更非当时学生组织内部能够自行完成。在《罢委会通讯》第一期上,有一组文章试图给予解释,但均为泛泛而论,难以经受推敲。在国内问题上,罢委会强调"共产党"这顶帽子是当局用来压学生的阴谋,也同样需要以中立标榜代表民意,宣称"如果共产党反对我们的主张,我们也一定要反对它"。对于美苏驻华军

---

① 据校史记载:"联大学生为军队开枪威胁晚会所激怒,纷纷要求罢课抗议。"当夜,有的起草罢课通知书,有的在宿舍中征集赞成罢课同学的签名,还有几位同学"把学校上课敲钟用的那段钢轨从架子上取下,藏起,第二天听不见上课的讯号,造成了事实上的罢课。工学院第二天一早,利用早餐时间,举行全体学生大会,一致通过罢课"。西南联合大学北京校友会编:《国立西南联合大学校史——一九三七至一九四六年的北大、清华、南开》,北京:北京大学出版社,1996年版,第464页。罢课的事实记载和议决方法存在诸多疑点,亦说明罢课发起时的组织松散状态。

② 《国民党区青运材料特辑》(1946年1月18日),共青团中央青运史工作指导委员会、中国青少年研究中心、中央档案馆利用部编:《中国青年运动历史资料(1942—1946)》第16集,北京:中国青年出版社,2002年版,第293—295页。材料作者为民主青年同盟(民青)成员,写作时间不详,标题中为冯文彬批转材料的日期。

队撤退问题,解释就更模棱两可,"我们为什么不以同样的要求,要求苏联政府呢? 当然如果苏联不肯让出东北,如果苏联军队也干涉中国内政,帮助中国共产党,我们也一样要反对。不过事实上到今天为止,没有任何证据可以说明苏联这样做。"①

更为重要的是,罢委会对于战后新环境下的学生运动,尚缺乏如何行动的总体考虑。罢课后,具体活动的形式与内容,基本上完全照抄战前学生运动。罢委会工作主要是浮在上面的宣传,特别是发布形形色色的宣言、文告和抗议书,对象由全国同胞、美国政府、美国人民,渐次具体到工人、士兵、机关公务人员,号召同学们到街头去,"让我们用小组的方式,五人一组,七人一组,把我们的宣传品带到街头上去"②,设想以学生罢课,带动一个工人罢工、职员罢职(不办公)、商人罢市、士兵放下枪杆的全社会总同盟行动,反对内战,争取民主自由。能够真正走上街头的,也许只是一小部分学生骨干,且他们行动分散,各校甚至各院系之间也缺乏联系,多数同学仍在校园活动,至于"扩大我们的工作到工厂,到农村,到街头,到每个角落,团结我们的力量推动更多的人"③,无疑只是停留在纸面上。

罢委会不惧当局威胁,也不接受教授们在发表抗议书之余对学生即日复课的劝令④,准备罢课到底,但其彻底解决式的行为主张,也同样会造成学生内部的分化。因此,罢课之所以还能够继续,很大程度上因为地方当局不断制造出各种刺激因素的不当处置策略。11月27日,云南省政府召集昆明各中学校长开会,限令28日完全复课。其后,又确定了宣

---

① 《为什么要求美国撤兵?》《我们没有报纸》《罢课就是受人利用吗?》,《罢委会通讯》第1期,1945年12月1日,《一二·一运动史料选编》上,第66、91—93页。
② 《坚持罢课到底,让我们英勇前进——昆明市中等以上学校罢课联合委员会致同学的一封信》(1945年11月30日),《一二·一运动史料选编》上,第76页。
③ 《教授训话以后》,《罢委会通讯》第2期,1945年12月2日,《一二·一运动史料选编》上,第94页。
④ 《西南联大教授会一九四五年第二次至第十次会议记录》,中共云南省委党史资料征集委员会、中共云南师范大学委员会编:《一二一运动》,北京:中共党史资料出版社,1988年版,第380页。

传对宣传、组织对组织、行动对行动的方针,①可谓针锋相对。此举激起学生与当局的严重对立,冲突加剧,自然会造成学生队伍的分化,但也有可能部分遮掩或消解如何复课的问题。在宣传上,当局只有给学生运动戴"共产党"帽子和制造民意两途,缺乏新意。在组织上,因三青团在学校,尤其是在大学中影响偏弱,学生多需要以无党无派身份拼凑"反罢委会""反罢联"等组织,或以同乡会名义活动。两者的影响力在校园内都很有限,甚至引起反感,反而有利于划清界线,客观上促进了罢课领导机构的宣传和组织工作。所以,当局的对抗策略重心偏于行动,主要以小股军警、特务针对街头宣传、活动的分散学生,进行骚扰、寻衅、殴打和逮捕。29日,街头暴力升级。30日,发生多起恶性暴力事件,多所学校校园遭到围攻,学生抗议的文字亦趋于激烈。新的危机一触即发。

12月1日,战后最残暴的镇压学生行动在昆明发生,史称"一二·一"惨案。闻一多如此记载事件经过:

> 十二月一日,从上午九时到下午四时,大批特务和身着制服,佩带符号的军人,携带武器,分批闯入云南大学,中法大学,联大工学院,师范学院,联大附中等五处,捣毁校具,劫掠财物,殴打师生。同时在联大新校舍门前,暴徒们于攻打校门之际,投掷手榴弹一枚,结果南菁中学教员于再先生中弹重伤,当晚十时二十分钟在云大医院逝世。同时在联大师范学院,正当铁棍、石头飞舞之中,大批学生已经负伤倒地,又飞来三颗手榴弹,中弹重伤联大学生李鲁连君,仅只奄奄一息了,又在送往医院的途中,被暴徒拦住惨遭毒打,遂至登时气绝。奋勇救护受伤同学的联大学生潘琰小姐,已经胸部被手榴弹炸伤,手指被弹片削掉,倒地后,胸部又被猛戳三刀,便于当日下午五时半在云大医院的病榻上,喊着"同学们团结呀!"与世长辞了。昆华工校学生张华昌君,闻变赶来救援联大同学,头部被弹片炸破,左耳

---

① 《国民党区青运材料特辑》(1946年1月18日),《中国青年运动历史资料(1942—1946)》第16集,第297页。关于云南国民党当局的应对策略有不同记载,差异不大,此处使用民青材料,旨在强调学生与当局在行为选择上的对抗性。

满盛着血浆,血红的鲜血上浮着白色的脑浆,这个仅止十七岁的生命,绵延到当日下午五时在甘美医院也结束了。……①

暴行情节令人发指,不仅造成多人死伤,而且手段残忍。近距离对非武装之学生投掷手榴弹,对已倒地重伤学生继续施暴,均为中国近代历史上绝无仅有。此外,惨案发生场所还极具象征意义。中国自有近代教育以来,大学既为传播知识、研究学问之所,也是展现自由民主精神、表达社会公意的重要场所,这是自"五四"运动以来学生运动发生、成长的基础条件。学生运动在校园内酝酿,在高涨时走上街头,走向社会,在相持阶段及收束期又回到校园,学生能够充当社会前锋呐喊,与校园的相对自由环境关系密切。西南联大之所以被称之为"民主堡垒",不仅在于无形的精神力量和崇高的社会地位,有形的校园也是重要的标志与象征。惨案的制造者似乎就是要打破这一象征,将暴力延伸至校园,从而彻底破坏"民主堡垒"。惨案最血腥的场景,发生在西南联大的两座校门口。聚集在四周的暴徒试图打进校园,学生则努力关上校门,想要把暴力阻挡在校园之外,罪恶的手榴弹从门隙中投了进来。

惨案震惊全国,乃至整个世界,从而激起了更为广泛、更强有力的反内战、争民主运动。

惨案发生后,对罢课与复课取何态度,在学生中不再成为问题,学生还取得了道德优势,借助遭遇迫害的悲情继续活动,并免去了纠缠于国共、美苏之间政治立场选择的内耗。因此,学生运动便围绕着悼念死难烈士的各项活动展开,灵堂成为中心场所,校园仍是主要阵地,同时,街头宣传也有了更大规模的开展。

12月2日上午,四烈士遗体先后从医院移来联大新校舍,安放在图书馆大阅览室,供瞻仰吊唁。图书馆门首贴着一条标语:"你要道歉吗?你问已死的同学吧!他们答应你,我们也答应你。"两旁贴着反内战壁报、追念死者专号及增刊。下午3时,入殓典礼开始,有学校、教授、学生及世界学生救济委员会代表等6000余人参加。图书馆前的升旗台上搭了一

---

① 闻一多:《"一二·一"运动始末记》(1946年2月),《闻一多全集》第3册,第524页。

座临时祭坛,旗杆下半旗致哀,坛两边放着四具棺木以及四大幅遗像、祭文、挽歌等。鸣礼炮后,四烈士遗体被从图书馆内抬出入殓,悲痛紧压在每一个人的心头,代表们最后在死者面前发誓:"我们誓死为争取民主自由奋斗到底,我们要复仇,为千千万万无辜的被法西斯残害的人们复仇!"①当天的活动,还有联大剧艺社在图书馆前草坪演出反内战广场剧《凯旋》②,校外宣传活动也恢复进行。入殓以后,棺木仍停放在图书馆大阅览室,该处也就成了灵堂。3日,罢联发出公祭讣告,宣布自4日起接受各界人士奠祭。在此后的一个半月内,前来致祭的学校、工厂、企业等团体有近300个,各界人士达15万人次,超过当时昆明人口数量的一半。③"图书馆作了灵堂,灵堂也就是图书馆。"④运动有了一个从学习高深知识到了解现实政治的自我教育场所,找到了一条打开校园、联系社会的特殊路径。

  青年的鲜血,刺痛了全社会的神经,其中尤以教授的支持给予学生帮助最大。12月2日上午,联大教授会决议:推派代表参加死难学生入殓仪式并致吊,向受伤者致慰问;向地方军政当局交涉,万一学生坚持抬棺游行,请准予游行;建议学生自治会在校园内安葬死难同学。分电教育部及蒋介石、宋子文,请派政军大员来昆彻查处理,并推派代表赴渝接洽。4日上午,教授会再度决议:自即日起停课七天,对死难学生表示哀悼,对受伤师生表示慰问,并对地方当局不法之横暴措施表示抗议;推定法律委员

---

  ① 《于再、张华昌、潘琰、李鲁连四死难烈士入殓典礼记》,《罢委会通讯》第5期,1945年12月5日,《一二·一运动史料选编》上,第134—136页。
  ② 独幕广场剧《凯旋》描写了一个抗战胜利后内战即起的故事,日伪军摇身一变成为地下军用于内战,以及接收沦陷区的国军以剿共为名兄弟相残,于"一二·一"惨案后脱稿。作者王时颖创作时说:"它最多只有一年的寿命。"但是,随着内战的扩大,此剧频繁上演,成为学生运动中的主要宣传武器。《关于〈凯旋〉》,《五四在北大》,北大壁报联合会委托风雨社编辑兼发行,1947年,第45页。
  ③ 《国立西南联合大学校史——一九三七至一九四六年的北大、清华、南开》,第466页。
  ④ 何达发表在《文艺新报》上的新诗《图书馆》,深刻地揭示了场所职能变化在学生运动中的意义。编写小组:《"一二·一"运动史料汇编》第3辑,昆明师范学院、云南省历史研究所内部发行,1979年版,第61页。

会委员人选,促其加紧工作,务期早日办到惩凶及取消非法禁止集会之命令。① 联大讲师、助教、职工亦开会决议,即日起罢教、罢工。可见,校方及教授对于发生于校园的暴力更为敏感,善后处置也更有经验。

另一方面,当局对惨案处置的态度及方法,仍然是影响学生要求并左右运动行为轨迹的更为重要的因素。地方当局显然没有预料用特务残暴镇压学生运动的后果,自然没有具体的善后对策,惨案发生后,当局在宣传和司法两方面的应对,有如笨拙的表演,只会激起学生越来越高涨的对抗情绪。

12月2日,官方媒体报道将惨案描述为学生与军人"因误会发生殴斗"和"一部服装不齐之群众"连投手榴弹所致。② 3日再报,"误会"的起因,变成了军人在"昆市被联大学生殴辱",遂约众至校园殴斗。至于投掷手榴弹被拿获的两人,一为失业军官,乃参与殴斗时"暗怀"手榴弹;一为军官总队第二中队学员,因"在市上被奸党分子所辱弄"而图报复。③ 4日下午,惨案公审仓促登场,由云南省主席卢汉为审判长,云南省警备总司令关麟徵、国民党云南省党部主任委员李宗黄为陪审官,审判阵容庞大,目的在安抚学生,企图尽早结束学潮。可是,审判内容荒诞不经,事实叙述前后混乱,前报道为凶犯之一的王斌辩称"根本没有手榴弹","是学生由墙里丢出来的",似乎是学生自己炸自己,无从追查;另一凶犯陈云楼辩称自己的手榴弹没有丢,手榴弹来源也改为现场"一个穿便衣的人"递给他。被定罪的两人则另有其人,均为三十多岁的编余军官,在昆明做生意,受一个二十多岁名叫姜凯的人煽惑,被金钱收买,至师范学院门前接到手榴弹并投掷。当然,地方当局对司法表演本无热情且不认真,在台上进行事实调查和司法审理之时,便直指此次学潮"乃一有计划阴谋之政潮",因此阻止集会游行,则是"当局洞烛其奸,深恐纯正可爱之学生为奸人利用,作其工具,而遭牺牲"。④ 在同一时间的《中央日报》上,连篇累牍

---

① 《西南联大教授会一九四五年第二次至第十次会议记录》,《一二·一运动》,第380—382页。
② 《联大师范学院昨被暴众滋扰》,《中央日报》(昆)1945年12月2日,第3版。
③ 《投掷手榴弹两凶犯已拿获》,《中央日报》(昆)1945年12月3日,第3版。
④ 《警备总部昨公审手榴弹案》,《中央日报》(昆)1945年12月5日,第3版。

都是攻击共产党制造内战、各地各界要求政府"戡乱"的消息。

给运动戴上共产党制造的帽子及试图敷衍过关,再度激怒了学生。12月5日下午,罢委会议决条件。6日,罢联发表《昆明大中学生为"一二·一"惨案告全国同胞书》,提出要求三类共十一条,其中前两类各四条,与11月28日《告全国同胞书》相同,对于"一二·一"惨案提出要求三条:一、严惩12月1日的主谋凶犯关麟徵、李宗黄、邱清泉。二、当局应负担死难同学之抚恤费、受伤同学之医药费。三、赔偿一切公私损失。① 将惨案直接定性为地方当局的阴谋,要求追究党政军主要官员的责任,并决定须待第二类四条及第三类三条得到圆满答复,方能考虑复课问题②,取得了更大的回旋余地。

坚持罢课为深入宣传创造了机会,惨案则提供了最生动、最感人的素材。使用最多的标语和口号,由于有了具体的对象和事件,更为鲜明及具影响力。③ 吊唁烈士的活动,产生了大批祭文、挽联和诗歌,虽风格各异,但战斗性极强,且文字朴实精美,社会影响力巨大。李公朴的两幅挽联为:

> 要独裁残杀学生之政府,从来没有好结果。
> 反内战代表人民的公意,不久一定会成功。

> 四位民主战士,你们死去,你们永远不会死去。
> 一群专政魔鬼,他们将来,他们已经没有将来。④

两幅挽联言明了民主与专制的归宿,既是历史的预言,也是个人信念的写照。联大历史系一九四八级同学的挽联为:

---

① 《一二·一运动史料选编》上,第157页。
② 《我们的条件》(1945年12月5日),《"一二·一"运动史料汇编》第1辑,第49页。
③ 惨案前,罢委会曾公布口号18条,如谁要打内战,我们就反对谁!工人罢工,商人罢市、学生罢课、士兵放下武器,一致支持反内战运动。美国兵回家过圣诞节去!有了联合政府,就不会打内战! 等等,内容空洞,指向不够清晰。《反内战口号》(1945年11月),王学珍、郭建荣主编:《北京大学史料》第3卷(1937—1945),北京:北京大学出版社,2000年版,第413—414页。
④ 《"一二·一"运动史料汇编》第3辑,第114页。

用鲜血写历史。

以生命换自由。①

以简洁的语言,表达了历史的真谛。演剧与歌咏是街头宣传活动最具感染力的形式。联大剧艺社发挥了匕首的作用,广场剧《凯旋》在惨案发生后最后修改定稿,街头剧《告地状》增加了李鲁连母亲来昆明寻子的场景,话剧《潘琰传》则以另一位死难烈士潘琰为主角,将身边真实的故事进行再创作,在街头四处巡演。歌咏活动亦是同样,联大高声唱歌咏队创作并教唱《凶手,你跑不了!》《烈士们,安息吧!》《中央社是造谣社》《我们不买〈中央日报〉》等群众歌曲。为使惨案经过情形及反内战运动消息传播更广、更远,罢联发起了写信运动,号召同学"给你的兄弟姊妹,给你的朋友,给你的同学……给你认识的报纸杂志"写信,还传授了打通邮信检查网的办法。②

运动中的历史纪念,是学生运动的特征之一,有时甚至是运动得以坚持和发展的必要条件。12月9日下午2时,"一二·九"运动纪念会在联大图书馆前举行,历史纪念与现实公祭合并,有学生及各界民众万余人参加,为惨案以来最大规模活动。开会前,有歌咏队唱反内战歌曲及漫画讲演,活跃会场情绪。纪念大会上,无论是主席报告开会意义,还是亲历者的报告,都将"一二·九"与"一二·一"联系起来,并以"一二·九"的长期奋斗过程,预言"一二·一""也必然要经过更长期的奋斗,一定会得到胜利"。③ 值得注意的是,在"一二·一"时期,历史纪念也提供了认识并声援昆明学生运动的机会。在重庆,自12月9日起一连三天,长安寺举行陪都各界追悼昆明被难师生公祭,会堂门两旁是北平留渝同学的挽联:

忆当初一二九运动,为了要求抗日,我们无辜,惨被大刀水龙打,虽然事隔十年,伤痕宛在,抚今思昔不胜悲;

---

① 《"一二·一"运动史料汇编》第3辑,第121页。
② 《为发动写信运动给同学的信》(1945年12月6日),《一二·一运动史料选编》上,第180—181页。
③ 《"一二·九"纪念会在四烈士灵前举行》,《罢委会通讯》第10期,1945年12月10日,《一二·一运动史料选编》上,第136—137页。

恨今日一二一惨案,由于反对内战,君等何罪,竟遭机枪炸弹屠,但是留名千古,浩气长存,继往开来已尽责。①

大门右边贴一幅题为"民主斗争三部曲"的漫画,以"三一八""一二·九""一二·一"为中国学生运动的三个标志性阶段;大门左边贴着复旦十余团体、六百多师生的祭文。成都各大中学生援助昆明学生反内战惨案联合会在华西坝教育学院广场上集会,参加者有5000余人,为规模最大的学生声援。大会场面悲壮而热烈,并于会后举行反内战游行,用行动发扬"一二·九"的精神。②延安各界青年亦举行了"一二·九"十周年纪念大会,周恩来在讲话中说:"我们处在新的'一二·九'时期,昆明惨案就是新的'一二九'。"③以历史解释现实,用历史事件为今天定位,学生运动的传承脉络清晰起来。

12月7日,蒋介石发表《告昆明教育界书》,称:"对于此次事件必当根据是非与法纪,作公平负责之处置,决不有所偏袒,亦不有所姑息。""目前一切问题必以恢复课业为前提,以正常手续为解决",要求各校当局与教职员,"对全体学生剀切劝导,务令即日上课,恢复常态"。④所谓处置,也就是枪决了两个替罪羊,严缉子虚乌有的教唆犯;关麟徵自劾,遭停职听候议处;派教育部次长朱经农赴昆明处理学潮。9日,中央政府、地方军政当局、校方及学生代表谈判复课问题,当局允若秉公处理,要求学生:"为今之计,惟有服从元首告谕,即日复课,恢复常态,至惨案则应静候法律解决。"⑤于是,当局便认为学潮已得合理解决,可以"续闻弦歌之声庆"⑥了。

当局的轻蔑,再次成为学生延续罢课行为的刺激源。学生强调,"主要的问题在于惩凶","对主谋凶犯李宗黄、关麟徵、邱清泉三人必须从严

---

① 《陪都各界昨日悲愤集会追悼昆明死难师生》,《新华日报》(渝)1945年12月10日,第2版。
② 《成都学生援助昆明学生反内战惨案联合会通讯》,《一二·一》运动史料汇编》第2辑,第183—184页。
③ 《延安各界青年隆重纪念"一二九"》《解放日报》1945年12月10日,第1版。
④ 《蒋主席告昆教育界谆切期望即日上课》,《中央日报》(昆)1945年12月8日,第2版。
⑤ 《卢主席告各校同学书》,《中央日报》(昆)1945年12月10日,第3版。
⑥ 社论:《昆明学潮庆告平息》,《中央日报》(昆)1945年12月10日,第2版。

处置";"学府有应有之尊严,人民言论集会更有绝对之自由";中央社及中央日报以"土匪""共党利用"污蔑学校、教师、学生,必须惩办其负责人。要求"必须由国民政府明白表示,公正处置",在没有得到合理解决之前,"实难复课"。① 12月10日下午,联大教授会通过了一个折中的决议:本会认为对于此次惨案应严惩凶犯及主使人,其中有负行政责任者尤应先行撤职;本会应即劝告学生复课。在公布的决议布告中,傅斯年删去了"所谓凶犯及主使人,特别指李宗黄、关麟徵、邱清泉等三人"的内容。②

由于主要斗争矛头指向中央政府,学生与当局的迂回空间极大压缩,罢课与复课的交涉,似乎转到了校方、教授、学生之间,对于学生运动的继续很是不利,何况正处于筹备复员中的西南联大,可能遭遇被解散的混乱。12月15日,联大布告要求学生17日复课,被学生拒绝。17日,联大教授会决议继续劝导学生,20日务必复课,并称"如不肯复课,教授同人只好辞职"。19日,教授会决议公告全体学生,"本会并请求政府对行政负责首脑人员先行撤职,决以去就力争,促其实现"。③ 20日,少数同学到班上课。下午,联大学生自治会举行代表大会,通过修正后的复课条件五条:一、惩处惨案之主使人及凶犯,先将李宗黄、关麟徵予以行政上之撤职处分,再依法惩处。二、立即取消禁止集会游行之非法禁令。三、重申保障人身的基本自由。四、要求中央社更正诬蔑教授及学生之荒谬言论。五、由地方当局负担死亡者安葬费、家属抚恤费、伤者医药费、残废者终生生活费及赔偿一切公私损失。④ 这些内容并无新意,学生认可教授会提出的具体解决办法及标准,旨在表达一种既强硬又准备复课的独立姿态。

学生想要得到的是一场完胜,至少是赢得一个体面的结果,以显示学生的斗争是正义的,也是独立的。所谓完胜,包含两方面的内容:一是使迫害学生的地方当局主官受到惩罚,这一点在学生的要求中越来越明确。

---

① 社论:《怎样才是合理的解决?》,《罢委会通讯》第10期,1945年12月10日,《一二·一运动》,第237—239页。
② 《西南联大教授会一九四五年第二次至第十次会议记录》,《一二·一运动》,第382—383页。
③ 《西南联大教授会一九四五年第二次至第十次会议记录》,《一二·一运动》,第384页。
④ 《二十日代表大会复决后之复课条件》,《一二·一运动》,第246页。

可是,如果一再坚持,就要冒与中央政府长期尖锐对抗的风险,这是校方、教授所不愿见的,学生内部也会逐步分化。一是运动的收束,需要出现一个高潮以展示胜利,联大学生曾设想在各地学生——尤其是成都——的同情游行之后,举行送葬游行。① 可是,抬棺游行为地方当局所禁止,校方、教授也极力劝阻,自"一二·九"纪念后各地也未出现学生的大规模声援活动。更为重要的是,国际、国内环境出现了一系列重大变化,12月15日,美国总统杜鲁门(Harry Truman)发表对华政策声明,赞成召开有全国主要政党参加的国民会议,尽快解决目前纠纷,促成中国统一。16日,中共代表周恩来、吴玉章、叶剑英等抵达重庆,准备出席政治协商会议。21日,美国总统特使马歇尔(George Catlett Marshall)来华调停国共关系。此刻,学生运动的政治意义削弱,继续罢课已不利于争取社会同情。

12月22日,罢联会议认可了修改后的复课条件,表明其他学校均无意继续坚持罢课。由联大教授组成的法律委员会已向国民政府军委会和重庆实验地方法院发出《告诉状》,控告"一二·一"惨案主谋犯李宗黄、关麟徵、邱清泉等,"利用职务上之权力及方法,阻扰集会,妨害自由,聚众强暴,扰乱秩序,滥用权力,违法杀人,施毒打轰炸于学生,加侮辱伤害于教授,败法乱纪,罪大恶极",要求依法严惩。② 24日,联大常委梅贻琦、云大校长熊庆来共同举行记者招待会,说明"事实真相",并在《中央日报》等报发表。③ 李宗黄则悄然离开昆明。25日,罢联代表大会通过《复课宣言》,宣布"为顾全大局计,更为了顾全我们的学业",于12月27日"忍痛抑悲,停灵复课"。④

如此复课对于激进学生,多少有些无奈,"停灵"即是为运动再起埋下引线,把"惩凶"与"出殡"捆绑在一起。1946年1月19日,昆明学联主办

---

① 《昆明大中学生的罢课事件——美国驻昆明总领事馆第76号快报》(1945年12月18日),《一二一运动》,第473页。美国总领事馆与昆明教授、学生保持着密切联系,该报告对于事件过程的叙述及分析基本客观准确。
② 《国立西南联合大学教授会呈重庆实验地方法院告诉状》,《一二一运动》,第58页。
③ 来件:《梅常委贻琦报告》《熊校长庆来报告》,《中央日报》(昆)1945年12月26日,第3版。
④ 《昆明市中等以上学校罢课联合委员会复课宣言》,《罢委会通讯》第15期,1945年12月27日,《一二一运动》,第255页。

的《学生报》创刊,发刊词声称:"我们对于国家和全人类的责任是:立即争取到和平,争取到民主!"①2月17日,昆明学联、文协等10团体在西南联大新校舍草坪集会,庆祝政治协商会议的成功,抗议重庆"二·一〇"血案(即较场口事件),以及抗议李宗黄调升要职(2月11日,国民政府最高国防委员会任命李宗黄为党政工作考核委员会秘书长),会后举行了15000人的示威大游行。② 3月4日,昆明学联为抗议任用李宗黄决议罢课一天,《罢课宣言》称:

> 我们认为中国民主运动乃一长期之艰苦奋斗过程,民主巨潮虽正蓬勃高涨,反动力量亦复日益猖獗。为了使我们的民主运动不致中折,使死者鲜血不致白流,我们誓必更加团结一致,振作精神,继续奋斗到底。③

事实上,运动再掀高潮已无可能,收束势在必行。3月10日,昆明学联召开扩大治丧委员会筹委会,确定了殉难烈士治丧委员会组成、路祭地点、教唱挽歌,准备花圈、挽联、挽幛和白花素纱等,以及指挥车、纠察队等,预计参加者在3万人以上,将出殡权掌握在学生手里。在得到地方当局垫支的善后用款后,学联确定17日为举殡日。3月17日,出殡仪式如期举行,学生方面与地方当局各有让步:出殡成为一场事实上的盛大示威游行,当时的学生报道及事后回忆都认为极成功④;虽劝阻无效,但出殡参加"人数不及原定三分之一,亦未呼口号、贴标语,行列所经之处,各商

---

① 《我们的任务和态度》,《学生报》创刊号,1946年1月19日,《一二一运动》,第278页。
② 《"二·一七"昆明各界举行大会》,《学生报》第5期,1946年2月23日,《一二一运动》,第278页。
③ 《昆明各大中学生为抗议任用"一二·一"惨案杀人犯李宗黄与争取合理解决"一二·一"惨案罢课宣言》,《一二一运动》,第286页。
④ 右江:《你们死了,还有我们——"一二·一"死难四烈士出殡公葬记》,《一二一运动》,第293—300页。王汉斌口述:《关于"一二·一"运动的一些情况》;《治丧公葬点滴——王刚(王树勋)谈话纪要》,《"一二·一"运动史料汇编》第3辑,第197,212页。

店均自动闭门,以示抗议","尚无意外发生",①地方当局也感到庆幸。然而,诉诸传统文化仪式,以出殡自由作为最后行动的理由,还是暴露出了战后学生运动初起时的局限。②

三、甄审与反甄审

当大后方学生在复员准备过程中,热烈地开展反内战、争民主运动之时,收复区似乎是另一种状态,同庆胜利之余,尚需面对接收之处置。

同为中国国民,由于战争的区隔,分裂成为不同治理体系下的两大部分,即大后方或国统区和共产党治理的解放区,对于敌伪统治区或沦陷区的长期抗战,战后,又由于国共两党在受降问题上的严重对立,使得收复区问题更形复杂。接收或收复,本是胜利者的权利,不仅意味着军队、政府及所属各机关的解散、改编、重组,敌伪资产的没收及生产的恢复,也包括人事安排及职位、利益的重新分配,还涉及思想整顿及政治意识形态的灌输,既要有所惩处,又要维持正常秩序,更进一步则要为谋求发展创造条件。其中,教育在权力、利益上虽处于边缘,但牵涉面广,人员众多,利益要求多样,社会影响大,如何接收且实现预定目标,难度甚大。

1945年9月20日,全国教育复员善后会议在重庆举行,教育部长朱家骅在致词中对战后教育发展估计乐观,要求"为适应新潮流及人群的需要",必须办到:一、要彻底,要普遍。二、要绝对扫除文盲。三、教育机会均等。提出注意四方面问题:一、迁至后方的教育文化机关的复员问题。二、收复区的教育整理问题。三、西南西北迁至后方之教员如何安定工作

---

① 《卢汉关于出殡事致宋子文、翁文灏电》(1946年3月19日),《"一二·一"运动史料汇编》第3辑,第293页。关于参加者人数,一般论著多采用3万人,为学联预计人数,实为当时昆明大中学生之总数,事后学生报道也多采用了这个预估数,以壮声势。王汉斌回忆为两万多人,万人空巷。依据当时运动的参与规模,估计学生参加人数在一两万人之间。

② 事实上,云南地方当局亦利用"早日入土"之习俗及家属心情针对学生组织。《邓应春为张复初代拟的给学联的信》(1946年1月27日),《一二·一运动史料选编》下,第71—72页。邓应春为云南曲靖县商界人士,张复初为四烈士之一张华昌之父。

问题。四、参加抗战工作退伍之失学青年的就学问题。① 工作重心明显放在大后方。对于收复区,官方媒体特别强调,在平津青济沪杭汉粤各大城市,还要针对敌伪教育,使用"合理而又近情"的消毒手段,包含学生的再教育、汉奸教师的斥退、含毒教科书的更换等,明辨是非,"以求'士节'的大振"。② 会议召开前夕,中央大学教授会议决,"函请教育部明令解散各敌伪主办之学校,所有教职员一律不准参加教育复员工作,重要职员并应予以逮捕,其肄业学生,均须参加严格之甄别试验,俾定去留"。③ 这可以视为确定敌伪学校及教职员、学生处置办法的基层民意。在收复区,亦有教育整顿议论,尤其是师资整顿,"辱国败俗,不堪为人师表者,绝不可听其再事误人"。④

其实,并非只有国民党宣传部门及亲国民党的高级知识分子注重道德名节问题,左翼文化团体及人士亦十分关心文化界内部的惩奸问题,同样要求严格的正伪、忠奸之分。8月22日,中华全国文艺界抗敌协会总会设立之"附逆文化人调查委员会"在重庆召开首次会议,议决标准:凡担任伪文化官、主编和出版书籍杂志,以及著述为伪方宣传作品,从事伪教育文化工作的,伪特务文化人员,在敌伪控制下的文化机关团体中工作和其他不洁人物,都在附逆文化人范围之内,并提出编印附逆文化人罪行录,分发全国及海外文化团体、出版界,拒绝其加入作家及其他文化团体,拒绝为其出版书刊,要求政府逮捕公开审判,等等。⑤ 文化人行为何为附

---

① 《教育复员会议开幕》,《中央日报》1945年9月21日,第3版。
② 社论:《教育复员会议》,《中央日报》1945年9月20日,第2版。
③ 《中央大学教授会建议明令解散敌伪学校》,《中央日报》1945年9月25日,第3版。
④ 社论:《谈平市教育问题》,《益世报》(平)1945年9月22日,第1版。
⑤ 《调查附逆文人》,《新华日报》(渝)1945年8月27日,第3版。

逆或奸伪,是一个十分模糊的问题,法律条文上难以明细规定①,在司法审理之外如何惩处就更为复杂,因此,通过舆论给予道德谴责,并在担任公职和社会活动等方面加以限制,为社会公众所赞同。

9月26日,全国教育复员善后会议闭幕。关于收复区教育处理问题,朱家骅称:

> 关于收复区的教育处理方面,在讨论时,大体上也有两种不同的意见:一种主张于收复区的教育处理从严,侧重于士林气节。另一种是主张对于收复区的教育处理从宽,侧重于过去沦陷区教育界反抗敌伪之事实,以收拾人心。这两种意见,都在为未来的教育本质及其延续性着想,我们希望负教育行政责任的同仁,对于收复区教育的处理,一方面要严辨忠奸,但同时更要用教育的力量来弥补过去罅隙,要使收复区各级学校民众的错误观念,尽速纠正过来。②

可谓两种意见兼顾,不偏不激,以教育的方式解决观念问题,用心良苦。会议讨论了131个提案,就收复区教育处理通过《收复区中等学校教职员甄审办法》《收复区专科以上学校教职员处理办法》《收复区中等以上学校学生甄审办法》等提案,规定对敌伪所设中等学校及专科以上学校学生进行甄审,分肄业生(在校生)与毕业生两部分,登记与甄试两环节,学历证件不合或不实者,不得参加甄审;甄试以国文、英文、三民主义为共同必试

---

① 1945年11月23日,国民政府公布《处理汉奸案件条例》,应厉行检举之汉奸共十类,其中,与文化界关系较大的有三类:"曾任伪组织所属专科以上学校之校长或重要职务者。""曾在伪组织管辖范围内,任报馆、通讯社、杂志社、书局、出版社社长、编辑、主笔或经理,为敌伪宣传者。""曾在伪组织管辖范围内,主持电影制片厂、广播电台、文化团体,为敌伪宣传者。"《处理汉奸案件条例今日府令公布施行》,《中央日报》1945年11月23日,第2版。11月15日,立法院议决通过《修正惩治汉奸条例》,12月6日,国民政府公布施行,1938年8月15日修正公布之《惩治汉奸条例》同时废止。两个版本规定的汉奸罪均为十四款,内容相同,偏重于军事、政治、经济、社会之破坏。1945年修正在量刑上有所加重,并规定"曾在伪组织或所属之机关团体服务,凭借敌伪势力,为有利于敌伪或不利于本国或人民之行为"而未列举者,可依汉奸罪治罪。又规定"曾在伪组织或其所属机关团体担任职务,未依本条例判罪者,仍应于一定年限内,不得为公职候选人,或任用为公务员"。《惩治汉奸国府公布修正条例》,《中央日报》1938年8月16日,第3版;《惩治汉奸条例国府重行制定公布》,《中央日报》1945年12月6日,第3版。

② 《教育复员会议闭幕朱部长致词全文》,《中央日报》1945年9月27日,第3版。

科目,以重要专门科目两种为原则。肄业生甄审合格,按成绩编定相当年级,分发相当学校肄业;毕业生,尤其是专科以上学校毕业生,经登记甄审及格者,予以两三个月补习后,发给证明书,相当于毕业证书,各机关方得采用。强调学生甄审意为救济,因敌伪学校停开后,"各该学生势将发生失学之恐慌,其已毕业之学生,亦必因不承认其毕业资格而发生就业上之困难"。①

以甄审作为前敌伪所设学校教职员及学生的处置办法,教育行政部门的设想,明显偏重于教职员甄审,即突出职业操守及资质问题。对于学生,偏重于专科以上学生,又偏重于毕业生甄审,即突出专业程度和公教部门使用资质。至于考试科目,三门共同必试科目,既是针对敌伪奴化教育问题,又事关国家政治制度之特征,对于国立或公立学校也是必需内容,特别是作为抗战胜利的政治象征,似乎很难质疑,可以质疑的最多也就是补习方法和考试标准等具体规定及措施安排。

无论如何,接收与复员都会伤及沦陷区相当一部分人的利益,尤其是公教部门的人员更动。敌伪所设学校学生的学业前途,都在欢庆胜利之时变得异常模糊。甄审成为一条界线,既是一条权利的界线,被甄审者似乎被胜利者置于受摆布的二流地位;同时也是一条新的标准,加重了被甄审者的负担。诚然,此种负担可能主要来自心理上的不适,或是"妄作杞忧"②,但毕竟甄试之结果难以预料,对既得利益者和企图借新旧变动之机有所提升者,考试都不是达到目的的最佳办法,何况甄审的具体办法尚不清楚,其结果也绝非努力准备应试而能够把握。因此,甄审办法一经公布,立即搅动起了收复区社会的不安情绪,"学生圈内顿生波澜,议论纷纷,态度消沉,自暴自弃,停止求进者有之,态度积极,呼吁反对,欲步歧途者有之"③。9月30日,一位"愿以伪大学生的资格"的读者投书报章解释道:

---

① 《收复区学校学生甄审办法》,《中央日报》1945年9月29日,第3版。
② 社论:《勉收复区学生》,《益世报》(平)1945年9月28日,第1版。
③ 社论:《再勉收复区学生》,《益世报》(平)1945年10月15日,第1版。

> 吾人决不反对政府之甄审,亦决非意存逃避,然对考试科目则不谓然,认其有商榷之必要,首为三民主义,吾人处沦陷区八年之久,私有书籍稍涉民族思想者,即有被"检举"之威胁,三民主义等书籍早付一炬,今则列为必试科目,政府实忽视吾人所处之苦境。次为英文,此科目一如前者,必考试之,决无良好结果,且尤不能已于言者,专科以上学校,所学者专门之技能耳,考试英文,实无意义,余意英文,日文及任何国文字,同为世界之文字,以之为求知之工具则可,以之为必试科目,则与敌人压迫下时之必试日文有何差异,诚为难解。再就毕业生而言,离校日期较长者,奔走其生计,数载光阴,其校中所习之课程,不需要者日久定然忘却,若必考试之,诚强人所难,且国家对彼等之生活,亦应加以考虑,国土光复而光复区之青年反遭失业,诚无是理……①

这一封不起眼的读者来函,可以作为各种反甄审意见的典型代表。反甄审者或坚决要求取消甄审,或要求甄审标准从宽,其理由及论证方法与此函基本相同。首先,学生身份无辜,将敌伪所设学校学生或敌伪学校学生,直接解读为学生亦"伪",是对沦陷区学生的污名化,使得试图进行正伪、忠奸之辨的甄审,转而成为学生要求"正名"的反对运动。其次,以沦陷区青年的悲惨遭遇,反对考试科目之设置与程度之要求,政府既失土在前,又何以严格要求沦陷区民众。再次,借用民主、自由理念和历史类比方法,将高高在上的政府,置于施加迫害的被告地位,以反抗任何带有强制性的规定。最后,读者来函还涉及一个最敏感的问题,即抗战胜利对沦陷区民众到底意味着什么?这是当局不愿碰触的问题,却是反甄审的有力武器。十分明显,将各种问题统统加以政治化的解释,使得自身行动具有合理性,这是学生运动的话语风气。即使在沦陷区生活多年,学生亦能很快袭用并熟练驾驭。值得注意的是,从利益角度观察,在校学生并非甄审主要目标,在数量上也低于毕业生,似乎无须冲在反甄审前列,可是,教职员在职业道德和专业素养上难以自辩,各届毕业生分散且利益多样

---

① 读者来函:《对收复区学生甄审办法意见》,《益世报》(平)1945年10月8日,第1版。

化,两者只适合于文字上摇旗呐喊及敲边鼓配合。在校学生以纯真之社会形象,借学生运动之强势惯性,以及易于发动之特点,被推到反甄审的第一线。

北平学生的反甄审,多利用原学校学生自治会及校友会组织,以代表请愿为主要形式。眼见燕京、辅仁等私立大学即将开学,前敌伪所设学校学生更加按捺不住,"北大"①学生代表率先向教育部平津收复区特派员沈兼士提出要求,沈答复于10月11日召集各校代表予以回答。同时,"师大"校友会于7日在师大附小举行抗战胜利后首次校友会,并决定11日在师大男附中举行执行委员会②,进行组织上的串联发动。

沈兼士许愿的确切答复未能如期到来,却来了一个对收复区专科以上学校失学学生的临时处置。为应对关闭敌伪所设专科以上学校可能造成的学生失学,教育部决定在平、津、京、沪四城筹设临时大学补习班,学生依原属院校分班登记,经审查合格后取录,宿费一概免收,膳费自备。补习科目暂定为国父遗教及蒋主席言论、国文、中国史、中国地理、英文、抗战史料、时事讲演、军事训练、课外活动等,修业期限至多三个月,补习期满成绩及格者发给修业证书,准予自由报考各学校,其成绩特优者,由教育部分发专科以上学校肄业。③ 另一方面,为应对各中小学校接收过程中可能出现学生课业停顿的情况,北平市教育局表示,"关于教职员人事方面,除过去在伪组织下行为恶劣者外,决不轻易更动,各教职员尽可安心继续服务",并许诺提高教职员待遇,以安定人心。④ 稍后,北平市政府公布留用公务员试用办法,规定凡在伪市府任职人员,除有利于抗战之积极行为并经主管机关主官之证明者外,均必须出具自新结,还需找保证人(现任或曾任国民政府所属各机关简荐任官,并确未参加伪组织者,或

---

① 为避免与大后方待复员学校名称发生冲突,以及对前敌伪所设学校名称加"伪"字可能造成分析困难,本研究对前敌伪所设学校名称一律加引号以示区别。
② 《北大学生代表进谒沈兼士》、《师大校友会开首次会议》,《益世报》(平)1945年10月9日,第2版。
③ 《平津京沪举办大学补习班办法及科目决定》,《中央日报》1945年10月13日,第3版。
④ 《本市各中小学陆续接收教职员决不轻易更动》,《益世报》(平)1945年10月27日,第2版。

校级以上军官,或省市党部委员,或铺保)填具保证书,方可供职,再待试用三个月期满,审核成绩加委。① 如此,甄审愈加成为胜利者宣示权力的形式,反甄审的力量则可能愈加分散。

因此,在校学生加强了请愿活动,要求获得更宽厚的待遇。10月23日至11月5日,"北大""师大""艺专"等校学生代表频繁拜访各机关驻北平长官,先后有第十一战区司令长官孙连仲、教育部平津收复区特派员沈兼士、军事委员会委员长北平行营主任李宗仁、北平市市长熊斌、平津区大学补习班主任陈雪屏等,致敬并提出请求,内容以补习班具体办法及现时学生生活为主。可见,学生请愿行动的策略,在于尽可能广泛地向当局施加集体压力,以历史遭遇和现实处境表达不满。由于涉及自身利益,多数学生的行为展现出相当柔性,除响应各种官方组织活动外,并主动向政府示好,诸如"北大"学生发起"建国献金运动",募集捐款贡献于战后建设。② 北平传媒亦注意到此种现象,借朱家骅来北平之机,告诫教育当局:

> 沉寂八年之学生运动,随故都之重光而复活,此从甄审问题所引起之呼声中可充分看出,知识青年层能以合法手段以表示公意,可谓好现象,然而群众之热情往往容易流为盲动,故教育当局贵能因势利导,以至诚态度,合理之办法而谋解决,庶不致别生枝节,阻碍教育复员之进行。③

朱家骅到北平后,经与辅仁、燕京、中国三大学校长及教授茶会,听取意见,并作出数项政策说明:一、从速处理高等教育界汉奸及附逆有据者,至于出于不得已确有切身之痛苦之教职员及学生,其在良心上所受之极大谴责,不妨予以宽大。二、对青年之看法无前后方之别,伪组织各大学学生之甄审,应以父母对子女态度行之,应先补习后甄审。三、立即开始接收各伪院校,尽可能不使学生功课中断。四、临时补习班授课至明年六

---

① 《平市府留用公务员试用办法公布实施》,《益世报》(平)1945年11月7日,第2版。
② 《北大学生发起建国献金运动》,《益世报》(平)1945年10月29日,第2版。
③ 社论:《为甄审问题向教育当局进一言》,《益世报》(平)1945年11月13日,第1版。

月底。五、努力解决教职员生活问题。六、已开始大量印刷教科书。七、师资问题尽可能栽植。① 11 月 15 日,朱家骅召集全市大中各校学生在太和殿广场训话:

> 从你们的处境设想,前方的青年,确确实实是受到非常的痛苦,而后方的青年,则认为他们的痛苦更大,这前方后方两种想法都是不必的,必须把两方青年打成一片才行,这是中央的责任,尤其是教育部的责任。诸位既不幸参加了伪组织的学校,要设法恢复你们的学籍,我要帮你们的忙使你们有学籍,所以要办补习班,又要办甄审,这不是与你们为难,是要使你们能与后方青年成了同等程度的学生。因为形成两个壁垒是很不好的,将成为国家的损失,在后方学校复员之前必须先解决,总要做到前后方青年打成一片,伪组织办的学校是伪的,但是学生不伪,一样是国家的青年,所以伪学校是要解散的,而对于学生则要办补习班,如此诸位才能和后方大学学生站在一条线上。
>
> 现在补习的办法是补习成绩到七十五分可以分发,分发这个名词,你们也许没听见说过,在战时后方有招训会,凡在那里受训的学生,成绩在七十五分以上的,均可由教育部分发到各学校,所以分发的范围,是非常广大,这个权利现在也一样让诸位享受,比如今年二年级的学生,补习后合于标准,即可分发至二年级,假使你考得上三年级,就承认你们以前二年的学程,七十五分以下的,只要满六十分,即可自由去投考二年级,如能考上三年级,前二年的学程也是一样承认的,这样只要你们努力,不会丢掉一年的光阴,并且分发实在是一种奖励,所以只要你自己用功,并没有半点损失。②

朱家骅的讲话极力为甄审辩护,一方面肯定学生不伪,强调政府用心良苦,前后方一视同仁;一方面又巧妙地把矛头转向后方青年,似乎政府的

---

① 《朱部长召见各大学教授听取教育复员意见》,《华北日报》1945 年 11 月 14 日,第 1 版;《朱部长畅谈教育问题》,《益世报》(平)1945 年 11 月 14 日,第 1 版。
② 《朱部长昨对学生训话》,《华北日报》1945 年 11 月 16 日,第 2 版。

政策考量与后方青年情绪有关。更重要的是设定分数线,以补习成绩为处置标准,突出了检验学生素质、学力的目的,把甄审变成了一场学业比拼的考试,反过来教训青年不可希望太切,不必斤斤计较个人得失。

其后,接收及补习班筹办工作即刻展开,反甄审的活动空间则被进一步压缩,尤其是对于在校学生及期望升学的中学毕业生,所争取的也只能是减少考试科目和降低合格标准。11月17日,"北大"学生代表访陈雪屏,19日"北大""师大"学生代表往李宗仁官邸请愿,20日"北大"学生代表再访陈雪屏,目的均为请当局顾念北平特殊情况,对甄审必须75分及格方准分发转入国立大学,改为60分为及格,及格后即分发国立各校继续读书,不及格者予留级,分发国立各校,无须再双重考试。① 学生要求得到了回应,21日,陈雪屏宣布经朱家骅核准的补习班成绩考核办法修改补充:

> 凡在补习班修业期满,主修科目及补习科目成绩在六十分以上者得升级,依志愿参照各院校收容量,由部分发国立各院校升级肄业,六十分以下者留级,依志愿参照各院校收容量由部分发国立各院校肄业。②

这种结果,显然让毕业生及部分更为激进的在校生不能满意。11月18日,"北大""师大"校友会在师大召开第二次全体大会,通过《北平各校反甄审决议案》,创办《北大师大校友会刊》,指责政府:"他们使我们沦陷,又来甄审我们的奴化,这是什么政治呢。"③因中共在校友会中影响很大,大会遭到军警、特务监视,从特务捡获的两份传单内容看,国共两党斗争因素开始深刻渗透反甄审。两份传单的主旨,一则是反对政府及制度,声称:"我们绝没有想到政府竟然把'敌伪'二字从真正的敌人和卖国屠民的汉奸、特务们头上摘下,罩在我们的青年身上,用不合理的甄审把戏来斫丧青年,用解散的手段来摧残教育,使得青年们陷于失学的苦境。"提出

---

① 《北大师大代表昨谒李主任》,《益世报》(平)1945年11月20日,第1版。
② 《各伪大学接收完竣》,《华北日报》1945年11月22日,第2版。
③ 专论:《关于甄审》,《北大师大校友会刊》第1期,1945年11月18日,第2页。

"打倒戕害青年的法西斯走狗朱家骅!""打倒营私舞弊的教育蠹虫沈兼士!"等口号;另一则是号召沦陷区青年到解放区去。① 这种截然对立的宣传主张,已经完全抽去了甄审自身的内容,难以得到多数学生的支持,更没有可供操作的行动方案。其实,在校友会大会结束后,与会者还是去了教育部特派员办公处请愿,接待者当即宣布取消集中考试,改交论文两篇。②

继续强调沦陷悲情而要求放宽审核条件,于反甄审已无多大发挥空间,更难获得社会同情,毕竟专科以上教育尚属精英教育,直接合并进入国立大学或发给相应证书,似乎冲击了敌伪教育必须清算的初衷。因此,反甄审想要能够继续发展,就需要新的主题、新的形式、新的刺激或新的机遇。

11月27日,傅斯年对记者谈:北大将来复校时,决不延聘任何伪北大之教职员,盖伪校之教职员均系伪组织之公务人员,应属附逆之列,将来不可担任教职。至于伪北大学生,应以其学业为重,现已开始补习,俟期满经教部发给证书后,可转入北大各系科相当年级。③ 朱家骅返回重庆后亦称,对伪教职员必须严格甄审,甄审及格者"亦只可表示其有服务教育界之资格,而不得认为已正式被聘"。④ 傅斯年谈话在北平引起风波,12月6日,临时大学补习班教职员派代表赴行营向李宗仁请愿,要求傅斯年更正恶名,李以谈话"无法律上之根据",劝告教职员安心工作。⑤ 为确保补习班能够开始正常上课,补习班负责人称:各在校教职员"皆继

---

① 《北平市警察局呈报学生反甄审活动》(1945年12月3日),北京市档案馆编:《解放战争时期北平学生运动》,北京:光明日报出版社,1991年版,第22—25页。
② 报纸上公布的内容为:教育部体念此种毕业生为数甚多,散处各地服务,令其集中受训,不无困难,闻已斟酌情形,定有变通办法,重新考核其论文内容及主义研读报告等,一俟甄审合格,即由部发给专科或大学毕业之证明文件。《毕业生处重新审核论文》,《华北日报》1945年11月20日,第2版。
③ 《傅斯年谈北大筹备复校》,《大公报》(津)1945年12月2日,第3版。
④ 《收复区教育积极复员,伪教职员将严格甄审》,《益世报》(平)1945年12月4日,第1版。
⑤ 《临时大学补习班教职员昨赴行营谒李主任请求转知傅斯年更正恶名》,《益世报》(平)1945年12月7日,第2版。

续聘任,决不轻易更换"。① 教职员中亦有行为激烈者,如拒绝接受临时大学聘书,愤而出走张家口。② 然而,教职员的聘用与学生利益关系不大,学生并无动作相互声援。

"一二·一"惨案的发生,为沦陷区反甄审提供了斗争主题转换的绝好机会,促使前后方学生运动在反内战、争民主的口号下连成一片。遗憾的是,"昆明学潮虽烈,但对于饥寒交迫之北平大学生无直接刺激"③。12月16日,青岛发生文德女中教员费筱芝被枪杀事件,为反甄审中之血案,激起青岛较大规模的群体抗议。在北平,青岛旅平同学会工学院分会将青岛市教员学生联谊会邮寄的传单进行转印,26日青岛旅平同乡会召开全体大会,议决向各长官递交呈文,请求当局注意,予以合理了解。④ 或许由于费筱芝的身份,或许事件确系"误会"⑤而不够刺激,北平学生也无更有力的行动。其实,反甄审过程中,北平学生也有遭特务迫害的事例。12月7日,临时大学补习班第一、二、三班有5人同时失踪,10日第一补习班又有1人失踪,传闻已被捕,学生会代表即往行营及警备司令部等处询问,当局答称不悉此事。12日,补习班第一至六班学生会召开常会,决定由学生会正副主席团再次上访,要求官方宣布逮捕学生之原因及拘押地点。⑥ 学生会并借蒋介石来平呈交谏议书,以保障民权为由再提此事。⑦ 地方当局作出妥协,以"经调查确无罪行嫌疑"⑧,交由陈雪屏办妥保释手续,避免了冲突的进一步升级。

在其他城市,除惯用的上访请愿形式外,反甄审也发展成为较大规模

---

① 《各补习班照常上课》,《华北日报》1945年12月7日,第2版。
② 《傅斯年之谈话在平引起风波》,《大公报》(津)1945年12月7日,第3版。
③ 《北平中小学之严冬》,《大公报》(津)1945年12月9日,第3版。
④ 《青岛学警双方误会,费筱芝丧命》,《益世报》(平)1945年12月27日,第2版。
⑤ 费筱芝惨案事实清楚,但其身份及行为却非学生运动一般典型。费筱芝遇害时20岁,为教会学校文德女中毕业生,留校任教,其母为该校校长,因参加敌伪组织活动遭撤职。遇害当晚,其在22时后外出张贴反甄审标语,遇军警盘查,试图跑脱,遭开枪射杀。可参阅胡耀:《战后青岛"费筱芝惨案"始末》,《河北广播电视大学学报》2016年第3期,第1—7页。
⑥ 《大学补习班六同学失踪》,《益世报》(平)1945年12月13日,第2版。
⑦ 《实行民主振兴教育六院学生谏议主席》,《益世报》(平)1945年12月19日,第2版。
⑧ 《六大学生今日保释》,《益世报》(平)1945年12月28日,第2版。

的街头抗议,甚至演变成暴力抗争。12月31日,天津市各中学学生五六千人整队赴市教育局请愿,学生代表称甄审对收复区青年是一个精神上的打击,只能造成失学失业,并提出取消甄审成命、收回教职员甄审办法、采纳青年意见、防止足以造成失学失业等不良政策,允许学生有言论出版集会结社的自由等项要求,要求教育当局当日给予肯定答复并在各大报发表,声言不得圆满答复,全体学生决不离局。教育局黄局长先以口头答复,学生代表以为含混,不允接受,黄局长遂对各项要求完全接受并在要求书上签字,学生代表认为满意后向全体宣布,但仍对警察到场持枪威吓不满,又由警察局副局长致歉,学生大队方才离去。① 报道中的学生可谓风光八面,大获全胜,可没有多少实际内容,此前,天津市教育当局已公布中等学校甄审办法,决定暂缓举行,于明年春季开学前和暑假前举行两次学籍甄审试验,作为承认学籍、毕业资格的依据,②教职员的甄审已经结束。大规模游行请愿的作用,主要在于展示群体行动的力量以及情绪之发泄。在南京,展现出来的则是另类学生的强势。1946年1月6日,南京临大补习班百余学生认为英文编级试卷评阅有欠公允,殴伤班主任王书林,并挟其至教育部要求解决,次日晨方由徒手军警带离。事后,教育部令该补习班将为首学生14人开除,追究法律责任。地方法院调查后起诉了8名学生,亦有律师主动为学生提供义务辩护,并称将"学潮之交司法当局依法办理,此尚系初次,确一进步现象"③。然而,在保释要求遭拒绝后,狱中学生宣布绝食,狱外补习班部分学生响应,并引发了其他城市学生小规模的声援行动,迫使当局同意保释。虽然司法程序最终还是走完了,但是,以司法手段解决学潮或群体抗争事件,却是一个失败的尝试。不过,对于学生来说,以反对、拒绝或要求取消考试为反甄审行动主要内容,的确可以激发学生情绪,但难以持久,如果增加了暴力色彩,则会使学生内部出现明显分化,裂痕扩大。"共同以非法方式,剥夺他人之行动自

---

① 《津市中学生反对甄审昨列队赴教育局请愿》,《大公报》(津)1946年1月1日,第3版。
② 《津中等学校甄审办法》,《华北日报》1945年12月30日,第2版。
③ 《京学潮余波未已》,《大公报》(津)1946年1月26日,第3版。

由"①的司法裁判罪名,对于以悲情反抗无理迫害的学生,又颇具一些讽刺意味。

既无力动员较大规模的街头抗议,也不愿演变为部分激进学生的围攻,北平学生的反甄审形式没有大的变化。教育部修正的收复区教员学生甄审办法公布后,手续有所简省②,但部分学生,尤其是毕业生仍不满意。1月27日,"北大""师大"校友联合会派代表前往行营请愿,理由为"呈交主义研读报告有限制思想自由之嫌,呈交二万字以上所学科目之论文,恐亦非文理科学生可同样办到"③。除继续围绕考试标准及程度进行交涉外,增加了要求思想自由等政治性内容。事实上,进入1946年,所谓收复区的学生政治参与明显增加,一方面受到政治协商会议召开和大后方民主运动高涨的影响,同时也是反甄审持续开展的必然归宿,即反甄审只有与其他政治活动配合起来,或将反甄审与其他诉求一并提出,才有可能继续下去。相对而言,北平学生更偏向于民族主义色彩的集体政治参与,以及部分政府组织的活动④,以便彰显他们对国家的忠贞。

如此,反甄审也就再无有影响的行动,频繁地上访请愿,多是少数学生针对当局某项举措的被动反应。当铨叙部公布《伪毕业生雇员试用待遇办法》及临大补习班定3月18日举行第一次期考后,3月12日,"北大""师大"校友会召开大会动员,发表《反甄审登记公开信》,并致文教育部、铨叙部表达意见。16日,校友会又举行记者招待会,报告受歧视情形,质问政府"对汉奸伪军均宽待,何对伪学校教职员学生如此积极"。⑤ 5月10日,教育部平津区甄审委员会公布《收复区敌伪专科以上学校毕业生

---

① 《南京临大学潮案学生八名审结宣判》,《前线日报》(沪)1946年3月10日,第6版。
② 该修正办法规定:教员无《处理汉奸案件条例》所列各款情事者,即可参加甄审,取得服务资历。学生甄审可将编级试验与学年考试合并举行。《收复区教员学生甄审办法修正》,《大公报》(津)1946年1月25日,第3版。
③ 《伪北大等毕业生谒萧一山对修改甄审办法仍有不满》,《大公报》(津)1946年1月28日,第3版。
④ 诸如,蒋介石在北平期间,12月16日在太和殿前广场召集全市大中学生训话。临时大学补习班学生搞了列队向蒋介石献旗、鲜花的致敬活动。《太和殿广场盛况空前,主席召集学生训话》《疯狂了太和殿前的同学们》,《益世报》(平)1945年12月17日,第1版。
⑤ 《北大师大校友请教部取消甄审》,《大公报》(津)1946年3月17日,第3版。

甄审办法》,规定自5月16日起至8月31日止为登记时间,相关毕业生须提交登记表、保证书、原校历年成绩单、毕业证书,以及国父遗教及主席所著之中国命运研读报告和所习专门科目论文一篇。审核合格者由教育部颁发证明书,不合格者按照其成绩准予投考相当学校及年级肄业。① 校友会再度动员,27日,有代表14人赴行营请愿,仅获代为转达意见之答复。30日,代表4人又前往临大补习班见陈雪屏,申述反对甄审意见,陈当即表示,甄审成命难以收回,但铨叙部已允准修改录用办法,不再歧视。② 此时,临时大学补习班结业考试即将举行,学生分发方案已经公布,留学考试报名也已经开始,激烈对抗已无可能。③ 然而,也就是在此时,6月4日,临大补习班第五分班学生因不满共管分发方案,要求恢复独立学院而宣布罢课,并得到校友会的强力支持。④ 第五分班为原工学院⑤,因北大、南开无工学院,清华虽有工学院但无法全部容纳,暂定由北大、清华合办。在学潮压力下,当局改为由北洋大学单独接办,但北洋大学天津工学院校舍设备未齐,又决定暂迁北平开学,成为北洋平部。学生以罢课为手段,赢得更有利的分发结果,已经是反甄审中之常态,诡异的是,学院的拆分或独立,无关学生分发的实际利益,与毕业生更不相干,何况接办学校及地点均优于最后选择,可是,为能够在反甄审终结之时宣泄不满,学生也就不择反对对象,更难避免会被利用。其后,临时大学教员会也试图使用群体抗争的方式,获得更好的安置待遇,并威胁称:"如不能圆满解决,本学期考试后,各教员将保存学生成绩,并继续护校。"⑥然而,

---

① 《敌伪专校毕业生甄审办法公布》,《益世报》(平)1946年5月11日,第2版。
② 《敌伪专科毕业生昨谒见陈雪屏》,《益世报》(平)1946年5月31日,第2版。
③ 据北平学委分析,校友会内多数人在观望,试图在反甄审中获取个人利益,校友会党团决定通过请愿提高群众情绪,作为与教部交涉妥协的资本,"希望校友会集体登记,登记手续由校友会经办"。《北平学委关于政协以来工作总结提纲》,《解放战争时期北平学生运动》,第17—18页。
④ 《不满甄审共管措施工学院学生罢课,校友会行动积极事态或扩大》,《益世报》(平)1946年6月6日,第2版。
⑤ 前身为北平大学工学院,沦陷时期,改为伪北京大学工学院。抗战胜利后,被划为临时大学第五分班,因争取恢复复国立北平工学院不成,归属成为严重问题。
⑥ 《为争求职业保障,临大教员会昨招待记者》,《益世报》(平)1946年6月18日,第2版。

教职员缺乏学生可能给当局施加的集体压力,其方法既无法刺激学生行动,也得不到学生支持。

甄审原本是抗战胜利后教育复员与接收的一部分,但一开始,就在政策主旨、措施办法、接收进程、控制能力等方面严重脱节,造成普遍的不安与不满,从而出现以请愿为主的各种形式的反甄审。经过数次的办法简化,程度降低,以及各种解释与安抚,诸如傅斯年在与临大学生谈话时"郑重指出时下所传沦陷区青年被敌人奴化之说,极为错误"[1],蒋介石在北平时亦"曾强力表示学校有伪的,学生无伪的"[2],甄审得以草草结束,但在民主运动及国共斗争的环境下,思想整顿的目标被淡化,维持学业程度的目标大半也泡汤了。

当撤退到大后方的学校即将返回北平,并于暑假期间招收新生,10月10日国庆日正式开学的消息渐成事实,收复区学生的政治影响力相形下降,反甄审也就不再成为学生运动的重要内容。

四、民族主义情绪之宣泄

抗日战争时期,民族主义高涨,尤其是太平洋战争爆发后,中国在世界反法西斯战争中的地位更形重要,国际地位有了较大提升。1943年1月11日,中美、中英分别签署《关于取消美国在华治外法权及处理有关问题之条约与换文》和《关于取消英国在华治外法权及其有关特权条约及换文》,标志着外国在华治外法权及其他特权从法律意义上开始消失,从而激发了于战后一并祛除全部国耻的国民意愿。

可是,战争的终结方式对于中国民众并不完美。一方面,为促成苏联同意在欧战胜利后两三个月参与对日作战,美、英、苏三国首脑签订了《雅尔塔协定》,并向中国政府施加压力,中、苏于1945年8月14日签订《中苏友好同盟条约》,基本承认了《雅尔塔协定》中的各项规定。因此,作为

---

[1] 《傅斯年答临大学生问》,《益世报》(平)1946年5月17日,第2版。
[2] 《主席在平表示学生教授无所谓伪》,《益世报》(平)1946年6月5日,第2版。

战胜国,当战争结束时,中国国土上尚驻有大批美国与苏联军队。列强对中国政治、经济的介入,势必将严重影响战后中国发展。

另一方面,作为四强之一的中国,在战后并未收获相应的国际尊重。9月20日为中秋节,晚间,曼谷华侨依俗预备赏月,适有一辆三轮车经过,车后插有一面中国国旗,侨胞尾随鼓掌欢呼,导至交通阻塞并引发冲突。21日,暹罗军警有预谋进入华侨聚居区,开枪射击,甚至以机枪扫射,造成严重流血,随后宣布戒严。消息传来,尤其是屠杀起因"显系由于暹罗人民不准中国人民悬旗庆祝胜利"①,引起民众极大愤慨。西南联大教授陈序经撰文《我们岂能再容忍暹罗》,从历史上中国对暹罗的友善及侨胞对暹罗开发的贡献,认为"我们不能不希望政府从速设法制止暹罗这种排华的行为,在必要的时候,还可利用在越南北部的国军,去保护暹罗的侨胞"。并满怀激情地反问:

> 我们想想在国人欢祝胜利的时候,而在暹华侨,犹遭残杀,南望侨胞,血流湄南,此而可忍,何以为国?更何为胜利之国?②

文字中浸透着历史与现实交织的复杂的民族主义情绪。显然,要求派军护侨及确有实施可能的派军护侨,本应是抗战胜利的重要成果之一,但由于美、英、法势力在东南亚的存在,以及东南亚地区新兴的民族主义运动的高涨,几乎没有具体实施的可能。其实,就在抗战胜利之初,有关战时侵害中国利益及迫害华侨事件之善后处理和新发生针对华侨之排华事件,已经波及印度尼西亚、菲律宾、越南、马来亚、新加坡等中国周边国家及地区,暹罗排华事件之突出,固然因为残杀手段恶劣,更重要的是,作为日本盟国的战败国军警,居然敢于大肆屠杀对于祖国抗战及东南亚抗战作出巨大贡献的战胜国侨胞,对于中国民众,确属忍无可忍,无疑也大大刺激了青年学生的民族主义情绪。

抗战胜利后,老牌列强依旧貌视中国主权及民众情绪,亦是民族主义高涨的重要刺激因素。

---

① 《暹罗摧残我侨胞,曼谷巷战未已》,《中央日报》1945年9月26日,第2版。
② 《大公报》(渝)1945年10月25日,第3版。

英军登陆香港不久,便开始在九龙屏山进行测量、修路和插标活动,准备修筑机场,10月12日,香港政府以"公益"为由,向工程地段范围内乡民发出通告,限一个月内收回土地。此举引发乡民反抗,一面向新界理民府呈递抗议,要求转呈港督收回成命,一面派代表前往广州呼吁,请求中国政府与英交涉停止迫迁;也给热切期盼能够在战后依据中英新约谈判解决香港问题的国人,照头浇上了一盆冷水。①

也是在抗战胜利不久,就在中法两国进行新约谈判的关键时刻,发生了"白尔丁号"(Emile Bertin)事件。12月3日,法国驻沪总领事馆警察以纳粹犯为名擅捕前法租界公董局法籍职员卡可平诺(Corcopino),拘禁于贝当路(Route Ptain,以第一次世界大战法国将领姓名命名,1943年更名衡山路)法国兵营内,24日移至为撤退法军、法侨而来沪之法国巡洋舰"白尔丁号"上。中国政府认为,此举"确已故意破坏我国废除领事裁判权之措施"②,提出严重抗议,要求将犯人移交中国军警当局,由中国司法机关依法处理。1946年1月3日上午9时50分,在未通知中方的情况下,"白尔丁号"擅自提前离沪。更令国人愤慨的是,事件发生后,法驻沪总领事费礼浩(Filliol)辩称此事仅系地方事件,企图大事化小,并以为在新约未签字生效前仍可行使领事裁判权,③全然枉顾战时世界格局及国家关系的变动。

较大规模的学生抗议发端于上海,尽管内容简单,但其行为特征值得深入分析。1月13日,上海发生了两起有学生参与的政治事件。上午11时许,上海各界代表及大中小学生近万人,在槟榔路玉佛寺举行昆明惨案殉难者于再追悼会,主祭团由宋庆龄、许广平、柳亚子、马叙伦、沙千里、郑振铎、金仲华等7人组成,先由圣约翰男女生唱挽歌,继由柳亚子读祭文,马叙伦演说,最后由南京、上海临大代表相继演说,并通过向政治协商会

---

① 本报特派员陈凡视察报告:《屏山机场事件内情》,《大公报》(渝)1946年1月8日,第3版。
② 《法舰载人犯擅自离沪》,《申报》1946年1月4日,第3版。
③ 《陈国廉表示法舰潜运战犯案绝非地方事件》《法如不改变态度,我将考虑新行动》,《申报》1946年1月8日,第3版;1月10日,第5版。

议建议、取消特务、严办汉奸等议案。① 下午 13 时,追悼会结束,学生决定游行,"军警曾入内劝阻,经群众坚持,终由军警保护,在南京路等闹市列队游行,并呼喊口号,至外滩公园高喊民主万岁后始散"。② 另一起行动则是上海学生为抗议"白尔丁号"事件,发表《上海市学生为法总领事蔑视国际公法,维护中国主权运动宣言》。③

争取民主和维护国家主权为战后学生运动的两个重要方面,也是自"五四"运动以来学生运动的鲜明特点。显然,在民主运动方面,上海学生并不占据主导位置,只是积极追随,没有独立的行动与口号,但却是较易发动、参与人数较多、最有可能通过激进的群体行动施加强大社会压力的一群。包含浓厚民族主义色彩的行动,则为学生运动所擅长,因此,发表宣言也许只是进一步行动的准备或试探,当收获经验甚至得到某种鼓励之后,局势就有可能酝酿出更大规模的行动。

1 月 14 日下午 13 时,上海学生分四个地区集中整队出发,前往外滩前法国大使馆抗议,至 14 时 30 分,已到大中小学校 80 余单位近 3 万人,可法国大使馆已迁重庆,驻沪总领事馆也迁至台拉斯脱路(Route Delastre,以旅沪法人名命名,1943 年更名太原路),此处已非使领馆,也就没有具体的抗议对象,学生只是自己在高呼口号:"打倒法国帝国主义""立刻交出法奸""驱逐费礼浩""民族主义万岁""拥护国际公法""拥护国民政府"等,并高唱国歌。14 时 40 分,大队出发至市政府请愿,15 时 30 分全体到达,由代表 5 人入内晋谒,逢市长钱大钧公出,由秘书长代见,学生代表提出向法政府交涉交出法奸、撤回驻沪总领事、保证以后不发生类似事件并道歉、收回法商电车公司、收回中法学校等五项要求。钱大钧闻讯赶回,即在江西路转角阳台上向全体学生讲话,以为前三项报纸已公布中央正向法大使严重交涉中,后两项尚得详加研究方案后再进行。并称:"你们此次维护国家主权的行动,本人感觉很好,但是更要安心求学,一切

---

① 《本市工商学各界追悼于再教授》,《申报》1946 年 1 月 14 日,第 4 版。
② 《沪青年游行》,《大公报》(津)1946 年 1 月 15 日,第 2 版。
③ 《沪市学生斥责法总领》,《申报》1946 年 1 月 14 日,第 5 版。

应有规范,不能有越轨行动。"①全体学生认为答复圆满,16时,开始示威游行,大队自河南路转入南京路,再沿静安寺路行进,沿途高呼口号,散发宣言,秩序良好,17时许抵达静安寺,队伍始散。

如此大规模的学生行动,内容平平淡淡,与其说是在表达民意或为政府严重交涉之后援,还不如说是借爱国行动的群体情绪宣泄。学生对于游行示威,并无认真、周密的策划,诸如抗议地点并无抗议对象、请愿要求主要是当局已着手进行并在报刊上广泛报道的内容,至于法国在华经济、文化权益的收回,学生也并不寻求具体答复,不过是在重复整体性一一解决的愿望,有些口号的内容与实际情况差异较大②,说明学生对事件相关方面了解不多,只是在想当然地高声呼喊。可是,从学生行为的角度看,又有其合理性,这是学生在自身所处环境下的自主选择。既然游行示威主要是情绪宣泄和力量表达,制造轰动性影响便是第一位的目标,外滩更便于聚集,可以使更多的人听到学生的呼喊,还可能避免去法国驻沪总领馆所面临的冲突风险,毕竟,外滩前法国大使馆虽已非使领馆,当局还是调派了军警架设机枪保护。对于收复区学生而言,选择当局决心强硬交涉的"白尔丁号"事件举行大规模抗议,在行动上更具可行性,在政治上也较民主运动更为单纯,能够容纳多数学生参与,还可向当局示好,拉近与政府因甄审问题变得有些紧张了的关系。

在重庆,学生的行动也反映出政治民主与国家主权的两面,只是表达方式迥异。1月25日,重庆沙磁区中央大学、重庆大学、中央工校、中大附中、重庆中学、蜀都中学等6校学生,为促进政治协商会议成功,抗议英国建筑屏山机场与法舰"白尔丁号"擅自运走法奸事件,举行联合游行请愿,继有四川教育学院、国立商科职业学校、育才学校、国立艺专等校学生参加,约万人。游行大队晨7时在沙坪坝集合,7时30分出发,10时至11时许,相继步行抵达国民政府,中央大学柏溪分校千余学生半夜步行60

---

① 《反对法方侵我主权,全市学生示威游行》,《申报》1946年1月15日,第5版。
② 例如,学生口号中有"驱逐驻沪法越军",其中驻沪越军700人,已转向越南独立政府,事实上与法当局断绝关系已有五个月之久。《上海学生游行示威》,《大公报》(津)1946年1月15日,第2版。

余里亦赶到,齐集国民政府广场。学生总代表向政治协商会议递交游行宣言,提出七项要求:一、国家利益高于一切,放弃党派私见。二、政治民主化,军队国家化。三、国民大会代表必须合理产生。四、严格执行停战命令,永远停止内战。五、实践蒋主席四项诺言①。六、党派一律退出学校,实行讲学自由。七、政治协商会议没有成功以前,不许闭幕。并发表抗议英法告同胞书,其中,要求英国政府:一、根据大西洋宪章,应交还香港九龙。二、立即停止修筑屏山机场。三、赔偿中国人民因此所受之一切损害。要求法国政府:一、撤换上海总领事。二、战犯立即送还我国司法机关审判。三、遣使向中国政府郑重道歉。政治协商会议派雷震秘书长接待,并接受学生要求,分请协商会议各党派代表谈话,孙科、周恩来、陈天启、张君劢、莫德惠、邵力子先后讲话,介绍会议情形并各自表态。午后13时许,学生整队离开国民政府,继续在城区游行,途经两路口、七星岗、民生路、精神堡垒,转向邹容路、凯旋路至林森路,由和平路到达领事巷。经过英法大使馆门前时,学生情绪更加兴奋,打出了英文标语,高呼口号,并唱爱国歌曲。之后,转由中一路向牛角沱方向返校,到沙坪坝已是暮色苍茫了。②

重庆的地理环境,并不适合学生的大规模聚集,在政治协商会议最后阶段举行游行请愿,显然受到学生之外的某种支持或鼓励,至少得到校方及部分教授的支持。中央大学校长吴有训、重庆大学校长张洪沅及沙学浚、任美锷、欧阳翥、江良规、李旭旦、蒋孟引、马寅初等教授、助教百余人参加了游行,并配备汽车两辆,作为游行大队开展宣传和卫生急救之用;政协参会各党派代表能够一同出面接待学生,亦是对游行行动的一种间

---

① 指1946年1月10日蒋介石在政治协商会议致开会词时宣布政府决定实施事项,人民之自由:人民享有身体、信仰、言论、出版、集会、结社之自由,现行法令依次原则予以废止或修正。政党之合法地位:各政党在法律之前一律平等,并得在法律范围之内公开活动。普选:各地积极推行地方自治,依法实行自下而上之普选。政治犯:政治犯除汉奸及确有危害民国之行为者,分别予以释放。《政治协商会议揭幕,蒋主席亲致开会词》,《中央日报》1946年1月11日,第2版。要求实行四项诺言,为民主运动的主要口号之一。

② 《重庆学生大游行》,《大公报》(渝)1946年1月26日,第2版;《沙磁区各校学生昨于市区内游行》,《中央日报》1946年1月26日,第3版。

接鼓励。学生所提各条要求,均乃政协会议中及报刊上的热门话题,更接近于中间党派及无党无派的大学教授的主张,并无新意。

虽然,游行请愿的内容、要求、口号等均非学生主导,但是,仍然具有相当的学生行动的自主性和独立性。首先,游行组织较为严密,由发起学校学生自治会各推代表二人组成主席团,负责提出主张、拟定宣言、口号。每校为一个大队,院系则为中队和分队,并设立纠察、通讯、救护、膳食、宣传各股,行进中由各领队带领呼喊口号,纠察队沿途维持秩序,将围观市民与学生严格分开。其次,游行学生极力秉持中间立场,不偏不倚。在内容上,政治协商会议问题必然涉及党派斗争,因此也就必须增加并突出对外维护主权之目的,这样更易于动员学生普遍参与。同时,在对外交涉的要求中,矛头针对英法,避开美苏,既符合当局之对外策略,也是学生标榜独立、中立所必须。为避免游行请愿中可能出现不同意见的对立现象,主席团于游行前决议,学生的意见不能单独提出,只能书面送交主席团,并且除宣言上的意见,不能另外提出新的问题。① 学生自我设限并确能保持克制,恰恰说明,对于战后复杂多变的内政、外交局面,学生尚难准确把握,难以提出独立的主张和要求,多数人也就乐于赞同中间的政治立场和激情的主权要求,以便展示学生要求之纯洁。因此,大规模游行请愿更多地是一种象征性行为,甚至是学生政治参与的特权形式。

当局对学生游行所表现的良好秩序和自治精神加以赞扬,却不认可此举有助于国家外交。"中国当前最大的对外方针与使命,在于协调盟邦,以从事于世界和平的建设;但欲负起促进世界和平的责任,首须本身有和平建国的能力。"② 当局极力导向指责共产党对于统一的阻挠。可在国共两党斗争中公开立场,正是学生集体行动试图回避的问题。国民党对于学生行为的把控与处置,可谓笨拙之极。

更糟糕的是,当局对于如何协调盟邦真是一筹莫展。1945年12月15日,美、英、苏三国外长举行莫斯科会议,中国被排除在解决战后重大

---

① 本报记者彭育麟:《万多颗爱国的心——记沙磁区各校学生游行》,《中央日报》1946年1月26日,第3版。
② 社论:《国家社会与青年——评沙磁区学生游行》,《中央日报》1946年1月26日,第2版。

国际事务,甚至处理远东问题之外。萧乾不无酸楚且又怀有一线期望地写道:

> 中国内部的冲突,在国外的一个反应,是大多数的评论家都对法国的不能参加莫斯科会议而出怨言,但很少有评论家提到中国的不被邀参加并低估莫斯科会议的价值是愚蠢的,它的价值不在于它的内容,亦不在可能成立的决议,而是因为它补救上次决裂了的伦敦五外长会议的创伤。……有人揣测另外的一个五国外长会议可能在这次会议之后举行,或者像贝尔纳斯(James Byrnes,时任美国国务卿)希望的举行普遍的和平会议,大概贝尔纳斯可能在会议里提出这个意见。①

事态的进一步发展并不乐观。莫斯科会议取得了一定妥协,国民政府获得美、苏两国的一致公开支持,可是,当局要求苏联配合东北接收的企图却大部落空,东北局势在政协会议召开后反趋紧张。

紧张的根源,发端于美苏两国在远东的争夺,最后归结为国共两党在东北的斗争,然而,其中细节纷繁杂乱,各种问题交织在一起,难以分辨清楚。1946年1月1日,美国陆军部长柏德逊(Robert Patterson)在檀香山举行记者招待会时声称:美军在执行投降条件及保证未来一代无须再从事战争之时期内,将继续占领德国与日本。并称:美军将留驻中国,直至中国能不需要美国之协助,而自行处理其种种问题时止。② 此语一出,立即引起国人警觉,而且,美军不应继续留在中国的主张,必定引起苏军亦应如约撤退的要求。其后,美国因不满苏联对千岛群岛及南库页岛的处置,对外透露雅尔塔会议存在秘密协定,2月11日,雅尔塔会议一周年之际,美、英、苏三国公布《雅尔塔协定》。尽管协定所涉中国内容,美国政府事后向国民政府作了通报,并迫使国民党当局在《中苏友好同盟条约》中加以承认,可还是勾起了国人对秘密外交的屈辱记忆。

国内局势发展更加混沌,尤其是围绕东北问题。国民党在东北接收上接连受挫,又在外交问题上面临巨大压力,只能空喊主权完整及中央政府行使

---

① 萧乾:《中国内部冲突的反应》,《大公报》(津)1945年12月18日,第3版。
② 《柏德逊谈话驻华美军暂不撤退》,《大公报》(津)1946年1月4日,第2版。

主权的地位,行动上越来越诉诸军事手段,并越来越依靠美国的支持,而美国则鼓励将东北问题国际化。① 2月16日,重庆《新华日报》刊登了13日中共中央发言人于延安就东北问题主张的谈话,反对国民党一党包办接收东北和实行以武力解决东北问题的方针,主张国民党方面应"根据停战协定及和平建国纲领的原则与东北各地地方人士、地方军队、八路军及各地的民选政府,实行和平民主的合作"。② 对此,国民党依旧对整个抗战时期形成的政治、军事力量格局变动视而不见,拒不承认共产党在东北的地位,将东北问题仅仅作为怎样实行中苏条约的问题,而非政治协商的问题,指责中共企图"支解国家分裂民族"。③ 很明显,国民党所谓的东北问题实质,就是要将社会上各种涉及民族主义情绪的不满与焦虑,统统引向共产党。

可是,要求在激烈的国共对抗中选择立场,实非学生动员的良好主题。恰好,张莘夫事件④提供了一个极佳的刺激源。一位北京大学毕业、留学美国的东北籍优秀工程师,因执行政府的资源接收任务,先遭苏军阻扰,又遇"非法武装"或"匪帮"劫持,在雪地中被剥光衣服,用刺刀残忍地杀害,整个事件情境,几乎可以充当悲惨的东北沦陷历史的浓缩再现,撼人心魄。在行动上,东北地方人士走在前面,继续扮演丧失故土、四处流浪的悲情角色。2月16日上午9时,东北旅渝同乡为讨论收复东北及张莘夫事件在重庆青年馆召开大会,参会核心为莫德惠、李锡恩、钱公来、宁恩承等东北旧军政人员,主力则为中大、东大、复旦、兵工、湘雅、社教院、

---

① 例如,2月11日,美国国务卿贝尔纳斯在答复记者问题时宣称,苏联处置中国东北日方财产与配备之问题,应由远东委员会加以讨论。《贝尔纳斯谈话》,《大公报》(津)1946年2月14日,第2版。自《雅尔塔协定》公布,在公共传媒上,有关美国对中国东北问题的关注及主张的报道大量增加。
② 《中共中央发言人谈话:中共对东北问题主张》,《新华日报》(渝)1946年2月16日,第2版。
③ 社论:《东北问题的本质》,《中央日报》1946年2月17日,第2版。
④ 张莘夫系经济部东北区接收委员,1946年1月7日带队自长春出发,奉命接收抚顺煤矿,在沈阳停留数日后,14日经苏联方面同意并提供交通工具及保护,由沈阳到达抚顺,即遭当地苏军控制,无法执行职务。16日晚离开抚顺返回沈阳,途经李石寨车站时,张莘夫及随员、警士等被不明武装部队劫持下车,带至车站附近惨遭杀害。数日后,中方始接报告证实遇害,1月29日长春军方正式向苏军去函质询,2月10日获苏方书面复文,内称对事件不能负责。事件引发中苏交涉及广泛的游行抗议。有关事件过程,可参阅朱或:《张莘夫遇害事件真相考》,《炎黄春秋》2013年第3期,第54—56页。

中工等校东北籍学生代表,共 1400 余人,大会通过宣言,并全体游行、请愿。① 作为跟进行动,2 月 20 日午后 13 时,沙磁区 15 所大中学校推派代表在重庆大学集议,提出请苏联尊重中苏友好同盟条约,将苏军撤出东北和请政府对苏联不再作条约以外让步两项请求,决定即日起全体罢课,并定于 22 日进城游行。除中大学生意见尚未一致,其余学校或已经罢课,或同意罢课。② 20 日晚 18 时,复旦东北同学会召开"如何挽救东北危局"讨论会,决定罢课三日,以表决心,意见交学生自治会主席团,21 日上午 9 时召开大会讨论,并联合北碚各校同时行动。③

行动在即,可是东北问题的实质到底如何,学生并未深入讨论,所提两项请求也系采用 18 日中大教授联合会议之主张④,这又如何挽救危局呢?《大公报》的一篇社评,罗列了七点问题,可见东北问题的复杂性:

> 近来人们关切东北的事,有下列几点:(一)根据中苏友好同盟条约的附件,进入我东北的苏联军队应于日本战败后的三个月内撤退。这由去年九月二日日本签降之日起,苏军应于去年十二月一日以前撤出我东北。但以后因事势延宕,曾两度展期,中苏双方所同意的日期,是今年二月一日以前。现在已逾期半个多月,苏军尚无撤退象征,也不知其理由如何。(二)我国民政府接收东北的工作,由日本签降之日算起,已进行了五个多月,但是所接收的少数几个城市,如长春哈尔滨等地,严格的说,只接收了几个衙门,治安且有问题,推行政令更无从谈起。这样的接收,将如何可以完成其工作?(三)近来盛传苏联对东北经济有新要求,内容为何,未见发表。(四)抚顺煤矿本已约定由我接收,而经济部专员张莘夫等到场不能执行职务,于离开

---

① 《东北同乡集会并游行至国府请愿》,《中央日报》1946 年 2 月 17 日,第 3 版。
② 《要求苏军撤出东北,沙磁学生大部罢课》,《大公报》(渝)1946 年 2 月 21 日,第 2 版。
③ 《东北问题陪都附近各校日内将有表示》,《中央日报》1946 年 2 月 21 日,第 3 版。
④ 《关怀东北局势》,《大公报》(津)1946 年 2 月 22 日,第 2 版。在学生决定游行之后,2 月 21 日,中央大学教授会暨助教会发表致苏联政府电、致英美苏政府电(抗议雅尔塔秘密协定)、上国民政府书、为东北事件告各党各派书,进一步表明态度。《迫切关怀东北局势,中大教授表示态度》,《大公报》(渝)1946 年 2 月 22 日,第 2 版。

抚顺时,在火车上被拖下,一个个剥光衣服被惨杀,这是怎么一回事?(五)外蒙独立了,新疆未全宁贴,又传有所谓"东蒙古人民共和国"的酝酿。(六)雅尔达秘密协定的发表,给人民一个刺激。(七)在这时候,新华日报发表了中共中央发言人的谈话,说东北问题应该如何如何解决。这些事交织在一起,乃成了一片阴云。①

如此这般,有不解,有疑惑,有谣传,有忧虑,可谓一团乱麻,无从着手。社评只能摆出一副凌驾于相关各方之上的架势,"声明一个界限,就是:对内争民主,对外保独立"。然而,"目前急切应办的一件事,是把东北外交及连带问题的真相发表出来,让人民知道,再不可秘密了"。

可是,在这样的局势之下,学生无意安静下来探讨真相,既不在乎是否存在阴谋或者陷阱,也未认真考虑所提要求效果如何,只是在行动上必须有所表示。为确保游行顺利进行,沙磁区各校联合组织重庆市学生爱国运动会,选举其中9所学校代表组成主席团,并推定中大、重大代表分任正副召集人,负责游行事宜,制定了各种宣言、标语、口号及游行路线。在各学校中,中央大学的组织最为严密。为讨论游行事宜,中大科系代表大会共举行了四次会议,直接产生救国运动游行委员会,并由三人组成游行委员会主席团,其中一人为东北同学会选出。主席团下设组织、宣传、纠察、交际、财政、事务、交通、文书、膳食、卫生等十组,组长之下有干事多人。并决定由学生承担游行经费,采取先行垫借,分期由每人伙食中归还的办法。② 在宣传方面,制作了大批标语、漫画和红绿两色三角旗,以及大幅标语画、东北图形、张莘夫画像等,宣传车播音员多以东北籍学生充当,发表文件计有《告全世界书》《致苏联抗议书》《致斯大林委员长书》《慰问东北同胞书》《告东北同胞书》《质问中国共产党书》等多种,口号有"苏军必须立即退出东北""苏联应切实履行中苏友好条约""彻查张莘夫惨案""中共应彻底实行停战协定中对东北之协议""新疆是中华民国的新疆""反对分化内蒙""不容所谓'东蒙'特殊化""苏联必须归还在东北抢夺

---

① 社评:《东北的阴云》,《大公报》(渝)1946年2月18日,第2版。
② 《沙磁区大中学生今来渝游行》,《中央日报》1946年2月22日,第2版。

的物资""反对苏联一切新要求""我们不能再蒙受第二次'九一八'的耻辱""全国团结,一致对外""拥护政府采取强硬外交""国家至上,民族至上""绝对拥护政府接收东北""铲除一切地方非法政权""铲除一切傀儡组织""所谓'民主联军'不容存在""铁血保卫东北""黄帝子孙拿出良心来""中共应该爱护祖国""请联合国制裁侵略国""打倒新帝国主义"等33条。十分清楚,为了制造声势,发泄悲愤之情绪,学生游行的抗议对象明显指向苏联及中共,①特别是口号内容庞杂而混乱,缺乏对历史和现实的独立思考,空有一腔的唤醒激情。由于游行主旨失去了政治批评的平衡,②自然,在行动过程中,也就很难保全纯洁性。

2月22日,中央大学、重庆大学、中大附中、四川省立教育学院、国立艺术专科学校、交通大学、中央工业专科学校、中大分校、重庆中学、中正学校、四川省立女子职业学校、中工分校、国立印刷造纸专科学校、大公职业学校、国立商业职校、湘雅医学院、中等职业学校、机械化学校、树人中学、南开中学、国立药专、蜀都中学、中大附小、新中中学、国立社会教育学院、南开经济研究所等单位学生、教职员及工友22000余人,举行"重庆市学生爱国游行大会"。晨6时,游行队伍分别在沙坪坝、小龙坎集合,7时出发进城,大队由中大为前导,吴有训校长走在前面,队伍长达数里。宣传组沿途张贴标语,散发传单及七项宣言,尤其是路过汽车皆贴上标语,各校广播车亦作激情演讲。中大、重大救护车行驶街心。各队学生沿途

---

① 此种现象势必引发相关研究中关于国民党的组织、宣传及操控问题,回到较长时期学生运动史写作的老套。改革开放之后的相关学术研究,多数主张学生游行是在复杂环境背景下的正义行动。可参阅江沛:《1946年春反苏运动述评》,《江西师范大学学报》2003年第1期,第65—72、78页。亦有部分当事人的回忆强调多数学生自愿参加游行,以及参与行为的情绪因素。可参阅燕凌:《我参加的1946年"反苏"游行》,《炎黄春秋》2006年第9期,第16—21、27页;张世惠:《我组织反苏游行的经过》,《炎黄春秋》2007年第2期,第18—23、29页。

② 社会上各党派,尤其是校园中的部分知识分子,都力图以政治批评的平衡标榜公允,如对《雅尔塔协定》的批判,中大教授会暨助教会在致英美苏政府电中称:"运用秘密外交以处置第三国之领土与权益,实为帝国主义之惯技,自非当今自由民主之国际社会所能容认。"傅斯年、任鸿隽等20位教授的署名文章称:"这一秘密协定,违背了联合国共同作战的理想和目标,开创今后强力政治外秘密外交的恶例,影响所及,足以破坏今后世界的和平,重蹈人类罪恶的覆辙。"《我们对于雅尔达秘密协定的抗议》,《中央日报》1946年2月22日,第2版。

高呼口号,《义勇军进行曲》《东北流亡曲》等歌声在空中回响。9 时 55 分,大队到达上清寺,至两路口时,稍事休息,城内一部分学校学生赶来参加。整队继续出发后,沿途有几个小插曲。经中三路时,重大学生数人至中共代表团办事处请见周恩来,不遇,由王若飞接见,并回答学生问题。大队由中二路至中一路,经中苏文化协会时,因为贴标语事,少数学生与该会职员发生争执。10 时 30 分至 11 时许,游行大队经过民生路新华日报营业部,曾有少数学生以小旗杆敲破门首窗口玻璃,纠察队进行拦阻,并于营业部门口维持秩序;另有重大矿冶系一年生蒋承彬在游行经过新华日报门口时,被人以石块击伤。大队通过民生路后,绕经精神堡垒,折至林森路、南区马路,抵南区公园休息并进午膳,午后 14 时半左右解散,各校学生经两路口、上清寺,循原道回校。①

整个游行基本依据计划程序完成,秩序维护和情绪控制亦属圆满,可是,在如此政治主张之下的大规模游行,学生又无力完全控制局面,就在游行尚在进行之中,发生了捣毁新华日报营业部的严重暴力事件。游行大队抵南区公园解散后,主席团立即召开记者会报告游行动机,并辩称:"游行队伍全部离开新华日报门口二十分钟后,该报乃有捣毁情事。"②第一时间划清界线。当晚 21 时 30 分,中共代表团举行中外记者招待会,称捣毁事件"与纯洁的学生无关"。周恩来在声明中强调,应该把爱国与排外分开,应该把学生的爱国运动与特工人员有组织有计划的阴谋分开,并指捣毁事件仅系国民党和政府内一部分不满意政治协商会议成果的人所为,也正是这些人在利用学生,并企图嫁祸于学生。③ 有美联社记者慕沙及某外记者问:中共对苏军超过原定撤兵时期之态度为何?周恩来答称:问政府,中共亦向政府问过。④ 地方当局则极力将捣毁事件处理为群体

---

① 《要求确保东北主权,重庆学生昨大游行》,《大公报》(渝)1946 年 2 月 23 日,第 2 版;《陪都前日之风波》,《大公报》(津)1946 年 2 月 24 日,第 2 版。
② 《主席团招待记者,报告游行之动机》,《大公报》(渝)1946 年 2 月 23 日,第 3 版。
③ 《中共代表团招待记者,周恩来同志发表声明》,《新华日报》(渝)1946 年 2 月 23 日,第 2 版。
④ 《为新华日报被捣毁事,周恩来昨晚招待记者》,《中央日报》1946 年 2 月 23 日,第 3 版。

聚集中的偶发案件:情感极为兴奋的观众在游行大队通过后,依旧围观标语不散,忽有人将标语撕毁,致使群情激昂,又有人高声呼打,群众乃蜂拥冲入新华日报营业部,并高呼"谁保护新华日报就是汉奸"口号,捣毁行动引来街头群众鼓掌狂呼,遂有营业部职员及警士多人被殴伤。被拘捕暴徒均供称:"固感于学生爱国游行激于义愤,参加捣毁。"① 爱国义愤与捣毁行为联系在一起,学生能完全摆脱干系吗?

2月23日,北碚各校学生如期进入重庆城区游行,参加学校有复旦大学、江苏医学院、体育专科学校、戏剧专科学校、私立立信会计专科学校、私立兼善中学、医师训练班、助产学校、护士学校、上海医学院、中大附中青木关分校、重庆女师、复旦中学等14单位8000余人,部分学生22日自北碚出发,在中大休息一夜,部分系自青木关及歌乐山而来。晨间,学生在沙坪坝、小龙坎整队出发,游行目的与沙磁区学生相同,在行动内容上增加了向政府请愿并要求公布中苏交涉过程及有无《雅尔塔协定》外的其他秘密协议,在政治立场上有所平衡。抵上清寺后,大队径至国民政府,由吴鼎昌文官长接见,吴在回答学生请求时称:中苏之间并无秘密外交;中国未参加雅尔塔秘密会议,对此当然一无所悉。12时30分,请愿完毕,学生于国民政府前院用自带午餐,饭后整队游行,经中三路、中二路,到枇杷山下苏联大使馆门口时,游行队伍抬着俄文大标语牌伫立两分钟,并高呼口号。大队再经中一路、七星岗、民生路,至中华路时,主席团代表入国民参政会请愿,邵力子秘书长接见,他对学生请愿游行表示欣慰,但对"抗议苏联在东北的一切暴行"表示异议,以为"吾人对苏联不应与日本等量齐观,否则必增加国家之困难,而无补于问题之解决"。15时30分,请愿完毕。在代表请愿时,游行大队并未停留,又经都邮街、邹容路、中正路至凯旋门,最后在较场口停留休息。下午17时,部分学生集体返校或个别散去,其余则寄宿城中。由于学生人数众多,返校路程甚远,市公路局及各方调拨汽车22辆,运送学生返校,并提供求精中学为休息

---

① 《新华日报营业部被捣毁,暴徒九人业经警局拘捕》,《大公报》(渝)1946年2月23日,第3版。

场所,可次日乘船返校。复旦大学则宣布 25 日放假一天。①

学生激情付出的最大收获,莫过于情绪之传染和行为之仿效。民族主义是一种最容易相互传染的社会情绪,而且,越极端就越有感染力,扩散的速度也更快,由零星的、分散的、地方性的抗议活动,发展成为全国规模的普遍的街头抗议运动。另一方面,快速的、大规模的声援与响应,正是学生运动之特征,而且,还没有机会进行情绪宣泄的学生,同样需要有所表示,何况此种主题在政治上风险不大。

于是,在随后的几天里,上海、南京、成都、济南、青岛、北平、天津、昆明、南昌、汉口、杭州、广州、西安、太原、石家庄、保定、镇江、开封等地,均发生了要求东北苏军撤退的学生游行示威,波及全国主要大中城市。游行活动的内容与形式,与重庆基本相同,并带动了各社会阶层及社会团体的抗议活动。

值得注意的是,对于此种主题的抗议行动的响应,战后收复区学生显得更为积极,相对于就处于激烈的舆论对抗中的较场口事件表示态度,他们更容易接受强硬的民族主义口号,开展目标单一的爱国运动,借以表达对国家的忠诚,②要求更为公平的政策待遇。这种特点,明显扩大了所谓反苏游行的声势,如果从独立的、理性的行为角度分析,也同样具有借助民族主义话语进行情绪宣泄的特征,其中,北平学生行为甚为突出。

东北问题在北平社会逐步升温,也发端于旅平东北籍人士,加之北平的地理位置,其数量及影响也更大。各色东北籍人士,无论是急切返乡还是早已定居北平,都利用"九一八"后被迫流亡的惨痛记忆为号召,以东北同乡会的名义活动,这其中又以旧地方军政人员及社会贤达最为积极。当伴随接收而返乡的意愿变得越来越渺茫时,他们便出来主张"政令军令悉归中央"③,敦促国民党当局加快接收。2 月 24 日上午 10 时,张莘夫等

---

① 《北碚学生游行请愿》,《大公报》(渝)1946 年 2 月 24 日,第 2 版;《北碚学生八千余人昨日示威大游行》,《中央日报》1946 年 2 月 24 日,第 2 版。
② 一篇记载 2 月 26 日北平游行的署名文章中称:"谁说八年奴化了北平的青年? 这儿有铁般的事实给他们看。"李宪章:《学生爱国运动简记》,《益世报》(平)1946 年 3 月 3 日,第 2 版。
③ 《东北旅平同乡会反对东北高度特殊化》,《益世报》(平)1946 年 1 月 13 日,第 2 版。

追悼会如期在中山公园中山堂举行,由中国工程师学会、东北同乡会、北京大学校友会、中国矿冶工程学会、北洋大学校友会联合发起,东北行营主任熊式辉、辽宁省省长徐箴、安东省主席吴焕章、宣慰使张继、在平参政员黄宇人、经济部东北特派员孙越崎及北平党政官员出席,东北同乡会代表李友兰主祭。这个追悼会,参加人数众多,官方色彩浓厚,东北同乡会最为活跃。受到重庆学生游行的鼓励,东北旅平学生数百人组成联合请愿团,全然不顾北平市政府的告诫①,上午8时半在北大文学院集合,于游艺室举行张莘夫追悼会后出发游行,沿途张贴标语并散发告全国同胞书等宣言,高呼口号,情绪激昂。至北平行营呈递请愿书及宣言后,队伍再至东北行营,秘书长胡家凤在行营门外训话,对学生所提意见极表赞许。下午15时许游行队伍解散。② 下午15时,东北同乡会、东北大学校友会、东北复员协进会、东北教育协进会、东北留平党政军联合会、东北建设协进会等合组之东北民众请愿团筹委会在中山公园中山堂召开东北民众请愿大会,宣言要求政府增派大军武装接收。不过,大会也表露了对中央政府的不满,以为政府畏首畏尾,贻误接收,提议组织东北民军,打回老家去,并在场中大喊打倒熊式辉等。③ 可见,在主权完整之下,包含着复杂的地方利益诉求,其中,相较于地方旧军政人员的空喊,学生确是最集中、最激烈、最有力量的群体。

北平学生没有那么复杂,"面对不能缄默的现实,自然不能再缄默下去"④。2月25日下午15时,北平48所大中学校学生自治会在临大第一补习班开全体学生代表大会,以近来东北问题令人愤慨,决定26日集合全体大中学生举行大规模之爱国游行。26日,北平大中学生5万余人为响应各地学生爱国游行运动,举行北平市学生爱国运动大会:

---

① 2月20日,有河北难民还乡请愿团不听市政府多次劝阻,在东单练兵场开会游行,并发生殴伤学生头部事件。北平市政府规定:"以后非经北平行营批准,任何团体或民众不得擅自游行示威,以维治安而重秩序。"《今后游行示威须得行营批准》,《华北日报》1946年2月22日,第2版。

② 《东北旅平同学昨日请愿游行》,《益世报》(平)1946年2月25日,第2版。

③ 《北平昨追悼张莘夫,东北同乡游行请愿》,《大公报》(津)1946年2月25日,第2版。

④ 《爱国·游行·读书》,《益世报》(平)1946年2月27日,第1版。

八时许,各校学生即整队赴沙滩文学院操场集合,十时,全体列队出发,由主席团之汽车前导,队前高举"北平学生爱国运动大会"及"收复东北"等白布标语。负责指挥之同学站于车顶,游行队并自动组织纠察队负责维持街头秩序,出文学院大门,经北池子,王府井,公安街,前门大街,西珠市口,虎坊桥,南新华街,进和平门后,经西单,西四,由丁字街折向东行,返回文学院,队形长约数里,沿途高呼口号,"要求苏联立即从东北撤兵","请政府彻查张莘夫惨案真象","誓死反对东北特殊化","中苏友好同盟条约以外的一切要求严厉拒绝","反对组织(东蒙人民共和国)","反对雅尔达秘密协定"。担任宣传之同学骑车往来向两旁观众散发传单,告全国同胞书及告全市青年书及英文传单,两旁商店及行人,均驻足而观,同学并向彼等作沉痛恳切之演说,讲者与听众均声泪俱下,路旁观众,并有自动响应学生同呼口号者,充分表现青年爱国之热烈真诚,及国人对领土主权不容放弃之决心。①

游行所宣示的主张及口号,其他地方已经出现,北平学生行动属响应之列,在组织和宣传上亦较为严密,表明学生游行示威之经验已能普遍、熟练使用。与全国学生针对东北问题展开的游行示威活动比较,北平学生游行的特点主要在于规模较大,学生参与人数众多。北平城市地理环境及游行路线的规划,十分适合短时间内学生的快速聚集,形成以北京大学为中心,汇集周边学校学生的格局,集合与解散均较为便利。沿途所经主要街道,为北平主要的行政、商业区域,对于向当局请愿和向民众宣传,亦较为便利。北平学生游行的另一特点是力图保持公允与平衡,以便有别于东北旅平学生或北平东北籍学生对苏联的激烈立场。当游行队伍途经北平行营时,学生提呈书面请愿书,要求收回东北和香港九龙,收回国家之一切权益,并于游行后分电英、美、苏三国元首,望盟国勿作背信举动。

时局的变化,对于学生而言,有如坐上了过山车。就在全国学生为东

---

① 《平大中学生五万余联合游行》,《益世报》(平)1946年2月27日,第2版。

北问题举行游行示威正酣之时,2月25日晨9时,蒋介石在国民政府纪念周会议上称:"青年学生游行之举,固出于爱国热忱,但关于此等国家大事,应注重理智,切不可越出其应有之范围,否则,即将损及我国家民族整个的荣誉,徒增国家的困难。"并希望注意三点:第一,信任政府对于东北问题必能有合理的解决,切不可轻听外间无根据之传闻,而有激昂过分之言动。第二,须知中苏两国之友谊,不仅于中国于苏联均为必要,且对于战后世界和平亦为必要。第三,战时限制人民自由之各种法令,现在已经取消,一般人民之言论行动,更须自爱自重,随时检点,勿使逾越法律的正当范围。同日下午16时,《军队整编及统编中共部队为国军之基本方案》在国民政府参军长办公厅分别由张治中、周恩来、马歇尔三人签字,周恩来在致词中保证中共"有百分之百的实现"。① 26日,驻东北苏军总部发表声明,将苏军撤退迟缓原因,归之于中国政府军队的开进异常缓慢,甚至出现无人接受移交的现象,以及日军失败时对铁路、运输车辆的破坏和日伪残余对交通线的袭扰。并特别强调,苏军完成从东北的撤退,肯定要比美军从中国撤退的日期来得早些。②

民族主义的情绪闸门才刚刚打开,似乎立刻便失去了宣泄的对象,犹如一个斗士,抓住机会打出一记重拳,却好像砸在棉花包上一般,被卸去了力道。当民族主义情绪聚焦于苏联身上时,多数学生的政治参与热情被激发出来,这也促使各政治党派、各社会阶层活跃起来,战后中国问题的症结更加清晰地暴露在世人面前,即美国的世界战略及对华政策和国民党当局的种种行径。可是,学生并没有做好下一步行动的准备。因此,在轰轰烈烈的表象之下,情绪宣泄的成分更加浓烈。严密的组织,浩大的队伍,激昂的口号,戏谑的漫画,大街上的集体漫步,官署前的抗议怒吼,情感强烈的呼号与歌声,加之围观群众的掌声、叫好声,以及社会各界的赞誉和传媒的大量报道,都是一种特殊的体验,尤其是对于急切实现复员返乡和挣脱甄审负担的学生而言,大规模游行示威提供了一个释放胸中

---

① 《蒋主席对东北问题宣示政府既定方针》,《军队整编及统编共军为国军基本方案昨已签字》,《中央日报》1946年2月26日,第2版。
② 《长春苏军发表声明》,《大公报》(渝)1946年2月28日,第2版。

积郁的良好机会。当然,为宣泄情绪而行动,在尽情展示力量之时,无力感也会随之增加,且情绪化行动难以持久。

尽管围绕东北问题的学生抗议并未完全结束,但大规模行动确已停止。在北平,后续行动多为所谓东北学生入关请愿代表组织之小规模游行请愿,并随着苏军撤兵和东北学生大批入关,转变为东北流亡北平学生寻求生存和教育权利的问题。

五、在剧烈震荡中徘徊

抗战胜利之后不久,从大后方到收复区,先后发生了三种内容迥异的较大规模的学生运动,同时,三种运动又相互关联,相互制约,展现出了近代以来学生运动的各种形式,并均试图充当"五四""一二·九"学生运动的回声,把现实行动与历史精神联系在一起。可是,无论在内容上还是在形式上,三种运动都缺乏充分发展之环境,故难以稳定,尚处在重新整合之中,学生群体则在剧烈震荡中徘徊。

反内战、争民主是学生运动的不变主题。然而,战后国内局势较之北洋军阀统治时期和国共内战时期发生了巨大变化,各党派、团体及校园中的教授们已经开始以各种形式积极参与国家政治事务,学生的社会唤醒作用大大下降,就在"一二·一"运动进行之中,国共两党恢复了谈判,并成功地召开了政治协商会议。另一方面,民主运动也易于受到民族主义口号的干扰,在"一二·一"运动的最后阶段,国民党特务机关试图利用张莘夫事件打击学生,以追悼张莘夫的所谓民众运动对抗悼念"一二·一"死难烈士的学生运动。①

对外要求国家主权完整是学生运动的另一不变主题。较之战后国内局势之纷繁,国际局势之混乱,更非学生、尤其是激进学生所能准确把握。

---

① 中央调统局以云大等校学生在共党操纵下,定3月10日大游行,"我方同志,亦定九日举行追悼张莘夫大游行,以打击反动派之活动。又新成立之'中国民主自由大同盟会',亦定十日大游行。"《昆明云大等校学生订于三月十日游行请愿追发前死学生衰葬费》(1946年3月9日),《一二一运动》,第450页。

二战后中国所处之国际环境,较之一战后已经发生了根本性的改变,同时也更为复杂。老牌帝国主义势力尚未完全退去,新兴国家及民族解放运动与中国的矛盾顿显紧张,最重要的还是美国和苏联两大战时盟国,先在战争后期背着中国进行涉及中国主权的利益交换,又于战后在远东及中国进行激烈的利益争夺,这一切都有可能激发青年学生的民族主义情绪。更为复杂的是,美苏两国在战后初期并未完全撕破脸,而是有斗争亦有合作;其动向对于国共两党关系亦有重大影响。此时,爱国运动的矛头是指向美国还是苏联?选择十分困难。如果目标是一切帝国主义及反华行为,似乎显得有些空洞,难以发动有激情的大规模游行示威,华侨问题更非秉持强硬外交所能解决;如果就事论事,以撤退驻东北苏军为主要目标,历史的与现实的两种悲情汇合在一起,的确有助于学生动员,可此种运动对于战后中国问题之解决距离甚远,不过是诸种挫折或压抑的情绪发泄而已。

甄审的失败,是否就意味着反甄审的胜利呢?简单的逻辑推理似乎是这样。从理论上讲,反甄审事关学生的切身利益,能够聚集关注,方便动员,可这并不是一个好的学生运动主题。首先,受甄审影响所及的学生较为有限,当局又有意制造大后方学生与收复区学生之间的认识冲突,在收复区,亦有私立学校与公立学校、战前注册学校与未注册学校之分,这些都影响反甄审的参与意愿及程度。其次,在受甄审影响的学生中间,还有在校生(肄业生)与毕业生之分,反甄审要求分别为求学与求职,后者在人数上超过前者,行为也更加激烈;即使是在校学生中间,也有学业程度的高下之分,对于依据考试成绩分发的态度亦有不同,因此,越是到反甄审后期,参与者内部的分化也就越剧烈。再次,反甄审不但缺乏与大后方学生的民主运动的紧密呼应,收复区各地方的反甄审之间也同样缺乏强有力的相互声援。最后,由于沦陷区教师身份的特殊性,在反甄审中,学生与教师之间亦缺乏紧密有效的联系,也会削弱运动的力量。此外,学校在待接收期间的临时性,也会影响学生组织及认同的牢固性,学校只是学生暂时的脆弱的利益结合体。

因此,甄审失败有政策预想及操作混乱的因素,由于接收进程和复员状况,以及政府对于时局的控制能力,甄审之进行无法保障。在政治、经济环境尚处在动荡之时,想要先行处理教育、文化及道德观念问题,显然是不切实际的幻想,当各种政治因素介入反甄审斗争后,当局只能节节后退。学生所得又是什么呢？通过反甄审,直接的成果是部分学生得以较为轻松地进入复员后的学校继续学业,或在敌伪所设学校的学历得到承认。

至于在反甄审中通过悲情倾诉,证明自身纯洁,回应当局的迫害与污蔑,显然是人为制造的政治命题。学校教育培养叛逆者,是近代教育的特点之一,如傅斯年在回答临大学生提问时称:"本人在清末出生受清廷教育,非惟被奴化,且民族思想愈为炽盛。"①但是,此种现象并不能说明政府或政治集团所实施教育之宗旨、培养目标和学校制度对学生全部无效。恰恰相反,不同政治集团都会极力通过学校教育,灌输其忠奸、正伪观念,开展各种形式的学习、审查和考核。② 在宣传上,共产党将甄审斥为国民党"奴役青年的一党专政",反甄审是"广大学生反对一党专政"的斗争③,可另一面,在由大后方复员回来的民青干部的报告中,对北平反甄审主力的临大学生的政治素质却有偏低的描述,以为临大学生中:

> 进步分子很少,中间分子占绝大多数。他们因身受敌人奴化及国党化两重教育,致政治觉悟普遍低落,对国党仍多少有希望与信任,畏惧党派斗争,缺乏民主训练与自由信念,缺乏斗争经验与能力,养成不管闲事的心理与好玩的生活习惯,这些都是他们落后的一面。但另一方面他们因身受敌伪压迫与奴役辛酸的生活,对切身生活问题非常关切,对祖国抱有无限忠忱与热望,胸中积压有高度的民族仇视与爱国心,具有努力向上不甘人后的进取心,再加上他们那北方的

---

① 《傅斯年答临大学生问》,《益世报》(平)1946年5月17日,第2版。

② 罗久蓉较早从事战后教育甄审问题研究,以为既有研究多从政治入手,"忽略其在道德、社会层面的含义"。《抗战胜利后教育甄审的理论与实际》,《"中研院"近代史研究所集刊》第22期下,1993年6月,第209页。此种状况,以后亦变动不大,日伪教育之社会影响在学术研究上的清算尚显不足。

③ 左荧:《"收复区"学生反"甄审"斗争》,《解放日报》1946年4月16日,第4版。

朴实特性,这些就是他们优良的一面。①

假使排除大后方进步学生对沦陷区学生可能存在的偏见,在分析方法上,所受教育的属性的确被作为影响政治行为的重要因素,这也可看出,在反甄审后的学生运动中,收复区学生的位置及作用相对下降。

国共两党的斗争,也严重渗透进学生运动之中,对于学生运动目标选择、组织、宣传、方式、方法、策略等各个方面,均有较大影响。同时,在战后初期,国共两党还进行了一系列和平建国的尝试,既给青年学生及全国民众带来希望,也增加了其对内战根源判断的困难,两党对于战后学生运动也存在着一个认识与策略的调试过程,学生的徘徊观望在所难免。

就如主动邀请毛泽东赴重庆谈判,国民党在战后表现得更为积极。对于学生运动,由消极预防、镇压之处置,转向更为积极的利用与对抗两手,尤其是更多地使用大规模群体行动来展示所谓民意。日本投降后不久,蒋介石便在给教育部的代电中称:

> 查目前各校,多在动荡不宁之状态中,若纯采消极防制办法,不惟不能收预期成果,且将使全部学生走入反政府路线,除另饬三民主义青年团中央团部,发动全部学校青年团,主动组织自治会,因而掌握一切学生团体外,即希与该团商定具体办法,转饬学校行政当局与自治会诚恳合作,以改进学校行政,使奸伪无门借口为要。②

这是一个党团、学生自治会、学校行政三者相互配合的完美的组织构想,中间环节则是成败的关键。昆明当局的"宣传对宣传、组织对组织、行动对行动",即是一次实践尝试,由于并不掌握可供对抗的学生组织,

---

① 所报送的报告为民青干部所写《北平学生运动(1946.10—1947.6)概况报告》。《罗迈向周恩来报送北平学生运动概况报告》(1947年12月19日),共青团中央青运史工作指导委员会、中国青少年研究中心、中央档案馆利用部编:《中国青年运动历史资料(1947.1—1948.2)》第17集,北京:中国青年出版社,2002年版,第433—434页。
② 《蒋介石为阻止学生运动给教育部的代电》(1945年8月23日),《一二一运动》,第416页。

结果演变成为所谓失业军人对学生的血腥的暴力。重庆较场口事件①是另一起严重的对抗冲突,双方自述均为庆祝政治协商会议成功,结果仍是上演了血腥的暴力。所不同的是,施暴对象并非学生,又引发了激烈的宣传、组织、行动对抗②,增加了事件的复杂性,使得各地声援抗议明显偏弱,且多为口头表达形式。诸如北平学生对较场口事件并未公开表示态度,更没有采取直接行动,而对重庆发生之反苏游行却能积极响应,反映了学生面对战后复杂的国内政治环境,还存在判断与选择的困难。

另一方面,国民党当局对于收复区学生的争取更为积极,也更多地利用大型群体行动及民众团体来表达所谓民意。在朱家骅、蒋介石到北平期间,都在太和殿前组织了大规模的学生训话,此种规格的活动在大后方也极少见到,表明在接收过程中,政府在学生中尚有较强的动员能力。当民族主义情绪在学生中升温之后,2月19日,在市党部的支持下,北平大中学校学生举行"学生爱国会"发起筹备大会,并计划日内展开工作。③

事实上,不仅国共两党,各派政治力量都在极力争取学生,充当其表达政治主张的工具。国民党作为执政党,对于学生运动更为敏感,当对学生行动控制不力,甚至无法控制之时,都会宣传学潮兴起之原因,乃是受到共产党的"煽动"。"一二·一"惨案发生后,昆明地方当局立即指责这是共产党有计划的"阴谋","延安广播已于二十三日下午六时三十分说出

---

① 1946年2月10日,在重庆较场口举行各界庆祝政治协商会议成功大会,刚一开始便发生主持大会之总主席之争,农会代表刘野樵自命总主席,李公朴上前试图阻止时,演成血案。事件发生后,出现了截然相反的报道,《新华日报》指是"有指使的有组织的暴徒捣乱";《大公报》亦称"因被暴徒捣乱,以致大会无法进行";《中央日报》则称是"民众团体互相殴打"。《较场口的暴行》,《新华日报》(渝)1946年2月11日,第2版;《欢庆和平竟致流血》,《大公报》(渝)1946年2月11日,第2版;短评:《较场口事件》,《中央日报》1946年2月11日,第3版。

② 较场口事件发生后,除国共两党之间的鲜明对立外,新闻舆论界的分化扩大,有《大公报》《新民报》与《和平报》《新蜀报》的报道差距,也有重庆各报42记者致中央通讯社公开信和中央社记者的自辩。在组织上,有庆祝政协成功大会筹备会、"二一〇"血案后援会与伸张正义联合会的对抗。在行动上,双方各开记者会,各自向法院提出告诉,并有各自的慰问、声援、抗议活动。秦牧:《暴徒性质研究——较场口事件抉微》,《新华日报》(渝)1946年2月17日,第3版。

③ 《学生爱国会已组织就绪》,《华北日报》1946年2月21日,第2版。

昆明即将罢课,并称有罢课委员会之组织"。① 此种鸵鸟般的伎俩,是最无能、最失败的处置方式,直接导致学生与当局的距离扩大,明眼人自然一目了然。例如,美国驻昆明总领事馆在报告中称:"大学人士和在昆明有主见的国民党官员并不相信中央政府所指控的这次学潮是共产党煽动的说法。"②"一二·一"运动之前,共产党并没有做好发动大规模学生运动的准备,③只是在"一二·一"运动高潮之后,才提出了在国民党区域学生中积极发展的策略,以为"与党竞争并和党对立的青年先锋主义"已很难产生,要求力戒"走向狭隘的关门主义"。④ 即使如此,共产党对学潮的控制能力也很有限,"一二·一"运动收束期的数次波折,表明学生运动并不像高度集中的政党组织一样,能够达到策略上的收放自如,⑤而且,也缺乏具体的、有效的措施和对策。⑥

还应该看到,当国民党在学生中尚有一定的动员能力时,共产党亦指出"国民党反动派利用学生狭隘的爱国主义进行反苏阴谋"⑦,虽然并未

---

① 《吴参谋长谈昆明学潮感想》,《中央日报》(昆)1945 年 12 月 5 日,第 3 版。
② 《昆明大中学生的罢课事件——美国驻昆明总领事馆第 76 号快报》(1945 年 12 月 18 日),《一二一运动》,第 471 页。
③ 抗战胜利前夕,中共中央为了解目前青运状况和总结抗战以来青运经验,要求各级组织搜集各相关材料,于 9 月底前上报。《中共中央关于要求各级单位搜集青运材料的通电》(1945 年 8 月 8 日),《中国青年运动历史资料(1942—1946)》第 16 集,第 228 页。
④ 《中央青委关于领导昆、蓉、渝等地青年政治组织问题给南方局青委的指示》(1946 年 2 月 1 日),《中国青年运动历史资料(1942—1946)》第 16 集,第 337 页。
⑤ 对于"一二·一"运动收束期策略问题的讨论,均源自共产党组织自我总结,以为党的领导的缺点主要是:"最先过高估计群众力量,有喊出了过左的口号。但到后来,群众起来了,我们却掌握不住,又估计不足,反作群众尾巴。"《昆明学生运动中党的策略路线》(1946 年 3 月 9 日),《中国青年运动历史资料(1942—1946)》第 16 集,第 392 页。实际上,此种认识只是站在中共对学生运动的领导地位而言,在历次大规模学生运动及群众运动中,并未得到过有效的纠正。
⑥ 在一份"一二·一"运动的党内总结报告中,提出了组织、宣传教育和学生运动的统一战线问题,以为"组织形式将由过去的分散零星精干隐蔽的据点形式,转变为公开集中的广泛群众性的公开组织;宣传工作上的缺点首先是"只注意了政治问题";学生运动"必须与工农群众相结合才能完成它历史的任务","一二·一"运动没有积极争取工人、商人行动的配合。《现阶段青年运动中的几个具体问题》(1946 年 6 月 1 日),《中国青年运动历史资料(1942—1946)》第 16 集,第 489—498 页。三方面的分析都脱离当时的具体环境,且不符合学生运动的行为特征。
⑦ 《青年运动的方针策略及组织问题》(1946 年 4 月),《中国青年运动历史资料(1942—1946)》第 16 集,第 413 页。

出现在公开宣传中,但从基层组织的动员结果看,效果不明显。有回忆称,驻重庆共产党代表王若飞曾要求进步同学参加游行,避免孤立并从中观察,出现了"相当尴尬"①现象。另有回忆则称:"遵照南方局指示,省工委在党员、民青中进行了教育,指出国民党正在利用反革命的群众运动",对昆明的反苏活动"采取了公开抵制和秘密拆台的办法"。② 指导的混乱及控制能力不足,说明共产党直接干预学生运动的能力有限。③ 当然,国民党也不可能坐收渔人之利。对于执政党而言,试图操弄民族主义之民众运动,无异于在玩火。东北外交问题,尤其是与苏联出兵战费补偿相关的拆卸东北工业设备问题,与苏军驻扎、开拔费用相关的红军票问题,与东北接收财政相关的东北券等经济问题,国民党当局都不愿深究甚至提及,因为更容易引起学生不满而威胁到自身的统治。再者,反苏运动势必引起反美情绪高涨,也是当局不愿见到的结局。因此,国民党对学生的"利用",亦未能达到想要的结果。

由于学生群体的政治参与行动,相较其他社会阶层更为积极,更容易获取社会大众的同情与支持,也就处在国共两党及其他政治集团的激烈争夺之中,学生运动自身的发展增加了局限性。尤其是国共两党尚处在和战剧烈波动之时,两党对于青年学生的认识、策略也在不断调试之中,无论主张如何,都趋向于敦促学生选边站队。是故,当校园中出现激烈的两派对立时,对于多数学生而言,既不愿在反苏、反美之间选边,也不愿在国共之间选边,若采取反对一切帝国主义及汉奸的策略,在对国际关系和国内政治缺乏清晰判断的情况下,也很难形成一致之认识,学生只能处于徘徊观望之中。

造成徘徊现象的第三个原因,则是在战后学生运动初起之中,就已出现了严重的分化现象,从而扩大了学生与教授、学生与学生之间的分裂。

---

① 燕凌:《我参加的 1946 年"反苏"游行》,《炎黄春秋》2006 年第 9 期,第 18—19 页。
② 郑伯克:《回顾"一二·一"运动》,《一二一运动》,第 357—358 页。
③ 在事后总结中,共产党承认对反苏宣传的回答解释"大都没有什么力量",在瓦解反苏游行上则是"失败"的。《重庆"一·二五"运动与处理"二·二二"反苏游行事件的总结初稿及附件》(1946 年 1—4 月),《中国青年运动历史资料(1942—1946)》第 16 集,第 430—431 页。

有"民主堡垒"之称的西南联大,在激烈的学生运动中分化现象也最为突出。① 在罢课与复课、反苏与反美的策略上,学生与教授之间存在着明显分歧,特别在是否响应重庆学生举行反苏游行上,对立尤为强烈。② 2月23日,西南联大教授110人对东北问题发表宣言,提出两条要求:一、政府披露中苏签订条约以来,一切有关东北问题的谈判过程,并拒绝再作妨害主权的任何协商。二、政府与苏联均应忠实履行中苏协定,苏联应尽速撤退在我东北驻军,归还一切工厂设备与资源,不得有超出中苏条约范围以外之任何行动或措施。并呼吁全国人士不分党派,一致在维护领土完整与主权独立原则下努力奋斗。③ 25日,西南联大法学会及东北社举行东北问题扩大座谈会,昆明各大中小学及各民众团体参加者约4000人,联大教授查良钊、雷海宗、燕树棠等先后演讲,会后举行了游行。④ 激进学生以为上述活动是"御用"教授的欺骗行为⑤,并以昆明学联名义"申明这个演讲会与学联无关",并事先布置学生在会场上揭露,在游行途中喊话瓦解。可是,在昆明学联对东北问题的表态中,除了增加美国撤兵和美军不应开入东北,以及反对政府与任何国家进行秘密外交之外,其他内容均与教授宣言相似。⑥

因运动中的态度及立场进行刻意分界的恶斗,在学生之间更为激烈。"一二一"运动中,学生组织获得了更大的权力,从而出现以多数人名义的组织强制现象。在西南联大工学院,学生自治会开除了36名赞同复课同学的学生会会籍,规定这些学生不得在学生会开办的膳团用餐,迫使这些

---

① 易社强注意到了运动中学生与教师之间的分歧,解释为自由主义知识分子与受马克思主义意识形态影响的学生之间的冲突。《战争与革命中的西南联大》,第310—311页。
② 西南联大学生甚至就师生冲突编写了一本小册子,在《结语》中编者称:过去人们以为联大师生之间的感情相当融洽,"然而由'一二一'运动所引起的一连串事件,却把这种对立——由于两代人间不同的生活经验所造成的对事情的不同的看法因而引起的冲突完全暴露了。"《吾爱吾师,吾尤爱真理》,西南联大学生出版社,1946年5月版,第68—69页。
③ 《西南联大教授百余人对东北问题发表宣言》,《中央日报》1946年2月27日,第2版。
④ 《各地学生大游行》,《大公报》(渝)1946年2月27日,第2版。
⑤ 例如,联大生活壁报称:"欺骗,幼稚,愚昧,笨拙、下流、卑鄙,不够科学,滥用权威,贻误别人,这样就是我们御用教授的特质。"《这就是我们的教授》,《吾爱吾师,吾尤爱真理》,第33页。
⑥ 郑伯克:《回顾"一二·一"运动》,《一二一运动》,第358页。

学生另组膳团。① 此事引起学校干预,以为学生自治会剥夺同学应得权利,违背学校纪律,应迅即自行纠正。② 可是,工学院学生自治会三位常务理事以全体学生大会决议无权改变,拒绝纠正。1月23日,联大常委会决定对三人各记大过一次、小过二次,并布告学生自治会决议事项不得再与学校规令抵触,③这又导致三人辞职和工学院学生自治会的换届。其实,在学生运动之中,社团的新立或重组、系会、级会、院校学生自治会的改选及内部纷争,从未间断。2月间,西南联大举行了最后一届学生自治会改选。3月2日,法学院部分学生以法学会干事会未征得同学同意,擅自举办东北问题演讲会及游行,提出质问。结果法学会解散,30余学生另组新会。④

将游行示威行动组织得井井有条的重庆学生,此后的分化现象也更为极端。3月2日,复旦大学一篇暗指最近游行乃受当局操控的壁报文章,引起一部分学生愤怒,学生撕毁壁报,且将壁报负责人捉去"审判","判决"其在校门前罚跪一小时,教授洪深等进行劝阻反遭侮辱。事件发生后,部分教授、职员、学生召开紧急会议,起草抗诉书,提出:(一)要求学校当局开除九名肇事学生;(二)保证今后不再发生同样事件;(三)如学校无合理合法之措置,教授不惜罢教,学生不惜罢课,以求人权之获得保障,师道之获得尊重。⑤ 次日,在重庆出席国民党二中全会的校长章益赶回学校;肇事学生贴出布告否认一切不法行为,反要求学校当局严惩被强迫罚跪之学生,并质询洪深教授;教授会则提出同时惩处审判学生并侮辱教授之学生和在壁报为文以致引起事件之学生,校长原则上接受了教授会

---

① 《国立西南联合大学校史——一九三七至一九四六年的北大、清华、南开》,第474页。
② 《西南联大教授会一九四五年第二次至第十次会议记录》,《一二一运动》,第386—387页。
③ 《梅贻琦西南联大日记》,北京:中华书局,2018年版,第234页。另记:"于是校方决定对此三人给以记两大过、两小过的处分(这是最严厉的处分,因为只差一小过就要开除)。"《国立西南联合大学校史——一九三七至一九四六年的北大、清华、南开》,第474页。
④ 《西南联合大学大事记(1937.7—1946.7)》《北京大学史料》第3卷(1937—1945),第564页。
⑤ 《复旦一怪剧》,《大公报》(渝)1946年3月4日,第3版。

的意见,教授、学生也不再坚持罢教、罢课。① 此事件还动摇了学校机关的日常秩序,一时间辞职传闻满天飞。其中,有训导长芮宝公引咎辞职,又有训导处职员向北碚司法处控告洪深污蔑训导处;洪深教授表示遗憾,并向学校辞职,引起文学院系师生的挽留;校长章益也以事件处置棘手,向教育部提出辞职。② 在此情形之下,复旦大学校方致函报社说明:

> 三月二日上午本校不幸发生之学生纠纷,起于学生蒋当翘(笔名"冷眼")在《谷风》壁报上登载下列污蔑文字:"据云:'世界最民主国'××部主办游行示威,先生发该国国币五千,卡车相送,学生不参加游行要开除,教授捐薪金二月。当今之日,学生教授何其难当也!"经若干同学于三月二日上午十时左右贴出对该报质问启示后,即有学生多人聚集,遂将主编该壁报之学生庄明三带至大礼堂质问,并在登辉堂前罚跪,是时训导处力予制止,再三劝导无效,在感情激动之际,并有极少数学生对劝导之师长有侮辱行为,后经竭力劝导始散。学生庄明三亦早由训导长送入课室内休息。此事发生时适本校章校长因公在渝,闻讯后即于次晨赶回校中,当即谕令学生静候学校查明事实,分别依章处理。是日(三日)下午召开教授谈话会,大体意见一致,乃于四日上午纪念周席上由章校长对全体学生剀切训话,其要点为:学校纪律必须维持,肇事学生必须惩处,学生应尊敬师长,同学间应和睦相处。出席纪念周师生一千余人屡以热烈鼓掌表示接受。下午举行训导会议,决定将肇事学生但家瑶(拖拉同学罚跪并侮辱师长之学生)、蒋当翘(污蔑文字之作者),开除学籍,学生庄明三为《谷风》壁报负责人,原负连带责任,姑念其已受刺激,免于处分。其余有关同学分别情节轻重,予以惩戒。③

信函明显带有训导处的叙事印记,有意遮掩甚至隐去了部分真实。不过,对于大规模学生群体行为,轻率地使用党派操控加以评论、嘲讽,只能造

---

① 《复旦怪剧续闻》,《大公报》(渝)1946年3月5日,第3版。
② 《复旦事件的发展》,《大公报》(渝)1946年3月6日,第3版。
③ 《复旦学生纠纷结束,校方来函说明情况》,《大公报》(渝)1946年3月7日,第3版。

成更大的撕裂,所谓"学生应本亲爱精诚之精神",则成为毫无可能的奢望。

战后学生运动乍起即遭遇严重分化,还表现在学生滥用群体行动向校方及教师施加压力,稍不如意,便以罢课相抗争,除言语攻击外,往往伴随直接的暴力行为。暴戾之气在校园内弥漫,并像传染病一样向四周扩散。下文仅以三种运动同时存在的1946年2月下旬为观察点,以《大公报》报道为例,便有消息两则。一则为:

> 福州二十一日电:在建阳之暨南大学,文学院教授魏应麟在上课时,解释世说新语上"偕父"一辞,乃从前南方人称北方人之意,例如沪人所谓"江北佬"相同,讵引起两江苏学生之误会,除质问外,并捣毁魏教授住宅,引起其他同学之反感。据查系另一教授主使,双方向校方交涉,沈代校长无法答复,遂发生罢课风潮。①

可谓一语不合便大打出手,且有教师掺杂其间,罢课有如家常便饭。另一则为:

> 保定师范学校,二十六日晚有被革学生煽动学潮,该校师范生皆准备自动退学,二十七日离校者不少。校方发表被革学生,因操行学业过劣。学生自诉是交涉津贴及食粮之学生代表被开除。②

校方与学生各执一端。假设学生较为弱势,在争取自身利益过程中遭遇了不公正对待,可是,为什么一经"煽动"就干脆"自动退学"? 如此激烈,又不像是弱势所为,而且,之前的交涉不就白费了吗? 疑点重重,恰恰反映了校园环境之混沌。

复员回迁是学生运动减弱而出现徘徊现象的第四个原因。以西南联合大学的北返为例,3月20日,校常务委员会议决议:"本大学暂定自五月十日起开始迁移,所有本大学各部分应结束事项统须于五月底前办理

---

① 《暨南大学小事引起罢课风潮》,《大公报》(津)1946年2月26日,第3版。
② 《保师发生风潮》,《大公报》(津)1946年2月28日,第3版。

完竣。"① 由此,北归的期待及迁移的准备工作,消耗了学生们的很大精力,也削弱了三校一体的紧密关系,以及学生与地方民众之间的联系。5月4日上午9时,全校师生在新校舍图书馆举行结业典礼,梅贻琦常委宣布西南联合大学正式结束。典礼后,举行了国立西南联合大学纪念碑揭幕式。下午2时半,学生自治会举行师生同乐会,会后为全校师生聚餐。晚7时,各学生文艺团体联合举行游艺会,剧艺社演出了夏衍编剧的话剧《芳草天涯》。第一批复员学生百余人,当日即离昆北上。② "五四"纪念的主要活动,就是结束时的联欢、聚餐和告别。

在北平,出现了战后最为官化的"五四"纪念。上午9时,在太和殿举行纪念仪式,由李宗仁及各机关首长出席致词,各校均派学生代表参加。文艺晚会在政治部建国堂举行,由重庆来的中央文运会官员主持,并强调"五四"纪念活动必须统一。临大补习班学生自治总会于3日上午在北大文学院举行演讲会,邀请李宗仁、孙连仲、陈雪屏及杨振声诸教授演讲。下午各分班举行了游艺会,并举行球类比赛两日。4日,北大同学会聚餐。③

7月11日,西南联大最后一批复员北上学生200余人离开昆明。随即,12日和15日,李公朴、闻一多先后遇刺。血案激起了全国性的抗议怒潮,尤其是在文化教育界,却未能激发学生大规模的游行示威行动。

暑期过后,新的学期来临,情况较之复员前有了较大变化。

在校园内部,北平学生亟待完成结构性整合,尤其是自大后方北归的复员学生、经过"甄审"的收复区学生和1946年新录取学生三者之间,在经历、组织、待遇和政治经验等方面的差异,需要尽快得到弥合。毫无疑问,此种弥合需要时间,可是,在剧烈震荡的环境之中,渐次整合又几近奢侈,不合实际需要。

---

① 《西南联大关于结束事项的决议》(1946年3月),《北京大学史料》第3卷(1937—1945),第458页。
② 《西南联合大学大事记(1937.7—1946.7)》《北京大学史料》第3卷(1937—1945),第564页。
③ 《今日五四:北平学生开会纪念》,《大公报》(津)1946年5月4日,第3版。

在校园外部,国内外局势发展持续恶化且日益复杂。6月13日,美国政府向国会提出《军事援华法案》,激起中共强烈批评,指责此举"实际上只是武装干涉中国内政,只是以强力支持国民党独裁政府继续陷中国于内战、分裂、混乱、恐怖和贫困"①。6月26日,国民党军队大举进攻中原解放区,全面内战爆发。8月10日,美国特使马歇尔和美国驻华大使司徒雷登(John Leighton Stuart)发表联合声明,宣告在中国"调处"失败。9月20日,美国商务部长、前副总统华莱士因主张美苏和解,被迫辞职。9月24日,美国总统助理克拉克·克利福德(Clark Clifford)提出《美国与苏联关系》绝密报告,鼓吹对苏联实行遏制政策,为"杜鲁门主义"(Truman Doctrine)的重要政策来源。另一方面,9月22日,美国纽约争取和平委员会与民主远东政策委员会等联名发起"美军退出中国周",在全美35个主要城市举行宣传运动。此举立即得到中国部分社会团体的响应,尤以上海工商界及东南亚侨界最为积极。

夹杂在冷战与热战之中,北平学生的直接政治参与有所减少,社会影响力有所下降。他们切身感受最为深刻的是日常供给的短缺,尤以食粮问题最严重。9月以来,北平行辕所配发的粮食突告中断,以致各校开学以后,员生食粮大告恐慌。开学最早的燕京大学,9月内已将剩余食粮用完,10月份食粮尚无着落,两三日内即将断炊,日来人心惶惶,教师和学生均难安心。学校当局曾再三请求行辕救助,迄无结果,学生自治会将联合平市各校集体请求急救。②

时局之危急,生活之艰辛,前途之堪忧,同时压在学生身上,构成一幅风雨欲来的景象,迫使他们尽快作出选择,发出声音。《北大一年》首句如此介绍复员后的北京大学:

> 它没有围墙。它的大门也不够堂皇,而且正对着大街。你说,这不是很不安静吗?是的,不很安静。难道你要想很安静吗?在北大,

---

① 毛泽东:《反对美国对蒋军事援助法案的声明》(1946年6月22日),《毛泽东文集》第4卷,北京:人民出版社,1996年版,第124页。
② 《北平各校粮食恐慌》,《大公报》(津)1946年10月5日,第3版。

很少人才要很安静的。①

此时此刻,"安心读书吗?华北之大,已经安放不下平静的书桌了"②的情境,并没有因为抗战胜利而根本改变,不仅北京大学,整个北平院校都处在躁动不安的环境之中,学生即将纷纷走出校园,走上街头,轰轰烈烈的战后学生运动已经拉开了帷幕。

---

① 《北大一年》,北京大学院系联合会编印,1947年10月12日出版,第1页。
② 《清华救国会一二九告全国民众书》,《清华副刊》第45卷第8、9期合刊(一二九纪念特刊),1936年,第5页。

第二章

发展的新契机：抗暴运动

战后学生运动如何能够从初起后的徘徊中走出来？复员后的北平学生如何能够尽快实现整合？两者均需要新的发展契机。学生群体对沈崇事件的反应，迅即演成声势浩大的抗议美军暴行运动。革命史的叙事通常使用毛泽东的论断，以为"因美军强奸中国女学生而引起的北平学生运动，标志着蒋管区人民斗争的新高涨"[1]。抗暴运动之地位，促使亲历者在回忆中强调共产党的领导[2]，强调抗暴运动是对"一二·一"运动的继承[3]，又深刻地影响到历史的书写[4]。因此，既有研究多偏重抗暴运动过程及重要人物作用的叙述，又特别关注国共两党应对沈崇事件的态度及措施，大都忽略了学生在抗暴运动中的自身行为，或把学生作为国共政治斗争的附属品。[5] 应当注意的是，自进

---

[1] 《迎接中国革命的新高潮》(1947年2月1日)，《毛泽东选集》第4卷，第1212页。
[2] 使用较多的为佘涤清的回忆。佘涤清：《中国革命册上的光辉一页——回忆北平地下党领导的抗暴运动》，中国人民政治协商会议北京市委员会文史资料研究委员会编：《北平地下斗争史料》，北京：北京出版社，1988年版，第271—305页。
[3] 李凌：《从"一二·一"到抗议美军暴行运动》，《北京党史研究》1997年第3期，第25—28页。
[4] 多数通史类著作及学生运动、校史类著作的叙述观点大致相同，专题研究中，改革开放初期沙健孙的研究影响较大。沙健孙：《论抗暴运动》，《近代史研究》1984年第4期，第210—230页。
[5] 如左双文以为，由沈崇事件引发的政治运动，"表面上是学生和社会各界对美军暴行的抗议与对政府的责难，实质上则是一种国共之间的政治角力，一场严重的民心争夺战，即所谓'第二战场'"。左双文：《1946年沈崇事件：南京政府的对策》，《近代史研究》2005年第1期，第65—66页。

入 21 世纪以来,随着相关材料的发掘和研究视角的改变,对沈崇事件过程之考证或真相之揭示的文章增加,①无论观点如何,又都使得抗暴运动的人为制造因素更加突出,从而陷入解释的老套。事实上,一个偶发刑事案件,在激起大规模社会运动之后,参与者的口号和目标势必超越案件本身,乃是世界通例。此时,事件史实及法律定性之讨论,已经无力解释运动的发生与发展,所以,尤其需要关注运动参与者的行为特征。

一、运动前的校园氛围

1946 年 10 月 10 日,北京大学、清华大学同时举行开学典礼,标志着复员后的北平大学开始迈动其新的步伐。北大开学典礼在国会街第四院大礼堂举行,会场氛围被描写为:

> 严肃朴实,表现了这一批在抗战中锻炼出来的新学人的新作风,门前交悬国旗两面,迎门有大幅壁报,纪念佳节,其中"民主万岁,科学万岁"之字样,使人亲切感到这个文学革命与"五四"运动发祥的学府,确已重返古城,院内遍贴"拥护胡校长发扬学术独立思想自由精神"之标语,壁报端头更有大字书:"打破士大夫阶级的可怕的冷静,替老百姓宣泄苦情与怨恨",又使人从历史的回忆中憬悟到了时代的

---

① 例如,李秉奎的《沈崇身份疑点补正》(《中共党史研究》2006 年第 5 期,第 121－126 页),艾群的《"沈崇事件"真相》(北京:中共党史出版社,2012 年版)等。引起较大争议的是谢泳的《个人遭遇如何成为公共事件——以 1946 年发生的沈崇事件为例》(《读书文摘》2010 年第 2 期,第 2－10 页),该文首次发表在李公明选编的《2004 年中国最佳讲座》(武汉:长江文艺出版社,2005 年版,第 97－119 页)上,标题改为《关于沈崇事件的一些历史资料》。谢文发表之初未引起关注,只是被《读书文摘》选登后,引起了一些亲历者的批驳。谢文试图通过质疑沈崇事件,突出抗暴运动发起背后的政治文化因素;批驳文章则坚持事件、运动及中共领导之间的有机联系。参见马句、宋柏:《沈崇事件与抗议美军暴行的再回顾》;李凌、胡邦定、沙叶:《驳关于沈崇事件的一种谬说》,《百年潮》2010 年第 4 期,第 40－45,46－50 页。又参见石天河:《关于"沈崇案"及其他》;丁磐石:《也谈谈我对"沈崇事件"的见闻》,《书屋》2010 年第 10 期,第 55－59 页;2011 年第 4 期,第 13－17 页。

不同。①

胡适以校长身份首次向师生讲话,声称:"我们不必存甚么过高理想,只想办一所像样的大学。"②实行的方法,强调创建独立的学术研究和培养能独立研究的人两途,并以吕祖谦两句话"善未易明,理未易察"③相赠,劝勉学生在学校安心学习。学生在校学习,是应多一些社会关怀,还是应以研究高深学问为主,似乎并无绝对的答案,想要平衡两者也很困难,全视校园外的局势或环境发展。无论如何,复员后的学校在开学之初,学生与校长所关注问题之侧重,便已暴露出明显差异。

对于绝大多数学生,自然期待着战后正常学业的开始,可是,时局发展与期望相反,缺乏令人惊喜之变化,想要步入正轨实在很难。

按原计划,北京大学医学院10月14日上课,文、理、法、农四学院28日上课;清华大学亦决定28日上课。因学生人数激增,复员费后续款项未到,经费紧张,维修工程停顿,校舍不敷使用,以及交通不畅,部分教师、学生未能到校,被迫延缓一星期上课。即使11月4日开始上课,宿舍问题依旧严重干扰教学秩序。北大国会街四院住有复员学生600余人,原定迁往警校占用之北河沿第三院,而警校拖延腾让,学生须每日数次步行往返沙滩上课,故多有缺课,乃派代表向训导处请愿。又有北大医学院学生中南海寄宿舍200余人,校方明令必须迁移,学生方面则坚决反对,无

---

① 《北大昨行开学典礼》,《益世报》(平)1946年10月11日,第4版。各报纸对会场记述略有差异,如壁报大字标语的下句有记为:"宣泄几十年来在统治阶级下的苦情与怨恨。"《北大昨日开学礼》,《大公报》(津)1946年10月11日,第3版。

② 胡适在开学典礼上的致词,当时报道存在一定出入。本文引证选用《益世报》(平)的报道。《大公报》(津)的报道在行文上:"我只作一点小小的梦想,作一个像样的学校,作为一个全国最高学术的研究机关,使她能在学术上、研究上、思想上有贡献。"收录在《胡适文集》的是《经世日报》的报道,内容表达有较大不同:"北大不作梦想,不作太高的理想,免得被人认为夸大。……希望教授同学都能在学术思想,文化上尽最大的努力作最大的贡献。把北大作成一个像样的大学,更希望同学都能'独立研究',不以他人的思想为思想,他人的信仰为信仰。"《在北大开学典礼上的致词》,欧阳哲生编:《胡适文集》第12册,北京:北京大学出版社,1998年版,第498页。

③ 吕祖谦(1137—1181年),南宋理学家、文学家。字伯恭,婺州(今浙江金华)人,原籍寿州(今安徽凤台)。人称东莱先生,著有《东莱集》《东莱博议》等。两句话出自《东莱博议》。无

一迁出,演成学生与校方纠纷。① 交通、校舍问题亦严重影响北大新生的招考、录取,原定11月25日上课被延至12月2日,睡双层床、住大礼堂招致大一新生的群起反对。② 清华情况稍好,大一及先修班学生虽能在11月25日上课,不过,校内宿舍由每间二人改住三人,先修班学生暂住颐和园东侧农学院。③ 10月28日,北平师范学院举行开学典礼,院长袁敦礼在致词中大讲经费困难问题,以为"师院传统精神是'穷'",训勉学生刻苦耐劳。④ 28日,北平艺术专科学校也举行了开学典礼。北平铁道管理学院自复员后,因府右街原校址为空军基地司令部修理工厂占用,大部教室、宿舍未能收回,无法如期上课,迟至11月10日才宣布开学,定20日上课。⑤

学生数量增加、校舍维修经费紧张、校舍占用未能如期腾退及校方管理缺失等战后复员中的结构性问题,严重影响着学校正常的教学秩序,然而,相较而言,更影响学生情绪的则是日常生活条件的恶化,以粮食与煤炭的供应最为严重。

自北平行辕停止供给各校粮食后,各校膳团均大感恐慌,燕京大学学生自治会曾联络各校,准备联合向行辕请求救济。始料不及的是,商洽的结果,反暴露出在此种议题之下,学生很难采取一致行动。辅仁大学、中国大学(中国学院)表示同意,北大、清华两校则因每人每月尚可向教育部领2万余元副食费而不拟参加,⑥大大削弱了集体行动的力量。

在甄审与反甄审的对抗过程中,能够置身事外的私立学校,此时感觉到了更大的压力,具体反应亦各不相同。最直接的应对措施,便是学生接管膳团管理。11月21日,辅仁大学生活协进会及前后任两届膳委联合

---

① 《北大学生迁居难》,《益世报》(平)1946年11月8日,第4版。
② 《北大新生呼吁不作沙丁鱼》,《益世报》(平)1946年11月24日,第4版。
③ 《清华新生明日开课》,《大公报》(津)1946年11月24日,第3版。梅贻琦:《复员后之清华》(1947年3月),收入清华大学校史研究室编《清华大学史料选编》第4卷,北京:清华大学出版社,1994年版,第32页。
④ 《师院昨日开学》,《益世报》(平)1946年10月29日,第4版。
⑤ 《平铁道学院今开学》,《大公报》(津)1946年11月11日,第4版。
⑥ 《平各大学粮食成问题》,《大公报》(津)1946年10月9日,第3版。

出面,将男院食堂厨役十余名一并遣散,以改善浪费弊端。① 不过,学生更多采用的仍是向当局请求。燕京大学学生团体燕京生活社就粮食问题举行调查,大多数同学皆认为应向行辕请求继续配给面粉,遂由校方、学生自治会及各学术团体代表组成燕大粮食问题解决促进会,学生自治会主席兼该会主席,向行辕请求虽未获结果,校内组织的协调能力却有提升。② 朝阳学院在重庆时,曾有部分清寒同学申请公费获准,复员来平后,教育部有取消私立专科以上学校学生公费之议,学校亦不能继续垫付膳费,遂成立"朝阳学院清寒公费学生请愿团",分赴行辕及救济总署请示救济办法,并引发自费学生效仿,亦组织请愿团向当局呈请救济。③ 燕京大学部分学生因经济问题,相继请求退学,以转入国立大学。④ 中国学院学生在校方鼓励下,干脆成立"中大国立促进会",试图借助学校与国民党政府在历史及人事上的紧密关系,自5月起便不断向各方呼吁,要求改为国立。当校长王正廷来平解决纠纷时,情况一度紧张,学生宣布"为防止万一起见,决自即日起大门只开一扇,并派纠察队随时纠察"。最后,王正廷完全接受了国立促进会及校务委员会的六项建议,表示决以自己之地位,努力国立运动,学生则表示"决在校长领导之下,严守校规,研究学业,自为分内之事"。⑤ 10月21日,中国学院开始上课。风波虽暂告平息,但"国立"问题仍会作为联系学校财政和学生生活的热点,被拿出来再三炒作。

国立院校的情况似乎稍好。以"穷"为传统精神的师范学院,其膳食情况被描写得令人又羡慕又妒忌:

> 北平师范学院同学每人月领白面四十大斤,伙食费一万三千元,

---

① 《辅大男院食堂人事大变动》,《益世报》(平)1946年11月24日,第4版。
② 《解决粮食问题燕大师生合组促进会》,《燕京新闻》第13卷第1期,1946年11月18日,第1版。
③ 《朝阳学生即请愿》《朝大学生请救济》,《益世报》(平)1946年10月17日、22日,第4版。
④ 《燕大一部学生申请退学转校》,《大公报》(津)1946年10月4日第3版。
⑤ 短评:《中国学院门开一扇》《中国学院风波平息》,《大公报》(津)1946年10月18日、20日,第3版。

除早饭馒首,午饭晚饭食必有肉(四菜一桌)外,每月尚有结余。九月份每一同学领得累积余粮之款八千六百元。回教同学三十人,另有回教食堂。在今北平大学中,师院同学待遇比较优厚。①

好景不长。随着内战局势的恶化及粮食配给的取消,国立院校的膳食问题也不断严重,不过,严重性的表现,却一度被描写为学校内部学生之间的差异,即自费生、半公费生、公费生之间,或复员生、临大生、新生之间的待遇差异,甚至演绎为南北同学的饮食习惯不同,并以所谓"黄白"之争最为形象:

> 北大自开学后,联大复员学生因公费名额较多,经济情况较为充裕,故要求各院膳团食用馒头,而临大分发学生,因公费尚无着落,故坚持食用窝头丝糕,黄白之争如火如荼,竟成轩然大波。顷北大校当局,为谋解决,已决定自本月下旬起,增发临大分发学生之伙食维持费二万八千元(以半公费为标准),另由校方补给厨房煤炭,今后南北同学伙食,一律吃馒头。②

无论黄白之争,或是都吃馒头,都有传媒报道夸张的痕迹,但是,在实际生活中,膳食问题确已扩大了学生之间的分化,③使得"不分联大与临大,北大同学是一家"④之鼓吹相形见绌。清华临大清寒同学因负担白面伙食费有困难,要求改吃棒子面,复员同学未予同意,部分临大同学乃另组棒子面经济膳团。⑤ 与私立院校相似,学生对于经济生活的自我管理程度加强,同时,饮食问题也成为校园骚动的重要诱因。

膳团及伙食标准的选择仅是表象,公费等待遇差异则是学生内部分

---

① 《师院待遇比较优厚》,《燕京新闻》第13卷第1期,1946年11月18日,第1版。
② 《黄白之争已解决,北大一律吃馒头》,《益世报》(平)1946年11月24日,第4版。
③ 北大三院因伙食问题出现布告争议,其中"多篇攻击复员同学欺负临大同学",一般学生则认为此举"不啻破坏复员同学与临大同学间感情"。《北大三院伙食风波》,《燕京新闻》第13卷第6期,1946年12月23日,第4版。
④ 报纸曾以此为题报道联大复员女生搬入灰楼时,临大分发女生争相上前帮忙搬行李的场景。《益世报》(平)1946年11月12日,第4版。
⑤ 《清华伙食分家》,《燕京新闻》第13卷第2期,1946年11月25日,第1版。

化加大的更重要的因素。公费本乃战时救助清寒学生的临时措施,包括学费、住宿费和伙食费,在实施中享受范围不断扩大,尤其是在战后社会经济生活持续恶化的情况下,转而成为竞相争取的福利待遇。在复员过程中,教育部核准西南联大原有公费生、半公费生在还乡转学后仍享受公费;同时废止学生贷金办法,已发贷金免予偿还,在校贷金生一律改为半公费生,后又同意在核定各校公费生名额内改为全公费。① 于是,复员后公费问题的焦点,便落在临大分发生、新生和先修班学生身上。10月2日,教育部复电先修班办法,一方面,同意相关国立院校得继续举办先修班,另一方面,将战时先修班学生同样享受公费待遇的规定改为以自费为原则。② 教育部又核定,青年军退役复学学生、战时地下工作者一律给予全公费;共区逃出之忠贞青年或学生,经济来源断绝,确切查明属实,核给公费;临大补习班结束后原有救济费取消,分发学生与所招新生无异,按公费办法规定申请,分别核发公费。③

所谓公费办法,指1945学年度第一学期实行的《战时国立中等以上学校及省立专科以上学校学生给予公费办法》,其中规定全公费及半公费学生以分别占各校注册入学新生总额40％为最高额,惟自1946学年度改为全公费半公费各占30％。享受公费比例缩小和停止先修班公费,立即招致相关学生不满,也增加了学校分配的难度,各校纷纷以北方沦陷既久,人民生活极为艰苦,呈请恢复战时办法,或建议取消比例,由各校严格审查,应发即发,均遭教育部以未列入预算或国库支绌为由批驳。12月16日至21日,为北京大学公费申请时间,气氛顿显紧张。联大同学因公费名额多,不必再行申请,不大关心。最感不安的是住校的临大分发学生及大一新生,担心学校调查能否详尽,分配能否公允。第三院出现了建议

---

① 《国立北京大学行政会议记录·第五次会议》(1946年8月22日)、《教育部为核准在校贷金生一律改为全公费生令》(1946年9月10日),王学珍、郭建荣主编:《北京大学史料》第4卷(1946—1948),北京:北京大学出版社,2000年版,第11—12,374页。
② 《先修班无公费待遇》,《益世报》(平)1946年10月3日,第4版。
③ 《地下工作学生教部准予公费待遇》《发给公费办法教部核定三项》,《益世报》(平)1946年10月27日,第1版;11月7日,第4版。

公费平均分配的布告,12月19日,第三院福利委员会召集会议,以此建议为同学公意向校方交涉。农学院亦有平均分配的议论。①

在争取更多名额受挫之后,平均主义似乎就是弱势群体的最佳武器,既合乎公共道义,又能利益均沾。其实,校方亦有平均分配的想法。早在开学之前,北大、清华、南开三校就建议教育部普遍设立公费,并拟将一个全公费生分为两个半公费生,增加享受公费的范围,同时拉近与私立大学学生伙食费的距离。② 在教育部降低1946学年度公费比例后,三校当局决定将一部分全公费改为半公费,普遍给予学生享受公费待遇机会。③ 平均主义显然有违救济清寒、奖励学业的公费设立初衷,校方如此考虑,可见学生中的经济困难现象之普遍,也暴露出由于公费受学生高度关注,申请者高达90%至95%,校方的审核、分配工作极为困难。不过,平均分配在学生中也并非能够皆大欢喜,毕竟触动了部分学生的既得利益。一律改为半公费的消息,临大学生似可以接受④,联大复员学生却颇有怨气,"不但担心今后要束紧腰带,而且愤愤此不合理之措施"。"今后饿不死吃不饱的,还能谈到'研究高深学问'?"认为只能向教育部力争给名额,而不能在学生身上转念头。⑤

清华大学也曾因公费待遇不同,引起大多数同学不满,现临近公费名额配发,同学纷纷在民主墙发表意见,展开争论:

> 十日早晨饭厅门前突发现不署名大张布告,题名《为公费问题告同学们》,对公费分为复员同学为八一一(指全公费生占80%,半公费生占10%,自费生占10%。下同),非复员同学为四四二,新同学为三三四,此三种不同的待遇大为不满,认为此乃学校优待复员同

---

① 《公费申请开始后北大学生有意见》,《益世报》(平)1946年12月20日,第4版。
② 《三校学生全数改为公费》,《益世报》(平)1946年10月3日,第4版。
③ 《三校当局商定学生公费分配办法》,《益世报》(平)1946年11月13日,第4版。
④ 清华临大学生300余人推举代表要求准予平均分公费,校方以其出于自愿,未便干涉,仅强调曾受处分者和家庭优裕者不得参加平分。《前临大学生自愿平分》,《燕京新闻》第13卷第7期,1946年12月30日,第1版。
⑤ 《半公费全体均沾惠》,《益世报》(平)1946年11月9日,第4版。

学,歧视非复员同学,此不合理情形在自由的清华发现殊为不当。①

布告内容及张贴之行为,立即引来部分同学的质问,除要求发表意见应署名外,最受人注意的质问观点为:"此种待遇完全是教育当局处理不当,如若强调'复员同学'及'非复员同学',乃有意分化,离间大家的感情。"又有署名答复称,复员、非复员等名词非学生所创造,使用目的只是反对不公平的措置。学生理事会鉴于问题严重,向学校当局请示后贴出长篇通告,称学校没有临大与联大之分,尽力设法为同学争取公费并向教育部请示扩大公费待遇比例。同样是将矛盾上交,也就使得公费问题主要表现为学生与教育当局乃至整个政府的对立,即把公费申请的紧张及学生自治会的均分议论,与内战直接联系在一起。② 艺专的公费分配公布后,引起一部分未得公费同学之不满,并将矛头直指临大分发同学,认为他们不能享受公费。③

严冬将临,教室、宿舍都已装上火炉,但燃煤尚成问题。11月13日,平津各国立院校长举行第三次座谈会,讨论问题即包括冬季用煤,决定请北洋等校代表各院校继续向北平行营及煤炭供应(配给)委员会交涉。④ 11月15日,北大、清华、南开三校校长联名电呈教育部,以在昆明时西南联大概算内无冬季煤炭项目,现北平已薄冰初结,用煤不能再缓,请拨给冬季煤炭补助费。⑤ 燕京大学供暖设施较好,有暖气及热水系统,因经费与煤炭供应双重紧张,热水盥洗将如去年无使用可能,暖气则"须俟室内温度低至有碍工作时方行供应",浴室用煤拟以煤球代替煤块济急。⑥

进入小雪节气,北平市内三海仍未结冻,似有暖冬征兆,可连日狂风之后,11月27日晨再度见冰,各机关亦开始燃炉,但各院校领到的煤炭

---

① 《公费待遇不平应请当局改善》,《燕京新闻》第13卷第5期,1946年12月16日,第1版。
② 短评:《由学生公费说起》,《大公报》(津)1946年12月22日,第3版。
③ 《艺专一场小风波》,《燕京新闻》第13卷第4期,1946年12月9日,第9版。
④ 《校长谈话会昨在师院举行》,《益世报》(平)1946年11月14日,第4版。
⑤ 《国立三校联名电请教部拨冬季煤炭补助费》,《益世报》(平)1946年11月16日,第4版。
⑥ 《燕大学生渴望温暖》,《大公报》(津)1946年11月14日,第3版。

仅够使用两三星期,仍押后生火。12月2日,燕大学生宿舍来暖气了。在无法开始取暖的北大,学生颇多怨气,并有出布告质问学校当局者。12月12日,北大宿舍一律生火,规定小房间每日发煤15斤,大房间30斤,① 还是较原计划有所缩水。与膳食问题一样,冬季煤炭供应也被直接转述为现实政治问题,成为当局官员管理无能及不关心社会疾苦的重要表现。在大风寒中,北大校内一面墙壁上出现了一张题为《你冷吗?》的标贴,内容大概为:"你冷吗?你出门就坐在小包车里,家里和办公厅里又有暖气火炉,自然不冷。但我们,炉子都冻上了,水管也给冻炸了……"②

饥寒交迫可能极大影响学生情绪,但在当时,寒冷似乎尚能忍耐,可要增加缴费,或是直接增加学生经济负担,则是忍无可忍。

天主教会所办之辅仁大学,宿费中原已包括煤火费,可注册前一日(9月5日)学校公布住宿生另增加煤火费35000元,理由是煤价倍增。学生拒绝缴纳,向校方交涉,未得结果。校方以不缴费不得进入宿舍及不予注册为手段,使女生和新生完成缴费,尚有300余人未缴费。校方继以不准参加季中考试及不予学分,要求缴费,学生则仍图作最后请求,结果双方对峙的紧绷态势终于断裂。据学生请愿团负责人描述:

> 前数日,校方忽公布至本月廿一为交费最后日期,同学们益感压迫,乃于本月十五日晚,住宿生召开全体大会,商讨具体办法,当晚决定于次日晨(十六日)全体请愿,以求合理解决。是日十时五十分,全体男女住宿生及少数走读生,约计数百人,齐赴大学本部,请见校长陈垣,当即允晨礼堂公开答复。后陈氏表示本人不能作主,须俟芮哥尼(该校教务长兼会计长)(又译为芮歌尼,Rigney)神父回平,方可决定。至十一时全体同学散去,当日下午照常上课。但至次日外籍神父忽认为同学侮辱校长,故全体罢教一日,至十八日始上课。③

---

① 《北大宿舍明生火》,《益世报》(平)1946年12月11日,第4版。
② 《你冷吗?》,《益世报》(平)1946年12月16日,第4版。
③ 《反对追加煤费辅大学生罢课》,《燕京新闻》第13卷第6期,1946年12月23日,第1版。

学生向校方的要求有三：一、追加之煤火费决不缴纳，已被迫缴纳者退还；二、请求校方以后不要再以学分及其他不正当手段威胁同学；三、尊重同学之自由。① 内容正当合理，也符合压迫渐次加深导致直接反抗的行为逻辑，即罢课是矛盾积压的结果。然而，所谓罢课的过程仍然值得细致分析。其一，当女生及新生等学生中的边缘、弱势群体先行缴费时，并未引起其他同学的同情及抗议行动，只是在校方压力逐步加大的情况下，才采取集体请愿的抗议方式，并提出一揽子解决要求，以吸引女生及新生的参与。其二，到底是"罢课"还是"罢教"，是一笔说不清楚的糊涂账，不过，大多数传媒都将此事记载为"罢课"。依据学生所言，似乎仅在请愿过程中不上课，次日不上课则是外籍神父"罢教"造成，不愿直接承认"罢课"，可能还不想为此事而影响学业；若果真有"罢教"，或可视为外籍神父控制学校的极端行为，抑或是受到中国学潮的影响，两者都是另一层面的问题。其三，学生在请愿中是否存在侮辱师长等不端行为，也记载不清。事件发生后，教授会出面调解，学生代表向神父、修女进行了道歉，陈垣也代为学生缓颊，才照常上课，也间接表明集体行动中难免出现过激行为及言语。其四，事件的解决颇具几分戏剧性。12月23日，芮哥尼返回北平，当晚即与陈垣等紧急会议，24日晨又开行政会议，声称已有合理解决办法，"既不负学生要求，又得对学校经济小有帮助"。② 两全其美的办法并未见诸报端，主要是以放假减少支出，圣诞节放假三天之后，1947年元旦起放年假一周，1月9日起举行学期考试一周，然后便开始放寒假。寒冬在假期中过去，煤火费也就不再重要，放假在动荡环境中往往是最有效的解决办法。

尽管辅大罢课有"暴风雨之前夕"③的征兆，但事件来去匆匆，疑问众多，也未得到其他院校的声援响应，表明经济困难可能激发学生的不满，也会存在越来越政治化的解释趋向，加强学生与当局的对立，但同时，也会扩大学生之间的分化程度，而且，此种分化较之政治观点不同影响更为

---

① 《辅大学生罢课》，《大公报》（津）1946年12月17日，第3版。
② 《辅大煤电问题已有解决办法》，《益世报》（平）1946年12月25日，第4版。
③ 《反对追加煤费辅大学生罢课》，《燕京新闻》第13卷第6期，1946年12月23日，第1版。

持久。

　　比较而言,教职员更为关注经济生活问题。在华北院校中,唐山工学院教授反应最为激烈。该校原定11月11日正式上课,因争取享受平津区待遇的要求未能得到教育部答复,教授开会决定若11日前得不到答复,即行罢教。① 令人颇感诧异的是,对于这样一所偏居一隅的重要大学的罢教,教育部可以充耳不闻,任由罢教成为事实并持续,"这也可算得一件怪事!"②因此,罢教的结局也就颇具戏剧性。22日,教授们终于挺不下去了,以顾全学生学业的名义,举行座谈会决定暂时复课,又决定"在下次调整待遇时,若教部仍不许以平津区待遇为准,他们将全体辞职"。③ 唐山工学院罢教既未引起学生同情,也未得到平津院校教师的直接响应。不过,平津各院校教授以签名宣言的形式,要求改善待遇,提高薪额与京沪区持平,较唐山工学院教授的请求又高出一个台阶,又以复员国立院校教授最积极,清华、北大在平教授几乎全部签名,南开教授闻讯亦赶来签名。④ 12月11日,平津国立院校校长第四次谈话会在清华会议室举行,议决公费生名额设置最少须办至明年暑假再议和战时教职员各项补助费应继续发给等改善待遇事项,呈请教育部核准办理。⑤

　　从表面上看,校园经济生活紧张,能够使学生、学校、教员三者更容易找到共同行动的焦点,通过"以生活性或经济性为主要斗争形式与组织形式,在这斗争与组织中,去不断教育与提高广大中间与落后群众的觉悟程度"。⑥ 以经济利益作为政治斗争的基础,在理论上及认识上并无问题,可是,对于学生运动,试图从日常生活的经济斗争中培植大规模政治运

---

① 《唐山工学院延期开课》,《大公报》(津)1946年11月14日,第4版。
② 短评:《唐山工学院罢教》,《大公报》(津)1946年11月20日,第3版。
③ 《唐山工学院暂行复课》,《大公报》(津)1946年11月27日,第4版。
④ 《平津教授要求提高待遇》《平津三校教授建议书分呈主席、政院、教部》,《益世报》(平)1946年12月9日、10日,第4版。
⑤ 《平津院校向教部提建议》,《大公报》(津)1946年12月12日,第3版。
⑥ 冯文彬:《关于上海尊师运动的总结》(1946年8月5日),《中国青年运动历史资料(1942—1946)》第16集,第557页。该文件1947年1月18日送周恩来、李维汉、邓颖超等阅,应有一定的修改补充。

动,差不多没有成功的可能。学生和教师为争取改善经济待遇,对于校方的依赖程度有所提升;校方为维持正常的校园秩序及自身利益,也会同情或支持学生、教师的要求,但仅限于向当局提出请求或建议的范围。因此,尽管校方也越来越多地采用集体行动方式,以便施加更大的压力,却不会转向与当局对抗的方向。教授的抗争行动和组织规模亦有提升,但多流于集体的文字抗议,即使行动也难于坚持,行动力相对有限。因此,尊师运动、助学运动等活动,并未使得学生之间及学生与教师之间的关系出现明显改善①,相反,学生中的分化有所扩大,学生与教师的提高待遇抗争也多是各行其是,可焦躁之气却有所增长。

焦躁之气增长的显著标志是"打风"泛滥,"所谓打,有个人的打,有团体的打,有学校的打,有学生打学校,有学校打学生,有军队打学生,有警察打学生"②,尤其是学生在校园内的打斗事件大量增加。10月12日,北大文学院膳委由校外购菜返校时,因入门问题与两名校警发生口角,遭校警殴打。同学闻讯愤慨不已,多人赶至校门质问,因值班校警言语不实将其殴打,并掠去校警行李以交出打人校警交换。校方提出开除两名肇事校警、担负受伤同学医药费和学生送还校警行李等解决办法,以求息事宁人。学生则不依不饶,提出重订门禁条例、校警队长正式道歉、校当局保证不得再有此类事件发生等六项要求,俟得到满意解决后再发还被扣行李。事件的最后解决仍以校方办法为主,学生的强势在事件过程中也得到了充分表演,其集体暴力行为也未被追究。③ 朝阳学院校庆节目中有话剧《野玫瑰》,颇得好评,11月25日晚加演一场,仅招待各界及学生家长,不料演出时有一部学生强行入内观剧,与纠察同学发生冲突,而致群殴。被殴伤纠察同学气愤难奈,遂于深夜纠合二十余人闯入肇事学生宿

---

① 北大法律系三年级商事法课程,因教授支使学生取粉笔及讲课时的言语问题,招致学生反感,以为是拿学生当工友且歧视临大学生,遂发生教室中的集体抗争。《法学院中起风波》,《益世报》(平)1946年11月11日,第4版。
② 《赶快制止打风》,《燕京新闻》第13卷第6期,1946年12月23日,第2版。
③ 《红楼昨日一幕怪剧》《红楼事件未解决》《校方有解决办法》,《益世报》(平)1946年10月13日、14日、15日,第4版。

舍报复,击伤数人。26日,一部同学举行罢课,要求校方合理解决,被打同学亦联名向校方控告肇事同学。校方以为此事有关刑事问题,报警察局处理,警局传讯又被学生拒绝,并称"我们是法院的祖宗"。面对僵局,校方只得出面与双方学生各推代表三人组成"平息委员会"调解。① 一向标榜和平的燕京大学也受"打风"殃及,12月15日,在未名湖溜冰的一燕大校友与同学发生碰撞,该同学起来后即打人耳光,引起在场若干同学不满,以为此种行为有失大学生风度。② 可是,大学生的形象,已经随校园"打风"之名气发生了改变,竟然还出现了自称北大学生的抢匪。③

"打风"也侵入校园言论阵地,尤其是在壁报上或利用大小字报发表不同意见或主张,往往酿成严重的对立冲突。11月17日,梁漱溟在清华大礼堂作公开演讲,谈论中国政治前途问题。19日,有署名"静斋王淑英"的布告,指责梁为共产党的尾巴,最后写着"打倒民盟共产党"等字样。不久便有表示同情的布告出现。随之又出现《王淑英启事》,声明自己并未听演讲,也无意发表此等言论,实为冒名顶替之举。④ "燕京文摘社"注重剪贴各种报纸,批评时事问题,其壁报颇受同学欢迎,可近日却两度被人撕毁并留有明显刀痕。该社指有"少数特殊分子,意在破坏燕园自由之学术风气,使自由庄严之学府,成为可怕之处所"。并向学生辅导委员会报告,要求查究。⑤ 北大发生的一事,更具对抗色彩:

> 北大校庆之日,出刊《学生报》一种,印刷甚精。"学生报"三字,颇似张奚若为昆明学联出版之《学生报》题字。同学相争购买,阅读

---

① 《朝阳大学庆祝校庆,"野玫瑰"引起风波》《朝院组成平息委员会,调处学生群殴事件》,《益世报》(平)1946年11月27日、12月2日,第4版。
② 《蔑视燕京和平,任意打人耳光》,《燕京新闻》第13卷第6期,1946年12月23日,第4版。
③ 《郑天挺对记者称抢匪戴鸿博非北大学生》,《益世报》(平)1946年12月23日,第4版。又据报载,日前发生的颇受一般人注目之大学生抢案,主角戴鸿博系中央大学附属中学高中部毕业,曾就读重庆中央大学,后参加青年远征军,任翻译官及汽车学校助教。1945年冬复员来平,1946年暑假借读于北京大学教育系二年级。《大学生抢案主角戴鸿博系北大学生但北大当局否认》,《经世日报》1946年12月23日,第4版。
④ 《清华园风波》,《燕京新闻》第13卷第2期,1946年11月25日,第1版。
⑤ 《燕京文摘壁报两度被人撕毁》,《燕京新闻》第13卷第2期,1946年11月25日,第1版。

之后,方知非也。某壁报以此事撰文评之,贴出后不久,即被人撕去。该壁报乃出启事声明原委,未久,又被撕去,如此贴撕数次。一部同学以撕壁报之作风欠斟酌而深表不满,日来图书馆前,花花绿绿之启事标语甚多。①

以上描述甚为隐晦,但也点明了《学生报》试图挂羊头卖狗肉的伎俩。《学生报》发刊辞强调"学生时代的责任是读书",且政府已竭尽能力"维护教育爱护青年",指责近年来"学风嚣张,师道沦亡"的境况。②《大众壁报》发表《读学生报有感》一文加以批驳,遂有撕壁报行为。③ 中国学院一部学生贴出"囍"字壁报,攻击王正廷,虽说政治性较弱,但因与国立促进会的观点不同,亦发生正面冲突。④

诚然,"打风"日炽并非仅由情绪所致,国内外政治对立局势的日益严重,学生成分的多样化,尤其是所谓"职业学生"或"特殊学生"的渗透,则是更深层的因素。

国共全面内战爆发后,有美国参与的国共谈判并没有立刻终止。9月30日,中共代表团致函蒋介石,声明:"如果政府不立即停止对张家口及其周围的一切军事行动,中共不能不认为政府业已公然宣告全面破裂,并已最后放弃政治解决的方针。"⑤10月11日,张家口失守,国民政府随即发布命令,国民大会于11月12日如期召开。10月16日,蒋介石发表声明,提出八项具体实施办法,"一俟共产党予以同意,政府即可发表停止冲突令"。⑥ 10月18日,中共中央发表时局声明,以为蒋介石的八项办法"不过与军事行动相掩护相调剂而已","今日一切会谈如欲其有真实结果,必须承认停战、政协两协定的神圣效力,即承认恢复一月十三日国共

---

① 《相煎何急》,《益世报》(平)1946年12月21日,第4版。
② 《〈学生报〉发刊辞》,《学生报》1946年12月17日创刊号。
③ 《学生报怕批评,大众壁报被撕》,《燕京新闻》第13卷第6期,1946年12月23日,第1版。
④ 《中大多事,学生间起正面冲突》,《大公报》(津)1946年12月16日,第3版。
⑤ 《为国民党军进攻张家口事中共代表团提备忘录》,《新华日报》(渝)1946年10月2日,第2版。
⑥ 《主席发表声明提出具体办法》,《中央日报》1946年10月17日,第2版。

双方军事位置为一切军事商谈的准则,承认实行政协一切决议为一切政治商谈的准则"。① 其后,由于第三方面的活动,国共商谈的渠道并没有完全关闭。

在如此复杂的政治环境下,关于内战的责任及其走向,一般民众很难准确把握。另一方面,国民党实现宪政、还政于民的许诺及其兑现,同样混沌不清。诸如,抗战胜利前夕,国民党六全大会决定党部退出军队、学校,三民主义青年团改属于政府;②制宪国大召开后,党团退出学校呼声升高,教育部并无举措,只能以"今后党团是否仍在各校继续活动,党团最高机构自有其决策,本部不能过问"③搪塞,却于12月14日通令全国专科以上学校增设训育委员会,加强训导制度。④ 行政院根据立法院建议通令各省市,嗣后各机关不得于法律规定之外,任意禁止有关政论学术思想刊物之发行,俾资尊重言论思想自由;⑤可与此同时,上海《再生》杂志及一批书刊遭查禁、《救国日报》奉令停刊七日等情事却屡有发生。⑥

十分清楚的则是,"议宪是和平事业,决不能与打仗并行!"⑦言行不一,严重地伤害了执政当局的政治信誉,招致报怨,引起烦闷,⑧但其民主外衣,也为争取民主运动提供了工具及武器。不过,站在前面呼吁的多是文教舆论界及工商界的所谓第三方面,校园内则是进步教授仍在鼓吹民主、自由,学生的直接政治参与及作用相对降低,主要活动局限于校园之内,且校际之间的联络较为松散。

校园内主要学生组织是各种学术、兴趣社团,经过战后复员的动荡,

---

① 《中共中央发表时局声明》,《解放日报》1946年10月18日,第1版。
② 《促进宪政实施之各种必要措施案》(1945年5月18日第六次全国代表大会通过),荣孟源主编:《中国国民党历次代表大会及中央全会资料》下册,北京:光明日报出版社,1985年版,第932页。
③ 《党团退出学校》,《益世报》(平)1946年12月18日,第1版。
④ 《加强大学训导制度》,《中央日报》1946年12月15日,第5版。
⑤ 《尊重言论思想自由》,《大公报》(津)1946年11月24日,第3版。
⑥ 《大公报》针对宪法的颁布,提出多给人民一点自由,尤其是言论发表与集会结社的自由。短评:《多给一点自由》,《大公报》(津)1946年12月27日,第3版。
⑦ 社评《议宪与打仗不能并行》,《大公报》(津)1946年12月2日,第2版。
⑧ 社评:《国家的烦闷,人民的烦闷》,《大公报》(津)1946年12月13日,第2版。

已经逐步恢复并有所发展,以社团为组织基础,进行学术研讨与交流,出版壁报及学生刊物,举办演讲座谈会,开展各项课外文娱活动,参与学校管理和清寒学生救助等事项。复课较早的燕京大学,1946年迎新时,就有星火社、文摘社、文学研究会、燕京生活社、海燕剧团、读书与生活社、北极星社、自由论坛社、燎原壁报社、劳动壁报社、燕京剧团、化学研究会、生物学会、史地研究会、社会科学研究班等社团,并有各种团契组织,如新蕾、启明、甘霖、可犁、未名(北平)、燕枫、光盐、真团、毅进、CS团(Christian Sociable)、未名(成都返平)、竞德、灵韵、Lucky团、燕风、燕光、纯一等新老小团契,也是集体活动的组织形式。① 各种学生自治会,如学校学生自治会、院系会、级会和女生会等,也在积极筹建或重组之中。12月23日,清华大学学生自治会举行理事选举,学生参与积极热烈,并被视为是昆明"民主堡垒"的传承,②亦被用来讽刺正在举行的国民大会。③

在战后复员的新环境下,校方也试图制定各种校园规范,以加强控制。11月27日,北京大学训导委员会第二次会议通过《学生壁报登记及管理办法》《学生社团登记及管理办法》及《训导处课外活动组工作计划大纲》,主旨是由校方掌控学生社团、壁报出版和各项课外活动,并将范围限制在校园以内。④ 南开大学学生生活辅导委员会对学生自治会组织章程不满,遂命令改订。⑤ 12月23日,北平师范学院训导委员会举行第一次会议,修正通过《训导委员会简章》《学生课外活动组织及指导办法》《学生发行壁报及刊物办法》,审订学生宿舍、膳食两种管理规则,决定由训导处拟订学生奖惩章则及导师制实施办法,规定学生班代表的选举须在各系

---

① 《燕京的小团契》《学术团体素描》,《燕大双周刊》第20、21期合刊,1946年9月9日,迎新特刊,第184—186页。
② 本报特辑:《清华自治会如何完成普选》,《燕京新闻》第13卷第7期,1946年12月30日,第4版。
③ 《选举方式要民主,不用枪杆和武力》,《益世报》(平)1946年12月24日,第4版。
④ 《北京大学史料》第4卷,第898—899页。
⑤ 《学生自治会的组织章程校当局不满竟下令改订》,《益世报》(平)1946年12月20日,第4版。

科班主任的指导下进行。① 北平铁道管理学院拟就消息统一发布办法，并向各报推荐"通讯员"，非由当局同意之该院消息，即认为"虚构事实，拟由诬诬"。② 校方的限制措施，尤其是对"壁报非经核查不得张贴，如若敢违，而予清除"③之规定，引起一般同学反感，并联络各学生团体召开座谈会，讨论应对办法。

虽然限制频频，学生行动依然激烈。12月24日，北大先修班学生在请求公费未准之后，以不满课程设置及学生分组为由，组织"要求合理分组请愿团"并实行罢课，向校方提出：一、文法学院先修解析几何，物理化学任选一种，加修历史、地理两科；二、医农学院亦应减轻数学，加修生物。反对以甄别考试成绩分组，以及分"快班""慢班"的教学方式，要求仍以原来志愿分别训练。显然，罢课主旨为降低课程难度，确保以原志愿升入大学。26日上午，先修班主任陈雪屏及教授陈友松、潘有训、唐兰等对先修班同学分别训话，称课程规定"曾经慎密考虑，未容率尔更改"，允诺教材与教学方面提交校行政会议考虑后再加讨论，告诫"同学既为求学而来，不应以群众行动，妨碍学业"。先修班学生亦于26日起决定复课，等候校方答复。④ 此次罢课，未能引起北大学生的同情支持，作为管理者的陈雪屏则至为震怒，"学生尚在先修班时期，即如此嚣张，实为学校所不许，又其中尚有一百五十余人附读，即以自己前途计，更不应以停课为手段。"⑤ 学生也不甘示弱。27日下午，先修班学生代表在膳厅招待记者，说明请愿动机，表示无论停课、复课，都坚持合理分组和课程合理调整的原来立场。此时此刻，此次抗争的"继续行动"⑥，已经与更大规模的学生运动联

---

① 《师院训委会议决案》，《经世日报》1946年12月25日，第2版。
② 《铁道学院已拟就封锁消息办法》，《益世报》(平)1946年12月5日，第4版。文中"诬诬"一词在小标题中为"诬蔑"，疑为排版有误。
③ 《北大检查壁报》，《燕京新闻》第13卷第6期，1946年12月23日，第4版。所记在文字上与北大公文略有出入，《学生壁报登记及管理办法》第三条为：凡未经训导处核准前之壁报不得出刊，否则学校得撤去之。
④ 《北大先修生组织请愿团要求调整课程》，《益世报》(平)1946年12月26日，第4版。
⑤ 《北大先修班请愿失败》，《益世报》(平)1946年12月27日，第4版。
⑥ 《先修班昨招待记者》，《益世报》(平)1946年12月28日，第4版。《不满文理科课程，北大先修班罢课》，《燕京新闻》第13卷第7期，1946年12月30日，第4版。

系在一起。

复员后的北平校园状况表明,通过日常生活及经济利益培植相互认同的常规整合形式,已经不合时宜,不同学校、不同来源、不同年级的学生不乏抗争意愿,但却难以汇合成为强有力的共同行动。因此,各部分学生只能在大规模的集体行动之中,通过相互支持、相互配合,才能结合成为更强大的政治力量。

大规模学生集体行动之爆发,需要机遇及导火索。自"五四"运动以来,学生运动的兴起,往往需要来自外部的刺激,尤其是危及民族、国家生存的外来入侵,更容易在短时间内激发起学生的抗议热情。在战后中国,特别是在驻华苏军大部撤出后,人们视线的焦点便集中在驻华美军及美国对华政策之上。然而,对于美国,在知识分子及校园中,多数人尚抱有好感,不少学生还分享到了美国的救济物资,①在认识及态度亦存在较大差异。

对于美国的认识及态度变化,自"美军退出中国周"运动之后,主要表现在三个方面:其一,驻华美军的性质问题。国民党官方称,美军驻华系政府允许,并未干涉中国内政,与在华苏军的性质不同。然而,随国共内战日益激烈,美国支持并援助国民党政府,"助长中国内战,亦不为无因"。② 其二,驻华美军的任务问题。美军坚称,驻华任务为协助中国政府完成日军缴械及遣送日俘日侨;国民党官方则反复宣称,一俟任务完成,美军自然应行撤退。能否如此,许多人有怀疑又有幻想。其三,驻华美军的种种暴行,是司法、习俗问题,还是帝国主义殖民压迫问题?美军在中国各地所犯种种罪行,时常见诸于报端,也是要求美军撤出的原因之

---

① 燕京大学因其特殊关系,得以从美军处借来毛毯御寒,先对申请同学每人借给一条,后又决定每人再借给一条。《借得美军羊毛毯,燕园每人来一条》,《益世报》(平)1946年11月19日,第4版。燕大师生亦分得行总分署分发的美国罐头救济食品。《行总分赠罐头,燕大师生受惠》,《大公报》(津)1946年11月10日,第3版。清华大学学生获得善后救济总署配发的罐头,每人两筒。《分罐头众班长大伤脑筋》,《益世报》(平)1946年12月28日,第4版。在面有菜色的中大学生中,美国牛肉罐头更具吸引力。《中大向往美国罐头》,《益世报》(平)1946年12月26日,第4版。

② 《燕京五学术团体致书司徒大使》,《燕京新闻》第13卷第6期,1946年12月23日,第4版。

一。有署名"一群学生"者辩称,"拿少数不守秩序的美军,过分渲染,刺激民众的心理,借以挑拨中美邦交,实在是小题大做,简直是一种可耻的阴谋"。并引用青年党领袖左舜生的意见,以为美军的"不规则行为,如打人,对中国妇女的不礼貌,是无可否认的事,这是风俗习惯,乃至军人普遍习气之不同,个人行为上发生小毛病是难免的,我们看到自己国家的军队,也难免有这种情形"。① 如此轻蔑,似乎只是在迎合美军对罪行善后处理的轻蔑,只能加深民众对外国军队在中国领土上肆意横行的愤慨。

10月11日晚,在同学们迫切的期待下,燕京大学海燕剧团在贝公楼礼堂作《重庆二十四小时》的第十二次演出。该剧所要表现的是太平洋战争爆发前后的重庆二十四小时,在演出前的剧情介绍中,有这样一段朗诵:

> 这是一种新的希望,这是在垂死的阴霾中呈现出的一片曙光,十分钟后你将会看见多少的人多少的灵魂在欢笑,在为太平洋的战事爆发而欢笑,而情不自禁的高呼着:"期盼了多日的太平洋战争,终于在今天爆发了。"当时人们对盟国,尤其是美国,是用温柔的心情爱着,敬着,信任着的。时过景迁,在战争结束后一年,美国正用着最快的速度向历史的覆辙开去,中国的好战者,用全力制造着另一次的血腥事件。中国亿万的平民,又一次无辜的被蹂躏了。《重庆廿四小时》的演出,将是一个有力的讽刺。那么,就让它深深的刺痛那些把握不住残酷现实的人们吧!②

显然,对于此种历史发展中的巨大位置变化,学生们已经有了自己的结论,并且做好了直面残酷现实和迎接新的希望的准备。

二、传播、串联与冲突

12月24日晚,恰逢圣诞夜之际,在北平东单大操场地方,发生了美

---

① 《一出滑稽剧:所谓"响应美军退出中国周"》,《益世报》(沪)1946年10月2日,第9版。
② 《〈重庆二十四小时〉演出盛况空前》,《燕大双周刊》第23期,1946年10月12日,第211页。

国士兵强奸北京大学先修班女生之沈崇事件,并由此成为战后学生运动高涨的新契机。诚然,一起美军暴行并不一定能够演变成为抗暴运动,其间还需要宣传、组织等一系列环节的发展变化,最重要的莫过为酝酿过程中的矛盾冲突。

事件消息的传播为事态发展的第一步。有关事件报道的过程,通常被描述为:12月25日,北平民营通讯社亚光新闻社获悉这一事件,于当日下午发了一条新闻。当新闻发到各报社时,警察局长汤永咸打电话给中央社以《启事》通知各报不要刊登:

> 顷警察局电知本社代为转达各报,关于今日亚光社所发某大学女生被美兵奸污稿,希望能予缓登。据谓此事已由警局与美方交涉,必有结果。事主方面因颜面关系,要求不予发表,以免该女生自杀心理更形加强。容有结果后,警局当更发专稿,特此转达。

可是,12月26日,《新生报》《世界日报》《经世日报》《北平日报》都刊登了这条新闻,《新民报》更别出心裁把中央社《启事》改编为新闻登出。北平当局本想捂盖子,结果没捂成,反而引起广大人民,特别是大学生的极大愤慨。①

亲历者的回忆基本符合历史事实,只是回忆的时间和目的,均在强调共产党领导中国革命的正确性,突出地方当局替美军遮掩及中央社作为造谣、独裁工具的无耻嘴脸,将事件报道、愤慨情绪和抗暴行动串连为符合逻辑的因果链。

然而,客观地讲,警察局的告诫和中央社的《启事》,对传媒都不具有强制性,更何况是在《宪法》即将颁布的前夕。从地方当局的最初反应看,也未偏重事件的政治性,而是依照一般刑事案件处理。诸如强奸等涉及个人隐私的案件,在报道和审理上有所限制,乃是一般通例,更何况施暴人为美军士兵,警察局并无直接管辖权,需要与美军当局联络、沟通。至

---

① 佘涤清:《中国革命史册上的光辉一页——回忆北平地下党领导的抗暴运动》,《北平地下党斗争史料》,第272—273页。

于美军在中国各地暴行频发,报章多有报道,也未见到有特别的限制。①另一方面,对事件最初加以报道的也非仅有亚光社及上述五家报纸,况且各报的历史源流、政治态度、人员构成异常复杂,并不存在有意与当局对抗,也很难使用"新闻职业操守"或中共地下党员在新闻界相当活跃来解释。② 恰当的解释应该为,初期的事件报道只是被作为一条社会新闻处理,是否报道及时间早晚,取决于报社的判断。例如,26日的《大公报》亦有报道:

> 【本报北平电话】亚光社讯:某大学女生沈某二十四日晚九时赴平安电影院看最后一场《民族至上》,影片散场后,忽见身后有美兵二人尾随,迫行至东单大操场地方,该二美兵即对沈女施以无礼,沈大呼救命。适有行路人(在十一战区长官部修理所服务)刘玉丰闻声,急赴内七分局一段报告,由警士关德俊电知中美警宪联络室派员赴肇事地点查看,美兵已逃去其一,当将余一美兵带走。沈女送往警察医院检验后,转送警局处理。③

虽然经过电话传达,但内容属各报报道中较为详尽、准确者,人物、身份、

---

① 例如,在国内各大报中,《申报》对沈崇事件的报道较为消极,12月29日始有报道,且不论其政治态度,12月26日、27日、28日三天报纸都刊有美军在华行使霸权、制造暴行的内容。《大连事件苏并不违法,美国务院暂不干涉,惟纽约舆论界仍极端重视》,《申报》1946年12月26日,第2版;《沪苏侨与美宪兵冲突,苏向美提出抗议,据谓美兵醉后驾车肇事》,《申报》1946年12月27日,第2版;《塘沽美兵醉后行凶,木棍击毙老工人,居民曾游行示威》,《申报》1946年12月28日,第2版。其中,28日报道据联合社天津廿七日电:"塘沽中国工人罗某,年五十三岁,于圣诞日返家,途中遭酒醉美兵数名用木棍殴打,左耳被小洋刀割去,虽经送往医院,终以伤重,于翌晨身死。塘沽居民因此案曾对美军作示威游行。"对于无辜中国人伤害的残暴程度甚于沈崇事件,且报道及时,内容清楚。抗暴运动中北京大学学生致美当局官员函称,驻华美军在中国的种种暴行,"在中国的报纸上都有详细报导"。《国立北京大学全体同学抗议美军暴行大会致函马歇尔特使、司徒雷登大使转杜鲁门总统、贝尔纳斯国务卿》,中共北京市委党史研究室编:《抗议美军驻华暴行运动资料汇编》,北京:北京大学出版社,1989年版,第143—144页。

② 艾群以为五家报纸不顾禁令敢于公开刊登事件报道的"动因完全出于他们所奉行的新闻原则和职业操守"。《"沈崇事件"真相》,第39页。左双文等更强调中共地下党员的作用。《困境中的突围——重大突发事件与国民政府的对策》,北京:社会科学文献出版社,2006年版,第364页。

③ 《平一大学女生被两美兵污辱》,《大公报》(津)1946年12月26日,第3版。

姓氏、时间、地点及事件过程，十分清楚，且无任何色彩的渲染。《世界日报》《经世日报》等报道未提受害人姓氏，却明确"年十九岁"。① 也就是说，事件报道之初，基本情况已经大致清楚，以后只是补充了受害人的籍贯、家庭及家族、学籍、来平时间及方式、在平住所及事发时间为去看电影途中而非散场之后等。②

事件消息一经刊出，立即引起民众愤慨，尤其是北京大学学生"异常愤怒，教室、宿舍中，纷纷议论，墙头满贴红绿壁报，对美军此种行为，均表不满并要求：一、严惩肇事美军及主管长官；二、赔偿受害人之损失；三、美军派代表道歉等"③。学生在校园内的反应，带动了报纸的进一步报道。12月27日，《益世报》以"时闻社讯"报道了事件，并配发了北大学生反应的通讯。同时，北大学生的行动也在升级。一整天为事件而出刊的壁报达20余种之多，愤怒之情，溢于言表，且言词锋利。④ 午后，女生在灰楼女生宿舍楼厅举行全体大会，决议向美军事当局提出抗议，要求惩凶，公开审判，公开道歉，赔偿医药费及精神损失，保证今后不再发生同类事件，并将发表告同学书，告全国同胞书，联络各院校及平市妇女团体，加以援助。⑤ 当晚，首先由史学会同学发起，召集各系级、各社团代表在北楼礼堂商讨具体抗议办法，到团体代表33单位300余人，一致通过：一、向美国政府为此次事件及驻华美军之历次之行为失检，提出严重抗议。二、要求严惩暴徒，由中美当局联合在平公开审判，美军当局公开道歉，并保证以后不得再有此项行为发生。三、促请政府维护国格，保障人民安全。四、正式成立"北大学生抗议美军暴行筹备会"，吁请本市各学校、各社团一致声援。筹备会随即召集第一次筹备会议，选举各部负责人，并决议：一、发告师长书、告同学书、告同胞书；二、30日停课一天，表示抗议，并联

---

① 《女生看电影归途被污辱》，《世界日报》1946年12月26日，第2版。《看完〈民族至上〉某女生被美兵奸污》，《经世日报》1946年12月26日，第4版。
② 《平美兵强奸女生案北大学生发起抗议》，《大公报》（津）1946年12月28日，第3版；《沈小姐访问记》，《益世报》（平）1946年12月29日，第4版。
③ 《强奸女生美兵已被美方羁押》，《益世报》（平）1946年12月27日，第4版。
④ 《圣诞夜女生被污案平市学生抗议》，《经世日报》1946年12月28日，第2版。
⑤ 《对美兵强奸女生，北大女生有表示》，《益世报》（平）1946年12月28日，第4版。

络平市各校各社团一致行动等。① 随着愤怒情绪的继续发酵,愈加迫切建立行动组织,宣传鼓动的内容也逐步超越事件的范围,政治含意也就上升到了主导地位。

12月28日,中美官方均出面就事件表态。上午10时,驻平美军部派员赴北平行辕对事件表示两点:一、对此等不幸事件之发生,深表遗憾,并致歉意。二、现正从各方面缜密调查事件之原委经过,以明真相,必依法惩处肇事美兵。行辕负责人称,行辕现正密切查询,并饬警局调查,以明究竟。对于美军方面当即请其迅速查明,依法究办,并予被害者方面以相当之赔偿。总之,此案系纯法律问题,酒后失检,各国均所难免,在中美法律均触刑章,自可施以裁判,惟望市民幸勿感情用事,别生枝节。② 美海军陆战队第一师第五团司令部发表公报称,现正与北平市警局密切合作,继续调查中,并保证积极加紧进行,以求作合理之解决。③ 北平市政府则称,自事件发生伊始即极端注意,现已根据警察局报告,向美军当局提出严重抗议四点,即道歉、惩凶、赔偿、保证今后不再发生此类事件。美军当局已表示完全接受,除对市府方面表示最深之歉意外,并将向被害人家长道歉。由此,中央社讯乐观地估计,"想此事件即可告一段落。"④

官方的重视,尤其是美军方的诚恳与低调,似乎依循外交合法惯例,完全有可能获得圆满结果。中央社还特别配发了美方军律:强奸致死者,处以死刑;未致死者,亦须处无期徒刑,或二十五年以上之有期徒刑。好像施暴者即将按律受到严惩。其实,中美官方就沈崇事件的表态,并非因为美军暴行之恶劣而特别重视,更不是真要充当法律秩序的维护者及公

---

① 《北大学生表示要求公开审判》,《益世报》(平)1946年12月29日,第4版。
② 《美军部昨日派员赴行辕表示歉意》,《经世日报》1946年12月29日,第4版。
③ 《美方发表公报求得合理解决》,《经世日报》1946年12月29日,第4版。
④ 《大学女生被污案市府抗议内容分四点,美方表示完全接受》,《经世日报》1946年12月29日,第4版。

平、正义的化身,而是顾忌学生正在及将要采取的行动①,试图以高姿态的表态蒙混过关。

沈崇事件得以持续发酵,就事件本身而言,沈崇的身份受到关注并被各种媒体竞相发掘,且多注意性别、年龄及名门望族的出身,由此产生诸多联想。在由一起偶发的刑事案件逐步上升为一场全国性政治运动的过程中,沈崇个人身份依然是重要的分析因素,但重心应该注意三点:其一是沈崇的大学生身份,尽管只是大学先修班刚刚入学的学生。大学生被强奸,在当时社会可谓是一个重大新闻,被驻华外国军队士兵强奸就更具爆炸性。在学生运动中,美军暴行被拿来与臭名昭著的侵华日军相比较。② 其二是大学女生的身份。抗日战争时期,中国女性社会地位有所提升,知识女性尤其明显,对性犯罪更是深恶痛绝。沈崇事件发生后,女生反应最快,最先站出来抗议、呼吁、调查、串联,对男性占大多数的校园有着巨大的推动力。当抗暴运动发展到全国时,不少学校都有女生先行推进运动的过程。③ 其三则是北京大学学生的身份,也是最重要的一个身份因素。经过长期的历史积淀,北京大学在国内政治、学术领域具有崇高地位,在国际上亦有相当影响,并且在追求爱国救亡、民主进步的学生运动中始终发挥着先锋作用。沈崇事件直接伤害了北大学生的情感,北大学生率先行动,既抓住了战后学生运动发展的主题与契机,也为复员后校园内学生力量的重新整合创造了条件,同时,对于北平及华北院校学生的联络并一致行动,乃至扩散到全国学生的相互声援和大联合,北京大学均能够发挥核心作用。总之,只有行动才能够展示力量,学生正是城市社

---

① 《申报》在首次报道事件时特别提及美军方对学生反应甚表关切。"该案在报纸披露后,国立北京大学学生即开会对此事提出抗议,美军当局现尚未下令禁止此间美军人员及眷属外出,惟据美陆海军方面人士称:如果举行示威游行,即将发布此项命令。"《美军强奸少女案,平政府提出抗议,美军当局表示完全接受》,《申报》1946年12月29日,第1版。
② 《幕后丑行》,《新"五四"运动》,学习出版社印行,第5页。小册子无出版地和出版时间,内容为各地抗议美军暴行运动的资料汇编,根据材料收集情况应为1947年出版。
③ 《像一枚炸弹炸破了女同学的平静——记各校女同学对美军暴行的反应》,《现代妇女》第8卷第5期,1947年2月10日,第9—11页。

会最有集体行动力的群体。① 以往发生的多次美军暴行,也有相应的抗议活动,或是停留在言论及文字的谴责,或是示威游行的规模较小,社会影响力有限。② 因此,当北京大学学生开始行动,立即招致当局的高度关注。

官方表态之后,对于沈崇事件的报道便成为普遍现象。又由于当局的主要目标是提防学生抗暴行动,故对事件本身的报道即刻出现乱象,传闻与谣言满天飞,且高度分化,或质疑,或贬损,或揭露,均直指抗暴行为的合理性。

对于沈崇的北京大学先修班学生身份,某通讯社发布消息称,27日,北大各社团学生代表往谒训导长陈雪屏时,陈表示:"该女生不一定是北大学生,同学何必如此铺张。"③28日,陈雪屏对记者谈话称,本人日前根本未曾接见任何学生团体代表。④ 又有中央社讯据警察局负责人谈话报道事件经过及处理情形:"该女子年二十余岁,似系良家妇女,惟伊不愿发表姓名,仅云曾在本市某学校就读,受此侮辱心神不安。即将其送警察医院治疗,经检查后,只判断其曾受强暴之胁迫,尚无显著被奸污之迹象,爰将其护送返家,其家长亦不愿过事宣扬。"⑤该负责人全然不顾已经清楚了的受害人身份,明显说谎。至于是否遭受奸污,《益世报》记者的调查结果与警察局负责人的讲述大致相同,消息来源却异常蹊跷。记者往警察医院打探案发当晚检验结果,遭一位负责人拒绝,称医院"不能发表任何消息"。可走出医院后,"又从一位与美军常有联络的关系人听说,美军陆军医院的检验结果,与警察医院大致相同。据有关方面透露出来的消息,

---

① 《大公报》短评《抗议美兵暴行》称:"北平美兵对女生暴行事件,只有大学生起来抗议,这说明一般社会的沉默。"《大公报》(津)1946年12月30日,第3版。
② 例如,距离较近的有1946年9月5日北平辅仁中学学生曹桂明因身穿美军裤遭美军射伤和圣诞日塘沽手艺工人罗光福遭十余名美兵殴毙两案,均发生小规模抗议,前者有部分学生参加,后者则未见公开报道有学生的集体参加。
③ 《圣诞夜女生被污案平市学生抗议》,《经世日报》1946年12月28日,第2版。
④ 《燕京清华响应决定罢课一天》,《经世日报》1946年12月29日,第4版。
⑤ 《警局负责人谈美兵强暴无礼事件》,《华北日报》1946年12月28日,第3版。

检验结果为:'处女膜尚未十分破'"。① 联合社北平廿八日电的内容更为奇特,在强调北平警方与美军当局在事件调查完毕之前均暂不发表全案详细经过之后,立即透露出大量的私货:

> 惟据消息灵通人士称:被强奸之少女自谓系被两酒醉美兵带至城中商业区一马球场上,其中美兵一名曾行奸三次。又谓美兵带伊在该球场计达三小时,其间伊虽曾企图引起路人注意,但未生效,后为警察瞥见,始将美兵带至警局。又据美兵称:被控犯强奸之两美兵,自言系于街上遇该女向其招呼,并云如肯出美金五元即可陪赴旅馆。美兵虽云身边只有三元,但该女仍随美兵至马球场,惟其中美兵一名当即离去。该美兵亦承认曾与该女发生关系,惟坚称并未使用暴力。据中美医生检验结果,该女身上并无伤痕,衣服亦无损毁。②

内容最为荒诞的北京大学"情报网"壁报,也被报纸公开报道:"北大出现一名情报网之传单谓,被奸者乃延安派来,逗引美军制造事件。"③可见,从官方表态到实现示威游行之间的短暂时间内,出现了对受害人身份质疑及强奸未遂、顺奸、诱奸等几种事件过程的内容描述,报道或前后不符,逻辑混乱,或为幕后隐形人提供,目的则一目了然。其后,这些报道内容作为故事脚本,或以口供、证言等形式转化为官方档案,或直接成为历史书写的材料依据,长期影响对于事件历史的准确认识。当然,揭露美军暴行及地方当局处置丑行的报道,也非完全准确,最典型的是《燕京新闻》记者稍晚时间在1947年元旦访问沈崇的报道,尤其是对案发现场警察处置的描写:

> 夜是黔黑的,他来到出事地点,看见美兵暴行和这位苦难的少女,一句话没有说,他先猛烈地掴沈小姐一个耳光,喝道:"你究竟赚

---

① 《沈小姐访问记》,《益世报》(平)1946年12月29日,第4版。
② 《美军强奸少女案,平市府提出抗议,美军当局表示完全接受》,《申报》1946年12月29日,第1版。
③ 《平学生罢课一天,抗议美军强奸北大女生,津学生将采取一致行动》,《申报》1946年12月30日,第1版。

他几块美金?"①

显然,为揭露而掺入了自我想象与夸张的描写,将沈崇比之为法国的圣女贞德和苏联的少女丹娘,就更不恰当了。

把水搅浑的策略,可能模糊人们的视线,然而,对于大规模集体行动的发起,最重要的是共同目标的确定,而非即刻对于所谓"真相"进行探究。选择抗议美军暴行作为共同行动目标,除了道义上占据优势之外,对于时局及行动结果的判断,亦能得到多数学生的认同。

战后一年多来,驻华美军日益增多的暴行,使得战时建立起来的友情已经逐渐丧失。美国支持国民党政府内战的政策,又使得驻华美军渐次沦为中国内战工具,在中国及全世界,包括美国国内,都遭遇强大的反对声浪,美国试图单独调停国共冲突的努力已经基本失败。另一方面,从官方传媒高度关注的大连事件及其报道手法②上观察,明眼人不难发现,美国只是在利用国民党当局充当霸权工具,但不准备直接介入中国内战,将国共内战扩大为美苏战争,并且正在准备减少驻华北美军。③ 因此,当多数学生对当局尚抱有期待或幻想时,抓住沈崇事件,发起抗议美军暴行的集体行动,就是最佳选择,在酝酿期间便已显露出三个特点:第一,有助于

---

① 《沈女士访问记》,《燕京新闻》第13卷第8期,1947年1月6日,第4版。报道结尾还有这样的描写:"今日沈小姐的镇静和严肃使记者想起十五世纪英法战争时法国的圣女贞德以及和我们同时的露西亚少女丹娘,沈小姐也也属于这些伟大女子中的一个。"

② 1946年12月20日,大连苏联驻军向停泊在大连港执行例行巡弋任务且已超过许可时限的美海军未经武装之登陆艇(LC31090)发出口头命令,限于20分钟内离港,否则一旦发生意外,苏联不负责任。美船当日驰离。25日,美国务院发表初步报告,称尚未考虑采取正式行动。28日,美副国务卿艾可逊(即艾奇逊,Dean Acheson)声明,称保留最后立场,在接获进一步报告前将不下结论。中央社大量转发了美国右翼政客、团体言论及报纸评论,强调大连事件为美苏关系之测验,国务院处置懦弱,指责国务院过于重视欧洲事务,负责中国事务的国务院远东司有亲苏偏见,一向从事姑息苏联。

③ 例如,12月5日,美海军柯克(Admiral Alan Goodrich Kirk)上将在上海对记者称:"驻天津至秦皇岛以及塘沽至大沽口之美海军陆战队四千人最近即将撤退。"《华北美军四千即将撤退》,《大公报》(津)1946年12月6日,第2版。又据联合社洛杉矶廿六日电:"华北唐山美国海军陆战队第一师第七团约四千人,准备于明年一月六日左右,自秦皇岛乘船撤退回国。此为华北美军最先撤退回国之一批。"《华北美陆战队四千人即返国》,《申报》1946年12月28日,第1版。

拉近大后方与收复区学生之间的距离,此种距离在反甄审到争取公费、要求改善待遇的斗争中,反而有某种程度的扩大。第二,有助于将各种分散的抗争汇合起来,发展成为更有力量的一致行动。诸如,因补缴煤火费引发的辅仁大学罢课和因不满选课规定举行的北京大学先修班罢课如何发展,以及普选后的清华大学学生自治会如何发挥组织作用,都需汇入更大型的集体抗争才有前途。第三,有助于各院校的联络和大联合。尽管各院校情况存在差异,但学生对战后时局及校园环境的不满、愤怒情绪相同,又因无法发泄而苦闷,需要一个具有共同目标的集体行动振奋精神。

当行动目标确定之后,动员规模、行动方式和发起时间,需要新的条件和机遇。新的刺激源大致来自两个方面,即来自校内外的压力和来自各方面的响应,两者共同推动着抗暴运动发展的轨迹。

地方当局的各种预防措施,包括封锁消息、制造谣言、主动表态以及市政府特别分函各大学说明①,对于学生的刺激并不大。贴匿名壁报扣"红帽子",更为多数学生所不耻。② 影响最大的应为抗暴行动酝酿、串联和集会讨论过程中的校园冲突,即当局利用特务及少数学生,在校内制造各种冲突,试图阻挠抗暴运动的正常进行,成为最大的压力及刺激来源。

12月27日,在由史学会同学发起、召集的各系级、各团体代表联席会议上,便已出现尖锐的观点对立。反对的主张集中在四个方面:首先,是否需要举行抗暴运动,理由是此前亦有美军暴行发生,苏军则在东北犯有大量类似行为,为何单就此次事件发起运动。其次,向联合国等国际组织发表意见属政府权力,抗暴运动通电有辱政府,通电美国政府则有损邦交。再次,事件的性质乃是法律问题,应"静候政府处理,不得盲动"。最后,质疑运动发起后的组织管理,以为"一二·一"运动中就曾出现贪污募捐款项的现象。

---

① 《女生被辱案处理经过平市府昨函各大学知照》,《经世日报》1946年12月30日,第4版。《北平市政府致北京大学函》(1946年12月29日),《解放战争时期北平学生运动》,第79—80页。

② 对于"情报网"之类的言词,"同学们回答这些的是更大的愤怒。墙上贴出大字的呼号:'奴性的才不反抗?冷血的才不愤怒!'"《北大一年》,第5页。

值得注意的是,试图阻挠抗暴运动形成行动的初期努力,是在学生组织内部中间依据程序而进行的,爱国激情、国民权利和"政府有否合理处理的诚心与能力"难以赢得多数的回应,而针对运动组织者操守的质疑,引起会场上一片"揍他!"的怒不可遏的喊叫。① 不过,多数一方亦有妥协,同样强调行动的合法性。在"文字"和"要求"方面,未能直接提出"反内战",而是"上书蒋主席请注意美军暴行";在"行动方面",虽然提出"游行示威"的内容,但仅是必要时的一个选项。此外,会中产生的"抗暴委员会",并没有完全解决校内整合与校外串联的问题,因估计情况很恶劣,"不敢作游行的决定"。②

在官方表态之后,校园内的对立与冲突反而升级,暴露出当局对事件处置的混乱。12月29日,在北京大学校内发生了严重的打砸事件。

> [本报北平电话]北大二十九日薄暮时分,民主墙之壁报全被撕毁。

> [本报北平电话]北大学生因女生被美兵污辱,决定三十日罢课,为民族受污致哀。该校学生是否游行示威,临时决定,北大院系学生会二十九日晚六时在红楼开会,筹议三十日大会程序,当时有半掩面之暴徒数十人要求参加,北大学生以此系该校学生内部之会,予以拒绝,言语之间发生冲突,旋即与维持秩序之学生发生冲突,将桌椅等打碎,校警弹压无效。③

所谓半掩面之暴徒,另据报道,"自称为朝阳学院、中法大学、华北学院各校学生"④。中央社的报道,则是另一番说辞:

> "北大学生抗议美军暴行委员会筹备会"于数日前派人前往本市各院校联络,分送通知,定于二十九日下午六时半在北大北楼大礼堂

---

① 《愤怒的抗议——压倒了英雄们的叫嚣》,《新"五四"运动》,第9—11页。
② 《北大1946—48》,北京大学学生自治会北大半月刊社编印,1948年7月2日出版,第4页。
③ 《抗议美兵污辱行为北平学生定今罢课》,《大公报》(津)1946年12月30日,第2版。
④ 《北大学生昨晚开会当场演出武剧》,《经世日报》1946年12月30日,第4版。

召开会议,商讨声援东单事件,抗议美军暴行,各校代表数百人,均抱满腹热忱,如期赶赴。孰料该会负责人等,突张贴通告,谓"暂行停开"云云,殊属不解。当有到会代表前往质问,该会代表支吾其词,并不告潜逃。与会同学闻之愤慨异常,以其显属玩弄多校代表。在群情激昂之下,除成立"北平市各大学学生正义联合会"继续声援东单事件,抗议美军暴行,并驳斥北大学生抗议美军暴行委员会筹备会:(一)该会议以北大文学院史学系分会之名义,盗用北大学生名义,妄发宣言,鼓动学潮并愚弄青年,殊堪痛恨。(二)该会显属阴谋分子,借声援抗议美军暴行之美名,罢课游行,以图造成惨案,杀害我纯洁青年。总之此为有计划之阴谋活动,不辩自明,本会谨代表北平市数万余青年,振臂高呼,铲除民族败类,学阀分子。①

至于是否存在一个在相同地点、基本相同时间召开的各院校代表会议,在组织松散且联络工作紧锣密鼓地进行的情况下,应该存在此种可能性,②但其结果却是一个预先计划的阴谋。如同"一二·一"运动中的组织对组织、宣传对宣传、行动对行动,以及严重的校园暴力和较场口事件情节之重演,事态的进一步发展也就清晰明朗了。

尽管北大校内和北平各院校两个学生代表会议都未开成,后者还演成尖锐的组织对立,可是抗暴行动依然继续。捣毁行动,"似乎只有加强刺激,可能反使情势复杂化"③,"激起了同学和师长高度的愤怒"④。经过串联,各院校的响应情况令人振奋。12月28日,清华大学、燕京大学两校的壁报上,已多是讨论沈崇事件的文章,要求枪毙二美兵、美国公开道

---

① 《抗议美兵污辱女生大学生成立正义会》,《华北日报》1946年12月30日,第3版。
② 余涤清的回忆称,到各校联络的代表带回一致响应的好消息后,由"抗暴筹委会"出面召开全校系级代表大会,决定第二天的行动。《中国革命史册上的光辉一页——回忆北平地下党领导的抗暴运动》,《北平地下党斗争史料》,第279页。显然,各院校一致响应的共同行动,仅有北大校内协调并不充分,也需要各院校之间的协调。反之,在北大校内协调尚未完成下的各院校联络,只能是初步的、意向性的沟通,想要发动共同行动,也应该进一步协调。
③ 短评:《抗议美兵暴行》,《大公报》(津)1946年12月30日,第3版。
④ 《北大1946—48》,第4页。

歉、美军撤离中国等。① 28日下午3时,清华学生召集班级代表大会,决定响应北大,一致行动。② 29日晚,燕大学生自治会召集全体学生大会,决定30日罢课、游行。中法大学学生亦集会决定罢课。师范学院学生公布北大抗暴委的告同学书后,同学情绪颇为激动,也有开会之议,却因故中途流会,③可仍有学生宣布将于30日罢课一日,并准备参加游行。④

在学生展开抗议美军暴行的行动过程中,始终都有教授发表意见,多数表示支持,对于学生如何行动有着重要影响。⑤ 12月29日,北京大学教授联名致电美驻华大使司徒雷登,作严正表示。内容略为:

> 查某女年仅十九,遭此暴行,其所受精神上之创痛,先生可以想见。中国人对于一个处女贞操之重视,先生固知之甚深,吾等忝为某女士之教师,闻悉此暴行尤深悲愤。先生以教育家出任驻华大使,对此事之观感当与吾等相同,兹特以下列三事提请注意:(一)对于被害人望嘱有关方面迅作处置,以补偿被害人之名誉。(二)对于犯罪士兵,迅绳以法。(三)望保证以后绝不再有类似之事件在中国任何地方发生。事关吾国国民身体自由及人格完整之保障,如处置略欠允当,定足以影响中美两国人民间之敦睦。⑥

又以29日为星期日,未能全体签名,故电文于30日发出。北大、清华一部分教授还联名致书美国总统杜鲁门,望其注意此事之严重性。⑦燕京大学教授也有联合签名行动,吁请美军退出中国,签名的13名教授

---

① 《各大学学生集会筹商抗议》,《大公报》(津)1946年12月29日,第3版。
② 《北大学生表示要求公开审判》,《益世报》(平)1946年12月29日,第4版。
③ 《抗议美兵污辱行为北平学生定今罢课》,《大公报》(津)1946年12月30日,第2版。
④ 《师范学院全体学生亦将罢课一天》,《经世日报》1946年12月30日,第4版。
⑤ 在12月27日北京大学的各系级、各社团代表联席会议上,有临时动议:"请教授主持正义作同学顾问。"《愤怒的抗议——压倒了英雄们的叫嚣》,《新"五四"运动》,第13页。清华大学学生自治会决定12月30日罢课一天后,吁请教授"作正义的声援,罢教一天以示抗议"。《国立清华大学学生自治会为抗议美军暴行致教授会文》(1946年12月29日),《清华大学史料选编》第4卷,第575页。
⑥ 《北大教授拟联电司徒大使》,《大公报》(津)1946年12月30日,第2版。
⑦ 《清华北大一部教授联名函美总统》,《经世日报》1946年12月30日,第4版。

中有美籍教授2人。① 教授们表达了同样的愤怒与类似的要求,但语言和行动更为温和,强调迅速解决,渡过危机。岂不料30日晨,史学系教授向达见有人撕毁"民主墙"标语及壁报而劝阻时,竟被大事辱骂、威胁,几至动手殴打。② 此种发生在北大校园内针对师长的暴力行为,致使向达痛感学府尊严扫地,愤而辞职,既打破了此前教授个人对当局尚存的期待③,也给学生采取进一步激烈行动提供了机会。④

学校的态度亦十分重要。在学生展开抗暴行动及地方当局来函知照后,"北大当局表示站在中国人立场,不干涉学生之爱国行动,仅盼胡校长早日返校,主持一切"⑤。12月30日晨,当清华大学学生出发进城示威游行后,校长梅贻琦等亦进城,与北大秘书长郑天挺等举行紧急联合会议,议决对学生游行事不加阻止,并联络各有关机关请求保护。⑥

三、抗暴示威游行

当在北京大学召开的会议遭遇捣毁之后,抗议美军暴行运动依旧按原定日程推进,示威游行的爆发点则由城内转向城外。

12月29日,清华大学学生自治会决定于30日罢课一天,同时展开各项动员准备活动,诸如访问教授、找中间同学谈心,到兄弟院校串联、召开座谈会、情况介绍会,将各种情况书写成大字报张贴,或转抄校外精彩大字报,以及防止破坏、捣乱等。晚上11点多,北大"抗暴筹委会"遭打砸

---

① 《燕大教授联名要求美军撤退》,《经世日报》1946年12月31日,第2版。
② 《北大教授向达受辱愤而辞职》,《燕京新闻》第13卷第8期,1947年1月6日,第1版。
③ 此前向达认为:"无论如何,国大闭幕宪法制就应该也算民主了,这种暴行应该以行动对之,但罢课是学生们的最后一张牌,不能轻易掷出的。"主张先以当局对事件的处置,考验宪法的兑现程度。《教授发表意见支持学生行动》,《燕京新闻》第13卷第8期,1947年1月6日,第2版。
④ 红楼前发生的事件,大大激怒了聚集在操场上的学生,对示威游行的实现和多数学生的参加均有推动。《古城的怒吼——北平学生万人大游行》,《新"五四"运动》,第23页。
⑤ 《抗议美兵污辱行为北平学生定今罢课》,《大公报》(津)1946年12月30日,第2版。
⑥ 《平大学生罢课游行》,《经世日报》1946年12月31日,第2版;《大学生昨罢课游行》,《世界日报》1946年12月31日,第2版。

的消息传来,并传说有两个负责人被捕,情绪激愤的学生聚集大饭厅开会,大多数主张游行示威,并派人去燕京大学联系。①

燕京大学是一所由美国教会创办并仍然接受美国津贴的大学,抗暴之酝酿有其特别之处。从对暴行的"发自人性最深的愤恨"出发,燕京学生开始与美国划清界线,要求学校禁止美军出入校园及美军眷属在校求学。在获得教授们的支持,尤其是美籍教授表态反对美军驻华后,学生的抗暴情绪在短时间内高涨。12月29日下午1时开始,壁报、标语贴满了校园的每一面墙壁,阅读又刺激了情绪,在大家的要求下,学生自治会于晚间召开全体大会,一开场便有罢课游行之提议。大会通过了致书杜鲁门及安理会说明真相并请撤退在华美军、要求中美组织人民法庭公开审判凶手并枪毙之、组织抗议美军暴行会、致函中央社请勿歪曲事实制造谣言、美军立即退出中国等五项决议,并未决定游行的具体时间。大会结束已是晚11点半,清华同学来报告说他们决定第二天游行,可一切还没有准备,"但情绪高于一切",30日凌晨3时半,在清华饭厅最后决定了共同游行。②

虽然时间已然十分紧张,可准备工作还是井井有条。书标语,画漫画,编写诗歌,印刷各种宣言和《美军一年来的暴行录》,赶制大量写有抗暴内容的小三角旗,备好校旗和大旗,组织纠察队、宣传队、歌咏队、戏剧队等,仅仅四个钟头便准备就绪。12月30日清晨6时,清华大学罢委会贴出布告,宣布8点出发进城游行。燕京大学则是全校敲梆子,打锣,鸣钟,集合游行。

九时过,清华来了,长长的队伍从燕大校门跨进,在旷场上走了一圈。马上两校的大队出发了,从校门走出,向西直门行进。三人一排,脚步跟着脚步,紧紧地走,三千多人只有一颗心,这是被侮辱与损害的行列。我们人民长年累月地被迫害,苦难成了我们的名字,我们

---

① 佘涤清:《中国革命史册上的光辉一页——回忆北平地下党领导的抗暴运动》,《北平地下党斗争史料》,第282—283页。该回忆以为29日清华就已罢课,强调清华地下党对发动游行的决断作用。

② 《燕大站起来》,《新"五四"运动》,第18—20页。

像老牛一样被欺凌,我们一直沉默,像老牛一样,闭着嘴巴,把痛苦往肚里吞,但是今天,我们的忍耐已到了极限,我们的牺牲已到最后关头,我们要叫喊,我们要争取做人的起码权利。①

游行队伍的前导,是出发时临时用几条白被单拼成的大横幅,把写有"抗议美军暴行大游行"九个大墨字的纸贴上,两边用大竹杆支起来。②12时许,队伍进入西直门,开始高呼"抗议美军暴行!"等口号,负责贴标语和街头演讲的同学随即分头展开工作,老百姓则排列于街道两旁。从新街口转向护国寺,在辅仁大学门口,队伍停下高呼:"欢迎辅仁同学参加!"并向宿舍楼招手。辅仁学生原本没有组织游行,看见这种景象,先有100多名女同学出来,插在清华和燕京同学之间,接着男同学也出来了。有的同学踢开学校贮藏室门,打出了校旗;有的同学还急急忙忙在铺子里买了些布,制成一面大旗。③ 壮大后的队伍,出地安门,经景山大街,到达北京大学。

在遭遇打砸后的北京大学,游行示威的准备工作也在进行。在宣传上,主要是张贴大量壁报、标语、布告,以发泄情绪,营造声势,而撕毁行为及其引发的向达教授受辱辞职事件,促使多数在操场上观望的同学愿意转向直接行动。在组织上,则主要是各种串联活动,串联是双向的,即有北大学生走出去的串联,也有各院校来北大的串联,北大仍是一个重要的交集点。但是,各项准备工作是分散的,并没有一致的决定和具体的方案,学生需要在焦躁的气氛中等待,一切还要看事态的发展而定。

  时近午后一点钟,中法大学同学高举校旗走进北大操场,掌声四起,北大同学高呼欢迎,紧接着朝阳大学也来了,北大也就把校旗抬出来,插在司令台上。这时周炳琳突然出现在操场上,同学就高呼

---

① 《愤怒的行列——记北平学生大游行》,《燕京新闻》第13卷第8期,1947年1月6日,第4版。所谓旷场指贝公楼大礼堂前之空旷场地,燕京大学的游行队伍在此集合。

② 佘涤清:《中国革命史册上的光辉一页——回忆北平地下党领导的抗暴运动》,《北平地下党斗争史料》,第284页。

③ 关于辅仁大学游行队伍的旗帜,记载不一,但均说明是行动中的临时处置。

"拥护周先生恢复五四精神！"①

响应声援，亮出旗帜，教授支持，历史承继，一个较大规模学生抗议行动的象征性因素已经基本具备。十几分钟后，清华、燕京、辅仁大学的队伍赶到。经过短暂协商，选出由北大、清华、燕京 8 名同学组成临时指挥小组，确定了游行路线，会师后的游行队伍便出发了，师院、铁院部分学生自行组织的队伍在中途也插了进来。

> 一点半钟，约有万人的游行大队出发了，为首以"抗议美军暴行"的大纛领前，其次清华大学的队伍约有两千人，再是燕京约有千余人，夏仁德教授和雷洁琼教授都参加其中，接着是朝阳大学约五百人，中法大学约二百人，辅仁约八百人，师大约一千人，交通大学约百余人，北大先修班约五百人，最后是北大各院约三千人，汇合成一支万人的大洪流。②

游行队伍自沙滩出发，经由东皇城根、东华门大街、王府井大街、帅府园，至校尉营军调部西门口。沿途学生们呼喊口号："抗议美军暴行！""严惩肇事美军！""美军退出中国！""美国立即改变对华政策！""维护主权独立！""民主新中国万岁！"宣传队分组散发传单、张贴或书写标语、口头演

---

① 《古城的怒吼——北平学生万人大游行》，《新"五四"运动》，第 24 页。
② 《古城的怒吼——北平学生万人大游行》，《新"五四"运动》，第 25 页。类似的报道有北大 3000 余人，清华、燕京 3000 余人，朝阳 500 余人，中法 200 余人，辅仁 500 余人，师院 600 余人，交大百余人，加上临时加入者，约万人。于千：《愤怒的古城》，《文萃》第 2 年第 14 期，1947 年 1 月 9 日，第 34 页。关于游行队伍人数记载出入较大，《大公报》（津）、《益世报》（平）记有万人以上，《中央日报》《华北日报》则仅二千余人。北平市警察局的报告，也有三千余人、四千余人和"统计参加者约一万五千名"的差别。《解放战争时期北平学生运动》，第 80、81、92 页。事后，晋察冀城工部在一份关于国统区学生运动事实订正的报告中称，据北平城内党组织统计报告，北平参加抗暴游行的学生共 5000 人左右，计北大、清华各不超过 1500 人，燕大 250 人，中法 100 人左右，朝阳二三百人，辅仁约 700 人，师大四五百人，铁院 100 人，占大学生三分之一。《晋察冀城工部关于蒋区学运有两点与事实不符致新华总社并报中央后委电》（1947 年 12 月 23 日），《中国青年运动历史资料（1947.1—1948.2）》第 17 集，第 465 页。佘涤清回忆亦以为，"游行队伍共约五千多人（占北平大学生总数三分之一稍多）。沿路，一些中学生和市民也陆续加入了游行队伍"。《中国革命史册上的光辉一页——回忆北平地下党领导的抗暴运动》，《北平地下党斗争史料》，第 289 页。

讲,内容多为各院校为罢课抗议美军暴行告全国同胞书、美军暴行真相和一年来驻华美军暴行录等,行人多争先恐后索要传单。沿街商店墙壁、玻璃窗上、过往电车、汽车、人力车上,贴满了各色标语、漫画及用粉笔书写的标语,北大几个同学扛着一大桶墨汁,在水泥电杆上书写标语,还有同学用粉笔在马路正中写大字的中英文口号。各街巷观众拥挤非常,途为之塞,有些人随着学生一起呼喊口号,有些人自动地参加进来。

军调部西门紧闭,只有一名警察在维持秩序,指挥车辆撤退。军调部楼房窗口前挤满了美方军官,顿时群情激愤,中英文口号混成一片,英文口号多为:"U. S. Army Go Home!""Go Home U. S. Army, Go Home!""Get Out U. S. Beasts, We Hate You!""Get Away From China!"大队又从校尉营拐入东单三条,来到军调部正门,同样是铁门紧闭,标语像贴的封条,门前汽车、卡车及地上全是粉笔书写的标语。大门上的英文执行部横额,被学生用叠罗汉方法爬上去贴满标语。最显目的一个标语是"老美是日寇的继承人",英文标语多为"美军回家吧""你妻子欢迎你,我们不需要你"。①

游行大队出东单三条,经由东单北大街、东单牌楼,接近午后3时,到达美军暴行肇事地点东单大操场(练兵场)略事休息。许多清华、燕京的同学出发前就没有吃过东西,此刻大家坐下,每人分发两块从城外运进来的馒头和咸菜,用白开水送下。其他院校同学均席地而坐,休息间展开各种宣传活动,或围坐唱歌,或朗诵诗歌,或高呼口号,"有哭有诉,有痛有恨,群情异常激愤"。② 学生临时将北伐战争时期的歌曲《打倒列强》填上《打倒美军》歌词,高声唱道:退出中国,退出中国,美国兵,美国兵,赶快退出中国,赶快退出中国,滚出去,滚出去!

北大一位女同学也借这机会朗诵诗歌,她悲哀的喉咙嘶声地读,眼泪在她的脸上爬行,听的同学也多掩面泣不成声。这时候几架飞机在我们天空兜着圈子盘旋,隆隆的声音刺激着大家的心更激动,怨

---

① 《北平学生罢课游行抗议美兵污辱行为》,《大公报》(津)1946年12月31日,第2版。
② 《万余学生大游行》,《益世报》(平)1946年12月31日第4版。

怒。纠察同学以自行车在大队外排着警戒线，防止歹徒乘机捣乱秩序，四周围老百姓远远地站着，好像在守护，马路上汽车，三轮车急急地行驶。①

此种场合，似乎对操场附近美国兵营中的美军士兵亦有影响。当一个同学上前用英语告诉他们说："中国人要求你们回国！"有美兵回答道："Yes，We Want！"

休息了约莫20分钟，游行大队重整出发，按计划沿东长安街西行，至北平行辕请愿。意外发生了。突然有手持上书"中国大学"之方块白色旗帜的青年二百余人，由女青年前导，试图插进游行队伍，边跑边呼："打倒共产党""要求苏联军队撤出大连""反对罢课""反对学潮""反对共产党操纵学潮""蒋主席万岁"等口号，形成截然对立。游行大队的处置，是将这支队伍隔离在外，并以声势加以压制：

> 纠察队立即严密戒备，同学都三人一排，互相紧紧挽手，以免被人冲破行列，同时把大队的六个口号，由一万多喉咙高声喊了一遍，把那二百余人的叫嚣完全压制下去。②

当游行大队行进至南池子南口时，中国大学的队伍又突然离队飞奔向前，试图在前端引导大队。为避免不幸事件发生，游行大队临时改变路线，转入南池子北行，并通知各院校另推代表赴行辕请愿。大队经南北池子，回到北大操场。各校代表经过会商，决定31日各校恢复上课，全体学生一致通过。对各校联合组织大学联合自治会的要求，交由各校代表负责办理。③ 最后高呼口号，城内各院校学生各自返校，清华、燕大两校学生顺原路出西直门返校。此时已近下午5点，天色渐暗，震荡静寂已久之古城的抗议美军暴行大游行结束。

在游行大队沿南北池子北行后，各校学生代表20余人径赴北平行辕

---

① 《愤怒的行列——记北平学生大游行》，《燕京新闻》第13卷第8期，1947年1月6日，第4版。
② 《古城的怒吼——北平学生万人大游行》，《新"五四"运动》，第26页。
③ 《平大学生罢课游行》，《经世日报》1946年12月31日，第2版。

向李宗仁主任报告学生游行之意义并请愿,由清华、燕京代表二人入内递交请愿书,提出要求四项:一、请行辕转呈中央美军退出中国。二、组织联合法庭公开审判。三、在美军未撤退之前,必须严格隔离中美人民,以免发生类似情形。四、公布事实经过。行辕政务处王处长代表接见,对第一项不予置答,关于后三点答复必尽力代为转达。①要求并无新意,答复也在意料之中,请愿行动的确无关紧要,充其量不过是一个小插曲,表示学生尚承认当局的权威,但更多地是要令当局更为难堪,临时取消学生大队的请愿活动,也就算不上十分困难的决定了。

在整个游行过程中,学生虽情绪激昂慷慨,可行列整齐严肃。"大队前面有上百辆自行车为前导,大队后面还有后卫。游行队伍三人一列,十几列一小队,每个小队有一名纠察员维持秩序并领头喊口号。大家自觉地服从纠察,不随便离队,不喊规定以外的口号。每个学校的队伍分若干小队。各校的大队之间还有联络员来往联络。"②此种高度的组织纪律性,俨然是一支训练有素的军队。再加上途中策略的运用与分寸的拿捏,可谓有理、有利、有节,展现了高超的领导艺术。对于此种现象,亲历者的回忆多归因于"在坚决执行党的路线、方针、政策的前提下,大力发挥基层党组织和广大党员的主动性和独立作战的能力"。③

可是,距离最近的中共中央关于青年工作的指示仍在强调:"今后青年工作应是化整为零,化大为小,从统一走向分散,暂时不发动庞大的政治运动。""今后的组织形式应以无形的据点为主,各种公开的真正灰色的小团体为主。"④因此,如何正确理解和执行,全凭局势发展而论,非预先能够确定。另一方面,游行的组织动员工作之漏洞又比比皆是。且不论

---

① 《万余学生大游行》,《益世报》(平)1946年12月31日,第4版。
② 余涤清:《中国革命史册上的光辉一页——回忆北平地下党领导的抗暴运动》,《北平地下党斗争史料》,第290—291页。
③ 余涤清:《中国革命史册上的光辉一页——回忆北平地下党领导的抗暴运动》,《北平地下党斗争史料》,第292页。李凌的回忆也强调成功经验首先是正确理解和执行党的方针。《抗暴运动亲历记》,《中共党史资料》2006年第4期,第85页。
④ 《中共中央关于青年工作新方针的电报》(1946年10月12日),《中国青年运动历史资料(1942—1946)》第16集,第622页。

各院校之间缺乏协调,就是学校内部也不一致,许多情形都是临时应付的结果,诸如游行的大纛是临时赶制的,辅仁大学学生是被清华、燕京同学在途中召唤而参加,师院、铁院学生是中途插入大队,就连组织程度较好的清华大学,到集合时间也仅到了少部分学生,需要派人到宿舍呼喊,以致延误了出发。一封写自游行当天的中共内部通信这样说道:

> 到今天,北大据说找不到负责人,临时由遇到的北大学生找,结果七个八个还是集合到了几百人。辅仁本来学生自治会接到通知将其压下了,因内部有坏人。但后来被学生发觉,结果还是参加了。师大则根本未给通知他们,后来他们自己知道了,自动参加者七八百人,占全人数70%。因此,今天有这样多人参加,完全是出于意料之外的。①

如此混乱,只有两种可能:一是事实如此,组织动员程度较低;一是信息不畅,杂有道听途说的内容。无论哪种可能,都说明北平学生抗暴游行的发动,并没有统一的组织领导,是一场自发性较强的学生行动。那么,又如何理解游行过程中的众多参与和井然有序呢?除了共产党基层组织和学生党员及先进分子的努力外,还需要考虑四个方面的因素:

首先,学生乃至社会各阶层的不满情绪之高涨,是抗暴游行得以发动并有众多学生参加又能得到广大市民支持的主要原因。激发不满情绪的直接原因,包含美军暴行与校园打砸两个方面,如果说美军暴行尚有个别案例及法律解决的说辞,以及可能涉及在国共、美苏之间选边站队的问题,对于学生,校园内的谩骂、诋毁、恐吓和打砸行为更加不可容忍,迫使众多富于民族意识、爱国激情,追求自由、正义的学生参加抗暴运动。从宏观视角看,战后发展令人气馁,从沦陷区变收复区,北平市民并未获得多少胜利的果实,其中就包括大批的学生;而由内战代替外战,由美军取代日军,又严重阻碍了争取民主和平、保障民族尊严之目标"获得根本的

---

① 肖立:《关于北平学生反美游行的信》(1946年12月30日),《中国青年运动历史资料(1942—1946)》第16集,第624页。该信时间标注为12月30日1时,依据内容应为31日凌晨1时。

解决"①。沉寂的空气,需要学生运动的搅动。"一个三轮车夫说:'又快澌水了罢?'十年记忆犹觉新鲜。这行列给压抑十年的古城打了一次强心针。"②

其次,历史的经验及其惯性,能够部分弥补组织松散及准备不足的欠缺。在众多有关抗暴游行的论述中,大都将"五四""一二·九""一二·一"作为承继之源泉:

> 孩子来,你们看了这盛大的队伍,觉得惊羡,觉得伟大吗?这是五四的队伍,这是一二九的队伍,也是一二一的队伍,这是中国新生的队伍啊!③

作者以两个小学生观看游行的情景,阐述了学生运动的源流及性质,并暗喻此一传统将继续传承。历史既是论证现实学生运动合理性的工具,也可能成为刺激运动发生、发展的资源,还可以用经验的方式为运动提供各项工作方法。在运动频发时期,部分学生可能参加过既往的一些运动,熟悉运动的过程及问题;部分新生可能未曾参加过大的运动,但想要了解、学习、模仿并不困难。抗暴游行中令人印象深刻的组织、宣传工作,队伍的排列,策略运用和临时处置,都可以在此前的各种学生示威游行中找到影子,已经成了较为成熟的经验。

同样道理,虽然抗暴游行有预先约定的成分,可是准备过于仓促,给予补救的也是利用宝贵的历史资源。歌咏是学生群体行动的主要宣传形式,把历史歌曲重新填词,赋予新的斗争所需要的内容,就是最便捷的办法。所选择的历史歌曲,均产生于历次爱国民主运动,具有很强的鼓动作用,经过长期传唱,已为大众所熟习,填入新词,稍加练习,就能够成为集体合唱的富有感染力的战歌。在抗议美军暴行运动中,除了给《打倒列强》重新填词外,聂耳谱曲的《毕业歌》也被填上新词,"我们昨天刚前门拒

---

① 每周小言:《抗议美军暴行大游行》,《燕京新闻》第13卷第8期,1947年1月6日,第2版。
② 《北平学生罢课游行抗议美兵污辱行为》,《大公报》(津)1946年12月31日,第2版。
③ 《游行侧记》,《新"五四"运动》,第27页。

虎,今天是后门又进狼"①的歌词,既包含了原歌的历史,又展现了现实斗争的新内容。抗战后期国统区学生民主运动普遍传唱的《你这个坏东西》②,随着学生复员也被带到了北平,此时被重新填词改为《赶快滚出去》,其中唱道:"我们在八年里出尽钱和力,你还在我身上天天打主意,你这个坏东西!赶快滚出去!"③也是在讲述历史,用以说明由同盟变仇敌的巨大反差。此外,12月29日北京大学遭打砸事件,也寄调《古怪歌》④重新填词,创作出《新古怪歌》传唱:"蜂拥地挤进了门呀,狂吠要抓人哪,筹备室里演武行,墨水瓶飞上了墙呀,墨水瓶飞上了墙呀,古怪多,古怪多,古怪古怪多。"⑤

再次,在院校间缺乏协调沟通及北大遭遇打砸、"抗暴筹委会"瘫痪的情况下,清华、燕京两校学生发挥了决定抗暴游行行动的重要作用。位于北平西郊的清华大学与燕京大学,均为国内重要大学,不但学术地位崇高,在政治上亦有一定的影响力,尤其是燕京大学与美国的关系,在抗暴游行中就更为突出,且两校当局对学生活动持开明态度,并提供了一些便利。⑥从历史上看,两校都站在学生运动的前列,在"一二·九"运动中,燕京大学学生的作用突出,西郊也是学生组织学习、训练的主要场所。从地理环境看,两校校园邻近并相对独立,不似城内之复杂,便于联络协调。

---

① 聂耳曲、子良填词:《新桃李劫》(即毕业歌原谱),《新"五四"运动》,第187页。
② 1942年,由舒模(蒋树模)在桂林谱曲、填词,抨击国统区物价飞涨,人民生活十分困苦,投机官商们却花天酒地的现象。
③ 高扬填:《赶快滚出去》(调寄《你这个坏东西》),《新"五四"运动》,第188页。
④ 《古怪歌》属顺口溜,亦说亦唱,是民间歌谣的一种表现形式,将现实生活中不可能发生之事和真实或传闻之事排比反衬,讽刺世间或时局乱象,清末以来多有流行。抗战末期,宋扬(子秋)在民谣基础上谱曲填词,讽刺国统区社会的颠倒与黑暗,很快在社会中流行,并以其诙谐、轻松之讽刺和大众化形式,在学生运动中广泛使用。
⑤ 《美军暴行后北大壁报集锦》,《新"五四"运动》,第16页。
⑥ 如两校学生游行后返校时,学校派卡车接回。《愤怒的行列——记北平学生大游行》,《燕京新闻》第13卷第8期,1947年1月6日,第4版。

地方当局将预防力量主要放在北大时,不曾想游行会从清华、燕京发动。① 两校进城虽有相当距离,但道路平坦,较之重庆学生游行的条件又方便许多,沿途还有宣传、串联的作用。总之,西郊两校与城内各院校在学生运动中,已经形成相互呼应的掎角之势,同样能够承担发起的前导作用。

最后,对于北平学生运动而言,北京大学的中心作用也是十分重要的因素。北大的地位,既来自学校本身,又来自历史传统,具有较强的号召、凝聚力,这是城内其他学校所不能替代的。北大的地理位置,对于举行示威游行十分便利,距离商业区、行政区和外国使领馆都不算远,很容易规划游行路线,收取最大的社会乃至国际影响,这又是城外学校所不具备的优势。抗暴游行的各院校队伍在北大汇聚,有整理队伍、扩大声势、一致行动的实际需要,另一方面,此种行动已经成为一种象征性仪式,从红楼操场出发,又回到红楼操场,学生们的主张、使命和力量,以及组织水平和策略运用的提高,在这一过程中都得到了淋漓尽致的展示。

官方传媒对抗暴游行的报道,表示了一定程度的理解与容忍,承认学生界虽对北大学生罢课、游行的激烈反应存在"意见分歧,然大体对美军此种行为皆感不满,故今日游行出自自然,亦系青年感情之流露"。② 地方当局的处置也算节制。北平行辕发言人称:"本市各大学学生,对此事件同情愤慨,乃青年人之常情。"③北平市长何思源整日坐镇市府,听取报告,"随时予各方以指示"。④ 警方措施为戒备、劝导⑤及沿途保护,"并未

---

① 如中统局情报称,在打砸北大筹备会后,"现共党乃以郊外之清华、燕大为中心,利用学生愤慨心理,继续积极鼓动,并于十二月三十日晨十时,由郊外进城游行。北大同学又受波动,并发生罢课,参加游行"。《中统局关于北平各大学发动抗暴运动情报》(1946年12月31日),《解放战争时期北平学生运动》,第82页。
② 《故都不快事件平大学生昨游行抗议》,《中央日报》1946年12月31日,第4版。
③ 《平行辕发言人谈话》,《经世日报》1946年12月31日,第4版。
④ 《各方警戒入晚解除》,《大公报》(津)1946年12月31日,第2版。
⑤ 劝导指游行大队在东单练兵场停留时,经警"剀切劝导,并未进入东交民巷"。《北平市警察局为报各大学学生游行事致北平行辕等代电(稿)》(1946年12月30日),《解放战争时期北平学生运动》,第81页。

发生其他事故"①,换取了"沿途秩序甚佳"②的结果。

美军的反应可谓克制。在得知学生抗暴游行的消息后,美军总部即发出指示:"令文职人员自带午餐,下午5时之后才能停止办公,限制美军总部人员的家属当天到驻地及营房去。所有陆战队士兵的自由行动一概取消。"③在传媒对游行的报道中,美军人员的表现都很低调,甚至有几分狼狈:

> 美国人在北平如此少光辉。午间便少出来,军调部美方在办公室里啃面包吃面条。学生们过大街时,美军多避入小巷中。④

> 中途我们遇到吉普车里,或是步行的美军,我们每呼同样口号,他们的表情十分尴尬。⑤

此种情境,似乎真是美军理亏词穷了,抗暴游行的参加者也可能产生胜利的满足感,因此,游行过去了,下一步运动将如何展开的忧虑,⑥也就即刻提了出来。

不幸的是,国民党对于学生抗暴游行的认识及处置极为混乱,顽固地坚持游行是共产党"煽动"的结果⑦,并试图以行动直接对抗。在游行途中,中国大学的小队伍强行插入大队,喊出不同的口号,是一种赤裸裸的挑衅。下午4时,朝阳部分学生在该校大礼堂开会,成立"朝阳学院抗议美军正义会",并通过各议案:一、誓为政府后盾,向美军提出严重抗议。

---

① 所谓保护有多种指向,除了防止与学生队伍发生可能的直接冲突外,主要为保护美方人员及机关处所。《北平市警察局内七分局关于学生开会游行情况的报告(稿)》(1946年12月30日),《解放战争时期北平学生运动》,第81页。
② 《抗议美兵辱我女生,部分学生罢课游行》,《华北日报》1946年12月31日,第3版。
③ 《北平总领事(迈尔)致国务卿》(北平,1946年12月30日),《北京档案史料》2004年第1期,第256页。
④ 《北平学生罢课游行抗议美兵污辱行为》,《大公报》(津)1946年12月31日,第2版。
⑤ 《愤怒的行列——记北平学生大游行》,《燕京新闻》第13卷第8期,1947年1月6日,第4版。
⑥ 每周小言:《抗议美军暴行大游行》,《燕京新闻》第13卷第8期,1947年1月6日,第2版。
⑦ 据美国驻北平总领事报告:"何市长称,游行主要是由共产党人煽动,他们正抓住机会鼓动公众舆论。"《北平总领事(迈尔)致国务卿》(北平,1946年12月30日),《北京档案史料》2004年第1期,第258页。

二、派代表往市府谒何市长，表示我们的意见，及诚恳慰问沈同学。三、与北平全市大学正义联合会，采取一致行动。四、尊重学校意见，不以罢课为手段，以免被阴谋分子利用。五、反对校内少数阴谋分子盗用学校名义，在外滋事。① 此举也可视为是对游行学生提议建立联合组织的回应。挑起校园内、学生间的激烈对抗，无疑与当局所主张的以法律解决事件的主旨相矛盾，只能驱使尚存犹疑的许多学生尽快选择是否参加行动②；把赞同罢课、游行的学生指为"共党操纵"或受煽动、诱惑，此种逻辑混乱，只能陷入一个恶性且无解的黑洞，招致追求自由民主的学生的极大反感，并刺激对共产党了解不多、对内战认识不深的学生进行更深刻的思考。可是，蒋介石在1947年元旦广播中向青年喊话称："我在今天，要特别提醒我们全国的青年，你们切不可再为有作用的宣传所摇惑，而自误其平生。"③根本没有给青年的独立思考留有余地。

12月30日下午2时15分，就在学生抗暴游行进行之时，北京大学校长胡适由南京抵返北平。下午5时，胡适出席北大行政会议，指示对学生抗议美兵暴行事件之处理办法。④ 胡适就事件对各报社记者发表意见称：

> 余当闻悉此事之初，即向傅斯年先生谈，此诚一刺激北方民众之事。今日学生结队游行，果不幸而言中。余对此事认为系一不幸事件。盖东方民族，对妇女贞操问题向极重视，不似西方国家认此为无足轻重。惟此事纯系一法律问题，美军当局对此亦认为严重事件，闻已将该暴行美兵二名予以逮捕看押。观诸美方发表之声明表明对此事之态度，亦极大方磊落。吾人希望美方很迅速的将此问题作一合法解决。至于青年对此之愤慨罢课游行之举，系自然的。惟余以为对美军抗议以罢课游行为手段，似属不智。因本年学校开课已晚，学

---

① 《抗议美兵辱我女生，部分学生罢课游行》，《华北日报》1946年12月31日，第3版。
② 事后学生组织在总结抗暴运动时，以为缺点首先是"在应该行动的时候，有不少同学表示犹疑"。《北大一年》，第6页。
③ 《主席广播词》，《中央日报》1947年1月1日，第2版。
④ 《胡适返平主持校务》，《大公报》(津)1946年12月31日，第2版。

生在学业上已吃亏不少。①

胡适的谈话并不符合激进学生的期待,但毕竟给予许多学生一些安慰,他承认了罢课游行之举是自然的愤慨情绪的表露,也开出了一张似乎能够合法解决的支票,只是事态的发展非其所能预料。

四、后续发展之涨落

北平学生的抗议美军暴行大游行,无异给予沉闷的战后中国城市社会一针强心剂,激起了各界的普遍响应,尤其是各地学生极为兴奋,纷纷效仿,举行了一系列示威游行。

在北平,北洋大学平部学生未及参加12月30日的游行,遂于当晚举行各班级代表会议,决议12月31日单独罢课游行。

> 十一时半,全体同学约四五百人,自操场列队出发,口号高呼入云。同时,纠察组联络组宣传组诸同学,开始活动。队伍由端王府夹道经武王侯至太平仓,遂向南经西四至西单。沿途散放传单,用白灰书写标语,异常显明。大队所过处,市民势以热烈掌声相迎,若干行人且自动参加,情绪至为紧张热烈。队伍由西单东进,经西长安街,东长安街,御河桥,竟转赴东交民巷,过美军兵营门前时,同学呼喊口号声,如火山爆发。美军兵营则铁门紧闭,寂静无声。大队折至东单广场,即由同学向群众大声讲述美军兽行经过,朗读抗议宣言及各种宣传文字,市民有闻之落泪者。队伍于东单广场休息片刻,即进至王府井大街,转西经东华门,北池子大街,景山大街,文津街,西安门,西四,然后整队归校。时已午后四时半,同学兴奋异常,抵校后犹高呼口号不止。②

交通大学北平铁道管理学院学生参加30日游行的人数较少,便于

---

① 《胡适昨由京返平谈美军奸污女生事》,《经世日报》1946年12月31日,第2版。
② 《北洋大学平部学生昨日游行抗议美军》,《世界日报》1947年1月1日,第3版。

31日继续罢课一日,并散发告全国人士书。①

在天津,12月30日晚,举行了各校学生代表联席会,参加者11单位。31日下午2时,北洋大学、南开大学两校学生代表举行记者招待会,宣布1月1日分两路游行示威,发表书面谈话,历数美军来华后在各地表现之无理行为,并公布了具体的游行时间、路线和各项措施。南路由南开领导,上午8时由八里台出发,10时在民园集合,经长沙路、南京道、绿牌电车道、罗斯福路、东马路、金汤桥、建国桥、万国桥、中正路、小白楼,各自返校。距民园较近各校参加此路,南开将有700余人参加。北路由北洋领导,7时半由北洋大学集合出发,经小王庄、元纬路、金钢桥、大胡同、罗斯福路、杜鲁门路、烟台道、大沽路、泰安道、中正路,过中正桥,顺红牌电车道至金钢桥,自行解散。参加者有北洋大学、河北工业学院、女子师范学院、水产专科学校等,其中,北洋将有800人参加,学校正副训导长亦参加。游行将沿途贴标语,呼口号。游行时将以四人纵队行进,每人均佩带符号,并严密纠察组织,以防不法之徒混入,滋生事端。②

1947年1月1日,游行如期举行,两路队伍于中午12时在市府门前汇合,推代表入市府请愿,然后共同经中正路,过中正桥,再经河东大马路,过金汤桥,沿河行至下午2时互道再见而别。游行大队所经街道,有徒手警察布岗,禁止其他车辆行人通行,美军方面亦出动宪兵维持秩序,虽也曾出现学生与美军面对面的场景,仅是虚惊而已。③ 可就在南路学生经老西开返回途中,发生了美军吉普车撞伤幼童事件,而警察又未能控制肇事车辆使其逃逸,部分学生遂返回市政府二次请愿,然到市府又看到工役在撕游行标语,更加激怒了正处于亢奋中的学生。如果说,一次请愿只是整个游行示威的一个仪式,二次请愿时学生的态度则十分强硬,并追加了要求。请愿学生对出面接待的市府秘书长、市警察局长毫无客气可言,并迫使市长现身,又由副市长负责谈判,前后几个小时,晚8时半,才

---

① 《北洋学生昨日游行,交大学生昭告同胞》,《益世报》(平)1947年1月1日,第4版。
② 《抗议美兵在平暴行各大学学生今游行》,《大公报》(津)1947年1月1日。第5版。
③ 《游行学生饱受虚惊》,《大公报》(津)1947年1月3日,第5版。

乘市府预备的卡车高唱爱国歌曲返校。①

自美军暴行事件发生后,上海各院校学生均表愤慨。12月30日,暨南大学学生罢课一天,以示抗议;入晚交通大学学生亦决定31日起罢课,并将联合各校学生游行市区;复旦大学学生则发表宣言,要求扣留并公开审判凶犯。可是,上述三校学生在开会讨论对事件应取态度时,意见并不一致,而大夏、同济、圣约翰、沪江、大同等校学生虽同表愤慨,但对采取罢课行动不予赞同。② 北平学生游行之后,1月1日下午,交大、复旦、暨南、大夏、同济、上海法学院、上海商学院、光华、美专、体专、国专、中国女子、南洋模范中学等24单位两万余学生在外滩公园集合,举行抗议美军在平暴行游行。交大校长吴保丰及马寅初教授等亦参加。游行队伍自外滩出发,经南京路、西藏路至法国公园,约5时始散。游行学生组织严密,每校有宣传组、联络组,口号及标语为主席团统一制定,沿途发出油印品甚多。游行主席团称,各校组织之"上海市学生抗议驻华美军暴行联合会"将继续工作,直至美军撤尽为止。③

12月31日,中央大学科系代表大会决定,为抗议美军暴行,要求美军立即撤出中国,1月1日至3日罢课三天,并定2日联合京区各大中学游行。金陵大学、金陵女子大学学生表示与中大一致行动。可是,1月2日的游行因准备不足,参加者有限,遂于3日举行第二次游行。

1月3日午后,中央大学、金陵大学、音乐学院、东方语文专科学校、药专等校学生3000余人,再度举行抗议美军暴行示威游行。1时半,游行队伍由中大出发,学生皆手持纸旗,行列中有描述美兵暴行的大型漫画,沿途车辆多被拦阻,或贴标语,或以粉笔写标语。警局及宪兵队派有红色警备车或前行或尾随,街头各处亦多加派岗警。大队经四牌楼、成贤街、碑亭巷、国府路,2时半停于国民政府前,游行主席团代表三人入内谒蒋介石请愿,其余学生则在门外呼口号,写标语,等候消息。学生在国府

---

① 《美吉普车撞伤幼童》,《大公报》(津)1947年1月3日,第5版。
② 《京沪大学生罢课》,《世界日报》1947年1月1日,第3版。
③ 《沪学生组织之联合会美军撤尽前继续工作》,《燕京新闻》第13卷第8期,1947年1月6日,第1版。

门前照壁上以漆墨写"美军驻华防碍团结""美军驻华防碍世界和平"等大字标语,为庆祝新年的"普天同庆"四字下被写上"普天同悲"。学生请愿代表由国府锺彬参军接见,学生除递交上蒋主席书外,并口头提出严惩凶犯、美国政府向中国人民公开道歉、立即撤退在华美军三项要求,锺参军允诺代为转达。学生代表辞出后,即整队继续游行。队伍经新街口赴外交部,因在休假期间不办公,遂折向美国大使馆。学生将使馆官舍团团包围,由代表五人入内,司徒雷登大使亲自出见。学生代表称:抗战中美国对华之援助,中国人民将永志不忘,惟年来驻华美军暴行已不止一端,且日俘亦已撤退竣事,理应早日撤退。近来北平北大女生被强奸事,尤为不能忍受之侮辱。并重申在国府请愿时所提三项要求。司徒雷登当即口头答复称:北平不幸事件正在彻查中,如果属实,定按军法处理。惟在未得确实侦查报告前,很难作确定的答复。但所提要求,将仔细予以考虑研究。并对学生爱国行动极表同情。学生代表再次强调美军撤退之要求,请大使即为转达美国政府。代表辞出后,向全体游行同学报告经过,学生颇感不满,要求司徒雷登出面公开向群众讲话,经代表等解说后始罢。于是,队伍另折至广州路,6时多散去。①

1月3日晨,武汉各专科以上学校学生代表在武汉大学举行联席会议,商讨响应抗议北平美军暴行事宜,决定即日上午游行示威,推举出各组负责人。② 1月5日晨9时,武汉大学、华中大学、湖北省立医学院、武昌艺专及博文、安徽两中学学生2000余人为响应抗议美军暴行,举行示威游行。队伍由武昌东厂口出发,参加者情绪慷慨热烈,途经武昌、汉口各通衢时,观者如堵,交通均为之阻。经过湖北省政府、武汉行辕、美国领事馆门前时,队伍均稍作停留,分别由学生代表四人递呈请愿书。游行组织严密,租用了自行车60辆、汽车数辆,担任纠察、联络、播音、救护等事,沿途各街道及所遇大小车辆上均贴满各式标语、漫画,武汉大学还组织了若干宣传队,在街头歌咏、讲演。中华大学、国立体专、省立农学院等校原

---

① 《南京学生游行示威抗议北平美兵暴行》,《大公报》(津)1947年1月4日,第2版。
② 《武汉学生游行响应抗议运动》,《大公报》(津)1947年1月4日,第2版。

定参加游行,但因领导与口号问题意见稍异,临时退出,并另组抗议美军在平暴行联合会,张贴标语、宣言及拍发抗议通电。①

　　1月2日上午11时,重庆大学女同学会再度集会,讨论对付北平美军暴行办法,一致赞同罢课游行,并表示愿与各学校联合行动。② 3日下午,重庆大学、女师院、省教育学院、省女师等31单位学生代表116人为抗议北平美兵奸污女生事召开紧急会议,议决三点:一、请求市商会于6日晨起罢市一日;二、组织宣传队,宣传抵制美货运动;三、到会各校于6日一致联合游行③,未到会各校邀请参加。为此,决定4日至6日各校罢课,并正式成立重庆市学生抗议美军暴行联合委员会,推举重庆大学、女师院、重庆中学、省女师、求精商专、市女中、文德女中、省教育学院等校为主席团,负责筹划罢课、游行事宜。④ 4日晨,重庆行辕召开党政军联合会报,决议允许学生示威游行,届时出动军警宪随游行行列保护,并盼各校校长、教授、教职员参加游行,以维秩序。⑤ 游行准备工作较为充分。在组织上,联合委会工作由主席团负责,分总务、宣传、纠察、联络等组。游行单位分沙磁、九复、城中、南岸四区,指派单位负责召集,联络总站设重庆大学。沙磁区各校于6日上午7时半在重大操场集合出发,8时抵小龙坎,小龙坎附近各校在车站集合参加,大队预定10时抵上清寺,曾家岩附近各校在上清寺加入大队。九复区各校8时半出发,10时半赶到两路口加入游行。南岸区、城中区各校限10时在川东师范或南区公园集合加入大队。游行路线由两路口出发,经中一路、都邮街、小什字、林森路、储奇门至南区公园,用餐后解散。在宣传上,学生竟日赶写标语、壁报,剪集各报有关抗议美军暴行资料,组织宣传队,印制宣传品,并有育才学校负

---

① 《抗议北平美兵暴行武汉学生昨游行示威》,《大公报》(津)1947年1月6日,第2版。
② 《渝市学生群情激愤》,《大公报》(渝)1947年1月3日,第2版。
③ 中共组织原以为学生4日游行,忽视了学生自治会的作用,而分天游行的建议各校学生代表多数不同意。中共组织事后总结,6日游行的决定"造成了4日5日工作上很多波折和困难"。《张友渔关于重庆学生抗美示威总结》(1947年1月13日),《中国青年运动历史资料(1947.1—1948.2)》第17集,第11—12页。
④ 《渝各校今日起罢课六日游行》,《大公报》(渝)1947年1月4日,第2版。
⑤ 《行辕允学生游行将妥为保护》,《大公报》(渝)1947年1月5日,第2版。

责演街头剧及音乐。经主席团慎重考虑，统一制定有口号 10 条、标语 40 条及宣言 10 种。宣传对象除普通市民外，并决定展开对军警宪的宣传运动。学生并自动约束，无特殊事件不得外出。5 日，《中央日报》《和平日报》刊载消息，有所谓"重庆市学生抗议美军奸污暴行联合会"散发各种标语文件，其告同学同胞书中称："我们已经发现阴谋家在开始利用我们作捣乱的工具，把我们当作上海的摊贩。"主张驻在中国的外国军队一律撤退。为避免混淆视听，重庆市学生抗议美军暴行联合会特发表紧急声明。① 学生队伍中党派政治斗争较为激烈。

1 月 6 日，重庆市大中小学 62 单位 14000 余人举行抗议美军暴行游行示威，历时八小时，秩序良好，未发生事端。晨 7 时，沙磁区重大、南开、川教院等校与先一日自北碚赶到的乡建学院及青木关中学学生在重大操场集合，由重大、川教院、南开三校宣传车先导，徒步向市区进发，宣传队四处张贴标语，散发宣传品。队伍于 10 时一刻抵上清寺，在求精中学集合的求精商专、求精中学、市二女中等校学生已在等候，两队会合后续向两路口前进。在两浮支路集合的女师学院、华侨工商学院、通惠益商等校学生加入大队。行至中央社门前，与等候在南区公园的南岸、城中区朝阳、西南学院、市女中、省女师、南山、文德等 20 余校学生 6000 余人会合，他们多系自数十里外星夜渡江赶来。四区会合后声势益壮，队伍蜿蜒两公里，沿途呼喊口号，高唱驱逐美军进行曲，市民伫立道旁，多跟随学生呼喊口号，并有若干学校临时加入游行行列。对于请求参加的职业团体及市民，为免引起误会，均被学生婉言谢绝。当局戒备森严，各重要交通路口多有成队军警值守，警局黄色吉普车往来巡逻。学生亦十分谨慎，经过《中央日报》《和平日报》门前时，为免有人嫁祸，大队纠察特别联络军警注意防范。下午 1 时三刻，游行队伍抵达重庆行辕，主席团推派学生代表二人入内请愿，由行辕萧毅参谋长、刘寿朋秘书长接见。学生代表呈递书面呈文，要求转致最高当局，并申明学生游行纯系良心驱使，绝对纯洁，要求政府向美方严厉交涉，并随时公布交涉经过。请愿后，游行队伍走进南区

---

① 《声明与文件》，《大公报》（渝）1947 年 1 月 6 日，第 2 版。

公园,分别进餐后解散。因交通工具困难,晚7时许尚有少数学生在候车返校。值得注意的是,在游行后主席团举办的记者招待会上,学生代表又着重说明此次示威游行纯系出于爱国热忱的自发自动。①

在广州,1月4日夜,中山大学女生开会,发表为沈案告同学书,决组沈案后援会,并定6日开全校同学大会,以实际行动响应京沪平津学生反对美军暴行运动。② 1月6日晨,中山大学学生召集大会,到千余人,决定组织中山大学沈案后援会,于7日上午联合各校学生举行反对美军暴行示威游行。同日,由官方准许成立的广州市学生联合会亦开会,亦组织沈案后援会,请政府向美方交涉。③ 1月7日午后,中山大学学生2000余人举行游行示威,响应京沪平津学生反对美军暴行运动。因党部对各校早有通告,着令制止学生此种行动,中华文化学院、国民大学、省立文理学院等校学生1000余人只能以个人名义中途加入。当局出动大批军警严密戒备,游行队伍系跨过铁丝网进入沙面。学生沿途高唱《反美军暴行歌》,在经过美国领事馆及美军营房时,全体呼中英文口号。④ 游行历时五小时,"打破了广州这些日子来的可怕的沉寂"⑤。

抗议美军暴行运动的发展,速度快且规模大,绝非沈崇事件前所能预料,也非在北平学生首先行动后对响应情况所能意料,似乎全国各大中城市学生非游行示威,不足以表现其愤慨。自1946年12月25日以来,"间接直接卷入抗议美军暴行运动的学生在五十万以上,亲身加入示威行列者亦近十万人。运动范围包括北平、天津、上海、南京、苏州、杭州、镇江、武汉、重庆、广州及香港等地","现已由示威游行的形式发展为持久斗争的新阶段"。⑥

纵观各地纷纷响应之学生示威游行,在游行的组织和宣传方面,较

---

① 《陪都学生愤怒游行》,《大公报》(渝)1947年1月7日,第3版。
② 《广州中山大学响应抗议美军暴行》,《大公报》(津)1947年1月6日,第2版。
③ 《广州学生抗议美兵暴行》,《大公报》(津)1947年1月7日,第2版。
④ 《广州学生游行抗议美军暴行》,《大公报》(津)1947年1月8日,第3版。
⑤ 《广州不再沉默举行示威游行》,《燕京新闻》第13卷第11期,1947年2月3日,第4版。
⑥ 《民主高潮遍及全国,爱国运动达新阶段》,《解放日报》1947年1月11日,第1版。

12月30日北平学生游行均有明显提升,像重庆如此复杂的环境,也能预先安排得井井有条,实属不易。不过,游行多为响应、声援,表达共同的愤怒情绪,内容基本相同,或缺乏新意。重庆学生游行提出了经济抗争的口号:"美国货使我们的工厂关门,工人失业!""美国货使商店垮台,倾家荡产!""美国货使我们物价飞涨,老百姓过不了日子!"可是,抵制仇货办法已经陈旧,也没有找准现实经济问题的关键,试图发动商民罢市及到工农中去,又没有可行的具体措施,都只能停留在纸面的经验上,无法行动。浙江大学学生认为宪法虽已完成,而于团结和平并无贡献,遂于杭州地方当局举行庆祝元旦与"制宪成功"大会之际,为抗议美军暴行,联合中等以上学校举行"反内战逐美军大游行"。① 事实上,杭州学生游行规模不大,组织较松散,故影响也不大。多数学生游行为表示爱国之纯真,尚不愿意公开打出反内战旗号,反倒是有些报刊言论更为鲜明,以为我们对于屡见之美军暴行当然表示愤慨,"更要痛恨内战打个不停"②。并且告诫政府与美国不要给学生戴"红帽子":

> 政府首先不要把学生的行动认为是异党煽动。假使异党果真有此能力煽动这大群学生,那么这做为煽动借口的题目,其本身就必然是个问题了。美国方面也不要把中国学生的这番表示认为是共产党煽动出来的,以为共产党当然是反美亲苏的,而不加以重视。③

因此,可以称得上发展为"持久斗争"的主要特征,是学生抗暴组织的大型化。全国范围大规模的示威游行,暴露出严重的组织建设问题,然而,相较于各级基层组织的建立、完善,学生集体行动首先催生的是城市校际之间联合组织的建立,乃至城际之间直到全国性组织的建立。

北平各大学自1946年12月30日罢课示威游行后,1947年1月4日,各大学代表在北洋大学工学院开会,筹组抗议美军驻华暴行联合机

---

① 《抗议美军暴行浙大同学游行》,《燕京新闻》第13卷第9期,1947年1月13日,第2版。
② 社评:《学生游行有感》,《大公报》(渝)1947年1月7日,第2版。
③ 社评:《从学生的抗议示威说起》,《大公报》(沪)1947年1月6日,第1版。此种言论影响较大,《大公报》1月8日重庆版、1月9日天津版均刊登,在当时亦有多篇文章引用。

构,推举清华、燕京两校代表草拟规章。6日,清华、北大、燕京、中法、北洋工学院、师院六校代表在燕大开会,正式成立"北平市学生团体抗议美军驻华暴行联合会",通过联合会成立宣言、告全国同胞同学书等文件。联合会设执行委员会为领导机构,由各校代表各一人组成,其中,主席团由清华、燕京、中法三校代表分任,组织部由北大、中法负责,秘书处设清华,宣传部设燕京,总务部设北洋。主要工作为展开向市民、农村及美军士兵的宣传,呼吁全国各地同学共同行动,任务是督促政府彻底解决东单事件及美军全部撤出中国。①

1月12日,在经过南开、北洋等八校学生代表筹备之后,"天津市学生团体抗议美军驻华暴行联合会"正式成立,其领导机构及任务与北平基本相同。② 1月26日,北平市学生团体抗议美军驻华暴行联合会派代表二人赴天津,28日,与天津学生抗暴会举行两会代表联席会,正式成立"平津学生团体抗议美军驻华暴行联合会",主要工作为对外宣传,出版油印《抗暴快报》;并立即与京、沪、杭学生抗暴组织取得密切联系,一致行动。③ 其他城市学生抗暴组织的建立,大致有两种形式:一种是在筹备示威游行或进行观察中成立,如上海、重庆,以及国立社教学院发起成立的"苏州学生抗议美军暴行联合会",得到参与游行各大中学校的响应。④ 或是原有学生组织基础较好,或是吸取了北平学生运动的经验。一种与平津情况相似,是在游行之后因继续斗争需要而成立联合组织,如南京学生在经历两次游行之后,1月17日正式成立"南京学生团体抗议美军驻华暴行联合会",宣言将与北平、上海等抗暴学联取一致行动。

在各城市学生抗暴联合会纷纷建立的情况下,相互联络,寻求更大

---

① 《平市各大学团结成立抗暴联合会》,《燕京新闻》第13卷第9期,1947年1月13日,第1版。
② 《抗议美军驻华学生组织联合会》,《大公报》(津)1947年1月13日,第5版。
③ 《平津学联已成立,全国组织将诞生》,《燕京新闻》第13卷第11期,1947年2月3日,第1版。
④ 《各地续有表示》,《大公报》(沪)1947年1月5日,第2版。

范围联合的工作也在积极进行。2月22日,平津京沪等地学生代表在上海发起成立"全国学生抗议美军驻华暴行联合总会筹备会",25日发出《告全国同学书》,提出要求三点:一、美国立即改变对华政策,撤退驻华美军,停止以各种方式供给借款军火及物资,支援单方,助长内战,彻办沈案及其他暴行。二、立即停止征兵征粮,彻底裁军,放弃武力统一政策,在政协民主基础上停止内战,组织民主联合政府,以实现独立自主的外交政策。三、立即实现四项诺言,取消特务组织,党团退出学校,保障人权。① 显然,后两项要求回到了"一二·一"运动和庆祝政协成功时的内容,可此时提出,在现实学生运动中具有超前性。3月8日,"全国学生抗议美军驻华暴行联合总会"在上海成立,议决事项:一、全国签名运动迅谋结果。二、致四外长会议书。三、总会设十三分区(平、津、沪、京、渝、蓉、汉口、广州、开封、西北、西南、杭温、海外)。四、总会所在地主办报纸,名称为"学生联合报"。五、起草总会组织大纲草案,立即寄各分区修正通过。②

全国学生抗暴联合总会的成立,在抗暴运动的组织建设上是一大成就,但在主张和行动上进步不大,甚至还比筹备时期有所后退。总会是在各地抗联会来函对筹备会文件提出意见的情况下,由平津沪杭代表开会宣布成立,尚无可供讨论的组织大纲,更无能够实行的行动主张,仅是一个空壳组织而已。也就是说,抗暴运动全国性组织的建立,并非是经过运动整合的组织升级,只是部分先进分子试图拖着运动跑而搭建,参与筹备及成立的学生代表与学生整体情况存在较大距离,各地学生示威游行中普遍存在的分歧甚至分裂现象远未消弭。因此,借助大规模集体行动的惯性,在短时期内创建全国性组织的目的,主要是以学生团体的名义从事宣传活动,尤其是对外代表学生进行呼吁,试图反过来对国内政治施加影响,这也是为运动得以持续发展而出现的更为便捷的方法。2月6日,平津学生抗联会发出《为发动全国同学签名敦促美国改变对华政策启事》,

---

① 《全国抗联筹备会在沪成立》,《燕京新闻》第13卷第16期,1947年3月10日,第1版。
② 《全国抗联成立》,《燕京新闻》第13卷第17期,1947年3月17日,第4版。

提出要求三项：一、美军立即全部退出中国。二、美国改变对华政策。三、废除中美商约。要求全国学生团结一致，为挽救国家危亡而签名，签名运动由各地各学校单独分别发动，目的是提交 3 月 10 日在莫斯科举行的四国外长会议，引起世界舆论支持。① 致四外长会议书的目的亦同，形式就是起草组织文件，也就更容易落实。至于创办学生刊物，上海学生抗联会曾在报刊上发布广告募捐，效果并不理想。事实上，全国学生抗联总会及分区会的工作，主要是发布各种宣言、声明，从事呼吁与号召，组织动员实际行动的能力有限。

另外，国民党政府对于学生示威游行的应对和美国方面的处置，也是学生运动如何继续发展的重要因素。虽然，国民党当局以为学生行动为"奸伪阴谋"、别有作用的政治野心家所"煽惑"，应加以劝导、阻止，但是，对于"学生游行不便禁止，故仅妥为布置，以期打破奸党阴谋"。②"切勿操切从事，激起更大反感，务以严密防范而不扩大为主要原则。"③ 各地多是在确保游行队伍不与美军正面冲突的情况下，采取不干涉政策，如在学生运动力量较弱的广州，当游行队伍冲破铁丝网进入沙面时，"惟军警让步，未生意外"。④ 各地大规模示威游行均在和平情况下完成，其中也有一些波折，但都有惊无险，学生们的愤怒与不满情绪，得以淋漓尽致地发泄。

在学生游行示威的压力下，沈崇案的司法程序很快启动。1 月 2 日下午，司徒雷登就案件事拜访蒋介石，随后表示："吾人正在公正与民主之审判所许可之范围内尽速进行。"⑤ 同日，担任解决案件联络工作的北平市府外事处长左明彻称，中美双方正密切合作，俟调查证据告一段落后，即按照国际公法及中美两政府所订条约，由美方组织法庭审讯，中国警方

---

① 《平津联发起签名运动》，《燕京新闻》第 13 卷第 12 期，1947 年 2 月 10 日，第 1 版。
② 《何思源致李宗仁代电稿》(1947 年 1 月 7 日)，《北京档案史料》1994 年第 1 期，第 17—18 页。
③ 《内政部警察总署代电北平市警察局关于防止抗暴运动对策》(1947 年 1 月 17 日)，《解放战争时期北平学生运动》，第 89 页。
④ 《广州学生游行抗议美军暴行》，《大公报》(津)1947 年 1 月 8 日，第 3 版。
⑤ 《关于美兵暴行案司徒谒蒋主席商谈》，《大公报》(津)1947 年 1 月 4 日，第 2 版。

亦有代表出席。① 随后，北平市警察局、北平地方法院检察庭、北京大学法律顾问委员会均完成了各自的案件调查，并将报告提交各有关方面。8日，驻平美军当局亦宣布调查工作已完成。10日下午，美军方面宣布，案件将由美国海军法庭审讯，由美国政府起诉，根据美国海军法规定程序进行审判。受害人仅以证人身份被法庭传讯，并无原告之地位，其法律顾问不得在法庭发言，并对旁听人数和记者人数加以限制。② 16日，北平学生团体抗议美军暴行联合会召开紧急会，发表宣言要求公开审判。记者团体也表达了不满。17日晨9时，美方军事法庭在东交民巷美驻平海军陆战队司令部开庭，北平市长何思源、北大校长胡适、市府外事处长左明彻、北平行辕外事处秘书吕宝东、外交部驻平办事处主任张述先、北平地院首席检察官纪元、警察局外事科长孟昭楹等出席。相对于官方的重视，报刊的大量报道，学生对审判的关注热度反有所下降。22日上午10时，对被告皮尔逊（William Pierson）审讯的终结庭开庭，庭长最后宣布被告所犯第一项强奸罪行成立。胡适对记者说："我本月六日即对新闻界表示过：我对美方军事法庭，早有信心！相信他们一定会作公正的判决。现在我的信心证实了。"③似乎已经取得了法律解决的胜利。2月1日，美军法庭又宣布对帮凶普利查德（Warren Pritchard）所控不尽全力将皮尔逊侦察逮捕，使其受应得之惩罚和对良好秩序及军纪之妨碍两罪状均告成立。④当然，抗暴学生团体对美方片面审理之结果表示不满，宣布将继续抗议美军暴行和美军驻华，"直至美军全部撤离中国为止"。⑤

可是，也就是在此刻，在美苏对抗和支持国民党政府政策不变的情况下，美国正在悄然改变其在中国内战中扮演的角色，并重新调整在远东的战略布局。1月7日，美总统特使马歇尔在离华前夕发表声明，宣布由美国居间调停的国共谈判决裂，并将和平的最大障碍归之于"国共两方彼此

---

① 《美兵暴行案调查中》，《大公报》（津）1947年1月3日，第2版。
② 《驻平美军宣布沈案审讯程序》，《世界日报》1947年1月12日，第3版。
③ 《美兵暴行案强奸罪已成立》，《世界日报》1947年1月23日，第3版。
④ 《美兵强奸帮凶犯普利查德两罪成立》，《世界日报》1947年2月2日，第3版。
⑤ 《美军事件审理结果平学生表示不满意》，《益世报》（平）1947年1月26日，第4版。

完全以猜疑相对"。司徒雷登大使作为调解人依然活跃。14日下午,司徒雷登访问中共联络处王炳南,当夜又与蒋介石会谈。15日,又与国民党人士及王炳南会商。16日晨,将国民党提出的重开和谈四原则①转告中共。17日,中共中央负责人发表谈话,斥责所谓"和谈"完全是为"巩固已占地方,补充军队,重新进攻"的欺骗,重申取消伪宪及恢复去年一月十三日军事位置为"必需实现的两个条件"。② 司徒雷登观察到了国共两方在政治、军事上的对抗态势已经发生变化,导致对"和谈"采取了不同对策,并以为美国对华政策应有进一步发展。③ 29日下午六时,美驻华大使馆发表书面声明称,美国政府决定终止与军事三人小组及军事调处执行部之关联,执行部所属美方人员将尽速撤退。此举并使驻华北美军海军陆战队的撤退速度和规模加大。④ 在这种情况下,继续推动抗暴运动,多少有些失去了着力点。

另一方面,美国远东战略重心向日本倾斜的迹象越来越明显,已经引起学术界、舆论界、工商界的警惕,以及"引起中国人民的焦虑"⑤。除了对麦克阿瑟(Douglas MacArthur)主张削减日本赔偿数额不满之外,更令人担忧的是日本工业的快速恢复和对远东市场的重新占领。日本的军事工业在民用旗号下被部分保留,其纺织业得以保全,使中国工商业感受"莫大打击"⑥。日本捕鱼区的扩大,对华香烟及干菌、鱼翅、石决明、紫菜

---

① 所谓四原则即恢复和平方案四条:一、政府愿意派员赴延安,或请中共派员来京,继续进行商谈,或举行圆桌会议,邀请各党派及社会贤达参加。二、政府与中共双方立即下令,就现地停战,并协商停战之有效办法。三、整编军队及恢复交通。政府仍愿根据三人会议过去协商之原则,继续商谈军队驻地、整编程序以及恢复交通之实施办法。四、在宪法实施以前,对于有争执区域之地方政权,政府愿意与中共商定公平合理之解决办法。《政府发表时局宣言再度呼吁恢复和谈》,《大公报》(津)1947年1月21日,第2版。
② 《中共中央负责人发表谈话揭穿蒋方"和谈"欺骗性》,《解放日报》1947年1月17日,第1版。
③ 《司徒致国务卿》(南京,1947年1月23日),肯尼斯·雷(Kenneth W. Rea)、约翰·布鲁尔(John C. Brewer)编:《被遗忘的大使:司徒雷登驻华报告,1946—1949》,尤存、牛军译,南京:江苏人民出版社,1990年版,第52页。
④ 《美国放弃调处工作》,《大公报》(津)1947年1月30日,第2版。
⑤ 《日本势力死灰复燃已造成对我新威胁》,《益世报》(平)1947年1月26日,第1版。
⑥ 《日本得保全纺织业》,《大公报》(津)1947年4月20日,第3版。

等大宗食品的输出,①对中国相关生产者、经营者都不是好消息。因此,为免于重遭站起来的日本之千百倍之凌虐,"我们应该站起来,要在日本站起来之前站起来"。② 为应对"战败的日本骎骎复起"③,学生本应理性的在美苏之间寻求平衡,可实际操作却毫无可能。

再加上期考、寒假致使学生注意力分散等因素,在一波激动人心的示威游行之后,虽然美军暴行仍然时有发生,其中不乏性质极为恶劣者④,学生抗暴活动亦有血案发生⑤,但是,除去声明抗议、发电慰问和部分募捐活动等局部行动之外,并没有再次出现大规模的集体抗议行动,更无连锁性的普遍响应,学生集体行动又暂时回归校园。

于是,校园内的学生群体抗争,也就回归旧有内容,但在形式、规模、要求、目标等方面,也有一些新的发展。

在校园内,最能引起学生共鸣的仍是经济生活状况,公费、伙食、取暖等问题依旧存在。1947年新年伊始,北京大学、清华大学等校因开课较晚计划取消寒假,燕京大学却因经费困难,煤荒严重,校方不得已将寒假延长至一月,有家可归者不得留校,留校学生集中住宿。⑥ 不过,国立大学用煤也随供应恶化而短缺。2月初,清华因无法买到煤炭而减少暖气;2月13日,北大临时决定,教室、办公室炉火完全停止。北平其他院校情

---

① 《日将向远东各国输出大量生产品》,《经世日报》1947年1月21日,第4版。
② 《日本果将"站起来"吗》,《益世报》(平)1947年3月22日,第1版。
③ 社评:《再从学生的抗议示威说起》,《大公报》(渝)1947年1月8日,第2版。
④ 3月17日上午11时许,在北平西郊飞机场铁丝网外南坞村发生美兵枪杀正在玩耍的14岁小学生王凤喜事件,为美宪兵在值勤中任意开枪所致。事后,北平市政府照会美方,提出惩凶、赔偿、道歉、保证以后不再发生此类事件等四项条件。其他如交通肇事暴行,常见于报端。
⑤ 最严重的是重庆的"二五""二八"惨案。由于重庆军政当局对学生抗暴组织及罢课、游行明令取缔、禁止,2月5日上午11时许,抗暴学联会南岸宣传队在江北公园进行抗暴宣传时,遭不明身份的军人的殴打,并捣毁宣传道具、撕毁标语、搜去捐款、夺去私人财物。2月8日上午10时,抗联宣传总队和南岸区宣传队出发赴江北工作,途经中华路口时,遭预伏的特务包围毒打。惨案发生后,重庆市学生抗议美军暴行联合会发表多种声明及告同胞书、告同学书、告师长书、抗议书、控诉书,要求全国声援,重庆大学等校举行了罢课。
⑥ 《燕大用煤缺乏将放一月寒假》《燕大无煤延长寒假一月》,《大公报》(津)1947年1月3日、19日,第3版。

况亦同。① 在伙食问题上,新年时曾宣称可告一段落,感叹"大学生总算也分得两顿馒头吃了"②。可南开的情况不容乐观,新学期学生膳团又酝酿分开,除地域饮食习惯外,贫富分化愈加突出。③ 朝阳更是看不到一点朝气,"在吃窝窝头中混过日子的大有人在"。④ 教育部原拟自1947年8月教育年度始改行奖学金制,但在内战环境下,行政院被迫批准延长公费至1947年底。除公费分配问题依然尖锐外,发放的延迟、拖欠现象越来越严重,要求增加公费、提高待遇的呼声也越来越升高,尤其是师范生利用教育部发起"师范教育运动周"(3月29日至4月4日),要求合理调整师范生待遇。经济问题琐细分散,虽不至于即刻形成大规模群体事件,但却十分影响士气及情绪,也很容易转变为政治问题。

最能激起学生愤怒的则是匿名恶意攻击、撕毁壁报及校园暴力行为。1月5日,正当市府会同美方调查美军强奸暴行时,北大校园墙上出现了攻击沈崇的传单。很快,因特务打入校园撕毁壁报及向达教授受辱事,学生将一腔怨气指向自事件发生后处事不公正、不负责之训导长陈雪屏,由剪报加注释的指责,进而到大标语、大布告要求让贤,终究发展为贴出《向陈雪屏训导长贡献一点意见》并有345名同学签名的正式倒陈。⑤ 校方则贴出布告,禁止不负责任之壁报:

> 近来校内时有学生张贴对于时局、学校及个人有所表示或有所希望之壁报,言论自由,为本校一贯之主张,唯对自己之言论,必须具名负责,始为言论自由之正轨,至对他人指名攻讦,而自匿其名不敢负责,尤为无勇,亦非表示言论自由之道。⑥

---

① 《北大煤尽今日停火》,《世界日报》1947年2月13日,第3版。
② 思羊:《大学生活之一:吃》,《益世报》(平)1947年1月7日,第3版。
③ 《南大点滴:学生饭团贫富分家》,《大公报》(津)1947年2月10日,第5版。
④ 《不想求发展只知吃窝头》,《益世报》(平)1947年3月9日,第2版。
⑤ 《北大倒陈事件真相》,《世界日报》1947年1月15日,第3版。多数报道签名人数为400余人,由于名单未向校方提供,也就没有统一的统计。本文使用一个实数,意在强调有如此多的学生愿意签名支持,完全可能代表相当数量学生的意愿,多数学生赞同发表意见及校方处理有问题,但主张对事不对人。
⑥ 《北大严厉禁止指名攻讦他人之壁报》,《益世报》(平)1947年1月14日,第4版。

校方规定壁报须向训导处登记,否则即派人撕去,并予查究。两事在学生中均有不同看法,也有激烈的指责或抗议,分化仍在扩大,而且,卷入政治斗争且对立的校园文化,在行为上根本不可能有如校方规定的那般高尚。壁报上的谩骂、攻击及撕毁事件仍在继续。中法大学河北同学会主办之《北风壁报》,因登载一条《本校牛死》消息,引起医学院某同学不满而撕掉。① 北大先修班文拓壁报复刊《仙人掌》贴出不久,便被人以文内有攻击私人之处撕毁,并连续撕毁文拓社启事及重新誊写之壁报,引发各壁报及同学158人签名声援,要求校方严惩撕手。② 燕京火流社为抗议学生自治会限制同学言论自由,出壁报攻击,因张贴不合学生辅委会指定遭校方撕下,而学生自治会所张贴布告,也不时遭人撕毁。③ 清华因壁报被撕,引起《台风》《文摘》《活力》《前进》《真理》《辩》等文章性质不同壁报之间的一场论战。④ 北大壁报自3月间《黄河》《奔流》首被撕毁,20多天内被撕毁壁报达20余起。⑤ 更有甚者,一起普通的校园学生斗殴,也掺杂进政治斗争的内容。1月20日,北大图书馆内因说话声干扰引起两学生斗殴,当其他同学围拢过来时,先动手打人同学便指被打者为特务。被打者向训导处报告请秉公处理,打人同学则贴出《告全校师长书》,提出四项请求,其中包括训导长陈雪屏"蓄意对外发表荒谬言论,诋毁本人名誉",请陈引咎辞职。有壁报要求学校秉公处理,如打人同学有神经病应即令其休学修养。⑥ 无论此事多么离奇,"打风"依旧盛行,且被严重政治化的状况可见一斑。

当然,最令师生痛恨及担忧的是当局的秘密逮捕等迫害行为。2月6

---

① 《一则"牛死"遭人不满,撕下"北风"警告编辑》,《益世报》(平)1947年1月26日,第4版。
② 《壁报被撕毁同学提抗议》,《益世报》(平)1947年4月19日,第2版;《北大先修班壁报被撕,九壁报团体联合抗议》,《清华周刊》复刊第9期,总第685期,1947年4月21日,第1版。校方给予撕毁壁报学生孙兆金记过处分,同时指出壁联要求校方严惩之呈文中称"撕手"为"凶手",亦非对待同学之道。《秘书处致壁报联合会函》(1947年4月30日),《北京大学史料》第4卷,第899页。
③ 《燕大壁报不合法,当局下令撕下来》,《益世报》(平)1947年4月24日,第2版。
④ 《清华壁报又被撕》,《燕京新闻》第13卷第21期,1947年4月14日,第1版。
⑤ 《北大一月内被撕壁报廿种》,《燕京新闻》第13卷第22期,1947年4月21日,第1版。
⑥ 《北大重视图书馆凶殴案》,《世界日报》1947年1月31日,第3版。

日凌晨2时,北大西斋宿舍两男生遇"鬼","鬼"讯传出后,同学纷纷往西斋打探,有幻觉说、恶作剧说、曾有女生自杀等数种推测,使一些同学夜晚不敢独自外出及在宿舍独处。① 7日,北大操场又发现题为《揭发大阴谋》的匿名怪布告,内称:某有关机关召开秘密会议,决议大规模逮捕北大学生。校中空气更趋紧张,各社团、院系会、级会均召开紧急会议商讨对策,请求学校当局对于学生身体自由应有确切保障。校方竭力安抚学生,胡适校长保障没有事情,希望同学安心,准备考试。为防意外,北大宿舍门口安装了姓名牌,外出离校者须将牌翻过。② 清华、燕京等校亦有此类布告出现,称将有逮捕抗暴运动领导人物之举,引起学生不安。③

也就是在10天之后,神鬼灵异和迫害谣传似乎便得到了验证。2月18日零时起,北平动员警备司令部、宪兵团、警局、市党部及有关机关8000余人,举行全市户口大检查,至清晨6时始毕,捕去1687人,连前数日所捕在内者达2000余人,其中有不少知名人士,亦有学生数名。警察局长汤永咸仍未尽满意,表示将随时继续举行。④ 22日,朱自清、向达、吴之椿、金岳霖、俞平伯、徐炳昶、陈达、陈寅恪、许德珩、张奚若、汤用彤、杨人楩、钱端升等13教授发表联名抗议宣言,斥责当局"以清查户口之名,发动空前捕人事件,使经济上已处水深火热之市民,更增恐惧"。要求将无辜被捕者从速释放,确有犯罪嫌疑者从速移送法院,并保证不再有此侵犯人权之举。⑤ 3月1日,北大、清华、师院、燕大、中法五校教授200余人为响应13教授发表联名宣言,以为当局的大规模搜查逮捕,违反了蒋介石1946年正月的四项诺言,破坏了政府多年来再三申明保障人权的法令,以及最近颁布之宪法。⑥ 教授在保障人权方面走在前面,学生行动自然跟上。2月26日晚,为历史系二年级同学王宪铨17日在城内失踪并

---

① 《北大宿舍鬼讯训导处将调查》,《世界日报》1947年2月8日,第3版。
② 《怪布告惹起惊扰》,《世界日报》1947年2月9日,第3版。
③ 《平各大学不安》,《大公报》(津)1947年2月8日,第3版。
④ 《北平昨举行全市大检查》,《大公报》(津)1947年2月19日,第3版。
⑤ 《平十三教授宣言请求保障人权》,《大公报》(津)1947年2月24日,第2版。
⑥ 《北平教授二百余人响应十三教授宣言》,《益世报》(平)1947年3月2日,第2版。

已证实被捕事,清华大学学生自治会以征得三分之二以上同学(1236人)同意宣布罢考,提出两项要求:一、立即释放王宪铨,释放后48小时内复考。二、请本市军政当局确实保证同学安全及人民身体自由。呼吁本市及全国各校同学共同采取有效行动。同日晚,为响应13教授宣言及与清华采一致行动,北大文学院院会、理学院院会、大一同学干事会举行联席会议,以同学响应签名已过半数(919人),决定自27日罢考二日,并将发表人权宣言。① 北大图书馆墙上高揭一联:

> 你想来安心用功应试,莫忘正义良心,起来支持罢考;
> 他正在进行阴谋捕杀,请记渝沪血案,大家团结图存。②

对联既是对当局整顿学风的一种回应,又是对因害怕考试而罢考的指责的自辩,也在极力强调学生运动中的团结和相互声援。27日中午,北平各校在北大举行联合会议,提出四项要求:一、要求释放所有非法逮捕之市民。二、要求公布黑名单及逮捕原因。三、保证以后不再发生类似事件。四、承认学校为合法保证人。并决定次日各校代表将乘坐贴满标语之卡车向各机关请愿。28日,北大、清华、北洋、中法、燕京五校学生代表30人赴北平行辕、市政府请愿,要求保障今后学生安全。

因王宪铨的被释放及各校教授会的介入,3月1日北大、中法复考,清华则定3日复考。虽未能形成连续性抗争及声势浩大的声援浪潮,但却获得了新的斗争口号和内容,即以保障人权为核心,根据时局发展及学生切身感受发起抗争行动,并以校园为主要活动场所。不过,罢考事件还是存在令人疑惑之处。据报载,在学生发起罢考之前,26日晨王宪铨已由清华教务长吴泽霖保释回家休养。是消息不通所造成,还是当局得知学生将有罢课举动而预先行动,或是学生确定罢课后当局的伪造? 具体情况不得而知,但却提供了与沈崇事件类似的视角:罢考行动中的大多数

---

① 《清华北大总罢考》,《世界日报》1947年2月27日,第3版;《北大清华学生将罢考二日》,《大公报》(津)1947年2月27日,第3版。
② 《北大清华学生罢考》,《大公报》(津)1947年2月28日,第3版。

学生,对于王宪铨其人及家庭背景①并无特殊关注,在短时间内也根本无法对其被捕及释放的复杂且隐秘的原由进行准确判断,之所以签名参与行动,乃是在抗暴示威游行的亢奋之后,对近两个月来时局动荡的种种不满的一次情绪迸发。②

当局的高压及迫害,无异于火上浇油的挑衅,使得处在考试期中的学生更为焦虑,"不仅动荡不安,而且烦恼不耐"。③ 在经历了成功的集体反抗行动之后,新的忧虑及恐惧感反而更容易转化成为愤怒的情绪,有助于提升集体行动的意愿和规模,使得分散的力量得以汇集、团结起来。

五、贞操观、民族主义及情绪

在一波声势浩大、激动人心的全国性抗议美军暴行的示威游行之后,学生的街头集体行动骤然停了下来,除了小规模分散的宣传活动,学生又回到了校园,回到了学生的一般政治参与方式,此乃学生运动的常态,即学生具有唤醒的强大冲击作用,但却不是一支稳定的政治力量,更不可能保持高度亢奋的情绪。

---

① 王宪铨系清华大学哲学系代主任王宪钧教授之弟,清末金石学家王懿荣(谥文敏)之后。王宪铨为"北系"中共地下党员,据回忆,在王被捕后地下党及时发动了抗议和营救斗争,通过学生自治会出面交涉,并争取校方支持和社会同情,迫使敌人释放。原清华大学地下党部分党员:《在敌占城市开辟"小解放区"——解放战争时期清华大学地下党的斗争》,《北平地下党斗争史料》,第343、395页。当时中央社讯称,王宪铨是户口检查时发现有关捣乱治安文件被警察局逮捕,经审讯指认为共产党员,深表后悔,保证今后回校努力读书,以研究学问为主。治安当局以该生年幼无知,遂从宽处理,由其兄具保后于26日午前十二时开释。《清华学生王宪铨已开释》,《益世报》(平)1947年2月28日,第2版。从此后的历史发展情况看,事件并未影响王宪铨的政治前途,王仍在清华进步文艺社团"新诗社""骆驼剧社"中活动,北平解放后,曾在中共北京市委出版处担任领导工作,1956年北京出版社成立时任社长,1985年北京市出版工作者协会成立时当选主席,曾任第九届北京市人大代表。如果中央社是在制造新闻,以证明逮捕有据而释放大度,显然多此一举,只能招致厌恶和愤怒。

② 北大校方事后布告,指责"一部分不参加考试之学生"以事先将课室中座号撕去、麇集课室之外大声呼喊、击碎玻璃等阻挠同学之考试。《国立北京大学布告》(1947年3月10日),《北京大学史料》第4卷,第458页。

③ 短评:《清华北大罢考》,《大公报》(津)1947年2月28日,第3版。

可是,对于政治运动,巨大的起伏波动显然不是追求的目标,甚至是应当极力避免的,在历史解释上则多处理成为由数个事件构成的几个阶段的渐进发展过程。于是,抗议美军暴行运动下一步如何发展的问题便提了出来,这也是所有政治运动面临的一个共通问题。从表面上看,美军的各种暴行在运动爆发后依然存在,声援运动中亦有重庆、上海发生流血事件,但都没有引发新的街头抗议,学生对台湾"二二八"事件的反应甚至有些淡漠。抗暴运动为何得以发生?问题似乎又回到了沈崇事件,自然突显了性别与身份问题。

以色诱制造事端并煽惑起大规模的学生抗暴运动,自事件发生始,便是国民党攻击共产党的一种说辞,但除了习惯使用的政治想象之外,即使面对共产党的反抗议,也拿不出有说服力的证据。① 在历史书写高度政治意识形态化的年代,台湾相关论著依旧坚持此种观点的叙述,依据者或是道听途说的故事,或是逻辑混乱的回忆。② 另类色诱说则是指受害人出于金钱利益而主动引诱,主要依据施暴者的供词、医学检查报告和美军法庭上多少带有恶意的诘问及推论,这些内容大多在当时就已见诸报端,因只是一面之词,并未引起多少关注,毕竟,美军法庭也曾宣布被告及帮凶罪名成立。因此,重新翻出美方档案,并没有对事件事实的考辨有所推进,各种质疑无非旨在强调学生抗暴行动的人为制造因素,试图将学生集体行动简单化为政党的政治谋略。

显然,抽掉学生的学生运动解释难以成立,还是需要更为合理的解释因素,重视妇女贞操及面子的民族文化特征便是其一。贞操通常指女性的清洁不污,特别是处女的纯洁,而女性失贞操,则使男性丢面子。以男

---

① 1月7日,军调部中共方面就北平市政府抗议中共人员指挥学生游行递送备忘录加以否认,并请何市长提出证据。何氏称系得自学生方面。《中共的反抗议》,《大公报》(津)1947年1月8日,第3版。

② 例如王健民的《中国共产党史稿》第3编(香港:中文图书供应社,1975年版,第568、570页)和闵夔的《抗战期间中共青运工作之实质(一九三七——一九四九)》(台北:政治大学东亚研究所硕士论文,1977年,第124页)中的叙述。转引自左双文:《1946年沈崇事件:南京政府的对策》,《近代史研究》2005年第1期,第78页;孙琪:《个人叙事与历史真实——以"沈崇事件"的叙事争议为中心》,《江苏社会科学》2012年第6期,第217页。

性为主的学生群体举行抗暴运动,果真是"冲冠一怒为红颜"吗?从抗暴运动初期学生文件的文本分析,学生主要使用历史论证发起运动的合理性和必要性,即沈崇事件"不过是千百件美军暴行中之一个","善良的中国人民已被欺压得够了,我们再也不能忍受下去,我们要反抗"。① 公开强调中国人对女性贞操之重视,则出自北京大学教授联名致司徒雷登电和校长胡适返平后对记者谈话,前者酝酿于学生游行前夕,后者则在游行刚刚结束之后,都是主要说给美国人听的,试图将抗暴行动个案化,一面尽力与"美军立即退出中国"的要求脱钩,一面敦促美方迅速、公平解决。学生强调中国"道德规律"②,其对象也主要指向官方,并可能包容更多的学生参与抗暴运动。

因此,对于抗暴运动发生的文化特性解释,更像是一种试图淡化运动政治倾向的转移策略,在解释上便存在许多漏洞,甚至往往出现自相矛盾的现象。胡适谈话发表之后,报刊上便出现多种斥责之声,以为就强奸暴行谈论贞操问题极不恰当,对东西方文化均有曲解。③ 仅就贞操观而言,在抗暴运动同时期的讨论者有两种倾向:一是在打倒旧礼教的贞操观念时,有必要提倡"合于新道德的合理的贞操观念"④;一是借翻译使用西方学者的观点,强调贞操并非陈腐而过时的观念,"是合乎人类正常的本性的"。⑤ 其实,早在新文化运动时期,胡适就曾讨论过贞操问题,主张对"贞操"不能一味盲从,应研究有何意义;贞操是男女相待的一种态度,是双方交互的道德;绝对反对褒扬贞操的法律。⑥ 可见,胡适就抗暴运动的

---

① 《国立北京大学全体同学抗议美军暴行大会告全国同学书》,《抗议美军驻华暴行运动资料汇编》,第134—135页。
② 《国立北京大学全体同学抗议美军暴行大会致蒋介石书》,《抗议美军驻华暴行运动资料汇编》,第141页。
③ 耻:《贞操观》,《民主半月刊》(平)1947年第1期,第12页。
④ 秦尊华:《文明人与贞操》,《青年导报》第2卷第2期,1947年1月15日,第5页。
⑤ 《究竟还要不要讲贞操?》(紫鸢译自 Family Relations Institute),《妇女月刊》第5卷第5期,1947年2月,第15页。
⑥ 胡适:《贞操问题》,《新青年》第5卷第1号,1918年7月15日,第13—14页。胡适谈话后,即有学生致信以其曾经的贞操主张进行批驳。《辅仁大学学生王迈致胡适信》,《北京档案史料》1994年第2期,第34页。

谈话，简单地为"贞操"带上了一顶民族性的大帽子，全然没有考虑中国现实社会的变化，用以解释学生群体行为就更是牵强。①

事实上，学生从事抗暴运动的动员武器，主要来自近代西方文化，而非中国传统文化，其中也包含着对近代西方文化的批判。性奴役与殖民主义的相关性，从近代"殖民地"出现就被或明或暗联系在一起，成为近代西方文化的重要组成部分，又以种族优越论来区别进步与落后，作为攫取特权的依据。于是，反抗者需要与两种殖民主义作战，即性别歧视的殖民主义和民族斗争中的殖民主义。② 当然，反殖民主义斗争所使用的武器，也主要是近代西方文化传播的结果，抗暴运动中，学生普遍使用的国家主权、独立、领土完整及人权、自由、平等诸多概念，与传统贞操观毫无关系，只是在借用民族认同概念从事反殖民主义斗争时，往往会渗入一些传统文化的概念内容和表现形式。

是故，性奴役或性占有，具有重要的权力象征意义和强烈的政治象征性，"在强奸中体现出来的侵犯、仇视、鄙视、以及破坏或侮辱人格等情绪是性的政治最精炼的形式"。③ 学生们所一再强调的遭受侮辱，主要指国家主权、民族尊严遭受了凌辱，这在抗战胜利后愈加不可忍受，而美军的强奸暴行，正好唤起了近代以来遭占领被征服的愤怒情绪。在学生的述说中间，发生于文化古都的强奸，公然在公共场所实施的强奸，针对大学女生的强奸，都具有强烈的象征意义，不仅玷污了无辜女性的洁白，而且是赤裸裸的对国家、民族的侮辱。十分明显，在抗暴运动中，学生更偏向于事件的政治象征性，将抗议美军暴行与撤退驻华美军联系在一起，并在司法审判程序开始之前，就基本已完成了全国性的大规模游行示威。至

---

① 在抗议美军暴行运动中，许多城市、院校都是女生及女性团体率先发动，参与也更为积极，动机均是抗议暴行和声援受害者。此种现象既有研究中已有关注。Robert Shaffer, "A Rape in Beijing, December 1946: GIs, Nationalist Protests, and U.S. Foreign Policy", *Pacific Historical Review*, vol. 69 no. 1 (Feb. 2000), pp.41—42.

② 梅里·E.威斯纳-汉克斯(Merry E. Wiesner-Hanks):《历史中的性别》，何开松译，北京：东方出版社，2003年版，第210页。

③ 凯特·米利特(Kate Millett):《性的政治》，钟良明译，北京：社会科学文献出版社，1999年版，第67页。

于学生为何仅仅关注沈崇事件的指责或质疑，除开学生群体对现实社会问题的敏感和使命，以及集体动员和行动的特点，妇女、处女、大学女生、北京大学女生、名门之后女性等一连串的身份符号升级，并不能说明学生更在乎"面子"或"等级"，只是更加重了被压迫、受屈辱的不良感受。

当然，沈崇事件的事实依然重要，乃是各种象征意义的基础。事件发生后，学生的抗议行为很快将事件性质政治化，可也赞同法律解决，通过司法审判实现惩凶、赔偿之要求，还受害者公道，但强调组织中美联合法庭公开审判。学生对于法律解决的公正性并无争议，始终强调必须有中国方面参加法庭，也并非对中国法律及司法系统的公正性更有信心，而是不愿看到"治外法权"依旧存在。可是，此种要求并无实现之可能，北平市政府在致各大学函中称，审判将依中美1943年6月9日协定①，而该协定签订前双方换文同意：于此次对共同敌人作战存续期内，凡美国海陆军人员，如或在中国触犯刑事罪款，应由该军军事法庭及军事当局单独裁判。② 要害就在于驻华美军是否已经完成对日作战任务，是否还有必要继续留在中国。

再者，尽管官方、胡适等上层知识精英及受害人亲属，都曾表示对美国法律及司法程序的信任，但其中也含有对双重标准的忧虑，即美国内黑人污辱白人所受惩罚的情况。③ 沈崇父亦要求由中国"法院审判一部"。④ 学生文告则有更激烈的表述："美国人民，请你们想一想，如果一个美国妇女被黑人强奸了，你们会怎样？你们会活活烧死他。你们怕不怕中国人民烧死那个美国兵呢？"⑤内容叙述并不准确，比喻也欠恰当，却正是西方

---

① 《北平市政府致北京大学函》(1946年12月29日)，《解放战争时期北平学生运动》，第79页。
② 《关于处理在华美军人员刑事案件换文》(1943年5月21日，重庆)，王铁崖编：《中外旧约章汇编》第三册，北京：三联书店，1962年版，第1273页。
③ 《沈女士访问记》，《燕京新闻》第13卷第8期，1947年1月6日，第4版。
④ 《何思源致国民政府、行政院等电稿》(1947年1月14日)，《北京档案史料》1994年第1期，第18页。
⑤ 《国立北京大学全体同学抗议美军暴行大会致美国学生美国人民书》，《抗议美军驻华暴行运动资料汇编》，第139页。

文化传播中常见的扭曲现象,也暴露出美国社会存在严重种族歧视的现实,私刑的使用,则是法律双重标准及缺乏有效性的明证,反抗者的愤怒甚至效仿,也就具备了一定的合理性,至少也是对西方近代文化中虚伪性的批判。

具有讽刺意味的是,沈崇案的司法审判最终结果,又恰恰证明了美国法律的双重标准之虚伪。6月20日,北平数家报纸都刊载了美联社17日电讯,美海军陆战队司令致函皮尔逊家属称:"海军法务长官复审皮尔逊案,兹已竣事,认为强奸案难以成立。据此,一切诉讼判决及宣告,均应搁置,且备海军部长所议,皮尔逊准予释放,恢复伍长地位。"①消息无异给了主张事件乃刑事个案应法律解决者一记耳光。当日,中国外交部向美驻华使馆进行交涉。胡适急电司徒雷登,以为此消息"足以激起一场反美的大动乱"②。在对《英文时事日报》记者表示失望后仍称:"在审判之前,及审判期中,我一再申述,我对美国法律尊严的信任,现在我仍然如此。"③希望美海军部长不会批准无罪裁决。

学生们的反应,主要是以华北学生联合会的公开宣言、函电和校园内社团的标语、布告、壁报等文字抗议及求告,并无所谓反美的大动乱,学生运动的主题及注意力已经转移。不过,期盼中的公正也没有到来,反挨了当头一闷棍。8月13日,北平各报刊载了美联社12日电讯,美海军部发表声明,海军部长已撤销对皮尔逊之判决。在一片诧异声中,左明彻又将结果归之于文化差异,"该事件因双方国情特殊,且相隔遥远,美国内人士对事件之情形未能目睹,照法律而言,可能无罪"④,并责怪受害者不善保存证据。作为官员发言,已近无耻。胡适也只能无奈地重复,"此乃一件极不幸之事件"。⑤ 在随即到来的"八一五"胜利纪念日,有报道在一个标题下以三段文字描述北平的情境:

---

① 《东单案主犯皮尔逊将无罪被释》,《经世日报》1947年6月20日,第4版。
② 《胡适致司徒雷登电稿》(1947年6月20日),《北京档案史料》1994年第2期,第36页。
③ 《胡适发表谈话》,《经世日报》1947年6月22日,第4版。
④ 《皮尔逊撤销原判后我已向美要求解释》,《经世日报》1947年8月14日,第1版。
⑤ 《皮尔逊强奸案推翻,北平学生深表愤慨》,《大公报》(津)1947年8月14日,第3版。

八一五胜利两周年，北平毫无动静，人们在回味两年来由甘而苦的变化，久在战争中的人，简直以为这就是平时了。

　　三美军强奸日妇被判无期徒刑之消息于日本投降两周年纪念日揭诸报端，对于中国青年，为一大刺激。

　　民主墙仍然贴得花花绿绿，在"美兵强奸沈崇无罪"的新闻旁，大字写出警句："中国为什么不强？"有些壁报的文字非常沉痛。中国与日本的强奸案恰好成一尖锐的对照。①

胜利者遭受侮辱，昔日同盟成今日压迫者，这些最糟糕的并具有强烈反差的感受，在胜利日更显沉重。事实上，驻日美军对日本女性的强奸暴行，也得不到公正的处理。因此，美军强奸暴行引发要求美军撤退的大规模政治抗议，在日本、在韩国等地均有发生，沈崇事件绝非被制造出来的个案。②

　　爱国主义的民族主义，是近代学生运动发起、持续的最常见也是最有效的工具。可是，在战后中国，民族主义话语渗透进了强烈的政治意识形态色彩，即美国与苏联两大不同社会性质的国家集团的对立日益尖锐，在国内则是国共内战的愈加激化。战后学生运动的走向，由反苏游行发展到抗议美军暴行，其中复杂多变的国际关系和国内政治局势，一般学生很难独立进行准确判断。更为严重的是，由于学生群体缺乏稳定、坚强的力量支撑，当对国内局势判断不清又需要极力表示独立性或中立时，犹如弱国更需要外交，反而更加要求获得外部力量的支持，以便平衡国内各派力量，并保证中国的国家地位。可以想见，在此种情况下，民族主义工具的运用将极为复杂，甚至不可能维持平衡，还有可能伤及自身。

　　在学生运动的间歇及转移时期，国民党当局则在组织、宣传和行动上咄咄逼人，极力争夺、控制和利用青年。自 1 月 15 日起，三民主义青年团全国团员总甄核分区分别进行。2 月 21 日，三青团中央常务干事兼第三

---

　① 《胜利两周年纪念北平昨黯然度过》，《大公报》（津）1947 年 8 月 16 日，第 3 版。
　② Robert Shaffer 的研究，注意到了沈崇事件与 1995—1996 年发生在日本冲绳的事件的相似性。"A Rape in Beijing, December 1946: GIs, Nationalist Protests, and U. S. Foreign Policy", *Pacific Historical Review*, vol. 69 no. 1 (Feb. 2000), p. 31.

处(宣传)处长李俊龙到北平,负责督导平津冀区团员总甄核。在北平期间,李俊龙在教育界、文化界、新闻界的活动频繁,且马不停蹄地在青年军军营及各中学、大学演讲,声称要完成对十万青年大讲话,以为"目前之北方,实为黎明前短期间之黑暗,光明即将到来",活动环境较抗战时期已有改变,"应绝对公开和民主,态度须光明磊落,如有被人怀疑之特务作风,更不允许存在"。要求先从干部甄核着手,以发扬忠于革命,忠于三民主义的优秀团员,实现"新陈代谢"。① 为整饬校政,防范破坏性文字,中国学院当局贴出布告,取缔所谓不健全之壁报。② 3月9日,为加强团员间的认识与联系,由中大、辅大二校三青团分团发起的北平支团所属各大学分团团员联谊会正式成立。③ 10日,中大部分学生借口上海有签名要求"四外长会议对中国内政加以干涉"事,成立青年救国会,征集签名,张贴标语,发表反对"要求外人共管中国"之宣言。④ 可算是找到了一个行动的机会。

四国外长会议议程为对德管制及对德和约等欧洲问题。会议前夕,中国舆论大多已对列强合作维持和平感觉失望,且均预感到中国问题可能在会间被提出,虽强调根治中国问题"须由内科做起"⑤,又希望列强外交折衷成功,"要切实履行胜利前夕的宣言"⑥。3月10日,四国外长会议开幕,苏联外长莫洛托夫建议将中国问题列入议程,讨论1945年12月美英苏三国外长会议关于中国协议履行情形,该协议认为:中国有在国民政府指导下实现统一与民主化的必要性,有由民主分子广泛参加中国民主政府一切机构及停止内战的必要性。确认遵守不干涉中国国内事务的政策,美苏驻华军队在履行其任务与责任之后尽可能早日撤退。⑦ 美国舆

---

① 《总甄核与青年运动》,《华北日报》1947年2月23日,第3版。
② 《中院整饬校风禁止张贴壁报》,《经世日报》1947年3月8日,第2版。
③ 《加强团员联系大学筹组联谊会》,《经世日报》1947年3月10日,第2版。
④ 《中大青年救国会昨召开成立大会》,《经世日报》1947年3月11日,第2版。
⑤ 社评:《莫斯科四外长会议开幕》,《大公报》(津)1947年3月10日,第2版。
⑥ 萧岚:《写在四国外长会议之前》,《益世报》(沪)1947年2月24日,第3版。
⑦ 《莫洛托夫在外长会上建议》,《解放日报》1947年3月11日,第1版。官方背景报纸对莫洛托夫建议内容躲闪回避,其他报纸报道亦不够详尽准确。

论一般以为,苏联建议只是回应美国强硬的欧洲政策及调处国共谈判失败的讨价还价的策略。

可是,莫洛托夫的建议,却在中国引起轩然大波。国民党当局对中国被排除在处理战后事务之外始终耿耿于怀,以为"外长会议纵或谈到中国,对于中国亦自无丝毫影响可言"①。3月11日,外交部长王世杰发表声明,反对以任何方式将中国内政问题列于外长会议之议程。12日,周恩来在延安发表声明,强调造成中国现况的主因之一,乃是美国政府的政策,不仅干涉中国内政,更援蒋内战,并要求与国民党政府有同等参加讨论权利。国民党当局的态度,只不过是要在国家主权的口号之下,即以民族主义为动员工具,否定战后全部国际保证和国内协商的结果。然而,也就是在12日,美国总统杜鲁门在国会参众两院联席会议发表演说,宣布美国将援助希腊、土耳其,支持所谓自由国家抵御"极权政体"。演说观点被称为"杜鲁门主义",标志着美国外交政策的转变及冷战的开端,也是对不得干涉内政的战后国际关系准则的公然破坏,但也给了祈求美国援助者一丝幻想。

在异常复杂且瞬息万变的情况下,由官方主导的抗议活动登场了。3月11日,北平市临时参议会等21团体发表声明,充当官方声明之民意。随后定14日上午9时在太和殿举行反对国际干涉游行大会。在学生方面,各校亦出刊壁报,张贴标语,并联合组织"北平学生护权救国筹备委员会",发表宣言文告,均为部分学生及特定组织所为,报道上则以代表全体相标榜。② 13日下午6时半,有200余人在北大红楼第四教室举行北京大学各院系代表大会,定名为"北大学生爱国护权运动大会",决议参加14日游行示威,并组织北平大中小学经常爱国运动大会。③ 14日上午10时,北平各界反对国际干涉中国内政游行示威大会在太和殿举行,各大中学校、妇女团体、各公会、工会、商会等参加者达10万人,大会主席声称:本市市民决为政府后盾,反对国际干涉我国内政,并游行以示抗议。游行

---

① 社论:《中国与外长会议》,《中央日报》1947年3月1日,第2版。
② 《北平学生群情激扬反对国际干涉》,《华北日报》1947年3月14日,第5版。
③ 《北大同学集会响应爱国护权运动》,《华北日报》1947年3月14日,第5版。

队伍分两路,出天安门至珠市口后,一路东转磁器口、崇文门、东单,一路西转菜市口、宣武门、西单,沿途高呼"誓作政府后盾,反对国际干涉中国内政!""反对四外长会议讨论中国问题!""剿平叛乱,一致对外!""反对莫洛托夫对华不友好的提议!"等口号,散发《爱国护权宣言》等传单,于午后1时分别在东四、西四解散。①

参加游行的学生数量,据估计占总数的一半,"五万学生中,大学生占一万,中小学生则有三四万"②。在大学生中,北大有2000人参加,北洋北平部由训导主任领导千余人参加,师院学生组成"青年护权救国会"有千人参加,艺专有200人参加,朝阳院方停课一日有千人参加,中院亦停课一日全体参加,华北学院全体1200人均参加。各中学明令停课一日,除一二年级小学生外,全体参加。③ 官方主导色彩浓厚,且试图以所谓民众团体替代学生团体,以中小学生替代大学生,同样以游行示威的形式,表达官方版的民意。

另一方面则表明,民族主义仍然具有很强的吸引力,成为争夺学生运动解释话语并引导运动方向的重要工具。3月14日,也就是在游行示威当天,北京大学学生爱国护权运动大会发表告全国同学书,将1919年"五四"、1946年"二二六"、1947年"三一四"作为青年运动的时代标记,"要求内政的全面刷新,政府的彻底改组,经济施策的检讨,官僚集团的整个推翻",号召爱国青年,"为了维护国权,为了独立自存,为了祖国再造,为了民族永生",发起一个伟大的革新运动。④ 18日下午2时,北大、辅大、中大等校发起组织的"北平市学生爱国联合会"在中大举行成立大会,有北大、中大、辅大、师大、朝院、华院、中法七所大学及各中学共63单位参加,以便继续推进爱国护权运动。⑤ 企图模仿抗暴运动的发展样式,也说明组织大型化是社会运动得以持续的一般现象。

---

① 《平市昨十万民众游行》,《经世日报》1947年3月15日,第4版。
② 《十万人行列怒吼,护权声震撼九城》,《华北日报》1947年3月15日,第4版。
③ 《苏外长不友好建议激起中国青年愤怒》,《华北日报》1947年3月15日,第5版。
④ 《北大学生发表告全国同学书》,《华北日报》1947年3月15日,第5版。
⑤ 《平各大中学昨成立学生爱国护权联会》,《经世日报》1947年3月19日,第2版。

遗憾的是,貌似纯真的民族主义宣示,还是带有些许官方色彩①,更不可能彻底。同样是发生在北平游行示威当天,国民党军机轰炸了延安,游行队伍沿途张贴的标语中,也掺杂有"铲除共产党""消灭出卖祖国的红色汉奸""杀猪拔毛愿与同胞共饮一周"②等标语,充分说明国民党当局反对国际干涉的实质,就是为了实行彻底的内战政策。因此,在一波所谓爱国护权运动的游行示威之后,也就难以为继了,更不可能出现以学生为主体的类似行动。事实上,在冷战格局之下,所谓国际干预与反干预,在解释上必然渗入政治意识形态因素,也使学生群体的政治参与选择遭遇尴尬,国家、民主、自由、正义等概念,存在着不同指向的解释,在战后均出现了新的发展趋向与特征,单纯的或极端的民族主义口号,根本无法解释内在的逻辑矛盾。因此,民族主义为主要口号的学生运动,势必会出现目标指向的内转,首先表现为学生群体内部分化的加剧,并且已经出现了鸿沟。

在官方热火朝天的动员游行示威时,北平西郊的清华大学、燕京大学却反应冷淡。据中央社讯,清华有数百学生原定参加游行,临时为"共党特务"分子"纠合徒众,实行劫持,对于集合待发准备参加大会之学生,施以种种恐吓与辱骂",致使学生"恐因此发生事故,遂多裹足不前"。又有受共产党"利用"之学生,登上汽车公会派往迎接游行学生的汽车,"将丑诋爱国游行,辱骂爱国人民之标语贴满车上",该车驶至绒线胡同时,"群情愤恨,遽将该车捣毁,足证群众对反动分子之痛恨"。对于燕京学生未参加事,则归于为特殊分子所把持的学生自治会对此次爱国运动态度冷淡,未能召开全体大会征求意见,"一部分学生激于义愤,自动进城参加游行行列",并借机指责抗暴运动:"一个女学生被污,燕大学生自治会可以闹翻天地,虽然那仅属法律问题;整个国家受污辱,学生自治会一声不响,

---

① 1947年3月15日至24日,国民党六届三中全会在南京举行,蒋介石提出要"痛切检讨,力求改革","克尽保持抗战光荣,促进建国成功的时代使命。"《开幕词》(1947年3月15日),《中国国民党历次代表大会及中央全会资料》下册,第1090—1091页。

② 《十万人行列怒吼,护权声震撼九城》,《华北日报》1947年3月15日,第4版。

噤若寒蝉,究竟学生自治会是怎么回事?"①学生刊物则直指中央社消息是造谣,是陷害。13日下午燕京学生自治会称,并未参与筹备"维护国权运动筹委会",该会由何人主持不明,且该会游行通知信13日送来,各报已载中国问题不列入议程,反对理由已不存在,决定不参加游行。清华学生自治会则称,尚未接到任何游行提议,亦未作任何决定,同学中如有何种行动,只能以个人名义参加,决不允许任何人擅自盗用"清华大学"名义从事活动。有文章称,有校外客车两辆来清华接送游行同学,2500名学生中只有2人参加。在汽车上张贴标语之事,则是清华校车行至西单时遭遇游行队伍,"一部分'群众'强迫张贴标语于车窗上,并以红油涂写:'打倒共产党'、'清华大学不爱国'、'清华×××'等"。②"北大参加游行同学,为'护权爱国大会'分子,约六十余人,其他俱未参加。"③在北大学生出版物中,"爱国护权运动"是由反动派自己编导制造出来的,中学和市民奉令参加,北大"参加者仅三四十人"。④

反差巨大的报道,是当时学生面临情境的生动写照,或许中央社与学生刊物恰好处于报道内容选择的两端,可还是暴露出了官办游行示威的诸多问题,尤其是中央社把所有问题都推到共产党身上,无疑降低了国民党在学生中的信誉和动员力,也表明试图以民族主义口号遮掩其内战政策的无能与无效。

学生运动必须依据时局的发展而有所变动,但又具有自身的特点,并不一定能够随着对时局的判断及策略调整的节拍而变动,也就是说,运动的爆发,又可能表现为突发的或无序的行动,为一时情绪之迸发。

北平学生发起抗暴运动之后,中共中央很快作出反应,认为"已造成

---

① 《清华学生阻挠同学游行,燕大学生自治会对爱国运动冷淡》,《华北日报》1947年3月15日,第3版。
② 《中央社的消息!造谣?陷害?》《平市游行消息传出,清华燕京表示态度》,马俊:《清华只有两个——"十万人大游行"在清华》《游行"群众"侮辱清华》,《清华周刊》复刊第4期,总第680期,1947年3月16日,第1版。
③ 《平市各界十四日曾游行,各大学同学大部均未参加》,《燕京新闻》第13卷第17期,1947年3月17日,第1版。
④ 《北大一年》,第7页。

有力的爱国运动",要求在各大城市发动游行示威或请愿,并坚持下去。①并认为,"在这一运动中,群众已对美蒋采取攻势,标志着全国性的革命高潮确已接近。"②然而,如何使具体工作适应对局势的乐观估计,中共中央并没有成熟的考虑,只是接过了抗暴运动中的主要口号,要求开展在民族主义口号之下的民主爱国运动;再就是依据过去指导青年运动的经验,要求学生深入工农及市民中从事宣传,尤其注意转向抵制美货等经济斗争;在组织上,要求"纠正对群众运动与民主来潮估计不足的右倾观点",开展积极的组织活动,"不要畏惧学生运动中少数领导分子的暴露"。③ 随着国共谈判彻底破裂及中共机构撤出国统区城市,中共中央亦很快回到谨慎策略,要求学生爱国运动与学生本身斗争联系起来,"组织仍应精干隐秘,不应过分集中与统一",党员"应以群众面目以各种各式姿态出现"。④

将文件按时间顺序排列,可以清晰地看到在不长时间内,对于学生运动的发展,中共中央存在着一个由兴奋、乐观而要求积极响应、利用,又回到原有的谨慎策略的认识波动。中央领导已经能够把握总的趋势,熟练地运用斗争策略,应对群众斗争的迂回起伏。⑤ 相对而言,地方领导更关注操作问题。如何克服领导落后于群众的问题,如何使普遍自发性的学生爱国运动配合解放区胜利,隐蔽政策下的组织机构就显得不够灵活,组织力量还太薄弱。对此,晋察冀中央局仍取谨慎态度,要求:"提高警惕,注意隐蔽,慎重发展,严防间隙,公开秘密,上面下面,出头隐蔽,应该分开,不要多发生横的关系,避免国民党镇压时,遭受损失,不要政治上胜利,组织上垮台,但亦不是关门主义,不敢放手,而是敢于用群众面目,掌

---

① 《中央关于在各大城市组织群众响应北平学生运动的指示》(1946年12月31日),《抗议美军驻华暴行运动资料汇编》,第3页。
② 《中央关于响应北平学生反美蒋运动的指示》(1947年1月5日),《抗议美军驻华暴行运动资料汇编》,第5页。
③ 《中央关于利用平津京沪学运成绩扩大我党的指示》(1947年1月6日),《抗议美军驻华暴行运动资料汇编》,第7—8页。
④ 《中央关于平津学生运动给晋察冀中央局的指示》(1947年2月17日),《抗议美军暴行运动资料汇编》,第9页。
⑤ 《关于在蒋管区的工作方针和斗争策略的两个文件》(1947年2月28日、5月5日),《周恩来选集》上卷,北京:人民出版社,1980年版,第268页。

握政策,领导群众斗争,把自己埋藏于广大群众中。"①这是一个立足于长期斗争的稳定策略,需要全体组织成员均具有高超的斗争艺术,可秘密组织在公开运动中活动所存在的组织僵硬、信息传递不及时等问题②还是没有解决,很难在攻守之间进退自如,对于成分复杂、利益多元化和行为多变的学生群体及波动急遽的学生运动,尤其如此。

  由单一事件引发的抗暴运动,从逻辑上讲,要想发展壮大,就需要扩大运动的影响,更重要的是将政治斗争扩大到经济领域,由学生群体扩大到社会各阶层。抗暴运动采取的扩大运动影响的策略,乃是以签名运动提请四国外长会议关注,以国际舆论压力实现运动目的。不料想,国民党当局也可以利用反对国际干涉中国内政,反以所谓爱国护权运动相对抗。另一方面,尽管在学生游行示威中出现过宣传抵制美货运动的活动,中共也曾设想发起"抵制美货"运动,作为抗暴运动继续发展并"达到政治要求的一种手段",③然而,学生似乎对主动转向经济斗争缺乏兴趣,对上海劝工大楼惨案④的声援也缺乏强有力之行动。⑤ 反之,在战后环境下,由于

---

  ① 《晋察冀中央局对北平学生爱国运动的指示摘要》(1947 年 1 月 5 日),《中国青年运动历史资料(1947.1—1948.2)》第 17 集,第 4 页。

  ② 1947 年 4 月 11 日,《中共中央关于发动平津等地学生声援福州学生运动给平津市委、港方林的指示》称:"据电讯,福州学生因反对蒋政府警察殴捕学生,师生千人在我领导下包围警局,后受伤。寅宥(3 月 26 日)一万学生游行,在省府被军警枪杀学生二人,已激起学潮。"要求发动当地学生声援。团中央青运史研究室、中央档案馆编:《中共中央青年运动文件选编(1921 年 7 月—1949 年 9 月)》北京:中国青年出版社,1988 年版,第 652 页。文件对福州"三二五"事件及次日游行的叙述不够准确,强调了警察殴捕学生,并夸大了反抗规模,省略了事件起于省立福州中学两学生乘公共汽车因购票问题与车站人员发生争执并遭殴打,大队学生闻讯赶来救援,打人者逃离,遂将车站捣毁,砸碎十几辆公共汽车玻璃。次日游行警察只是开枪示警,省政府接受了学生的各项要求。可见,该事件缺乏广泛响应声援之号召力,且指示时间滞后,对学生运动而言热度已过。事实上,北平也没有出现此种声援行动。

  ③ 社论:《论"抵制美货"》,《新华日报》(渝)1947 年 2 月 1 日,第 2 版。

  ④ 1947 年 2 月 9 日,上海市第三区百货业职工工会国货分会在南京路劝工银行三楼举行爱用国货、抵制美货运动筹备大会,郭沫若、邓初民被邀参加,大会正拟开始时,突有暴徒二三百人强行闯入,手持铁尺、榔头等殴打各百货业职工,捣毁会场,受伤及挨打者几达百余人,永安公司职员梁仁达因伤重死亡。劝工大楼惨案被称为 1946 年重庆较场口事件的重演。

  ⑤ 2 月 13 日,清华学生自治会召开代表大会,就声援重庆、上海两地被殴伤死难之学生、市民议决:除积极展开抗议暴行签名运动以声援外,并进行慰问、宣传、募捐。《抗议重庆上海血案清华召开代表大会》,《清华周刊》复刊第 2 期,总第 678 期,1947 年 2 月 19 日,第 1 版。

缺乏强有力的社会运动,学生也很难与各阶层民众共同行动。当学生运动成为国统区民众觉醒的标志时,学生更需强调自身行动的独立性,甚至需要刻意地与共产党保持距离。① 因此,抗暴运动高潮之后的学生运动如何发展,具体情况很难预测,更不能使用高度组织化的理性的策略转移去解释。

学生运动的主要活动范围回归校园之后,反对当局迫害、反对开除学生、要求改善待遇、要求言论自由、发表宣言抗议和激烈的各种校园选举等内容的斗争时有发生,依旧是内容分散,难以吸引多数同学的关注及参与,有些要求或行动还极易引起学生之间的冲突。"打风"则延伸到校外②,甚至捣毁报社之事也屡次发生③。在大学校园中,学生之间的言语、

---

① 由于抗暴运动的主张与中共大体一致,学生曾托吴晗教授向中共方面转达,"竭诚希望延安不要过早发表关于学生抗议美军暴行的运动的意见,即发时亦勿露出近于具体指示的意思,他们愿意按着中共的政治意见去措施,但不能过于露骨地与我们具体符合"。理由是"当局正在诬蔑学生此次运动为延安所指示",可能吓退大部分中间学生。中共组织初步总结抗暴运动弱点称:"广大中间群众中,惧怕卷入党派斗争,以及怕受党派利用的心理仍为主要障碍。"《风光关于学生不要过早发表抗议美军暴行意见的报告》(1947年1月10日)、《关于"一二·三〇"学生反美爱国运动总结及冯文彬给周恩来、邓颖超、罗迈的信》(1947年2月26日)、《中国青年运动历史资料(1947.1—1948.2)》第17集,第7、89页。

② 值得注意的是,学生因路面交通纠纷演变为群殴的事件频繁发生。仅以北平而论,3月29日,志成学校学生在参加太和殿第四届青年节及革命先烈纪念会后,整队返回学校途中,有一路电车尾随其后,电车司机与学生交涉竟起冲突,学生当场将司机二人殴伤。后学生又不满警察处置,集200余人在警察内二分局门前抗议。《志成学校学生痛殴电车司机》,《经世日报》1947年3月30日,第4版。4月25日,有五三中学学生骑自行车因躲闪不及与一辆三轮车相撞倒地,二人互究责任,有围观学生十余人以三轮车夫态度蛮横相殴打,而旁观三轮车夫数人以同业受辱参加战团,演成群殴。《北平昨演一场武剧,学生车夫集体斗殴》,《大公报》(津)1947年4月26日,第3版。

③ 《河南晚报》刊登一条《河南大学学生贩毒》消息,引起该校学生不满,学生自治会推代表调解,该报同意以书面声明更正。1月2日上午9时,忽有该校学生二三十人乘车来到报社实行捣毁行动,校长姚从吾等得知赶来阻止,被推到一边,因《力行日报》同在一个院落办公,亦被波及。《今年报业遭旧运,报馆被捣第一声》,《中央日报》1947年1月7日,第9版。《苏报》刊载省立江苏中学校长杭川海因盗卖公物被教厅撤职消息,该校学生认为诬蔑校长名誉,2月22日下午二时,全体学生千余人集队游行至报社,入内捣毁。《苏报被捣毁》,《大公报》(津)1947年2月24日,第2版。4月9日,《无锡人报》刊登国立边疆学校学生与车站路警因补票发生纠纷之新闻,引起该校学生不满,下午5时半,百余学生预带木棍、石块集合该报附近,交涉中忽有一二学生煽动,遂将该报社捣毁,经理及工友三人受重伤。《学生砸报馆又一起,无锡人报全被捣毁》,《经世日报》1947年4月10日,第1版。

文字相互攻讦、谩骂,几近常态。① 3月29日,蒋介石借第四届青年节发表告青年书,在惯用的指责共产党破坏国家统一,阻碍建设进行之外,要求青年"振作精神,积极奋斗,万不可随俗浮沉,妄自菲薄","更不可把你们大好的年华,丰富的精力,耗费于彷徨烦闷的悲观情绪与徒然无益的政治斗争"。② 随后,教育部宣布整顿学风刻不容缓,特拟定整饬学风详细办法,即可公布实行。③

对于各地学潮层见叠出、暴力嚣张之风传染学校、悲观情绪弥漫于学生之中等现象,报刊舆论大都认为根源于国内外环境的恶化,诸如,"时局的动荡,学校内容的空虚与残破,学生在物质精神两方面所受的严重压迫;都是烦闷的原因"。"社会黑暗,公道泯灭,国事混乱,就业艰难,念及将来出路,更觉前途茫茫,这些更是驱使青年心理走向反常状态的主要因素。"④如果主要原因或因素得不到缓解,反而试图以高压手段整顿学风,振奋精神就只是一句空话。当然,紧跟当局的观点也很常见,无非通过教育手段提高学生自我修养,将烦闷化为坚苦奋斗的动力,"学生能持身自重,发现良知,才能不受人蛊惑;多用理智,才能使问题彻底解决"。⑤

学潮是现实环境条件的客观反映,还是受不良情绪支配的非理智的自暴自弃,无论解释上作何种倾斜,都说明情绪是影响行动的重要因素。更何况学生运动作为群体行动,有其发生的自身合理性与逻辑性,个人修养水平及理智,并非最为重要的影响因素,更不可能使客观性问题彻底解决。

烦闷、迷惘、困惑、焦躁,都是形容当时学生情绪常见的词汇,使用最

---

① 在学生刊物中,攻讦、谩骂往往与政治对立紧密相关。例如,清华学生辱骂参加爱国护权运动游行的同学:"他妈的,滚!别给清华丢脸!""清华不要这样坏东西!""每人多少钱?几顿饭?几张电影票?"以及随车进入清华的中国大学学生:"滚蛋,不要脸的东西!"马俊:《清华只有两个——"十万人大游行"在清华》,《清华周刊》复刊第4期,总第680期,1947年3月16日,第1版。燕京壁报中,则有"某某社为共产党的尾巴,请他们送回解放区去"等言论。《燕园壁报仍有谩骂》,《燕京新闻》第13卷第20期,1947年4月7日,第4版。
② 《主席书告青年》,《中央日报》1947年3月29日,第2版。
③ 《教部决心整饬学风》,《益世报》(平)1947年4月2日,第2版。
④ 社评:《论学校风潮》,《大公报》(津)1947年4月3日,第2版。
⑤ 《我们也来论学校风潮》,《经世日报》1947年4月4日,第1版。

多的则是"苦闷"或"沉闷"。为何苦闷会成为青年学生中的普遍心理特征呢？有文章归为四方面原因，即富有理想、要求安全、信仰空虚和物质、精神生活匮乏。前两者皆因内战破坏，形成理想与现实的巨大反差，使得青年感觉窒息压抑，并导致后两者出现严重问题。"于是，失望，悲观，颓丧，占据了很多青年的心，他们只好忍受着创痛，只有慨叹着'生不逢辰'。"①如此，所谓青年学生的"苦闷"问题，又主要表现为三个层次：其一，如何应对生活条件的艰苦？或由悲观而随波逐流，或是发扬抗战时期精神，树立一个神圣庄严的目标，作为苦闷宣泄的对象。其二，如何应对"党团"侵入学府遂产生的政治恶斗？似乎需要在肩负社会责任与努力完成学业之间平衡。其三，如何应对"眼见政治腐败，内战继续，人民无从生活，国家日趋危途；对个人前途无把握，对国家危难找不出解救的方法"的空虚和苦闷，需要开展"新的革命运动"，可又要求"从自己本身做起"。② 问题已经十分清楚，药方却并不好开。

事实上，还存在着另类苦闷。疏散隐蔽中的学生共产党员，在群众自发斗争起来时落在后面，有人怀疑党的路线和上级的策略，产生了"感到无事可做的苦闷"③。此类苦闷，伴随学生运动的发展起伏，反而在学生党员和积极分子中间愈发普遍。

学生自述的苦闷，更偏重于精神上的痛苦。处在多苦多难的国家中，想要埋头读书，可又忘不了时局的变化和动荡，面对不能忍耐的家园残壁、内战流血，以及政客的无耻与荒淫，"我将对它作何解？我将对它怎么办？"④学生刊物对"沉闷"的报道，则更突出学校管理的压制。师院一群学生来信称：特殊人物与学校一些人勾结，压制课外活动，要有一个集会非常困难，也没有学生自治会，"我们成天生活在四望无涯的暗流中，在窒

---

① 王维明：《苦闷》（一）、（二），《经世日报》1947年3月6日、15日，第3版。
② 郑士元：《对学生苦闷的一种看法》，《大公报》（津）1947年2月18日，第3版。
③ 江震：《上海反美爱国运动的初步总结和今后工作的意见》（1947年2月13日），《中国青年运动历史资料（1947.1—1948.2）》第17集，第56页。
④ 《清华园的苦闷》，《清华周刊》复刊第2期，总第678期，1947年2月19日，第3版。

息的空气里简直喘不过气来"。① 艺专十个学生来信反映了同样的问题,校长和训导处纵容特殊分子,对爱好民主、积极活动的同学一概歧视,学生自治会成了森严的衙门,"把个学校弄得死气沉沉"。② 在沉闷原因解释上,更强调是时代变革中的特殊的、暂时的现象:

> 在历史的过程中,落后的势力,突然和进步的力量胶着,法西斯余孽竟在垂死的线上挣扎,人类的光明被眼前的一些黑暗所冲淡,社会的前进为着若干的绊脚石所阻挠,于是世界似乎陷于凝滞,大气变得低沉,人类走向了苦闷,有些青年,竟在郁郁中徘徊却顾,生命力似乎被封锁了。③

因此,学生切身感受之苦闷,在解释上,被转化成为历史巨变前夕之沉闷,超乎于个人良心、理智之应对,也就可能成为积极地共同行动之突破。应该说,在抗议驻华美军暴行运动的高潮之后,学生中普遍存在的苦闷情绪,更多地还是表现为要求继续行动之苦闷。

---

① 《解除师院沉闷只有大家团结》,《燕京新闻》第 13 卷第 14 期,1947 年 2 月 24 日,第 4 版。
② 《艺专死气沉沉特殊分子活跃》,《燕京新闻》第 13 卷第 18 期,1947 年 3 月 24 日,第 4 版。
③ 《突破沉闷》,《燕京新闻》第 13 卷第 14 期,1947 年 2 月 24 日,第 1 版。

第三章

成熟之标志:"五二〇"运动

以"反饥饿、反内战、反迫害"为主要口号的"五二〇"运动,是战后学生运动的高潮及成熟的标志。运动爆发后不久,毛泽东在新华社评论中写道:"中国境内已有了两条战线。蒋介石进犯军和人民解放军的战争,这是第一条战线。现在又出现了第二条战线,这就是伟大的正义的学生运动和蒋介石反动政府之间的尖锐斗争。"并且断言:"学生运动的高涨,不可避免地要促进整个人民运动的高涨。过去'五四'运动时期和一二九运动时期的历史经验,已经表明了这一点。"① 毛泽东的论断,已经成为大多数相关历史论著书写的结论:或是强调两条战线相互配合并不断推进②,甚至将学生运动作为政党斗争的最重要方式之一③,是中共统一战线的重要组成部分④;或是突出共产党对第二条战线的领导作用,又由大量亲历者的回忆加以强化。⑤ 然

---

① 《蒋介石政府已处在全民的包围之中》(1947年5月30日),《毛泽东选集》第4卷,第1224—1225页。
② 《第二条战线——论解放战争时期的学生运动》,第75页。
③ 杨俊:《国共两党学运策略之比较研究——以"五二〇"运动为例》,《民国档案》2018年第3期,第137页。
④ 李坤在文章中称:"由于我党的广泛发动,当学生运动形成高潮时,形成了包括各阶层人民的广泛的统一战线。"《党对"五二〇"运动的领导特点》,《中共党史研究》1990年第6期,第60页。
⑤ 此类已公开出版的回忆录众多,仅就"五二〇"运动,可参考中共南京市委党史工作办公室编辑的《青春壮歌——全国"五二〇"运动亲历者回忆录》(北京:中共党史出版社,2007年版),该书收录的回忆文章只是相关回忆的一部分,但回忆内容和编辑导向所反映的叙述主旨,仍具有代表性。

而,当时局发展变化的趋向逐渐清晰,学生运动的主要斗争对象也转向针对国民党政府时,学生运动与国共内战的军事斗争,仍然存在着斗争形式与策略、波动频率与幅度上的较大差异,在组织形态和行为方式方面更是如此。更为重要的是,两条战线的发展并非平行,伴随着人民解放军在战场上取得节节胜利,学生运动的规模及其影响反见缩小。因此,当历史命运和人心向背问题基本确定之后,学生运动在成熟期的许多具体问题,诸如运动发动的历史资源挖掘及新刺激源的把握,游行示威的口号与策略,学生的组织形态与宣传技术,以及运动的持续发展及起伏特征,等等,都需要进行更为细致的实证研究。

一、纪念、请愿、抗争、声援之混声

如何为打破沉闷而积极行动呢?

在国际冷战形成的环境下,国民党当局摆出了进攻态势,一面扩大内战,进攻并占领延安;一面在国统区强化经济统制①和政治迫害,包括积极挑动校园斗争和制造社会运动。对此,有文章使用阶级分析方法和力量比较的策略思想,认为国统区爱国民主力量需要提防两种偏向:一种是惊惶,源于对敌人力量估计过高,以及对暴行或迫害升级的忧虑;一种是冲动,在敌人的压迫下沉不住气,一天到晚希望新高潮的到来。两种偏向都是小资产阶级性的表现②,或者说是学生苦闷的不同表现。那么,最好的行动办法是什么呢?该文作者提出的方案是武松打虎,即武松在认清老虎性质的前提下,先避其垂死前的猛扑,使其消耗、疲劳,并保证自己的

---

① 1947年2月16日,国防最高委员会通过《经济紧急措施方案》五项,17日由国民政府公布实施。主要内容为:一、关于平衡预算事项。非切要支出均缓发,辟求税源严格征收。二、关于取缔投机买卖安定金融市场事项。禁止黄金外币买卖,取缔投机控制信用。三、关于发展贸易事项。以法币一万二千元合美金一元,推广输出管制进口。四、关于物价工资事项。指定地区管制物价,职工薪金以本年一月份生活指数为最高指标,不得增加底薪,禁止闭厂、罢工和息工。五、关于日用品供应事项。民生日用必需物品供应办法,先就京沪两地试办。《中央日报》1947年2月17日,第2版。此方案试图抑制金价、外币、物价暴涨和支持内战财政。

② 萧超:《新高潮前夕的斗争形势》,《文萃》第二年第22期,1947年3月6日,第6—7页。

力量完整无缺且继续生长扩大,然后再展开"决斗"。

显然,上述方案尽管合理,可书生气味十足,既无法再现打虎情境之真实,更不能用来直接指导现实学生运动。不过,学生确实选择了迂回的行动方式,但不是正面的躲闪腾挪,而是使用习惯的策略——向过去寻求,即以历史纪念作为现实行动的具体形式,借以回避因政治意识形态分歧产生的行动选择困扰,并通过重新解释历史赋予现实斗争以合理性。也正因为如此,1947年的"五四"纪念筹备工作开展得更早,参与面更为广泛。

4月13日上午10时,北京大学校友会在北大开会筹备"五四"纪念,议决5月4日上午10时召开纪念会,12时聚餐,推何思源、吴铸人、周炳琳为主席团,请胡适、萧一山、成舍我讲演。① 北大学生各学术团体也积极筹备举办"五四纪念周"。② 16日晚,北大各院会召开学生团体联席会议,议决扩大纪念"五四",自4月30日至5月6日为"五四"周,成立"北大学生纪念五四筹备会",选出主席团,分服务、总务、会务、联络四组,预计30日举行科学晚会,由理学院主办;1日有文艺晚会,由文艺社主办;2日有诗歌晚会,由新诗社主持;3日开检讨会,由历史学会主持;4日上午举行纪念会,有教授讲演,并有球类、火炬赛跑、拔河等比赛,晚上为营火会,由北星体育会主持;5日有音乐晚会,由沙滩合唱团及大一合唱团主持;6日有戏剧晚会,由剧艺社演出《凯旋》等活动,并委托新诗社、文艺社出联合特刊。③

清华学生自治会亦准备扩大"五四"纪念。15日晚7时,清华国文、历史两系会及各壁报团体举行联席会议,议决将出版纪念专刊,举办"五四"纪念大会、文艺座谈会、"五四"晚会、诗歌朗诵等项活动。④ 诗歌朗诵将由学生自治会与新诗社等团体合作,大家唱歌咏队可能唱《民主大合

---

① 《北大筹备五四纪念》,《益世报》(平)1947年4月14日,第2版。
② 《纪念"五四"北大举行"五四"周》,《燕京新闻》第13卷第21期,1947年4月14日,第1版。
③ 《北大将举办五四周》,《燕京新闻》第13卷第22期,1947年4月21日,第4版。
④ 《纪念五四清华北大积极准备》,《清华周刊》复刊第9期,总第685期,1947年4月21日,第1版。

唱》,并考虑与燕京联合举行纪念活动。

也是在15日晚7时,师院国文、历史两学会及人间社等壁报团体举行联席会议,决议纪念活动数项:5月3日下午举行讲演比赛,由国语辩论会主办;4日上午将开"五四"纪念大会,邀请闻家驷等出席讲演,并检讨学生运动;下午举行文艺座谈会及讲演会;晚间由该校三大合唱团及人间社合办诗歌音乐晚会,将朗诵何其芳、艾青的诗和演唱《茶馆小调》等。① 燕大学生自治会15日晚约请各学术团体举行筹备座谈会,定5月1日至4日为纪念日期,每日举行一种项目,有名人演讲、文艺、戏剧、歌咏及与清华合办野火会,并强调偏重于兴趣及全体性活动。② 28日晚7时,燕京文摘社、自由论坛社、火炬社、星火社在适楼礼堂联合举行讨论会,主题为"五四"及"五四"以来学生运动之总检讨及展望,可谓纪念活动的序幕。③ 中法学生自治会亦加强筹备,其他各大学皆倾全力纪念。

学生对"五四"纪念如此热心,主要原因有三:其一,虽然国民党当局改"五四"为文艺节④,在学生眼里,"五四"仍是青年的节日,通过纪念活动,继承发扬光荣传统。其二,"五四"时期的"民主与科学""反帝反封建"等口号,均有重提的必要,强调现实斗争的历史连续性。其三,检讨"五四"以来学生民主运动的得失,认清方向,坚定信心。"最令我们失望的,是当年'五四'的健将,今天很多都和学生爱国运动对立起来,甚至变成屠杀学生的刽子手。"⑤ 当然,在沉闷的压抑之下及春意盎然之中,纪念活动

---

① 《"五四"在师院》,《燕京新闻》第13卷第23期,1947年4月28日,第1版。
② 《燕大筹备"五四":自治会主持,各团体协助》,《燕京新闻》第13卷第22期,1947年4月21日,第4版。又说燕大学生纪念活动为三天,5月2日举行文艺音乐晚会,有诗歌、小说朗诵和曹菊隐、马彦祥讲演及文艺节目;3日为戏剧晚会,由海燕剧团和燕剧社负责,将演出《第四十一》、《最后的童话》;4日活动与清华大学合并,上午在清华大礼堂举行纪念会,敦请陆志韦、翁独健、吴晗诸教授讲演,晚间在燕京举行营火会及放映电影。《清华燕大纪念五四》,《华北日报》1947年4月30日,第5版。
③ 《燕京文摘社等团体主办检讨五四以来中国学生运动》,《燕京新闻》第13卷第23期,1947年4月28日,第1版。
④ 自1939年始,国共两党均以"五四"为青年节举行纪念活动,以动员青年积极参加抗战。抗战后期,1943年国民政府定3月29日黄花岗革命烈士纪念日为青年节,以强调国民党历史为青年运动之正统,1944年国民政府定"五四"为文艺节,试图削弱""五四""运动所包含的政治意义。
⑤ 《"五四"与青年》,《燕京新闻》第13卷第23期,1947年4月28日,第1版。

亦有联谊和娱乐的成分。

面向今天和未来的历史纪念,势必赋予历史事件新的含义,尤其是在战后,各种政治力量均强调应该有新的"五四"运动。① 就爱国主义传统而言,存在着两种截然不同的"五四"传统延续的叙述:1946年2月的反苏游行和12月的抗暴运动。就青年运动的方向和内容而言,则有偏重于战后建国或继续斗争等不同认识,学生的"五四"纪念认识多是后者。在学生刊物中,"新五四"运动的要求被概况为:一、立即全面停止内战;二、彻底实现民主政治;三、厉行法治保障人权;四、尊重学术文化自由。② 要求全面而彻底,较之渐进的建设,可谓是全部政治理想的即刻实现。教授的主张更具针对性,吴晗以为"新五四"运动是人权保障运动,"只有人权得到确切的保障,才能实现民主和科学"。③ 由注重国权到强调人权,可以看到现实学生运动发展的新路径。

对于学生将扩大纪念"五四",北京大学校方较为矛盾。4月21日,北大行政会议否决了学生拟演剧三日请求补助的申请,以为纪念"五四"不是庆祝,不准演剧,学校概不补助。可另一方面,27日,校长胡适定"五四"为"校友返校节",并于次日在北平《世界日报》《益世报》《华北日报》等报发布消息,校庆活动又与学生的"五四周"筹备计划联系在一起。此外,4月27日为清华校庆,5月2日为铁院校庆,也多少为校园内"五四"纪念提供了一定的活动空间。

自5月1日起,"五四纪念周"活动正式开始,内容充实而成功,"对于北大同学而言,使每个同学把半年多积压的闷气一扫而空,大家觉得北大是这么年青和有力,北大并没有衰老"④。除各校发表召开纪念会及各类晚会外,北大、清华、燕京、中法、师院等院校50余壁报社联合发表纪念

---

① 关于"新五四运动"可参阅欧阳军喜:《"五四"的变奏:1946—1947年的"新五四运动"述评》,《党史研究与教学》2010年第3期,第17—26页。该文将"新五四运动"归纳为国民党、美国、共产党主导的三类,实际的历史纪念较之政治划分更为复杂。
② 《新"五四"运动的要求》,《燕京新闻》第13卷第23期,1947年4月28日,第6版。
③ 吴晗:《新"五四"运动》,《燕京新闻》第13卷第23期,1947年4月28日,第6版。
④ 《北大一年》,第10页。

"五四"宣言,学生们以为,28年前"外抗强权""内除国贼"的旗帜依然需要高举,"帝国主义者,军阀,既得利益集团,既绞杀了民主,也窒息了科学",并充满激情地呼号:

> 青年们,承继五四叛逆精神的青年们,旧时代完了,新时代正在开始,一切的生命都是在战斗中向前,我们要跨过罪恶与不义的山岭,为自由民主的新中国战斗!
>
> 青年们,有自由灵魂的青年们,有五四血统的青年们,在黑暗里,我们相信火在燃烧,在夜空下,我们要指出极星。
>
> 我们,一群在北方的青年人,向全国发出响亮的呼号:"反对美国干涉中国内政!""争取人民世纪的民主!""切实保障人权!""科学应服务于人民!"
>
> 青年朋友们! 团结起来!①

处在一个新斗争高潮到来的前夕,青年学生们热血沸腾,可是仔细分析,依旧热情有余,缺乏具体办法。例如,在对时局发展有了一个较为清晰的宏观判断之后,学生们仍以为目前最重要的,"应该在适应客观的形势下,作自己本位上的努力"②,可谓以不变应万变,行动还需静观事态发展和环境变化。

其实,1947年的"五四"纪念十分复杂。从概念、观点、判断的表达上观察,学生并非主角,教授则异常活跃,占据着主导的位置,纪念会及各类专题晚会的主要内容,就是邀请教授讲演,一些名流学者更是赶场式地四处发表议论。北京大学"五四纪念周"的教授讲演,5月1日科学晚会有郑华炽、江泽涵、杨锺健、汪敬熙、马祖圣、孙云铸、许德珩、袁翰青等教授;2日文艺晚会有朱自清、冯至、叶鼎彝、马彦祥、朱光潜等教授;3日历史晚会有胡适、周炳琳、许德珩、郑天挺、樊弘、容肇祖等教授,阵容强大。在燕京大学,1日晚有陆志韦教授专题演讲会;2日文艺音乐晚会,也请马彦

---

① 《我们的呼号》,《五四在北大》,第2页。
② 米兰民记:《学生运动的检讨:燕大四学术团体座谈》,《燕京新闻》第13卷第24期,1947年5月5日,第2版。

祥、焦菊隐、青苗等教授、作家演讲。4日上午，清华、燕京在清华大礼堂联合纪念"五四"，先由两校代表分别演讲"五四运动""一二•一"运动之意义与影响，接下来的讨论则以教授为主，翁独健、雷洁琼、褚士荃、张东荪等教授发言，吴晗教授作总结。4日晚燕京的营火晚会，再请陆志韦、翁独健、吴晗等教授演讲。在师范学院，4日上午举行纪念大会，有向达、费青等教授讲演；下午的文艺晚会，有俞平伯、闻家驷、荒芜、叶鼎彝等教授讲演。南开大学学生自治会于4日上午特别举行教授讲演会，有查良钊、黄子坚、李广田、鲍觉民、张志远等教授讲演。各位教授的讲词，涉及自"五四"新文化运动以来的政治、经济、文化、思想各领域，对传承"五四"精神给予了深刻阐释。

不过，也有令听众感到意犹未尽甚至不满的地方，尤其是教授们的言论与现实应取的行动之间缺乏有力之联系。胡适在《五四背后的新思潮的意义》的讲演中，强调仍然要以批评的态度和批判的精神，"来研究一切问题，来改造中国的文明"①。并赞颂了蔡元培、陈独秀、鲁迅对新文化运动的推动及批判精神。然而，两千多学生听众的期待或许更高，他们希望胡适能够利用其学识和地位，承继蔡元培校长领导之下的北大荣光，发扬《新青年》《新潮》《每周评论》的批评态度和批判精神。②

不幸的是，就在胡适演讲之后，北大"五四纪念周"出现了杂音。5月5日至7日为戏剧晚会，原定由大一剧团和剧艺社联合公演三天，剧目为《开锣以前》《饥饿线上》《一个女人和一条狗》③及《凯旋》，内容均富有现实性，特别是后二剧暗讽了特务的无能和描写了战后接收情形。5日晚7时，晚会于三院礼堂举行，观众情绪至为热烈，但也有个别人故意捣乱。6

---

① 《北大前夕历史晚会胡适讲新思潮运动》，《世界日报》1947年5月4日，第3版。

② 水木：《致胡适之先生——读过胡先生的讲演词以后》，《世界日报》1947年5月9日，第4版。

③ 《一个女人和一条狗》为袁牧之1932年创作之独幕布喜剧，只有两个角色，表现一女子戏弄一巡警，并最后胜利。女人最经典的戏词为："一个警犬只要主人喂饱了它牛肉，它就会代它主人去拼命；但人呢，人就是主人喂饱了他，他还得想一想，值得不值得为了暂时的饱暖替人去拼命？况且目前，还喂不饱你呢！"《现代》第2卷第3期，1933年1月号，第454页。该剧最初由胡萍、袁牧之表演，上演后便遇警察交涉。

日午,北大学生纪念"五四"筹备会忽接训导处通知:昨晚接某方警告,不准公演《一个女人和一条狗》及《凯旋》二剧,否则会场安全问题,学校不能保障。筹备会遂临时发出紧急通告,取消二剧,改演《未婚夫妻》,并于当晚会场说明苦衷,同学闻之大愤,纷纷离场。7日晨,数学系会、中文、哲学、西文系1950级级会及各学术团体,在民主墙上出壁报提出严正抗议,以为"五四"方过不久,北大即无演剧自由,且未说明禁演理由,呼吁同学联合起来,拥护复演《凯旋》。筹备会经开会议决,发出布告于7日复演,同学情绪稍加缓和,但《一个女人和一条狗》未能复演。①

更为严重的是,围绕"五四"纪念的历史解释权的争夺,在1947年表现得极为激烈,即还存在着具有对抗性的另类"五四"纪念。5月4日晨9时,北平学生爱国护权联合会在中山公园音乐堂举行"五四"运动纪念大会,出席各大中学校学生2000余人,北平行辕主任李宗仁代表秘书长萧一山、市长何思源、市国民党党部主委吴铸人、三青团主任李蒸等被邀出席,官方色彩浓厚,几人的致词及讲演,也就成为活动的主要内容。何思源以"五四"运动之健将致词,以为"五四"为山东问题而起,学生纯粹为爱国思想所激,并无任何党派主使,现在东北问题,正须青年努力奋斗。吴铸人向青年喊话,纪念"五四"运动,应为建设三民主义的新中国而努力,应打倒卖国求荣的新帝国主义。萧一山同样赞扬北大校长蔡元培为科学为民主提倡新文化运动,呼吁青年努力科学,应视"五四"运动为完成国民革命的运动。大会通过纪念"五四"运动宣言,其要点为:一、保持"五四"光荣,发扬民族精神;二、铲除封建势力,肃清国内奸伪;三、继续"五四"精神,努力建国事业;四、"五四"是中华民族的复兴运动;五、"五四"是青年爱国爱民运动。② 由此可见,"五四"精神的阐释,具有很强的弹性,尤其是民族主义、爱国主义的口号,很容易渗透进政治意识形态的内容,在组织、宣传、行动高度对立的状态下,以发掘历史资源解决现实斗争问题,显露出较强的局限性。

---

① 《北大演出凯旋竟遭无故干涉》,《燕京新闻》第13卷第25期,1947年5月12日,第1版;《纪念五四戏剧晚会北大禁演二剧》,《世界日报》1947年5月8日,第3版。
② 《学生爱国护权会昨开会纪念五四》,《经世日报》1947年5月5日,第4版。

与此同时,校园内风波频发,引发各种各样的请愿与抗议,起因虽各不相同,行动也显得零碎、分散,表面上缺少内在关联性,可都因模仿、响应、串联和声援等行为,从纵横两个方面,连成星火燎原之势。

就在大学生们忙于筹备"五四"纪念时,教育部颁发《修正中学学生毕业会考规程》,在几个地方恢复战前普遍举行的高中部会考,北平也在其中。随之,北平市教育局公布应注意之要点:毕业会考成绩的计算,学校三学年各科平均成绩占4/10,会考各科成绩占6/10;会考有一科或二科不及格者,志愿即行升学,得由主管教育行政机关核发投考升学证明书,先行投考升学,经录取后作为试读生,待各科会考及格并取得毕业证书后,始得参与所升入学校的毕业考试。因此次会考为战后首届,教育局特别强调"斟酌权宜办理",协助学生温习各科,在命题上不超出一般学生之实际水准。① 尽管如此,还是引起秋季高中毕业生的不满,并由南京波及北平。

5月5日,北平20余公私立中学举行第二次代表联席会,决议每校高三级产生代表四人,组成"北平区请求政府停止本届高中会考全体会员大会",将发表宣言,并向最高当局请愿。② 9日下午4时半,平津两市各中学高三学生代表在中山公园春明馆招待记者,报告要求停止会考理由有:教部规定会考时间仓促,同学来不及准备;按照1941年会考标准,为同学所不知;教局曾令绥靖区中学停止会考,朝令夕改;各校课程进展情形不同,教材亦不统一等。③ 10日上午,学生代表前往教育局请愿,接待官员称,会考系奉教部命令办理,教局无权停止,但允诺将同学意见转呈教部,以为凡平时用功的学生决不感觉考试恐慌,并逐条反驳学生的理由。④ 学生自然不满,又动员高三学生千余人,于13日上午8时在北平图书馆集合,赴教育局再度请愿,并散发告北平同学书。学生坚持要见局长王季高,但适逢局长公出,便整队前往市府西花厅前等待。王季高在向

---

① 《本届高中会考绝不难为学生》,《益世报》(平)1947年5月4日,第2版。
② 《北平学生群起要求停止毕业会考》,《益世报》(平)1947年5月7日,第2版。
③ 《学生代表今日请愿反对会考》,《世界日报》1947年5月10日,第3版。
④ 《高三学生反对会考昨赴教局请愿》,《世界日报》1947年5月11日,第3版。

学生代表作了冗长的解答之后,又向全体请愿学生讲话,保证将同学意见转呈教部,学生则要求有肯定答复,又提出请市长出来答复。下午 3 时半,市长何思源到达现场,表示"在物价高涨人民生活困难之期,会考实在也不需要",保证向教部请求停止会考,一周内可有答复。于是,学生高呼"拥护何市长",何思源高呼"拥护请愿运动"。①

请愿结局似乎相当圆满,但是,学生为宣示不达胜利绝不罢休的决心,仍于次日以"北平区请求政府停止本年度高中毕业会考大会"名义发出《告全国同学书》,陈述反对理由:

> 八年熬过了,但是现实反映给我们的,是内战弥天,工商倒闭,农村破产,物价经过了从来未有的狂涨,人民呻吟的声音大过了八年来未有的惨痛,同时政府更把体恤人民,保障人民的心,用在另一方面。战后扬言"教育第一"的口号,也成了空头支票。政府并未从根本法则着手——多筹经费提高教职员待遇,充实师资,整顿课本,来加强我们的课程,提高我们的水准,相反的却用这样一个不合理的会考来测量我们。②

仍然是以悲情作为博得社会同情的武器,并把对考试的焦虑完全推给政府及时局,号召为了自己的前途与学业,全国学生团结起来,一致行动。

反对考试的要求,在大学中也渐次高涨。3 月 29 日,教育部以各专科学校已复员竣事,三十五年度第二学期毕业总考仍应照章举行,特电令各国立院校遵照办理。此举也是整饬学风的一部分。4 月 16 日,上海交通大学民主墙贴出标语,反对总考。随后,南京中央大学、金陵大学、金陵女子文理学院本届毕业学生以复员伊始,开学过迟,课业繁忙,图书、仪器多未能开放等由,请求教部免除本届毕业总考。因未能获准,遂于 5 月 2 日成立三校本届毕业同学联合会,决定联合全国各院校,共同向教部请愿。清华大学、北京大学、燕京大学等校毕业班学生先后响应京沪各大学

---

① 《反对会考学生请愿》,《益世报》(平)1947 年 5 月 14 日,第 2 版;《高三反对会考学生五百余人昨赴教局请愿》,《世界日报》1947 年 5 月 14 日,第 3 版。

② 《反对会考坚决到底,本市学生发表宣言》,《益世报》(平)1947 年 5 月 15 日,第 2 版。

反对总考运动,征集签名,拟定请求书,送各校当局转呈教部。① 相较于高中毕业生的悲情倾诉,大学毕业生之所以反对总考要简单许多。例如,在毕业生中公费学生占多数的北大,学生把总考称作是教育部大人先生们无事可干的"多此一举",并质问在此生活难于维持之际,不及格会来一次重念吗?②

当高中及大学尚属精英教育之时,考试无疑是人才选拔最公正、最有效的办法。因此,对于学生反对会考、总考,各报刊反应不一。有报刊以为,会考总不失为一种鞭策教育进步的办法,怕考试不过是一种畏难苟安的心理。"五四"运动是为了救国家救民族,反对会考运动则缺乏意义,失去社会的同情。③ 其实,多数报刊言论还是同情学生,以为现在举行会考弊大于利。④ 又担心教育当局在运动压力下妥协,"养成敷衍苟且的作风"。⑤ 学生中的态度亦有不同,成绩良好的有七分戒心,程度差的听天由命,只是急坏了中等程度的。⑥ 当然,借助运动免于考试,从而获得某种资格,能够得到多数学生的赞同。

在各方面压力之下,教育部只能退缩。5月16日,教育部官员谈话称,因有关省市教育厅局分别电陈,适值物价剧变,生活受其影响,人心转趋浮动,请求中学毕业会考展缓举行。教部查核属实,姑准展缓一年,并饬各校仍应严格举行毕业考试。至于本年专科以上学校毕业总考,教育部以各大学复员未久,办理困难,通令各校自行斟酌办理。⑦ 17日,北大、清华教务会议分别议决,本年毕业总考停止举行。此种举措,无论是想纠正不合时宜的教育行政命令,还是试图为正在蓬勃兴起的学潮降温灭火,

---

① 《中大金大反对总考,清华继起响应》,《燕京新闻》第13卷第25期,1947年5月12日,第4版;《燕大本届毕业生反对总考》,《世界日报》1947年5月8日,第3版;《反对总考北大发起签名运动》,《益世报》(平)1947年5月15日,第2版;《反对大学毕业总考,北大学生将向校方交涉》,《华北日报》1947年5月15日,第5版。
② 《总考,总考意义何在?》,《燕京新闻》第13卷第25期,1947年5月12日,第4版。
③ 《从反对会考说起》,《经世日报》1947年5月14日,第1版。
④ 《会考的问题——利与弊的讨论》,《益世报》(平)1947年5月1日,第2版。
⑤ 社评:《我们不赞成现在还要会考》,《世界日报》1947年5月10日,第2版。
⑥ 《有怕有不怕,会考学生态度不同》,《世界日报》1947年5月12日,第4版。
⑦ 《中学会考展缓举行,大学总考令各校酌办》,《大公报》(津)1947年5月17日,第3版。

均已为时过晚。

大学复员的善后问题,也是引发不稳定因素的重要来源。3月28日,北洋大学校方宣称,决定遵照部令,暑假实行该校平部与天津本部合并。今年平部不招一年级新生,二年级学生迁津,俟三四年级毕业后,平部即告结束。此项安排引起部分教授、学生的反对,并先由学生表现出来。4月18日,北洋平部学生自治会举行讨论会,征集学生对迁津的意见。19日上午召开全体大会,决定学生意见为不赞成迁津。①30日下午4时,学生自治会代表招待记者,陈述反对迁津理由:自暑假至留平同学递次毕业期间,平部教授不能继续任教,职员不能安心工作;仪器搬迁会有40%的损坏率,且留平同学的实验将行终止;所允诺搬迁费用不敷甚巨,不如用于购置新机器。因此,教部命令显系未作审慎考虑,实有毁灭一完整工学院之可能。② 教授在学生之后采取行动。5月2日上午,北洋平部教授会召开全体大会,追认了教授会干事会议议案:反对平部迁津;本年度继续招收新生;永久协助学校培养工业人才。③ 5月7日,浙江金华国立英士大学为迁校组织500余人请愿团赴南京请愿,火车行至杭州被阻。9日晨,学生将行李装在两辆铁甲车厢中,每辆由四人轮流推动,全体徒步沿沪杭路前进,中午12时抵达笕桥。路局见状,将长安站至笕桥站间171公里处铁轨拆除,全路因而中断。虽然,当局在处理上取强硬立场,特别声明校址问题"系中央既定政策,决不予考虑"④,可是,学生的激烈行为,还是对北洋平部的反迁津运动有所提振。14日上午8时,北洋平部学生自治会召集全体同学会议,以3日寄出请教部收回成命呈文已满十日,未见有所表示,决定即日起开始罢课,不达目的决不复课。一面电请教部速予答复,一面发表《告全国同学书》,招待记者报告罢课真相,并要求教授一致行动。⑤

---

① 《北洋平校学生不赞成迁来津》,《大公报》(津)1947年4月20日,第3版。
② 《北洋平部学生昨招待记者报告反对迁津理由》,《世界日报》1947年5月1日,第3版。
③ 《北洋大学纠纷平部反对迁津》,《大公报》(津)1947年5月2日,第3版。
④ 《教部力谋解决英大学潮》,《世界日报》1947年5月12日,第3版。
⑤ 《反对部令迁津停招新生北洋平部罢课》,《世界日报》1947年5月15日,第3版。

一波未平,一波又起。5月9日下午6时半,上海国立交通大学召开全校系科代表大会,以教部日前令该校撤销航海、轮机两科,更名为"交通学院",师生代表晋京请求教部收回成命无果,决议组织护校团,提出四项要求:一、名义不容更改;二、自由发展,航海、轮机、水利、纺织四科不容停办;三、与其他国立大学平等待遇;四、将平越唐山工学院归还交大。并决定三项行动:一、自10日起罢课,达到目的为止;二、全体同学晋京请愿;三、必要时晋谒蒋主席及前校长孙科、叶公绰、张嘉璈等呼吁,并请唐山工院同学支持,采取一致行动。① 教部负责人很快出面澄清,并无交大改院和理学院、管理学院改系之意,北平铁院、唐山工院分立已久,理难合并。② 可是,根本无法阻止交大学生激烈的晋京请愿行动,以及北方院校学生的响应。

5月11日中午12时,北平铁道管理学院学生自治会召开紧急代表大会,议决三项要求:一、响应上海交大护校运动;二、恢复北京交通大学校名;三、收回被空军修理工厂占用之校舍。决定全体同学签名超过半数后即行罢课,不达目的,决不复课;推代表赴上海交大、唐山工院联络及联合教授一致行动。签名结果有五分之四同学赞成罢课,学生自治会遂布告全体同学自12日起罢课。③ 除响应之外,还增添了新的内容,包含历史遗留和复员善后两类问题。罢课期间的学生行动也同样激烈。15日下午2时,当一学生回返新收回之校舍时,遭空军修理工厂工人辱骂并绑殴,众学生前往营救,又遭工人以铁棍殴伤十余人,全体学生即赴行辕请愿,要求惩凶。④ 悲愤之余,学生继续表现强势,下午6时齐集操场,火焚"国立北平铁道管理学院"校牌,以示破釜沉舟之意。⑤ 并于当晚8时在大礼堂召开全体同学大会,议决派代表南下联络京沪校友向教部请愿。17日上午9时,铁院举行教授座谈会,对同学护校意见均表赞同。同日,唐山工学院学生宣布自18日起罢课,响应沪院,联络平院,恢复唐山交通

---

① 《反对教部更名"交通学院"交大学生罢课》,《世界日报》1947年5月11日,第3版。
② 《教部否认改院改系传说》,《世界日报》1947年5月12日,第3版。
③ 《响应上海交大护校运动,平铁道学院今罢课》,《大公报》(津)1947年5月12日,第3版。
④ 《罢课犹未了,绑殴又发生》,《经世日报》1947年5月16日,第4版。
⑤ 《平交大学生焚铁院校牌》,《燕京新闻》第13卷第26期,1947年5月19日,第4版。

大学旧名,提出争取一级待遇、逐年扩充院系、增加经常费及建设费、增加公费生名额、收回北平保安处占用的机器家具等要求。①

在一片护校、复校声中,北平师范学院响应上海师大校友发起的恢复大学运动,5月17日上午10时,师院各学会发起召开全体学生大会,决定组织复大委员会,负责推动,先行发动全国5万余校友,向教育当局请愿。院长袁敦礼表示,以校友立场不反对进行。②处于学生运动边缘的国立艺专也借机发起收回校舍运动。该校西城京畿道校舍被空军占用已有两年,校方多次交涉,毫无反响。学生以下学期临时校舍不敷应用为由,组织委员会,17日赴行辕请愿,并向社会呼吁。③此外,中国学院改为大学及国立的活动,校方亦借机推进④,以取事半功倍之效。

一般而言,学生运动需要一张一弛,特别是罢课等极端行为。所谓不达目的决不复课,有如最后通牒,失去了运动的弹性。其结果,或是汇入更具普遍意义的政治性斗争,以维持继续罢课,并壮大自身声势,学生多会选择此种策略,诸如北洋平部、铁院、唐山工院等校学生先后响应北大、清华、燕京之反内战、反饥饿行动;或是专注本校诉求,与政治性斗争进行某种程度的切割,校方及多数教授则会选择此种策略,即借助学潮的冲击力且试图在体制内实现目标。

值得注意的是,政治性斗争的经济、政治议题,多由教授们先行提出,并采取了更为激烈的行动。

4月24日下午,山东大学召开全体教员大会,因物价昂贵,入不敷出,曾两次以代电向政院及教部呼吁,要求与京沪平津各大学教员同等待遇,未见结果,决定再度电催准照前电所请办理,倘无满意结果,则全体罢教。河南大学教授会亦召开全体大会,参加者150余人,一致建议再电中央呼吁调整待遇,推代表赴京请愿,联合各大学一致行动。26日下午2时,中央大学教授会召开紧急大会,决定向教部申诉不堪水电房租负担,要求根据目前生活指数

---

① 《唐山工院罢课》,《大公报》(津)1947年5月18日,第2版。
② 《师院要求复大》,《大公报》(津)1947年5月18日,第3版。
③ 《国立艺专学生要求收回校舍》,《大公报》(津)1947年5月18日,第3版。
④ 《平中国学院改国立有望》,《大公报》(津)1947年5月12日,第3版。

调整教授待遇进而发表宣言,要求解决教育工作者生活问题,推派代表前往相关部院请愿,声称不达目的只有被迫罢教。29日下午2时,东北院校联席会议在沈阳举行,决定电请教部改善东北各院校教职员待遇为一级。① 由于待遇标准差异,行动首先起于地方国立大学。5月4日,河南大学教授会以未得教育部答复,紧急决议即日起全体停教,以待调整待遇。② 山东大学教授105人决议自5日起全体罢教,俟政院待遇调整后,始行复课。各中小学亦开会响应。学生自治会决定5日起停课声援。③ 13日,东北大学教授会以相似理由,决定罢教三日,要求待遇依照京沪平津标准再加15%、平价配给生活必需品等。16日,教授自动复教,④学生却开始酝酿罢课,校内民主墙上出现反对内战壁报,其中有"内战不息,罢课不已"等字样,对教授罢教多表同情,亦有罢教三天还不是没饭吃的不彻底之嘲讽。⑤

与此同时,将于5月20日开幕的国民参政会,又唤起了对于和平的幻想。民主同盟参政员及周炳琳、钱端升、许德珩等中立参政员,准备发起呼吁和平运动,"力挽狂澜,督促双方停止兵争,重作商谈"⑥。国民党内张群、邵力子、雷震等人也有意再试探和平。报刊舆论也现出热情,以为经济情形之恶劣,"势必迫使重开和平谈判"⑦;并期盼中立分子为国家民族"树起人道正谊的旗帜"⑧。教授们的努力,在学生中亦有回响。进入5月中旬,北平各校民主墙上,莫不以团结、和平、进步为中心要求,形形色色的学潮,将与全面反内战要和平的呼声构成此起彼伏之势。⑨

学生一旦接过教授的诉求,立即在口号和行动上表现得更为激烈,规模更大,对整个社会的冲击也就更强。相较于教授要求改善待遇,学生则

---

① 《各大学教授纷纷要求改善教职员待遇》,《经世日报》1947年5月4日,第2版。
② 《河南大学教授停教》,《大公报》(津)1947年5月5日,第3版。
③ 《教授活不下去》,《大公报》(津)1947年5月6日,第2版。
④ 《东大教授昨起罢教》《东大教授今复教》,《大公报》(津)1947年5月14日、16日,第3版。
⑤ 《东大学生反战罢课空气亦浓》,《大公报》(津)1947年5月17日,第2版。
⑥ 《周炳琳等致邵力子函公布》,《经世日报》1947年5月16日,第1版。
⑦ 《我们希望出现奇迹》,《经世日报》1947年5月12日,第1版。
⑧ 社评:《能否挽回互相砍杀的劫运》,《世界日报》1947年5月14日,第2版。
⑨ 《平各校民主墙上吼声》,《大公报》(津)1947年5月16日,第3版。

高呼反对饥饿,以维护基本生存权争取社会响应,并强化行动的合理性。另一方面,相较于标榜中立、温和色彩的和平运动,学生直接使用反对内战的口号,更突出了运动目标的指向。

二、反饥饿、反内战运动高涨

5月12日,中央大学学生因物价高涨,公费不够吃饭,宣布罢课,要求教部增加副食费至十万元,要求系科代表大会授权伙食团动用本学期尚存之全部膳费,恢复二月份菜蔬素质,待吃光后,开始实行绝食,并作饥饿大游行,列队向有关部院请愿。① 13日晚10时,因请愿无果,系科代表大会以103票对13票通过继续罢课,发表请愿宣言:一、增加副食费。二、全力支持教授会决议,拥护教授会三个原则。② 三、联合全国各大学

---

① 事件的起因,有专著记载为:中央大学当局征得教育部默许,自5月4日起暂按4万元开伙,即公费生副食费由2.4万元暂增到4万元。行政院却于5月8日前后在报端重申大学公费生副食费仍为2.4万元,从而成为"五二〇"大风暴的导火线。华彬清:《"五二〇"运动史:1947年伟大的正义的学生运动》,北京:中共党史出版社,2007年版,第38页。此记载明显有误。其一逻辑不通。既然教育部默许,为何行政院不同意?即使不同意,也无须行政院出来澄清。其二事实不符。查《中央日报》,并无该专著记载内容,相反,刊登有5月6日中央大学教授会宣言和7日国务会议后张群、董显光的相关解释,以及参政会将于20日开会的消息。教授会宣言在提出要求后又称:"不到最后关头,我们不愿采取决绝的手段,以免影响青年学生的学业和我们的研究工作,有背我们爱护国家教育学术的初衷。"张群称:"在原则上,生活指数必须有所变动。至变动之详密办法,则正在研究中。"董显光称:"政府在原则上已决定改善全国公教人员待遇,最短期间将决定精密妥善办法。生活指数或将连带有所变动。"《中大教授会宣言》,《中央日报》1947年5月7日,第4版;《昨日国务会议通过十二省总预算案》《改善公教人员待遇即将决定妥善办法》,《中央日报》1947年5月8日,第2版。因此,中大学生的行动,并非由于看到不予改善的报道被激怒,而是从教授的要求和当局将予改善的报道中受到鼓励,以行动提出更高的要求。

② 指5月6日中央大学教授大会决议六项:一、请政府决定并施行全国教育经费最低不得少于国家总预算15%。二、各党派及青年团训练经费,不得由国家教育文化项内开支。三、请政府直接指拨充足外汇,交各学校订购图书仪器及科学器材,并简化上项各物向国外订购之各种手续。四、教员薪津应依照物价指数支付。五、教授最高薪额应由600元提高至800元。六、如不能达到目的,吾人当采取适当步骤。三原则指改革政治、抢救教育和改善教职员待遇,即宣言所言:"我们必须过问政府的政策,必须时得纠正政府的政策,为了受教育的青年学生,为了我们自己的生存权利,为了数十年心力所寄的学术事业,我们谨以切迫至诚之心,诉诸全国国民。"《中央大学教授会要求提高教育经费改善教员待遇宣言》(1947年5月6日),《"五二〇"运动资料》第一辑,北京:人民出版社,1985年版,第134—135页。

采取一致行动。15日上午9时,中大学生联合音乐学院、戏剧专科学校学生共4000余人举行饥饿游行请愿,提升了请愿的规模和激烈程度。行前,学生拒进早餐,至教育部时,宣传队在墙壁、玻璃上书写标语,亦有人将楼下玻璃击毁。朱家骅出面训话,对学生要求加以解释:"公费制原为战时所设,胜利后主席为体念学生,未予废止,现副食费自五月起增至四万八千,并将六七两月提前发给,十万元之要求做不到。"并称:"你们看看老百姓多苦!"学生齐呼:"为何还要打内战?"①16日,中央大学系科代表大会第七次会议决议,自17日晨起继续罢课。随即,学生自治会为要求增加公费再度宣言:"决定暂时休止罢课五天,这一方面是为了给予政府一个考虑的时间,同时一方面我们也不愿白白牺牲学业。"②

中央大学学生的行动,得到京、沪、杭各校的普遍响应,要求内容和行动策略相似,即以中央大学教授会宣言为主要主张,突出经济待遇问题,以渲染饥饿为罢课、游行、请愿等行动的主要手段。饥饿事关生存,悲情的口号更具感染力,能够吸引多数同学的积极参与,但其局限性也十分明显,尤其是"吃光运动"③的号召,很难赢得社会的普遍同情与支持。校园内的吃饭问题和要求提高公费待遇,存在着一系列的明显利益差异:首先是学生与普通民众之间对于饥饿的认识及其应对不同,学生所计算的最低营养标准,④普通民众在此后很长时期也未能达到;其次是国立院校与私立院校之间的距离,即使是在要求改善待遇的同一口号之下,也会因为

---

① 《京中大学生昨结队请愿》,《世界日报》1947年5月16日,第2版。
② 《中央大学系科代表大会第七次会议决议》(1947年5月16日)、《中央大学学生为要求增加公费再度宣言》(1947年5月16日),《"五二〇"运动资料》第一辑,第157、160页。
③ 较早的研究已经注意到"吃光运动"的口号容易引起误解而不易为某些中间学生所接受,5月18日,上海国立学校学生联合会提议改为"抢救教育危机运动"。黄芷君:《论"五·二〇"运动总口号的形成》,《史林》1987年第4期,第79—80页。其实,后者也是中央大学教授会宣言的内容,且为当局使用,所谓口号转换,实为容纳更多参与者,内容也更为模糊。
④ 例如,中央大学医学院四年级食物调查分析报告称,以中等身材同学为标准,每人每日所需热量最低为2584大卡,而每月6万元副食费所能供给仅1859.2大卡,且碳水化合物及植物性蛋白质比例过高,为补充热量不足及平衡膳食需每人每月食脂肪(豆油、猪油、肥猪肉)4.86市斤。《副食费为何要提高》,参见陈雷编著:《向炮口要饭吃——全国学生反饥饿反内战运动纪实》,上海:沪滨书店,1947年7月版,第48页。

诉求对象的不同而加大；再次是国立院校之间及国立院校内部，也会由于各院校等级待遇和公费生、半公费生、自费生之间利益的不同，分散斗争的力量。

相对而言，平津各校学生的响应，反内战内容明显加强，也就是说，政治色彩更加浓厚。如此，便削弱了口号模糊和行动游移的影响，但学生运动的对抗性则大大增强。

5月15日晚6时半，清华大学学生自治会召开代表会，议决17日（星期六）罢课一天，以示学生反饥饿、反内战抗议之决心，并声援中央大学等校师生之行动。又特别说明："学生自治会原不希有任何过激行动，以免妨碍学校秩序及行政，因同学情绪极高无法制止，只得接受并执行全体同学之决议。"①17日，清华学生自治会因和平运动再起发表宣言，为争取有保证永久和平，真正地依据政协原则，成立举国一致拥护的联合政府，决定罢课三天，表示对当局的武力统一政策的严重抗议。②17日下午4时，北京大学院系联合会举行代表会，决定响应中大、清华，自19日起罢课三天，要求：一、立即停止内战，反对武力统一；二、清算豪门资本，彻查救济与经济机关；三、提高教育经费；四、恢复政协路线；五、停止征兵征粮；六、实行蒋主席四项诺言，保障人权，保障自由。民主墙上，教授言论多同情学生，但主张罢课有一定期限。校方则贴出布告，希望同学郑重考虑。③18日晚8时10分，燕京大学举行全体学生大会，有教授20余人列席，多数意见认为唯一解决时局之办法为国共双方放下武器，决定自19日起联合全国大学一致罢课三天，必要时继续，由学生自治会组织"反饥饿反内战委员会"，并请教授参加。④

在反饥饿、反内战运动渐次兴起之际，官方主导的学生运动也在活

---

① 《清华大学学生自治会决定为反饥饿反内战罢课一天》(1947年5月16日)，中共北京市委党史研究室编：《反饥饿反内战运动资料汇编》，北京：北京大学出版社，1992年版，第127页。
② 《为反饥饿反内战罢课宣言》(5月17日)，《清华周刊》复刊第13期，总第689期，1947年5月18日，第2页。
③ 《北大学生明起罢课，学校布告劝请考虑》，《益世报》（平）1947年5月18日，第2版。
④ 《燕大罢课》，《大公报》（津）1947年5月19日，第2版。

动。5月16日下午4时,北平市学生爱国护权联合会在中国学院召开主席团会议,决议于17日通电参政会及全国各机关、学校、民众团体和各报社,呼吁各党派捐弃成见,请中共火速放下武器,自动取消非法组织,放弃地下工作纲领,以普通政党参加政府。① 与反饥饿、反内战运动出现的响应与联合热潮相比,此类通电只是一个空架子发出空声的表演,实际参与面也大大缩水,在学生之中,尤其在大学生中间基本丧失了影响力。因此,图穷匕首见,赤裸裸的暴力随即登场。

5月18日上午10时,国务会议临时会议通过《维持社会秩序临时办法》六条,自即日起公布施行。规定人民团体或学校学生请愿,应派代表向当地主管机关呈请,代表人数以十人为限,不得聚众胁迫。不能解决时,应候主管机关向其上级机关呈请核办,不得越级请愿。各学校学生如有罢课或游行示威,或其他扰乱公安情事,教育行政机关应采取必要措施或予以解散。致妨害公共秩序、阻碍交通、妨碍公务、毁损公私财物或妨害他人身体者,当地政府应采取紧急处置作有效制止。蒋介石在"整饬学风,维护法纪"的谈话中,依旧将最近发生之学生行动,归于"共产党直接间接之策动","实已越出国民道德与国家法律所许可之范围",威胁"将不能不采取断然之处置"。② 同日,教育部电令各大学及教育局,将临时办法晓喻学生,"已罢课者即日复课,并查明滋事分子,分别从严惩处,为首者一律开除学籍"③。北平市警察局命令所属注意学生游行讲演活动,又规定:"应尽量维持交通秩序,勿予正面干涉,以免冲突。"④

于是,最先到来的暴行,并不是直接使用国家机器的镇压,而是最卑劣的,也是对付学生惯用的流氓暴力手段。

5月18日下午,清华、北大、北洋平部等校学生分别组织宣传队,赴

---

① 《学生爱国护权会吁请中共放下武器》,《华北日报》1947年5月17日,第4版。
② 《维持秩序平息风潮,府令公布临时措施》、《蒋主席告全国青年》,《大公报》(津)1947年5月19日,第2版。
③ 《平市当局奉令严惩越轨学生》,《益世报》(平)1947年5月20日,第1版。
④ 《北平市警察局为北大、清华、燕京三校游行讲演通传所属注意》(1947年5月18日),《解放战争时期北平学生运动》,第197页。

市内各地向市民宣传反内战、反饥饿。当北大宣传队在西单讲演时,遭遇青年军军人质问:谁打内战？不要责备我们打内战,我们是被动的。双方理论中,军人愈发增多,并指学生是共产党,动武殴打,且尾随挑衅殴打学生。半小时后,在西单北口的北大、北洋宣传队亦遭到青年军军人的殴打。一辆清华校车行经西单北大街时,被青年军军人拦住打毁,车上学生被殴伤。①

西单事件发生时,李宗仁正在勤政殿宴请国私立各大学负责人,商讨平息学潮及处置学生公费伙食各项办法,闻讯后表示事前绝不知情,当系偶然事件,必须制止。到会者都认为:"此次学生运动决不可压制,必须因势力导,此项不干涉之方式如能自上贯彻至下,则实为当局之有效措施,足使学运不再扩大。"李宗仁同意不取高压手段,希望到此为止,不再扩大惨案,青年军二〇八师自19日起不再出动。②

当局试图以星期天的青年军放假遭遇学生罢课,以青年对青年,失业失学而从军受过中等以上教育之学生对大学生,将事件描述为因政治意见相左,发生口角,遂致互殴。③ 然而,学生并不这么看,他们认为西单事件是一个有计划的行动,当局又使出了"一二·一"以来的一贯手法,破坏反内战宣传:

> 在宣传队到达西单时就已经有青年军的军车等在那里,青年军殴打一部分同学时,宪兵就在四周维持秩序,用拳脚来禁止其他同学劝解,当青年军从北池子南口追赶返校的同学时,北口也赶来了青年军前后夹击,事后北池子安上了青年军的警卫,北大同学不放通行……这些都证明这是一个有计划的行动。④

至于是否有计划有组织,在当时及事后均未深究,可见并非左右学生

---

① 《平市学潮昨演惨案,北大北洋学生被殴》,《益世报》(平)1947年5月19日,第1版。
② 《北平会商平息学潮》,《大公报》(津)1947年5月19日,第2版。
③ 《青年军当局谈话》,《华北日报》1947年5月19日,第4版。
④ 《西单血案专号——揭发当局的阴谋》(1947年5月18日),《反饥饿反内战运动资料汇编》,第142页。

运动趋向的关键因素。据报刊记载及亲历者描述①，学生确有阻拦军车并在车上贴标语、写标语行为，也曾在被殴后在人数优势的情况下殴打青年军军人，不过，大批青年军乘坐军车出现在西单街头，以及施暴时之凶狠，且高呼"打倒共产党"口号，很难不让人联想起当年的昆明血案。当然，还需注意另一类有计划有组织的指责。19日下午1时半，在北大院系联合会举行的记者招待会上，有记者纠缠宣传文字既为预先拟定，反内战内容"并无只字责及中共，恐难昭公允，而折服人心"。② 暗指宣传队是为中共宣传，可戴"红帽子"依旧是昆明的老把戏。学生走上街头宣传反内战、反饥饿，又恍如"五四"重演。③

既然是历史重演，结果便一目了然。当局企图以所谓"纯属感情冲动"的街头暴行吓阻学生，实在是打错了算盘。学生的力量，并不在于街头斗殴是否强悍，而是源于群体的一致行动、各学校的广泛响应和社会各界的同情声援，尤其是针对北京大学、清华大学学生的暴行，很容易激起更大规模、更为激烈的抗议行动。

18日当晚，北大、清华、燕京、师院、铁院、中法、朝阳、北洋平部、天津南开、北洋、唐山交大、汇文等校学生代表在北大召开紧急会议，决定成立"华北区各院校五一八血案后援会"，向北平行辕抗议，自19日起一致罢课，提出九条口号，较前之要求增加了抗议"五一八"血案，确实保障人权；反饥饿、反内战；提高工人生活，减除农民痛苦等内容。④ 西单事件即刻产生出强大的凝聚作用，学生运动的主要内容与核心口号更加清楚，又将要求改善师生待遇扩大到工农群众，推动运动由校园向社会发展，并以保障人权对抗当局的临时处置办法。19日，"华北区各院校反内战反饥饿联合会"决定20日举行游行，并发表三点声明：一、此次游行单纯站在人民立场。二、所有宣传文件均由联委会署名盖章，否则概不负责。三、此

---

① 罗荣渠：《北大岁月》，"罗荣渠文集"之四，北京：商务印书馆，2006年版，第120—123页。
② 《北大院系联合会招待记者颇多辩难》，《华北日报》1947年5月20日，第4版。
③ 《恍如"五四"重演》，《大公报》(津)1947年5月19日，第2版。
④ 《平津唐各大学成立五一八血案后援会》，《经世日报》1947年5月19日，第4版。

次游行已向行辕备案,如有不幸事件,应由行辕负责。①

　　暴行使得北平学生愈加兴奋,"民主运动过去的光荣历史告诉我们,而且我们也有这么自信心!血只能更增加我们的勇气,血种下了更深的恨的种子"②,壁报、快报、号外异常活跃,各种请愿、声援、慰问活动纷至沓来,此前较为沉寂的辅仁大学、中国学院、艺术专科学校、第一助产学校等校学生,也均有响应行动。中央大学、金陵大学等校学生及上海国立学校学生联合会先后致电慰问,表示支援,平津地区与京沪苏杭地区学生运动的联系更为密切,形成相互呼应、相互配合的一致行动。

　　5月19日,胡适在北大校长室接见记者,对学生被殴事件发表谈话。胡适认为,西单事件"系个人与个人的问题,不是学生与军队之冲突"。并继续从古今中外历史发展的观点,阐述其对学生运动的看法:

　　　　"凡国家之政治未上轨道,不能令人满意,又无合法代表民意机关,监督政府,改善政治,在此条件下,干预政治,提倡改革,自然落在青年知识分子上,绝无例外。"……渠对今日学生运动认为很难取消,因为"今日中国政治,为多数人不能满意"。③

　　胡适认为,《维持社会秩序临时办法》"在事实上执行当有困难",北大、清华学生的宣传行动,不同于京沪杭学潮,并对此次学生反内战、反饥饿运动及罢课表示同情,希望学生注意三点:一、在文字宣传方面,避免刺激感情。二、在向老百姓解释的时候,要避免冲突,不要妨碍交通。三、同意罢课三天,希望院系联合会能放能收。胡适谈话作为校方及教授意见,在学生中还是有相当影响,虽然对西单事件性质的认识不同,可鼓励了学生行动的勇气及正义感,学生也给予了正面回应。19日下午,北大院系联合会在红楼招待记者称,宣传队"出发前特别劝告同学务须骂不还口,打不还手,遇事力持镇静"。并称血案"三日内如获合理解决,罢课之期不

---

① 《平津学生今游行》,《大公报》(津)1947年5月20日,第2版。
② 小评:《又是血债》(1947年5月18日),《反饥饿反内战运动资料汇编》,第149页。
③ 《对学生被殴事件胡适昨发表谈话》,《益世报》(平)1947年5月20日,第1版。

拟延长"。① 同日,北京大学教授、讲师、助教袁翰青、费青、闻家驷、冯至等62人联名致函院系联合会,表示同情,对受伤同学表示敬意及慰问。清华大学教授80余人联名致函全体同学,对同学为反内战、反饥饿而罢课,表示衷心同情。

5月19日,北平各报均刊登了《维持社会秩序临时办法》,教育部电令也到达市教育局及各院校。北平市工农商文教妇女等11团体为学潮问题通电全国,指责学潮是:"大好青年,甘作政争工具。堂堂学府,竟成造乱场所。"要求当局"严予惩处"②,借以充当民意。北平警备司令部致函胡适,请北大校方负责劝告学生即行停止或予制止即将举行的游行示威,"以免发生意外"。③ 北平城内空气紧张起来,大批军队已在海淀一带布防。另一方面,当局也在制造整顿已收取实效的消息。5月18日晚,部分中央大学学生组织复课运动委员会,以为要求提高副食费的请愿行动已成为政治斗争,运动已经变质,"我们纯洁的动机,合理的要求,竟为野心家用作政争的工具"。部分教授也在后退。19日晚7时,中大教授会召集全体学生谈话,表示不赞同学生以罢课方式争取经费。校长吴有训警告曰:"如果为了党派利益而牺牲中央大学的利益,就是中大的耻辱。"④

虽然如此,学生不为所动,各校都在加紧游行的准备工作。19日,罢课第一天,北京大学安静如常,图书馆阅览室照常开放,红楼上课钟声依旧,然无上课者。民主墙上的红绿壁报,还是有许多同学驻足观看。班级会竟日会议频仍,院系联合会的工作人员则忙于奔走联络,张贴布告。北大北楼依然成为北大、清华宣传队的办公厅,红楼各教室成为编辑、印制各种宣传品及书写壁报、标语的工作场所,同学练习已编定的反饥饿、反内战歌曲的歌声及讲演台词的朗读声不绝于耳,漫画组在画街头漫画,整

---

① 《北大学生抗议学生被打事件》,《大公报》(津)1947年5月20日,第2版。
② 《平市十一法团通电指谪学生被奸党利用》,《华北日报》1947年5月20日,第4版。
③ 《北平警备司令部为学生游行示威事致胡适函》(1947年5月19日),《解放战争时期北平学生运动》,第198页。
④ 《民主掮客利用学生,中大同学极表愤恨》,《华北日报》1947年5月20日,第2版。

个准备工作井井有条。北大沙滩大门及总办处大门,均有佩带红条执行纠察职务的学生把守,非经许可校外人士不得入校。

5月20日上午10时,国民参政会第四届第三次大会举行开幕式,在一片呼吁和平的氛围下,蒋介石在致词中重弹老调:"我们仍然秉持中共问题以政治解决的基本方针,但是和平统一的能否实现,完全系于共产党的态度。"①可是,在官方老调与"破车"②上路之间,部分参政员争取和平的意愿依旧强烈。杨振声因病不能出席,在病榻上对记者称:"本届参政会实为唤起和平运动之最后一线希望。学生运动或许有某些要求不合理,但他们喊出的大问题'反内战、反饥饿',政府必须要考虑。"③

北平整日都经受着大风沙的洗刷,上午10时以后,北京大学红楼操场逐渐热闹起来,参加反饥饿、反内战大游行的各院校学生陆续到达,其中清华、燕京队伍进城后,途径辅仁时欢呼辅仁同学参加,结果三校先后到达北大。操场上用白粉写好了游行队伍的序列,每一单位队伍进来后,同学们均用掌声和歌声欢迎。募款箱也慢慢满了起来,同学们尽其所能,支持运动进行之所需。北大剧艺社在游艺室前阶上演《放下你的鞭子》《凯旋》,供中学生观看,中学生中又以女生活跃,有的练习歌曲,有的整理传单。合众社、美联社、纽约时报等外国媒体,亦派记者到场采访。

游行组织分两部分:游行领导机关为"最高行动委员会",由各院校代表组成,各院校队伍分别分为游行大队、请愿团(由燕京代表负责)、宣传总队(由清华代表负责);辅助部分有纠察(由各校共同组织)、外联(由北大代表负责对外发言)和救护(由北大代表负责)三部,另外各院校有一人

---

① 《蒋主席致词全文》,《世界日报》1947年5月21日,第1版。
② 于斌主教代表全体出席大会之参政员在开幕式致称:"有人把今天国内的局势描写为一个破车载了宪法,政府是司机,驾驶破车要在这七个月零五天的时期后开到国民大会堂,这个比喻,是否与实际情形相符合?"《于斌致词全文》,《中央日报》1947年5月21日,第3版。此次国民参政会结束不久,中共对"破车"加以比喻,认为这是一次蒋介石一手制造、反动分子占绝大多数的参政会:"曾经竭力装作附和全国民主派反内战要和平的模样。也有极少数真心希望和平而缺少经验的人,曾经对这次参政会怀抱幻想。"表明此次和平运动彻底失败。新华社社论:《破车不能再开——评第四届第三次国民参政会》(6月5日),《人民日报》1947年6月7日,第1版。
③ 《杨振声病榻谈和运》,《大公报》(津)1947年5月21日,第2版。

负责联络,有权应付临时事故和改变游行行列。并决定统一口号十条,游行队伍共同遵守,不得改易:一、反对饥饿,反对内战。二、公教人员待遇应按物价指数比例增加。三、提高教育经费至国家总预算的15%。四、全国公私立大中学一律公费待遇。五、停止征兵征粮。六、提高工人工资,减轻农民负担。七、废除一切苛捐杂税,减轻商人负担。八、清算官僚资本,彻底挽救经济危机。九、恢复政协路线,实行真正的民主政治。十、抗议"五一八"血案,确实保障人权。内容与之前要求大致相同,且扩大了诉求面,把学生行动放在维护全社会利益的制高点。

游行开始之前,北大院系联合会致函胡适,"再恳切请求校长再通知地方治安当局予以保护,以免发生意外事件"。并再次强调:"这次游行纯出于同学爱国热诚,相信如无特别阻碍,一定会圆满结束。"①

在稍事休息、整队之后,下午1时25分,游行大队自红楼操场出发,较预定时间晚了一些。最前面的是一辆北大宣传队卡车,车上是总指挥和歌咏组。继而是白底红字上书"华北学生北平区反饥饿反内战大游行"的横旗,紧跟着1500名清华学生做前锋,从军复员同学充当前导的前导,均着远征军军服,手拉着手,有些同学还头戴钢盔,身佩水壶。接着依次是第一助产学校、师院、铁院、中法、北洋平部、燕京、艺专、朝阳、辅仁等校学生,北大殿后,队前同样是从军复员同学的行列。另外,还有女一中、女二中、女三中、贝满、汇文、艺文等中学的部分学生参加,唐山工院学生亦派代表参加,共20单位学生万余人。② 在游行队伍中,一般女生走在行列中间,中学生则夹在各大学之间;并由第一助产学校和北大医学院学生组成两支救护队,间隔分置于大队之中,救护车及担架队则在大队尾部随行。在游行大队的两侧,均有纠察队员随行,维持秩序,并有自行车数十

---

① 《北京大学院系联合会给胡适校长的一封信》(1947年5月20日),《反饥饿反内战运动资料汇编》,第184页。
② 关于游行参加单位及人数统计存在差异,参加单位有14、18或20之分,参加人数则有7000余人、万余至3万之差。参加单位差异主要在于校内学生争议,即参加者是否有权代表学校。参加人数差异主要在于统计标准,即整队出发时的估计,以及中途临时加入和围观聚集情况的计算,存在较大差异。关注差异的意义,主要在于观察学生分化情况。

辆,往来穿梭联络。

　　游行队伍自北大红楼操场东门出发,按照既定路线,向东穿过弓弦胡同、马市大街、东四西大街,至东四牌楼向南,经东四南大街到灯市口,再向西折至东华门,复向南穿过王府井大街到东长安街,人们原以为游行队伍会奔东单练兵场,不意大队却向西直奔天安门,过西长安街至西单,再向北经西单北大街至西四丁字街,然后,向东经文津街、景山前街到沙滩,依旧入北大红楼操场东门,返回红楼操场。

　　大队出发用时25分钟,人数虽多,可庄严、肃穆、热情,三人一排,两旁是纠察队员,有着比抗暴运动时更严格的纪律,每个人都自发地提高了警觉与服从,"反饥饿、反内战"的口号,此呼彼歇,此息彼起,旗帜在空中飞舞。军警全部是徒手出动,当游行队伍通过时,暂时离岗,让给学生纠察队指挥。[①] 下午2时,队伍到达东四牌楼,围观的民众增多,亦有许多中学生加入。宣传队最为活跃,队员高举丈长的扫把,将大幅漫画、歌曲、标语贴上墙与牌楼的高处,粉笔宣传员在墙上、柏油路上赶写标语,电汽车上贴满了红绿标语。一些同学背着由竹框纸糊的彩色宣传画,或在衣服上写上粉笔标语,单车纠察员的衣服、帽子上写满了标语,成了"活标语"。宣传车的速度快,先行开到大队的前面,唱歌、朗诵、演讲,散发传单、宣言及油印歌曲,推销《清华周刊》《罢课快讯》等学生刊物,待大队到来时便开到前面下一站,继续宣传工作。

　　队伍经过天安门时,学生们的精神一度紧张起来,因为官方在太和殿举行了另一场学生集会,但并未遇到异样迹象。3时20分,宣传车停在中山公园门前,先以唱歌围聚群众,再进行朗诵、演讲。演讲员解释了罢课的目的,强调饥饿的根源在于内战,在于当局的实行武力统一政策,并指出:

　　　　现在,和平运动的呼声又荡漾起来,然而,鉴于以往每次和谈后都是大打,因此,不希望这次和运又是当局的政治攻势,为拖延时间,布置好军事而再行大打,人民需要有保证的长期停战,需要有保证的

[①]　《从学校走向街头》,《大公报》(津)1947年5月21日,第3版。

永久和平,这保证不是空口谎言,不是纸面文章,而是真正的依据政协原则,成立举国一致拥护的联合政府。①

学生沿街高唱的歌曲,多借用学生运动的习惯做法,将脍炙人口的历史歌曲填上现实运动的新词,如《反内战进行曲》采用《义勇军进行曲》、《反对内战》采用《打倒列强》、《停止内战》采用《枪口对外》、《保卫人民》采用《保卫黄河》等的曲谱,便于演唱,感染力强。也有新编的反饥饿、反内战内容的短曲小调,均新颖活泼,如《关金票》《一百块钱》和《停止反人民的内战》等,前两首讽刺物价飞涨、货币贬值的情景,其中唱道:"这年头,怎么得了,一百块钱的钞票满街抛,街头茅房到处有,垃圾堆里也找得到。"后一首则呼吁民众起来反对内战:"为了人民,为了和平,不准打,打下去害了人民害了国家损失大,政府和人民要像一家人,不准打呀,不准打呀,不准打。"②同样反映了游行的主题和学生的认识。

3时50分,游行队伍行至中南海北平行辕门口,请愿团代表三人入内请愿,大队在门前等候。请愿书中以十条游行口号为要求内容,并提出四点具体要求:一、惩处二〇八师"五一八"西单肇事兵士;二、配给各学校粮煤;三、停战;四、释放户口总检查被捕之铁院学生陆元炽。行辕总务处副处长李宇清代表李宗仁接见,答称:肇事者查明后加以处分;粮煤问题当地如有办法,可以供给学生;政治问题地方政府只有遵国策办理;陆元炽早已释放。

其时,有纠察同学从前方赶来报告,纠察员北洋学生邓霄和联络员北大学生胡节中在西单被暴徒围殴,伤势严重,已由救护车送北大医院救治。又传西单有二三百衣冠特异人物③埋伏,意图扰乱游行队伍。南长街及西单附近发现了三种与游行队伍相反的传单、标语。大队顿时紧张,

---

① 《北平学生昨扩大游行》,《经世日报》1947年5月21日,第4版。
② 《学生沿街唱!》,《经世日报》1947年5月21日,第4版。
③ 关于是何人意图破坏游行,并无清晰的记载,对其衣着描写有多种,如:状似学生打扮或类似学生者、着黑色学生装(疑似中国学院学生)、短打的汉子(很像天桥练把式的人物,疑似北平市粪夫工会成员)、便衣等,可能是学生、特务、黑社会、下层劳动者等多重身份象征的混合。记载含混反映了当时事态之复杂,也为各种解释提供了一个可资利用的隐喻。

纠察员频频进行防护工作,宣传队卡车也靠近大队缓缓前进。4时三刻,大队前部停在六部口国民电影院前,道路狭窄,人群堵塞,交通全靠纠察员维持。大队停留约半小时,整顿队伍,加强警戒,纠察队自行车分左右两队且相互连接,纠察员与大个子同学在大队两侧手牵手形成人墙,宣传员暂时入队,停止工作。

游行大队缓缓而行。行至西单向北行进时,东北拐角富华呢绒服装行楼顶上突然掷下大砖头十余块,市民大乱纷纷逃避,幸未伤人,游行队伍一度被不明身份之便衣冲断。半小时后,当游行队尾通过时,西南角同懋增纸店楼顶上又对救护车掷下大砖头,围观市民再度大乱,多人挤倒在地,商店纷纷上板,游行队伍依然顺序前进。时在报子街东口停有军车一辆,满载士兵,见有人狂掷砖块,遂将为首者抓获,学生以为是游行者被捕,赶来理论,经士兵说明原委,一场小风波始息。

队伍通过西单、西四折向东行,学生紧张情绪稍懈,认为不会再有大冲突发生,宣传车又加快速度前行,宣传工作也开展起来,并于市府前由快讯上得知天津游行学生被打。下午6时半,游行队伍返回北大红楼操场。留校工作的几个同学手举红纸旗,在沙滩西口迎接大队,上书"凯旋战士归来"字样。校门口及红楼操场有大幅标语:"你们凯旋了,伟大的战士!""辛苦了,民主的战士们!""光荣属于你们!"其后,由主席团报告受伤同学情况及赴行辕请愿经过,以及有清华卖周刊学生和唐山工院学生代表失踪、南京中央大学等校学生游行与军警严重冲突的消息,并宣布明天继续罢课一天,希望各校同学尽力支持到底。北大代表提议定6月2日为"反内战日",全场赞成通过;又以为红楼操场半年内已有两次伟大游行在此集合,展现了民主团结的力量,提议命名为"民主广场",并请艺专同学设计书写此四字。

晚8时前后,市内各校学生分别徒步返校,清华同学一部亦整队步行,燕京同学则全部搭乘校方租用之卡车。各校同学离开时,北大数十啦啦队员在门口高声喝彩欢送。至9时50分,最后三辆卡车载北大先修班同学返回四院。

大规模的、激烈的集体行动,有助于拉近学生之间的距离,加快同学的成熟过程。

> 北大先修班平日少数互有异见的同学,在今反内战反饥饿的工作中始终团结无隙,双方增加了解不少,足证谁都是有良心的同学,谁也不甘受人挑拨离间,自相残杀。①

另一方面,此种行动也可能加剧学生之间的分化,并使对立公开化、激烈化。19日下午,辅仁部分学生成立所谓反内乱反饥饿反罢课之三反委员会。20日晨,有401名学生联名请求召开全体学生大会,议决罢课响应,并参加游行。然而,在表决时,曾忽然发生冲突,反战派与反罢课派打成一团,并有人将大礼堂门关上,致四面玻璃多被破坏,受伤者数人。当带伤参加游行的辅仁同学到达北大时,则受盛大欢迎。20日晨,师院反内战反饥饿委员会召集同学于图书馆前集合出发参加游行,一部同学向前阻止,称"护校"与"反饥饿"系两种运动,不得混为一谈,不应以师院全体名义参加。双方口角乃至动武,结果参加游行同学自动检点人数,计300余人,声称"我们代表自己"。② 朝阳部分学生响应京沪复课运动,20日由15个壁报社发起组织复课委员会,请求立即恢复上课。③ 校内的对立,也给参加游行者增加了巨大的压力。游行队伍返回北大红楼操场后,辅仁、师院代表均表示,由于特务或"棍子"的迫害,明天恐怕不能一致继续罢课。

20日下午2时,北平市各界肃清内奸恢复和平运动大会在太和殿举行,自称有工农商学各界两万余人参加,所通过的宣言中称:"假如没有中共,中国就没有内乱,没有内乱,就没有饥饿问题了。"④声称学潮泛滥乃是背后由共党操纵。要求速平内乱,以安民生。要求政府改善姑息养奸怕事息事的态度。大会还临时动议推举代表赴行辕请愿。4时许散会。到会者主要是中学生,由市教育局命令各中学校长率学生参加,并派代表

---

① 《反饥饿反内战——万人大游行》,《反内战反饥饿大游行专号》,北大快讯社编印,1947年5月24日。《反饥饿反内战运动资料汇编》,第201—202页。
② 《辅仁响应决定前曾起纠纷》《师院出发前也有小纠纷》,《大公报》(津)1947年5月21日,第3版。
③ 《朝阳复课运动热烈》,《益世报》(平)1947年5月21日,第2版。
④ 《平各界昨举行大会要求肃清内奸恢复和平》,《益世报》(平)1947年5月21日,第1版。

到市党部领取传单、标语。这是当局制造的另一个代表"民意"的会议,虽然也讲民主、民生,透露出来的却是满满的杀气。北平当局也即刻升高了镇压的调门。警备司令部司令陈继承称:"查二十日学生罢课游行,纯为少数人发动,强迫同学参加,甚至发生互殴情事。"今后绝对禁止游行,"如再有发现,定当依法解散,其首要分子,并依法予以制裁,必要时并将宣布戒严"。警察局局长汤永咸则称,20日的学生游行示威,乃是政府"为爱护青年,避免冲突起见"未实行《维持社会秩序临时办法》,"决定二十一日起布告实施此项办法,自二十一日起,罢市、罢工、罢课、请愿游行均在禁止之列,警局决认真执行命令,维持社会安宁秩序"。①

当然,当局对自身动员能力的夸张宣传,也会遭到学生的回击。对于太和殿大会赴会者名单中也有清华大学学生,22日,清华大学学生自治会声明:"本校校方既未公布参加办法,同学亦未决议参加,想系本校少数特殊同学盗用本校名义参加,除立即追究外,如查明任何人盗用名义,即依法起诉。"燕京大学学生自治会亦有同样声明:查明校方并无代表参加,"本会既代表全体同学反对内战,自无派选代表参加之理由"②。

"五二〇"当天,天津、南京等地也有了学生游行示威的行动,规模不及北平,口号也不如北平鲜明,但由于均酿成血案,又成为北平学生运动进一步发展的重要因素。

天津学生的反内战、反饥饿游行分两路进行,南路以南开大学为主,北路以北洋大学为主,原计划两路分别向市府行进,在市府门前会齐,请愿后分别返校。20日晨8时,南开大学学生450余人及中学部学生300余人在六里台北院宿舍院内集合待出发游行,队前大横幅上书"华北学生反内战反饥饿大游行",队间有"内战不停,饥饿不止""中华民国宪法中规定人民有集会、结社、信仰、言论、请愿自由"等横旗标语。训导长鲍觉民、教务长陈序经赶来,再次劝阻无效,于9时整队出发。离校不远,行至迪

---

① 《维持秩序临时办法警局布告今起实施》,《华北日报》1947年5月21日,第4版。
② 《校名被盗用清华燕京同学分别发表声明》,《燕京新闻》第13卷第27期,1947年5月26日,第1版。

化道西头,突有200多名暴徒①冲来,高呼口号,砖头石块密如雨下,警察作拦阻状并带走数名学生,当学生上前交涉时,又遭暴徒、当局皮带、木棍乱打。学生只得退回校内,决定不释放被捕同学,继续罢课请愿游行。警备部宣布,六里台南大门前自11时半起戒严两小时。北洋大学学生400余人于出发前,也得到校长金向洙的游行可能受阻之告诫,学生仍按计划于8时出发,行至市中心区金刚桥北口,遇百余徒手警察列队阻止前进,经交涉通过警戒线后,在罗斯福路美琪影院附近遭遇百余高呼"反对罢课"的青年的拦阻,双方辩论时,另一伙暴徒冲进学生队伍,使用皮带、木棍、铁尺等物殴打学生,警察则以维持秩序为名,将数名学生带回警局。部分学生冲脱后,前往市府请愿,要求立即解除南开警戒线、释放被捕同学及惩凶等。

南京学生遭遇的则是赤裸裸的政府武力镇压。20日,京沪苏杭区专科以上十六校学生数千人在南京举行挽救教育危机联合大游行,宣言中所提五项要求②,依旧为中央大学教授大会决议之内容,游行队伍以书有"京沪苏杭专科以上学校挽救教育危机请愿团"的横旗,以及书有"和平奋斗救中国"的孙中山巨幅遗像为前导,以《宪法》条文批驳《维持社会秩序临时办法》,反内战主题并不突出,至少各校对反内战的意见并不一致。尽管学生极力降低游行的政治含义,并赢得校方及教授的支持,可是,当局依然不能容忍任何非官方的街头集体行动,南京学生遭遇多重阻拦。各校游行队伍在校内多有校方及教授劝阻,甚至在校门前拦阻。金陵大学等校门外有军警阻止。冲出学校开始游行后,在珠江路口遇警宪横列封锁,当学生试图通过时,数条水龙向学生放射,警察持木棍追打,混乱中

---

① 施暴者的身份不清,有着短衣者、"短衣群众"、穿着灰黄各色制服之青年、壮汉、很像小工苦力、十三四岁的小孩等多种描写,应该是学生及特务、流氓的混合体,而施暴者以特务、流氓为主。官方则统称为"天津市学生爱国团体联合会"的部分反罢课学生,因意见不合而动武。

② 五项要求为:一、全国教育经费须提高到总预算15%。二、五月份学生副食费增加到10万元,以后按物价指数,逐月调整。三、专科以上学校的学生,应一律享受公费待遇。四、提高教职员工、研究生待遇,或生活津贴,并按物价指数逐月调整。五、请政府直接指拨充足外汇,交学校订购图书仪器及科学器材,并简化上项文物向国外订购之各种手续。《京沪苏杭区专科以上十六校学生挽救教育危机联合大游行宣言》(1947年5月20日),《"五二〇"运动资料》第一辑,第247页。

有学生被捕。中午12时,游行队伍冲过封锁线到达国府路,再遇封锁线阻拦,前面是徒手宪兵队列,后面还有武装警察、宪骑队、防护团等数道封锁。此时不远处,国民参政会正在国民大会堂举行开幕式。卫戍司令部连续发布两道解散令,学生不为所动,依旧在原地坚持,并开展街头演讲。其间,学生代表先被带至卫戍司令部交涉,后会见参政会秘书长邵力子,得向参政会请愿,提出被扣交通车、卫生车立即归还和撤退军警,由学生自己维持秩序两项要求。下午6时许,警宪奉命撤退,学生整队经碑亭巷、成贤街返校。

至于释放被拘捕学生、受伤者之医药费和严惩凶手,以及用更有力的行动向政府抗议、争取全国学生乃至全国人民的支持,势必成为学生运动进一步发展的目标及动力源。

三、平息抑或再起

事物的发展有如波浪。潮起潮落,受制于月亮圆缺,波浪之冲击力量,还要考虑到风暴、地貌等因素,所谓平息,也只是起伏较小的表面平静。

"五二〇"运动就其参与规模、影响范围、口号内容、组织技术和斗争形式而言,已经达到了战后学生运动的高潮,其后如何发展,是暂时进入低落时期,还是出现连续跳跃,必定成为严重的问题。

当然,游行的组织者们大多想乘胜前进,从游行结束后之北大红楼操场集会可见一斑。在经历了紧张行动的兴奋之余,在群众热烈鼓掌赞成之下,仓促通过了定6月2日为反内战日和筹办华北学生联合会两项决议。此举再次表明,学生运动一经高涨起来,并不能够依据理性策略规划下一步行动,实际行动要视事态发展及当局的应对而定。

5月21日,北平市警察局颁布严禁罢课游行请愿公告,声称:"须知政府为实行宪政,对人民合法自由固予绝对保障,但如人民行动危及国家与公众利益,政府为维护公共安宁,亦当依法制裁。"①紧接着便出现了朝

---

① 《维护社会秩序办法警察局昨公告执行》,《华北日报》1947年5月22日,第4版。

阳、四中血案。

22日下午1时许,朝阳学院有所谓复课学生撕毁罢课学生所张贴壁报,致两派学生发生冲突,斗殴甚烈,互有损伤。复课学生要求军警排解纠纷,逮捕主张罢课者,而在校门前梭巡许久之武装人士,乘势逮捕数名自校内跑出学生,并要求校方交出其他殴人学生。① 事件报道出现严重对立。中央社公然称,少数共党分子以手枪、手杖、木棍为武器,殴打复课学生。② 学生团体则直指打人者为特殊分子或特务分子。③ 也是22日下午,市四中高三毕业班同学在礼堂邀请校友指导升学事宜,有清华、北洋、燕京三校学生十多人前来参加活动,当活动结束大中学生一起唱歌时,四中校长以教育局令各校绝对拒绝校外人士到校非法联络,带领警察到场,以为学生在进行所谓反动宣传,对外来校友进行捆绑意图带走,激起四中同学抗议并与警察冲突,当局即派保警队及车巡大队赶去弹压,被绑学生则向市府提出追究原因、惩办凶手、公开道歉、保证今后不再发生同样事件等十项要求。④ 当日,北平加紧戒备,晚10时即开始疏散行人,并定每夜12时起绝对禁止行人通过重要路口。

同样是5月22日,北京大学教授王铁崖、向达、吴之椿、沈从文、杨振声等31人联名发表宣言,其中写道:

> 罢课游行以致荒废学业自非我们所能赞同,但是青年学生具有不满政治现状的情绪,以纯洁的心地提出具体主张,殊不应愈予曲解,尤其不应横加污蔑。他们绝不是受胁制玩弄,供利用的工具,其行动亦不能认为是侵迫群众煽动暴乱的阴谋。政府之各种措施,包括紧急法令的全体,显示政府当局并未平心静气正视事实。不满的情绪既非高压手段所能抑止,更非法令条文所能平息。

---

① 《朝阳大学罢课纠纷》,《大公报》(津)1947年5月23日,第3版。
② 《朝阳学院发生打剧,学生十一人被殴伤》,《益世报》(平)1947年5月23日,第1版。
③ 《朝阳血案事实经过》(1947年5月),《反饥饿反内战运动资料汇编》,第218—219页。
④ 《平又有打学生事件》,《大公报》(津)1947年5月23日,第3版。《侦缉队呈报弹压四中学生宣传演讲活动情形》(1947年5月23日),《解放战争时期北平学生运动》,第203—204页。

青年学生运动的起因是不满现实,唯有改变现实才能平息他们的不满。推诿与压制,结果适得其反,殷鉴不远,不敢不告。①

此种言论,成为批评政府处理学潮不当、阐述青年学生运动实质的典型叙述,也为学生解释自身行动所常用,对于战后学生运动的影响巨大。

当局对学生运动边缘部分公开挥舞屠刀的怯懦伎俩,显然激怒了学生,教授宣言则给予学生以鼓励,当然,在更大范围内,以参政会为主要平台的和平运动的调门继续升高②,也为学生提供了一个继续表达的机会,并对当局有所牵制。

于是,原本已决定复课的学生,复而罢课。5月23日,北平区大学生反内战、反饥饿联合会在北大灰楼开会,决议为朝阳、四中血案及清华罢课专刊被迫停刊事件继续罢课,不能罢课者则"休罢",并承认罢课与休罢为同样态度。③ 其后,各院校分别召集会议,有北大、清华、燕京等校继续罢课。北大院系代表大会决议自24日起罢课三天,26日复课,要求当局全部释放被捕同学及负责受伤同学治疗。并印发告全国同学书,定6月2日为"反内战日",决定四项工作:一、举行哀悼因内战死难的人民及士兵大会。二、发动反内战反饥饿大游行。三、进行街头宣传,联合各界人民罢工、罢市、罢教、罢课。四、访问工商各界及各机关一致行动。④ 清华学生自治会则以京津学生为响应北平抗议"五一八"事件举行游行遭无理殴打,在两地惨案未得解决之时,"先期复课,良心实觉不安",加之清华等校学生在四中被捕事件发生,遂接受半数以上同学决定自23日起延长罢课三日,并联络北大等校一致响应。⑤ 22日晚,燕京反饥饿、反内战委员

---

① 《北大教授表明态度》,《大公报》(津)1947年5月23日,第3版。
② 如张君劢向参政会大会提出和平方案,其中有"精诚所至金石为开"之语。由燕京大学发起之北平教授和平运动,征集华北专科以上院校教授在宣言上签名,完成后送达参政会。《大公报》社评称:"学生和教授的呼吁停战,是近来争取和平运动的一个开端。""务须抓住时机,珍惜这一个机会。"社评:《大学教授和平运动》,《大公报》(津)1947年5月23日,第2版。
③ 《津各校定后日复课,北平续罢课抗议新事件》,《大公报》(津)1947年5月24日,第3版。
④ 《平津学生定下月二日为反战日》,《大公报》(津)1947年5月25日,第3版。
⑤ 《清华大学学生自治会致函教授会》(1947年5月23日),《反饥饿反内战运动资料汇编》,第194页。《清华昨又决定继续罢课三天》,《世界日报》1947年5月23日,第3版。

会召开全体工作人员检讨会议,"认为此项运动尚在开展,同学应把握正确方向,慎防阴谋分子从中分化。同时并加紧工作,以期于六月二日促成全国的全面响应,达到要求停止内战的目的"①。23日,燕京学生召开全体大会,决定继续罢课,并继续到学校附近农村宣传。

在天津,因抗议"五二〇"血案尚处于继续罢课之中,5月23日,各校学生代表开会决定,接受南开、北洋教授劝告暂时"休罢",定26日复课;同时决定"休罢"后和平仍无望,将于6月2日再罢课游行。24日下午,南开大学反内战、反饥饿行动委员会召开全体大会,决定自26日(星期一)起为"反内战宣传周",6月2日为"反内战日"。

如此,在经历了"五二〇"的激情和愤怒之后,运动又增添了新的内容,即抗议当局暴行和迫害成为运动的主要内容之一,更重要的是,运动确定了一个新的时间聚焦点,为运动高潮的再起提供了便利。从大游行后的激情提议,到决定继续罢课与暂时休罢之时的再次确认,可见,如何推动运动的持续发展,并保持更加旺盛的激情和更大范围的一致行动,需要有一个时间节点作为决定行动的参照因素。

一时间,各级学生组织又忙碌起来,召集各种会议,发布通知布告,开展宣传活动,四处联络拜访,举行记者招待会等,北大民主墙上贴满了声援布告。运动在扩展,宣传工作就需要扩大。除校内宣传外,罢课期间,各校还派出宣传队前往附近的中学、街道、工厂、农村,宣传方式如同游行,有歌咏、标语、漫画、演讲、戏剧等,说明反内战运动意义,邀取同情,予以援助。又开展寄信运动,将学生运动的各项主张及信息,传递到更大的范围。北大院系联合会号召同学们赶快拿起笔来,"赛赛看谁寄出的信最多,多寄一封信就多增加我们的一份力量"②。燕京则以26日为对父母通信宣传日,27和28两日为对亲属宣传日,发出大量信件,内容多呼吁父母及亲属响应运动,予以支持和声援。③ 并搜集学运资料,译成外文,

---

① 《慎防被分化》,《燕京新闻》第13卷第27期,1947年5月26日,第4版。
② 北京大学院系联合会:《展开一个寄信运动》,《反饥饿反内战运动资料汇编》,第245页。
③ 《书信宣传反对内战》,《燕京新闻》第13卷第28期,1947年6月2日,第1版。

邮寄各国。① 清华、燕京学生代表还前往青年军二〇八师拜访,双方均否认有青年军士兵殴打学生与学生殴打青年军士兵之事,均认为是外人冒充,也都愿意相互联络,双方互访了军营和校园,并将举行双方球队、剧团的比赛和演出。② 南开罢课学生亦组织了十余支宣传队,分赴各工厂、学校进行宣传。针对部分学生提出"反对内战"应向中共同时展开宣传,25日,南开学生反内战、反饥饿行动委员会召开大会,决定向政府交涉,请派军用机赴中共区散发各种反内战、反饥饿传单,请求政府电台向全国(包括中共区)展开反内战、反饥饿广播。26日,北洋学生亦有同样决定,并派代表赴市府请拨予交通工具,以便赴中共区宣传。均遭拒绝。③ 各校也开展了各种募捐活动,以确保运动能够继续下去。

表面上看起来依旧轰轰烈烈,可是,在事实上,学生运动之行为要想再度升高,却十分困难,受到多重因素的制约。

学生运动是否能够保持紧张态势继续发展,首先取决于学生内部的团结与一致行动。从抗暴运动到"五二〇"运动,运动对象和口号有了较大变化,也更贴近学生的日常生活感受和公共利益,理论上讲,也是由较为情绪化趋向于理性化的进步。从学生参与情况观察,"群众发动是逐渐增多的",在北大、清华、燕京三校,卷入反饥饿反内战运动的学生占60%。④ "北大、清华、燕京、师院、中法等校基本上已发动起来,半数以上学生卷入了运动。"⑤然而,从两次游行的参与情况看,如果除去中学生参加的因素,"五二〇"的参与人数还要低于"一二·三〇",至少北大、燕京

---

① 《燕大学生宣传工作积极进行》,《大公报》(津)1947年5月29日,第3版。
② 《青年一家》,《大公报》(津)1947年5月25日,第3版。《关于北平反内战反饥饿运动的补充材料》(1947年5月20日前后),《中国青年运动历史资料(1947.1—1948.2)》第17集,第184页。
③ 《向共区宣传反战,津市府不准所请》,《益世报》(平)1947年5月28日,第2版。
④ 《北平学委工作计划》(1948年1月),《中国青年运动历史资料(1947.1—1948.2)》第17集,第551页。
⑤ 《关于平津学运目前形势任务及工作方针》(1948年2月),《中国青年运动历史资料(1947.1—1948.2)》第17集,第632页。

学生参加游行人数明显减少,①可是,"五二〇"在准备上却较"一二·三〇"更为充分。因此,学生运动的整体进步,并不会相应地提升积极参与群体行动的比率,特别是矛头针对当局的激烈对抗的游行示威,民族主义口号确实更容易调动学生的情绪。

就口号而言,内战责任问题便十分棘手:

> 在燕大一次大会上出席 430 人,表决这一点时,赞成向单方(国民党)要求停战的 160 票,赞成向双方要求的 80 票,还是通过了向单方要停战。但是大部中间分子虽主张向双方要求,但是都弃权了,开始这问题争论很多,而且很难应付,后来学生们有的主张不谈内战责任问题,说:"我们不管内战的责任是谁,谁不让我们反内战,谁就是内战的罪魁。"②

对于内战责任的理解及口号的提出,显然影响了燕京学生参加游行的积极性。5 月 29 日,燕京大学学生生活辅导委员会在美籍教授夏仁德主持下举行"同学公意测验",参加者 610 人,占全体学生人数 80％强,可以反映燕京学生对此次运动的一般认识和行动意向。③ 其中认为:大学学生应该积极参加学生运动占 48.5％,在课余空暇时参加占 39.5％,完全不参加占 4.5％;此次运动结果能够达到和平要求占 14％,可以影响国共双方作战决心占 11％,表现了人民的要求占 69％,完全没有意义占 1％,是扰乱社会秩序的行为占 5％;此次运动是自发的占 63％,直接或间接接受操纵占 16％,其他原因占 6％;此次运动所采取的方式(罢课、请愿、游行)是正确的占 12％(其中罢课不应过长占 66％,应该长期罢课占 3％),部分

---

① 官方色彩的言论也注意到这个现象,即大多数学生希望和平、关心生活,但参加游行的,"实际都是少数,清华人数最多,亦不过约占全校学生总额的二分之一,北大次之,约占全校学生总额三分之一,燕京只四分之一,其他各校,比例更小。"并将原因简单归于不愿"受人利用"。《爱国青年团结起来》,《华北日报》1947 年 5 月 24 日,第 2 版。

② 《关于北平反内战反饥饿运动的补充材料》(1947 年 5 月 20 日前后),《中国青年运动历史资料(1947.1—1948.2)》第 17 集,第 181 页。

③ 由于当时缺乏较大范围的民意测验及调查,此项测验结果被记录在多种有关此次运动的材料中,也得到中共高层的注意。《冯文彬关于燕大对学运民意测验结果的报告》(1947 年 6 月 21 日),《中国青年运动历史资料(1947.1—1948.2)》第 17 集,第 234—235 页。

正确占 12%,完全错误占 4%;对反饥饿、反内战华北学生联合会的组织赞成占 30%(其中觉得该组织的工作很好占 31%,平常占 27%,不好占 3%,不清楚占 23%),平常占 15%,不赞成占 11%;对本校有反饥饿、反内战委员会的组织赞成占 11%(其中该组织的工作很好占 38%,平常占 18%,不好占 5%,不清楚占 15%),不赞成占 10%;此次运动中参加游行并工作占 32%,只参加游行占 8%,只参加工作占 12%,完全没有参加 45%;学生自治会召集之全体大会要求停战决议应该向双方呼吁停战占 63%,要求政府和呼吁双方停战完全一样占 13%,应该向政府呼吁停止内战占 17%,没有意见占 2%;对游行前后各地所发生血案是特务制造的占 48%,一部分军警宪兵擅自行动的结果 4%,共产党制造的 1%,不清楚占 30%;朝阳事件是由校外人制造的占 32%,学生内部之事占 20%,不清楚占 42%。[①] 由于自由测验与大会表决的场合差异,以及随着时间的推移,对学生运动促成停止内战的结果的期望下降,对运动所采取的激烈方式的质疑上升,应该向国共双方呼吁停战的所谓中间主张,在测验中所占比例似乎有所扩大。

在北平,清华学生在"五二〇"运动中率先罢课,可一开始,就存在着所谓"进步分子内部之争"。以民青成员占多数的清华学生自治会,原决定罢课一天,这与已经轰轰烈烈的南方学潮相比,实在过于温和。更为激进的学生社团除夕社发起签名,要求罢课三天,未能达到半数,遂指民青包办把持学生会,并威胁宣布其"秘密",民青居然妥协。[②] 此种状况,在运动渐次升级的过程中,不能不影响学生参与行动的意愿。

各学校学生之间的相互声援响应,既是为了表明同情之态度,更是意图达到运动继续发展之推动效应。当北大、清华、燕京等校为声援朝阳、四中事件宣告继续罢课后,四中高三年级学生组织班自治会,决定坚持校

[①]《燕京新闻》刊载的数据略有差异。对反饥饿、反内战华北学生联合会组织赞成占 13%,赞成者中以为工作平常占 15%;对朝阳事件是学生内部之事占 9%。《燕京同学公意测验》,《燕京新闻》第 13 卷第 29 期,1947 年 6 月 9 日,第 2 版。

[②]《关于北平反内战反饥饿运动的补充材料》(1947 年 5 月 20 日前后),《中国青年运动历史资料(1947.1—1948.2)》第 17 集,第 181—182 页。

友向市府所提要求,另有部分学生成立"护校委员会",宣布拥护校长,并得到校方支持。① 在朝阳,部分学生组织"人权保障委员会",抗议暴行,继续罢课,形成罢课派与复课派的尖锐对立。25日下午,"人权保障委员会"举行记者招待会,介绍学生被捕及遭殴打经过和受伤情况,称罢课系根据全校740人签名,占全校人数一半,"人权保障委员会"由每班选代表二人组成,为合法组织;"复课委员会"则假中山公园招待记者,报告复课学生被殴真相,并称朝阳无学生会组织,"复课委员会"由级长会议组成,此乃正统组织。复课派称一切愿候法律解决,罢课派则以为"现打人者与被打者均向法院互相控告,本会决支持真正被打同学,必要时全体同学愿出庭作证"。② 27日,朝阳15名曾参加游行的学生给《燕京新闻》编辑写信控诉,将校园描写成一副惨状:"现在学校里情况混乱,有的同学失踪,有的逃走,同学彼此间都不知道彼此的下落,而谁也不敢去探听,学校四周仍时有特殊分子出现。"③仍然是在博取同情,对于运动再起高潮并无贡献。

京沪地区自"五二〇"游行后,学生被捕及遭包围殴打不断发生,处于罢课状态的紧张之中。25日晚,京沪苏杭十八校挽救教育危机联合请愿团在中大开会,决定扩大为京沪苏浙豫十九校学生联合会,自26日起为宣传周。组织虽然扩大,要求基本未变,只是增加了立即释放5月22日以后所逮捕学生和立即撤销对上海文汇报、联合晚报、新民晚报的停刊令。④ "六二"反内战日的提议,一度得到京沪苏杭等地学生的响应,成为南北学生联合行动的"触媒"。然而,南方同学大多对"六二"号召的目的

---

① 《学生照常上课,护校会捷足先登》,《益世报》(平)1947年5月24日,第2版。
② 《朝阳事件依法解决,双方皆向法院控诉》,《益世报》(平)1947年5月26日,第2版。《朝阳学生两种说法》,《大公报》(津)1947年5月26日,第3版。
③ 《朝大被打后情形异常混乱同学惶惶不安》,《燕京新闻》第13卷第28期,1947年6月2日,第4版。
④ 《京沪苏浙豫五区十九专科以上学校为抗议政府摧残教育剥夺人权致行政院备忘录》(1947年5月27日),中国第二历史档案馆、中共南京市委党史办公室编:《"五二〇"运动资料》第二辑,北京:人民出版社,1987年版,第50—52页。淞沪警备司令部以《文汇报》《联合晚报》《新民晚报》三报,"连续登载妨害军事之消息及意图颠覆政府,破坏公共秩序之言论与新闻",予以取缔,自25日起停刊。《上海三报奉令停刊》,《大公报》1947年5月25日,第2版。

和动机存有疑虑①,关键在于对"反内战"口号及其行动方式认识不同,所以,也只有中大学生表现的最为坚决。27日晚,中大系科代表大会以103票对5票的结果,通过不变更"六二"罢课游行计划。28日上午11时,上海学生联合会开会决定自29日起先行复课,复课宣言称:因为不愿事件扩大,避免惨痛牺牲,故决定先行复课,但并非表示退却。② 可以判断,即使不出现外部压迫加强因素,南北学生运动也很难再度出现相互响应高潮,殴打暴行及逮捕迫害的刺激作用,已经不足以支持"反内战"运动的持续发展。

另外,将运动扩散到整个社会层面的愿望,对于学生运动,基本上就是空想。在学生游行的过程中,围观者虽多表同情,面对打剧,则多是看客。北大学生胡节中遭五六"类似学生之便衣者"围殴,"出事地点,虽在西单最冲要处,围集之市民全采'看热闹'态度"③。在经济危机日益加深的情况下,北平并未出现较大规模的群体抗议事件,相对于上海,更没有工人的有组织行动,④一些下层工人团体,如粪夫、人力车夫工会,受当局及帮会的影响较深。因此,学生的游行、宣传,主要作用还只是呐喊、呼号,难以形成相互响应之行动。

当学生运动处于继续发展的进退两难境地时,教授出来试图主导或接管运动,借以发出更大的声音。5月24日,南开、北洋两校教授会致电参政会,内称:"同人认为亟宜放弃强力压迫,改采开明疏导之法,并彻底改革内政,速谋和平安定之方,则青年学生可以安心向学,教育亦自纳入

---

① 《全国学联成立经过》(1947年9月),《中国青年运动历史资料(1947.1—1948.2)》第17集,第401—402页。
② 《"六二"游行中大决定举行》《沪学联号召复课》,《大公报》(津)1947年5月29日,第3版。
③ 《西单打剧!》,《益世报》(平)1947年5月21日,第1版。
④ 例如,5月8日,上海丝织业400余家、绸厂全体男女工人万余人在外滩集合举行大游行,分向市政府及社会局请愿,要求立即无条件解冻生活指数,以安定工人生活。《工人请愿解冻生活指数》,《经世日报》1947年5月9日,第1版。"五二〇"之后,上海工人协会发表宣言,响应和平运动,提出:"反对内战!""要求真正的、永久的、有保障的和平!""真正依照政协精神,实行民主政治!""要求无条件解冻生活费指数!""向伟大的学生运动致敬!"等项要求。《上海工人协会对目前时局宣言》(1947年5月25日),《"五二〇"运动资料》第一辑,第459页。

常轨。"①请参政会向政府作有力之主张。25日,燕京32教授响应北大31教授宣言,以为教育者真正能够理解学生运动,只要政府不采取压迫干涉的手段,教育界同仁自信能够开导学生合理进行运动,进而收拾各地日渐蔓延的学潮。

> 我们建议目前各地各校教授,正视现实,积极联合起来,以我们大家共同的力量,负起责任,帮助学校帮助学生,解决困难,指引同学以合理有效的方式,在不过分影响学业的原则下,进行持久的努力,以期顺利达成反饥饿反内战的共同目标。②

5月28日,燕京、清华、北大、艺专、师院、中法、南开、北洋八院校教职员585人联名发表呼吁和平宣言,以为内战是一切政治、军事、经济、文化纷扰现象的根源,"欲图自救救民,唯有立即停止内战,以诚意谈判,并实现和平,迅速依照政协路线成立联合政府,办理善后,此外别无他途"。除以居住政府军控制之区,应先行联合区内同胞共作和平奋斗,同时呼吁国共"双方痛下决心,当机立断,勿再以任何借口,贻误最后良机"。③ 这也是平津院校教授们规模最大的一次联名宣言,试图对和平运动尽最大努力。随着当局对学生运动的态度愈加强硬,尤其是所谓严防"六二",以及校方一再促迫学生复课并不可再行罢课游行④,教授们的呼吁对象,也由主要针对政府,转向对政府和学生两者呼吁。29日,北大、清华教授钱端升等102人发表《为反内战运动告学生与政府书》,内称:"从远处说,优秀青年为建设国家的支柱,社会的主力,应当善自保持及培养。从近事言,复杂困难的政治问题,确非一言一行所能辩解,争取势在长期,工作须

---

① 《两校教授联名电参政会请建议政府勿压迫学运》,《大公报》(津)1947年5月27日,第3版。
② 《燕大三十二教授对学潮发表宣言》,《益世报》(平)1947年5月26日,第1版。
③ 《北方教授呼吁和平五百余人联名发宣言》,《大公报》(津)1947年5月29日,第3版。
④ 例如,5月24日,北京大学校方贴出布告,针对继续罢课三天,"劝告同学们如期复课,切不可再轻易受外面的牵连而牺牲自己与全体的学业"。28日再次贴出布告,转发北平警备司令部陈继承关于制止学生在校外游行示威之公函,"盼望同学们体认环境,爱惜学业,不可再有罢课游行一类的行动"。《北京大学史料》第4卷,第969页。

能持久。"呼吁学生避免无谓牺牲,"慎思明辨,稳健以行"。并严正忠告当局:"现有纠纷应作公平合理的处理,此后务宜切实制止一切类似的暴行。"①教授们对学生的劝告,亦表明自己也已基本放弃了对和平运动最后努力的期待。

"五二〇"之后,当局为学生运动高潮再起,使用了造谣与高压两手。谣言主要围绕"六二"反内战日乃中共所定,意在暴乱;造谣的方式则由壁报、布告、标语等散布莫须有的传言,转为主要由情治机关、领袖人物及舆论喉舌言之凿凿的诬陷。24日晨,南京治安机关接获报告,谓近有多人潜入京畿,企图阴谋煽动大中学生总罢课,当局已严密布置,加紧防范中。② 27日,《华北日报》社论称:

> 今天多数院校虽已复课,但阴谋仍在暗中进行,继续制造纷乱,企图于六月二日再酝酿罢课,并扩大而为罢市罢工,打算以忠厚的同学、善良的工人和商人当牺牲品,不断制造"血案",然后长期的罢下去,使社会秩序陷入大混乱。这本是预定的"三罢一惨"阴谋之实现。③

同日,《中央日报》社论为"六二"制造了来源,即毛泽东1946年在延安定"六二"为反战日,④借以恐吓学生。此种臆断方法,有如傅斯年指责现实学生运动的政党背景,"现在延安两星期前的广播词,就变成学生两星期后的口号了"⑤。然而,荒唐的是,查阅1946年《解放日报》和1947年《人民日报》,并无任何"六二"反战日活动的记载。28日下午7时半,蒋介石在励志社召宴全体国民参政员,致词中称:"其规定六月二日为总罢课游行之日期,值号召罢市罢工,决非偶然,实因六月二日,乃去年延安发动所谓反内战运动之纪念日,政府早已获知此项计划,为保护大多数青

---

① 《北大清华教授宣言:劝说学生重学业避牺牲,忠告当局自省善导青年》,《大公报》(津)1947年5月30日,第3版。
② 《首都严防"六二"》,《世界日报》1947年5月25日,第2版。
③ 社论:《防止另一阴谋!》,《华北日报》1947年5月27日,第2版。
④ 社论:《保障大学生的读书自由》,《中央日报》1947年5月27日,第2版。
⑤ 《五四精神而今安在! 傅斯年感慨系之》,《世界日报》1947年5月5日,第2版。

年不受阴谋家摧残,并为维持社会之秩序,故不能不采预防之措置。"① 再拿"红帽子"恐吓从事和平运动的参政员。当然,有当局背景的学生组织的造谣更加离谱,北平各大学学生复课委员会在宣言中称,此次学潮经费支出达 43750 万元,足以抵偿北平各大学一个月公费而有余,这笔钱"是共产党拿出来的",学生运动也就成为"共产党卑鄙的利用"。② 中共又被塑造成财大气粗的大老板。北平行辕放风称,已有共军干部 300 余人化装潜入平市,呼应城内"共党分子"鼓动"六二"之阴谋。③

谣言满天飞,目的为遮掩其高压政策。27 日,内政部令南京警厅,如有聚众游行之事发生,应遵照《维持社会秩序临时办法》,限制其请愿代表不超过十人,不得任其聚众游行。倘经七次劝阻无效,可以和平有效方法解散。倘或意图滋事,甚或挟有武器,应会同军警镇压。同日,北平行辕发表谈话称:"闻六月二日仍将有罢课罢教罢市之酝酿,本行辕不能再事容忍,一定要依临时维持社会秩序办法处理。"④28 日,北平警备司令部司令陈继承致函各院校长及北平警察局局长汤永咸发表谈话,均称对酝酿"六二"游行罢课情事,已奉令严加防范,决定依法制止。⑤ 31 日,北平警备司令部再度致函各院校长,声称"六二"果有罢课游行发生,将采取有效之制止,并逮捕首要分子。北平市政府命令警察局加强戒备,所属各部门切实防范。⑥ 作为惯用伎俩,北平市各界肃清内奸恢复和平运动大会于"六二"前夕发表宣言,呼吁制止中共煽动"三罢一惨"的阴谋⑦,以展示高压政策的民意基础。

---

① 《主席宴全体参政员,申明和平统一方针》,《中央日报》1947 年 5 月 29 日,第 2 版。
② 《各大学复课委员会宣言质问利令智昏分子》,《华北日报》1947 年 5 月 29 日,第 5 版。
③ 《北平行辕消息》,《大公报》(津)1947 年 5 月 30 日,第 2 版。
④ 《内政部令京警厅镇压游行的群众》、《平行辕对学潮表示》,《大公报》(津)1947 年 5 月 28 日,第 3 版。
⑤ 《陈继承函请各院校长劝导学生避免"六二"罢课游行》(1947 年 5 月 28 日),《解放战争时期北平学生运动》,第 214—215 页;《汤局长谈学潮事件》,《益世报》(平)1947 年 5 月 29 日,第 2 版。
⑥ 《北平警备司令部致胡适函》(1947 年 5 月 31 日)、《北平市政府关于严防"反内战日"罢工、罢市、游行密令》(1947 年 5 月 31 日),《解放战争时期北平学生运动》,第 217、220 页。
⑦ 《华北所受共祸最惨,不忍坐视共祸蔓延》,《华北日报》1947 年 5 月 31 日,第 4 版。

相对于当局动辄戴"红帽子"的陈词滥调,中共的态度更为重要。5月23日,新华社发表时评《蒋介石的末路》,可以视为"五二〇"后中共首次对学生运动公开表态。时评嘲笑了蒋介石给学生戴"红帽子"之滑稽,赞扬此次学生运动具有广泛和勇敢两个特点,并将"五二〇"运动与"五四"运动、"五卅"运动、"一二·九"运动相比较,给予最高的历史评价。① 如果拿同日的党内指示相对照,可以发现,中共高层对此次学生运动之复杂的诉求、口号、方式并无细致、深入分析,目的还是"开辟蒋管区的第二战场"。更重要的是,突出学生运动,意在拒绝国统区的和平运动,即要求配合人民解放军,为真正的和平而战。② 而且对在青年军中展开兵运工作更加敏感。③ 29日,多家外电广播了留沪中共人员拒绝转达国民参政会参会邀请的消息④。毛泽东为新华社撰写评论《蒋介石政府已处在全民的包围中》,宣告第二条战线的出现,尤其突出了学生运动的地位,并揭露蒋介石的所谓和谈是政治欺骗。⑤ 6月5日,新华社社论直指参政会为不能再开的破车,揭露了反动分子"竭力装作附和全国民主派反内战要和平"的假象,也批评了"有极少数真心希望和平而缺少经验的人,曾经对这次参政会怀抱幻想"。⑥ 和平运动彻底告终。

对于学生而言,"六二"反内战日与"五二〇"游行一样,都与国民参政会有关,一为开幕日,一为闭幕日,都是学生试图以激烈的运动形式推动和平运动,也是借参政会开会之机扩大学生运动规模及提出更多要求,并

---

① 《人民日报》1947年5月25日,第1版。
② 《中央关于蒋管区党的斗争方针的指示》(1947年5月23日),《中共中央青年运动文件选编》,第653—655页。
③ 《中央关于在学运中向青年军与宪警进行工作的指示》(1947年5月23日)、《中央关于对青年军工作的指示》(1947年6月6日),《中共中央青年运动文件选编》,第659、663—664页。
④ 《留沪中共人员拒绝转送通知》,《益世报》(平)1947年5月30日,第1版。
⑤ 《毛泽东选集》第4卷,第1224—1227页;《中共权威人士评论目前局势》,《人民日报》1947年6月1日,第1版。
⑥ 新华社社论:《破车不能再开——评第四届第三次国民参政会》(6月5日),《人民日报》1947年6月7日,第1版。

维持运动自身之发展。① 事态发展如此,"六二"似乎已经可有可无,②虽然仍有部分同学坚持"六二"游行,但多数学生转入观望。③ 于是,尊重教授意见,回应校方劝导,便成为行动上退却的最好理由。④ 5 月 31 日,华北学联召集会议,并邀请胡适、梅贻琦两校长参加,经过长时间的争论,决议:一、"六二"总罢课一天。二、"六二"上午 9 时全华北区学生在民主广场开反内战纪念大会,若学校因道远不及参加者,可单独举行。提出两点要求:一、请政府撤销《维持社会秩序临时办法》;二、释放所有被捕学生。并决定于"六二"发出抗议宣言、告全国同学书及告全国同胞书三项文件。⑤ 一如既往,运动再次回到校园,并以宣言、文告替代直接行动。

6 月 1 日下午 2 时半,华北学联于北大红楼操场举行"民主广场"命名典礼及欢迎受伤同学回校大会,参加者有学联所属十三单位学生及部分中学学生,共千余人。

> 首由清华合唱团唱和平与光明之曲,继由主席报告民主广场命名意义,希望推而广之,使全国变成整个民主广场。继由朝阳献旗,题为民主摇篮。继放鞭炮,欢呼,升国旗及民主旗。民主旗悬北楼

---

① 王水:《北方学运的源源本本》,《观察》第 2 卷第 17 期,1947 年 6 月 21 日,第 19—20、24 页。

② 梅贻琦就学生定"六二"为反内战日并欲发动全国总罢,对记者称:"余认为不必再热闹了,因为学生反内战反饥饿口号经过这次的各地游行,已经宣传的很普遍了,何必再来一次呢。"《梅贻琦谈学运》,《大公报》(津)1947 年 5 月 25 日,第 3 版。

③ 虽然北大、清华学生都曾表决通过继续游行,亦有壁报、漫画讽刺不游行是自打嘴巴,太失威信,但又表示服从学联决议。《北平学生反内战反饥饿运动的补充材料》(1947 年 9 月)、《反内战反饥饿运动初步总结》(1947 年)、《中国青年运动历史资料(1947.1—1948.2)》第 17 集,第 412、529 页。此外,天津、南京也有相似情况。

④ 华北学联作出暂不采取游行方式决定后,负责人称:"系由于珍惜各教授之关怀及同情,并表明一切均非畏惧或受当局临时办法之约束。"《珍惜教授同情北平学生今日不游行》,《燕京新闻》第 13 卷第 28 期,1947 年 6 月 2 日,第 1 版。6 月 1 日,在北大民主广场贴出的华北学联通告称:"对六二,我们已沉痛决定不游行了。为着师长们的劝告,为了揭穿反动派无耻的阴谋,为了珍惜反内战反饥饿的主力。我们不是懦弱,我们不是退却,不是屈服!虽然我们有承担一切牺牲的勇气,但是为着人民,为着苦难的国家,我们要珍重。"《华北学联昨发通告今日罢课一天》,《世界日报》1947 年 6 月 2 日,第 3 版。

⑤ 《北方学生集体沉痛纪念,吁请撤销临时紧急办法》,《燕京新闻》第 13 卷第 28 期,1947 年 6 月 2 日,第 1 版。

顶,绿地白字。继朗诵《民主广场颂》,系选用朝阳、燕大、铁院、中法四校撰词。旋即慰问受伤同学,出席者共十名,由师院、辅仁致慰问词。辅仁、中法、北大、师院、清华、交大、北洋各校女生献花致敬,受伤同学致答词,表示感谢。最后清华同学合唱民主大合唱等十余阕,以迄四时闭幕。①

通过仪式,确认了北平学生运动具有象征意义的公共空间,使得一所校园内的学生活动,有了各校联合及整个社会的意义。

6月2日上午9时,华北学联于北大民主广场举行"内战牺牲军民追悼会",祭台上安放着"一二·一"四烈士和李闻二先生的遗像,并有"他们死了,还有我们"几个大字,广场上国旗及民主旗下半旗致哀。主席致开会词及报告后,由胡适校长致词,以为"半个月来北平学生能守秩序,很能以理智指挥感情,应表敬意"②。之后,周炳琳、吴之椿、钱端升、杨西孟被邀相继讲演。于十二时许散会。此种"六二"反内战日活动情境,较之"五二〇"游行后鼓掌通过时的热烈,"五二三"再度确认时的悲愤,已经有了巨大的差别,既无新鲜内容,在一片理智的喝彩声中,学生也失去运动的主导地位。

虽然在"最弱的一环"仍有暴行发生,"辅仁、华北学院均有打剧,而且捕了很多的学生,魔手同时也伸展到中学生里,如汇文也有学生被捕,艺专开除了一个学生"。③ "六二"还算是平安渡过,各方面似乎都松了一口气,《益世报》更是评论为一种双赢:"当局成功了,成功在镇定;学生成功了,成功在理智。这是一次非常好的试炼。"④此种评论过于乐观,也未能深刻理解学生运动。当局追求的是平息学生运动,无论镇定与否,都不可能达到目的;学生想要的是运动的持续高涨,以当时环境和学生运动自身特征,也都无再起之条件。因此,所谓成功,只是一次暂时的妥协,学生运动绝非能够理智地做到收放自如。

---

① 《华北区学联昨决定"六二"不举行游行》,《益世报》(平)1947年6月2日,第2版。
② 《胡适盛赞学生理智》,《世界日报》1947年6月3日,第3版。
③ 《"六二"那一天》,《向炮口要饭吃——全国学生反饥饿反内战运动纪实》,第80页。
④ 《"六二"静悄悄的过去了》,《益世报》(平)1947年6月3日,第2版。

既然学生难以控制运动进程节奏,也就只能抓住运动中的单个事件,使用校园运动最严厉的罢课方式,以断断续续的罢课,维持运动再起所需要的紧张。

为严防"六二",当局在南京、上海、重庆、武汉、广州等地对学生进行开除、逮捕、殴打等迫害,特别是6月1日晨军警以拘捕共党分子为由包围武汉大学,开枪射击,造成三人死亡、六人重伤的血案。6月2日晚,华北学联为抗议京沪各地逮捕学生情事,议决自3日起继续罢课两天,并提出释放各地被捕师生和平市解除封锁两项要求。北大、清华、燕京、中法、铁院等校均表示遵守决议,继续罢课两日。①

其后,出现了一个小插曲。中央社6月9日报道,外蒙骑兵于5日向新疆北塔山中国驻军进攻,并有苏联标志的飞机数架助战。北疆事件发生后,政府当局向苏联、外蒙提出严重抗议,并向联合国控诉。报刊亦大做文章,惊呼"国家的大难实在已不只是内战与饥饿而已",要求"单纯的自然的民族情感归来!"②当局也乘机引导学生运动转向。13日,天津学生团体爱国联合会召开常务干事会,议决呼吁全国青年力作国家后盾,通电全国要求政府增加边防驻军,强化外交,以保全国土完整。③ 对具体行动,则意见不一。南开壁报上形成两派:一派主张借以"唤起民族自卫意识",一派以为小事件不必小题大做。南开学生自治会两度召集全体大会,到会均不足法定人数,遂有70余学生自行组织"反苏蒙侵略行动委员会",征集签名270余人,散发告全国同胞书进行宣传。④ 十分清楚,此种主题不能成为学生运动的关注焦点,也就没有较大规模的行动,但却可能分散学生的行动力量。

6月16日,北大、清华、铁院三校学生为抗议武大"六一"惨案及要求释放各地被捕同学,经签名超过总数二分之一以上,决定罢课一天,并分别在校内举行武大死难三烈士追悼会。北大北楼礼堂内贴满各种标语及

---

① 《华北学联抗议各地学生被捕继续罢课两日》,《世界日报》1947年6月4日,第3版。
② 社评:《新疆国土被侵》,《世界日报》1947年6月12日,第2版。
③ 《北疆事件津学生将有表示》,《大公报》(津)1947年6月15日,第2版。
④ 《关于北疆事件南开意见不一》,《大公报》(津)1947年6月18日,第3版。

追悼文字,前面摆有三烈士之灵位,长方形之木牌边缘系以柏枝,庄严隆重异常。清华则在大礼堂举行追悼会。① 燕京经全体同学大会决定,并不罢课,仅于正午 12 时鸣钟致哀。②

至此,"五二〇"运动告一段落。

四、学潮持续之矛盾现象

所谓告一段落,指以"反内战"为主题的学生罢课、游行行动暂时停止,其他要求的各式学潮,依旧时断时续,有时甚至还颇为激烈。

在反内战、反饥饿、反迫害与反内乱、反饥饿、反罢课两类对立的运动之间,都有反饥饿的内容,区别在于对造成饥饿现象原因的解释不同,以及采取何种反对方式的选择不同。由此可见,解决经济危机是全体学生的共同要求,或者说,即使是亲政府的学生组织,也不能无视此种要求。同时也说明,反饥饿并不一定必然导致反内战。

当学生运动高举反内战大旗之时,亦有一些学生组织利用"反饥饿"口号提出要求。在杭州,有国立艺专学生自治会发表告全国同胞书,表明对当前学潮态度:一、要求社会安宁;二、请求政府在合情合理的范围内调整学生公费,及一切教育经费;三、为了国家利益,对"罢课"及"吃光"运

---

① 有亲历者的回忆对北大、清华两场追悼会的时间记忆有误。姚国祥在《迎接黎明——记1946—1947年间的北平铁道管理学院中等技术科的学生运动》中将"六一"惨案发生时间记为"1947年6月1日晚",又称"6月2日下午,在沙滩北大操场,举行了追悼武汉大学死难同学的大会。"伍铁平将其旧文《你们死了,还有我们》——记清华园武大"六一"死难三烈士追悼大会》增加了"1947年6月2日"的内容。编委会编:《奔赴塞外:纪念"五二〇"学生运动暨平津学生赴冀察热辽解放区六十周年文集》,北京:北京古籍出版社,2008年版,第20、29页。伍铁平的文章最初署名伍无,发表于《清华周刊》复刊第15期,1947年6月21日出版。两篇文章出现同样的记忆错误,其中一篇作者还旧文添加了一个错误的时间,可见两文有相互商量或参照的印记,说明回忆者对当时情况了解不多,印象不深,武汉发生的惨案,次日便在北平学校有一致反应,显然属于想象,编辑也不认真。其实,《清华周刊》有明确记载:"由于新闻的被封锁,在你们殉难后的七八天,我们才知道你们被害的详情。"《只有一条路:向"六一"三烈士致哀》,《清华周刊》复刊第14期,总第690期,1947年6月,第2页。该期没有出版日,根据刊中内容判断,应为14日左右。

② 《清华北大抗议武大惨案今日罢课一天》,《世界日报》1947年6月16日,第3版。

动,本校决不实行。① 在北平,私立华北文法学院因多数师长、学生及工友等家庭位于中共区域,经济来源断绝,在物价狂涨之下,生活更显困难,在"反饥饿"声浪中,贫苦师生组织成立"私立华北文法学院师生工友要饭团",要求:一、请求当局配发食粮;二、配发足供副食费用之金额;三、请速发给签发之食粮。办法是先派代表赴行辕请愿,如不达目的,则全体同往声援,抱定"非达目的不可之伟大精神"。② 5月23日,学生选出代表十人前往行辕请愿,被守门卫兵拒绝入内。24日晨9时,再往行辕请愿,由王捷三处长接见并接受要求,并称:"李主任是你们的董事长,今后分配粮食,虽不能多给,也决不会少给,千万勿再游行,为地方增加问题。"又称赞该院学生:"同学们即去参加学运,我亦不便干涉,但目前既未参加,且能照旧上课,保持大圈子中间的宁静,亦未尝不是一种办法。"③然而,即使依法请愿,学生也未必很快便有饭吃,进一步行动则需要更大规模的组织动员。26日,"要饭团"在该院大礼堂召开全体会议,议决:一、对要求食粮事继续努力。二、罢免自治会各代表,其职务由"要饭团"代表暂代。④致使校园秩序出现动荡。院方以"要饭团"已经变质,由治安当局提讯所谓不稳嫌疑同学,原学生自治会又恢复活动。6月3日,学生自治会代理会长称,原会长系因毕业在即自动辞职,"要饭团"一切举动,均为三五人私见,不足代表自治会,决定向院方控诉予以解散。学生自治会并议决今后工作四项:一、向有关机关呼吁进行按月配给食粮,以解决同学生活困难。二、要求教部重视私立院校,予以学生补助费或予以院方办公费,以减轻同学负担。三、发起回收西部校舍运动。四、敦促院方增设一学院改为大学。⑤

当华北学院校门内外满布反对中共、肃清内奸之标语漫画时,似乎该校学生自治会已经表明了政治态度,然而,其要求范围反而扩大了,不但

---

① 《国立艺专学生反对罢课与吃光》,《华北日报》1947年5月24日,第3版。
② 《饥饿侵袭华院师生组织要饭团》,《益世报》(平)1947年5月25日,第2版。
③ 《学生要吃饱》,《大公报》(津)1947年5月25日,第3版。
④ 《华院"要饭团"再接再厉》,《益世报》(平)1947年5月27日,第2版。
⑤ 《华院学生自治会向校方控诉要饭团》,《华北日报》1947年6月4日,第5版。

要吃饭、要经费,还要争校园、改大学,明显想利用学潮谋取更大的利益。且不论是否抱有不提白不提之动机,而且可能遭遇提了也白提之结果,十分清楚的是,学生自治会想要在学生中继续生存,就不可能完全置身于各式学潮之外,因此,参与学潮,又避开政治风险,还要追求最大利益,便成为"最佳"选择。不过,在战后学生运动中,几乎不可能在三点之间实现绝对平衡,尤其是亲政府的学生组织,难免再一次被取代。

在其他各式学潮中,以护校复大运动开展最为热烈,即使在"五二〇"期间也未停顿,而且在"六二"之后渐趋白热化。与护校复大关系紧密者,有师院、北洋平部、铁院、唐山工院四学院,情形各异,推进难度不一,也很难共同行动。"五二〇"之后,各校均意识到要想有所推进,必须有更大规模的组织动员,以壮声势。5月22日,四校代表举行联席会议,决定成立四校联合护校委员会,随时取得联络。① 因此,在行动上,可以看到大致相同的起伏轨迹,但又是各自分头进行,具有不同的特点。

"五二〇"刚过,师院学生复大委员会便通过决议,自22日复课,派代表五人赴京向教部及参政会请愿。值得注意的是,22日下午4时,师院教授会在该校乐育堂开成立大会,到会正副教授40余人,院长袁敦礼应邀列席,除一般程序性仪式外,主要就复大事宜交换意见。② 26日,教授会开座谈会,议决电教育部建议恢复国立北平师范大学及请迅追加扩充改良费电文两通。在代表南下请愿期间,30日上午11时,复大委员会派代表赴北平行辕请愿,提出四点要求,请李主任转呈蒋主席及去函教育部,说明复大为极合理之要求,请予核准,后一点则称,如师院全体同学晋京请愿时,请行辕予以协助。31日,复大委员会就有参政员质询师院复大事发表声明,陈述复大理由,主要为"学院与大学在法令上虽无高低之别,而在社会视听,确有大小之分,即教育部亦视若轩轾,而不同其待遇,并于今岁核定各校院常年经费及扩充改良费之参差,足以证明"③。

学校的名气与经费固然重要,但尚不足以激发学生的参与热情,学生

---

① 《复大运动平四院成立联合护校会》,《大公报》(津)1947年5月23日,第3版。
② 《师院教授会昨日正式成立,交换复大意见》,《经世日报》1947年5月23日,第4版。
③ 《师院复大积极进行,学生昨赴行辕请愿》,《益世报》(平)1947年5月31日,第2版。

组织的凝聚力随之下降。6月4日上午10时,师院学生自治会筹委会在大礼堂举行全体大会,讨论并制定自治会会章,袁敦礼莅会致词,学生到会者400余人,不足半数,只得宣布休会。面对困境,师院复大委员会一方面加强组织,于6日增选委员三人,又与教授会、北平师院校友会拟组复大联合机构;一方面力图将多数同学卷进复大运动,公布全体同学准备晋京请愿,编组五大队、三十中队、九十小队,待机而动。8日,来平之教育部督学涂公遂称,师范大学改为独立学院为时已久,复大必要审慎就事,应有"于安定中解决问题"之态度,"师院同学并未得到部方确实消息,将全体出动赴京请愿之举,似无必要"。并保证返京后二三日内给一明确指示。① 9日下午,因对南京请愿结果不满,尤其对朱家骅答复师院复大后改为普通大学迁设石家庄一事殊为不满,复大委员会选出64名同学成立纠察队,定10日上午9时召开全体同学大会,于11日12时前静候涂公遂向教部报告后之答复,若不满意,即开始罢课,并在运动场进行了编队请愿演习。9日下午4时,教授会亦举行座谈会,通过致电教育部,发表宣言。袁敦礼称对复大亦甚积极,主张不可意气用事,应与校友配合,切勿罢课行动,以免社会指责。为学生赴京请愿及罢课事,当晚,教授会再度交换意见,并特拟书面谈话,送学生复大委员会参考。教授们认为,复大运动"是较为长期的工作,并非能咄嗟立办,一蹴可及。工作吃紧的时间,当在暑假期中,目前努力宣传,造成舆论,已获相当的功效"。因此,"课业上无谓之牺牲,团体上失效的行动,为复大之'求可''求功'计,均应避免,同人等对于同学复大运动步骤,及热烈的表示,具能了解,用敢附于明智的指导之列,为此谈话"②。值此关键时刻,教授企图主导学生运动的步骤和方式。

然而,学潮的步骤并非完全可控,特别是当行动的发条刚绷紧之时,总是要继续跑下去。6月10日上午9时,师院学生复大委员会在大礼堂举行全体同学大会,讨论复大运动今后所应采取步骤,到会学生743人,

---

① 《对北洋师院两校教部督学有意见》,《益世报》(平)1947年6月9日,第2版。
② 《师院复大热烈展开》,《益世报》(平)1947年6月11日,第2版。

在报告请愿结果及复大工作后,立刻通过了自 10 日下午 1 时起停课三日,准备请愿工作,三日后全体起程晋京请愿。这无异于是给当局的最后通牒,也表明在大会表决的情况下,多数学生同意以激烈的集体行动表达意愿。为确保全体参加,制定有请愿前公约十条,包括不得随意离校,病假须有医生证明,事假限于婚丧大故,每日由小队长点名等规定,如三次点名不到,将受扣除伙食费并列入校史之惩处。人为紧张的另一副产品,是学生组织完善的工作得以推动。10 日下午 2 时,师院学生自治会筹委会重开全体大会,出席同学 800 余人,经过热烈讨论,自治会会章草案圆满通过,并决定从速开始普选工作。① 与几天之前的冷清,形成鲜明反差。随后,复大委员会又议决赴京请愿准备工作:全体同学于 14 日上午 8 时搭平津特快车离平赴津,搭轮船抵沪,再转京请愿;启程以全体出发为原则,抵天津后如船有问题,再商定分批出发办法;全体同学自带伙食,旅费等请校友捐助;11 日中午前选出小队长、中队长、大队长;各大队之指挥由复大委员会组织部长担任;每一大队成立宣传队,队员以 15 人为限;原纠察队改为执法团,组织分为两部,一为执法委会,管理违反公约学生之审理,一为纠察队,负责维持全团秩序;以及征集复大歌曲;等等。②

学生停课并决定全体赴京请愿后,院方及教授会均顿显紧张。13 日上午 8 时半,教授会举行全体大会,讨论教授会应持态度及进行复大步骤,决定发表《教授会告同学书》,劝告学生立即复课,内称:"现在复大运动已到高热化,而又是好转的希望,诸君再作罢课请愿的行动,恐怕引起社会人士的误解,并在这个社会动荡的时代,恐怕引起意外与纠纷,我们忝为师长,诸君应当承认我们有指导的责任。"③ 不过,教授们提出的行动步骤,毫无"指导"意义,也就是将学生已做过的再做一遍,即向行辕请愿,请李主任向蒋主席先容请求复大,并推派代表赴京请愿。校当局持消极观望态度,袁敦礼表示如不能劝阻,将提出辞呈。北平行辕则希望学生继续静候在京代表请愿之结果。下午 2 时,复大委员会在大礼堂举行全体

---

① 《师院学生昨日停课准备全体赴京请愿》,《大公报》(津)1947 年 6 月 11 日,第 3 版。
② 《师院学生决晋京》,《大公报》(津)1947 年 6 月 12 日,第 3 版。
③ 《师院教授会告同学书》,《益世报》(平)1947 年 6 月 14 日,第 2 版。

大会,到会学生826人,教授会干事黎锦熙、焦菊隐等五人列席。主席首先报告11日、12日收到南京代表快电,谓复大已有转机,暂缓全体来京,必要时前往行辕请愿。教授会代表焦菊隐致词称,全体教授所持态度与学生一样,只是位置不同,但对复大问题上则殊途同归。遂产生三项议案付诸表决:一、明日暂缓晋京,罢课待命;二、维持原案,明日出发晋京请愿;三、接受南京代表建议,罢课待命出发。结果以398票多数通过维持原案,继续请愿。又规定明日6时半全体同学到校集合,9时出发,并全体一律入伙,由大会统筹办理,每人所携行李不得超过6公斤。① 学生参与的热情越高,就越会选择最激烈的集体行动方式,但对于组织者可能并非最优方案。表面上,看似详尽、细致的进京请愿准备工作,一旦实行,必定漏洞百出,也许组织者从未想过要真正实行,只是作为讨价还价的工具,或是安抚激进学生的策略,煞有介事地忙乱一番。可是,学生的表决却令复大委员会骑虎难下,有如箭在弦上,不得不发。于是,便出现了战后学潮之中最诡异的表演。

6月13日晚,北平车站站长通知师院:兹因北宁路杨村北仓间第三一、三二、三五号桥被破坏,同时列车触雷出轨,十四日不能修复,所有各次列车停驶。师院复大委员会则于晚11时发出紧急通告:

> 十三日晚九时联络部前往东车站交涉车辆,据负责人称:平津路被破坏多处,十四日车辆停驶,全体晋京出发事暂缓,特此通告。②

其中疑点甚多,叙事混乱,却令复大委员会松了一口气。待得知院长及全体教授总辞消息后,6月14日晨,复大委员会再次发布紧急通告称:

> 全体教授,向院长总辞,院长向教部辞职。如此复大运动,即造成师生对立,学校与同学之对立局势。经十三日夜2时,十三次复委会决议,强调师生一致,不致使院长及全体教授辞职,并尊重南京代表之意见,宣布暂缓晋京,罢课待命,听候南京代表消息,再作机宜。

---

① 《师院复大请愿运动》,《益世报》(平)1947年6月14日,第2版。
② 《师院学生暂缓赴京》,《大公报》(津)1947年6月15日,第3版。

如同学支持此意见,同人等为同学服务,否则不能负此责任。①

教授无能教导、指导、劝导,便使出下三滥的招数,以辞职相要挟。行动的组织者也乐得接受,及时踩下刹车,不仅卸下了责任的重负,也同样用上了要挟的伎俩。部分学生表示不满,纷纷质询复委会,以致口角冲突,但也无伤大雅,毕竟复大无干学生直接利益,口号模糊,多数学生并非真想进京请愿,何况依然保持罢课状态,附中附小学生亦罢课一天作为响应,多少也能保全面子。一天来的变化跌宕起伏,却有惊无险,各方均为高明的演员,复大运动也就成为一幕展现演技的戏剧。还有一个意想不到的小花絮,炊委会为晋京请愿准备干粮,蒸制了大量馒头,突然的行动暂缓导致馒头无法处理,于是全体同学便大吃馒头。真可谓皆大欢喜。

但是,教授毕竟是教授,也有脸面需要顾全,在复职问题上颇显矜持。师院教授先要求学生复课方考虑复职,再提出学生规定复课日期作为复职条件,最后终于耐不住寂寞,于18日自行复职了,所谓总辞也就是演戏而已。同时,教授会推黎锦熙、焦菊隐为进京代表,部分接管了复大运动。复大委员会也接到了南京代表的消息,教育部同意师院设研究所,增加经费,大学名称须待院长来京商决,最早明春始能恢复。另一方面,学生自治会普选成为新的关注目标。6月16日晚8时,学生自治会筹委会决议,自17日起开始办理普选工作,为期十日,其中候选人提名两日,竞选三日,投票及开票三日,并选出监选人7人。共提出候选人40余人,经900余人投票,至27日下午4时统计完毕,选出理事15人,候补理事5人。学生参与有所提升。26日晚7时,复大委员会邀集各社团负责人举行谈话会,彼此交换意见,结果大部仍主张继续罢课,毕业班则已先行考试。7月上旬,北平各院校先后放暑假,师院复大委员会规定,不经其许可同学禁止离校,但坚持已无意义。

北洋平部学生的坚持,同样曲折且怪异。5月24日,北洋平部教授会举行全体会议,议决并发表宣言,反对学校迁津,提出反对理由五点:

---

① 《传复大前途有转机,师院学生缓期晋京》,《益世报》(平)1947年6月15日,第2版,《师院学生暂缓赴京》,《大公报》(津)1947年6月15日,第3版。

一、平部归并津校,则北平仅清华、北大两工学院,而天津已有北洋、南开、工商、河北四工学院,对于大学平均分布,院系合理发展原则似有不合。二、北平三工院学生本部占有45％强,其现有设备,本部因未受战事影响最为整齐,若以历史论,亦以本部最悠久,今若全部迁津,不啻将北平历史最久、设备最善、人数最多之工院宣告结束。三、去秋各校招考新生,报名人数津校与平部为3∶22,即在平部报名者六倍于津校,可见北平青年对工科之兴味。四、平部迁津,其图书仪器及工场拆卸装运,即以目前物价估计,已需百余亿元,以此巨额款项,发展工业教育,或以充实津校,皆有可观。今仅供迁移之用,似太浪费。五、工业建设乃欲使中国成为现代化国家,至为重要,原有各工校自应维护扩充,培植建设干部。平部并津,便与裁撤一已有历史基础之学校无异。① 28日,北洋平部院长陈荩民返平,29日下午2时召集学生训话,转达教部决定暂不迁津,维持现状,本年继续招生,或改为独立学院。又称迁津问题既已解决,学生应即日复课。30日上午9时半,北洋平部学生自治会举行全体大会,商讨复课问题,因出席学生仅200余人,不足三分之一,临时改开讨论会,并以签名方式征求学生复课意见。31日,教授会发表劝导复课宣言,以为"现罢课已久,牺牲过大,凡我同学应及早复课,以符当时罢课之主旨,此后尽可一面照常读书,一面协力护校。"② 其实,多数学生仍坚持罢课,迁津护校并非主因,也就不会特别关心进行程度如何。

"六二"过后,情况开始发生变化。6月4日上午10时许,陈荩民召集学生代表训话,要求即日复课。下午2时,教授会代表邀集学生自治会及各班代表举行谈话会,交换意见。在校方及教授的催促下,学生自治会召开干事会,就迁校问题提出三点意见:一、北平部如果迁津,期能全部迁往;二、成立工科大学;三、由适当国立大学接办。如能得到政府对任何一点之答复,即日复课。③ 又有学生赴胡适宅,要求北大接收北洋平部,胡适以此事应由政府当局决定,学校及学生不便擅自主张,婉言谢绝。面对

---

① 《北洋平部教授宣言反对迁津》,《大公报》(津)1947年5月27日,第3版。
② 《劝导学生早日复课,北洋教授发表宣言》,《益世报》(平)1947年6月1日,第2版。
③ 《北洋平部问题》,《益世报》(平)1947年6月5日,第2版。

混沌局面,陈荩民也用上了辞职手段,以退为进。9日上午10时,学生自治会举行全体大会,出席同学仍未足法定人数,临时改开讨论会,决定:一、为学业计,定于11日起休止罢课;二、于21日休止罢课前,教部无具体答复,将再召开大会,继续罢课。三、为挽留陈荩民院长,发起签名运动。① 学生大会两次召集不起来,可能的解释是,部分学生的情绪仍旧难以平复,或是学生自治会的号召力较低,或是作为一所根基不稳学校的学生,本身就意见分散,难以集中行动。不过,十分清楚的是,学生自治会及部分学生选择与校方及教授合作,只是在言词上保持强硬。因此,此后之护校运动虽变动剧烈,有如过山车般大起大落,但学生只是处于从属位置。

6月19日,在征询北大工学院意见之后,胡适致函北洋校方,正式谢绝接收北洋平部。20日上午8时半,北洋平部学生自治会召开全体大会,一致认为由国立大学接办办法尚未完全绝望,北大虽认为人力物力有问题,但主要系于北洋当局,至今问题虽未解决,但无罢课必要,亦无罢课条件,固仍维持休罢,继续保持原订之程序。上午9时,北洋平部教授会召开全体大会,针对北大表态,决定请教育部调整北洋平津两校院系,或将平部改为独立工学院。② 其后,学生自治会及各社团积极奔走于北大、北洋校方及教授会之间,推动北大接收。平大工学院校友会也凑一份热闹,展开所谓独立运动。27日,学生自治会再次召开全体大会,校方将学校归属问题完全推给教育部,大会决定:一、维持以前三项意见,即由北大接收,或改为独立学院,或调整系别。二、因罢课期限过长,功课耽误过多,补课一星期,考期延迟。③ 态度有所后退,一时谣言四起。7月1日,北洋平部教授余谦六、林治远等40余人发表宣言,重申教授会不迁津、继续招生、要求永久之读书环境三点最初表示和由北洋继续办理而经费行政独立、改为独立学院两项主张,以为"经多日折冲,问题已愈演愈离本

---

① 《北洋明起休罢十日,陈荩民可能不辞职》,《益世报》(平)1947年6月10日,第2版。
② 《北洋平部归属问题教授学生分别会商》,《大公报》(津)1947年6月21日,第3版。
③ 《北洋平部尚无归宿》,《大公报》(津)1947年6月28日,第3版。

格"①,反对北大接办。有学生 300 余人组织护校委员会响应,试图重新掀起护校运动。

学生与教授在反对迁津上曾相互配合,此时,多数学生想通过由北大接收而获得北大身份及学校之名气,教授则担心被兼并后自身地位可能下降,甚至饭碗不保。积极鼓动独立的校友,担心自己的学历源头被切断,从而失去许多社会资源。虽然,教授会异常坚决,校友会热情十足,护校会冲锋在前,可脱离学生运动之后,所谓独立运动或护校运动,都已没有多少力量讨价还价。②

7月25日晨8时,北京大学接到教育部快电,指令北洋大学北平部于8月1日前移交北大。虽仍有护校会、校友会发声抗议,但已无关大局,且雷声大雨点小。8月1日上午10时,北大代表陈雪屏、郑天挺、郑华炽与北洋代表徐泽昆、王勉之、陈士骅、阎荫森等办理接交。凑巧的是,正是原北平临大总班主任陈雪屏,1946年7月16日将临大第五分班移交北洋大学,成为北洋平部。4日,完成点收,将"国立北洋大学北平部"校牌换上"国立北京大学工学院"。北洋代表保证,平部学生可自由转学去天津,不转移平部设施;北大代表也保证,只接行政,不接器材。于是,北洋平部多数学生成为北大学生,③教授、讲师及助教大部留任,唯职员多半被遣散,校友要求京师大学堂原有工科由北洋平部继承传统,承认校友为北大之校友。也可谓皆大欢喜。

北平铁道管理学院(下称铁院)与唐山工学院(下称唐院)的护校复大运动则无果而终。

---

① 《北洋平部局面大定》,《大公报》(津)1947年7月3日,第3版。
② 教育部处理此案的考虑主要是:尽快平息学潮、教育经费分配和实现战后国立院校平衡分布,另有战后接收的处置问题。有研究还强调办学理念的历史纠葛和战后学界派系的影响,实为表象之见,非主要因素,且不合事件发展逻辑。贺金林、袁洪亮:《1947年北洋大学北平部的归属风波》,《现代大学教育》2010年第5期,第62—63页。
③ 北洋平部原有学生820余人,除毕业生240人,尚有580余人,其中150余人签名愿转去天津,又说签名者百余人,可实际在学生自治会登记为21人,在校方处登记20余人。《北洋平部昨已交接,即日改称北大工院》《北洋平部昨日结束,北大代表前往点收》,《益世报》(平)1947年8月2、5日,第2版。

"五二〇"到来之际,铁院与唐院教授对两校学生罢课并派代表晋京请愿,抱有不同态度。铁院教授劝告学生复课,唐院教授则因提高待遇要求未见答复不满,意图随学生行动有所表示,传闻有总辞之举。① "五二〇"之后,22日,铁院学生自治会表示,静候赴京代表请愿结果,再讨论复课问题,并称将与上海、唐山两校采取同一行动。立即将运动发展趋向与护校复大捆绑在一起。唐院学生代表为同学杜炳文被捕事,再至北平行辕请愿。并因20日学生自治会组织街头反内战宣传时,遭不明身份者围攻谩骂,撕毁标语,贴上反共等标语;21日下午学生数人遭一群无番号军人包围、恐吓,学生自治会向市府及军部请求调查,并保证同学安全,又劝告同学切勿独身外出。② 24日下午4时,杜炳文被释放。唐院学生的注意力才渐次转向护校复大运动。

5月22日中午12时,铁院进京代表抵沪,表示将由交大、唐院、铁院三校学生代表联合组成"沪唐平三校校友会",加速护校工作。③ 26日,唐院进京代表四人抵沪,称将与交大、铁院代表会同商讨恢复交大事宜,如无结果,唐、平两地同学即搭轮赴京请愿。④ 因严防"六二",两校学生代表抵达南京的时间有所推迟。

在铁院与唐院校内,护校复大运动的发展轨迹则相差较大。

5月26日,铁院教授、学生、校友准备联合组织"北平交大复校设计委员会",加速护校工作。教授们走到了复大的前台。29日,铁院全部收回了空军修理厂所占校舍。30日下午1时,铁院学生护校会召开全体大会,决定由教授、校友、学生各推举代表合组复大委员会,拟定具体方案推动护校。并决定自6月2日起复课。31日,教授、校友及护校会分别发表宣言。教授宣言坦称:"今同学愿即日复课,对于复大则继续努力求其

---

① 《调整待遇反而降低,唐山工学院教授要总辞》,《益世报》(平)1947年5月22日,第2版。
② 《唐院学生街头宣传反饥饿反内战并且护校,被人诬称为共产党走狗》,《大公报》(津)1947年5月24日,第4版。
③ 《交大护校运动热烈,平铁院代表抵沪联络》,《益世报》(平)1947年5月27日,第2版。
④ 《唐山工院派代表赴沪商恢复交大》,《大公报》(津)1947年5月27日,第3版。

实现。"学生护校会的宣言中则称:

> 护校运动委员会的任务,已暂告结束,今后一切工作,均由以校友、教授及同学三方面所组成的复大委员会负责推进。①

学生组织在同意复课时,也放弃了运动的主导权,后果之一便是组织权威性的下降,所谓复课也只是四年级毕业班先行复课。6月2日下午,铁院学生自治会召开全体大会,自称曾有决议自3日起正式复课,但会后接华北学联通知,为抗议上海、唐山及其他各地逮捕学生,罢课两天。② 6日,复大委员会举行第二次大会,通过设路政、邮政、航政三学院及交通研究所的大学设计,复大后校名为"北平交通大学",也摆出必要时全体赴京请愿的强硬姿态。然而,赴京代表与教育部交涉毫无结果,学生对复大委员会的工作也不能满意。6月13日上午10时,学生自治会应80余同学之请,召开全体同学大会,到会150余人,议决组织复大工作行动委员会,协助复大工作,必要时在校同学随时准备联合师院、唐院共同进京请愿。③ 试图以积极复大,重新获取学生支持,可已是强弩之末。16日,铁院学生随北大、清华等校,为追悼武大死难者罢课一天。18日下午3时,进京请愿代表返校,所得只是教育部许诺增加经费,复大则一时难于着手。19日下午3时半,学生自治会召开全体同学大会,拟由赴京代表报告请愿经过,不意摇铃开会后,到会学生仅7人,只得流会。21日下午6时,学生自治会代表、干事举行紧急联席会议,以全校同学对复大漠不关心,用辞职表示十分之不满。④ 此种结果,对全体学生均极具讽刺性。

在唐院,5月28日,学生自治会接受全校过半数同学签名之建议书,正式成立反内战委员会,决定从大处着眼,反对内战,解除人民痛苦。在《告全国同学书》中呼吁:"现在平津京沪已有卅余个院校联合起来,希望今后各地的学生都联合起来,组织全国学生反内战大联盟,以行动来制止

---

① 《铁道管理学院教授为复大发表宣言》,《华北日报》1947年6月2日,第5版。
② 《铁院五日或可复课》,《华北日报》1947年6月4日,第5版。
③ 《铁院组织行动委会必要时将联合请愿》,《益世报》(平)1947年6月14日,第2版。
④ 《铁院自治会代表将全体辞职》,《世界日报》1947年6月21日,第3版。

内战!"①在护校复大运动方面,学生认为教育部对多次要求均未答复,乃是忽视该院生存,要求立即进京请愿,甚至有同学去车站学习开火车技术②,表现得最为强硬。31日清晨,唐院学生组成五支宣传队,去往唐山主要街道进行反饥饿、反内战宣传,当第二、三支队学生返校路过三青团唐山分团部门前时,遭到暴徒拦截和殴打。有同学跑回学校敲响警钟,集合同学营救。下午2时,大队学生赶到,暴徒退入院内,学生遂冲入分团部,将行凶暴徒三人带回学校。③

6月10日,唐院赴南京请愿代表来电称,教育部尚无具体答复,朱家骅且斥责学生不应干涉校政④。同学大愤,经全体大会决议继续罢课,须待所要求者得保证后,再考虑复课。18日,赴南京请愿代表返校,次日在该校明诚堂向全体同学报告请愿经过。20日,护校委员会宣布复课决定:

> 此次向教育部交涉无多大成就,但已获一部成功,且各地校友会咸主张早日复课,免荒学业。至于复大运动,而由校友、教授、同学三方面组织一委员会,协力工作,从长计划。是以护委会乃于二十日下午召开全体大会,商讨复课问题,当场通过于二十三日起休罢,并主张复大及响应京沪校友交大返回交部运动,一切均交学生自治会办理。校方已宣布本学期定七月十二日放暑假,九月八日开学上课。至于各班课程因本学期缺课太多,故于下学年第一学期内补授后再

---

① 《唐山交通大学反内战委员会告全国同学书》(1947年5月),《"五二〇"运动资料》第一辑,第215页。
② 《唐院学生坚决护校》,《大公报》(津)1947年5月31日,第4版。
③ 西南交通大学校史编辑室编:《西南交通大学(原唐山交通大学)校史》第一卷,成都:西南交通大学出版社,1996年版,第199页。中央社对此事件的报道,未提学生宣传队遭拦截和殴打经过,仅称:"唐山工学院学生在少数阴谋分子主使下,为煽动'六二'罢工罢市重作全市游行宣传,竟冲入青年团河北支团唐山分团部,捣毁房屋家具,撕碎国父及主席相片,掳走团员学生五人,显系蓄意制造惨剧,以达成其'三罢一惨'之阴谋。"《唐山工学院学生捣毁青年团》,《华北日报》1947年6月3日,第5版。
④ 据代表返校后向同学报告,朱家骅对代表称:"你们的请求我都知道,现各地学潮风起,学生动辄请愿,本部长哪有时间来接见?……学生如此嚣张,学校办不好,过岂在教部?"《唐院学生请愿经过》,《大公报》(津)1947年6月26日,第4版。

举行学期考试。①

所谓已获一部成功,指教育部允诺给予长期补贴及拨发工料、仪器,并无实际内容,可谓运动组织者在收束中的自我安慰。至于学校隶属教育部还是交通部,似乎与学生没有多少直接利益关系。在北方各校的护校复大运动中,唐院的罢课坚持最久,其复课即标志着此运动告一段落,至少学生不再作为运动的主角,坚持已毫无意义。

其他院校的类似行动因规模小、院校不大,借助学潮相机推动的用意更加明显。

5月19日下午3时,北平艺专学生收回校产委员会招待记者,特别强调本次运动仅为收回校舍,又称不达目的时,决以罢课行动表示。② 6月10日,朝阳学院司法组为抗议教育部取消公费,发起签名罢考。11日上午8时,召开联合级会,决定组织"朝阳学院司法组请愿团",向学校当局备案,请展缓考试日期,急电教育部解决公费问题,如无结果,将派代表三人晋京请愿,并请北平行辕援助请愿运动。③

中国学院(下称中院)的搭便车行为,则演成激烈的校内冲突。6月14日,中院一部学生以开展复大运动为名,发起签名罢考。同日上午9时,中院国立促进会在该校和乐堂举行各院系班代表及学术团体负责人座谈会,商讨对国立及改大问题的进行步骤和态度。15日,中院当局发表《本校临时重要布告》,指罢考为自取毁灭之荒谬动作,称复大与国立仅为手续或程序问题,并威胁如仍有人策动,全体教授将行引咎辞职。中院正义护校会亦发布告同学书,提出消灭共产党、打倒国立运动障碍、铲除阴谋罢考分子等口号。④ 当局的威胁,导致15日晨由复大运动发起的全体学生大会,因出席人数不足半数未能开成。⑤ 当然,中院的现象有其自

---

① 《唐山工院休止罢课》,《大公报》(津)1947年6月23日,第4版。
② 《艺专要求收回校舍》,《大公报》(津)1947年5月20日,第3版。
③ 《朝阳司法组学生决议组织请愿团》,《益世报》(平)1947年6月12日,第2版。
④ 《中院改大绝无问题策动罢考自取毁灭》,《经世日报》1947年6月16日,第4版。
⑤ 《明智的中国学院学生复大决不采罢课手段》,《华北日报》1947年6月16日,第5版。

身背景①,可十分清楚的是,在学潮之中,复大、改大及国立等口号能够普遍使用,当局敏感的是罢课、罢考等激烈手段。

借助学潮,使用强硬手段,对教师也有吸引力。5月24日,中法大学讲师助教会因待遇问题向校长请愿,未得结果。便借严防"六二"之紧张时刻,以讲师助教待遇未按部令调整,决定自30日起罢教三日。② 此举似乎相当有效。31日晚,讲师助教会便以待遇已经提高,问题完全解决,宣布6月1日起复教。校方解释,早拟设法增加待遇,但呈请董事会需时甚久,现已借款解决。③ 由此证明,在乱局之中,采用强硬手段可能获得更多关注,并诱使各种力量或各类人群普遍效仿。

如果说,反内战口号将战后学生运动推向最高峰,那么,"六二"以后,当对和平与内战的认识发生改变后,又如何推动运动的继续发展呢?

一般而论,迫害与反迫害的斗争,即为运动下一阶段的主要内容。④ 国民党当局对学生的恐吓、威胁、殴打、逮捕,乃至开枪射击,试图将学生运动镇压下去,同时也刺激了同学的情绪及引发社会舆论的同情,成为运动下一个行动的内容。这种刺激——反应的"反迫害"模式,有可能推动学生运动一波一波向前发展,只要迫害不止,运动就会不断前进。然而,在实际运作中,当局在各地区的迫害方式、程度,各院校的控制能力和学生组织程度、遭遇迫害程度,以及学生之间对于当局迫害的态度、立场和行动意愿,都有可能分散反迫害斗争的力量。"六二"后的北平学生运动的情况表明,间歇式的反迫害罢课,呈现参加学校、学生数渐次衰减的趋势。

在新学期中,当浙江大学学生自治会主席于子三被迫害死于狱中⑤

————————

① 中院学生中亲当局力量较大,但不满也在日渐增长。5月27日晨,于该院二宫门内发现怪布告一张,标语数条,对校当局意有谴责,对同学私人有所攻蔑。《中院怪布告!》,《经世日报》1947年5月28日,第4版。

② 《中法大学讲师昨起罢教三天》,《大公报》(津)1947年5月31日,第3版。

③ 《中法教员昨复教》,《华北日报》1947年6月2日,第5版。

④ 《反饥饿反内战运动史实》,《华北学生运动小史》第一分册,华北学生运动小史编辑委员会编印,1948年,第70页。

⑤ 10月25日夜,于子三、郦伯瑾与由沪来杭浙大毕业生陈建新、黄世民以举行密议在延龄路大同旅馆被捕,羁押在警保处,29日午后被发现死亡。消息传出后,学生方面认为被警保处所杀,警保处则称系自杀。《杭州不幸事件》,《大公报》(津)1947年11月3日,第3版。

的消息传来后,平津学生即刻掀起一个新的人权保障运动。清华率先宣布自11月4日起罢课三天,燕京、北大、南开、北洋等校继起声援,并于各校展开悼念、募捐活动。6日下午1时,在北大民主广场举行扩大追悼示威大会,有北大、清华、燕京、中法、师院、辅仁、铁院、贝满、汇文等校学生参加,追悼会程序为:序幕剧;于子三中学同学报告生平;周炳琳、樊弘教授讲演,许德珩教授因病未到,请人代读讲稿;在操场内列队游行。① 因悼念活动还合并了抗议当局的各种抓捕迫害,罢课持续了几天,但参与规模明显缩小。② 究其原因,10月27日,国民党当局宣布中国民主同盟为"非法团体"③,可视为政治迫害提升的信号,校外的围堵抓捕和校内的骚扰挑衅④明显加强,自然影响学生的参与行为,但是,更值得注意的是,此次人权保障运动,尽管波及面广大,可各校之间、各地之间缺乏有机联系,涨落不一,难以形成一致之行动,甚至出现了相互指责的现象。在学生行为强悍的唐院,新当选的学生自治会,却面对数十同学签名要求响应平津各校抗议于子三被杀的布告,"没有反应"。⑤ 剧烈的反差,展示了一种混乱的境况。

---

① 《平津学生继续罢课追悼于子三并为募捐》,《大公报》(津)1947年11月7日,第3版。
② 如6日北大民主广场追悼大会,学生报刊报道参加者5000人,当局报告为2000余人。北平各日报则缺少参加人数报道。《反对迫害保障人权,平津学生罢课示威》,《燕京新闻》第14卷第4期,1947年11月10日,第1版。《詹明远关于北平各校响应浙大学潮情报》(1947年11月11日),《"五二〇"运动资料》第二辑,第489页。
③ 内务部发言人称:查民主同盟勾结中共,参加叛乱,早为国人所注意。政府对此不承认国家宪法、企图颠覆政府之非法团体,不能坐视不理。依据妨害国家总动员惩罚暂行条例及《后方共产党处置办法》,严加取缔,以遏乱萌,而维治安。《政府宣布民盟非法视同"共匪"严加取缔》,《中央日报》1947年10月28日,第2版。
④ 除各校校方劝告不得罢课、游行外,师院校内的冲突最为典型。5日,师院讨论是否为于子三事件罢课一天,意见分歧较大。6日中午,学生自治会征集学生签名表决,忽有中国学院学生20余人入校干扰,殴打同学,抢去签名册。师院学生则将抓获之中院学生在操场审讯后,送至警察局。《师院一纠纷》,《大公报》(津)1947年11月8日,第3版。
⑤ 《唐山工学院老了!》,《燕京新闻》第14卷第6期,1947年11月24日,第2版。

那么,"从生活斗争的不断发展中来突破"①,在战后学生运动达到高潮之后,仍然继续有效吗? 由积极参与关系成员切身利益的生活斗争,在斗争中觉悟,并实现群体的团结、组织,进而展开政治斗争,成为整个革命运动的一个组成部分,这是动员工农群众参加革命斗争的最通俗、也是最合于逻辑的表述。学生则是一个高度分化且极不稳定的社会群体,当其在"反内战"口号下振臂一呼后,很快转向所谓"生活斗争",以追求利益为斗争目标,无疑会出现严重的矛盾现象,甚至可能导致斗争异化,使学生运动趋向另一面发展。

其一,所谓"生活斗争"的各种类型,由于学生之间对待遇要求、考试制度和学校设施建设等方面存在差异,即使要求相同,也不一定能够在斗争形式上取得高度认同,故参与的积极程度和能够坚持的时间也不尽相同,在缺乏强大外部压力的情况下,此类斗争并非必然会有利于学生的觉悟和团结,相反,"五二〇"运动高潮后的诸种学潮发展,大都将分裂的一面暴露得愈加明显。学生运动需要激情,可具体的利益之争恰恰会消磨激情,使得看似完备周全的行动计划,有如完美的表演,或装腔作势的虚晃一枪,这在师院复大运动中可见一斑。激进的学生及学生组织试图推着运动向前发展时,以及各类"生活斗争",都未能得到所期待的结果,甚至被日常的琐碎所吞噬,让出了斗争的主导权。

其二,战后学潮蜂起,主因是中国政治出现严重危机,学生因不满现实政治而走上街头。如果说,"五二〇"运动是"从经济性的抢救教育危机及反饥饿的斗争开始的","以广泛的经济斗争进一步提高到政治斗争",②那么,"六二"后的运动发展又表明,"生活斗争"并不一定能够发展成为政治斗争,甚至更有可能被利用。当"反饥饿"成为一个共同口号时,

---

① 《群众运动复趋高涨》(1947年4月28日),《中共中央青年运动文件选编》,第657页。此件为刘晓致中共中央电,其中,学生生活斗争包括:增加公费,救济清寒同学,保障学业,反对会考,自治会自由选举,增加教育经费,扩充学校设备,提高待遇,等等内容。中央认为该电对群众斗争形势的分析及斗争方针的规定,"均甚恰当"。《中央关于蒋管区党的斗争方针的指示》(1947年5月23日),《中共中央青年运动文件选编》,第653页。

② 《反饥饿反内战运动史实》,《华北学生运动小史》第一分册,第69页。

对造成饥饿原因的解释,便成为尖锐的政治对立,可"反饥饿"的主要手段,是向当局及校方请愿要求增加副食费、享受公费及配给必需品等,又需要与当局及校方保持合作。对于多数学生而言,参与经济性斗争是想获得具体的利益成果,而非走向彻底的政治革命,因此,学生内部的分化现象也愈加明显。在学生运动的强力冲击之下,即使置身事外的学生也想搭上便车,借以提出自己的要求,同时又极力与政治性学生运动相切割。特别是在复大、改大及国立一类的运动中,学生根本无力由此推动更大范围的政治斗争,更多地是被校方及教授会所利用,成为他们与教育当局讨价还价的工具。

其三,各种"生活斗争"类型的学潮,客观上对于蒋介石统治的垮台有利,尤其是共产党在国共内战中尚处于防御阶段时。可是,从战争发展的态势看,第二战场如何配合第一战场,也在相应发生变化。如果从这个角度观察,所谓"生活斗争",尤其是涉及经济待遇、教学制度、行政管理等方面的要求,以及以罢课、罢考、请愿为手段的斗争方式,在蒋介石政府倒台后,也有可能成为新生政权的困扰。

随着经济危机日益严重,公费对于学生生活愈显重要,争取增加公费和享受公费的学潮也愈发频繁,各种极端现象随之发生。进入期末考试期,学生每以群体抗争,表达对考试的不满。除各种借口的罢考之外,北大学生就一门不及格停止其公费之规定①提出抗议,校方为安抚学生,改为"期考三分之一不及格学生请仍照发公费"②。7月26日晚,清华经济系一二年级学生因考试不及格,竟持刀去赵人儁教授家理论,发生刀伤师弟行为。教授则对学生因家庭清寒而有此行为表示同情,以为"小有不及格而未达退学标准者,似可继续给予"公费。③ 且不论公费与成绩挂钩是

---

① 《战时国立中等以上学校及省立专科以上学校学生给予公费办法》第十一条规定:公费生在修业期间学业成绩及操行成绩有一项不及六十分,停止其公费。《北京大学史料》第4卷,第380页。

② 《国立北京大学行政会议记录·第四十六次会议》(1947年7月28日),《北京大学史料》第4卷,第48页。

③ 《清华不幸事件》《清华一学生行凶案,赵人儁教授一封书》,《大公报》(津)1947年7月30日、8月4日,第3版。

否合理,但把公费等同于救济,却非大学教育所必需,采用暴力强行要求,则是"生活斗争"的一种副产品。在新学期里,10月26日,北大农学院三年级学生以补修二年级英文课程教材过难而罢课,迫使教务部同意重新调整教材,并于考试时依据学生程度出题,31日始复课。① 英文程度原是战后接收遗留问题,但是此时,较之反甄审斗争,学生行为更趋强硬,不再诉诸悲情,而是理直气壮地要求。

尽管学生运动中的经济性斗争,可能存在诸种矛盾现象,面对暑假来临,华北学联还是决定展开一个广大的助学运动,通过宣传劝募的方式,激发参与热情,帮助清寒同学,"痛痒相关,患难相顾,大家紧密地团结在一起"②。

助学运动架势十足,成立北平市学生助学委员会,由北大、清华、燕京、中法、师院、朝阳、辅仁、铁院和汇文、贝满、育英、艺文、河北高中、崇德等14单位为委员学校,聘胡适、梅贻琦、陆志韦三校长为名誉顾问,以及学校、新闻、银行、企业、法律等各界声望夙孚者为顾问、赞助人,以劝购助学章、特别募捐、义卖推销、戏剧音乐等方式向社会直接筹募助学金。③ 实际活动则较为单一,其中,影响最大的是8月22日至24日三天的上街劝购,虽已向有关当局申请备案,可当局依然紧张,以为学生"采取强迫募捐行为,若由其宣传品支出之数目观之,诚恐入不敷出,劳而无获,牺牲宝贵光阴与精神,其损失当更大",要求迅速停止。④ 24日晚,助学委员会开会讨论,停止原计划的街头义卖,改为在公园、校园举行义卖、义演、义赛。出动街头宣传与募捐者约3000人,中学生占一半以上。活动方式改变后,直接参加者又有所减少,"有些热心同学找不到工作做"⑤。球类比赛关注度不高,音乐晚会和陈白尘的政治讽刺剧《升官图》的演出成绩较好,

---

① 《北大农学院大三学生已复课》,《大公报》(津)1947年11月1日,第3版。
② 《迎助学运动》,《清华周刊》复刊第17期,总第693期,1947年8月,第2页。
③ 《北平市学生助学委员会公告》(1947年8月),《解放战争时期北平学生运动》,第229—232页。
④ 《市府当局不以为然盼即停止》,《大公报》(津)1947年8月24日,第3版。
⑤ 《北大一年》,第16页。

可由于成本大,盈余并不太多,义卖更非学生强项,①尤其是书画、古董的捐献与拍卖,只能在少数社会上层人士间进行。在美国驻北平领事协助之下,联总(联合国善后救济总署,UNRRA)华北代表将数百吨剩余物资交助学委员会分配。② 助学运动使1500多名学生获得数额不等的助学金,其过程无轰轰烈烈的场面,作用及意义则应放在一个较长时期之中观察,然而,对于战后学生运动,助学运动"并未提出政治口号"③,也不可能导向政治斗争,对同学之间的团结有所帮助,"但还不能达到亲切的程度"④。

1947年10月10日,中国人民解放军总部发表宣言,公开提出"打倒蒋介石,解放全中国"的口号。当解放军转入战略进攻阶段之后,中共对国统区学生运动的任务和斗争方式发生相应改变,"应深入发展与巩固力量,准备最后决斗,暂时转为防御,免在不利条件下硬碰"⑤。学生运动对于"搞垮蒋介石统治"的作用,已经减低。

五、组织、宣传及策略之运用

学生运动的成熟,集中表现在运动的组织、宣传及策略运用之上,由此决定运动的形式、内容、规模,以及调整、转圜的灵活性。

为筹备"五四"纪念活动,北京大学成立"北京大学院系联合会"。"五四之后,院联会变成了北大同学自治的最高机构。"⑥其实,此种结论并不完全准确,5月17日,为讨论是否响应清华罢课时,召集的是院系联合会

---

① 《助学运动经过》,《华北学生运动小史》第一分册,第86页。
② 《平助学宣募揭晓》,《大公报》(津)1947年9月14日,第3版。
③ 《高棠关于全国学联着重福利工作问题致文彬电》(1947年9月2日),《中国青年运动历史资料(1947.1—1948.2)》第17集,第397页。
④ 《北大一年》,第15页。
⑤ 《刘少奇、冯文彬转高棠关于北平学运情况及深入发展、改换方式等建议给中央的报告》(1947年11月11日),《中国青年运动历史资料(1947.1—1948.2)》第17集,第426页。
⑥ 《北大两年》,《北大1946—48》,北京大学学生自治会北大半月刊社编印,1948年7月2日出版,第5页。

代表会①,即部分系级代表和社团代表的联席会议,也就是说,以学校为单位发起较大规模的集体行动,需要来自基层学生组织的决定,其中,社团组织十分重要,由于社团基于共同兴趣,组织活动和相互交往更加频密,加之规模有限,内部凝聚力更强,可补系会、级会之不足,且是承担宣传等项工作的具体组织,如歌咏团、剧艺社等。即便是有学生自治会组织,如清华大学,罢课行动也需要有多数同学赞同,最初在700余同学建议下召开代表会,决议罢课一天,其后又在1176名同学签名要求下改为罢课三天。② 燕京大学十余社团率先表示声援清华罢课,③继而学生自治会在26团体和400多人签名要求下召开全体大会,通过罢课三天等项决定,之后的续罢,也是全体大会讨论表决的结果。④ 5月21日,北大决定是否继续罢课,也是采取公开征集签名的方式。可见,罢课行动的发起,源于多数学生的自愿与自动,学生自治会则依照规则行事。⑤

运动一经发起,依据过往经验,立即会出现相应的临时性组织,以便开展各种对内对外工作,弥补学生自治会规则之限制。在清华和燕京,决

---

① 据北大地下党成员回忆,院系联合会"是全校学生自治会的雏型,而且实际上行使了学生自治会的职权。在院联代表中,党员和外围组织成员占三分之一,院系联合会理事会中党员和外围组织成员占半数以上"。萧松、马句、宋柏:《沸腾的沙滩》,《北平地下党斗争史料》,第555—556页。回忆从成员政治立场结构上强调组织影响力,但未能说明组织决策的程序。

② 《清华大学学生自治会报告继续罢课三天》(1947年5月17日),《反饥饿反内战运动资料汇编》,第130页。

③ 《燕京大学十余社团声援清华罢课》,《"五二〇"运动资料》第一辑,第200页。

④ 《本校同学呼吁和平罢课五日参加游行》,《燕大双周刊》第39期,1947年5月27日,第320页。

⑤ 1943年11月23日,教育部颁布《学生自治会规则》21条,其中规定:第二条,学生自治会为学生课外活动之唯一组织,以在学校以内组织为限,不得有校与校间联合组织,并不得以会参加校外各种团体组织或活动。第八条,学生自治会之权力机关为会员大会。在会员大会闭会期间,为理事会,全校学生在500人以上,得以代表大会代替会员大会;代表大会由各年级或各院系按照人数比例选出代表组织之,代表人数由各校自定。第十条,理事会之理事,由各年级或各院系推举候选人3—9人,提请会员大会按照规定名额选举之,任期定为半年,但得连任一次。第十四条,会员大会于每学期之始及每学期之终各举行一次,遇必要时,经理事会之决议或会员四分之一以上之建议,经学校之允许,得由理事会召开临时大会。第十七条,学生自治会之决议,以在规定之任务范围以内为限,并不得干涉学校行政,有违反上列情形者,学校得撤销之。第十九条,学生自治会如违背校规情节重大时,学校得解散之。

定罢课后,立即分别成立"清华大学反内战反饥饿罢课抗议委员会"和"燕京大学反饥饿反内战委员会",负责联络师长、校友、友校及宣传、请愿等项工作,学生自治会则保持与校方的日常沟通。北大的院系联合会似乎发挥着学生自治会和临时性运动组织两者的作用,但也成立"北京大学反饥饿反内战行动(罢课)委员会",负责罢课期间的各种行动,下设总务、宣传、纠察、联络四部。

真正的组织扩张出现在西单事件之后,由于学生宣传队在街头遭遇殴打,原本以学校为单位的分散活动,上升为校际间的一致抗议行动,组织的大型化便成为运动发展所必需。5月18日晚,北大、清华、燕京、师院、铁院、中法、朝阳、北洋平部、天津南开、北洋、唐山交大、汇文等校学生代表在北大召开紧急会议,决定成立"华北区各院校五一八血案后援会",宣布自19日起一致罢课,提出九条口号,向北平行辕抗议。19日,北大、清华、燕京、北洋平部、师院、中法、铁院、朝阳、艺专、辅仁、天津南开、北洋,唐山交大等十三校学生代表在北大开会,成立"华北各院校反饥饿反内战联合会"①,并决定20日举行游行。为了游行示威行动,一个表达同情声援的临时组织,即刻转变为负责协调共同行动的组织,也实现了由"抗暴联"到"反饥联"的过渡,将战后学生运动由一个高潮推向另一个高潮,如此,在组织架构和职能上,很快便面临多重问题。

到"五二〇"运动爆发时,组织一场大规模的游行示威,在方法上可谓已经成熟。在游行前,各级组织机构的建立、参加单位的联络协调、宣传文件和口号的制定、游行线路的确定、各种用品(包括车辆、旗帜、标语、漫画、笔墨、纸张等)的准备、演剧和歌咏的练习,以及向校方及当局通报等,游行中的队列排序、出发停止、纠察护卫、呼口号、写标语及请愿如何进行等,都有周全、严密的安排,展现出了高度的组织技巧。例如,对游行纠察

---

① 此类组织名称,是"反饥饿反内战"还是"反内战反饥饿",当时有不同署名或记载,甚至一家报纸前后记载不一。如前述,从宣传口号上,华北强调反内战;从响应南方院校上,则由"反饥饿"而"反内战"。由于为同一组织,主张与行动无实质变化,故对书写不同不进行讨论,统一使用习惯名称。

队注意事项之规定,职责、分工、应对措施等布置细致,①是经验积累和组织技术的充分体现。

但是,还应该看到,当组织大型化及组织技巧提升之时,组织控制能力并未获得相应提高,因"机构太庞大,同样患了呼应不灵的毛病"②。作为积极参与者的罗荣渠担心,"反饥联"组织难以控制大规模的游行示威,万一出点意外,一定纷乱不堪,难以收拾,万幸的是游行途中虽遇小波折,总算能够顺利结束。与各地方学生运动比较而言,北平"五二〇"游行之所以规模最大,也最为成功,组织因素固然重要,校方的态度及当局的处置亦是重要原因。

然而,游行的组织者们,大多未能注意两种类型的组织"呼应不灵":即在直接民主的议决形式下,各院校学生组织,无论是学生自治会、院系联合会,还是临时性运动组织,均无法在紧张、多变的环境中牢牢地掌握大多数学生;地区各院校之间的联合协调组织,更无法牢牢地掌握各院校学生组织。此种现象,本是学生群体乃至学生运动的常态,也说明要求高度一致的游行示威行动难以持续。现实情况却是,在游行结束之后的亢奋作用下,乘胜前进成为一种多数认识,经由全体同学热烈鼓掌和主席团一致同意,通过了定6月2日为反内战日和筹办华北学生联合会的决定,由"反饥联"负责具体筹备。临时性运动组织的正式化或正规化,是组织大型化的进一步发展,旨在强调反饥饿反内战大游行不过是运动之开始,决定在"六二"展开更广泛之反内战运动。③ 实际上,运动已被少数激进学生以及激愤的情绪推着走。

有关华北学联的筹备过程少有记载,这与各院校学生自治会及社团成立的公开性形成对照,不过,在筹备期间,华北学联就已经开始从事请

---

① 《"五二〇"游行流动纠察队应注意事项》共七条:一、专心职守,不作其他工作。二、在本股负责人附近流动,彼此距离不可太远。三、避免冲突。四、遇有交涉由队长单独交涉不要冲动,不要零乱。五、解决纠纷后即回原来位置。六、留意宣传员所写之标语有否反宣传。七、劝导两旁群众与队伍距离稍远。《反饥饿反内战运动资料汇编》,第257页。

② 《北大岁月》,第124页。

③ 《迎接六二运动广泛展开宣传》,《燕京新闻》第13卷第27期,1947年5月26日,第1版。

愿及发布各种宣言、决定，①俨然已经自动成为运动的领导机关。

据亲历者回忆称：5月24日，"反饥联"执委会在北大三院召开扩大会议，讨论华北学联章程和组织细则。27日，通过《关于华北学联章程草案及工作细则的建议》，其中规定：华北学联最高立法机关是全体会员代表大会，由各校自治会团体推举代表一至三人组成，各单位只有一票表决权，必须有二分之一以上应出席会员到场，才得开会。对各种议案，不采取表决方式决定，一律以协商一致的原则行事。执行机构为执委会，由代表大会推举五至七个会员单位为委员，不设主席，召集人轮流担任。下设学艺、联络、康乐、福利等部。并建议30日前各院校自治会代表大会通过及选出代表。30日，华北学联第一届代表大会在北大举行，推选北大、清华、燕京、中法、辅仁、北洋、南开、唐院八校为委员单位，执行委员11人，各部部长由北大学生担任，会址设北大。②

由此可见，华北学联仅具正规化的外形，既无规范的产生、议事程序，也缺乏与各院校学生团体的有机联系，特点是大型化组织较之学生自治会更容易控制，由数名代表就可以通过决定和发布宣言。然而，此种组织便利并非毫无代价，华北学联从筹备到"六二"宣告正式成立，其作用似乎在极力削弱学生运动中的激情，"压住阵脚拭目以待"③，而非提议成立时游行学生所期盼的目标。华北学联成立后的第一件重要工作，就是决议取消"六二"示威游行，决定本身没有问题，但华北学联的组织角色确有几分尴尬，其出面并非更有理智或更具权威性，而是一些院校学生自治会在激进学生的压力下，不愿自己出头决定。

---

① "五二〇"游行后，为抗议暴行及逮捕，华北学联议决罢课一日，请愿得到合理答复时，各院校在23日以前复课。朝阳、四中事件发生后，各校相继罢课，联合会的工作更艰苦了。故人：《华北学联成立经过》，《燕京新闻》第13卷第27期，1947年5月26日，第2版。5月25日上午9时，华北学联再度派代表赴行辕请愿，获得满意答复，决定自26日休罢，并通知各院校。《学生昨请愿获圆满答复，平学联决定自今起休罢》，《益世报》（平）1947年5月26日，第1版。《平学联为朝阳血案请愿，行辕接受要求学生满意》，《大公报》（津）1947年5月26日，第3版。

② 孙清标、柯在铄：《回忆解放战争中的华北学联》（上），《青运史研究》1982年第1期，第47—48页。

③ 《华北学联"六二"声明》，《反饥饿反内战运动资料汇编》，第236页。

如此,自然会损害华北学联的形象,尤其是在运动中冲在前面的学生中间,华北学联的组织及行动都更具形式之象征性,①各院校决定重大行动或参与一致声援仍需多数学生直接表态赞同。9月26日,燕京龚理康同学在家被捕,30日消息传到学校,学生纷纷要求自治会开全体大会,对当局严重抗议。学生自治会于当晚举行全体大会,议决10月1日起罢课两日,抗议非法逮捕学生。② 11月4日中午,为于子三案,燕京学生自治会在膳厅征求同学意见,赞成以罢课抗议者达600余人,当晚自治会议决5日起罢课两日。不过,又因罢课追悼期间发生师院殴打事件,贝满两先生及北大两学生尚未依法审讯,遵从华北学联决议,8日继续罢课一日。③

即便情况如此,组织大型化的进程却没有暂停,反而以更快的速度继续推进。6月3日,华北学联召开会议,通过组织全国学联案,由执委会进行办理。在行动受挫之时,华北学联试图通过组织扩张提升学生运动的统一性。此种想法明显源于华北学联数名学生"领袖",为迎接更大的、集合起来的运动,也得到中共北平学委和上海局的双重鼓励④。中共中央的态度则有所不同。同样在6月3日,中央一方面肯定了"六二"停止学生上街游行的决定,一方面要求学生的组织形式应与形势相适应,"均

---

① 罗荣渠6月1日日记中有北大学生对学联布告决定不游行及提前告知校方表示不满的内容:"一部分同学对事先任意将这个消息公布甚感不满。""同学们认为学联有操纵出卖运动的嫌疑,颇为不满。"并对民主广场命名典礼中升旗时旗杆被风吹倒,主席团又重新宣布再来一次升旗典礼,要求同学呼口号、鼓掌之举不以为然,"这种愚蠢的举措只能表示主席团之低能与愚昧"。《北大岁月》,第133页。
② 《龚理康同学遭非法逮捕全校罢课二日严重抗议》,《燕大双周刊》第45期,1947年10月4日,第355页。
③ 《罢课四日两度示威》,《燕大双周刊》第48期,1947年11月15日,第369页。
④ 中共北平学委报告称:"目前,我们中心工作,是巩固自己力量,成立大学学联、中学生联谊会、高三学生联谊会。"《北平学委关于反饥饿反内战运动给刘仁的书面报告》,《解放战争时期北平学生运动》,第191页。从报告内容看,写于5月27日至30日之间。刘晓在报告中称:"由于斗争今天已带全国性,又由于今后斗争的新形势及我们力量弱,决定利用这次斗争,在真正群众基础上,成立各地学联与全国总学联,使之成为公开的群众性领导机关。"《蒋管区群众斗争近况及今后策略问题》(1947年5月31日),《中国青年运动历史资料(1947.1—1948.2)》第17集,第220页。

可不拘名称形式,设法联合,以达到成立全国学联的目的,但形式上却不要马上号召成立全国学联,致引起敌人过早注意分化与压迫"①。其后,中央在同意上海局学运方针的复示中,再次强调:

> 蒋政府现正禁止全国学联的成立,我们应利用各地各校的签名运动,校内的后援会或共同委员会先求得几个地域的联合,以配合华北学联、京沪五地学联的行动,为全国联合准备基础,而不要马上集中一切力量于全国联合的组织,去便利敌人的集中打击。②

中共中央要求继续坚持"平行组织和单线领导",即南北学委同时存在且独立领导,显然不适合立即建立集中统一的大型学生组织。遗憾的是,中央文件尚在起草之中,全国学联就已仓促宣告成立,似乎也没有理会此前的中央意见。6 月 14 日,华北学联两名代表飞抵上海。15 日,中国学生联合会在上海交通大学宣告成立,没有严格的组织程序,会章、宣言也都是宣告成立后所拟定,更多地表现为各区域学联成立后的一种自我组织扩张。在华北,北大、清华等校正忙于罢课声援武大,《燕京新闻》发表了一篇《全国学联昨日成立》的几十字的短新闻,各报均刊载了教育部、社会部以全国学生联合会未报经核准,已电请上海市府查明依法取缔的消息。29 日晚 7 时,华北学联在北大民主广场召开全国学联成立庆祝大会,除各校教授莅临讲演外,并公演曹禺名剧《原野》助兴。③ 差不多是为庆祝而庆祝。

全国学联成立后即转入秘密状态,随后部分成员前往香港,设置联络处,从事国际学生交往和国内各地学联联络活动,以就重大事件及历史纪念日发表宣言、出版《中国学生丛刊》等形式表达主张,可谓是以全国学生

---

① 《中央关于学运方针给上海局的指示》(1947 年 6 月 3 日),《中共中央青年运动文件选编》,第 661—662 页。
② 《中央关于同意上海局学运方针的复示》(1947 年 6 月 19 日),《中共中央青年运动文件选编》,第 665 页。
③ 《北大民主广场集会庆祝全国学联成立》,《益世报》(平)1947 年 6 月 30 日,第 2 版。

名义发声的空壳机构或公开号召的"旗子"①,不但远离了"标志着全国学生的空前大团结,标志着我们运动的新的胜利"②的成立意义,而且基本上游离在学生运动的实际行动之外。③

新学期来临之后,各校学生自治会相继进行了换届选举,其中,又以北京大学学生自治会的成立最为突出。

清华、燕京两校学生自治会改选率先进行,燕京学生自治会修改了会章,由内阁制的间接选举改为总统制的普选。两校学生自治会都由立法、执行两机关组成。清华学生自治会的立法机关为代表大会,以系级为单位,每20人选出代表一人;执行机关为理事会。燕京学生自治会的立法机关为立法委员会,以系为单位,每15人选出立法委员一人;执行机关为执行委员会。执行机关候选人产生方式与立法机关选举相同。候选人产生后,由立法机关常驻会主持竞选和全体同学总投票,以得票多者当选。

竞选使整个校园都激荡起来。竞选团体主要是壁报社,联合特刊充满了校园各处的墙壁,其他系级、同学会、同乡会、团契、社团,甚至几个认识的朋友,都可以组成竞选团体。竞选方式五花八门,最普通的是贴标语、海报、画像及编歌,有的印发传单,组织晚会,差不多美国总统的竞选方式都有。④ 10月21日,燕京发表执行委员候选人名单,随即展开竞选活动,由各竞选团张贴标语及宣传文字,举行野火竞选会。24日,在贝公楼开票,共选出执行委员19人。

---

① 在筹备新的全国学联时有总结称:全国学联的诞生,在领导上没有指出其所负担的责任,规定其与各区学联的关系与配合,亦可说是不够重视这个机构,只一般的规定它是起一面公开号召"旗子"的作用。《关于学联与学运报告》(1949年初),共青团中央青运史工作指导委员会、中国青少年研究中心、中央档案馆利用部编:《中国青年运动历史资料(1948.11—1949.9)》第19集,北京:中国青年出版社,2002年版,第191页。
② 《中国学生联合会成立宣言》(1947年7月),《"五二〇"运动资料》第二辑,第371页。
③ 据回忆,1948年9月,全国学联党组织决定在香港召开学联大会,由钱瑛、乔冠华、章汉夫主持,全国各地都派了代表。但党中央对这次会没有予以承认,学运上也无记载。刘晴波、陈盛林:《解放战争时期的几种学运刊物和全国学联》,《青运史研究》1981年第10—11期,第60页。可见对学生运动的影响不大。
④ 士谷:《民主的实习:记清华燕京自治会的产生》,《燕京新闻》第14卷第1期,1947年10月20日,第4版。

北大学生自治会的筹备工作亦积极进行。10月19日，正式成立学生自治会代表大会，组织选举委员会负责理事会普选事宜。全校分沙滩、工学院、医学院、农学院、四院（即大一，国会街）五区，候选人由各系级推选，每20人选一人，共选出理事25人。因农学院一部分同学主张成立独立院自治会，未按期选出代表，致使竞选延误。11月10日，理事选举热烈展开，提名者达200余人，10至13日为竞选期，民主广场上设置扩音器，介绍候选人及由参加竞选者发表对北大同学福利计划等竞选演说。11日下午3时，选举委员会在北楼招待各系级干事，讨论竞选、投票、开票各环节技术问题。晚7时，又在民主广场举行竞选演讲晚会，校长胡适及费青、周炳琳、吴之椿等教授讲演，介绍选举常识及各国普选情形。胡适在《选举的认识》讲演中称，北大学生自治会之所以选择才成立，原因在于学生们的个人主义色彩，民主精神建筑在健全的个人主义发展之上，个人兴趣太浓厚又会淡漠了参加团体的活动，致使少数人利用团体为所欲为。

> 在北大将近四千人的学校，如果要每个人都参加团体活动是不可能，势必有一种代议制度的机关产生，由多数人中选出少数代表，来代表全体的公意，执行一切增进团体有益的事务。这种代议制度，就是一种直接的民主，在英美国家风行一时。怎样能获得代议制度充分发挥的效果呢？关键在民主选举的时候，候选人如何提名与竞选技术，在政党政治中，提名的候选人，一定须孚众望，候选一经提名后，我们可以冷眼考虑他，观察他，好像中国旧俗看女婿一样，如果觉得不满意，我们可以设法重新推举一个新的候选人。①

显然，胡适把学生自治会选举与正在进行的国大代表选举联系在一起，并视校园民主为基础，且以美式民主为模型。

13日晚6时，选举委员会在民主广场举行竞选晚会，参加者数百人，先由候选人进行火炬化装游行，随即有候选人7人发表竞选演说，十余人

---

① 《胡适昨讲民主竞选》，《华北日报》1947年11月12日，第5版。

演说助选,气氛热烈。至 9 时,假北礼堂放映电影《美国大选》。14 日,选举委员会将选票分发各系级代表,转发同学,各教室、宿舍广置投票箱,投票情况踊跃。15 日晚 7 时,投票结束后,放映苏联电影《钢铁是怎样炼成的》。16 日,在民主广场当众开票,统计结果,沙滩区学生 1801 人,1230 人投票,投票率为 68%强,19 人当选沙滩区分会理事,其中 14 人为总会当然理事。23 日,北京大学学生自治会总会成立,共有理事 25 人,计沙滩区 14 人、工学院 4 人、医学院 3 人、农学院 2 人、四院 2 人,推举 3 人为常务理事。

在北大学生自治会选举中,系级会十分重要,提名、竞选、投票、开票各环节,均须系级会参与。在竞选和投票阶段,社团的动员能力最强,沙滩区 21 个社团联合为 19 名同学助选,竟然全部当选。从投票率上看,沙滩区投票学生与参加学生运动者人数相当或稍高,也就是说,校园政治参与的形态已经大致确定,三分之二强的学生有意愿且可能参加集体行动。从候选与当选的数额比例观察,差额巨大,增加了竞选的激烈性,同时又使得票数分散,降低了当选的难度。沙滩区当选的 19 名理事中,得票最高者为 738 票,最低者为 535 票。竞选手段可谓层出不穷,但别出心裁、宣传夸张者,并不一定被同学看好。有一竞选"广告"写道:"货真价实,言不二价,童叟无欺,凤凰商标,民主大王。"被批为民主哪来"大王"而落选。[①] 选举的程序、形式虽主要来自西方,且自由主义知识分子对于普选的解释和运用更为熟练,但选举中的学生运动印记依然强烈,在竞选期间放映《美国大选》,开票前后两次放映《钢铁是怎样炼成的》,有如政治隐喻,令人深思。

北平其他院校的学生自治会选举各有特点。11 月 15 日,中法大学公布学生自治会理事候选人名单 63 人,各班每 10 人可提名 1 人,共选出理事 19 人。竞选以数十个性质不同的学术团体的助选活动为主,20 日开始投票,全校分先修班、一年级、二年级以上三区,理事按 4∶8∶7 的比例产生。21 日下午 2 时,在大礼堂开票,共计 553 人投票,占学生总数 80%强,选出的 19 名理事中,有 3 人为连任,84%为新同学。有意思的

[①] 《北大自治会普选产生》,《燕京新闻》第 14 卷第 6 期,1947 年 11 月 24 日,第 4 版。

是,开票日恰逢国大代表选举投票日,校方特放假一天,并且非正式通知各学生,将票投给教育部社会教育司司长英千里。12月8日,师院开始学生自治会选举,候选人由系级会提名,全校普选,计划16日投票,20日完竣。12日公布候选人75人,因有150多名学生反对使用连记投票法,要求采取减记的方法,①致使选举进程有所迟滞。竞选活动亦以社团为主,例如,18日下午和平社团为15名候选人竞选,游行全校一周,以歌唱、演讲、跳舞形式作个别介绍。19至20日投票,23日学生自治会正式产生。较为沉寂的朝阳动作较晚,12月17日举行代表会议,着手筹备学生自治会事宜,并带动各社团活跃起来。24日下午公布提名候选人61人,选出理事17人。25至27日为公开竞选期,整个学校热闹起来,民主墙及各教室、宿舍的墙壁上贴满竞选标语,同学见面也多在议论选举。29日上午8时起开始投票,30日开票。1948年1月10日,学生自治会正式成立。辅仁学生自治会在上学期停顿,学生签名要求改组,校方反应冷淡,以致流产。在三青团团员数量较多的中国学院,也依据教育部训令,通过普选产生了学生自治会。

无论如何,当局对校园内出现的选举热还是颇为警惕。11月3日,朱家骅签署教育部训令,要求各校对学生自治会组织应切实指导,内称:

> 兹查各校学生自治会组织,多不依照规定办理,选举时有所铺张,奔走拉票,夜以继日宣传,请客动辄钜万,不仅荒废学业,糜费金钱,实非组织自治会本意,尤失教育机关之尊严,甚且受校外利用,竞选团体作政争工具,驯至违背校规,败坏学风,亟应严予纠正。②

教育部的忧虑有两个方面,对于选举形式的攻击只是虚晃一枪,"请

---

① 连记制指选举人在众多候选人中可以选举复数候选人的投票方式,亦称全票制。此处部分学生反对的是简单全票制(plurality-at-large),即选举人最多可选择与席位数量相同的候选人投票,得票多者当选。要求改行排序全票制(preferential bloc voting),即选举人在选票上将候选人按自己选择排序,计票时,最少人为首选的候选人被淘汰,其得票依排序复选制(instant-runoff voting)原理分配给排序后一位的候选人,重新计算,取得过半数票者当选,其选票亦依排序复选制的方式分配给其他候选人,直至选出所有席位。后一种投票方法,可能保护得票排序较高但总得票数较少的候选人当选。

② 《各学校自治会选举不得铺张拉票请客》,《华北日报》1947年11月15日,第5版。

客拉票"更被批为是地方国大代表选举树立的榜样①,真实用心是指学生自治会选举被"校外利用",做了"政争工具"。于是,问题又回到了老套路:当局给学生行动戴"红帽子";多数教授及媒体则要求"党派退出学校"②。其实,只要是选举,就会有各种政治力量的介入,教育当局的拙劣,是以选举结果作为限制学生自治会的理由。进步同学(包括中共党员及外围组织成员)的大量当选,反映了大多数学生对现状不满和校园公共事务参与的一般状况,并非受到所谓"校外"势力的操纵③。在一学期、至多一学年内有大批新生参与进来的高频度更替的校园普选中,想要完全从背后操纵,几乎没有实现的可能。

由反饥饿到反内战再到反迫害,标志着战后学生运动口号的成熟,反映了国统区大多数民众的意愿,可以为社会各阶层所接受。"三反"中以反内战为主,是争民主、要自由的集中体现,反饥饿与反迫害则是运动发起并保持再起的宣传工具,其中,反饥饿更容易得到社会各阶层民众的同

---

① 短评:《论学生自治会竞选》,《大公报》(津)1947年11月16日,第3版。
② "五二〇"运动期间,国民参政会上有数名参政员在质询中"指陈党派亟应退出学校"。《此次学潮系谁造成各参政员纷提质询》,《益世报》(平)1947年5月26日,第1版。朱光潜以为,政党斗争虽非学潮主因,亦有加油添火的作用,"学校应该是健全舆论的摇篮,它应该处在超然的地位,持公正的态度,对现实问题发表基于思考与研究的评判和主张"。朱光潜:《学潮的事后检讨》,《大公报》(津)1947年6月18日,第2版。朱光潜的认识在教授中很普遍。
③ 在多种相关回忆中,亲历者为突出中共对学生运动的领导,也是强调学生自治会的选举结果,基本未涉及选举过程及方式问题。例如,王汉斌对北大选举的回忆:"我们采取了一条很有效的办法,就是在各个群众组织中注意选举群众中有威信的中间群众担任主要负责人。"赫鲁对燕京选举的回忆:"投票人数达全体的80%,而获选者90%以上是党所拟定的名单。"参见王汉斌《解放战争时期中共北平南系学委对学运的领导》、赫鲁《暗夜中闪光的战旗——记1947年的燕大学生自治会》二文,收入《青春壮歌:全国"五二〇"运动亲历者回忆录》,第51页、288页。王汉斌所提的办法,有可能就是多数学生的共识。赫鲁回忆没有讲党所拟定的名单是如何产生的,以及如何帮助他们当选,如果与王汉斌办法相似,也就是对学生状况及投票倾向的评估而已。原清华地下党部分党员的回忆称:"党对学生自治会的领导,是通过在其中工作的党员来实现的。历届理事会和常驻会的成员,绝大部分是党员、盟员和进步同学。"萧松、马句、宋柏的北大回忆相类似:"当选的系级代表、自治会理事都是进步同学,而且多数是地下党员、'民青'和'民联'盟员,党牢牢掌握了领导权。"《在敌占城市开辟"小解放区"——解放战争时期清华大学地下党的斗争》,《沸腾的沙滩》,《北平地下党斗争史料》,第379、568页。表面上,中共地下党可以通过选举掌握学生自治会的领导权,但也不能说是组织上的直接掌握。从发展的视角看,普选方式,尤其是西方式的竞选,并不是中共主张的政治活动方式。

情和支持,反迫害则是学生维持高昂情绪和激发行动的最有效办法。而且,反内战口号只有与反饥饿、反迫害联系在一起使用,其反对的指向才更为清晰。

还应该注意,反饥饿的口号虽然能够博得社会同情及响应,可宣传上又只能泛泛而论,原因是学生对饥饿的感受及反饥饿行动要求,与一般民众存在较大距离。清华大学学生自治会在决定为反饥饿反内战罢课时称:"近日物价暴涨各地一片饥饿声,民心惶惶,我校同学亦深感现有公费之名额与数目皆不足以维持生活……推其根本原因,物价高涨由于经济崩溃内战不停则生活根本无法彻底解决。"① 在经济崩溃与学生公费之间,存在着明显的逻辑漏洞。在公费生占多数的北大、清华,学生实际生活情况如下:北大吃丝糕,每月 10 万元,午餐有少许猪肉;吃米饭,每月 16—17 万元。4 月全公费每人 144400 元。清华 4 月 28 日至 5 月 15 日,伙食费 65000 元,白米四菜,中午素菜如如,晚上有半碗肉;5 月 15 日以后,6 万元丝糕四碗菜,上下午都有肉,早饭稀粥、丝糕。4 月全公费每人 124200 元,但发放延迟。② 生活水平在下降,但与"饥饿"尚有距离。经过助学运动之后,"贫寒"似乎成了部分学生的一种权利。清华以往放映电影时,在开映相当时间后,允许一般无力购票同学免费入场。不想新一届学生自治会改了"惯例"。10 月 29 日晚,福利部为筹措西南联大校庆经费,在大礼堂放映苏联影片《战后晚上六点钟》,票价 5000 元。放映中途,有十余同学声称贫寒要求免费入场未果,和收票员发生争执。次晨布告牌上贴出公开信,质问福利部负责人:"为什么穷人就不能享受娱乐?"③

因此,在"五二〇"游行之后,为掀起"六二"高潮,宣传工作主要围绕学校,以争取校当局及教职员的同情与谅解和中学生的支持,以及搜集学运资料译成外文,邮寄各国。④ 在向学校员工及周围民众的宣传时,主要

---

① 《清华大学学生自治会决定为反饥饿反内战罢课一天》(1947 年 5 月 16 日),《反饥饿反内战运动资料汇编》,第 127 页。
② 《看!这就是我们的生活》,《燕京新闻》第 13 卷第 26 期,1947 年 5 月 19 日,第 2 版。
③ 《清华贫寒同学向自治会质问》,《燕京新闻》第 14 卷第 3 期,1947 年 11 月 3 日,第 4 版。
④ 《燕大学生宣传工作积极进行》,《大公报》(津)1947 年 5 月 29 日,第 3 版。

使用口号、标语、漫画、歌咏、演剧等形式,以引起兴趣,收取宣传的效果。燕京宣传队在海甸镇的宣传活动,以领唱歌曲开始,穿插针对歌词的讲演,如《物价长得高》等。当围拢过来的民众越来越多时,表演街头剧《放下你的鞭子》,在结尾处朗诵:"这不是戏,这是内战下的实情。"调动观众的情绪。最后高呼:"反对内战""反对饥饿""要求和平""我们要活下去"等口号。① 北大宣传队的宣传方法相似。在招待全校工友的晚会上,先是歌咏表演,每一个歌演唱之前,由同学讲述大意,并念一遍歌词。歌曲有《一百块钱没人要》《活不起》《这年头怎么办?》等,以民众日常生活痛苦激发情绪,最后唱《只有一条路》,强调停止内战才会有饭吃。然后,由同学说明罢课原因,演讲"反饥饿反内战"的意义。最后演出《夜歌》,刻画了一个挣扎在死亡线上的悲剧。②

应该说,学生宣传队的宣传技术也算成熟,通过形象的表演和画面,带有哀伤和激情的声调,以及简单的歌词、标语、口号,生动、活泼且简明,一般民众能够理解学生的表达,并给予较为热烈的回应。而且,当学生运动高潮出现后,学生必须到工农群众中去,进行宣传和组织工作,才有可能取得更大的发展,这是自"五四"运动以来学生运动的共识,"五二〇"运动也表述得十分清楚:

> 学生在民族解放运动中几个重要的任务,就是鼓励人民的前进。他们是新中国破晓前的号手,他们在爱国运动中,站在民主革命的最前线,是中国革命的先锋。他们把战斗经验和革命思想带入农村和乡镇,用这些发动工人和农人,为着使人民解放的斗争,一刻不停的前进,他们供给工农以大批干部,他们是中国革命前进的栋梁。③

在对外宣传方面,学生运动的作用突出,可是,如何完成其伟大使命,在排除诸种客观环境的局限之外,也同样出现了从事工农宣传工作时必

---

① 宗禹:《种子撒下去了——记燕京宣传队》,《燕京新闻》第13卷第27期,1947年5月26日,第2版。
② 《一个热烈的群众晚会》,《燕京新闻》第13卷第29期,1947年6月9日,第4、2版。
③ 《中国学生运动》,《学运资料》,华北学联秘书处编印,1947年油印本,第10页。

须面对的两大问题。

问题之一是所谓学生的小资产阶级劣根性,障碍了学生到工农群众中去宣传。一位《燕京新闻》的记者以为,一些小资产阶级出身的学生,充分表现了他们的动摇性,他们怕参加反饥饿、反内战运动会耽误了自己的学业,又怕会给自己带来危险。相反,工人群众却表现得积极和勇敢,宣传队员没说几句话,就主动要求参加游行,"这种毅然决然的态度,使队员们感到惭愧"①。此种机械的阶级分析,在激进的左翼学生中常见。

问题之二是学生与工农群众之间的知识差异,影响两者的交往,造成宣传工作开展的困难。一位清华学生写下了在工人夜校上课的经历:第一堂课因工友开会迟到且只到了七八个人,按课本第一课讲《民主》②,"我试采取'老百姓自己做主'的解释,极力想避免抽象的概念和名词",但不久就有人打起呵欠来了。作者以为,第一堂课的失败,表明"所谓知识分子的文明与现实是多么隔离,在现实的面前显得多么晃荡与软弱"。第二堂课对课本作了修改,着重教授常用字,工人学得很认真,表现出渴望受教育的迫切心情。第三堂课又改用流行歌曲《读书郎活不起来》的歌词做课本,国文、常识、音乐三者合一,课上得很活泼,歌词有韵能唱,提高了兴趣,帮助了记忆,内容都是真实生活的反映,容易理解和接受。作者感到,三堂课"告诉我在实践中学习的意义",以及如何"向人民学习"。③ 此种力求在感情、思想上人民化的自我批判,在激进的左翼学生中也十分常见。文章作者以为通过三堂课就找到了解决问题的办法,其实,距离学生运动想要表达的诉求之概念,依然十分遥远。

学生运动开展过程中的策略得失,是众多亲历者的回忆及相关研究的重要内容。随着学生运动经验的积累和组织改进,斗争策略趋向逐步

---

① 宗禹:《种子撒下去了——记燕京宣传队》,《燕京新闻》第 13 卷第 27 期,1947 年 5 月 26 日,第 2 版。

② 将《民主》作为第一课,反映了学生运动中对民主概念的泛化。仁苏词、孙慎曲的歌曲《民主是那样》,将"民主"比作"一杆枪"和"一个宝","争取这杆枪,争取这个宝,自由幸福,和平康乐一齐都来到"。《反饥饿反内战运动资料汇编》,第 551 页。

③ 仿徨:《我上了三堂课》,《清华周刊》复刊第 17 期,总第 693 期,1947 年 8 月,第 15-17 页。

完善,尤其是单项行动的斗争策略。在"五二〇"游行中,预先制定了非暴力的行动原则,组织与宣传预案也堪称完备。在整个"五二〇"运动中,采取公开的、合法的斗争形式,善于利用现行法律来维护自身权益,既善于把握各种新的激励因素或刺激源,也能使用历史纪念来制造氛围,借以维系运动,推动运动发展并保持胜利的信心。运动的高潮出现在街头,主要活动场所在校园之内,收放有据,避免了激烈的对抗。这些都可以作为学生运动成熟的标志。

然而,学生运动是否能够做到高涨与收缩的自如呢?应该明确,策略之运用的讨论,并不同于胡适所讲的能放能收。胡适把学生的政治参与视为不得已的巨大牺牲,在挺身振臂高呼之后,应尽快回到学业中来。此外,所谓能放能收,主要指学生团体的组织能力,胡适担心,学生运动发起后会有如脱缰野马,学生团体根本无法驾驭。通常讨论的策略问题,是将学生运动作为整个人民运动的一部分,必须依照革命斗争的主要任务和具体环境的变化,根据自身力量,采取最优的斗争方式,争取更大的胜利。问题的提出,主要源于当时的运动总结和事后的亲历者回忆,旨在强调中共对学生运动的领导。

事实上,中共的时局主张和组织支持对学生运动的影响巨大,可是,并不能够对运动高潮的兴起及退却进行有效控制。

"五二〇"游行之前,中共南北系领导机关都更注重经济斗争,利用国民党政府的经济危机,掀起罢工、罢课的群众运动新高潮。此种认识符合时局变化的趋势,又是以经济斗争推动政治斗争的理论解释的延续。预计中的新高潮与突发的抗暴斗争有所不同,"在开始形态,是此起彼伏、连绵不绝、分散的生活斗争,是生活斗争与政治相互协通到一定时机又汇合成为全面性的政治斗争,我们在思想上组织上策略上都是为着准备组织与领导这一新的高潮,把蒋区民主运动向前推进一步"①。不过,工人、市民的经济斗争分散且规模较小,并没有形成高潮,学生运动高潮的出现也

---

① 《刘晓关于群众运动复趋高潮致中共中央电》(1947年4月28日),中共南京市委党史办公室编:《解放战争时期第二条战线》(学生运动卷)中册,北京:中共党史出版社,1997年版,第19页。

不是经济斗争的必然,更多源于"五二〇"的政治象征性及西单事件的刺激。①

放弃"六二"游行的决定,被认为是策略运用最成功的范例。如果认真分析,中共组织及党员在决定停止游行并在各院校加以贯彻,确实发挥着重要作用,但此举只能说是一次应对危机的成功,并非主动调整策略,把握学生运动的趋向。据当时学生运动骨干所撰写的报告,"六二"反内战日是在"五二〇"游行之后,在热烈的情绪之下,由北大同学提议,全场起立通过。5月21日,党团第四次会议提道:"我们应作战略上的转移,灵活地掩护撤退。"并没有质疑"六二"。25日党团第五次会议上,认为"'六·二'既已提出,并获得各地响应,当然要有所行动,但是因提出过早,给敌人以充分准备机会,再加蒋介石近日的血腥谈话与坚决镇压,故拟到时转变斗争方式来代替游行,但未做最后决定"。问题已经暴露,如何应对仍在观望。29日党团第六次会议上,决定"六二"游行暂缓举行,但在落实上,则交由北大学生代表大会决定。当晚,北大学生代表大会通过了仍做游行准备的决定,才迫使华北学联走到台前。报告最后总结道:

> 至于"六·二"号召,认为基本上是正确的,因其具有现实基础(全国响应可以证明),不过口号提得过早一点,因为罢工罢市实际上很难实现。以后取消"六·二"游行是正确的,但在北大代表会上通过游行,而又由学联否决的这种讨好过左分子的作法是不对的。②

从中可以清晰地看到,在战后学生运动高潮出现之后,学生领袖及积极分子们将运动推向又一高潮的愿望十分强烈,可能有少数干部秘密会

---

① 北平学委在总结各校由各种目标的分散斗争在三四天内汇合起来的实际情形时称:一、大部分同学是为了经济要求与精神苦闷而参加的,一部分是为血案所激动。二、积极分子中有不少人认识到经济斗争与政治斗争的结合,才能很好的得到胜利。但亦有些人,特别北大、清华,在开始只注意政治斗争,忽视了经济要求。《北平学委反饥饿、反内战、反暴行运动总结》(1947年6月),《解放战争时期北平学生运动》,第161页。如果以"五二〇"游行行动为高潮的标志,经济斗争对于学生运动的影响将更低。

② 《罗迈向周恩来报送北平学生运动概况报告》(1947年12月19日),《中国青年运动历史资料(1947.1—1948.2)》第17集,第460—463页。罗迈提到,所报送的报告大概是民青干部写的。

议试图纠正,但并不具备有力地执行的能力。① 由于中共中央事后肯定了停止"六二"游行的决定,许多回忆均指确定"六二"反内战日是不策略的,是"左"的倾向,②建构了党组织从质疑、反对、纠正这个错误的历史过程,借以强化党对学生运动的全面领导的解释。从当时中共的组织架构观察,中共中央与各地方中央局之间,南北系学委之间,党组织与党员之间,党员与群众之间,加之平行和单线的秘密工作方式,存在着诸多的信息沟通限制,很难直接、具体、即时地领导公开性、波动性特征最强的学生运动。例如,在公开传播方式之下,毛泽东在赞扬出现了以学生运动高涨为标志的第二条战线的同时,中共中央已经否定了所谓和平运动,反内战行动必须与其划清界线;秘密活动的地下党则纠缠于由经济而政治的常规动员途径,以及波浪式发展的策略运用。两者的思考方式和重点均有不同。又如,中共中央指示中对群众斗争的策略运用可谓完备:灵活地运用斗争策略,有时直进,有时迂回,有时集中,有时分散,公开与秘密,合法与非法,既区别又结合。③ 这些策略原则需要地方各级党组织及党员切实认真贯彻执行,在当时环境下,尤其是基层党组织,能够做到熟练运用尚有差距。④

中国共产党在战后学生运动中,如何实现对青年学生的领导,金冲及概括为八个字:顺势而为,因势利导。⑤ 也就是说,党的领导的具体体现,核心是顺应发展趋势而积极引导,发挥指路引航的作用,以及基层党组织

---

① 北平学委认为:"'六二'口号由学生提出时,我们虽认为不对,但未坚决通过党的组织制止。'六二'时不游行,对群众说明亦不够。"《北平学委反饥饿、反内战、反暴行运动总结》(1947年6月),《解放战争时期北平学生运动》,第162—163页。
② 萧松、马匀、宋柏:《沸腾的沙滩》,《北平地下党斗争史料》,第560页。方复:《继承清华传统,站在反饥饿、反内战斗争前列》,《青春壮歌:全国"五二○"运动亲历者回忆录》,第247页。
③ 《中央关于蒋管区党的斗争方针的指示》(1947年5月23日),《中共中央青年运动文件选编》,第653页。
④ 北平学委总结运动领导的优缺点中,主要缺点有:三、党的组织领导太慢。因党员未组织起来,故只能采取重点领导。传达工作、了解情况均慢。五、支部和小组未能起应有作用,公开工作的党员还未尽起先锋作用。六、对反暴行的领导与斗争不够,特别武大"六一"惨案后,这里未能很好地进行宣传与教育。《北平学委反饥饿、反内战、反暴行运动总结》(1947年6月),《解放战争时期北平学生运动》,第163页。
⑤ 《第二条战线——论解放战争时期的学生运动》,第57页。

和党员的努力工作。对于国民党当局自始至终一口咬定学生"有背景",进步学生则以"对不对"相回应:"如果对,就坚持干到底——'纯洁'的糖衣可以舍弃,'帽子'更不怕扣。"① 如此,也就没有必要刻意论证需要具备高度集中化组织的策略运用。

另外,策略运用问题之所以受到研究者的关注,也和历史文献的叙述话语密切相关。在战时环境下,大多对于学生运动进程的叙述及分析,都使用了大量的军事话语,也就充斥了追求目标的策略筹划。在当时产生的报告或总结中,经常可见这样的描述,"六二"从反内战日提出到停止游行的问题如此,从"五一八"血案到"五二〇"游行的过程亦如此:

> 在大城市中,一般的反动力量大于进步力量,我们的战略因此应学习山东战场陈毅将军的战略,迅速集中优势兵力,予敌突击。在任务完成后,不待敌人反攻,立即主动撤退。然后整理战果,汲取经验,积蓄力量,再准备下一次的突击。在战术上应当采取集中兵力而不应当运用分散兵力的原则。当天的情况是仅有清华、北大两校决定罢课,其他各校均未决定响应,即我兵力尚未集中,力量还很薄弱,这时我们却分散兵力出街宣传袭击敌人,因而遭到敌人有计划的集中力量的围攻,在战略战术上都不适合。再则,当时我们的战略,既在集中兵力予敌突击(游行),则适应这一战略的战术应为努力争取有生力量(即参加游行的人数),而街头宣传所争取的对象——市民,尚不能立即成为当时的有生力量,就这一点说,街头宣传亦无多大意义。②

这是典型的生硬模仿,也反映运动中确有一些自以为是、指手画脚且少做实事的学生"领袖"。他们想象着拥有一支大军可供调配使用,驰骋疆场,进退自如。可是,实际上,学生远不是军队,若无西单事件的刺激,在短短的两天时间内,其他各校能够决定响应吗?"五二〇"游行能够顺利组织

---

① 林方:《学生论学生运动》,《清华周刊》复刊第 14 期,总第 690 期,1947 年 6 月,第 6 页。
② 《罗迈向周恩来报送北平学生运动概况报告》(1947 年 12 月 19 日),《中国青年运动历史资料(1947.1—1948.2)》第 17 集,第 457 页。

并出发吗？这些都只是历史的假设性问题，不过，发动较早的南京和相距最近的天津所发生的事实，却提供了确实的否定答案。

总而言之，即使是在战后学生运动的高潮，运动的涨落仍然具有很强的偶然性和不确定性，其持续发展受到多方面的综合因素的影响，虽然发展总趋势与整体环境相关，已经变得越来越清晰，但可控性极弱，还会继续上演具有自身特点的多样化的剧目。

第四章

风暴潮：在苦闷与焦躁中前进

当学生运动经历高潮之后,接踵而来的却是苦闷与焦躁,既有经济危机和政治压迫加剧、生存环境持续恶化、国家与自身出路尚不清楚之苦闷,亦有在运动高潮之后试图乘胜追击、扩大运动声势和影响之焦躁。苦闷与焦躁的情绪十分普遍,仅从学生运动的现象观察,主要来自学生运动领袖及骨干积极分子,然而,持续的动荡和紧张,使得大多数学生或多或少沾染上此种情绪。当国共内战局势渐趋明朗之时,学生运动应该或能够发挥何种作用?学生的政治态度和政治立场应该作出何种改变?此类问题无疑也是产生苦闷与焦躁情绪的因素,抑或是胜利前的躁动。在既有相关研究中,战后学生运动的历史被描述成由数个高潮相连直至胜利的完整过程,高潮之间则是一些不起眼的插曲。1948年的四月风暴就是继1947年"五二〇"运动的又一个高潮。① 事实上,在无可撼动的历史发展大潮中,学生运动的地位、作用和形式,正在悄然发生变化。以反饥饿反迫害为主要口号的四月风暴,在抗争频度与师生合作方面有所加强,但对国内局势的影响却在减弱;更值得注意的是,反美扶日运动中民族

---

① 例如,张大中、宋柏、马句主编的《解放战争时期北平学生运动史》将"四月风暴"设为一章,处在"五二〇"运动和迎接解放之间,认为"这场斗争在全国人民中造成广泛影响,打击、孤立了国民党反动派,发挥了第二条战线的作用,有力地配合了解放军的战略进攻"。《解放战争时期北平学生运动史》,第203页。

主义口号的威力也在减弱,这是自"五四"运动以来的新变化。站在新中国大门口的学生,却更多地回头向历史寻找答案与武器,则是大变革前夕的常见现象。此外,学生运动的激烈形式,会给学生群体行为带来何种惯性影响,也是必须认真面对的重要问题。

一、法令与迫害的边界

一般而言,学生运动是一种合法的社会抗议,即便是运动中群体行动的激烈行为,可能超越某些法律规定,但基本上是在现行法律的框架之下活动的合法斗争。也就是说,在正常社会中,群体行为的某些越界,大多是情绪性的,或者是执法过程中的争议,并非法律本身的问题,待事件平复后,有可能重新回到现行法律框架之下行动。

在激烈的国共内战之中,合法性的学生运动能够达到高潮,部分原因是战后国民党政府推动宪政,对人民的言论和行动自由的限制有所放松,1947年1月1日,国民政府公布《中华民国宪法》,成为学生运动合法性的基本法律来源。另一方面,国民党当局顽固地推行内战政策,又严重损害了实行宪政所需要的社会环境。当局的内战政策,扰乱了战后中国的正常发展,各种社会矛盾日益激化,而当局为维护所谓秩序,对人民权利进行种种限制,甚至演变成为特务横行的政治迫害,势必与逐渐高涨的学潮发生激烈碰撞。此外,国共内战时期的合法性讨论,还涉及现行法律自身的合法性问题,即参加政治协商会议的中共、民盟质疑《宪法》产生的合法性,坚决反对国民党当局为进行内战而制定的各项法规,已经转变为政治革命的问题。因此,学生运动中的法与迫害的边界问题,变得更加突出,也更加复杂。

《中华民国宪法》第二章"人民之权利义务"中,涉及学生运动反迫害斗争的条款有:

> 第八条　人民之身体自由,应予保障,除现行犯之逮捕,由法律另定外,非经司法或警察机关依法定程序,不得逮捕拘禁;非由法院依法定程序,不得审问处罚;非依法定程序之逮捕、拘禁、审问、处罚,

得拒绝之。

人民因犯罪嫌疑被逮捕拘禁时,其逮捕拘禁机关应将逮捕拘禁原因,以书面告知本人及其本人指定之亲友,并至迟于二十四小时内移送该管法院审问。本人或他人亦得声请该管法院,于二十四小时内向逮捕之机关提审。

法院对于前项申请,不得拒绝,并不得先令逮捕拘禁之机关查复,逮捕拘禁之机关,对于法院之提审,不得拒绝或迟延。

人民遭受任何机关非法逮捕拘禁时,其本人或他人得向法院声请追究,法院不得拒绝,并应于二十四小时内,向逮捕拘禁之机关追究,依法处理。

第十一条　人民有言论、讲学、著作及出版之自由。

第十二条　人民有秘密通讯之自由。

第十四条　人民有集会及结社之自由。

第十六条　人民有请愿、诉愿及诉讼之权。

第二十二条　凡人民之其他自由及权利,不妨害社会秩序公共利益者,均受宪法之保障。

第二十三条　以上各条列举之自由权利,除为防止妨碍他人自由,避免紧急危难,维持社会秩序,或增进公共利益所必要者外,不得以法律限制之。①

规定本身并无问题,亦可谓周详,且在第十四章"宪法之施行及修改"中第一七一条和第一七二条分别规定:"法律与宪法抵触者无效";"命令与宪法或法律抵触者无效"。② 宪法被赋予神圣不可侵犯的地位,然其保障人民基本权利之精神,却被战火逐渐吞噬。

5月18日,蒋介石在"整饬学风,维护法纪"谈话中称:

乃近来各地学生,时有越轨骚扰之行动及违理逾分之要求,旷废

---

① 《中华民国宪法》(中华民国卅五年十二月廿五日国民大会制),《中央日报》1946年12月26日,第3版。

② 《中央日报》1946年12月26日,第5版。

学业,相习成风,假游行请愿之名,为扰乱治安之举,甚至占夺车辆,阻碍交通,扰乱秩序,如此干法乱纪,必非我纯洁的爱国青年学生之所为,而显受反动共产党直接间接之策动。盖共产党在北方加紧其武装之叛乱,在各地即加紧破坏秩序,扰乱社会,冀图造成无法纪无秩序之无政府状态,以达其夺取政权,推翻中华民国之企图,而其所百计煽动以供利用之工具者,首为我各学校之学生。①

同日,国务会议临时会议通过《维持社会秩序临时办法》,假借维持社会秩序,禁止罢课、罢工、游行、示威,并严格规定请愿办法。由此,教育部长朱家骅再三通饬各校,对罢课滋事为首者,以及"共党分子及其他阴谋煽动捣乱者","一律开除学籍,勿稍姑息"。② 而且,一经开除学籍,便不得复学,其他学校亦不得招收。③ 教育部制定的防范学潮措施中,除"增加教育经费,提高教授待遇,充实学科设备"之外,其余各条内容均有所针对,诸如:校长人选更加慎重,应能忠实履行本党之教育政策;提高录取新生之标准;严格考试,以收纪律整饬之效;健全各校训育,厉行教训合一,积极指导学生自治活动;健全各校党团活动力量等。④ 蒋介石并指示教育部核议,重订各级学校管训规程,"废止教授聘任办法,颁行官阶制度,责令宣誓具结"。⑤试图以重订各项相关法规为基础,以学校行政当局与教授相配合,防范抑制学潮。然而,校长及教授之去留、学潮活跃学生之开除、考试标准及惩罚、训导人员对学生活动的干预、校园党团活动等等,都曾经是引起校园冲突及抗议的重要内容,以此作为抑制学潮之措施,在外部环境缺乏明显改善的情况下,可能适得其反。

---

① 《蒋主席告全国青年》,《大公报》(津)1947年5月19日,第2版。
② 《朱家骅批示学潮中为首者一律开除学籍手谕》(1947年6月26日),《"五二〇"运动资料》第二辑,第651页。
③ 《教育部训令》(1947年11月18日),《国立北京大学周刊》第29期,1947年12月7日,第1版。
④ 《教育部关于最近学潮之报告》(1947年6月21日),《"五二〇"运动资料》第二辑,第649—650页。
⑤ 《蒋中正关于重订大中小学管训规程等致朱家骅代电》(1947年6月27日),《"五二〇"运动资料》第二辑,第652页。

7月4日，国民政府委员会第六次国务会议通过了"总动员令"，要求拯救"匪区"人民，保障民族生存，巩固国家统一，厉行全国总动员，以戡平"共匪"叛乱，扫除民主障碍，如期实施宪政，贯彻和平建国方针案，训令行政院及各主管机关切实施行。总动员令标志着国民党当局彻底撕下了和平伪装，决心打到底，并将内战的责任推到共产党身上，自然也就彻底破坏了所谓宪政秩序。总动员令要求各主管机关，"妥拟方案，制颁法令，一体依法进行。至实施时，应如何防止法外之滋扰，并饬各主管机关严切注意"。① 7月18日，国民政府公布《动员"戡乱"完成宪政实施纲要》共十八条，其中第十四条规定：人民基本权利，均应切实尊重，妥为保障。除因动员"戡乱"所必需之各种法令必须切实施行者外，任何法外侵扰行为，均应严行防制。②

在"戡乱"与"宪政"并举的总动员之下，一系列以"戡乱"为目的的限制性法令凌驾于宪法之上，即便如此，又可能借口"法外之滋扰"对残存的人民权利加以破坏，出现无法无天的混乱局面。然而，国民党当局又未完全脱去"宪政"外衣，在《实施宪政宣传纲要》中仍强调：宪法是国家的根本大法，是人民权利的保障，也是政府组织和施政的准绳。③ 此种矛盾状况，为学生运动的合法性斗争得以持续，还是提供了一定的抗议活动空间。

对于学潮的防范，国民党当局十分注重组织之限制，尤其是在"五二〇"运动之后，特别强调对学生自治会的限制。首先，强调学生自治会为校内学生组织，在战后环境下，依然沿袭1943年11月23日教育部所颁《学生自治会规则》之规定。如1946年11月19日社会部代电称："查学生在校内得组织学生自治会，但不得以学生身份，参加校外其他组织。"④ 始终不承认学生自治会具有社团法人的地位。其次，学生自治会必须处在校方掌控之下，尤其是理事人选，在无力操纵选举过程的情况下，便戴

---

① 《主席交议提请厉行全国总动员案》，《中央日报》1947年7月5日，第2版。
② 《动员"戡乱"完成宪政纲要通过公布实施》，《中央日报》1947年7月19日，第2版。
③ 《实施宪政宣传纲要》，《中央日报》1947年10月5日，第4版。
④ 《国民政府公报》第2696期，1946年12月10日，第2版。

上"红帽子"加以禁止。1947年8月7日,朱家骅手谕要求各校严查学生自治会,"如有为共党或有共党嫌疑者,或与共党接近者、把持者,通饬查明改组,并先一律停止活动"。① 最后,限制学生自治会的活动范围,即使是校园内的校内事务,也要严加控制。8月20日,教育部各司室在讨论《学生自治会规则》修正事宜时强调:"学生自治会以后活动,将偏重德育群育之培养,及加强学术研究,读书气氛。"②

经过一番酝酿,12月6日,教育部修正公布《学生自治会规则》共十八条,其目的、性质、选举方式、职能等与战时规定大致相同,特点是将学生自治会置于校方的严格控制之下。例如:

第二条 学生自治会以根据三民主义,培养学生法治精神,促进其德育、智育、体育、群育之发展为目的。

第四条 学生自治会为学生在校内之课外活动组织,不得参加校外各种团体活动,或有校与校间联合组织。

第五条 学生自治会由学校校长及主管训导人员负责指挥监督,各种会议及活动应由学校分别选派教职员担任指导。

第六条 学生自治会之组织,应由学校训导处或教导处指定每年级或每院系学生二人至三人,先成立筹备会,于二星期内登记会员召开大会,订定办事细则,推选职员正式成立。

第九条 学生自治会之理事,由会员大会选举操行学业成绩确属优良,而具有领导能力者充任之,任期定为半年,连选得连任一次。前项当选之理事,其操行学业成绩及领导能力,经学校审核不合者,应以得票次多数之适合标准者依次递补。

第十条 学生自治会酌设学艺、健康、服务、风纪、事务五部,各部设总干事一人,干事若干人,总干事由理事会推选理事兼任,干事由理事会指定会员充任。

---

① 《朱家骅禁止各校学生自治会活动密件》(1947年8月7日),《解放战争时期第二条战线》(学生运动卷)中册,第380页。
② 《教育部各司室昨讨论学生自治会组织规则》,《新闻报》1947年8月21日,第7版。

第十五条 学生自治会之决议,以在规定之任务范围以内为限,不得干涉学校行政,有违反上项情形者,学校得撤销之。学生自治会如违背校规情节重大时,学校得解散之。①

"行宪"时期继续延用战时规则,而且事关最为活跃和敏感的学生组织,公布后立即遭到学生的反对和舆论的质疑。12月23日,教育部参事刘英士解释称,为配合行宪,训练学生的法治精神,《学生自治会规则》的修正有四大要点:一是会员登记删除了"是否中国国民党党员或三民主义青年团团员"一款;二是理事选举改用直接选举制;三是理事名额特予放宽,使学生意见得有普遍表达之机会;四是规定理事之条件,以符合选贤与能理想。② 四点多为表面文章,缺乏实际意义,最具争议的是理事选举的所谓废除间接选举制③,实质是要取消系(院)级学生代表会。姑且不论是由一个校方指定的筹备会主持全体会员直接选举理事;还是由系(院)级代表会推举理事候选人再经会员大会投票选举,系(院)级代表会并行使会员大会闭会期的权力,哪一种办法更能体现多数学生意见且更为效率,实际情况则是,系(院)级代表会在校园日常活动及学潮之中,已经占据学生组织核心的位置,骤然撤去,无疑会降低学生自治会的行动能力。

《学生自治会规则》修正公布之前,中央大学就已发生学生自治会理事会改选遭阻挠事件。选举由系科代表大会常设委员会主持,11月24日投票时,四牌楼投票所被捣毁,发票同学被殴伤。25日晚,系科代表大会开会时,又遭暴徒袭击,代表多人被打,会议被迫流产。26日,各系分别罢课,全部罢课的有11系,部分罢课的有20多系级,并纷纷贴出布告,要求惩凶、支持系科代表大会和抗议学校纵容暴行等。校行政会议则决

---

① 《学生自治会规则》(1947年12月6日),《教育部公报》第19卷第12期,1947年12月31日,第1—2页。

② 《刘英士说明订法经过》,《中央日报》1947年12月24日,第4版。

③ 1943年《学生自治会规则》规定:第八条、学生自治会之权力机关为会员大会。在会员大会闭会期间,为理事会,全校学生人数在五百以上,得以代表大会代替会员大会;代表大会由各年级或各院系按照人数比例选出代表组织之,代表人数由各校自定。第十条、理事会之理事,由各年级或各院系推举候选人三人至九人,提请会员大会按照规定名额选举之,任期定为半年,但得连任一次。

定暂时停止系科代表大会及常设委员会之活动,并引发继续罢课与抗议。① 待《学生自治会规则》修正公布之后,校方眼里恢复系科代表大会问题自动消失,企图指定一个筹备委员会主持选举。在学生方面,于12月20日自行召开系科代表大会,修改章程,理事由各学院分别产生,降低了实行竞选团制度的竞争激烈程度。22日,校方对系科代表大会选出的常设委员会诸委员处以留校察看,26日又追加为勒令停学,表示不承认选举结果。各学院则自行举行理事选举,除医学院均已选出,投票总数超过全校同学半数。在相持状态下,各系级纷纷罢课,全校共144级中有106级响应罢课,并于27日成立"中央大学学生抗议学校无理措施院系联合会",要求:一、撤回解散系科代表大会及常委会命令;二、撤回惩处常委及系代表令;三、理事会之选举学校不得干涉;四、沙训导长引咎辞职,直指新规则"是个极其反动、不合学校实情、违背宪政精神的东西"。②

也就在行宪的前三天,12月22日,立法院完成《"戡乱"时期危害国家紧急治罪条例》的立法程序,并于25日行宪日公布施行。在此条例之下,凡参加团体、集会和从事文字、图画、演说等宣传活动,都可以用危害国家之罪名被紧急治罪。③ 于是,合法性反抗的空间被极大压缩,边界问题更加模糊不清,对立性的解释则大大增加。

12月28日,清华、燕京、北大、中法、师院、南开、北洋、冀工等平津八校学生自治会联合发表声明,指教育部公布修正后的《学生自治会规则》,"标志出奴化教育的新阶段","企图钳制同学们校内外的活动,隔断校际、区际以及国际间青年学生的联系,隔离青年学生感情的交流"。并以孙中山北上宣言中主张各省学生联合会应参加筹开国会的预备会议为据,强调:"今自治其名,官治其实,显然是违背国父遗教的。自治是我们的基本权利,绝不受任何不合理的限制。"④对立的态势,首先在学生组织问题上

---

① 《中大普选遭受破坏》,《燕京新闻》第14卷第7期,1947年12月1日,第4版。
② 《中央大学学生抗议学校无理措施院系联合会声明》(1947年12月30日),《"五二〇"运动》第二辑,第501—502页。
③ 《"戡乱"时期危害国家紧急治罪条例》,《中央日报》1947年12月23日,第2版。
④ 《"平津"学生联合声明要求保障基本权利》,《大公报》(津)1947年12月29日,第3版。

爆发出来。

学生对法规限制的对抗性反应，在报纸上亦有表现。12月16日，《大公报》发表社评《何必防闲学生活动——评教部修正学生自治会规则》，批评修正"更加重了对学生干涉钳制的作用"，"显然以防闲今天的学生活动为其中心意旨"，不但距离学校生活现实太远，而且强行圈定或解散学生自治会，又可能造出新的纠纷与风潮。

> 须知真要消弭所谓学潮，正如大禹治水，宜导而不宜湮。这是多少年苦经验充分证明的一个真理。中国兴学校已半个世纪，在这半个世纪的演化中，所谓学校风潮，已由闹饭菜打厨役的活剧，递嬗蜕变而为今日反饥饿保人权一类的呼号：这是一种进步。故自教育原理着眼，此不必防，亦不能防。如果把清季管学大臣防范所谓大学堂革命党的冬烘办法一齐搬弄出来，不仅枉费气力，自寻苦恼，且适以招反感，造纠纷。①

12月30日，《中央日报》发表社论《爱护学校，爱惜自己！》加以反驳，在重申党派活动渗入学校、少数职业学生煽动学潮的老套之外，公开以法律相威胁：学生不能享有特权，学校并非租界。② 当然，这个法律是所谓"戡乱"时期的"法律"。《新闻报》亦就此发表言论，批《大公报》社评为"迎合青年之论"，以为"青年应因势利导，亦应训练其学习，故不应过分放任"。③ 充当了帮闲的角色。

1948年1月8日，同济大学校方据新颁《学生自治会规则》解散系科代表大会，企图指派学生负责学生自治会改选。14日，校方宣布开除一位上届学生自治会理事和一位寒衣劝募委员会负责人，激起学生愤怒。15日上午11时，1000多学生向校长请愿，要求承认系科代表大会和收回

---

① 《大公报》（津）1947年12月16日，第2版；《大公报》（沪）1947年12月29日，第2版。津版发表较早，在某种程度上反映平津院校师生对此事更为敏感，校方及地方当局处置较为宽松。沪版发表时间在中央大学学生自治会选举事件、平津各校学生自治会联合表态和"戡乱"时期危害国家紧急治罪条例》公布之后，相关反驳文章多针对沪版之发表。
② 《中央日报》1947年12月30日，第2版。
③ 《学生自治会规则并无"防闲"之意》，《新闻报》1947年12月31日，第7版。

开除成命。16日,第二次请愿未果后,学生自治会当即宣布自17日起罢课三天。校方亦召开行政会议,继续以为首聚众请愿开除学生5人,处分4人,并威胁如再有聚众包围举动必从严惩处。19日下午1时半,学生自治会召开紧急系科代表大会,到会代表110人,通过抗议校方无理开除和处分同学,即日起无限期罢课,发表告全国同学书等议案。校方限令21日复课,学生则坚持原来要求继续罢课,校方遂再度开除学生4人,处分30人。① 解散、开除与请愿、罢课的往复,形成了战后最严重的校方与学生的对抗,学生为求得突破,只能将抗争行动向校外扩展,即以代表大会名义决定29日晨集体进京请愿。

在集体行动之前,学生自治会仍试图请上海地方当局出面调解。28日下午,学生方面推派代表二人访谒市长吴国桢,提出收回开除学生成命和承认学生自治会代表大会组织两项要求。当晚9时,吴国桢派员向学生传达三项意旨:一、进京请愿须按照中央法令,派代表十人,市府可负责保证安全;二、集体进京请愿绝对不可,如仍坚持而发生任何后果,须由学生负责;三、市长愿意出面调停,但须先恢复秩序。学生以集体请愿为大会决议和恢复秩序时间仓促为由拒绝,又称须候吴国桢于29日晨9时至校训话后再说。吴国桢则以学生答复含混、缺乏诚意而拒绝。

1月29日晨8时许,同济大学预备参加集体请愿学生近千人②陆续在其美路工学院集合,武装警察也布满校园四周,校门口和马路上停放着四辆装甲车,交大、复旦、暨南等校欢送学生300余人被阻在校外。10时20分,校内队伍冲出校门,与校外欢送队伍汇合在其美路上。10时45分,吴国桢仓促赶到,向学生训话后,便在校旁康陇酒坊与学生代表商谈调解办法,并提议由校长与学生各推教授一人、校友一人连同市长本人组成调解委员会,共同商讨,当为学生方面接受。至下午3时半,室内尚在交换意见之中,马

---

① 《丁文渊处置欠妥当,同济已无限期罢课》,《燕京新闻》第14卷第14期,1948年1月26日,第1版。
② 学生刊物记载为"一千多人",大多数相关论著沿用此说。《同济同学请愿受阻,警察捕人市长被殴》,《燕京新闻》第14卷第15期,1948年2月2日,第1版。北平各报多用中央社电为"约八百人"。《同济风潮不幸事件》,《大公报》(津)1948年1月30日,第2版。

路上的学生已经等得不耐烦了,挽手往前走,遂与警察冲突,发生捕人情形。吴国桢赶到学生聚集处解释,也遭到殴打。事件至此,当局以为已经变质,学生受中共利用,"企图制造血案扩大事态"。① 随后便是更大规模的逮捕,共逮捕所谓"阴谋暴乱分子"97人,甚至宪兵、警察公然进入校园清查。30日晨,教育部次长杭立武携带解散同济大学命令到沪,负责严厉惩处,彻底整饬。此外,1月30日发生"上海舞潮案"②,2月2日再发生"申新九厂惨案"③,短短四天内连续发生三大风潮,当局则均指事件乃中共全国性扰乱计划所为,吴国桢更是提高调门声称:"对今后企图暴动之暴徒,

---

① 《同济罢课风潮变质,学生竟殴吴市长》,《益世报》(平)1948年1月30日,第1版。当局所谓"共匪"企图的证据,不过是在"肇事分子"身上搜出了"共匪刊物"如《迎接新年》《欧游漫记》,均为一般进步读物。另是从学生身上搜出一铁盒,内藏写有"四时打市长"字条,作为"有计划的阴谋"的证据。《杭立武赴沪调查》,《益世报》(平)1948年1月31日,第1版。

② 1947年8月15日,第九次国务会议通过行政院拟定的《厉行节约消费办法纲要》,作为"戡乱"动员的重要措施,第二项"关于一般社会者"中,第六条规定"禁止营业性之跳舞场";第七条规定"各大都市娱乐场所限夜间十一时收场"。其后,内政部拟定《禁止营业性跳舞场实施办法》,规定"应由各该地方政府分期限令停业,但应于三个月内全部停业","跳舞场在未停业前,应缩短其每日营业时间"。由于禁舞影响从业人员计,上海舞业曾于9月9日和1948年1月14日召开大会,向当局提出请愿诉求。上海市社会局提出以抽签禁绝一半的办法,但舞女并不停业一半,以维计并促其转业,并定1月31日下午3时举行第一届淘汰抽签。31日下午1时,上海28家舞厅职工、舞女2000多人在南京西路、江宁路口的新仙林舞厅开第三次舞厅业全体大会,预备会后向社会局请愿,表示抗议。此刻传来社会局已提前于11时举行抽签,更激怒了与会者,于是,请愿转变为捣毁行动,并与警察发生直接冲突,导致发生大规模的逮捕。事件暴露了在所谓"戡乱"时期,完成宪政、社会改造、具体实施之间的严重冲突。有关事件详细过程可参阅:马军:《1948年:上海舞潮案——对一起女性集体暴力抗议事件的研究》,上海:上海古籍出版社,2005年版。

③ 1948年1月30日,上海申新九厂7000余名工人因物价飞涨、生活困苦,借年关将至发起罢工,提出每人借给工资两月;十一、十二月份所扣工资应照本月月份指数补发;年赏六成按去年十二月份指数发给,四成按本年一月份指数发给;配给物品照例补发;每月除发配给米两大外,应再发四斗;厂方管制工人办法应先征得工人同意;星期日放假应发给半天工资;去年所开除工人一律复工等九项条件。厂方以条件多与政府法令抵触拒绝。2月2日晨,500余武装警察包围工厂,相持至下午5时许,当局决意武力镇压,造成工人死亡3人,重伤40多人、轻伤100多人、被捕236人之流血惨案。惨案反映了国民党当局的内战政策,已经陷入经济破产和社会动荡的严重危机之中,也是战后工人运动的复杂性及多重面向的典型案例。既有相关研究可参见:郑庆声:《论一九四八年初上海申新九厂大罢工》,《史林》1996年第2期,第60—67、100页;贺江枫:《革命、党争与上海罢工:一九四八年申九"二二"工潮起因研究》,《中共党史研究》2015年第7期,第68—79页。

已决予当场格杀。"①

在北平,由于校方的开明,以及地方当局对学生在校园内活动处置谨慎,学生自治会的运行基本未受冲击,换届改选也多依原来办法进行,教育部的新规则并没有即刻产生多大影响。因此,对于同济学潮,主要是以学生团体名义发表文字声明和组织后援会,即表现为学生领袖及其积极分子的行动,如北大、清华、师院、燕京、中法五校学生自治会为抗议中央、同济两校当局解散学生自治会和无理开除学生发表宣言,以及五校组织华北学生争民主反迫害声援"同济血案"后援会和各校壁报上的各种声援文告等,表面上很有气势,但多数学生并没有直接参与。

直接刺激北平学生的是当局的秘密逮捕增加,以及被捕学生得不到合法审判。

1947年9月29日,北大学生孟宪功、李恭贻等以共党身份被秘密逮捕。消息公开后,10月10日晚7时,百余学生往胡适宅请求声援。胡适对学生代表称:学校当局对于被捕学生能保释者已保释,不能保释者只能请逮捕机关予以优待,审讯时供给辩护人或法律顾问。② 然而,孟宪功案却无法依据司法程序审讯。11月26日,警备部稽查处以"共匪间谍"将孟宪功移送北平地方法院。北平地院则以其并非特种刑事案件,交地院检查处侦查。地检处又以该案属内乱范围,第一审须由高检处侦查,拟将孟宪功移送高院。1948年1月15日,河北高等法院检查处侦查终结,依照特种刑事内乱案提起公诉,北大校方及人权保障委员会聘请蔡枢衡、费青、李士彤三教授代为辩护。在开庭之前,又传高院欲将孟案移送"特别法庭"适用《"戡乱"时期危害国家紧急治罪条例》办理,30日,北大人权保障委员会发表严正声明:一、孟案应由河北高等法院本司法独立之精神适用普通诉讼程序审判。二、《"戡乱"时期危害国家紧急治罪条例》对孟案决无适用之余地。三、"特别法庭"之审判权存在及《"戡乱"时期危害国家紧急治罪条例》既为违宪法令,依宪法第一七一条及第一七二条之规定,

---

① 《中央重视暴动事件,对暴徒决当场格杀》,《经世日报》1948年2月4日,第1版。
② 《胡适曾接见北大学生代表说明孟宪功等被捕案内情》,《大公报》(津)1947年10月13日,第2版。

应解释为无效。① 国民党当局玩弄的内战与宪政两手,在一个学生案件上,已经陷入无法自拔的泥淖之中。

然而,北平当局的秘密逮捕反而变本加厉,成为"刺激神经之一事"②。2月1日下午1时,民社党革新派北平党部在金鱼胡同四号举行例会,会间突有便衣闯入捕去学生4人,分别为北大宋国柱,清华高同庆、郑学纯和辅仁范光斗,1月26日还在此地逮捕了华北学院学生徐启恒。5日,北平各报刊登了学生失踪消息,逮捕事才得以公开。2日,北大学生邓特在由三院宿舍去红楼的路上被两名佩带北大校徽的人逮捕,确认被捕也是在几天以后。

2月7日下午1时,北大、清华、燕京、师院、中法、朝阳等校及部分中学1000多学生在北大民主广场举行"华北学生声援同济血案抗议非法逮捕控诉示威大会",天津南开、北洋亦有代表参加,沙滩附近则军警密布。大会首由主席说明召开意义,一位同学报告同济事件经过情形,接着由樊弘教授讲演,盛赞学生运动为复兴中国之一线生机,并用"贫贱不能移,富贵不能淫,威武不能屈"阐释学生运动精神。许德珩教授因病不能到场,由一位同学宣读讲演稿,认为现在已不是苟安的时候了,只有教授、学生一齐团结起来反抗暴力。随后表演节目,有北大活报剧《反迫害》、燕京卡通剧《恶魔》、北大歌剧《压迫》及诗朗诵等。最后发表宣言,重申华北八大学反对教育部颁布《学生自治会规则》,全体肃立宣誓保卫我们民主的自治会。4时半大会结束,与会者绕民主广场三周,高呼口号散会。大会的形式和内容,基本是仪式性的表达意愿,因寒假期间及当局压迫等因素,规模有限,也只能限于校内,最为突出的新发展,乃是各校进一步强调校际联合行动,预备组织平津八校学生自治会联合机构,如一校自治会受到无理迫害,其他各校必以全力支援,并欢迎其他学校自治会参加。③

---

① 《孟宪功案北大人权保障会声明反对由特别法庭审理》,《大公报》(津)1948年1月31日,第3版。
② 短评:《平大学生失踪》,《大公报》(津)1948年2月5日,第3版。
③ 《平津八大学自治会商讨组织联合机构》,《燕京新闻》第14卷第16期,1948年2月23日,第4版。

2月23日,教育部于临近新学期开始之时公布《整顿学风令》,内称:

> 今我一般在学青年,乃置国家之爱护与社会之培植于不顾,牺牲课业,一曝十寒,轨外行动,变本加厉,视学校为传舍而据以沆嬉,视师长若路人而罔知爱敬,桀黠者以发动风潮为快意,纯朴者又甘受少数之劫持,驯致自居于特殊之阶级,自外于国家之法纪,认识错误,言动乖张,遂使"共匪"分子得以鼓动利用,涛张为幻,或指使甲校学生干涉乙校之自由,或选令一地发动而嗾使各地以响应。长此以往,将使国家爱惜青年之苦心,转以造成戕贼青年之后果。①

要求对荒废功课、藐视校规、破坏法纪、逾越轨范者从严惩处,对不堪整顿之学校不惜予以解散或停办。除加强学校行政管理之外,整顿学风的主要措施,依旧是组织对组织、宣传对宣传、行动对行动的对抗,又主要表现为发起并开展尊师励学运动。

2月17日,北平难区同学会鉴于各大中学教师之清苦以及多数同学生活陷于危难,极有可能失学,发起筹备尊师励学募捐运动。该组织自称由清华、北大、师院、中院、华院、辅仁、朝阳、燕京、中法及市立、私立中学共96个单位组成,内分总务、文书、会计、宣传、联络、游艺、募集、纠察八组,人事由各校难区学生分别担任。运动分筹备、推进、发展三个阶段,活动有各校难区学生登记组织募集大队,分向各级机关、团体、社会人士劝募,义卖尊师励学章,请名伶义演,举办电影音乐会、歌舞会、球赛、杂耍表演等,所得款额全部作为救济教师及学生之用。② 以救济"难区"学生为名博取社会同情,在活动方式上则抄袭助学运动,并试图抢占尊师口号,压倒学潮声势。

募集大队登记结果号称5000多人之众,其中大学生约2000人(中院970,华院270,朝阳230,辅仁300,北大100,师院130),并在各电台广播募捐运动意义和办法。2月22日,派出特别募集队40队,前往各军政机

---

① 《教育部部长朱家骅为整顿学风发布训令》(1948年2月23日),《解放战争时期第二条战线》(学生运动卷)下册,第514页。
② 《平难区同学会主办尊师励学募捐运动》,《经世日报》1948年2月19日,第4版。

关募捐,包括去北平行辕向李宗仁请捐。23日,募捐运动正式开始,募集队分赴各机关、商店、住户、工场及娱乐场所募捐,并事先决议不向街头行人募捐,以免妨害交通。当局对活动表示赞同,特派警宪协助。① 娱乐活动同时展开,截止到3月1日,每晚7时在南河沿社会餐厅举行音乐募捐舞会。

另一方面,行动受限的学生组织,只能以言论表达意愿。2月24日下午3时,北大、清华、师院、朝阳、中法、燕京六校学生自治会为抢救教育危机,联合在北大红楼举行记者招待会,要求:一、公私立学校教职员一律配发实物。二、公立院校增加经常费,私立学校增加补助费。三、公立学校增加公费名额。四、私立学校设立奖学金。五、公私立学校普遍设立奖学金。六、教育经费不得低于全国总预算15%。② 坚持内战是造成教育危机的根本原因。"穷"已成为普遍现象,尊师助学不能由难区同学会包办,争取运动公开化、大众化为当前急务。③

事实上,由官方主导的对抗行动十分愚蠢,不但在学生组织、校际联合、校外活动等多方面与现行法规不合,而且在具体操作上也多遭诟病。募捐涉及大笔钱款的进出,活动组织者却无良好信誉,早前中国学院敬师运动募款所得尚无下落,难免引起对结果的质疑。④ 所谓北平难区同学会组织混乱,为壮声势,罗列校名,清华百余学生仓促成立难区同学联谊会,要求参加运动,却不被承认,遂对其盗用名义提出抗议。⑤ 燕京难区同学会百余学生进城参加"尊师励学运动会",因遭受留难及屈辱等事,返校后提出备忘录抗议,揭露该运动黑暗及不合理,而燕京该会部分执委却擅自贴出启事,斥责该校运动分会违反章则,并代表难区同学会总会申令开除会籍,取消福利,以扣留社会局配给面粉等事相威胁,引起校园内群

---

① 《平难区同学会今起开始募捐》,《益世报》(平)1948年2月23日,第2版。
② 《平六大学自治会昨招待记者》,《大公报》(津)1948年2月25日,第3版。
③ 《争取助学公开化——由尊师励学运动说起》,《燕京新闻》第14卷第17期,1948年3月1日,第1版。
④ 《为尊师励学运动进一言》,《经世日报》1948年2月25日,第1版。
⑤ 《尊师励学小风波》,《经世日报》1948年2月27日,第4版。

情沸然。① 大规模的学生街头募捐,尤其是官方支持或默许的活动,很容易趋向硬性摊派。3月30日上午10时半,有难区学生20余人至西交民巷福顺德银号要求捐款3000万元,银号答应捐100万元,经争吵后,增加到200万元,再增到500万元,学生坚持至少捐1000万元,相持不下之中,其他各队学生相继撞入银号,混乱中将银号柜台、门窗、吊灯等捣毁。警察赶到后,带走学生四人,在一中国学院学生身上搜出手枪一支、子弹五粒,均得即行保释。② 可是,当华北学联接过"尊师运动"之后,活动便受到严格限制。3月13日,唐山学生助学会在工院明诚堂举办尊师晚会,招待工院教授及同学,举行时遭宪兵干涉,以内容不妥禁演几个节目。③ 可谓"只许州官放火,不许百姓点灯"。

因此,对抗最重要者当属组织竞争。新学期开始后,各校学生自治会相继进行了换届选举。2月17日,清华学生自治会理事会协助产生选举委员会,负责于开学后半个月内选出新一届自治会。改选基本沿用了既往办法,强调不受教育部新颁规则束缚,并得到多数教授支持,校方亦表示不予干涉。工作日程为:3月4日至9日由各系级酝酿、提名系级代表和理事候选人;10日至16日为竞选周,进行各项竞选活动,并选出各系级代表;16日举行第一次代表大会,选出常驻会,通过修正之自治会章则,新代表并宣誓拥护平津八校联防;17日晚举办竞选晚会,竞选达到高潮,有19位候选人发表竞选演说,现任理事会号召"提高当选最低票数,提高同学投票人数",并表演《从秋天到春天》;18—19日为投票期;20日开票,产生新一届理事会,投票率为76%,较上届为高,如扣除休学者更高。北大学生自治会会章原定理事任期一年,四院(新生)区自治会因同学熟悉程度不够,为一学期一选,故仍依既往办法,预计3月4日至20日完成换届。14日,经全体代表大会通过修正案,将会章第廿四条理事任期改为半年。17日,沙滩区选举委员会成立,定新理事选举在两周内完成。选举办法依旧由各系级推选系级代表,提出理事候选人。竞选期间,

---

① 《燕大同学提备忘录抗议尊师励学运动会》,《经世日报》1948年3月12日,第4版。
② 《难区学生募捐起纠纷,福顺德银号昨被捣毁》,《益世报》(平)1948年3月31日,第2版。
③ 《唐院尊师运动晚会遭受干涉》,《燕京新闻》第14卷第20期,1948年3月22日,第2版。

各系级、各社团组织竞选团,也有组织反竞选团者,互相争取同学。竞选期间,27日在北楼礼堂举行竞选电影晚会,公演各国有关大选纪录片等;29日在民主广场举行竞选晚会,达到高潮。原定30日起投票,因选票人名遗落而推迟一天。4月3日在民主广场开票,选出新理事21人,投票率为72%,较之已完成改选的四院区、农学院区为低。可见,政治参与积极和选举竞争激烈,都有可能影响最后投票率。

当然,法令权威扫地的主要原因在于当局自身之处置,尤以当局对法令的态度及执行状况最突出,也深刻地暴露出特务政治与开放的校园环境及传媒监督之间的不适。

当被捕的几位民社党革新派学生移送法院后,邓特的罪名和身份问题便突出出来。2月14日,北大学生自治会及人权保障委员会以为警备司令部公布的邓特罪名为"受华北学联领导,为'共匪'宣传"①,近乎莫须有,不能成立,又以邓特尚在病中,请校方交涉立即保释。另外,警备部借口邓特为青年军复员军人,主张按"军人身份"办理,亦遭到学生质疑。北大校方基本赞同学生观点,答应配合办理保释。胡适又表示:一、学生无特殊身份。普通人民被捕后,既不能保释,学生自无例外。二、学校无"治外法权"。三、干革命就应准备被捕。② 引起部分学生在壁报上表示不满。17日,邓特保外就医。随着中外记者的访问,当局的秘密逮捕和刑讯被曝光。19日,北大学生自治会就同学被捕事件开会,决议先研究法律程序,准备对警备司令部非法逮捕提出控告。24日,北大校方就学生被捕事件向警备部提出三点抗议:一、无逮捕证而随便捕人,于法不合;二、在学校附近随便捕人,可能引起不良后果;三、滥用体刑。警备部对前两点当场表示道歉,对第三点则予否认。③ 28日,邓特接到法院传票于3月1日出庭,当由辩护律师蔡枢衡教授代理具状,以病体未愈声请改期传讯。校园壁报上多呼吁不必出庭,法庭无讲理自由,以防孟宪功事件重演。胡适在得医院报告后,3月5日致函训导长贺麟,请其转告学生自治

---

① 《对平市学生被捕事警备部发表谈话》,《益世报》(平)1948年2月8日,第1版。
② 《对同学被捕胡适校长态度》,《燕京新闻》第14卷第16期,1948年2月23日,第1版。
③ 《北大校方抗议非法滥捕学生》,《燕京新闻》第14卷第17期,1948年3月1日,第4版。

会及人权保障委员会:"我们学校保释学生,总得声明,'随传随到',如果保释的学生没有正当理由而不受法院合法的传讯,那么,此后学校不能再向军警机关请求保释学生了,这个责任,应归谁负担呢。"①31日,邓特前往北平地方法院检查处受讯,蔡枢衡代撰迅予不起诉处分之声请状,经检察官侦讯后,宣布准予取保静候传讯。

孟宪功案的处置也在持续发酵。孟宪功被起诉之后,迟迟未能开庭审判。2月20日,孟宪功写信给辩护人蔡枢衡、费青、李士彤三教授称:"如以全校之力,不能于审判程序与适用法案二点上,争取合法,则于非法审判下,犹作事实与证据之辩论,恐系徒劳。"故拟拒绝出庭,"不去点缀非法之合法"。② 3月2日,北大人权保障委员会公布蔡枢衡向河北高院刑庭提出的关于孟案意见书:一、依被捕时或起诉时法律,孟案均属普通刑事案件。二、《"戡乱"时期危害国家紧急治罪条例》对于孟案显系行为后之法律。三、《"戡乱"时期危害国家紧急治罪条例》所定特别法庭含有军事审判性质,既与法院组织法所定组织不符,且与宪法条文不合。四、《"戡乱"时期危害国家紧急治罪条例》立法上无溯及既往之明文,为暂时性质,解释上却附会溯及既往,显非理论所评。以为孟案应依法院组织法、刑法及刑事诉讼法为规范,从速审判。③ 5日,蔡枢衡代具状呈河北高院,请求从速依法审理。至20日,距离孟宪功收到起诉书已过两月,北大人权保障委员会向河北高院提出抗议书,以为按刑事诉讼审限规则,即使繁难案件审限也不能超过44日,河北高院拖延诉讼,不守审限,"如此貌视法令,蹂躏人权的行为,实在难服人心"。④ 3月25日,立法院例会通过《特种刑事法庭组织条例》及《特种刑事法庭审判条例》,似乎就是当局给予学生的回答。且不论社会反响如何,在立法院内也出现激烈辩论,有开

---

① 《邓特已能起床散步,胡适嘱出院受讯》,《经世日报》1948年3月7日,第4版。
② 《辩而徒劳孟宪功表示不准备出庭》,《燕京新闻》第14卷第17期,1948年3月1日,第4版。
③ 《蔡枢衡教授为孟宪功案陈述四点意见》,《经世日报》1948年3月3日,第4版。蔡枢衡还专门撰文论述中国现行提审法已不合宪法明文,且宪法发布的相关立法及司法解释都在于限制自由,距离保障人权逾远。《提审与人权》,《益世报》(平)1948年3月1,2日,第2版。
④ 《孟案已过审限高院延不审讯》,《燕京新闻》第14卷第21期,1948年3月29日,第1版。

民主倒车、法西斯制度、干预司法独立等反对意见,但在"审共产党"的目的之下,还是得以全案通过。① 法律的遮羞布差不多已经丢尽,说明以现行所谓"戡乱"时期的法令去解决政治问题的无能与无用,更说明团结起来集体行动的必要性。②

3月26日,北平警备司令部奉行辕转中央电令查禁华北学联:"查学联会为'共匪'策动之组织,上海业经查禁。据报北平学联尚公开活动,希即依法严禁。"③ 29日,平津各报刊载了查禁消息,当局的打击对象瞄准学生校外活动的联合组织。

3月27日晚8时,天津南开、北洋、冀工等校学生500余人春季旅行抵北平,北大同学在民主广场集合欢迎,红楼上悬挂着"华北同学是一家""握手天津的兄弟们"标语。共进晚餐后,北大、清华、燕京、师院、中法五校学生自治会在中法礼堂举行联合招待会,并放映电影《列宁在十月》。28日上午,平津学生3000多人一同参观燕园,燕京校门内有一面大红旗,上书"团结,战斗,迎接光明",《燕京新闻》举办了一个系统展览,还印了一幅《团结就是力量》的木刻画片作为纪念品,并在体育馆外广场举行了一个简短的联欢会。下午集体参观清华园,清华学生自治会在礼堂举行欢迎会,节目有《生产大合唱》《兄妹开荒》、卡通剧《清华园外的竞选》等,会后有时事座谈、参观展览等活动。晚7时,在北大民主广场举行平津学生联欢营火大会,到会有平津大中学生及民众万余人。北平同学致词称:在目前的局面之下,本不值得联欢,但为追求希望和光明,平津同学团结起来。天津同学回应称:此次来平不是做客,而是回家,兄弟姊妹相

---

① 《特刑法庭组织及审判条例通过立院例会昨一场激辩》,《大公报》(津)1948年3月26日,第2版。

② 朱光潜在《周论》一卷五期(1948年2月13日,第3—4页)上撰文《谈群众培养怯懦与凶残》,以为群众行动"由掩护怯懦而滋养怯懦""在群众庇护之下,个别分子极容易暴露人类野蛮根性中底狠毒凶残"。呼吁"特立独行而且做事有担当底人"。学生刊物有文章批判,相对于统治者的卑鄙与凶残,群众运动站在明处,"至大""至刚",而革命中的杀人却是小巫见大巫了。并以为群众运动是无法"煽"出来的,所谓"少数人"操纵,"恰好尽了压制群众运动的作用"。马宾:《与朱光潜先生论群众运动》,《北大半月刊》第1期,1948年3月12日,第12—14页。

③ 《北平警备司令部代电查禁华北学联》(1948年3月26日),《解放战争时期北平学生运动》,第332页。

聚,希望团结起来,到处都是民主广场。北平同学把飘扬在民主广场上的民主大旗献给天津同学,希望他们将共同的愿望和使命带回天津。游艺活动后,华北学联代表报告,将成立华北院校自治会保卫自治权利联合会,同甘苦,共生死。狂欢、串联、宣示的混合,标志着学生校际联合行动的新态势。

3月29日为黄花岗起义纪念日及第五届青年节,蒋介石发表告全国青年书,站在国家正统代表的立场强调:"国家没有统一,就不能保持独立平等的地位;国家没有统一,就不能保障人民的自由,以推行民主宪政;国家没有统一,就不能进行经济建设,以增进人民生活。"要求青年们应首先认清国家的敌人,"谁造成你们生活的艰困?谁挑拨你们师生的情感?谁胁制你们不许有表达意见和个人行动的自由?谁断送你们大好的光阴,破坏你们求学的环境?我想你们自己应该有清楚的判断"。① 试图将一切推给共产党,并坚持内战政策。

相对于蒋介石的隔空喊话,平津学生继续联欢。上午,北大各系会、社团分别招待天津同学参观及座谈,下午2时,在民主广场举行"黄花岗革命先烈纪念大会",参加者1000余人,许德珩、袁翰青、樊弘等教授出席并讲演。许德珩强调要接受历史经验,黄花岗起义的优点为知识分子能领导革命,弱点为知识分子与人民脱节。袁翰青讲题为《知识青年的道路》,希望青年不要在小圈子里转,不要争做领袖,不要专为自己打算,应作彻底检讨。樊弘讲题为《两条路》,指出政治、经济、哲学、人道等方面都有多数人与少数人的两条路,由于各人生活不同而有差异。继由学生代表代读张奚若、张东荪的书面讲词。最后,学生高呼口号,并唱《警察同学是一家》等歌曲。晚7时,民主广场举行北大竞选晚会。当日晨8时,北大沙滩校区附近戒严,理由是"保护"学生,免生意外。经校方及学生代表向当局交涉,允许北大及天津学生出入沙滩,一般行人、车辆只许出不许入,并有许多自卫队员及清道夫要求进入校内民主广场听演讲,被学生以

---

① 《纪念革命先烈和青年节蒋主席书告青年》,《大公报》(津)1948年3月29日,第2版。

校内演讲且学生决不外出活动而拒绝。①

由此可见,学生与当局,在政治话语、历史解释和行动方式、内容上,已经处于全面对立的局面。

3月28日,历经战时国共合作及战后国共谈判、破裂的十年险难的国民参政会宣告结束。29日,注定失败的"行宪国大"在一片混乱之中开幕,亦标志战后北平学生运动又一风暴期的来临。

二、四月风暴的冲击

四月风暴的主要内容是反饥饿反迫害。学生群体受市场波动影响较弱,集体抗争行动多与国家政治相关,即使经济性斗争,起因及指向也多与政治事件紧密关联,因此,类似于"五二〇"运动和国民参政会四届三次大会存在相关性,四月风暴则与"行宪国大"会期基本一致。不过,四月风暴中,学生行动已与"行宪国大"的进行无直接关系,反是学校教职员工争取经济待遇的斗争,既借力于学生运动,又与学生运动相互推动,而且,利用"行宪国大"施加压力的意味也更加浓厚。

继华北学联遭查禁之后,迫害与抗争渐次升级。

学生的最初反应,仍是言语的及体制内的抗议,而非直接诉诸行动。3月31日,华北学联紧急声明,强调华北学联是华北各院校学生自治单位联合的组织,成立后的各项活动,无一不公开而合法,"所有'为共匪所策动'之类的诬陷,不过证明是反动的造谣者又一次毫不新鲜的无耻的扯谎",号召加紧团结,保卫自己。② 北大学生自治会致电已在南京参加"行宪国大"的胡适,就政府违宪蹂躏人权,滥施酷刑,请其"代向中枢提出抗议"。③ 并开会讨论保卫学联办法。晚6时,中法召开社团代表联合会,征求各社团对华北学联遭查禁意见,提供学生自治会参考。晚7时,燕京

---

① 《平津学生纪念先烈,北大附近昨一度宣布戒严》,《大公报》(津)1948年3月30日,第3版。
② 《华北学生联合会声明》(1948年3月31日),《风暴四月》,北大四院自治会编印,1948年,第10—11页。
③ 《抗议蹂躏人权北大自治会电胡适》,《经世日报》1948年4月1日,第4版。

各系级、团契、社团代表40余人在适楼礼堂举行座谈会,讨论当局查禁华北学联对付办法,有同学提出罢课建议。① 也就在晚7时许,北大学生卢一鹏赴汇文中学访友时,在传达室遭持枪暴徒五人殴伤,其后被押送至东城宪兵队,至午夜方准其返校。

暴行更加激怒了学生,抗议行动由分别酝酿转向协调一致。4月1日晚7时,北大学生自治会招待系级、社团征求意见,决定举办"保卫学联周",进行宣传、派代表至行辕请愿及递抗议书等项工作,视请愿结果再决定罢课事宜。北大四院自治会理事会紧急会议发起签名罢课,赞成者超过75%;医学院、工学院理事会决定与各院校采取一致行动。当晚,清华、燕京均举行学生自治会会议,系级代表们经慎重考虑,决议和各校采取一致行动。师院、中法亦有酝酿活动。2日上午,北大、清华、燕京、师院、中法、南开、北洋七校学生自治会代表十余人赴行辕请愿,提出要求两项:一、行辕转中央请撤回查禁命令。二、行辕公开表示对查禁学联之态度。行辕参谋长徐启明允诺将第一项转达中央,第二项因处境困难,难以表示,仅个人同情,行辕对学联过去许多工作亦谅解。② 学生代表并递交抗议书,重申各院校学生自治会莫不依民主普选方式产生,经合法程序取得各校全体同学同意联合组成华北学联,"政府何得谓为'共匪策动之组织'而非法查禁"。③ 请愿无结果本可以预期,仍然要在形式上继续走完,表明各院校学生自治会乃至华北学联要想发动并领导学生直接行动并非易事,而学生起来采取行动抗争也仍然需要准确把握机遇。

4月2日晚7时,平津各院校学生自治会代表在北大举行临时会议,决议北大、清华、燕京、师院、中法五校自3日起罢课三天,嗣后休罢或续罢,由学联决定。为保卫学联而罢课,服从学联决定而一致行动,并非学联或类似的大型学生组织的权威有了显著提升,而是面对当局的迫害升级,更需要采取一致的抗争行动,也就是:"没有华北学联,就没有自治会,没有自治会,也就没有同学们个别自己;今天,没有集体自由,就没有个人

---

① 《燕大对查禁学联将作必要之抗议》,《经世日报》1948年4月1日,第4版。
② 《平津学生请愿要求保留学联》,《大公报》(津)1948年4月3日,第3版。
③ 《华北学联抗议书》,《经世日报》1948年4月3日,第4版。

自由!"①在实际运作上,各院校酝酿抗争行动中最活跃的组织,依然是基层系级和社团。学生毅然诉诸罢课行动的另一重要条件,乃是学校教职员工为争取改善经济待遇也酝酿采取行动,两者恰好起到相互依存、相互推动的作用。

新学期开学后,学生中学费、公费、饭团等经济生活问题依然严重,因营养不良造成肺病增加,隔离、疗养和申领公费等亦成严重问题。② 一如既往,经济福利问题难以成为学生集体行动的焦点。教职员工的情形则恰恰相反,故能首先以经济待遇问题发难。

在校园中,以工友的经济待遇最低,但表达诉求和进行抗争的能力也最弱。清华工友福利辅导委员会写信给梅贻琦,请求校方尽力使每一工友都能维持一家三口最低限度的生活费用。北大一工友写信给《独立评论》前锋社,呼吁学生在开展救济同学运动时,替北大工友争取合理待遇,但又看不惯学生一面争取公费一面拿公费看电影的做派。③ 教师的行动能力明显更强。3月31日,北大讲师助教会为政府停止配发面粉两袋改为33市斤召开大会,决定请政府续发两袋面粉,电告胡适在南京向政府力争,并自4月6日起罢教三天,将联合平津院校同仁一致行动。④ 校方希望讲师助教再忍耐一时,勿作罢教之举,影响青年学业。⑤ 学生则表示给予同情。

学生罢课后,各院校纷纷建立起运动的工作机构。例如,北大学生自治会理事会、人权保障委员会、抢救教育危机委员会联合组成"罢课委员会",中法代表会、理事会及各社团联合组织"保卫学联行动委员会"。

活动内容主要限于校内。4月3日下午1时,师院学生自治会举行"保卫学联控诉大会",内容有报告学联历史、教授讲演、朗诵和活报剧等。

---

① 《保卫学联一致行动》,《燕京新闻》第14卷第22期,1948年4月5日,第1版。
② 如北大开学前学生体检,有三分之一学生肺部不健全,其中三分之一情形严重,必须立即疗养,即刻暴露诸多问题,突出的是隔离和休学同学的公费待遇。《青年健康可忧》,《燕京新闻》第14卷第18期,1948年3月8日,第1版。
③ 《饱汉不知饿汉饥,幸勿忘却眼前人》,《经世日报》1948年4月1日,第4版。
④ 《北大讲师助教要求续发面粉》,《大公报》(津)1948年4月2日,第3版。
⑤ 《北大讲助酝酿罢教,校当局表示意见》,《经世日报》1948年4月2日,第4版。

会后,部分同学依然情绪高涨,又去北大四院参加4时举行的控诉大会。晚7时半,清华、燕京学生自治会在清华大礼堂前广场举行"保卫学联示威控诉营火大会",除许德珩教授书面讲演和清华教职员代表致词外,多为文娱节目,有集体朗诵《保卫学联》、歌舞剧《猴儿戏》、大合唱《你这个坏东西》《东方的暴君》等,同学们围着火堆,高呼口号,高唱歌曲,最后是场内火炬游行。学生于次日上午分成20余小组,分别拜访教授,下午联合举办教职员同学座谈会。师院亦举办教师工友家长谈话会。4日下午2时,北大学生自治会在民主广场举行"反迫害保卫学联大会"。晚上有诗歌剧晚会。当然,学生也试图走上街头宣传,北大四院新生表现得尤为积极,搞了突击式的闪电战。5日下午,学生分组赴天桥、西单,进入胡同后,突然敲门入户宣传,又快速离去。或者分散进入西单商场,突然同时向商户发放传单,五分钟后快速离开。① 此种宣传方式惊险、刺激,但难以持续,文字中可见学生对"走向民间"认识的幼稚。

　　4月3日,北大讲师讲员助教联合会、清华讲师教师助教联合会联合两校职员会、工警会及北平研究院助理研究人员联合会等团体召开联合会议,决议6日起罢教、罢工三天,要求政府:一、继续配发面粉两袋。二、按确实生活指数发薪。三、研究费按生活指数增加。② 北大讲师讲员助教联合会并发表告全体同学书,申明罢教之不得已,"我们耽误了你们的学业,但罪过不在我们,而在政府当局,希望你们和你们的家长原谅"。③ 5日下午4时,北大、清华及北平研究院讲师、助理研究人员、教员、助教、职员、技工、工警等团体在北大北楼举行记者招待会,再强调自6日起一致罢教、罢研、罢工三天,共有2285人参加,并致电行政院、教育部重申要求,发表告社会人士书表示生活困顿"已到了忍无可忍的地步"。④ 截至当日,行动得到了北大、清华两校60余教授签名响应,南开讲师教师助教

---

　　① 《街头宣传闪电战》,《风暴四月》,第16—17页。
　　② 《北大清华工作人员联合要求改善待遇》,《大公报》(津)1948年4月4日,第3版。
　　③ 《北大讲师助教一篇沉痛通告》,《经世日报》1948年4月4日,第4版。
　　④ 《北京大学等校教职员工联合会为争取合理待遇告社会人士书》(1948年4月5日),《解放战争时期北平学生运动》,第276页。

联谊会、北洋助教会亦开会响应罢教三天。

对于学生而言，三天罢课无所谓耽误学业，况且4日是周日，5日清明节放春假，如无节外生枝，校方也不拟干涉。罢课期间许多学生是在春游中度过的。刚送走天津同学，4日唐山工院学生250余人到北平春游，5日上午参观北大，下午游北海，晚上由北大学生自治会举行欢迎游艺大会，6日安排出城郊游。部分北平学生则去了天津，4日平津唐同学1500余人由北洋招待，在西沽举行联欢会，升起从北大带回的"民主旗"，并有话剧、歌咏、舞蹈等节目，晚间还有营火晚会。① 于是，在多数同学尚沉浸于抗议兼春游的兴奋之中时，5日下午，北大、清华、师院、南开、北洋、燕京、中法七校学生自治会在北大举行记者招待会，以当局未能答复学生罢课要求和响应教职员工的罢教、罢研、罢工，宣布自6日起继续罢课三天，并发表反迫害反饥饿罢课宣言，提出四项抗议和六项要求，誓言"将为这些要求的实现坚持到底"。②

宣言中的罢课要求毫无新意，教职员工的"三罢"行动也不可能持久，各院校之间的学生行动也无法实现完全同步。③ 8日上午10时，北大、清华、南开、北洋及北平研究院教职员工警九单位举行联席会议，会后发表休罢宣言，以不忍耽误学生学业和不忍中断教育工作，决定自9日起罢教、罢研、罢工活动暂时休止，又称："据我们估计。在半个月之内，政府应当有圆满的答复。"④既有期待又无可奈何。学生想要继续坚持罢课行

---

① 《唐山交大学生二百五十人到平游览》《津学生郊游北洋开晚会》，《大公报》（津）1948年4月5日，第3版。

② 四项抗议为：一、抗议政府非法查禁华北学联以及对学联的污蔑。二、抗议军警包围学校。三、抗议政府一连串非法逮捕，非刑拷打的摧残人民的暴行。四、抗议政府为进行反人民战争而执行的饥饿政策。六项要求为：一、提高教育经费最低至宪法规定的15%。二、合理提高大学教授、讲师、助教、职员待遇，配发面粉。三、国立学校学生给予全面公费。四、补助私立大中学校经费，增设奖学金。五、市立中小学教员全体配面。六、提高学校工警待遇，配发面粉。《华北七大学学生自治会反饥饿反迫害宣言》（1948年4月5日），《解放战争时期北平学生运动》，第279页。

③ 如发表平津七院校罢课宣言中的北平五院校，北大率先响应继续罢课，清华、燕京、师院于5日晚开会决定，中法暂定6日先复课。师院的罢教、罢课还有复大目的。《七院校发表罢课宣言，北大今起续罢》，《经世日报》1948年4月6日，第4版。

④ 《各院校教职员工警自今日起暂时休罢》，《益世报》（平）1948年4月9日，第2版。

动,就需要当局制造进一步的迫害事件,从而形成迫害与抗争的循环,相互刺激,对抗性亦逐步加强。值得注意的是,当局释放的迫害信号十分混乱,表明相关各机关对于学生运动,并没有协调一致或成熟的应对方案。

4月4日晨9时,北大四院两同学在赴北方中学访友时,在该校门前遭不明身份者毒打,后被送至警察局内七分局,北大学生自治会闻讯多方营救,下午4时由校方保出。当日,师院出现所谓反专制反独裁委员会,声称学生自治会代表会无权决定罢课及停止康乐活动。自治会以为与事实不符,定于午后1时公开答复询问,"反委会"旋即贴出布告称自治会答复"近似寻衅打架,不予出席",自治会则称对"反委会"今后言论"不予理会"。① 其后又形成言语攻击和撕壁报的紧张对抗。② 5日凌晨3时,北大东门外开来大卡车一辆,载有三四十人,多翻墙进入,将民主广场壁报、文告等撕毁,并闯入红楼大地歌咏团工作室。6日下午,警备部电告北大校方,要求校方令学生停止红楼前之"鼓动性"民众广播,停止散发传单和张贴街头壁报。③ 企图阻断学生的对外宣传渠道。7日午夜1时,北大红楼及三院附近有军警戒备。凌晨3时,警备部派人持公函到北大,要求校方于中午12时前交出12名学生,多为学生自治会理事及新当选即将上任的理事,校方以警备部无逮捕平民权力,且12名同学未曾犯法,遂予拒绝。经秘书长郑天挺、训导长贺麟三赴警备部交涉,午后方达成妥协:一、警备部不再至学校捕人;二、转送法院票传拘讯。④ 上午9时,北大学生自治会、罢委会在民主广场召集全体学生紧急大会,认为这是大规模迫害的开始,主张"一人被捕,全体坐牢"。学生自治会开会决议:一、招待记者;二、向警备部抗议;三、以宿舍为单位将全体同学组织起来;四、电南京促胡校长返校。20余教授在孑民堂开会,在所拟告同学书中主要表达两点:一、罢课期间如无意外,希望准时复课;二、就政府对学生连日采取之

---

① 《师院罢课声中不和谐的插曲》,《平明日报》1948年4月5日,第4版。
② 《师院同学发生纠纷》,《平明日报》1948年4月6日,第4版。
③ 《迫害的又一方式》,《燕京新闻》第14卷第23期,1948年4月12日,第1版。
④ 《北大同警备部办交涉》,《经世日报》1948年4月8日,第4版。

行动表示不满。① 一时间,红楼等处均由自治会分派同学看守防卫,自治会代表及大部分同学均停留民主广场,情形紧张。8日午前,警备部将北大12名学生有关文件送达北平地院。学生方面则展开串联、呼吁。北大、清华、南开、师院等九院校学生自治会发出快邮代电分致胡适、梅贻琦、张伯苓、袁敦礼诸校长,为维护学府尊严,保护师生安全,请在京代向政府要求切实保障人权。在行动上,北大学生代表大会以安全无保障决定继续罢课,休罢日期由罢委会决定,清华、中法等校响应,铁院和唐山工院亦加入罢课行列。燕京学生自治会执委会常驻会决定9日休罢,如北大事件有新变化再决定行动。师院学生自治会召开代表会,议决自9日休罢。

公开索捕失败,且对武装进入北大逮捕心存忌惮,当局遂转换对象和方式,以更卑劣的手段加紧迫害学生和教师。

4月9日零时30分许,就在戒严期间,50余便衣人员持枪及铁尺、木棍闯入师院,一部直趋南部男生宿舍五斋三号、五号,毒打并架走学生八人,中途逃脱一人。一部窜入炊委会,将学生自治会监察股长一人架走,又闯进筱庄楼,将一楼自治会办公室、国文学会、历史学会,二楼行知图书室、教育学会,三楼英语系教室、测候室等捣毁,抢走收音机、留声机及书籍、字典等物,历一小时始去,酿成被捕八人、重伤二人之血案。

晨7时半,师院学生举行全体大会,先由学生自治会理事报告暴行经过,在无法控制的高涨情绪之下,决议无限期罢课,请校方立即向军警方面交涉,释放被捕同学,并一致要求集体赴北平行辕请愿。同时,师院派出同学向各校通报情况。上午9时,师院学生五六百人齐集行辕门口,推代表入内请愿,由总值日官接见,仅允诺代为转达。各校学生闻到消息后,纷纷开会,决议声援师院联合请愿。10时半,北大四院学生300余人率先结队至中南海行辕门前,加入师院请愿队伍。至午后1时,北大、中法、朝阳、铁院等校学生相继抵达,沿途高呼口号、张贴标语。学生再行请愿,由参谋长徐启明接见代表,允诺查觅后释放,学生则坚持当日释放。下午5时半,城外清华、燕京学生1400余人结队徒步抵达中南海门前,沿

---

① 《平警备部函北大索捕学生十二人》,《大公报》(津)1948年4月8日,第3版。

途突破了三道警卫防线,掌声欢呼声一刻钟未停,聚集学生已达5000余人。另有教授、助教梅贻宝、郑华炽、郑天挺、黎锦熙、焦菊隐、贺麟等百余人到场协助交涉。现场学生推出主席团,决定派代表继续向行辕请愿,提出两部分要求,即一般要求和需要立即解决的问题:第一部分:一、中央提高全国教育经费预算。二、改善公教人员待遇。三、全国公私立大中学校全部公费。第二部分:一、立即释放被捕同学。二、严惩凶手。三、赔偿医药费及其他一切损失。四、停止传讯北大12名同学。五、保证以后不得非法逮捕。朝阳同学又提出要求释放在京被捕的朝阳二学生。① 各校方亦派代表前往行辕交涉。学生情绪高昂,歌声口号声此起彼伏,面对请愿毫无结果,曾数度打算冲击行辕,均被主席团劝止。直至晚7时半,行辕回答称,被捕同学乃是由师院反罢课学生扭送至警备部②,并已移转警察局。师院校方及学生代表随行辕官员前往警察局办理保释。晚8时45分,入行辕请愿代表返回大队,当众报告交涉结果。经保结后,晚10时师院八名同学被释放,伤重者当即送北大附属医院。因其他条件没有结果,请愿学生认为交涉不能满意,一致要求严惩凶手,主席团遂决定自10日起总罢课。晚11时半,各校学生分别返校。

4月10日下午3时,师院在大操场举行迎接慰问被捕同学大会,北大、铁院、朝阳等校都有团体参加表演。9日的请愿行动被认为是一场"胜利","使十天来的华北学生运动达到最高潮"。③ 既迫使当局释放了师院被捕同学,同意改期提讯北大12名同学,又得到了教师及校方一定

---

① 《平市学潮转趋严重,七院校昨竟日请愿》,《益世报》(平)1948年4月10日,第2版。
② 据中央社讯:"此次事件之发生,系因师院罢课与反罢课学生因复课问题发生纠纷,迄至八日午夜转趋严重,结果主张反罢课学生将主持罢课学生姚炯等八人扭送警察分局,具文呈控渠等受'共匪'指挥,操纵学潮。"《师院为罢课起纠纷,八学生被扭送警局》,《华北日报》1948年4月10日,第5版。
③ 《平市师生空前团结,行辕请愿获得胜利》,《燕京新闻》第14卷第23期,1948年4月12日,第1版。

程度的支持①,还赢得了一个释放情绪、展示力量的集体行动的宝贵机会。《燕京新闻》记者兴奋地写道:

> 快半年了,我们没有这样地集体步行进过城,老百姓张着惶惑的眼光看着我们。
> "抗议政府非法捕人!"
> "抗议师院血案!"
> "打倒特务!"
> 口号像大炮一样轰响。②

多么解气!多么痛快!不过,在快意之余,学生刊物也注意到有少数人要冲进行辕和提出过激口号,毕竟学生运动需要在"合法"范围内活动。"虽然多少'法令'本身就不合法,但我们还是要尽量利用法律能给我们微弱的一分一毫的保障。"③另一方面,社会报刊虽多指责当局对学潮的处置,但对长期罢课亦颇有议论,尤其是可能造成学生间的分化对立和社会上的不良观感。④ 是故,胜利之后,学生亦考虑退兵。除师院外,4月10日晚,北大罢课委员会举行检讨会议,决定即日结束。11日,北大、清华、燕京、中法四校学生自治会宣布,若无其他情事发生,将于12日复课。事态似乎朝向一般预期方向发展⑤,可是,当局应对之笨拙,再次激怒了学

---

① 师院教授会决定10日起发动总罢教,直至达到惩凶、赔偿及保证以后不再发生此类事件为止。北大、清华、燕京、中法、艺专等校校方代表在北大开会,以为"今日北平学潮经各校分别疏导,渐趋平静,今忽发生此违法案件,群情愤激",决定以五校名义电告朱家骅,请转呈国民政府、行政院追究责任,并制止再发生类似事件。《师院总罢教》《追究师院事件责任》,《大公报》(津)1948年4月11日,第3版。

② 林陆:《请愿记》,《燕京新闻》第14卷第23期,1948年4月12日,第4版。

③ 王文叶:《反迫害反饥饿运动初步检讨》,《北大半月刊》第3期,1948年4月16日,第5页。

④ 如有评论文章以为,在罢课期间,大部分学生去春游,一部分学生在写标语、发传单,到处宣传,又一部分学生不赞成如此做法,发出相反的动向,互指对方为走狗,甚至拳棍相胁。学生要求全公费等条件的"反饥饿",也与普通民众日常生活感受存在较大距离。《如此反饥饿,如此反迫害》,《经世日报》1948年4月9日,第1版。

⑤ 如《大公报》社评《怎样平息学潮》以为,9日请愿中学生表现和当局处置,应是此次学潮可望结束的佳兆,并相信传讯北大学生和师院学生被殴善后两事可获合理合法解决,"切盼勿再添刺激,另生枝节,务使北平学潮从此结束,各校学生早日复课"。《大公报》(津)1948年4月10日,第2版。

生,况且针对北大师生滥施暴行,导致风暴愈演愈烈。

4月11日上午10时,北平当局在午门前举行"北平市反暴乱反罢课肃奸大会",到会有所谓工农学商各界民众万余人,主席致开会词称:"'共匪'在捣乱,社会不安定,我们要请政府拿出剿'匪'办法来。游行的时候,请大家守秩序、守纪律,不要出意外,然后到北平行辕请愿,政府拿不出办法来,我们大队不散。"①12时大会结束,全体分发点心,食后出天安门举行示威游行,路线由天安门绕王府井至沙滩,再转北南长街至北平行辕请愿,之后出和平门至师院,颇具挑衅意味。

下午一时许,有游行大队口喊"反'共匪'"、"反罢课"、"北大教授学生都是'共匪'"等口号,行至汉花园北京大学红楼一带时,集中队伍,大呼口号,张贴标语,并持砖头石块,向红楼及东斋教授眷属宿舍,任意投掷,达数十分钟之久。至二时五分,复由游行列中分出一部窜入东斋教授眷属宿舍中,手持大刀、铁棍、砖石等武器,首将号房及工友住室大肆破坏,并将挂钟、电表、电话、花盆等物,及工友所有用具,全部用大刀、铁棍,予以砍毁。继将吴恩裕、赵广增、赵西陆、金必刚、崔玉玢等教授住宅,及厕所门窗玻璃,用大刀铁棍捣毁一空,而本宿舍迎门所悬之"北京大学东斋教授眷属宿舍"木牌,劈作数段,视作战利品带走,并向各住宅大肆搜索,达二十分钟之久。当时军警戒备森严,来往行人,一律禁止交通,而于此种暴行,袖手旁观,视若无睹。各暴徒于大肆破坏后,大呼胜利而去!②

也许,这是当时北平各报最为细致、生动的描写,另有北大学生多人于沿途被殴伤及绑架。至行辕时,亦派代表举行请愿,亦由参谋长徐启明接见,警备部司令陈继承、警察局局长汤永咸赶来接见,请愿要求颇具讽刺:一、肃清全市潜伏"共匪"。二、保障学生安全读书。三、严限各校即日复课。四、严惩鼓动罢课"奸匪"分子。五、誓死援助师院同学检举"共匪"事件,将逮捕之"匪徒",即日移交法院依法惩处。六、严惩华北学院行凶

---

① 《北平昨一集会》,《大公报》(津)1948年4月12日,第3版。
② 《北大红楼昨被游行队捣毁》,《益世报》(平)1948年4月12日,第2版。

"匪徒"。① 下午 6 时许,游行队伍抵达师院,在学生已事先回避的情况下,还是有三四十人冲入校内,撕毁墙上标语、壁报,捣毁布告栏、图书馆门窗、学生自治会意见箱等物,并将一返校女生殴伤。

暴行引发更大的一轮抗议潮。当天,北大校方即向治安当局提出抗议,学生方面决定 12 日继续罢课,沙滩区教授联谊会决定 12 日停教一天,召开全体教授会向政府抗议。4 月 12 日,平津十一院校学生自治会代表再赴行辕请愿,毫无结果。下午 3 时,北大教授会在孑民堂召开紧急全体大会,到教授 109 人,以 58 票通过决议,自 12 日起罢教一周,电教育部请政府惩办凶手,保证不再发生类似事件,并电胡适校长在京交涉。北大学生自治会原定继续罢课三天,闻讯后亦响应罢课一周。北大校方致函市政府,请求"严予查究责任,赔偿损失,并祈保障本校师生全体及校舍校具今后之安全"。② 北大学生自治会称,郑天挺秘书长代表校方向全体师生表示:一、绝对不允许传讯柯在铄等十二同学,由校方负全责。二、向当局抗议,惩办凶手,赔偿损失,并保证不再发生类似事件。三、校方负责保障师生员工安全。③ 清华、燕京等校亦有教授罢教、学生罢课之响应,但休罢期限不一,多为一两天之象征性行动,惟清华教授决定罢教四天,清华学生更是以 1785 票对 32 票的绝对多数决定续罢,休罢后又因学生数夜值班巡逻而停课一天。

教职员工的直接行动,当时即被认为促进了"师生职员工警的大团结,可视为这次运动最富有历史意义和最值得珍贵的地方",④事后亦被作为北平学生运动史上之空前现象,⑤"表明运动的深入发展,已突破了单纯学生运动的圈子"。⑥ 教职员工的参与,明显扩大了学生运动的力量,

---

① 《齐集行辕请愿提出六项要求》,《华北日报》1948 年 4 月 12 日,第 5 版。
② 《北京大学函请北平政府查明追赔红楼及东斋被毁损失并保障安全》(1948 年 4 月 12 日),《解放战争时期北平学生运动》,第 292 页。
③ 《校方声明决负责交涉》,《大公报》(津)1948 年 4 月 13 日,第 3 版。
④ 《团结战斗迎接光明——反迫害反饥饿运动的检讨》,《生与死的搏斗》,北平燕京大学反迫害反饥饿行动委员会编印,1948 年 4 月,第 44 页。
⑤ 《解放战争时期北平学生运动史》,第 172 页。
⑥ 萧松、马句、宋柏:《沸腾的沙滩》,《北平地下党斗争史料》,572 页。

也更易于获取社会的同情与支持。同样,校方的介入与保证,大大提高了交涉能力,并给予学生一定的安全感。可是,当教授针对当局暴行采取罢教行动后,以及校方站出来抗议并承担更多地交涉责任后,学生的角色就发生了转变,主要作用转变为对师长的"支持与响应"和加强"与校方的团结"。① 此种状况,就第二条战线的作用而言,有助于中国革命发展趋势的需要,可仅就学生运动而言,学生行动的独立性已经受到极大压缩。

4月13日下午2时,北大学生自治会、人权保障委员会委托现实法律问题研究会、法学研究会、法联学会、新知法学会等在沙滩北楼主办人权保障座谈会,邀请费青、芮沐两教授指导,对近来发生各项事件的法律问题,以及现行法上关于人权保障的规定进行讨论,费青特别指出:"要求公平的法律,要求人权保障,必须自己努力。"②学生侧重从法律观点进行检讨,也符合教授及校方坚持的行动原则。因此,寻求"合法"斗争,也就意味着集体行动需要限制在校园范围之内,虽然,北大学生自治会、罢委会宣布,罢课期间社会访问、街头壁报及在校门口散发传单等活动照常进行,激烈的街头抗争形式已被放弃。

校园活动主要分两个方面,即校园防卫和讲座联欢。

4月3日,清华化学系同学40多人便成立"化学兵团",负责巡逻校园。6日,化工系30人、物理系40人、机械系40人相继参加,正式成立"纠察总队",下设指挥部及三个中队和退伍军人巡逻大队。师院血案发生后,清华园更形紧张,遂成立"防卫部",有学生900多人参加工作,超过全校学生总数1/3,分三大部分:一、纠察大队,包括各系组成的21个中队;二、救护大队,有同学70多人,与校医室密切联系;三、斋防大队,由各斋同学组成,每寝室轮流出人昼夜防守,每一两小时换班,每斋至少同时有9人防守。亦有教授、讲师、助教参加纠察工作,并发起慰劳纠察运动。③ 罢课期间,北大教授会、讲师助教联合会、职员会、工警联合会、研

---

① 《北平学委四月运动初步总结》,《解放战争时期北平学生运动》,第329页。
② 《罢课比上课忙》,《燕京新闻》第14卷第24期,1948年4月19日,第1版。
③ 《英勇守望清华园》,《团结战斗在四月——反迫害反饥饿纪念手册》,清华文丛之一,清华大学学生自治会编印,1948年,第70—71页。

究生会、学生自治会、人权保障委员会等团体联合成立北大师生员工安全保障委员会,建立起全校的联防组织,参加同学在80%以上,沙滩区分四个中队,另有一个特别中队,负责纠察工作。四院的联防组织,由每宿舍推出一人,再从中选出12人组成联防委员会。沙滩区东门和南门已封闭,西门在晚间11时上锁,门口和校内到处有站岗的同学,红楼二层以上楼梯都堆满椅子,只留一条小缝供人行走,房门都开始加锁,完全采取紧急时期措施。① 13日,师院正式成立"四九血案抗暴会",为维护同学安全,特组织联防部,日夜巡逻,夜间口令声不绝于耳。

4月14日下午2时,北大师生员工警团结大会在民主广场举行,清华、燕京、中法等校各派代表参加,阴暗的天气,挡不住团结的氛围,各校一致主张团结自卫。闻家驷教授在讲演中称大会是"空前盛举","外人说我们北大老,实际更年青了"。② 并有活报剧《狼狗》、诗朗诵等节目。15日下午2时,北大、中法、朝阳三校经济学会在北大北楼礼堂举行经济座谈会,到会各院校学生约300人,讨论"目前中国经济危机与出路",邀请樊弘教授出席指导。16日,北大史学、中文、哲学三系系会在北楼举办历史座谈会,主题为"中国目前形势的历史背景"。17日,北大、清华、燕京三校政治学会举行政治座谈会,讨论主题为"中国政治往何处去"。18日下午2时,在北大北楼礼堂举行"中国现局座谈会",到会200余人,樊弘等五教授出席指导,讨论分军事、政治、经济、美援、展望五部分。另外,罢课期间,学生还利用开朝会,请教授演讲,如北大四院,曾请王铁崖讲"内政与外交",薛愚讲"这次运动的本质与发展",楼邦彦讲"谁是当前中国政治罪人",裴文中讲"生活安定与学术研究",等等。为了征集同学们的意见,学生自治会创造了午叙会的工作方法,在北大、清华都有运用。方法是以系级为单位分成小组,每次围绕若干题目座谈讨论,在一群熟悉的系友级友中,易于畅所欲言,各组意见经过汇总,便成为行动方针,并抄写成大字报张贴出去,供同学了解、参与和监督。这些座谈讨论,较之示威游

---

① 《北大戒备异常严密》,《燕京新闻》第14卷第24期,1948年4月19日,第1版。
② 《北大大团结》,《大公报》(津)1948年4月15日,第3版。

行,在声势和影响上明显减弱,但问题紧扣现实社会发展,也可视为运动中的思想理论充电,以及实际工作方法的提高。

当局应对所释放的种种信号依然混沌。4月14日下午3时,北平行营参谋长徐启明接见记者称,已接获李宗仁主任指示,对学潮处理应慎重,不可操切,宜以疏导为主。同时又百般辩解,称师院事件是由学生校内冲突,"演成党与党之斗争";打砸北大校舍则是游行大队途经北大时,遭"北大一部学生讥笑辱骂"引起。① 在学生运动中,文字的、语言的、图画的相互攻击甚至谩骂时有发生,但直接导致大规模暴行则不合逻辑,自然引起师生反驳。16日,国民党青年部部长陈雪屏来平,自称目的为调查学潮及不幸事件发生之经过,转呈中央参考,随后出现以校方为主的交涉、请愿。激进学生亦十分警惕,以为陈氏此行又是"一二·一"运动傅斯年去昆明那一套,目的就是分化学校、教授与学生。② 17日下午,北大医学院二学生在与慕贞女中学生聚会时,被便衣怀疑在开秘密会议而逮捕。当晚,校方及学生自治会代表前往警察局交涉,警局称从北大学生身上搜出北大自治会医学院分会联络证一张,背面有"共产主义"字样。自治会代表解释称,联络证用于校内联络,使用美国新闻处电稿纸制成,"共产主义"为原电稿电文。警察局在核对确无可疑后,次日晨将二人释放。③ 18日,"行宪国大"三读通过有关修改宪法之动员"戡乱"时期临时条款案,畀予新当选总统不受宪法规定程序之限制为紧急处分的权力。宪法已被架空。19日上午,国民党北平市党部主任委员吴铸人在总理纪念周上谈及此次学潮之发生及消弭方法,以为学潮的武器是罢课、游行、贴标语、散传单,"目的是为'奸匪'宣传,直接是诋毁政府,间接是造成纷扰的局势"。并煞有介事地说:

> 我要忠告三位教授,再勿在"共特"所召集的会场中,凭一时的快意,作刺激学生的言论,博得"共特"们预先布置的捧场式的盲目鼓掌,受"奸匪"的利用,这是一件极危险的行动。④

---

① 《徐启明谈北平学潮》,《华北日报》1948年4月15日,第5版。
② 《陈雪屏又来了》,《清华旬刊》第8期,1948年4月23日,第2页。
③ 《李周二生返校,原是一场错误》,《经世日报》1948年4月19日,第4版。
④ 《市党部举行纪念周,吴主委检讨平市学潮》,《华北日报》1948年4月20日,第5版。

较之警察局滥捕的神经过敏,吴铸人的谈话则是无中生有的挑衅。23日,北大、清华、师院、燕京等校90位教授声明驳斥并质询:

> 所谓受"奸匪"利用,究竟有何证据?我们更要追问,第二次闻一多事件是否已在预谋制造中?我们愿意提醒当局,闻一多教授的被害,不但没有消除学人对于现状的不满,且更加深了他们的警惕与愤慨!假令政府容许在这文化的古城,再演一幕同样的惨剧,这只是以表现其颟顸与残暴而已。①

高度紧张、激烈驳斥和亲密接触,造成了一种命运共同体的大团结氛围,但也只是一种特殊时期的暂时的表象,罢课不可能持久。自4月19日起,北大教授会休罢,学生自治会决定与教授采取一致行动,罢课委员会发表了休罢宣言。对于罢课的组织者而言,休罢多少有些勉强,"我们并不能认为这就满意,更不会以为这就是胜利,我们的惩凶、赔偿、收回查禁华北学联会和提高教育经费,增加教职员工的待遇,实行全面公费等要求仍未为政府所接纳","胸中的愤怒和悲痛"并未消失。② 师院教授则以损失更重,尚无赔偿消息,决定暂不考虑复教,坚持至26日休罢。

既然心有不甘,声援响应便成为保持斗争状态的重要资源,好在当时各地学生在斗争中遭遇迫害事件经常发生。20日,北大学生自治会号召节食一天,为四川大学被捕同学募捐。21日,北大、清华、燕京、中法、师院、铁院、唐山工院等校为抗议川大及河北高中事件③罢课一天。虽然,

---

① 《北大清华师院九十教授再度发表质询声明》,《经世日报》1948年4月24日,第4版。
② 《北大休罢宣言》,《经世日报》1948年4月20日,第4版。
③ 1948年4月9日,四川成都四川大学、成都理学院、华西大学、成华大学等校学生1000余人借王陵基就任省府主席入城游行请愿,要求省府配给平价米,因学生对答复不满簇拥于省府门前,遭军警暴力镇压,逮捕学生121人,多为川大学生,内有女生25人,被刺刀、枪头击伤学生甚众,其中重伤3人。即为四九血案或川大事件。事件发生后,学生进行了罢课、请愿、绝食等抗争活动,16日四川省府决定释放全部被捕学生,17日起成都各校陆续复课。4月17日晚,河北省立北平高中举行师生联合会,晚会开始时,有学生要求先唱国民党党歌被拒绝,当表演到《兄妹开荒》时,又有"特殊分子"上台称节目为"共匪"宣传,破坏"戡乱"建国,便有多人上台打砸,有追至操场、宿舍殴打,并鸣枪数响恫吓。校外便衣警察乘机入校,借搜查"共匪"宣传品,按名单逮捕学生16人,一些学生越墙逃走,"特殊分子"并强行解散了学生自治会。即为河北高中事件。

北平学生再次举行同盟罢课,但主要意义是象征性的显示力量。北大学生自治会向校方表示不扩大,并避免刺激。铁院学生自治会的行为,似乎在平衡不同政治观点的学生的集体诉求:干事会应百余人签名之请,为庆祝蒋介石当选总统 20 日放假一天,膳团添菜;监事会则接受 40 余女同学签名,对川大事件表示抗议,并召开临时会议决 21 日罢课一天,请第一、二膳团节食 200 万元代为募捐。① 出现在北大、中法、铁院等校墙壁上的华北十一院校自治会为抗议北大事件的联合声明,使用各校学生自治会联名的方式代替"华北学联",被认为是一种学生们"应付政府的消极抵抗"②。

风暴四月发展至此,似乎后继乏力,多少有些虎头蛇尾的无奈之感。风暴四月期间,当局的恶法增多,迫害加深,反而推动了各校教职员工的参与,斗争的行列扩大,学生的认识水平和工作能力亦有显著提高,光明必将战胜黑暗,曙光即在前面的表述,更频繁地出现在学生刊物及壁报的文字之中,然而,苦闷与焦躁依然存在。

事实上,对于学生运动的方式和特点,当时已有较为深刻的认识,以为罢课和游行示威,以及发动舆论争取同情和利用人事关系、合法手段,只能获取"某种有限的胜利","往往在紧急关头发生妥协的结果"。③ 使用传统的阶级分析方法,学生运动只能如此,除非改变学生的阶级属性,或是严格定义学生运动的历史使命。这两个假设性问题,都是长期影响现实政治意识及相关学术研究的重大问题,具体而言,追求"彻底"或摒弃"劣根性"则是当时乃至长期影响政治实践的重大问题。学生运动如何跳出局限继续发展,学生运动如何与人民运动相结合,还不是一个能够深入讨论并具体操作的现实政治问题。

5 月 19 日,中共中央指示平津学运统归华北局城工部领导④,侧重于

---

① 《几院校为川大等事件罢课一日》,《大公报》(津)1948 年 4 月 21 日,第 3 版。
② 《华北学联隐没,"自治会联合声明"出现》,《益世报》(平)1948 年 4 月 22 日,第 2 版。
③ 石武阳:《学生运动的回顾与展望》,《清华旬刊》第 8 期,1948 年 4 月 23 日,第 3 页。
④ 《中央关于华北学运归华北局领导给上海局的指示》(1948 年 5 月 19 日),《中共中央青年运动文件选编》,第 675 页。

组织整合。北平学委则偏重学运为现实工作服务及策略总结,强调扩大统一战线和积极配合解放平津。① 面对"目前进步学生情绪,一面欢迎激烈口号想搞大的运动,一面又苦闷不安,无心读书,对学运有山穷水尽之感"②的分析,中共中央华北局只是笼统提出发展反美反蒋统一战线、注意开展中学师生工作、为接收和管理城市进行调查工作三个方面,未能对大学学运给予具体指导。因此,在高度紧张的现实环境下,学运反而更加突出了历史解释的意义。

三、学潮中之历史纪念

历史纪念乃是中国近现代政治活动的惯常形式与内容,通过总结历史经验阐释政治理想与目标,凭借纪念活动进行集体情绪之宣泄或表达,运用历史类比方法从事社会动员,或充当政治运动的刺激源泉,如此,历史与现实紧密联系在一起,被赋予新的意义和获得新的活力。另一方面,历史事件或人物之具体史实,也有可能在持续的纪念活动中,变得模糊起来。对于学生运动而言,历史纪念贯穿运动的酝酿、发动、高涨、收束的全过程,"五四"运动的纪念活动尤为重要。

4月下旬,当风暴似乎将要平息之时,五四纪念将届,各校学生自治会转而以巨大热情,筹备"五四"纪念。北大理学院系级联合会决定举行纪念"五四"科学晚会,有教授讲演、出版壁报、放映电影等节目,新增内容有拟在"五月周"出版《科学五四》,征集题目包括"五四"以来中国科学运动的总检讨、现代中国科学工作者对于目前社会发展阶段应有的认识及其社会责任与工作方向等。北大校方决定举办"五四史料展览",由史学系系会及"北京人"等社团负责办理资料搜集整理工作。③ 在纷乱紧张的环境之下,历史资料的搜集、整理、展览、编纂、出版及对于历史发展过程

---

① 《北平学委四月运动初步总结》,《解放战争时期北平学生运动》,第 326-327 页。
② 《中共中央华北局给城工部指示电》(1948 年 6 月 23 日),《解放战争时期第二条战线》(学生运动卷)下册,第 18 页。
③ 《筹备纪念五四》,《经世日报》1948 年 4 月 19 日,第 4 版。

的总结,在历史纪念中反显得更为突出,确是一个值得注意的现象。

4月24日,北大学生自治会在沙滩北楼举行自治会成立大会,同时成立庆祝"五四"筹备委员会,表明新一届学生自治会的首项工作便是"五四"纪念。会议决定纪念活动自5月2日至9日共八天,具体日程为:5月2日为壁报展览。3日为文艺晚会,邀请杨振声、闻家驷、马彦祥三教授讲演。4日为北大返校日,校友会在孑民堂举行纪念会,学生自治会在民主广场开纪念五四大会,会后全体师生校友假民主广场聚餐,下午有游艺和运动会。同时,举办"五四史料展览",并将分别在北大、清华、南开、师院等校展览。5日为民主与科学晚会,邀请马大猷、王铁崖、袁翰青、费青、杨人楩、楼邦彦等教授讲演。6日为游艺晚会。7日预定为孑民先生怀念晚会。7日到9日一连三天,由北大剧艺社演出《记者生涯》,即苏联西蒙诺夫原著、茅盾翻译的《俄罗斯问题》。8日活动由女同学主持,预定节目为妇女问题讨论会,主题是"从女奴到女人"。9日为千人大合唱,邀请平、津、唐歌联主持。此外,4日至8日,各院将在民主广场举行运动会5天。①

4月29日为清华校庆日,学生自治会为扩大庆祝校庆、"五四",成立庆祝校庆"五四"筹备委员会,活动自29日至5月7日共九天。从内容上看,清华的庆祝活动盛大而轻松,以娱乐为主,似乎并未受到正在激烈进行的内战影响,或是在战时紧张氛围中轻松一下。日程安排为:4月29日师生全体旅行颐和园并聚餐,学生自治会展开尊师运动,并利用校园荒地发动春耕运动。30日放映廉价电影。5月1日为劳动节,庆祝大会由校工警会主持,且有余兴。2日举行音乐会,晚间有营火会;校方主办了三个展览会:一为校史,二为成绩,三为文物。为方便校友返校,补行校庆纪念仪式。3日为科学晚会。4日为新文化晚会,邀请朱自清、冯至、李广田、焦菊隐、吴晗等教授作纪念讲演,并有诗剧《女人之路》、歌舞剧《车夫之路》及农作舞等节目。5日有中国现代社会背景座谈会。6日为音乐

---

① 《北大自治会筹备庆祝五四》,《大公报》(津)1948年4月25日,第3版;《筹备纪念五四,北大排定日程》,《大公报》(津)1948年4月28日,第3版。《北大(1946—48)》,北京大学学生自治会编印,1948年版,第12页。

会。7日由女生主持妇女问题座谈会。①

燕京大学虽与五四历史无紧密联系,但走在抗日救亡运动中之学生运动的前列,在战后学生运动中仍然扮演重要角色,"五四"纪念亦十分活跃。与北大、清华相似,由燕京学生自治会负责筹备"五月周"纪念活动,日程安排为:5月1日纪念劳动节,募集旧衣、现款慰劳工友,并请工友游颐和园。2日准备"五四"纪念大会。3日举行科学晚会。4日举行"五四"纪念大会。5日为歌舞晚会。6日为纪念"五四"展览会。7日为国是讨论大会。② 其他院校均有各自的"五四"纪念筹备,内容大致相同,只有在持续时间和规模上有所区别。

作为西南联大的另一支,南开的"五四"纪念也安排的有声有色。学生自治会决定扩大举行五四纪念周,节目和日程为:5月1日举行慰劳工友和校警的电影晚会。2日上午在八里台胜利广场举行五四纪念大会,邀请严仁颖、张国藩、刘振玉、鲍觉民等教授演讲,并由同学朗诵许德珩、张奚若两先生的书面讲话;下午有文艺、历史座谈会,邀请丁洪范、楼邦彦等教授演讲,并有壁报史料、科学照片展览;晚间由自然社和铁流工学社合办科学晚会,有张含英、吴大任等教授出席演讲。其中,历史座谈会大受欢迎,因听众太多,改在广场举行。3日为新诗社、文艺社合办文艺晚会。4日晚在东院礼堂举行纪念"五四"师生联欢大会,由教授会赞助,会后有《生产大合唱》、塑像剧《战争与和平》等游艺节目。5日有球赛及游泳和划船比赛。8日有经济晚会,邀请北大陈振汉、蒋硕杰两教授出席演讲。晚会和展览都在迪化道东院举行。③ 南开的"五四"纪念活动,受到政治环境、学校地位和历史资源等影响,在内容上不及北大、清华丰富,在日程安排上,为迎合所邀请的北平方面教授往返方便,也显得略微松散,

---

① 《清华校庆将大庆祝》,《大公报》(津)1948年4月25日,第3版;《纪念五四》,《大公报》(津)1948年5月4日,第3版。
② 《燕大自治会筹备五月周》,《大公报》(津)1948年4月30日,第3版。
③ 《南大纪念五四六天节目拟定》,《大公报》(津)1948年5月1日,第3版;《南大纪念"五四"》,《大公报》(津)1948年5月3日,第5版;《津学生昨有集会》,《大公报》(津)1948年5月5日,第5版;《南大经济晚会》,《大公报》(津)1948年5月9日,第5版。

但其影响及辐射作用依然巨大,吸引了不少北洋、冀工和各中学学生前往参加,在天津发挥着中心的作用。

在学生积极筹备五四纪念的同时,在现实政治斗争中极力宣扬正统地位的国民党当局,却基本上放弃了"五四"纪念活动的主导权。如何纪念"五四"已成为国民党当局十分尴尬的问题,是高举革命旗帜,还是坚持围堵严防,差不多无所适从。以"文艺节"名义搞些文艺活动,难以掌握历史纪念的主流;若谈及青年与政治,又可能过于敏感,可讲的只是一些陈词滥调的宣示。对于地方当局,"五四"等历史纪念日已经成为棘手的关口,既不能全然否定,又担心成为爆发群体抗争的导火索。4月21日,吴铸人在招待新闻界时提及,多事的5月即将到临,本市工会颇有组织,五一劳动节"不致被人煽动";经多方疏导,"五四"学运日"学潮不致再起"。① 表面上看,当局似乎还有几分自信,实则已经沦落到"严防"②的角色。五一前夕,北平警备司令部、市政府致函各学校,重申执行动员"戡乱"法令之职责,要求学校当局"体念时艰,领导学生,趋入正轨,倘有逾越,尤祈及时制止,如已超出学校行政之范围,非教育能力所能及,即请通知政府当局处理"。③ 南京当局则在捕风捉影的严防"五月渡江"。④

在学生筹划的各种纪念晚会中,除去带有娱乐性的宣传节目,教授讲演占据重头,表明学术性讨论乃是校园历史纪念的主要内容,教授依然具有话语的主导权。与1947年北平五四纪念相比,直接参与讲演的教授略有减少,这是环境压迫的结果,也有群体分化的因素,相同的是讲演主题都紧密结合现实问题。

复课以后,校园内座谈讨论的风气依旧,"五四周"之前,有两场座谈

---

① 《吴铸人谈数事》,《大公报》(津)1948年4月22日,第3版。
② 4月22日,《大公报》自北平发出特讯称:平、津及首都各校皆在筹备五四纪念,届时若处置不善,可能爆发全面性之学潮。《五四纪念转瞬即届》,《大公报》(汉)1948年4月23日,第2版。又有报道称:"学生纪念政府明令规定的'三二九'青年节已经没有自由","'国大'已经通过修改宪法,在'戡乱'时期,给予大总统一切'紧急措施'的权力。而南京又早有消息,说要'严防五四'"。虞人:《北平学生两盛事》,《大公报》(津)1948年5月21日,第4版。
③ 《治安当局致函各校重申动员"戡乱"法令》,《华北日报》1948年5月1日,第5版。
④ 《严防"五月渡江",疏导首都学潮》,《益世报》(平)1948年5月3日,第1版。

会十分重要。4月25日下午2时,清华大礼堂举行"论知识分子座谈会",出席学生千余人,讲题有费孝通的《知识分子的社会地位》,袁翰青的《论知识分子的生活态度》,张东荪的《知识分子在文化上的贡献》,以及吴晗的《从历史上看知识分子》。① 28日下午,北大政治系会及清华、燕京政治学会在清华同方部联合主办第二次座谈会,讨论题目为"民主是什么?"大纲包括:一、民主的含义。二、英美式的民主,要点为所谓政治民主和无经济平等政治民主是否可能两方面。三、苏联式的民主,要点为所谓经济民主和经济民主是否限制政治自由两方面。四、我们需要的民主,主办者列出三民主义、新民主主义以及我们要什么样的民主三个选项。② 两个座谈会的主题,涉及知识分子的使命和民主与科学的认识,自然是五四纪念的重要话题,同时也是对长期历史发展具有重大影响的认识与实践问题。

当时最为紧迫的问题,自然要属所谓行宪与"戡乱"。宪政口号是国民党当局的政治王牌之一,既是建国的重要内容,又是学生运动去政治化的借口,还可以把内战责任推给共产党,然其自身漏洞百出,讲演中的批判十分尖锐。楼邦彦在南开历史座谈会的演讲中指出:"一面'戡乱'一面行宪是矛盾的,而去年公布的经济'戡乱'条款是直接摧毁了宪法,我们应该从它的效果而不应从它的动机去评价。"③费青在北大"民主与科学"晚会上强调,宪法施行前夕所颁布的《"戡乱"时期危害国家治罪条例》及由此而设立的"特种刑事法庭",将宪法所保证的人民基本权利全部取消,在"共匪嫌疑"的帽子下,人民被剥夺了在普通法庭上自辩无罪的机会,这个机会正是宪政和法治的基本。④ 王铁崖的讲演更直截了当,以为"五四"时期"内除国贼,外抗强权"的口号依然适用,"现在还有美军驻在中国,政府还预备牺牲主权来换取援助,接受人家的统治,试想一想,这跟当年对

---

① 《清华大学昨举行座谈会论知识分子》,《大公报》(津)1948年4月26日,第3版。
② 《民主是什么》,《平明日报》1948年4月26日,第4版。
③ 《南大纪念"五四"》,《大公报》(津)1948年5月3日,第5版。
④ 费青:《起码的权利》,《北大半月刊》第5期,1948年5月16日,第3页。

日本的妥协让步有多大分别?"①

民主与科学是历次"五四"纪念必提的话题。1948年再提,特点是探讨具体内容及其实施,以克服五四的不够彻底。张申府称:"'五四'是把思想推向前进了,但路还没有摸清楚。对'科学'和'民主'的内容还认识不够,'到民间去'的口号提了出来,也没有切实做到。"主张思想、行动、文字、生活等各方面的进一步"解放"。② 其次就是对民主性质的进一步剖析。蔡尚思以为,"五四"时期主张的民主是"限于政治方面的旧民主",今日需要更进一步要求"必兼经济方面的新民主":即主张治本的安定民生,实行土地改革,反对官僚买办资本。③ 袁翰青同样认为,"五四"时代的民主观念很含混,只包括政治,且把英美议会政治当作民主,现在中国社会"恐怕无法再走议会式的民主","现在所争取的民主,则是包括政治经济文化各方面了"。④

经济民主问题关涉基本民生和国家制度,在"五四"纪念中尚属新话题,北京大学教授陈振汉、蒋硕杰在南开大学经济晚会上的演讲,较为典型。陈振汉的讲题是《中国土地分配在经济上的意义》,首先,他强调土地分配不均是整个社会经济不合理的象征,肯定了土地改革的必要性。其次,阐述了土地改革在经济上的效果,以为土改并不能大量增加生产量,但可以提高佃户生活水准;可能促成资本转移,便于工业化。蒋硕杰的讲题为《中国经济制度的选择》,他反对独占性的资本主义,又认为社会主义和个人欲望的最大满足有冲突,故提出"自由主义的社会主义"的概念,主张国有和个人经营的完全竞争并存,同时规定最低工资,"最重要的是要注意和政治自由的配合,为经济平等而牺牲了它是不对的"。⑤ 两个演讲在学术上精辟而高深,尽管与现实中国经济制度的走向存在一定隔膜,或

---

① 王铁崖:《再谈新"五四"运动》,《北大半月刊》第5期,1948年5月16日,第3页。
② 《回忆·感想·展望》,《北大半月刊》第4期,1948年5月1日,第2页。
③ 蔡尚思:《科学的民主与民主的科学——中国最需要民主与科学》,《大公报》(津)1948年5月9日,第5版。
④ 《回忆·感想·展望》,《北大半月刊》第4期,1948年5月1日,第2页。
⑤ 《南大经济晚会》,《大公报》(津)1948年5月9日,第5版。

缺乏可操作性,也没有得到注意,但从较长时段历史发展的视角观察则意义深远。

张东荪从另一个角度认识民主在中国近代历史中的意义,名义上是借"五四"纪念告诫青年应汲取历史教训,认清历史使命,实则是向即将胜利的共产党预警,把持革命的总目标,避免重蹈国民党覆辙。他以为,"五四"以来中国革命的根本性要求为两点合一:

> 第一点可说是造成一个国族(Nation-making),因为中国迄未完成为一个独立的民族。第二可说是产业革命(Industrial revolution),因为中国人今天的生活还在原始时代。二者合一,便是现在流行的术语所谓反封建反帝。反封建就是经济解放;反帝就是民族独立。而所以致此却必用一种方法或途径:那就是民主。所以可以说,自辛亥起,中国的根本要求是民主,而民主即含有反封建反帝在内。当然这样的使命并不是能一口气即可完成的,分段来做固是必要,不过每一段必须对这个总目的有所接近,即做到几分之几,这方可算尽了本段的使命。①

事实上,国民党自北伐便脱离了革命的轨道,"反而变为革命潮流所要冲去的渣滓"。张东荪的言论,不过想要强调革命的长期性、阶段性和艰巨性,不可能一蹴而就,也不能脱离总目标,但是,使用如此复杂的论证方式,可谓用心良苦,"五四"纪念的平台作用尤其重要。

由于"五四"运动具有新文化运动和爱国反帝运动两大内容,又被当局戴上了"文艺节"的帽子,有关文化及文艺问题的讨论也十分热烈。

处在制度剧变的前夕,新旧文化之变成为讲演的核心内容,演讲者同样也多认为"五四"新文化运动不彻底。在北大文艺晚会上,杨振声将所谓不彻底比喻为新文学留下的一笔债,语言问题仍未解决,至今未能够打入老百姓之中,"这个债一定要还,那就要一部好字典,及人民的活的语言作新文学的基础"。陆志韦的书面演讲亦有同感,以为"五四"创造新文

---

① 张东荪:《从社会学家历史学家的话说起》,《北大半月刊》第5期,1948年5月16日,第4—5页。

学,扔掉旧僵尸,可至今僵尸扔掉没有? 路子有没有? 中国的语言是八不像,即:不文不白不中不西不南不北不死不活,要抛弃这些假活的语言。闻家驷以为"五四"主题认识的变化,是现实的而非幻想的,是社会的而非个人的,反对逃避及冲淡了现实,"普及与提高本同重要,今天却要先普及了再提高"。马彦祥提出要对中国旧剧进行再认识,中国戏剧形式多样,其中有封建意识,但也有反封建意识,可分为农村的(即原始的)、城市的(因迎合统制者,内容改变)、都会的(成为娱乐的)等阶段,分别分析。①邢楚均在南开文艺晚会上的讲演,触及了新文学发展最敏感的问题:一是欧化与大众化的关系,强调大量欧化的词汇和句法已经渗透中国语言,必要的欧化是一件合宜的事,与大众化并不冲突;一是强调大众化立刻就写不出东西来,以为"五四"以来"白话"的、"国语"的、"大众语"的新文学都是空想的、理论的,提出所谓"文化大众化"只是一个目标,以便在行进的过程中,为了提高人民的艺术生活不断地向人民学习。②

"五四"纪念中教授演讲和学生座谈的内容,几乎囊括了"五四"运动以来的全部相关重大问题,诸如对内政与外交局势的分析,民主与科学口号的内涵、形式及实质,中国社会发展道路,中国革命的前途,以及文化领域的普及与提高、批判与传承、中西文化交流和大众化方向的认识与实践等,都有一定的触及,代表着当时的认识水平,不乏真知灼见。最可宝贵的是,这些活动无一不是由历史关怀现实,体现了历史纪念之真谛,使得"五四"纪念成为学生运动中的一个大课堂,既有助于学习、充电,其中许多认识在共和国时期亦有长期影响。

值得注意的是,对于新文化运动不彻底性的批判,导致在实践层面产生巨大困惑,而且距离中国革命胜利越近就越是强烈。文化变革如何"彻底"? 这远较政治、经济制度革命更为复杂。因此,在热烈议论新文艺的使命与特点时,如何具体落实到文艺创作,却似乎遭遇障碍,新旧之间的替代,在内容与形式两方面都不甚明朗。此种情况,在作为新文艺领军团

---

① 《北大昨开文艺晚会》,《大公报》(津)1948年5月4日,第3版。
② 邢楚均:《欧化与大众化》,《大公报》(津)1948年5月30日,第4版。

体的中华全国文艺协会所编纂的"五四"纪念出版物中,表现的尤为突出,例如,于西曲、马凡陀词的《文艺节歌》的歌词为:

> 伟大的五四重新来到,
> 反帝反封建英勇号召。
> 文艺界坚强团结,
> 为人民服务创造。
> 快完成光荣的任务,
> 鲁迅在前面领导,
> 鲁迅在前面领导。①

较之词作者昔日犀利的政治讽刺诗,所谓新文艺创作,还只是空洞的标语加口号。

"五四"纪念经过多年积淀,已经成为一种具有多重功能的标志性盛典。上至国家的仪式性纪念,通过历史纪念宣示政治理念、民族精神、行为准则及树立社会楷模;下至各文教部门、团体、学校的纪念活动,亦有追思、学习、研讨、娱乐、联谊等多重功能。当国民党当局基本退出"五四"纪念之后,校园纪念活动便更为重要,"五四"纪念已经成为校园文化的一个重要部分,甚至是一种特权。

校园"五四"纪念不仅形成了一套仪式性活动,而且在活动内容和参与范围上有所扩张,展现了历史纪念的包容性。除北大定"五四"为返校节外,燕京、清华、铁院的校庆也在"五四"前夕,校庆与"五四"纪念合一或相去不远,活动时间延至一周甚至更长,活动内容可包含纪念集会、专题演讲、座谈讨论、歌咏演剧、体育运动、联谊募捐、游园会餐等,尤其是增加了历史纪念的娱乐及节日狂欢作用,以加强校园内所有人群的联系与团结。因此,自由的座谈讨论和集体的娱乐狂欢,是校园"五四"纪念的特征,也展示了校园集体活动的独立性、包容性与全能性。

毕竟,"五四"运动是极为重要的历史资源,国民党当局也不可能完全

---

① 《五四谈文艺》,中华全国文艺协会编印,1948年版,正文前插页。

抛弃。北平地方当局负责人采取了极为特殊的办法,以北大校友会名义参与五四纪念活动。4月25日,北大校友会在市政府西花厅开会,讨论筹备纪念五四及建筑大礼堂募捐事项,市长何思源、河北省参议会议长刘瑶章(不久便继任北平市市长)、市国民党党部主任委员吴铸人等校友参加,何思源主席,以"五四"为北京大学返校节,决定以校友身份参与纪念活动。① 此种办法,既降低了"五四"纪念的政治含义,又能展示地方官员与学校、学生之间的良好互动关系,还可获得宣讲"五四"精神及学生运动方向的认识的发声机会,用以维护地方官员的开明形象。

在原定的北大"五四"纪念活动日程安排上,学生自治会期望校长胡适能够回校主持"五四"纪念会,但胡适却以在南京参加"行宪国大"后为北大筹款,未能出席,5月9日方返回北平。然而,胡适并没有放弃"五四"纪念,参加了4日于南京中央研究院举行的北大校友春季联欢大会,聚会名义虽有些躲躲闪闪,也确实是在纪念"五四"。无论如何,尚存的官方色彩的"五四"纪念活动,已经成为鸡肋,活动规模缩小,官员、学者多不热心,甚至避之不及,成为徒有其表的为纪念而纪念,只剩下程序的空架子。在内容上,组织者为淡化"五四"运动的政治内涵,又成了为文艺而文艺,甚至是为娱乐而娱乐。

校园的"五四"纪念则是别一种情形。5月4日,北京大学的纪念活动分两场,校友会11时半在孑民堂举行纪念会,返校校友到何思源、吴铸人、赵凤喈、刘瑶章等百余人,由吴铸人主席。吴铸人强调,巴黎和会有了"五四"运动,外交上中国得到成功。可是第二次世界大战,有了雅尔塔会议,中国是失败了。吴铸人试图将民族主义导向反苏、反共。刘瑶章讲话偏重实干,以农村访问归来的经验,批评民主与科学只是上头在喊,几十年来并没有推广到乡间,至少在乡间没有表现。② 刘氏在坚持青年到农村中去的正确方向之余,暗指学生应该更加注重实际的建设工作,不应只停留在空洞的言辞之上。

---

① 《北大校友会将纪念五四》,《大公报》(津)1948年4月26日,第3版。
② 《北大昨纪念五四》,《大公报》(津)1948年5月5日,第3版。

在民主广场举行的"五四"纪念大会,更具时代特征:

> 五四纪念大会于民主广场举行,简单隆重,中悬蔡故校长孑民遗像,并缀以"学习蔡故校长威武不屈的精神"等大字,十时四十分红楼鸣钟二十九响,以示"五四"二十九周岁。大会旋即开始,向蔡孑民先生行礼后,即由大会主席郑天挺秘书长致词:就史料方面叙述三点:(一)"五四"运动为什么发生在五月四日,(二)赵家楼系街名,而非曹汝霖住宅之名,(三)学术解放之意义。嗣由训导长贺麟致词对"五四"运动之本质加以解说,笑谓:"五四"运动即罢课运动。在学术上兼容并包,在青年系一思想解放,感情解放,意识自由之运动。后由校友代表李复云教授致词称:"我们回来了,我们衰老了,但五四精神是不会衰老的……!"激起全场之掌声。后由讲师助教会代表,职员代表,工警代表均有致词。末由工学院同学向校当局献"民主与科学"之红色大旗一面,由郑天挺秘书长代表接受,一时锣鼓喧天,情绪欢腾,旋即升于红楼顶上,大会于"黄河大合唱"之庄重歌声中闭幕。①

整个大会,从会场布置、大会议程、致词内容,到飘扬在红楼之上的"民主与科学"红色大旗和回荡在会场上的"黄河大合唱"歌声,都暗含着对于"五四"精神的诠释,以及通过历史纪念达到振奋精神、坚定信念、鼓舞斗志之目的。5月2日,在南开大学举行的"五四"纪念大会上,亦有在胜利广场升"民主旗",在思源堂大楼挂"科学匾"之举②,所表达的是相似的政治象征。

有意思的是,北大、南开两校的广场分别命名为"民主"与"胜利",都与五四历史有着直接的联系。其实,在沙尘滚滚的广场上举行大会,就活动场所而言,也更贴近"五四"精神:其一,规模大,可容纳的人群和活动都有扩大;其二,接地气,可谓走出庙堂,走向社会;其三,更具开放性与透明性。纪念活动中的民主广场图像为:

---

① 《北大热烈庆"五四"》,《益世报》(北平)1948年5月5日,第2版。
② 《南大纪念"五四"》,《大公报》(津)1948年5月3日,第5版。

这里缺乏两天前清华校庆以大礼堂为中心的那些洋槐花香中的活动,而是从庙堂到广场像举行一个闹洋洋的大庙会。民主墙上贴满了新的壁报,大部分是关于五四的,但也有三万言的土地问题专刊,及独立评论前锋社分析苏联及国际现况的漫画及文字,还有基督教友的专刊,要背着十字架在漫漫长途中努力。每个门口都是为子民图书馆募捐者,《风暴四月》及《北大半月刊》的推销者,一再用笑脸换取帮助。①

由于无法走上街头,校园广场就成为释放青春活力的最佳场所。同时,为传达团结意愿,北大学生自治会发起了中午联餐,每人膳费四万元,学校津贴二万元,公费及半公费生均预扣,并欢迎工警参加,结果全校师生工警4000余人在民主广场聚餐,每人馒头三个,牛肉三块,鸡子两个,咸菜一块,既可享用节日"盛宴",又能体验"北大一家"之氛围。南开在纪念大会之后亦有聚餐,外校学生由南大同学招待,因"五四"纪念而结成了更大的共同体。

最能展现团结力量的活动,是5月9日北大的千人大合唱。依原计划,北大学生自治会邀请平津唐三地歌联主持,在"五四"纪念系列活动的最后一天,实现平、津、冀三地学生的大合唱。因车费昂贵,天津、唐山的歌咏团体不能来,到会只有北平各大学歌咏团700余人,也已经是相当可观的歌咏大动员。晚7时半,大合唱在民主广场举行,台上悬挂着冼星海先生的相片和"发出战斗的警号"的大标语,到场听众达四五千人。歌咏团演唱了《黄河大合唱》《民主大合唱》《东方的暴君》《起来!祖国的孩子》等歌曲,表达着愤怒的情绪和战斗的呼号,最后,全场同唱《团结就是力量》,作为"五四"纪念活动的落幕。②

"五四"纪念活动中的集会、会餐、大合唱,通过特有的仪式、话语、歌声、场景等因素,令人激动、兴奋,甚至血脉偾张,同时,在集体行动中获得安全感和平等感,人际关系在瞬间被拉近了,出现了一种团结一致的氛

---

① 《北大昨纪念五四》,《大公报》(津)1948年5月5日,第3版。
② 《北大师生热烈庆祝五四》,《北大讲助通讯》第1期,1948年5月20日,第1版。

围。事实上,处在历史大变革的前夜,新旧社会的交替,更有可能导致现实社会的分化加剧,整个社会也将面临重新整合,因此,紧张感在"五四"纪念中也随处可见。

从公开言论观察,亲历"五四"运动的一代人的分化,已经十分明显。

胡适以为,"五四"运动有幸与不幸,"新思潮运动开始政治化后,许多人参加革命作了许多工作是幸事,但个人认为不幸的是开始得太早了,以致思想基础没有打好,力量分散"。提出"再励志(Rededication)","在非政治范围内建立国家文化政治科学的基础"。[①] 学生不宜过早从事政治活动,是胡适的一贯观点,然而,此刻重新扛起启蒙大旗,表面上看颇具远见,实则在于对"五四"运动去政治化。何时才算不早呢?是毕业后还是启蒙后,或是自己可以而别人不行,甚至是参与国民党政治可以而参与共产党政治不行?胡适的言行经不起历史的推敲。方豪以"五四"运动学生领袖之一响应胡适讲话,声称出校门后即从事教育工作,没做过官,但还是作了国大代表,并提出四点纪念感想勉励青年,其中第二点为"多作力的培养,少作气的发泄"[②],意在批评现时学生运动的非理性,却全然忘记了学生运动及学生成长的特点:没有"气"何来"力"?作为官员的傅斯年,批评现时学生运动缺乏自发性与自主性,以为"延安两星期前的广播辞就变成两星期后的口号"[③],只是在翻炒一些陈词滥调。另一名做了官员的"五四"精英罗家伦,拒绝了青年部"五四"纪念活动的邀请,连话也懒得讲了。

在校园的"五四"纪念中,"五四"一代的学者多数在赞美青年,鼓励青年。许德珩以为,"五四"纪念中有两点不能忘记:一是学生之间团结互爱、敢于担当的精神,一是师长不畏强暴爱护青年的精神。[④] 张奚若认为,今后中国社会改革运动的第一个任务,便是重新估价"五四"运动,"取其有长久价值的地方而弃其已经失掉时代性的地方",寄希望于新一代斗

---

① 《胡适校长话当年》,《中央日报》1948 年 5 月 5 日,第 3 版。
② 《方豪讲演四点感想》,《中央日报》1948 年 5 月 5 日,第 3 版。
③ 社论:《念五四·看当今》,《中央日报》1948 年 5 月 4 日,第 2 版。
④ 许德珩:《五四二十九周年》,《北大半月刊》第 4 期,1948 年 5 月 1 日,第 6 页。

士们的努力。① 刘清扬所谈五四最值得回忆的三点中,最重要的恰恰是:"青年在革命中是各界的先锋,他们不能也不用受任何人的支配与指使。青年应该有自信。向年长的人学习一点经验是可以的,但不要完全依靠他们的领导。"②

作为青年,处在时代巨变的历史发展大潮之中,跨过或者超越的紧张感更加强烈,甚至有些迫不及待。所谓超越,大致可分三个层次:一是超越"五四"的人物。理由是部分"五四"运动的骨干精英,已经背叛了"五四",却又摆出前辈的面孔,争夺"五四"纪念的话语权,并教训青年。二是超越"五四"的时代。尽管"五四"目标尚未完成,但积二十九年的发展,时代环境、口号主张、斗争方式、组织建设等各方面,已经发生了巨大改变。三是超越自我,也就是在发展中继续革命的问题。超越的主要目的,则是要在队伍内部划清界线,即经过历史发展的大浪淘沙,出现了上升与堕落的时代分界线。为什么会出现"由打倒变为被打倒,由争取革新变为反对革新,由要求进步变为阻碍进步"的现象呢?

> 有人把这样的事实归到时间的因素上去,其实三十年的时间说起来并不算长,而且时间正是一个永远前进不停的因素,它本身决不可能使人倒退,倒退的实际乃是人们自己。严格说来,这不能算作一个偶然的变化,而是一种必然的发展,那些人,那些在"五四"当年虽然喊过进步、民主、科学,到今天却完全走了样的人,实际就在他们喊的时候便已经藏下了后来这一段变化的根源。到底是什么使他们这样呢?到今天,我们可以明确地这样说:是由于他们为自己打算,是自私的个人主义使他们成了自己的英雄,然而就在同时候也便开始成了和时间背道而驰的渣滓。③

将个人主义视为万恶之源,自然会联想到知识分子的劣根性,也就可能激发知识分子改造的议论,这也是迎接新中国所必需。改造需要"彻

---

① 张奚若:《"五四"运动的将来》,《北大半月刊》第 4 期,1948 年 5 月 1 日,第 4 页。
② 《回忆·感想·展望》,《北大半月刊》第 4 期,1948 年 5 月 1 日,第 2 页。
③ 康迪:《跨过五四》,《大公报》(津)1948 年 5 月 4 日,第 4 版。

底""看看我们自己是不是把新的人生观渗透到自己的血肉里"。① 此种自我批判语言影响深远。不过,在当时,知识分子自我改造的意愿是朴素、真诚的:

> 在未来的建设的日子里,许多知识分子还要为中国现代化尽很大的力量。每一个偏僻的角落里,都有许许多多工作,待我们去推动,有许多落后的或是知识程度较低的群众,要我们去帮助。假如不能事先改造自己,假如不能彻底去除自己的私心,是无法担起这任务的。来日所需要于我们的,一方面是清晰的认识,一方面是无私的热爱。只有这样,才能继承五四以来好知识分子的传统,去推动改造,去帮助别人。②

依然如"五四"青年那般纯洁,那般简单。可是,如何进行"事先改造"呢?如何才能"彻底"呢?如何能够辨明好坏是非呢?在"五四"纪念中没有细致的、深入的讨论,也没有时间、没有条件进行学理式的自由讨论。

遗憾的是,在一片超越创新的呼唤中,对于"五四"精神的传承,简单、感性的效仿并不鲜见。5月5日晚,中央大学教育系一年级同学石瑛突然用斧头自行砍断了左手小指,究其原因,该生在日记中写道:"我这样做,是为了要使我的一生过得更有意义一些……当全国同学们都在为反饥饿,反迫害,反帝,反封建尽着自己的一份力量时,我却在我的艺术之宫中为个人的享受的艺术上下功夫。""我应该用理智去克服感情,我应该赶快努力,为人民大众造一点福,尽一个人的义务。"断指、血书是"五四"运动的场景之一,也是历史上多见的起誓、明志方式,且不讨论自我断指如何能够造福人民大众,学生运动中的刻意模仿仍是重要的行为方式,表明激烈行为一旦被历史诠释固定化的影响之深。更可悲的是,学生编辑们将此事提升为"中国知识青年抛弃个人主义,走向人民大众的里程碑"③,赋予其最高理性。

---

① 沙克拓:《纪念五四改造自己》,《大公报》(津)1948年5月4日,第4版。
② 周华:《从五四谈知识分子》,《大公报》(津)1948年5月4日,第4版。
③ 短评:《抛弃个人主义》,《清华旬刊》第9—10期,1948年5月28日,第2页。

"五四"纪念活动展现出了历史纪念的三种形式：回忆与回顾、史料之编纂、检讨与解释，也可以称之为是一种历史三调。

回忆与回顾包含两个方面：一是亲历者通过回忆、讲述历史片段，向受众传达某种来自历史的经验感受。不过，由于"五四"精英的分化严重，亲历者的声音被要求超越者所压倒。一是通过对既有历史记载的回顾性阅读，加深对历史的认识。在国民党当局迫害最严重的时刻，向达教授撰文向学生推荐《北京大学示威运动专刊》，这是一本记载"九一八"事变后北大抗日救亡运动兴起并南下示威的小册子，也有关于"五四"运动乃至学生运动的文章。向达满含激情地写道："历史是无情的，我们读了这一本小册子以及叙述五四的记载，应该时时刻刻警惕：不要使自己将来成为革命的对象！"①

注重史料的收集及编纂，乃是学生运动区别于其他群体社会运动的重要特征之一。1948年初，华北学联开始征集学生运动史料，以供国际宣传之用。随后，便有了编辑学生运动史小册子的想法，并专门成立编辑委员会，目的是列述史实，并进行简短的检讨。在学生罢课保卫华北学联的斗争中，北大举行了《学联史料展》等活动，各种声明宣言和控诉大会也都有陈述或报告学联历史的内容，以历史作为驳斥迫害的武器。同时，编纂《华北学生运动小史》的工作加紧进行，内容包括从1946年尾的抗暴运动至1948年的反美扶日运动，借以揭穿"一切造谣者的污蔑中伤"。推介者特别强调："在读这本书的时候，我们应该特别注意：学生运动的方向是怎样发展来的，我们将循如何的道路达到目的地，一句话，从温故中去知新。"②此外，在学生运动中，一些院校编纂了纪实性小册子，可谓现场历史记录。

---

① 向达：《介绍一本被遗忘了的书——记〈北京大学示威运动专刊〉》(1948年9月23日)，《北大清华联合报》第1期，1948年10月1日，第13页。《北京大学示威运动专刊》由北京大学非常学生会编印，1932年1月15日出版，其中本文94页、专载16页、附录14页，共计128页。

② 田中：《介绍〈华北学生运动小史〉》，《北大清华联合报》第3期，1948年10月21日，第12页。《华北学生运动小史》计划分两册出版，实际仅出版了第一分册，内容包括抗暴运动、反饥饿反内战运动和助学运动三个阶段，由北大文化服务社经售。

通过历史纪念之检讨与再阐释,赋予历史事件以新的意义,使历史得以服务于现实,是历史纪念的主要目的。民主与科学之准确理解与具体实践,青年知识分子如何超越自我,新"五四"运动的内涵与途径,无论是传统命题还是求新需要,在新旧剧变即将发生的紧张感之下,在嘉年华式的兴奋和大家庭似的团结虚像之下,并不可能取得实质性的认识突破,历史纪念只是提供了一个讨论的平台,但却无力解决急迫的现实问题。不过,历史解释的优势,在于从较长时期发展观察问题以及包容性。当政治分野的对立加剧时,历史认识也可能出现偏激,只有在一个较长的历史发展过程中,历史纪念所揭示的种种问题,才能获得更为深刻地认识,历史发展中的紧张感才能得以调适。同理,即使存在政治态度和历史解释上的差异,对于共同历史的认同,也可能会重新走到一起,厚重的历史是现实政治殊途同归的基础之一。

"五二〇"运动一周年,南京、上海等地学生都举行了纪念活动,南京学生尤其激烈,并增加了"反扶日"的口号。22日,上海学生反对美国扶植日本抢救民族危机联合会发起十万人反美扶日签名运动,提出六项具体主张。相比而言,"五二〇"周年纪念当天,因总统副总统就职大典放假,北大民主广场一时安谧,只是民主墙上添了两张文告:一张是平津各校自治会联合发表的《五二〇周年纪念告同学书》,呼吁同学在这民族危机的今天,加紧团结,努力争取光明的明天早日到来。一张是人权保障委员会的"抢救孟宪功同学委员会"的成立宣言。① 没有举行具体活动。

5月30日下午2时,北大、清华、中法、师院、燕京、铁院、朝阳等校学生自治会在沙滩民主广场举行反对美国扶植日本纪念"五卅"大会,南开、北洋、冀工、唐院各校有代表参加,东北中正大学一部学生亦参加,共3000余人。会议宣布成立"华北学生反对美国扶植日本抢救民族危机委员会",并以该会名义发表通电及抗议电五则,宣言强调"在美国独断独

---

① 《北大昨放假,民主墙上添了两张文告》,《大公报》(津)1948年5月21日,第3版。值得注意的是,《告同学书》也有以华北学联名义发表的情况,可能是模仿以上海学联继续发表声明或宣言的行为,是一种宣示组织存在的自我表现。《华北学联为"五二〇"周年告同学书》(1948年5月20日),《"五二〇"运动资料》第二辑,第693—696页。

行、锐意扶植之下,日本帝国主义又复活了,这是中华民族的危机"。① 会后,全体学生绕广场游行数周示威。

置身剧烈动荡的激情年代,又生活在厚重的历史积淀之中,这就是大变革前夕北平学生的生活写照。风暴四月之后,"红五月"提供了从历史中汲取经验和力量的宝贵机会。学生是一个最善于学习的群体,无论在实践中学习,还是向书本学习,历史都是最好的教材,并推动学生运动向前发展,以历史纪念的形式,表达学生运动主题的转移。

从另一视角观察,历史记忆又使得开倒车者时时感到恐惧。五月过去,"六二"周年届临,北平治安当局以所谓"盛传潜伏各学校之'共匪'职业学生企图再作周期性之暴动","业经严加防范"。② 幸得"六二"当日,华北各院校只是共同发布纪念宣言,北大学生自治会于正午 12 时为内战死难军民及反内战死难烈士鸣钟默哀一分钟,并未举行其他纪念仪式。③当局堕落至此,令人喟叹不已。

四、民族主义魅力的减退

反对帝国主义侵略、压迫的民族主义,始终是中国学生运动的主要内容和武器,战后学生运动也不例外。另一方面,战后国际冷战和国内内战的局势变化,民族主义面临政治意识形态、对象选择和群众意愿等方面的解释困境,因此,民族主义口号的吸引力也在减退。

抗战胜利前后,国民政府既有收复香港的尝试,英国也极力试图在中国乃至东亚维护并扩张殖民利益,前者遭遇挫伤与后者的咄咄逼人,均是战后刺激民族主义情绪的重要因素。其中,香港九龙城寨的主权及治权问题,就是中英之间长期未决且纠纷不断的问题,从 1947 年 5 月起,港英当局再以城市环境整治为名,通告居住九龙城木屋居民迁出,11 月 27日,港府公用事业部颁布驱逐令,限令九龙旧城约 2000 居民于 12 月 11

---

① 《北方学生集会通电反对美国扶植日本》,《大公报》(津)1948 年 5 月 31 日,第 3 版。
② 《治安当局提醒市民勿为"共匪"奸谋所惑》,《华北日报》1948 年 5 月 30 日,第 5 版。
③ 《纪念"六二"北大鸣钟默哀》,《益世报》(平)1948 年 6 月 2 日,第 4 版。

日迁离所居木屋,引起现住民结成团体抗议及中英交涉。① 1948年1月5日,港英当局不顾中英尚在交涉之中,派遣大队警察及夫役武装进入九龙城,实行强制拆屋,并逮捕居民代表,致使大批居民流离失所。12日晨9时许,全副武装的警察再度进入九龙旧城,拆毁无家可归者为防风避雨临时搭建之陋屋,并向居民开枪射击,投掷催泪弹,造成血案。

九龙事件发生后,面对高昂起来的民族主义情绪,国民党当局的态度很是暧昧。一方面向英国政府提出严厉抗议,要求训令香港总督,以为事件是"对中国人民的一种轻蔑,一种损害,一种暴行",并警告称:"过去的时代是过去了,纵有少数英国人还在怀恋维多利亚时代的美梦,恐亦必感觉回天乏力,不能再使历史倒退了。"②另一方面,在谈及中英交涉问题时,行政院新闻司"分别通知各报劝立言审慎,勿攻击政府措施,因外交部处境甚为困难,恐因此影响中港海关协定之订立"③。无论抗议的言词如何严厉,中国外交都受到先天缺陷制约,更何况1947年12月苏、美、英、法四国外长会议未能就德国问题达成协议后,国民党当局曾一度产生美国的世界战略重心转向远东的幻想,④对英外交就更不可能强硬。

当九龙旧城居民团体呼吁政府交涉和同胞声援时,最敏感的依然是学生群体。广州学生拟举行示威大游行,表示抗议。上海各大专学校学生闻讯后,亦设法有所行动。⑤ 惨案发生后,更多的学校学生卷入抗议浪潮。南京政大自14日起罢课三天,举行游行示威,要求政府采取强硬外交,并举行全校总投票作正式决定,与中大等院校交换意见。⑥ 政大等大中学校十二单位组成联合请愿团,15日下午3时40分至外交部请愿,要求对英强硬外交,并立即收复港九领土。14日,天津南开、北洋学生自治

---

① 关于香港九龙城寨问题的历史缘由及九龙事件的中英交涉,可参阅张俊义《1948年广州沙面事件之始末》之正文与注释。《中国社会科学》2008年第6期,第185—200页。
② 社论:《抗议九龙城事件》,《中央日报》1948年1月14日,第2版。
③ 《九龙事件无结果,官方劝各报立言慎重》,《经世日报》1948年1月14日,第1版。
④ 《四外长会议已决裂,美国意向势将转回》,《中央日报》1947年12月18日,第2版。
⑤ 《穗学生将游行示威表示抗议》、《沪大专学生日内有抗议行动》,《经世日报》1948年1月8、12日,第1版。
⑥ 《政大罢课游行》,《经世日报》1848年1月15日,第1版。

会接受同学签名的要求,致电九龙城同胞及港英政府,表达声援与抗议。北洋学生自治会决议还包括请政府武力接收香港九龙和联络华北各校共同抗议等内容。① 15日,天津若干学校学生组成天津市学生抗议九龙事件联合会,发表宣言及通电。唐山工院亦有百余名同学发起签名运动,要求学生自治会起来响应,但自治会没有明白的表示。② 15日午后,武汉大学全体学生开会,决定自16日起罢课三天,通电全国,响应抗议九龙事件。③ 在北平,处在期末考试中的北大,校园气氛显得沉寂、冷清,13日民主墙上贴出《生活》等五壁报的联合特刊,呼吁政府注意九龙事件,并发出抗议的呼声。新一届朝阳学生自治会则表现积极,决议15日罢课一天,但如有二分之一以上同学反对则休罢,并发表告全国同胞书,要求外交部与英国政府交涉等。④

1月16日,广州各界为声援九龙同胞的大规模抗议集会、游行,演成火烧英国领事馆等机构的"沙面事件",《中央日报》如此记载:

> 粤穗各界对九龙城事件外交后援会,十六日十一时举行抗议九龙城血案示威大游行前,假中山纪念堂广场举行大会,省参议长林翼中任主席,会后举行示威游行,原定游行路线为由中山纪念堂出发经吉祥路、惠爱中路、汉民路、泰康路、一德路,转向太平北路至丰宁路西瓜园散会。参加游行人员,包括各校学生及民众团体代表等逾四万人,当队伍至太平路时,一部游行队伍离开原定路线,转入沙面,首先进入者为中大学生,岭南大学及其他学校之队伍亦继续进入,当时岗警曾予制止,惟队伍愤慨之情绪激昂,遂致无效。当队伍到英领馆时,则高呼口号,继而派代表入内面见英领事抗议,英领事早已避往他处,故进入之代表,未能获晤,不知如何领馆内竟引起冲突,消息传

---

① 《抗议港警暴行南开北洋怒潮澎湃》,《大公报》(津)1948年1月15日,第2版。
② 《抗议九龙拆屋事件唐山工院学生响应》,《大公报》(津)1948年1月19日,第4版。
③ 《首都学生请愿》《津学生组会一致来抗议》《抗议九龙惨案汉口学生罢课》,《大公报》(津)1948年1月16日,第2版。
④ 《抗议九龙事件朝阳发表宣言》、《北大考期中壁报仍活跃》,《燕京新闻》第14卷第13期,1948年1月19日,第1、4版。

至候在外面之队伍,更为汹涌,在宪警加派保护下之领事馆,为民众一拥而入,将馆内捣乱后,情形开始混乱……当民众进入领馆时,有若干歹人乘情形混乱入内,旋领事馆与其隔邻英新闻处发生火警,适遇大风,火势迅速蔓延……①

抛开文章立场,场景描写尚属生动,一些情节都好像回到了"五四":满腔怒火的学生,遭遇抗议对象的冷遇甚至藐视,从而发展成为暴力事件。所不同的是,"五四"学生在东交民巷遭遇的情绪,忍到了赵家楼才得以释放,选择了一个更弱的对象。此次事件,火烧即发生在现场,这也是抗战胜利的结果之一,即民族自尊心的提升,反而更易于在针对老牌帝国主义的集体抗议中采取暴力行为,尤其是在得到当局的鼓励或默许情况下,更容易出现极端行动。因此,沙面事件也说明,国民党当局试图利用民众——主要是学生——的爱国激情,来提高自身作为国家代表的正统地位,完全是徒劳的。其一,当局对于学生群体的掌控能力有限。在所谓"戡乱"时期,允许如此规模的集会游行,在组织上是用尽心机,可结果却混乱不堪。其二,学生运动根本就不可能被完全控制。国民党反复炒作学生运动是共产党"煽动"所制造,自己却幻想能够全盘操控,可当局与学生在目标、方式上存在明显距离。在游行路线上,当局试图避开沙面,以免刺激,学生则不能接受没有对象的在街头空喊口号,于是,无论"事前多方训导"如何周密,学生还是要走上自己预定的游行路线,其后所发生的一切就更不可控了,当局也只能归之于"奸徒""预谋"的"意外"的"义和团式的暴动"。②

沙面事件发生后,1月17日,教育部特通电各省市教育厅局及专科以上学校,阐述九龙事件交涉经过,"盼各厅局校长切实指导学生,力持镇静,候政府合理解决,断不得有逾轨行动,致为'奸徒'利用,而增外交困难"③。

---

① 《四万人游行抗议,混乱中"奸徒"纵火》,《中央日报》1948年1月17日,第2版。
② 《穗各学院长宣言主重办暴徒》、社论:《认识事情的真相——关于广州意外事件》,《中央日报》1948年1月18日,第2版。
③ 《教部电劝学生镇静》,《中央日报》1948年1月19日,第2版。

尽管当局严令不得逾轨,上海、南京、武汉等地学生仍有罢课、游行之响应,但行动差异及变化甚大。上海、南京因并发有中大、同济事件,学生的反应更为强烈,也许包含民族主义口号的行动更易于动员的因素。17日,上海74所大中学校学生组成"上海学生抢救民族危机抗议九龙暴行联合会",发表宣言,发起声势浩大的示威游行,参加学生5万余人,游行队伍在市内延续了6个小时。① 南京金大学生17日晨举行大会,商讨对九龙事件采取何种抗议方式,决议自17日起罢课三天,19日举行游行请愿。18日下午,中大、金大等校学生代表在金大开会,又决定暂缓游行,由南京各大中学联合发表宣言,以示抗议。武汉中等以上学校学生代表百余人,18日由中华大学领导,每校派代表二人,分乘五辆卡车,在市区游行四五小时,均在车上播音、呼口号、散传单,口号有"武力收回香港""废止九龙租约"等,车队前后左右全由警察及警备部人员严密保护。武汉大学等校学生没有参加。②

以三地学生行动观察,上海学生的大规模示威游行尚属正常,既是民族义愤情绪的集体表露,也可视为一系列社会抗议运动的先导,毕竟民族主义主题的行动更易动员和更具合法性。南京学生就抗议方式的前后变动,至少反映着两方面的问题:一是游行明显受到当局压制;一是各学校及学生内部存在着较大的认识分歧,难以一致行动。武汉的游行则带有当局介入的影子,有如广州的示威游行,为防失控,规模和方式都受到严格限制,可谓国民党内部某些力量利用学潮的政治象征性行动,自然也引起学生内部的分化。

相比而言,北方学生对九龙事件的反应较为冷静,甚至有几分冷淡。在北平,1月16日晚,铁院一部学生发起签名运动,敦促学生自治会采取行动表示抗议。17日,学生自治会接受提案,向全体同学征求意见,结果一部同学主张罢课,以示抗议,一部同学认为罢课必须游行,不游行则不

---

① 《上海学生大游行抗议九龙屠杀案》,《燕京新闻》第14卷第14期,1948年1月26日,第1版。
② 《抗议九龙城事件:武汉学生游行秩序良好,首都各校宣言联合抗议》,《大公报》(津)1948年1月19日,第2版。

必罢课,两者人数不相上下。18日下午1时,自治会召开各班班长联席会议,训导长出席指导,决定事态未有新变化前,暂不罢课游行,由自治会发表对九龙事件宣言,要求收回港九等,以及全校同学节食一日并自由乐捐,所得寄慰九龙居民。① 显然,校方的影响很大,同学之间的认识分歧也很大,而且主张罢课者中,亦多是为响应而响应。处在学生运动中心的北大、清华等校学生,也没有积极的行动。据北大学生自治会事后解释称,其"冷静"是不愿随中央社的热烈报导起舞:

> 我们有过经验——"反苏大游行",把我们教聪明了。我们不是不爱国,但我们非常清楚谁在卖国。对九龙事件,我们没有像京沪同学一样用行动表示,只有华北学联发表了一个文告,表示我们保障主权的严正态度,并指出除英国外美帝国主义侵害我国主权的种种行为,以及政府牺牲我国权益的事实。吁请同学们同胞们起来,反对丧权辱国的奴才外交。②

中央社的报导谎言极多,也确有利用大量报导充当政府外交"后盾"的意图,但以此作为行为标准则不免简单化,甚至是一种缺乏行动的托词。"对英"与"反苏"截然不同,也不可能被导向"反苏",当局的用意,除了为自身披上爱国者的外衣之外,也有借交涉争取英国支持美国将战略重心转向远东的打算,因此,缺乏行动必定还有其自身因素。其一,民族主义口号易于学生行动的动员,可是,在内战环境下,也易于激化学生之间的认识分歧,从而扩大分化对立,造成共同行动的困难。其二,受学生整体生存状况局限,在没有当地具体条件的有力配合下,香港发生的一个不甚清楚的局部事件,尚不能刺激起北方学生采取具体行动,而是满足于一般的文字抗议。

华北学联宣言的主要目的,是要把抗议英国暴行的运动,引到反美和反对实行奴才外交的统治者方向:"今天,没落了的英帝国主义已在跃跃欲试,而繁荣中的美帝国主义则戴着亲善的假面具在把中国狼吞虎咽,中

---

① 《九龙事件激起愤潮》,《经世日报》1948年1月19日,第4版。
② 《北大两年》,《北大 1946—48》,第9页。

国又是国难重重了。"①宣言通体就是简单的历史回顾和宏大的革命口号,没有回答华北各院校学生应如何行动及如何解决行动中出现的问题,只能视为是以组织名义发布的政治宣示,并不具备指导学生运动的作用。

共产党对九龙事件的认识及应对策略亦较为模糊。以刘晓的报告为例,一方面以为国民党企图利用九龙事件"宣传与制造狭隘民族斗争","更企图用此转到收回旅大的反苏运动";一方面要求"对九龙事件采取积极主动的领导方针,扩大广大的真正爱国民族运动,淹没他的阴谋,把群众领导到正确的反帝斗争方向"。② 前一分析,主要出于惯性思维,依据的是零乱的材料分析,却未能注意当时苏联仍谋求调停国共冲突,以及当局担忧美日单独媾和而需要关注苏联态度等因素。后一方面,则是刘晓的工作设想及经验,并以为在京、沪、汉"均有在我党领导下广大群众行动"。的确,上海学生大游行喊出了"反对英美帝国主义""反对奴才外交"等口号,可南京、武汉的情况要为复杂,至少共产党的领导未能占据学生行动主流。如此,北平学生在九龙事件中的行为就更为含混:如果说担心被当局利用是共产党组织指导的结果,那么,为何要放弃积极主动的行动而加以引导呢?

随着港英当局对九龙事件善后有所处置,在中英交涉中英国政府反取拖延策略,因九龙事件突起的学生抗议运动很快消沉。

在九龙事件期间,警惕美国扶植日本的紧张也在不断发展。抗日战争胜利,中国赢得了民族复兴的大好机遇,可是,民族复兴的实现,无论世界格局如何变化,都需要中国与美国保持良好且紧密的关系,而美国扶植日本,或日本成为美国在远东的主要盟友,则是中国人所不愿看到的局面。这是战后中国人的普遍想法,尤其是在知识分子及工商界人士之中,也是长期影响中国发展的真实的现实问题。

美国的远东政策逐渐向日本倾斜,与其在冷战格局下的世界战略紧密相关。在美苏对抗的冷战局势下,美国的世界战略重心放在欧洲,即主

---

① 《抗议英国暴行华北学联发宣言》,《燕京新闻》第 14 卷第 14 期,1948 年 1 月 26 日,第 4 版。
② 《刘晓关于 1948 年对敌斗争重点的报告》(1948 年 2 月 9 日),《解放战争时期第二条战线》(学生运动卷)下册,第 11—12 页。

要通过欧洲经济复兴①和西欧联合加强防务②,以对抗苏联。在远东,继美国退出调处国共内战后,国民党政府在军事、经济、政治等方面陷入全面危机,美国已经明显偏向日本,试图通过扶植日本经济,尤其是利用日本的军事工业,作为美国在远东对抗苏联的主要基地。

进入1948年,美国扶植日本的行动越来越紧密,反之中国则深陷内战之中,国势越来越弱。昔日战时盟友要与昔日共同的敌人结盟,对于国民党政府有如当头棒喝,但又无可奈何,舆论界则明显活跃起来,报章上的相关报道及告警文字大量增加,加之校园的讲演、座谈、讨论,对于学生的影响也日渐深刻。

1947年12月13日下午2时,北大创建社在北楼礼堂举办学术讲演,由王铁崖教授讲《苦闷的对日外交》,基本上厘清了日本问题的症结。王铁崖指出:"日本过去及现在都是我国的敌人,我想五十年内,也许还是我们的敌人。这句话,现在是没有人敢否认的。"然而,处理战后日本问题的关键在美国,美国正计划从阿拉斯加经日本到台湾划一战线以防御苏联,故对日本的态度改变,对中国的援助缩减,刺激中国政府重新关注对日和会程序、日本赔偿及日本工业化等问题,以期作为美国援助的交换条件。"但是美国的态度很强硬,而苏联在对日问题方面,又可能与美国妥协。"中国之所以成为外交牺牲品,究其原因在于内政,"打完外仗打内仗"。③

---

① 1947年6月5日,美国国务卿马歇尔在哈佛大学讲演中提出"援助欧洲复兴"计划。7月12日,英、法、意等16国在巴黎集会,制定要求美援的总报告。1948年4月2日,美国众议院通过《美国对外援助法案》,使援助计划具有了法律形式。计划主要内容为美国拨款100余亿美元援助欧洲各国复兴战后经济,受援国必须购买一定数量的美国商品,并尽快撤除关税壁垒等。英、法、意、西德等17个西欧国家相继接受条件,并与美国签订双边协定。计划原定期限为1952年,1951年底美国宣布提前结束。

② 1947年12月,苏、美、英、法四国伦敦外长会议未能就德国问题达成协议,英国主张西欧联合加强防务,以对付苏联。1948年3月6日,美、英、法三个德占区宣布合并。3月17日,英、法、荷、比、卢五国签订《布鲁塞尔条约》,规定在军事、经济、社会各方面进行合作。6月1日,美、英、法、荷、比、卢六国对鲁尔区实行国际管制,德国西占区参加欧洲复兴计划。针对西方国家分裂德国的政策,6月24日苏联对西柏林与西德之间的水陆交通实行封锁。1949年4月4日,美、英、法、意等12国在华盛顿签订《北大西洋公约》,规定实行集体防御,并建立统一的指挥机构,最高司令部由美国将军任司令,统率各成员国拨交指挥的军队。

③ 王铁崖:《苦闷的对日外交》,《经世日报》1947年12月14日,第4版。

1948年2月16日,《大公报》刊登孟宪章的署名文章《论美国助日复兴》,批评美国在独占管制日本时期,完全抛开了战时联合国间有关处置日本各国际文告及日本投降后有关处置日本诸文告,所积极扶助的并非日本真正的民主势力,而是日本法西斯军国主义余孽。中国之所以强烈反对,乃是日本帝国主义一旦死灰复燃,"当然不会首先打美国,更不会向苏联的硬处碰,结果不仍是先向抵抗力最弱的中国进攻?"①并驳斥美国驻上海总领事卡宝德(John M. Cabot,又译葛宝德)的谈话②,以日本偷袭珍珠港为例,指出扶植日本的政策终将害己。3月6日下午,北大经济学会邀请钱昌照讲演《十五年来中国重工业建设的回顾》,除简略的历史回顾之外,他认为,"抗战结束后的两三个月是一个重要关键,一个黄金时代,可惜错过了"。理由是抗战胜利前夕,签订了中苏条约,又获得了大笔美国贷款援助,"无奈国内打起来,因此一切都完了"。③

2月19日,美驻华大使司徒雷登就总统向国会提交美国援华法案发表致中国人民书,一方面保证"吾人拟借经济援华计划,使中国政府及人民能获另一时机,开始建立中国之经济复兴与安定";一方面强调"工作责任重心,仍在中国人民本身,不论美国物质援助之数量如何,及其专家顾问之人数如何,均不足以供应中国政治安定,与经济复兴之需求"。④ 3月8日,美国国务院宣布,在其向众议院外交委员会提出的援外优先程序表中,中国排在欧洲、希腊和土耳其之后居第三。⑤

可是,"世界两大壁垒正尖锐对立,美国援欧计划积极,助日计划尤见

---

① 孟宪章:《论美国助日复兴——并请教驻沪美领卡宝德先生》,《大公报》(津)1948年2月16日,第3版。
② 指1948年2月5日卡宝德到任不久在扶轮社的演说。卡宝德辩称,指责美国扶植日本是误解,美国援助绝无帝国主义目标,且不满上海学生在抗议九龙暴行时的反美示威,力图将注意力转向"另一个外国帝国主义",以及所谓"外国专制主义的奴才"。《美国并不忽视中国,扶植日本绝对不确》,《前线日报》1948年2月6日,第2版。
③ 《一个黄金时代的错过——钱昌照在北京大学经济学会讲演》,《大公报》(津)1948年3月10日,第3版。
④ 《司徒雷登释援华发表致中国人民书》,《益世报》(平)1948年2月20日,第1版。
⑤ 《援外次序中国列第三》,《大公报》(津)1948年3月10日,第2版。

积极"。在美国助日复兴计划中,以斯揣克(Cliff Strike)报告①为中心,该报告建议减少日本战争赔偿,允许日本保留工业设备及生产能力,并向日本提供大笔的救济费用及贷款。② 3月20日,美国陆军部次长德雷柏少将(Major Gen. William H. Draper. Jr.)率工业代表团抵达东京,此行主要任务为"加速日本之经济复原,使其于极近期内成为东亚方面抵御共党扩展之强大堡垒"。③ 代表团主张修改经济分散法,将该法之前所厘定解散的日本财阀金融组织予以保留,并于报告书中建议:"由美国担任财政援助之日本复原计划实际上使日本岛国恢复为东方之领导工业及贸易中心。"④"'德雷柏计划'是'斯揣克计划'的深入和扩大,它并未否定'斯揣克计划'的精神,不过它比'斯揣克计划'更含有强烈的政治意味。""必将引导美国对日政策走入歧途,这比第一次大战后英国扶德政策的错误还要重大。"⑤

4月30日,美国驻沪总领事卡宝德在国际联谊会集会上发表演说,继续为美国对日政策辩解。其冗长演说的主旨就是,美国武装日本,重建日本工业,只是美国对日本有使它走上和平安宁的大道的义务,对中国并无威胁。对于反对美国扶日的声浪,国民党当局依旧使用将矛头引向苏联的冷战惯技,"共产党对于它没有控制的任何东西,都想把它弄得乱七八糟,因此之故,我们所以不惜以庞大的援外计划,用建设性的行动,去抵抗有害的目标"。⑥ 5月7日上午,卡宝德又至沪江大学演说,再度为美国内外政策辩护,也就更显露出其虚伪的霸权嘴脸:"美国企求和平,且无意统制任何其他民族,美国信任国际合作,但当极端主义在任何一种伪装

---

① 1947年1月,美国陆军部委托斯揣克赴日调查,评估赔偿物资,其建议推翻原有之赔偿计划,主张为日本保留更多的工业设备,尽快恢复日本经济。7月,陆军部与斯揣克任主席的海外咨询协会(Overseas Consultants. Inc.)签订合同,委托其调查日本工业实力、经济安定和自给所需要的工业设备及可供赔偿的数量,1948年2月,该协会向陆军部提交报告。
② 社评:《论斯揣克报告》,《大公报》(津)1948年3月26日,第2版。
③ 《美决加速复兴日本工业代表团抵东京》,《大公报》(津)1948年3月22日,第3版。
④ 《日本财阀金融组织受德雷柏鼓励无意解散》《美又主张恢复日贸易:德雷柏考察团建议贷巨款,唱原料中国工业日本滥调》,《大公报》(津)1948年4月13日,第3版;5月20日,第2版。
⑤ 方秋苇:《反对德雷柏计划》,《大公报》(津)1948年5月27日,第3版。
⑥ 《美国对日政策:美驻沪总领事卡宝德的解释》,《大公报》(津)1948年5月1、2、3日,第3版。

下,逐一向其他国家推进时,美国决不袖手旁观。"①

显然,卡宝德的辩解适得其反,反而激起了学生采取行动表示抗议,京沪学生走在前面。5月4日,南京大中学学生联合举行纪念"五四"大会,发表《纪念五四保障人权保障教育抢救民族危机宣言》,所提要求有"反对美帝国主义干涉中国内政""反对美国扶植日本帝国主义"等内容。② 在上海交大举行的"五四"营火会上,孟宪章教授的演讲强调指出,美国扶日使中国又面临一个新的民族危机,要大家发动一个新的"五四"运动,用自己的力量把所有帝国主义消灭掉。上海学联代表乘势号召全体同学反对美帝扶日。并有同学建议组织"上海学生反对美国扶植日本抢救民族危机联合会",散会时亦高呼"反对美国扶助日本"等口号。③ 历史纪念,教授演讲,学生悲愤,进而是采取行动的号召和建议,最后则是激昂的口号和响亮的歌声,此番场景,虽然语言描述有所夸张,可确是历史传承在学生运动中的典型表现。

此时,反美扶日已经成为普遍的政治口号,在中共中央公布的纪念"五一"劳动节口号中,也包含了反美扶日的内容。④ 不过,行动较缓且对民族主义口号抱有疑虑的北平学生,还是要借"五二〇"周年纪念表达主张,平津唐十三院校学生自治会联合发表的《"五二〇"周年纪念告同学书》,列举了美国一年来援华打内战的具体数字和扶植日本帝国主义复兴的种种措施,被称为"打响了北方反美扶日运动的第一枪"⑤。其实,《告同学书》只是罗列了一年来危机加深的种种现象,强调华北学生肩负对外反对帝国主义的侵略,对内要求民主和和平的二重任务,并未明确提出如

---

① 《卡宝德辩护美政策昨在沪江大学又一演说》,《大公报》(津)1948年5月8日,第2版。
② 《各校纪念五四》,《大公报》(沪)1948年5月5日,第3版。
③ 学新:《击退黑夜,迎接黎明——五四在上海》,《群众》第2卷第18期,1948年5月13日,第19—20页。
④ 中共中央公布的"五一"口号共23条,其中第18条为:全国工人阶级和全国人民团结起来,反对美帝国主义者干涉中国内政、侵犯中国主权,反对美帝国主义者扶植日本侵略势力的复活!《中共中央发布纪念"五一"劳动节口号》,《人民日报》1948年5月2日,第1版。
⑤ 黄景山:《一九四八年北平地区反美扶日运动》,《北京党史》1988年第5期,第13页;《解放战争时期北平学生运动史》,第210页。

何发动及开展反美扶日运动,只能充当象征性的政治标记。

冲击及启示依然来自京沪学生运动。5月18日下午,圣约翰大学学生会为美国扶植日本问题举行全校性的师生座谈会,到会学生200余人,涂羽卿校长、林穆光教授也列席发表意见。学生会学术部并举办日本复兴问题意见调查,参加学生共千余人,绝大多数认为日本复兴将加害于中国,全国人士应注意。19日晚,金陵大学学生自治会举行时事座谈会,题为"美国扶植日本和当前我国民族之危机"。20日晨,南京大中学生在中大医学院举行"五二〇"周年纪念座谈会,讨论题目为"美国扶植日本对我国的威胁",张西曼、陈锺凡、汤蕴等教授出席讲演。① 22日晚,上海七十六个中等学校二十六个专科以上学校学生15000余人在交大举行"五二〇"周年纪念大会,提出反对美国扶植日本和反对迫害两大口号。上海市学生反对美国扶植日本抢救民族危机联合会发起十万人反对美国扶植日本签名运动,提出六项具体主张:

一、采取有效办法,阻止美国扶植日本法西斯侵略中国的反动政策。

二、解散日本海上保安厅,反对美国武装日本警察,及用其他方法变相保留和训练陆军。

三、没收广州等地走私日货,停止将海南岛铁砂及一切原料输日,禁止日本在我领海捕鱼。

四、反对任命侵华日军总司令冈村宁次为顾问,反对任用崛内干城等战犯,开发广东及海南岛,拘捕并公审一切日本战犯。

五、撤换驻日代表团,严惩中日友好协会的发起人及主持人。

六、迅速由中苏英美召开对日和会,终止美国单独管制日本,保证日本法西斯侵略势力不能复活,履行日本赔偿中国人民损失的义务。②

---

① 《约大学生会调查对日意见》、《京市学生开座谈会讨论美国对日政策》,《大公报》(沪)1948年5月21日,第3版。

② 《上海学生怒吼了》,《大公报》(沪)1948年5月23日,第4版。

这是反美扶日运动中最详尽,也最具体的学生主张,可谓一个大杂烩,不但内容庞杂,而且对象由外到内涉及广泛。提出代表民众意愿的主张,以激烈的声音呐喊,而不求眼前的结果,本是学生运动的重要特征,提些看似大而无当的主张也无可厚非,主要在于表达一种义愤,一种警觉,从而团结起来,不屈不挠地去奋斗。可是,作为一个运动,在六项具体主张中,差不多没有一个可供学生集体行动的着力点,也就难以具体展开活动和长期坚持。

在当时,南方学生的反美扶日举动,还是立即引起了北方学生的响应,"京沪杭各地反对美国扶植日本运动的文件、报导,雪片一样飞到北方以后,我们民主墙的讨论,很快就集中到日本问题上来"①。在活动方式上,主要是模仿京沪各校,举办校园内的相关座谈会和民意测验。

"五二〇"之后,清华学生自治会举行美国扶植日本问题讨论周,先由各级分别讨论,后进行集体讨论。26 日晚 7 时,北大学生自治会在子民堂前举行日本问题座谈会,邀请王铁崖、汪瑄教授指导并讲演,出席学生 800 余人,讨论的问题分别为:美国扶植日本原因何在?美国扶植日本对中国、对远东、对世界影响如何?中国人、中国政府对此应取何态度?王铁崖在结论中称:"美国经济制度、社会制度未改革前,其对日态度将无改革。中国对日态度的强与弱,与美援的多与少关系甚大,此点应注意。"②自 27 日起,由各院校联合主办的日本问题展览会,在燕京、清华、北大、中法、师院、铁院等校轮流展览,内容包括美国扶植日本之漫画、木刻与专家评论、史料等,每校展出一天。事实上,使用学术讨论办法处置紧迫政治问题,或作为表达政治态度的重要方法,实在难以深入。罗荣渠在 23 日的日记中写道,学艺部会议要史学会等社团来主办对日问题史料展,"不敢冒昧答应"。③ 因此,座谈会——尤其是大型座谈会——等活动所达成的一致认识,只停留在浮面上,情绪在民族主义口号为主的学生集体行动中,依然极为重要。

---

① 《北大两年》,《北大 1946—48》,第 12—13 页。
② 《美国助日及其影响北大座谈会昨热烈讨论》,《大公报》(津)1948 年 5 月 27 日,第 3 版。
③ 《北大岁月》,第 296 页。

要求行动的情绪,在座谈会及民意测验中已有表现。5月24日至26日,北大学生自治会以沙滩区入伙同学为对象,举行美国扶日问题测验,收回测验表317张,对于日本帝国主义是否复活、复活后是否中国先遭殃、复活是否是美国扶植的结果,以及关于日本民主化的天皇制应否消灭、法西斯组织应否彻底解散、财阀组织应否解散、战犯应否从速处置、土地改革应否实行等问题,回答"是""应该"的高达95%左右。对于美国扶日的目的,回答相对分散,认为目的在进攻苏联的为80.1%,美国资本家从中取利的为74.4%,镇压远东民族解放运动的为70.3%,而对美国的目的在于恢复远东经济选项持反对意见的占69.7%。对于怎样纠正美国扶日政策,同学们的回答尽管大体一致,但也只能期望和呼吁而已,诸如联合全世界爱好和平的人民一致起来、唤醒美国人民反对美国政府对日政策、致电国际学联组织全世界学生一致行动等,同样缺乏行动的着力点,并出现了支持华莱士的主张。意见差异最大的是"怎样使政府的对日政策改变"的问题,有40%的同学认为应吸取抗日救亡运动的经验,依靠人民的力量,强制政府对日政策作量的改变,这也是人数比率最高的主张,其中更激进者,有"北大自治会不能再拖了"的要求,建议罢课三天,示威游行,发动抵制日货运动,唤醒全国人民起来"总罢"。① 29日至6月4日,北大、清华、燕京三校学生自治会在北平市民中举行"美国扶植日本问题民意测验",方法是在报纸上刊登问题,回答后将问卷寄回北大,问题内容与北大相关测验基本相同,在设计上更为简单,也更具导向性,由北大政治系系会、清华政治学会、燕京政治学会主办。②

27日晚,北大沙滩区理事会开会,认为反扶日情绪酝酿已相当成熟,为展开这一运动有召开示威大会的必要。决定凡是清华北学联考虑原希望"六二"开后顾虑到该日对蒋当局的刺激很大故定5月30日同时纪念"五卅"。

---

① 本社:《美国扶日问题测验结果报告》,《北大半月刊》第6期,1948年6月1日,第2—4页。
② 《反对美国扶植日本,看看市民的意见》,《益世报》(平)1948年5月29日,第4版。

29日学联再开会通过召开大会。①

既有历史的叙述,习惯于根据上述记载,将反美扶日运动的发展,描写成组织筹划的结果。组织因素对于学生的大型集体行动至关重要,但是,该文件的前后内容也展现了当时的复杂情况,各学校之间、同学之间对于如何行动存在着巨大差异。北大学生自治会在回应部分激进学生的要求,华北学联则意图效仿上海学联、全国学联,展示其组织存在,并形成南北呼应的声势浩大的学生运动。自风暴四月之后,进步学生普遍存在苦闷和不安的情绪,或"看不清学运的前途",或"只希望不断的搞轰轰烈烈大运动"②,反美扶日可能为这种情绪的发泄提供了一个较为便利的契合点。不过,要使学生大批参与,还需要斗争对象方面能够不断地提供足够的刺激来源。"五二〇"之后,最重要的批判对象当属德雷柏报告,该报告5月18日在美国公布,20日中国各大报纸便刊载了报告要点,这是美国扶日的最新最确凿的证据。

5月30日下午2时,北大、清华、燕京、师院、朝阳、中法、铁院、华院等校学生在北大民主广场举行"华北学生反对美国扶植日本纪念五卅大会",南开、北洋、冀工、唐院等校派代表参加,共1500余人,主要内容为宣告成立"华北学生反对美国扶植日本抢救民族危机联合会",发出通电及抗议电数件,并高呼口号。大会"准备太差,内容空泛"③,多半同学认为是失败的,不但参加人数少,原定的教授讲演也因未能请到教授而作罢,有同学提议上街游行,也有群众意见表示不游行较好,主席团则以校方不敢保证校外安全,沙滩已被警宪包围宣布不游行,连校内绕场游行也取消了。

---

① 中央华北局城工部编:《华北学生反对美国扶植日本运动》(1948年9月),收入共青团中央青运史工作指导委员会、中国青少年研究中心、中央档案馆利用部编《中国青年运动历史资料(1948.4—1948.11)》第18集,北京:中国青年出版社,2002年版,第338—339页。原文如此,疑有别字缺字,且缺少标点。

② 《刘仁致中央局及中央城工部关于4月运动后北平学生情绪的电报》(1948年6月15日),《中国青年运动历史资料(1948.4—1948.11)》第18集,第165—166页。

③ 《华北学生反对美国扶植日本运动》(1948年9月),《中国青年运动历史资料(1948.4—1948.11)》第18集,第341页。

"五卅"大会虽然仅具象征意义,空洞乏味,但只要开始行动,就会有所推进,尤其是激进的进步学生,反而会愈发激进。一位苦闷且焦躁的学生满怀激情地写道:

> 五四过后,北方在沉默中。
>
> 五·二〇,战斗的日子,悄悄地过去。困恼的气息充斥在北大的每一个角落。像饥渴,像待望,我们感到有一个强烈的要求。……一个问号打在我们的心里:"没有反应?人都死光了!"
>
> 这一个问号,被五月三十日华北十一院校,三千多人在民主广场举行的"反扶日及纪念五卅大会"扩大了!"没有种,为什么不游行?为什么不把问题向老百姓宣传?"
>
> 六·二,又悄悄地过去,除了听见几声向去年武大死难同学默哀纪念的沉钟——这里,竟如此静寂?①

批判对象发出的噪声,再次打破沉闷。也是在5月30日,卡宝德在上海美侨协会于静安寺路万国公墓举行的美国阵亡英雄纪念节纪念仪式上演说中称,在纪念将中国从暴政中解放出来的联合努力中阵亡的美军英雄时,中国的学生"却为另一暴戾政治的恶毒宣传所引导而误入歧途,而去参加反美集会游行,他们的领袖来自一个大部分由美国捐款支持的规模宏大的大学,他们已被指使相信我们正在重行武装日本",以为中国学生因"恐惧心理"和"冲动"为他人所利用,②并摆出一副高高在上的传教士的仁慈、宽容面孔。6月4日,司徒雷登在美国驻华大使馆的记者招待会上发表声明,继续为美国扶日进行辩解,一方面拒不承认,"余以为无任何人能提出日本军力之任何部分现正予以恢复之证据,亦无任何人能提出美国有使日本军力永不再起以外任何用意之证据"。一方面则直接扮演了恐吓的角色,同样以共产主义威胁为美政策辩护,并警告中国学生及知识分子:"鼓动或参加反美对日政策运动诸君,对余之所言如不同意,

---

① 高汉:《北平人望见了新的爱国行列——记六九大游行东路》,《北大半月刊》第7期,1948年6月16日,第9页。
② 《美国阵亡英雄纪念节驻沪美领发表演说》,《华北日报》1948年5月31日,第3版。

则诸君必须准备承受行动之结果,倘诸君内心深以余言为有理,而仍为其阴谋继续诸君之运动,则余可告诸君,此为反躬自省之时矣。"①此外,6月2日,美国参议院批准《中美友好通商航海条约》,3日送抵白宫,请杜鲁门总统签署。此种消息也加强了反美扶日的紧迫感。

再者,北平当局继续制造激烈的对抗。在所谓民众清共委员会督促下,成立工人清共委员会,以各学校"'奸匪'分子"鼓动风潮,扰乱社会,致函各院校教职员请制止其活动,并威胁称:"倘学校不能约束学生的非法活动,我们只有停止对学校的服务,必要时将停止供给灯水电话和停送往来一切邮电。"②民众清共委员会之民众清共先锋队扬言,6月2日借北大民主广场召开反共大会。可谓公然挑衅。

6月3日,北洋学生自治会接受过半数同学签名建议,为抗议美国扶植日本的无理行为,自4日起罢课三天,并于4日上午10时举行代表大会,决定成立"反对美国扶植日本抢救民族危机委员会",参加"华北学生反对美国扶植日本抢救民族危机联合会"。4日晚7时,华院文汇学术研究会举办美国扶日问题讲演会,左宗纶、张申府、傅佩青、王之桐等教授先后讲演,到场同学千余人。5日上午,胡适就司徒雷登声明发表谈话,以为"司徒大使的看法跟我差不多","所谓扶植日本,因为战后两年我们还没有走上和平复兴繁荣的道路,大家看见日本的复兴而眼红,所以有些不平,反美扶日的正当批评是由此而来,惟恐战时的敌国恢复太快,我们受到影响",强调"我们只能自己努力"。③ 5日上午10时,北洋反对美国扶植日本抢救民族危机委员会举行日本问题演讲会,由张国藩、陈荩民两教授讲演。在7日抽签分配美国救济物资时,两教授为抗议卡宝德和司徒雷登谈话拒绝抽签,张国藩认为,卡宝德演说中使用"Mite"一词骂中国人,是极大的侮辱,"我们无论如何要表示抗议"。④ 5日,上海学生4000余人为反美扶日集合外滩准备游行,结果遭当局以维持治安为由镇压,逮

---

① 《司徒辩白美国助日在京向记者发表声明》,《大公报》(津)1948年6月5日,第2版。
② 《反对"反对美国扶日"清共会致函各学校》,《益世报》(平)1948年5月31日,第1版。
③ 《胡适谈美扶日问题》,《大公报》(津)1948年6月6日,第2版。
④ 《正气磅礴:北洋两教授拒要美救济品》《大公报》(津)1948年6月8日,第2版。

捕学生54人。7日下午5时上海市警察局局长俞叔平对记者称,已交保释放44人,余者属情节较为重大,从其身上搜出所谓反动宣传品或有"纠察"等字样之证据。6日上午,中大、政大、金大教授吴其玉、孙煦存、倪青原、郭中一、刘不同、孙明经等十余人在金大举行座谈会,一致认为美国扶日如真使自给自足则无不可,"惟总观今日之日本,其社会政治经济一切承袭过去,军装依然存在,故如此扶植日本,其后果自甚明显"。孙煦存强调,不能一提反美扶日就是共产党,"日本复活是我们切身问题,我们有权过问"。① 6日,北大、清华、燕京、师院、朝阳、中法、铁院、南开、北洋、冀工、唐院等平津唐十一院校学生自治会发出快邮代电,抗议司徒雷登声明。7日上午,燕京学生团体火炬社、燕京生活社、五月社、晨星团契等十余单位贴出壁报,抗议司徒雷登声明。晚7时,学生自治会召开代表联席会,决定抗议司徒雷登声明,主动联合各学校举行总罢课,并请司徒说明其声明是否出于本人意愿,请其辞去大使职务回归燕园。8日,北大校方贴出布告称:"现在听说同学们为了某些问题,又在签名,酝酿罢课,我们恳切的希望同学们冷静考虑,不要轻易牺牲学业。"②8日,北大、清华、燕京、师院各院校教授讲师助教437人联合签名《为反对美国扶日致司徒大使书》,强调"天地间之事实决非谎言所可隐藏",从陆军、海军、空军、政治、经济五个方面揭露美国政府恶意扶植日本军国主义之事实。③

从公开报道的反美扶日情况观察,内容纷乱散杂,在不同的活动平台上主张不一,活动主体之间缺乏紧密联系,但是,活动的趋向也很清楚,就是想要采取更为激烈的直接行动,并尝试串联组织共同行动。还需要注意的是,与反美扶日运动相伴生的还有学生争取公费、教职员工要求改善待遇、孟宪功案与邓特案之处置、东北流亡学生安置,以及毕业出路、期末考试等问题,民族主义的口号,肯定更有助于凝聚力量,但也有分散、分化之可能。

---

① 《首都教授座谈会讨论美国扶日问题》,《益世报》(平)1948年6月7日,第1版。
② 《北大学生酝酿罢课校方劝告珍惜学业》,《益世报》(平)1948年6月9日,第4版。
③ 《平各院校教师四三七人致书司徒雷登表明态度》,《益世报》(平)1948年6月13日,第1版。该文件日期为6月8日,6月12日发出。

6月9日晨8时,北大沙滩区游行组织者方招唤同学在民主广场集合,9点钟游行。① 其他学校准备亦很仓促。清华8日深夜才发动同学签名表决,9日清晨宣布游行。燕京8日通过召开以系级为单位的夕阳晚会,明确了举行示威游行,但并未通知时间和路线。师院正逢自治会竞选投票,自治会动员不力,仅于9日晨出布告一张,告知有游行,本校不罢课,希望同学分别参加。华院8日晚11点多得到北大游行消息,9日晨9时多,自治会集合140余学生宣布出去游行。中法学生自治会8日下午贴出通告,9日下午6时召开系级代表大会商讨行动问题,此举被解释为麻痹敌人。9日晨部分学生分散至北大集合,参加游行。② 好在以系级为单位的宣传、纠察组织工作已经熟练,宣传内容已酝酿多日,学生又值兴奋头上,因而也能在短时间内集合出发。

市内游行路线原定分为两路:东路由北大沙滩出发,在东四与中法、朝阳等校学生汇合,经东单到东交民巷美国领事馆;西路由北大四院国会街出发,至新街口,沿途汇集北大四院、北大农学院、北大工学院、北大医学院、师院、华院、铁院等校学生,到西直门与城外清华、燕京两校学生会齐,再去美领事馆。游行路线规划简单,便于沿途学校学生加入,意图以东交民巷美国领事馆为抗议中心。当局闻讯后,出动大批警察及防卫团、保警队严加戒备,东交民巷10时戒严,美国领事馆大门紧闭,各路口均有警察把守,东单、王府井、东华门、西单等处亦布满警岗。

9时许,在极度紧张的情形下,北大沙滩区学生800余人在民主广场上整队出发,每四人一排,外面是宣传队与纠察队,手拉手把同学包围在里面。队伍出弓弦胡同,与中法学生大队会合,向灯市口、东单行进,沿途呼口号,贴标语,散传单,开展街头演讲,演出流动活报剧等。行至东单牌

---

① 例如,当天罗荣渠在日记中写道:"昨天进行的签名罢课运动,据说签名的同学已过半数,但是罢课通知迟迟不见贴出。今晨一早起床,大家互相询问是不是罢课了。后来,在三院大门上看到自治会的布告,才知道是罢课了。""九时左右忽然听说今天上午准备游行,又马上兴奋起来,赶到民主广场集合。"《北大岁月》,第302—303页。
② 《华北学生反对美国扶植日本运动》(1948年9月),《中国青年运动历史资料(1948.4—1948.11)》第18集,第347—353页。

楼时,受警察阻止,旋折回入帅府园行至王府井,在协和医院门口与朝阳同学会合。在王府井南口又遭阻止,大队遂就地进行宣传演出,然后折回至东华门,当队伍向南河沿前进时,南河沿北口已布满武装军警,游行队伍陷入包围之中。10时许,游行学生试图从南夹道冲出去,与警察发生冲突,保警队鸣枪数响,旁观群众仓皇四散,学生席地静坐,等待交涉,同时展开宣传。北大训导长贺麟、警察局长汤永咸、警备部稽查处长倪超凡相继赶到现场,劝导学生返校,学生继续坚持,遂再成僵局。12时许,北大送来水和饭,每人两个小馒头。太阳像火,把柏油路烘软了。下午2时许,同学们已急不可耐,并在西路游行队伍将至的消息鼓舞下,拟冲出警察重围继续游行,警察再鸣枪数十响,并以皮带、砖头等阻止,男女学生当有数人负伤倒地,旋经学生救护队抬往北大。此时,西路游行队伍已从南河沿赶至东华门大街,同学情绪再度高涨,马上往南迎接,东西两路游行队伍汇合。

9时许,北大四院学生和赶来集合的师院、北大农学院学生整队出发,原计划还要迎接东北中正大学同学,但该校才得到游行消息,正在动员集合,于是决定先去铁院。经过西单时,因附近就是中国大学,同学们都加意提防。至府右街,与铁院、北大医学院队伍会合,再转向南行至六部口,与中正队伍会合,游行大队开始呼口号、散传单。原计划还要等候华院队伍,因尚未整好,不便再等;又与辅仁约好,乘下课时去接,也因时间不凑巧,只好撤下。队伍赶至太平仓,与从武王侯来的北大工学院队伍会合,大队过新街口,直奔西直门。听说西直门外城门已关,内城门仍开,游行队伍立即指派自行车队赶往占领城门。燕京学生400余人7时在贝公楼前集合,前往清华园,11时许,两校队伍赶至西直门,有惊无险入城。此刻,华院队伍已赶到,但辅仁学生出校有问题,其代表请求游行大队分一部前去打气迎接,而东路在催促加速进军,也就顾不上辅仁了。西路游行大队经新街口、西四、西单、西长安街、天安门,一路呼口号,贴标语,开展街头宣传。下午2时许,在南河沿与东路游行队伍会合,全体约4000人。

会合后的东西两路游行队伍,即刻返回北大民主广场。下午3时半,举行"华北学生反对美国扶植日本抢救民族危机示威大会",首先由主席报告各院校领队的决议:一、这次反美扶日运动,只是一个开始,号召全体同学继续奋斗到底。二、抗议北平市当局对我们爱国运动的打击与破坏。三、响应上海同学发起的十万人签名运动。四、号召全国人民一致反对美国扶植日本。五、十日继续罢课一天。① 继由中正、华院学生代表致词,再由楼邦彦、费青两教授讲演,之后是全体学生举右手宣誓,最后是全体合唱《团结就是力量》。是时,沙滩一带早已戒严,返校学生欲出不得,几经交涉才得以放行,清华、燕京学生由校车接返,其他各校学生则步行返校。

"六九"反美扶日的行动,成为了北平学生运动史上的一个标志,也满足了部分学生迫切行动的愿望。细细分析,一个目标如此清楚的爱国行动,参加学生人数却较少,除北大、清华、燕京人数较多外,其他各校多为个人松散性、象征性参与。另一方面,组织水平亦有所下降,行动决定仓促,多数学生并不知情,游行队伍依靠沿途汇集,不少学校连校内集合整队的条件都不具备,致使途中意外状况甚多。组织者对此多强调环境的恶劣,为避免特务破坏,由中间同学提出示威游行,准备工作秘密进行等,看似很有道理,也十分必要,可恰恰暴露出既想要行动又动员力不足的弱点。以民族主义口号为中心的反帝爱国学生运动,动员优势就在于其公开性,如果以中间主张为决定行动的标准,实际上就会取消激烈形式的示威游行,或将其限制在较低水平上。

6月10日,天津、唐山学生均有所响应。签名运动在各校有不同程度开展。北大学生自治会吁请各社团及系级分别检讨、总结经验,并发起寄信运动。11日晚8时,北大国际关系研究会在大甜井一号举行讨论会,题目是"美国在华利益与对华政策",并有美国国务院人员、教授、商人、传教士、记者参加。运动很快便回到示威游行前的一般形式。中央社依旧祭出老套,指游行"乃'共匪'军事间谍指使职业学生策动盲从青

---

① 《反对美国扶植日本九院校昨罢课游行》,《益世报》(平)1948年6月10日,第4版。

年"①,实则自行放弃了民族主义的动员口号。新华社则嘲笑国民党宣传上的"混乱矛盾"是自甘"堕落",并赞扬反美扶日的学生运动站在国统区人民爱国民主运动的最前列。②

学生誓言"坚决奋斗到底",但又缺乏新行动的着力点,于是,采取了较之传统抵货运动更激烈的斗争形式。6月11日,北洋学生自治会接受三分之二以上学生签名请求,决定自12日起停止分配美救济工作团赠送作学生营养补助之鸡蛋,并要求平津各校一致拒绝美国任何非善意之救济,以为这是反美扶日运动"更有效的行动"。③ 14日,燕京170名同学贴出"副食营养领证";17日,230名学生签名发表《拒绝接受美营养救济品宣言》,表示决不愿意接受"美国政府用作手段的救济"。④ 北大学生发起拒绝美国中华救济团救济品运动,结果肺病同学全部及普通同学的71%都已放弃。学生自治会四院分会19日接受三分之二同学签名建议,决定拒绝接受美国中华救济工作团的营养补助,并退还余款30余万元和鸡蛋10000个。⑤ 沙滩区分会发起签名运动,至21日中午签名者已超过80%,遂决定自22日起拒绝接受美国救济品。清华许多系级已通过决议拒绝美援救济品,到21日签名赞同拒领者1613人,反对者98人,并发起公费同学捐公费运动,帮助经济困难同学。师院领取救济营养品的学生共805人,截止21日已有550名同学签名拒领。艺专领取美救济营养品的同学19日一致通过拒受。铁院领取救济品的190余名同学中,已有四分之三以上宣告拒绝。中法领取美营养品救济的336名同学中,到20日已有260名签名拒受。⑥ 17日,清华110名教职员联名发表声明,为抗议美国政府的扶日政策,为抗

---

① 《学潮泛滥显受指使当局处置决不姑息》,《华北日报》1948年6月10日,第5版。
② 新华社社论:《爱国运动的新高潮》(6月18日),《人民日报》1948年6月20日,第1版。
③ 《北洋学生的抗议,退还美方的馈赠》,《大公报》(津)1948年6月12日,第3版。前不久有报道:"北洋大学即将自天津学生福利救济委员会获得营养补助,该校六百名学生每天可得到鸡蛋二枚,可能还有若干份量的豆浆。"《北洋学生获得营养》,《大公报》(津)1948年6月1日,第5版。
④ 《平学生展开运动拒受美营养品》,《燕京新闻》第15卷第3期,1948年6月21日,第4版。
⑤ 《北大生拒受营养补助》,《平明日报》1948年6月20日,第4版。
⑥ 《平院校齐行动拒绝美营养品》,《燕京新闻》第15卷第4期,1948年6月28日,第1版。

议卡宝德和司徒雷登"对中国人民的污蔑和侮辱,为表示中国人民的尊严和气节,我们断然拒绝美国具有收买灵魂性质的一切施舍物资,无论是购买的或是给予的",并退还了购买美援平价面粉的"配购证"。①

百年来饱受外国列强欺凌的中国人,对于高高在上自居恩人、恩惠、恩典的词语十分敏感,甚至不能忍受,因此,拒领或拒买行为,情操高尚,具有很强的精神感染力。但是,能够采取这一行为的毕竟只是极少数人,且只能短暂使用,与反饥饿、争公费和要求改善待遇的斗争同时发生,社会影响有限。

进入暑假后,反美扶日运动告一段落。运动的最大收获,可谓战后美国政府试图阻挠中国人民依据自己意愿选择发展道路的虚伪面目进一步暴露,推动了青年学生及知识分子的思想进步。司徒雷登在谈及北平之行时感慨:苏联读物在学生中影响之深,"出乎我们料想之外",显系指打破了所谓西方思潮的垄断;学生对于国民党政府腐败无能的不满,使得"共产主义"恫吓失去了作用。② 美国人颇有无可奈何花落去之感。

更为重要的是,所有矛头对外的民族主义口号的学生运动,都有一个斗争对象内转的变化过程,可以说,这样一个由外转内的过程,既是一种认识方法,也可以作为一种斗争策略,只不过在此时刻,国内政治形势基本明朗,进步学生已经有了自己的选择,虽然有相当一部分学生仍持中间立场③,也只是不愿意即刻在国共之间选择,但已无须再经由复杂的转换模式,"五四"以来民族主义口号的魅力自然有所削减。

五、校园抗争的运动化

纵观四月风暴、五月的历史纪念和六月反美扶日运动,为联合行动的

---

① 《清华教职声明不买美援配粉》,《大公报》(津)1948年4月20日,第2版。
② 《司徒致国务卿》(南京,1948年6月30日),《被遗忘的大使》,第229页。
③ 罗迈在给毛泽东的报告中认为:"在赞成和参加反蒋反美的广大学生群众中,有相当一部分因为对许多重大政治问题模糊不清,感觉政治苦闷,而中间立场的言论仍保有一定市场。"并承认中共领导的策略指导有缺点,提高认识的工作长时期未被注意。《国民党区的学生运动——给毛主席的一封信》(1948年10月14日),《解放战争时期第二条战线》(学生运动卷)下册,第28—29页。

组织升级现象十分明显,经过选举的学生自治会的权威亦有所提高。于是,对于国民党而言,当局需要利用法规限制学生自治会的组织和职能,取缔华北学联等具有学生自治会校际联盟性质的大型学生组织;对于学生而言,华北学联只是为了便于联络和发声的协调性组织,以壮大声势,并无隶属及被领导的关系,学生自治会任期较短,受竞选投票制约较大,其决定也可以随时由签名表决等直接民意方式推翻。因此,无论是在运动高潮成立华北学联,还是以保卫华北学联发动运动,除了宣言、声明等象征性宣传文件,华北学联都不是运动的关键组织。据当时的学生描述,影响学生运动的组织因素变动不大,系级组织始终发挥着重要作用:

> 系级是每一个同学生活的重心,在这里我们共同学习,共同生活,在这狂风暴雨的时代,我们被迫地起来保卫自己,要求生存,动员和组织是必要的,而系级正是我们最合适最自然的动员和组织单位。①

作者高度评价了系级组织具有广泛、深入、持久的特点。社团也是支撑学生自治会的重要基层组织,但因其具有小圈子气,难以包容所有的同学都参加到民主运动中来,北大学生喊出了"系级社团化"的口号,要求以"系级本位"将社团"普及"到各系级同学中去。②"系级本位"也成为比较南北学生运动的重要因素。上海学运所以大起大落,就在于缺乏牢固的基层组织,"少数人冲的太前,或许会造成脱节的现象,结果,孤军深入,遭受到的打击就特别重"。③

系会、级会、系级代表及签名表决,始终是战后北平学生运动重要的组织因素。如此,运动获得了雄厚的民意支持,能够以多数行动。然而,有一利必有一弊,基层组织过于强势,易于造成利益要求分散化,突出表现为各学校之间的认识、要求差异扩大,影响行动的一致性,同时校园内学生之间的分化加大。另一方面,学生运动所展示的力量,也使得利用运

---

① 《一个工作小组的成长》,《团结战斗在四月——反迫害反饥饿纪念手册》,第39页。
② 《壁联》、《艺联》,《北大1946—48》,第50、52页。
③ 引江:《低气压下的上海学生》,《北大半月刊》第9期,1948年8月5日,第5页。

动形式达到利益目标的策略变得更加诱人。在两者的共同作用下,学生运动中出现了大量的搭便车现象,即利用学生运动的声势,将各种校园抗争问题运动化,以期尽快得到解决。所以,搭便车现象亦有两重性,既可能扩大运动声势,丰富斗争的内容,甚至可以弥补运动间歇的空档;又由于搭便车现象部分脱离了运动的总体目标,仅仅满足部分参与者自身要求,无疑为运动的纯洁性添加了杂音,从而造成严重的分化和扭曲。

应该说,搭便车是大型群众运动的普遍现象,战后学生运动出现高潮之后,尤其如此。

进入1948年后,学潮中争公费、争经费仍为重要内容,而且,越是感到遭忽视的院校越是积极。1947年12月14日上午10时,中国学院教授、讲师等70余人为待遇及同仁福利问题召开谈话会,决定要求补发8、9月份欠发之数、每月发薪日期确定、公布福利品处理及救济物品发放情形等事项,推举代表向院长提出,限二日内答复,并于21日恢复教员会。在当局控制最严的学校,教员率先模仿学潮举动,亦是搭便车行为的特征之一。28日,《世界日报》刊载中院教授江绍原求职的一封信,倾诉个人的悲哀和教师的痛苦。31日,中院学生乘机发起成立"敬师募捐运动会",成为带有官方色彩的尊师励学运动第一声。

可是,在经济低迷的情况下,大部分教授以请假进行柔性反抗,要求改善待遇,实际形成继续罢教。学生的敬师募捐运动成绩不大,难区学生救济面粉分配又起纠纷,一部分学生提议平均分配,一部分学生主张依审核结果分配,系主任又未能提出审核名单。1948年1月6日,中院部分学生组织爱校会,将下学期学费、教授薪金、学校资金募集、住宿生配给煤球等校政问题,一并向校方提出,并撕毁考卷,发起签名运动,要挟罢考。学生此举的具体动因并不清晰,可其将各种问题打包,试图在激烈的集体抗争行动中一起解决,则明显带有运动的全能性特征。学校当局则以为,"过去各校募捐助学金运动,曾为社会所诟病,深恐如任其公开募捐,势将再蹈覆辙"[①],劝导学生全力期末考试。虽然,多数同学反对罢考,但也有

---

① 《中院爱校团体章秀三有说明》,《经世日报》1948年1月8日,第4版。

部分学生不顾校方反对,继续其敬师运动,并获得李宗仁、吴铸人、陈继承的捐款,走在另类学生运动的前列。

很快,教育部便核准了中院由学院改为大学,使其成为《大学法》①通过后首批改大成功的学校,其原因与校长王正廷、董事长孙科的上层活动有关,但也与学生、教师施加的一定压力不无关系。在一片喊穷声中,中院却能"久病新愈",营造出一种建设空气。② 尽管此种气氛是短暂的、虚假的,可学校和师生也确实落得了一些好处,也说明集体行动,尤其是激烈的逾轨行动,很有可能被广泛仿效。

好事多磨,口传中已经核准了的改大,却迟迟未能收到教育部的明确电令。临近学期末尾,在毕业出路和期末考试的双重压力下,5月17日,本年度毕业之四年级学生再次以改大问题发难,质问校方,要求王正廷速予答复,若本月30日前未有答复,本届毕业生将不参加考试。"改大"对毕业生真的如此重要吗?充其量也就是毕业证上好看一些,对出路有无实质帮助是个未知数,因此,毕业生的行动更多地是以此发泄,如果能够降低考试标准,甚至得到某种特殊优待,就算是集体抗争行动赚到了,真乃不闹白不闹。7月2日,私立中国学院奉到教育部电令,核准于即日起改称中国大学。

处在学生运动边缘的北平艺术专科学校,校方对学生活动控制较严,多数学生对参加政治性运动也不积极,可能提供了一个在学生运动高潮中搭便车的典型案例。

正当学运风暴强劲吹袭时,4月6日,艺专为抗议第五补给区违令侵占校舍事,教师罢教,学生自治会即决定无限期罢课,从一开始便摆出不达目的决不收兵的架势。午后2时,该校举行教职员大会,校长徐悲鸿劝

---

① 1947年12月22日,立法院通过《大学法》及《专科学校法》,其中《大学法》第四条:大学分文、理、法、医、农、工、商等学院。师范学院应由国家单独设立,但国立大学得附设之。本法施行前已设立之教育学院,得继续办理。第五条:凡具备三学院以上者,始得成为大学,不合上项规定者,为独立学院,得分二科。《中央日报》1947年12月24日,第4版。1948年1月12日,国民政府公布《大学法》及《专科学校法》,1929年7月26日颁布之《大学组织法》及《专科学校组织法》同时废止。
② 《中院一片建设声》,《经世日报》1948年2月16日,第4版。

教师、学生勿激烈从事,"本人决尽最大努力采和平方式向行辕交涉"。①7日上午10时半,艺专学生自治会在帅府园一号校址招待记者,由代表报告情况称:该校此次迁至帅府园之校舍,乃以西京畿道及东总布胡同两处校舍交换所得,现补给区讲习班尚未迁出,并已将该处作为伤兵医院。又称:校长因交涉多时,操劳过度,已于昨晚送入医院,"若徐校长健康更恶化,应由补给区负责"。颇有威胁之意。并电呈蒋主席、国防部、联勤总部、教育部等机关及发表宣言,最后,还煞有介事地郑重声明:"此次罢课目的,极为单纯,与日前各校所奉行之罢课行动,绝无相涉,希社会人士及舆论界予以支持。"②

两天之内,上演了一场绝佳的搭便车行动,校长、教师、学生各自角色准确到位,相互利用,相互配合,由学生冲在前面,堪称一件行动的艺术佳品。战后遗留的校舍问题本是普遍现象,解决方式不一,效果不一,此时再度爆发,有其特殊原因,但抗争的行动方式,则与学潮紧密相关。艺专学生自治会的声明,明显是此地无银三百两,如以艺专全体学生300余人单独行动,要求与口号单一,影响势必有限,处在风暴之中,效果就可能完全不同。

事实上,从结果上判断是否属于搭便车行为更加准确。在北平行辕、国防部的指令下,几天后,房产纠纷问题便已大部解决,经教授会代表力加疏导,学生自治会决定4月12日复课,又表示如不获得彻底解决,决不放弃原旨。把校长累到住院尚且摸不到头脑的问题,想要解决似乎并不困难,结果同样对校方与师生都有利,不过,校长及教授们的好处显然更多。15日下午2时,艺专举行三十周年纪念大会,徐悲鸿在讲话中强调校舍纠纷解决之艰难,并提议今年校庆日为"更生日",为感激李宗仁协助解决校舍问题,将礼堂命名为"德邻堂"以示纪念。又告诫学生,"万勿参加任何活动,以免为人牺牲"。③ 转脸便立即与学生运动划清界线,将功劳归于当局,作为搭便车行为的收束,也算是十分经典。

---

① 《抗议校舍被占据,艺专无限期罢课》,《益世报》(平)1948年4月7日,第2版。
② 《艺专自治会招待记者报告新校舍纠纷》,《经世日报》1948年4月8日,第4版。
③ 《艺专昨有校庆,徐悲鸿喻为再生日》,《经世日报》1948年4月16日,第4版。

在当局控制较严的中国学院和处在学运边缘的艺术专科学校也试图搭上学生运动的便车时,至少可以说明三方面的问题:其一,学生运动有如风暴,强劲吹袭时会影响社会的各个层面,且防堵和疏导均难收取全功,故不同政治派别、利益团体都有可能试图利用或借助运动的力量达到目的。其二,国民党当局的内战政策,势必影响战后恢复及日常工作的开展,学生的生存危机和对当局行政管理工作低效率的不满,也会导致学生更多地采用非常规方式,寻求问题的解决。其三,当对前途的苦闷与焦躁成为普遍现象时,激烈的搭便车行为就成为学生最好的情绪发泄方式,既可以痛快地集体请愿、罢课和走上街头呼号,其诉求内容又便于与政治斗争相区别。

不过,中院和艺专的搭便车行为,都在极力与主流学生运动划清界线,似乎是另一种独立的行动。学生运动中的搭便车现象,更多地表现为在运动主流之中还夹杂着各种其他诉求,有些是共同的,可能成为运动主流的一个分支;有些则是独特的,或是某一学校、某一年级、某一科系,或是校园内的某一人群所发起,都试图将此种行动混入整体运动,以期获取声援和支持。

在四月风暴中,学生运动的主流是反迫害、反饥饿的政治斗争,同时也夹杂着学校、教职员、部分学生的形形色色的利益诉求,涉及行政管理、教学要求、公费待遇、毕业出路等各个方面,处处体现了学生苦闷与焦躁的情绪。普遍的政治性斗争和特定的利益性斗争混合在一起,使得学生运动中的搭便车现象更为复杂。学生为什么会参加政治运动?学生的纯真背后是否也包含着利益的考量?在行动中政治目标与利益要求之间的关系如何,又如何处理?搭便车行为可能遗留何种影响?这些都是学生运动史需要回答的重要问题,也给战后学生运动行为研究增添了难度。

相对而言,北平师范学院在风暴潮中遭受暴力侵害最严重,教师罢教、学生罢课坚持的时间最长,各种搭便车现象也更为突出。在战后北平各院校中,师院在政治地位、学术水平、学运角色、历史影响等方面,都无法与北大、清华、燕京相比,发展的愿望十分迫切,尤其是对从战时西迁到战后复员学校几经辗转分合的遭遇①,颇有一种待遇不公的悲情感。在校园内部,学生之间的政治对立严重,尤其表现在学生自治会选举过程中,在当局的默许下,甚至演成暴力冲突。因此,研究一个处于学生运动中间状态学校的学运现象,对于深刻揭示学生在运动中的参与状况,以及各种搭便车现象发生之缘由,在方法上是一个不错的选择,也更接近于学生运动的一般状态。

3月上旬,师院学生自治会代表会在讨论学期工作时,以为此前教育部允设文、理、教育三部,"复大已算完成,以后即陷于停滞状态",决定由自治会特种委员会继承复大委员会的未完工作,"暑假以前恢复大学"。②为什么"复大"会成为师院学生自治会选中的工作重点呢?如同"改大"一样,如果"复大"成功,学校当局获利最大,在办学规模、行政级别上均有所提升,意味着职权的扩大。教职员也可以获得相应的好处,在争取经费、增加人员方面都更为有利,也能够提升自身地位。学生可能获得的直接利益并不明显,多是象征性的,即大学的地位和规模,更多地与身份和感觉相关,当然,也与集体行动中的话语权和力量相关。学生自治会此时挺身而出,主动承担责任,必定有其打算。

学生自治会想要有所作为,需要找到一个可以展示业绩的主题或平台,"复大"是一个单一的教育行政问题,无政治敏感性,校方可能默许并提供一定的便利,教职员则肯定会表示同情甚至声援,同学中间也不会出现激烈的对立,学生组织自然易于发挥作用。再者,此时的"复大",已经不存在成功与否的问题,只待官僚机构何时能够完成核准手续,在此空档期,轰轰烈烈地借悲情而呼号,又其乐而不为呢?

由于时机选择并不适当,"复大"议题没有引起多少关注,或者说,此项议

---

① 国立北平师范学院前身为1902年京师大学堂所设师范馆,1929年成为国立北平师范大学。全面抗战爆发后西迁,在西安与国立北平大学、国立北洋大学工学院及北平研究院合组西安临时大学。1938年,太原失守后南迁陕西汉中,组建为国立西北联合大学。1939年8月,西北联大解体,除一部参与组建国立西北大学,改为国立西北师范学院,1940年迁甘肃兰州。抗战胜利后,一部留兰州继续作为西北师范学院,1946年一部返回北平并接收伪北京师范大学复校,称为国立北平师范学院。
② 《师院再喊复大,自治会要挑担子》,《经世日报》1948年3月14日,第1版。

题学生差不多无从入手。学生自治会的工作侧重于两个方面,即筹备、举办3月29日"青年节"开始的"师范运动周"和发起"抢救教育危机募捐运动",协助教育当局及校方的活动安排,以及对经济困难师生的救助。3月20日晚6时半,师院天津校友会在欢送校友国大代表的集会上,决定加强校友会联络推动复大。4月1日,师院成立文、理、教育三学部,大学建构基本完成。4日,院长袁敦礼赴京参加国大,同时与教育部商定于春假期间复大的具体办法。实际将"复大"作为学校行政管理工作,并依靠校友等上层社会关系推动。

然而,也就在此时,师院遭遇了一连串暴力打砸和逮捕,几乎将师院卷入学生运动的风暴眼之中。

4月5日,所谓反专制反独裁委员会与学生自治会的冲突,几乎动武。9日,师院学生原定休罢,不料凌晨发生暴徒在校园内肆意殴打、捣毁、掠抢、绑架事件,把运动推向又一轮高潮,学生借机提出一揽子要求。11日,在所谓"北平市反暴乱反罢课肃奸大会"游行途经师院时,尽管学生已经走避,校方请警察维持秩序,还是有几十个暴徒拥入校园,撕毁壁报,破坏财物,殴打同学。师院屡遭暴行袭扰,除了学生之间对立严重可被利用外,背后黑手对中间之薄弱环节施暴,借以震慑其他院校的用意,十分明显。当然,北大也遭遇了捣毁,可对红楼的打砸,仅是隔墙抛掷砖头、石块,并未进入校园,部分暴徒窜入北大东斋教授眷属宿舍,显系暴行中之暴徒失控,就对象选择而言,愚蠢之极。

师院无端成为施暴对象,更进一步激发了师生的悲情,直接影响就是教授会占据了学校抗议运动的主导地位。① 当其他院校准备休罢时,师院教授会以损失情形较重,坚持罢教,其中含有观望之意。16日中午,青年部部长陈雪屏抵达北平,负责调解学潮相关事件。24日上午,师院教授会召开全体大会,在警备司令部和市政府联名致函保证下,议决26日复教,发表《告同学复课书》,提出放暑假日期顺延两周,以弥补罢教期间

---

① 4月10日下午3时,师院教授会在乐育堂召开紧急会议,议决要案七项,第一项为:继续罢教,至达到惩凶、赔偿及保证此后不再发生此类事件为止。12日下午2时,学生自治会举行记者招待会,以教授会目标为罢课停止条件。《师院教授开紧急会议决要案七项》《师院昨招待记者报告事件真相》,《经世日报》1948年4月11、13日,第4版。

之损失。午后,学生自治会理事会开会,决议自26日暂时休罢,恢复上课。下午四时,陈雪屏在北京饭店邀约记者谈话,谈及处理学潮的两项原则:一、学校中各项困难问题,政府应事先设法解决。二、对潜伏各地作有利共党活动之分子,将予严厉制裁。① 后者为老生常谈,前者则可用作讨价还价的工具。

正当校园内热火朝天地纪念"五四",毕业生们却沉寂在悲哀与苦恼之中,即使是原来"认为出路无问题的工科学生,今日亦走上了末路"。② "毕业之期在迩,学生恐慌现象却与日俱增,毕业不但为失业之开始,同时食住亦成问题。"③ 北平国立、私立十所院校应届毕业生总数为3017人,师院为323人,面对困局,校方起初并不太在意,"师院毕业生的问题,不像北大、清华等校那样严重,因为师院毕业生照例由教部分发各省服务,根据去年的情形看来,大致不成问题"。④ 校方也担心情形会有变化,但主要顾虑学生不愿到分发的地区去。

实际情况要更为严重,或者说,学生对出路问题的反应及抗争方式之激烈,出乎意料。6月10日下午四时,1949级学生300余人举行级会,讨论出路问题。因五年制师范生于四年毕业考试通过后须实习一年,教育部始发给毕业证书,而以往均由教育部介绍实习机会,今年几次电函教育部,尚无答复。决议向教育部要求给予实习机会和职业保障,在工作没有保障前继续发给公费,理由就是还未毕业。学生提出要求共七条,其中,向教育部要求五条:一、对本届毕业生负责全数分配实习工作。二、分派之实习工作,应能保障确定可以赴职为准。在校实习,亦应给予实习教师之待遇。三、除发给旅费外,自工作派定赴职之日起,加发公费三个月。四、依照会计年度,应稍发制服津贴。五、自暑假起正名为师范大学。向院务会议要求两条:一、本届毕业生准予依照各个志愿,转入他系或研究

---

① 《陈雪屏邀记者谈对学潮获致解决表示欣慰》,《经世日报》1948年4月25日,第2版。
② 金缄三:《大学生出路何在?》,《益世报》(平)1948年5月8、9、10日,第2版。
③ 《毕业生为出路愁》,《大公报》(津)1948年5月12日,第2版。
④ 本报记者胡冰:《走出大学校门以后——今年北平各院校毕业生出路的展望》(上下),《平明日报》1948年6月1、2日,第4版。

所,继续研修。二、请速补发十二月份、元月份上半月之面粉。① 如无圆满答复,将于 14 日毕业考试时罢考。

假定作为弱者的反抗,学生为争取自身利益,提出何种要求都不算为过,但是,提出要求的主体、时机和内容,还是有蹊跷之处,即有搭便车之嫌。值得注意的是,校园内关于毕业出路问题的发难,并非来自应届毕业生中专业出路较窄的学生群体②,反倒是出路问题一向不大且只是在等待实习的下届师范毕业生。当然,毕业实习与今后的工作关系密切,也与眼前生计息息相关,不可谓不重要。但是,率先发难还是暴露了出路弹性被极大压缩,学生更依赖由当局负责全盘解决毕业分配,从而增加了普遍的焦躁情绪。发难的时机选择也很有讲究,临近考期似乎时机恰当,可考期早已确定,就实习问题与教育部的交涉也已进行,且仍在继续,此时发难,显然还与反美扶日运动的高涨存在一定关系,可能收取事半功倍之效。最为诡异的是,学生在要求中还添加了"复大"的内容,并有具体时间限制,显系为再次借题发挥,希望借声援校方的复大努力遭延误③,换取校方同情。果然,校方未对罢考之举严加惩戒,而是将学生要求上报教育部,并决定毕业考试顺延一周,将问题上交。

校方的态度,无疑鼓励了学生采取进一步行动。6 月 12 日,师院学生自治会新一届理事会选举产生。16 日下午,部分学生贴出通告,进一步提出七项要求:一、坚持以前所提七项要求,并请校方站在同情的立场,予以支持。二、迅速发表《告社会人士书》和《罢课宣言》,使社会人士明了

---

① 《师院毕业生罢考事件解决》,《益世报》(平)1948 年 6 月 13 日,第 4 版。
② 相反,文理科学生比重较大、就业问题较重的北京大学,毕业生离校场面,并非压抑、灰暗。6 月 12 日晚 7 时半,北大在民主广场举行欢送毕业同学大会,应届毕业生达 700 余人。校长胡适训话称:"你们将要走出校门,首先要摸一摸脑袋和身上是否能带些东西出去,那并不是行李。"在校同学给毕业同学的赠言为:"给无声的地方带去声音,给黑暗的地方带去光明,用您的全部热情去唤醒睡梦中的人们起来,迎接新中国的诞生。"《各校开始欢送毕业生》,《大公报》(津)1948 年 6 月 13 日,第 3 版。
③ 6 月 20 日,师院学生自治会举行记者招待会,复大委员会委员在报告复大运动展开情形时称:"去年教育部长朱家骅亲自答应,今年暑假开始正式恢复大学,到现在已经到时候了,可是仍无消息,我们不得已只好罢课待命了。"《师院要求复大》,《益世报》(平)1948 年 6 月 21 日,第 4 版。

真相,争取同情。三、向教育部请求,如不答应,即向政院和总统府诉告。四、联合全国各师院共同要求。五、招待记者,并由系级逐日公布交涉结果。六、联合"复大"委会达成正名"师范大学"。七、自治会应协助级会交涉。① 主要目的是想扩大事态,从年级扩展到全校,从一校扩展到多校,从校园扩展到社会。在内容上,依然与"复大"捆绑在一起,不过,在组织上要求新当选的学生自治会站出来协调,并将罢考与"复大"的组织整合在一起,以达成一揽子解决。

对于多数学生而言,就出路问题罢考而采取一致行动,可能意见分歧较大,故只好从"复大"方面用力,以"复大"运动作为主要动员口号。6月18日,学生自治会复大委员会再度行动起来,分别访问各教授征询对"复大"意见,并张贴标语呼吁。19日午间,"复大"委员会举行全体学生大会,就推行"复大"事进行民意测验,选项有三:一、定期召开全体大会商讨具体办法。二、暂不采取任何行动,静待教育部处理。三、立即停课,提交代表会速作决定。下午5时收回测验票,统计结果为:赞成第一意见者254人,赞成第二意见者40人,赞成第三意见者795人。晚7时半,系级代表以第三意见过半数开会,到会51人,议决:一、为要求"复大",立即罢课待命。二、20日举行记者招待会报告经过。三、分电中央各有关院部及总统府,并发表宣言。四、罢课到24日以后,如得不到答复,就采取第二步行动。五、"复大"委会积极工作并扩大组织。② 于是,原定自21日开始的毕业考试,无形搁浅,罢考之抗争也自动汇入"复大"运动之中。另外,从民意测验的结果可以看出,一旦采用以群体自决的表决方式决定行动方式,主张最消极的不行动者仅为极少数,而在主张行动者中间,多数人选择了最激进的选项,表达对于行动之迫切和对当局的不信任,当然也包含强烈的苦闷与焦躁情绪,也就是为行动而行动。

如同学生运动的行为方式可能被不断模仿复制,搭便车现象也会旧戏重演。所以,"复大"运动的主要理由是当局食言,展开过程也就重复了

---

① 《师院毕业生提出七项要求》,《平明日报》1948年6月17日,第4版。
② 《罢课待命毕业考搁浅,师院决力争取复大》,《平明日报》1948年6月20日,第4版。

迫使当局许诺时所使用的那一套。

首先,在学生提出要求且采取强硬行动之后,教授们开始出来接管运动,或给运动确定规范,降低激烈程度。6月20日晚8时,师院教授会召开全体紧急大会,议决致电朱家骅请实践"复大"诺言,同时发表书面谈话劝导学生,建议校方毕业考试再行顺延一周,并电请院长袁敦礼返校主持一切。书面谈话的要旨有四点:一、"复大"运动本身的真正价值在于恢复规制,充实课业,提高水准;所以不应该采用罢课的方式,来作要求的表示。二、为尊重课业保卫校誉起见,任何重大问题,不应该又当学年结束的时候,忽有罢考罢课的行动。三、"复大"运动师生合作,应该一本初旨,从多方面进行,"罢课待命"的举动,徒然把时间和学业牺牲太多了,太大了,实在不值得。四、凡教育上一种运动,如做真正的实际的进行,并不需要牺牲课业,但若我们因为无"命"可"待",而发生其他枝节,引起严重的失败的后果,应该认为是极大的不智。① 22日下午5时,教授会干事黎锦熙、黄国璋、金澍荣等召集学生"复大"委员会负责人谈话,表示同情、支援"复大"工作,但望能避免以罢课罢考为手段。学生代表以"复大"已至严重阶段,罢课罢考实为不得已之举,教育部迄无具体答复,态度依然坚决,但亦显露出骑虎难下之势。

教授会碰钉子后,轮到院长登场,办法仍是以辞职相要挟。6月21日,师院院长袁敦礼以教育部对"复大"问题虽有去夏之诺言,但截至目前无明确之表示,而学生已于本周起罢课,深感处理棘手,在南京向教育部呈请辞职。随即赴上海,并于23日致函代院长黎锦熙及诸同人,说明辞职原因及经过,劝告全体同学爱校复课,静候部方合理解决。在此紧张时刻,院长不能立即返校主持,反以辞职观望,其用意昭然若揭。

同样,挽留和筹划下一步行动,便成为"复大"运动继续的两手。6月24日,教授、讲师、助教召开全体大会,致电教育部挽留袁敦礼院长。学生自治会"复大"委员会亦去电挽留。另一方面,当晚7时半,"复大"委员

---

① 《师院复大运动教授代表愿意支援但望免采罢课手段》,《益世报》(平)1948年6月23日,第4版。

会召开全体代表大会,以 24 日罢课第一阶段已告结束,教育部仍未有具体办法到平,决议:一、罢课到底,坚决"复大"。二、定二十六日上午八时,举行全体大会,决定行动。三、通过"复大"运动同学呼吁。① 其后,"复大"委员会邀请教授会举行师生联席会议,共商"复大"进行步骤问题。26 日上午 8 时,师院学生在乐育堂前召开全体大会,讨论"复大"运动下一步行动,出席 1210 人,当场决议:一、第二步有效行动:全体出发进京请愿。二、二十七日开始准备,二十八日举行大检阅,二十九日正式出发。三、出发经费:1.请学校发放去年十二月及今年一月份配售之一袋面粉。2.请求学校预发七月份伙食费。3.向校友及教授募捐。四、复委会今提交之行动公约照原案通过。五、以上决议由复委会全体处理,负责执行。② 此刻,事态已经到了箭在弦上不得不发的地步。

6 月 27 日午前,师院教授会代表黎锦熙、黄国璋拜谒李宗仁,请示"复大"问题。下午 4 时,学生"复大"委员会代表三人向李宗仁请愿,痛述"复大"之决心,李宗仁答称:愿以私人资格电朱家骅,转达学生意见。又劝告:天气过热,可不必赴京请愿。③ "复大"委员会并举行记者招待会,报告进京请愿准备情况,发表《国立北平师范学院为恢复国立北平师范大学全体进京请愿告社会人士书》《向校友师长募捐书》等,寻求社会同情、援助。请愿行动依照军事化标准加以组织,"复大"委员会组织部改组为指挥部,担负最高指挥权,设参谋处;外设调查、统计、总务、联络、不管等五股。南下请愿学生编成一个行动总队,下分十余个大队,每大队分三中队,每中队分三小队,每小队十人。为确保全体参加,请假需要执法团批准,限制相当严格。经费方面,校方已允诺发给公费节余及预支七月份上半月公费。28 日晨 8 时,师院学生在操场举行大检阅,进行编队及出发演习,同时派出先遣队 15 人去天津,筹划大队来津后的食宿、船票问题,并向治安、教育等机关接洽。校方及教授会仍劝阻学生停止请愿,先行复课。复课委员会则分别致函剿总、市府、警备总部、市党部、警察局等机关

---

① 《师院坚决复大》,《益世报》(平)1948 年 6 月 25 日,第 4 版。
② 《师院学生昨日决定廿九日晋京请愿》,《平明日报》1948 年 6 月 27 日,第 4 版。
③ 《李副总统表示不必南下》,《大公报》(津)1948 年 6 月 28 日,第 3 版。

首长,报告请愿事宜,并请求协助。午时,李宗仁致函师院教授会,称已急电朱家骅"从速解决","学生为复大问题,情绪激越,如迁延不决,集体长途跋涉,易肇事端,至堪顾虑"。① 并请劝阻学生南下请愿。不过,此时教授会或学生"复大"委员会均已无法刹车,只能安排在次日出发队前宣读电文,由学生决定如何行动,作最后五分钟之努力。

其实,此类行动注定不可能完全兑现,组织者的精心筹划,不过在于表达已经尽力,制造声势而已;要求全体同学参加,也就是为展示一致性,根本缺乏可行性。除去当局可能使用武力阻止,临行前连火车票都未购买,只是决定到车站排队买票,能赶上 8 时 10 分的车最好,如赶不上,也一定要坐下午 3 时 5 分的车走。此种安排完全不合常理:既然是临时排队买票,为何要千余人集合前往? 如果只能乘下午一班的车走,众多学生在车站停留六七个小时如何打发呢? 一班或两班列车能够满足学生的需要吗? 至于"复大"委员会负责人曾表示:必要时将不惜徒步南下,② 则是一句虚张声势的大话。6 月 29 日凌晨 4 时,教育部急电平市警备部、市府及师院当局,称已派督学张尧年赴平处理,请劝阻学生来京请愿。无论如何,师院学生进京请愿大队还是如期出发了。

  晨七时,学生千余人在该院大操场集合,准备出发赴车站,治安当局闻讯,遂派大批警宪赶到,将校门围住,和平门和石驸马大街第二院附近也临时戒严。校当局为防学生冲出,自动将校门关闭。八时许,警局代局长白世维、宪兵团长梅庆男和师院教务长黄国璋、训导长温广汉等相继赶到,召集学生代表谈话,白代局长表示愿偕同校当局和学生代表去见陈总司令与何市长,请他们联电教部准予复大,同时申明治安当局的立场,劝阻学生不要出发。代表们将这意见宣布后,同学并未接受。此时,白、梅、黄、温等即往见陈、何请示对策。延到八点三刻,学生情绪突然高涨,遂列队向校门外冲出,当与宪警发生冲突,一时砖石齐飞,旗帜也被撕碎,双方互有受伤者,十分钟

---

① 《李宗仁函教授会仍无效》,《大公报》(津)1948 年 6 月 29 日,第 3 版。
② 《师院请愿学生明日出发,今日举行大检阅》,《平明日报》1948 年 6 月 28 日,第 4 版。

后,学生终于被迫退入校内,双方隔门严阵对峙,历一小时许,学生开会商讨对策,警宪则换班休息,情势渐趋缓和。十时半,白、梅、黄、温等偕同警备部政工处副处长张云凌、市府参事胡寄窗赶来,向学生代表宣布陈、何二氏的意见:一、他们同情复大运动,并认为复大是正义而单纯的运动,即时联名急电朱部长请准予复大。二、如不获结果,他们愿帮助同学代表赴京请愿。希望学生安心暂待,如一部分学生不接受,即证明这不是单纯的复大运动,今后的法律责任要全体同学尤其是主持复大运动的同学来负。

十一时许,被阻于门外的二院学生百余人,在当局允许之下进入校内,全体学生到乐育堂前开会,由张云凌、胡寄窗宣布陈、何二氏的意见,张云波教授也代表教授会提出意见。①

当局使出软硬两手策略后,学生很快妥协,其实,多数学生并未认真对待进京请愿。② 会议讨论结果是:一、关于"复大"第二步行动,接受教授会意见,由教授会、校友会、学校当局及地方当局代表,会同学生代表联合向副总统请愿,等待三天,如无结果,随时出发请愿。二、关于打伤同学问题,向治安当局提出严重抗议,要求赔偿医药费及损失,保证今后不发生类似事件。下午,校内已趋平静。

6月30日,北大、清华、燕京、铁院、朝阳、中法、艺专等七院校学生自治会发表联合宣言,支援师院"复大"运动,并抗议地方当局之行动,试图寻找到一个新的聚焦点。可是,"复大"并不是一个能够吸引多数学生的题目,社会观感不佳,无法振奋精神,所以,连宣言的文字也显得有气无力:"此次请愿为旅行,并无政治意义,不应用消防队打伤人,特表示抗议。"③更糟糕的是,师院学生自己的反应乏力,给人以气馁之感。

---

① 《在警宪重重包围下师院学生昨未成行》,《平明日报》1948年6月30日,第4版。
② 表面上进京请愿学生有严密的军事化组织,实际则甚为轻松,如同学用新疆民歌喀什噶尔曲改编一首时事小调,在队伍中唱道:"温柔美丽的朱×骅,我的就是你的,你不答应我要求,我到南京来找你。"可谓集体行动中的语言娱乐化、庸俗化。故都画面:《你不答应我就来找》,《平明日报》1948年6月29日,第4版。
③ 《支援师院复大平七院校联合宣言》,《大公报》(津)1948年7月1日,第3版。

7月1日,朱家骅致电师院教授、讲师、助教,称师院复大问题在原则上久已加以考虑,主要是技术及法规问题:

> 今大学法公布未久,大学规程正在修正中,拟俟此项法规完成后,或可有依据;但学生屡次集体要求,行动逾轨,反而增加解决此问题之困难,务请诸先生恳切开导,并严加禁止,待学校恢复常态,下学期毕业后,当即予以妥当处置。至袁院长敦礼辞职一节,本部正在竭力慰留中。①

反将责任推到学生身上。在给李宗仁回电中,也说明了师院不能立刻复大的原因。

7月2日午,教育部督学张尧年抵平,随即与师院教授会代表会谈,并参加了下午3时召开的师院教授、讲师、助教全体大会,张尧年重复了朱家骅的官式话语,亦透露"朱部长对贵院复大认为是绝对可以的,而且预备在最短期间促成其实现"②。明显暗示从速办理需要条件。教授们自然清楚,大会议决:一、电复朱部长请迅予实现"复大",并促袁院长从速返校主持。二、推派代表会同校友会代表进京向教育部交涉迅予实现"复大",并恳劝袁院长从速返校。三、由主干会议全体出席人员于3日上午8时半召集学生复大委员会委员暨自治会理事谈话。折腾了一圈,师院"复大"的主导权重回教授会、校友会。校方并决定自4日起放暑假,9月10日开学后再行补考。

学生方面原定2日由学生代表、教授会代表、校友会代表联合向李宗仁请愿,3日举行大会决定下一步行动。可是,2日的请愿活动临时作罢,3日上午10时,师院主干会议全体出席人员召集毕业学生、"复大"委员会委员暨自治会理事谈话,4日下午由张尧年与学生代表会晤。学生完全沦为被规训的对象,只能追随教授会意见。至此,学生的"复大"运动告终,眼见的成果就是延迟考试,或许,考试难度会降低,也能够暂缓毕业出路的焦躁。对于北平学生运动,注意力已经转向声援开封事件和"七五"

---

① 《师院复大有待》,《大公报》(津)1948年7月2日,第3版。
② 《处理师院复大问题张尧年昨抵平》,《平明日报》1948年7月3日,第4版。

事件,"复大"的旗号不再有利用价值了。

伴随师院"复大"成功的消息,8月11日,袁敦礼自上海返回北平,准备继任校长。对于经费可望增加的喜讯,14日晚8时,教授会举行联谊晚会,邀请全院同人携眷属参加庆祝"复大"。10月16日,行政院院务会议通过决议,师院准改为"国立北平师范大学",可迟至12月4日命令方到达学校。"复大"成功后,新闻传媒的关注点转向人事任用,当然,其间没有学生的位置。

搭便车现象在学生运动中的普遍存在,首要原因是运动作为一种集体压力工具的有效性,也可以说是运动形式较为成熟后的必然产物。搭便车的使用可能是情绪化的,例如,学生运动本身就具有集体情绪发泄的功能,当苦闷和焦躁的情绪弥漫时,就可能抓住某些不满上升为集体行动;更多地表现为一种历史的惯性,即由于缺乏有效的日常沟通渠道,以及官僚作风的低效率,大量校园管理、学习、生活问题均使用运动方式或夹杂在运动之中提出,而其中成功的案例又会被不断模仿,成为一种习惯行为。

因此,正是由于运动的有效性和发动的便捷性,以及外表的单纯性,学生运动就很容易被各种政治党派和利益集团所利用,并将各种问题统统政治化。即使是在校园内部,在校方、教师、学生之间,同一运动尽管目标和方法差异巨大,但又可能结成短暂的运动共同体,无论学生如何呐喊、冲锋,到头来总是弱势的一方。

很容易被滥用则是另一特征。搭便车现象无疑助长了运动全能性的感觉,而什么问题都使用激烈的运动方式去解决,又使得学生运动的行为常态化。然而,滥用的危险性一目了然,如公费、考试、就业、"复大"等种种问题,一律诉诸运动方式,不但可能会使某些行政管理目标成为刚性的无法解决的顽症,而且会使地区之间、学校之间、学生之间的利益冲突加大,严重助长"大锅饭""随大溜"的集体行为特征。

显而易见,利用与滥用都会使纯真的学生运动发生严重扭曲,诸如,以"反饥饿"名义争取公费待遇,公费却被用来全体"旅行";在"反迫害"口号下,学生的暴力行为却有逐步上升的趋势。因此,在运动频发时期,学生运动有可能出现变形,成为所谓的别样学生运动。

第五章

别样学生运动行为:"七五"事件

发生于1948年7月5日的"七五"事件,被称为民国时期最后一次大规模学生运动,也是较之"三一八"惨案更为严重的流血事件。"七五"事件有着历次学生运动中最为一致的叙述,事件起因及其过程,自发生之日起至今,无论是当时记载,还是事后回忆,或是各种版本的相关论著之中,叙述基本一致,似乎已是板上钉钉的历史"事实"。是故,既有相关研究,或是依据学生自述及报刊、档案记载勾勒事件过程,①或是在旧有"事实"基础上分析东北流亡北平学生的心理历程,并说明自发性运动的不成熟之处。② 在澄清中共与事件发生并无直接关联之余,研究者的兴趣,转而集中于国民党政府施政的弊端和处理学潮的低效,以及中央与地方、地方与地方的派系、利益关系,③学生行为在学生运动研究中反退居次要位置。在学生运动相对成熟时

---

① 于吉楠:《北平"七五"事件》,《中共党史资料》2007年第2期,第177—186页。
② 张皓、陈银屏的论文以为,北平中共组织对东北流亡学生的"七五"行动并不知情,又以为学生砸毁参议会是不成熟表现。《从期望到失望:1948年北平"七五"事件再探讨》,《史学集刊》2012年第3期,第58—69页。贺江枫的论文则明确说明,"七五"事件是非中共主导的反政府学潮,并有较强的自发性。《从学潮走向政潮——1948年北平"七五"惨案研究》,《南京大学学报》2012年第1期,第90—103页。
③ 严海建:《1946—1948年北平学潮:国民政府中央与地方处置的歧异》,《民国档案》2008年第1期,第104—110页。贺江枫:《从学潮走向政潮——1948年北平"七五"惨案研究》,《南京大学学报》2012年第1期,第90—103页。王春林:《国共内战中的国民政府、地方当局与流亡学生——以1948年北平七五事件为中心》,《南京大学学报》2012年第1期,第104—117页。

期,"七五"事件作为收官之战,似乎学生的组织、宣传及其行动已经程式化,少有新意。其实不然,众口一词的叙述,加之当事人回忆相对稀少,本身就疑点重重。"七五"事件从发起到善后,与此前学生运动相比较,显露出多种别样的行为特征,需要给予足够的关注和解释。本章主旨并非试图对"七五"事件进行"事实"之考据,而是通过事件叙述中若干疑点的认真解读,揭示当学生运动达到高潮之后,利益的多元化和行为的复杂性依然存在,甚至更为扭曲、变形,其结果造成了难以估量的深远历史影响。

一、流亡及其困境应对

"七五"事件因东北流亡北平学生不满当局"救济"办法而起,那么,为什么会出现东北学生大量流亡北平现象,以致发展到难以收拾的地步呢?

显而易见,东北地区正在激烈进行的国共内战是东北学生流亡北平的主要原因。战乱可能中断正常的生活秩序,造成大量人口流亡,流亡本是一种避害的历史常态。然而,大批学生以所谓"读书"为目的的流亡,尤其是中学生的流亡,问题就不那么简单了。加之内战中的流亡,又带上了极为复杂的政治意识形态因素,更增添了解释的难度。

截至1948年3月15日,东北野战军胜利结束冬季攻势,克复战略要地辽阳、鞍山、营口、永吉、四平等城市,将国民党军压缩在长春、沈阳、锦州等孤立据点。2月29日,蒋介石在南京召见东北耆宿张作相、万福麟、马占山、邹作华,宣称东北决不放弃,赞许确保据点,打通交通线和有效应用地方人力物力,加强地方武装两项建议,①以作困兽之斗。同时,东北地方势力亦借行宪国民大会召开之际大肆展开活动。3月2日,东北民众请愿团抵达南京,成员为参议员王化一、沈阳市议长张宝慈、辽宁省议长李仲华和吉林旅沈同乡会代表田雨时,并立即与旅平津东北人士代表张元夫、王树常、米春霖、于珍和京沪东北人士代表周彧文、刘赞周、马亮、齐民凡,以及张作相、万福麟、马占山、邹作华等,商议组织联合请愿团。3

---

① 《东北决不放弃》,《中央日报》1948年3月1日,第2版。

日,请愿团前往行政院请愿,要求中央:一、增援军队确保东北;二、运输粮食接济军需民食;三、改善东北币制;四、救济难民;五、放宽各级公务人员学历审查及铨叙尺度。① 请愿团的成员组合及其要求,可谓是东北地方势力的大杂烩,以兵、粮、钱为最紧要问题,又以"开放汇兑"②为核心。

3月,又恰值新学期开始,因大批学生、教师滞留关内不归,或因交通阻隔无法返校报到,并仍有师生陆续流出,已经严重影响学校正常的教学秩序。随着城市围困战的持续和强化,五六月间,东北学生流亡平津人数大增,至"七五"事件发生时,北平已有东北流亡学生一万多人。③ 据北平市人口统计,1948年1月现住人口为1727546人,1948年6月激增为1918200人,增加人口中绝大部分为外省迁入,而本籍人口尚不足现住人口的一半。④ 东北流亡学生在流入人口中,属数量庞大、情况特殊之群体,对于北平地方无疑会造成巨大压力。

无论如何,如此大量的学生流亡现象,尤其是占多数的自流现象,仅用战乱解释并不足够,况且政府与学生之间对于流亡行动原因的叙述差异巨大。作为发动内战的国民党政府,反将战争造成的流离归之于共产党,如把大批难民涌入长春称为"人民不甘从逆",政府则"极为关怀","特

---

① 《东北请愿团日内谒主席》、《东北民众五项意见》,《中央日报》1948年3月3日、4日,第2版。

② 《改善东北金融》,《中央日报》1948年3月4日,第2版。

③ 由于缺乏对东北流亡学生的有效登记、管理,统计数字并不严格、准确。据报纸、学生刊物和学生运动骨干谈话汇总材料,1948年7月,北平有东北流亡学生大学生6000余人,中学生4000人左右,加上校外宿者在1.2万人左右。中央华北局城工部编:《北平"七五"惨案及"七九"大请愿》(1948年9月),《中国青年运动历史资料(1948.4—1948.11)》第18集,第388页。另据《中央日报》记者的调查,截止7月20日,北平东北流亡学生超过一万,记者调查所得数字为9636人,其中大学生2946人(男2703人,女243人),中学生6730人(男6030人,女700人)。记者承认统计数字不准确,尤其是女生数字。其实该报道的总数亦有误。袁笑星:《东北学生在北平》,《中央日报》1948年8月26日,第7版。缺乏精确的统计数字,在战乱环境下可以想见,值得注意的是,上述两种估计,总数大致相同,但大中学生的比例却相差甚大,前者明显站在东北流亡学生的立场上,试图以大学生的身份要求收容及享受公费;后者则站在政府的标准上,将大批大学先修班学生作为中学生计算。流亡学生身份计算涉及诉求及待遇,自然影响学生运动的发生及其行为特征。

④ 《北平市政统计》(1948年8月),北京市档案馆藏,J001-004-00539。

拨振款,迅予急振"①;另一方面,大肆鼓吹确保东北之信心,以为"东北青年不应稍存畏惧心理,动摇意志,甚至设法祈求离开,凡此具为莫大之错误",喊话"已离东北者,应重返东北;未离东北者,应坚守各人之岗位"。②"救济"与"自卫",为当时国民党政府应对难民或流亡问题宣传的两面,以所谓积极救济,攻击共产党,收买人心,借此动员地方民众,尤其是青年奋起"自卫",则是宣传的目的。不过,救济往往是杯水车薪,甚至只说不做,效果极为有限,动员能力更是每况愈下了。至于东北流亡学生方面,打内战,做炮灰,学生肯定是不干,因而,只能一再强调流亡行动是听信了政府的召唤和许诺,并在"七五"事件后强化了此种解释,以确保自己行为的正当性和纯洁性。最为典型的描述为:

> 虽然生活困苦,炮火连天,读不成书,但是我们总还存着一丝希望,总还存着一点幻想;虽然没有书念了,虽然当局答复我们的是"欢迎投军",但当看到报上忽然刊载教部在北平决设临大临中,收容东北入关的流亡学生的消息时,我们还是忍痛辞别生长的故乡,父母,大多数的同学,都卖掉他们仅有的衣服和书籍,吃尽千辛万苦,怀着满腔热望,经过共区,徒步走进关来。③

在一份东北学生偶然留下的日记中有这样的记载:

> 6月2日 清气喘喘地跑到我家里来,兴奋地告诉我一个消息,说学校在沈阳不再办了,可是教育部在平津即将筹办东北临大临中,收容东北流亡入关学生。虽然要跑这么远,但读书是毫无问题的,而且关内时局要安定得多,一切物质方面的需求都要好多了。我问他消息来源如何,他从口袋里抽出一份《中央日报》给我看,就在这上面登载着这样的一段消息。这当然是千真万确的。于是我和妈、哥哥商

---

① 《东北战局趋沉寂,社部拨款振难民》,《中央日报》1948年3月18日,第2版。
② 《东北局势在开展:有为青年应促返乡,参加保家乡保国土》,《中央日报》1948年6月16日,第4版。
③ 《为"争生存,争自由"而遭屠杀——"七五"血案前后记详》,《反剿民要活命》,东北华北学生抗议"七五"血案联合会编印,1948年8月,第4页。

量,都认为这是政府对东北青年的关注,是一点问题也没有的,极力赞成我们去。①

对于国民党政府诱骗伎俩的更夸张描述,出现在中共中央华北局城工部依据报刊资料及部分进入解放区的学生党员骨干汇报材料编辑的党内文件中:

> 敌人做有计划的宣传与骗东北同学入关,以便添补干部,以供其用。在东北的报纸上大肆宣传称"北平已有政府的拨款,设有临大临中,且聘有名的大学教授讲课。而且,北平的生活程度又低,去到那里,有政府照管,有白面馒头吃,生活自然不成问题……"。东北同学曾特遣代表赴平,去见临大主任陈克学(孚),询问是否有这事。他答称:"现在北平什么都有,只是少学生,你们快来吧!"于是这两个代表就马上拍电回东北,叫同学得快来平。②

于是,单纯的学生受到欺骗而流亡北平,成为"七五"事件后众多相关历史论著、回忆的主调。东北大学校史称:"南京政府的教育部就放出空气,说政府在平津设有招待所,负责食宿,已设立临大、临中收容东北学生。国民党的《中央日报》也正式加以报道,并说'到北平后可以公费读书'。实际上,却是一个骗局。"③北平学生运动史则直接引用中共文件内容,作为历史事实加以论述。④

十分明显,上述几种叙述均带有事后回忆的情绪性虚构成分,消息来源都指向报纸的阅读,尤其是《中央日报》,缺乏正式官方材料的佐证。事实上,学生主要依靠或者只能依靠公开报刊作为行动选择的消息来源,突出《中央日报》,亦是在强调该报的官方身份,从而将流亡行为归之于政府

---

① 徐康编著:《青春永在——1946—1948 北平学生运动风云录》,北京:北京出版社,2004 年版,第 107 页。
② 《北平"七五"惨案及"七九"大请愿》(1948 年 9 月),《中国青年运动历史资料(1948.4—1948.11)》第 18 集,第 385 页。
③ 王振乾、丘琴、姜克夫编著:《东北大学史稿》,长春:东北师范大学出版社,1988 年版,第 157 页。
④ 《解放战争时期北平学生运动史》,第 227 页。

的鼓动,也基本符合行为逻辑。不过,依然不能排除存在的疑点。其一,《中央日报》对于既往学生活动内容的报道失实,已经有过糟糕的记录,为什么东北学生会如此看重该报报道,还信以为真,由此决定走上背井离乡的流亡之路？其二,也是更为严重的问题,无论是亲历者或是历史研究者,都未认真分析相关报道的内容,诸如设立临大、临中的背景,实施的进展情况,以及收容规模和条件等等。

假定东北学生为求安定的读书环境,更多地关注《中央日报》的相关报道,并以为政府要为报道负责。查阅《中央日报》,有关在北平设立临大、临中以收容东北流亡学生的报道,都极简洁,并无自吹条件优越、鼓励前往的字眼。3月18日,《中央日报》首次报道在北平设立东北临大事,标题为《东北人士要求在平设联大》:

> 【中央社北平十七日电】教育部聘任督学黄曾樾日前飞平,奉令转往东北视察教育,并就各种困难问题予以解决。连日东北人士臧启芳、马毅、陈可文、刘伯昆、刘学忠等人往访,向黄氏提出抢救东北建议,并请黄氏转致教育部,在平设临时联大,以容纳长大、东大及东北各地流亡学生。黄氏定日内飞沈,于廿九日前赶返南京述职。①

3月21日,《中央日报》以中央社讯刊发了一条消息:"朱部长为救济东北流亡关内学生,已令在平津两地设临时中学一所予以收容,现正积极筹设中。"似乎是教育部对东北人士建议的回应。不过,仔细阅读,可以发现这只是附在教育部救济永吉撤退长春学生报道下的一条小消息,教育部青年辅导会除特拨少许救济款外,"并电长春训导班尽量收容"。② 主张就地收容。真正大张旗鼓对外宣传设立临大、临中的恰恰是留居北平的东北人士:

> 【中央社北平廿二日电】东北名流王化一,廿二日晨在东北旅平同学招待会上称:此次赴京请愿,曾与教部洽定,由部方与东北同乡

---

① 《中央日报》1948年3月18日,第4版。
② 《教部拨款救济永吉撤退学生》,《中央日报》1948年3月21日,第4版。

代表合组东北流亡学生小组,并决定在平成立两所东北临时中学(其一或设津),及一所东北临时大学,教部已派员来平。王氏并称:上述学校即将着手筹组,以收容来平东北流亡学生。

【中央社北平五日电】长白师范学院院长方永蒸,顷向东北旅平同学会宣布,教部决在平设东北临大,平津各设临中一所,临大设立后,即为一永久组织,东北全部收复后,即迁哈尔滨,改称"滨江大学",临大所收学生,以原在东北公私立大学学生为限,私立中正大学因未立案,不在收容之列。临大校舍问题,刻尚无头绪,经费方面,教部已拨两亿元,方氏昨赴津与张作相接洽在津设立东北临中学。①

与之形成强烈反差的是教育部的消极应付态度。黄曾樾东北视察返回南京后,谈到东北教育问题:"一、东北各级公私立学校在局势紧张、生活艰苦之下,均能镇静应付,弦歌不辍,此种精神,令人敬佩。二、本人去年曾往东北视察,此次再度前往,目睹各校对于教部前次令饬改进事项,均能遵办,至为欣慰。三、东北各省流亡在沈之中学生,为数颇多,本人已嘱各省市教育厅局长洽商设法收容于青年中学内。"②言辞闪烁,完全没有提及在平津设立东北临大、临中事宜。实际上,教育部在此类问题的处理上,只能取象征性救济和尽可能就地收容的态度,再就是消极应付,无法主动积极进取:一则能力有限,无论人力、物力、财力及部门的权威性,都不足以创建一所大型的大学甚至中学;一则应接不暇,流亡学生已是普遍问题,不光北平,南京也非常严重,北平也不只有东北流亡学生,山西流亡学生问题也越来越严重,根本无法一一妥善应对。

与此同时,共产党也在东北极力争取青年学生。4月15日,民主政府创办的吉林大学正式复校开学,该校由原"长白师范学院"及"永吉大学先修班"合并改组而成,已报到学生达530余人,并留聘了两校部分教授、讲师,贫苦学生亦能享受公费。③ 不过,此时中共宣传在大中城市青年学

---

① 《教部将在北平设临时大中学》,《中央日报》1948年3月23日,第4版。《东北临大筹设中》,《中央日报》1948年5月6日,第3版。
② 《东北各校弦歌不辍》,《中央日报》1948年3月31日,第4版。
③ 《吉林大学开学,贫苦学生享受到公费》,《人民日报》1948年5月7日,第2版。

生中的影响,还较为有限。

因此,被广泛提及影响甚大的一篇报道,当为5月16日的《救济东北流亡学生教部设北平临大》:

> 【中央社讯】教育部为收容东北国立各院校入关学生,在北平筹设临时大学,特派陈克孚为筹备主任,陈氏为留英文学博士,历任东北大学教授多年,胜利后曾任东北临时大学主任,现任国立蒙藏学校校长。又天津临时中学,部派杨树仁为校长,北平临时中学,部派侯敬敷为校长,此二校之立,亦在收容东北入关之中学生。①

其实,这则缺乏具体操作内容的消息被多家报纸登载,突出《中央日报》为消息来源,旨在刻意强调其官方身份。随着北平东北流亡学生的增加,教育部细化了临大、临中的收容范围。先规定收容东北各级流亡学生三项措施:"一、国立专科以上学校学生,在北平设临时大学收容。二、私立专科以上学校学生及中学以下学生,由教部青年辅导处及平市府救济机关等合作收容;举行编级试验后,设法入相当学校就读。三、东北各校有先修班学生共3000人,教部已指示各校教职员,设法办理结束,成绩优秀者保送入各大学,其余令自行投考。"②重申了设立临大为收容国立大学学生的原则;其他大中学生由教育部与地方政府合作收容,须经严格考核;结束各种先修班,优秀者方有保送大学资格。不久,教育部出台了北平东北临中的体制规定,该校规模为20个班,计1000名学生,以收容东北籍之流亡失学青年为限,入校学生须经登记审查甄试。③ 显然,教育部规定与东北人士的解释及东北流亡学生的期待,距离甚大。

仅从《中央日报》的报道内容观察,国民党政府并非东北学生大批流亡北平的主要煽惑者,在背后起推波助澜作用的则是各类东北人士。所谓东北人士,主要指已经移居关内或游走于关内外的东北政、商、教育、文

---

① 《中央日报》1948年5月16日,第3版。
② 《教部收容东北流亡学生》,《中央日报》1948年6月23日,第4版。值得注意的是,此条消息还有另一个主题《卞垣逃徐学生亦予抚慰》。
③ 《徐州北平两临中教部正着手筹设》,《中央日报》1948年7月3日,第4版。同样,教育部的应对及《中央日报》的报道,都试图考虑某种全局性平衡,与地方利益视角的理解存在距离。

化界人士,尤其是政界和教育界人士。经过长期抗战,东北地方势力已遭严重削弱,在战后接收过程中也未能恢复元气,大多在边缘部门或民意机构充当象征性角色,除了服务地方的情怀之外,发表各种言论,甚至制造政潮,也是他们表示存在及重要性的有效办法。从利益的角度看,此刻,最重要的是确保他们的政治、社会地位和经济收益。在各种请愿活动中,在国民大会、立法院、监察院及省市参议会中,东北人士的积极活跃可见一斑。当平津各高校纷纷拒绝东北学生"借读"①之后,设立东北临大、临中的呼声高涨,也是东北教育部门试图继续掌控经费、职位的主要手法。②

经济利益首当其冲就是将东北流通券携带至平津兑换法币,仅部分试图保值,多数在当地套购商品及金钞,发战争不义之财,其中,既有东北军政官员,也有各机关的撤离人员,随战事吃紧,东北物价飞涨,"稍有资财均迁居平津"。③迫于东北游资南下及东北人士一再要求之压力,财政部修订了东北流通券行使及兑换办法,规定东北九省区域仍使用东北流通券,东北流通券与法币兑换比率为1∶10,入关旅客携带东北流通券准在山海关、北平向中央银行兑换,兑换额度由中央银行酌定,东北汇往关内汇款酌量放宽。④ 5月4日,又规定流通券与法币恢复1∶11.5的比

---

① 借读在当时是一种较为普遍的现象,以解决因战乱交通阻隔造成的无法按时到校而在异地就学问题,经学生借读校与所在校同意,所在校认可借读期间所修学分或课程有效。东北流亡学生借读被拒绝,主要因为人数较多、经费不明和有长期化的并校趋向,为平津高校无法承受。例如,黄曾樾督学视察时,提出"滞留平津学生,可由其个人向各校申请借读"。可交涉的结果是,"北洋大学已通知东大留平同学会,因设备不足,不克收容。北大、南开日内亦可答复。该同学会已再电教部设法"。《督学匆匆视察只谈解决原则》,《东北教育末路》,《大公报》(津)1848年4月4日,第5版;4月2日,第3版。

② "七五"事件后,教育部次长田培林赴北平解决东北流亡学生问题,在谈话中称:"前曾令平津院校收容借读,而各院校收容借读生预计的一笔费用过大,无法办到,最后决定以长师、长大、东大、沈医四院校经费办临大、临中,而不影响东北各国立院校之存在,将来如情况好转,再以临大为基础,兴办哈尔滨之滨江大学。这个办法向好里说是折衷,向坏处讲是应付;惟以四校经费各四分之一来办临大,经费可能比北大、清华还多些,相信临大应当办得好。"《田培林谈北来任务促成东北临大临中》,《大公报》(津)1948年7月11,第2版。

③ 《沈阳富户纷迁平津东北资金大量入关》,《平明日报》1948年4月24日,第2版。

④ 《流通券与法币在东北一比十行使》,《中央日报》1948年3月14日,第2版。

值,并允许流通券在关内无限制兑换。① 东北战局愈紧张,游资南下的规模愈大,对于华北经济的冲击亦愈大,而且,关内外货币币值、兑换地点与额度限制,成为东北相关利益集团与华北地方相互博弈的重大问题。在学生运动高潮时期,东北流亡学生问题,自然可以成为施加压力、谋取利益的议题。

当然,东北流亡学生也绝非简单的、消极的被利用者。学生可能为躲避战祸而轻信某种蛊惑或利诱,但是,多数东北学生的流亡行动,既非学校行为,更非政府规定,必有自身的主观因素,"最基本最重要的因素还是同学的思想落后,对美国政府抱相当大的幻想",或"追求物质享受的,害怕吃苦","受到敌人片面的宣传,为敌人所蒙蔽,害怕共产党"。② 此种分析主要基于学生的阶级出身,尽管较为生硬,仍具有一定的合理性。多数学生的流亡行动包含一定的投机因素:既可避开战祸,改善生存环境;又能继续读书,甚至获得享受公费和顺利升学的机会。因此,东北人士既是东北流亡学生的庇护者,也是困境中的主要请愿对象。更为严重的是,高度分散化的东北流亡学生在采取集体行动时,需要借助甚至依靠东北人士的宣传策略和组织工具,这就是东北人自"九一八"后二次流亡的悲情牌和各种东北同乡会组织。

可是,对于学生而言,两者的局限性一目了然,尤其是原东北军政人员抱怨二次流亡,旨在要求国民党政府强化对东北的实际控制,否则,"东北将遭遇较九一八更严重之命运"③。毕竟此番流亡与彼时流亡的环境背景根本不同,简单地渲染悲情博得社会同情,在学生运动大潮之中,势必陷入解释的陷阱。地方同乡会组织,能够为旅居者或流亡者提供一定的活动空间和生活便利,但地域身份认同因素强烈,不利于大规模的集体行动,更无助于获取所在地社会各界的同情和支持。由此,"七五"事件也就带上了学生运动的别样特征。

---

① 《东北币制问题解决》,《大公报》(津)1948年5月5日,第2版。
② 《北平"七五"惨案及"七九"大请愿》(1948年9月),《中国青年运动历史资料(1948.4—1948.11)》第18集,第385—386页。
③ 《东北请愿团书面谈话》,《中央日报》1948年3月3日,第2版。

所谓期望越高,失望越大,东北流亡学生在北平的境遇远比想象的更糟。"我们上万的同学,分住在破庙里和走廊下,满屋子挤下了一百多个人,躺在阴湿的泥地上。下雨了,我们只好整夜徘徊,不得安睡。吃的是一天两顿窝窝头,连盐也见不着。病倒的人越发多了,没有医生,也没有药品,同时,房子的主人,时时可能赶走我们,'救济'的食物,也常有中断之虞,代表去交涉、请愿毫无结果,我们陷入了求生不得,呼助无门的绝境。"①这是"七五"事件后对于困境的最为悲惨的描述。在事件发生前,报刊上也每每会登载东北流亡学生食宿困难、临大临中筹办延滞或收容有限的报道,展现出了学生遭遇的各种窘状,锋芒直指教育部及北平市政府的安置不力,表达传媒对于学生的同情立场。

处在困境之中的东北流亡学生,应对的主要方式就是请愿,"在6月一个月中前后的大小请愿就不下十余次"②。事实上,自5月中旬情况恶化,请愿活动便大量增加,对象多为北平市政当局和相关东北教育主管人员,其实,两者均无根本解决问题的能力。食宿无着的东北流亡学生,"到各机关痛哭一场,依然毫无结果"③,换取的只是社会局每人15万元的"救济";负责筹办临大、临中的长白师范学院院长方永蒸原来信心满满,此刻却"避见学生"④。请愿活动大致分为几类:一是以学生团体召开记者会的形式,发布宣言或公开信提出要求,利用传媒施加压力;二是以学校为单位派出学生代表或数校代表联合请愿为主要的交涉方式;三是学生的集体请愿,参加人数一般不大,最多也就二三百人。在各种参与者中,又以私立院校学生和分散的中学生较为积极。

东北中正大学既属私立,又未经教育部立案,且该校有整体搬迁计划,学生流亡北平者较多,各种请愿活动的参与也最为突出。6月2日,

---

① 《东北、华北学生抗议"七五"血案联合会告全国同学书》(1948年7月20日),《解放战争时期北平学生运动》,第413页。
② 《北平"七五"惨案及"七九"大请愿》(1948年9月),《中国青年运动历史资料(1948.4—1948.11)》第18集,第392页。
③ 短评:《救救东北失学青年》,《大公报》(津)1948年5月15日,第3版。
④ 《救济东北学生》,《平明日报》1948年5月13日,第4版。

中正大学学生会招待记者,声称:"东北临大虽然已经成立,但私立院校却被摒诸门外,为了争取安定的读书环境,我们决议誓死加入临大,希望全国正义人士了解我们的苦衷,支持我们的合理要求。"①言语中锋芒毕露。18日,中正大学学生百余人向代校长余协中请愿,高呼"打倒教育骗子"口号。自治会再次发出《争取加入临大呼吁书》,历数半年来该校董事会一再变更方案,使学生遭遇"没饭吃""没房住""没书读"的厄运,此种摧残是"对中国青年的虐待","现在我们唯一生路只有'争取加入临大'"。②余校长愤而请辞,以为学生自治会自造名册,要求学校承认,意图冒领当局之配给面粉,并称东北正大学生"非无人管,实无人敢管"。③对抗的激烈程度明显提升。26日,东北几所私立学校流亡北平学生约300人向教育部社教司司长英千里请愿,要求给予入东北临大之机会。中正大学有学生写血书致董事长杜聿明,要求其速向教部声明,暂时停办中正大学,以便将学生收容入临大,"请火速救我们脱离苦难"。④或可视为学生以悲情祈求同情的最后一招。

当然,东北流亡学生绝非一群完全无助的"苦难的孩子",况且尚有东北地方势力支持、传媒关注、社会同情和学生运动的氛围。在交涉、请愿无果的情况下,自行占住行动时有发生。6月2日,中正大学学生一方面招待记者诉说苦衷,一方面抢先搬入收容东北临大学生之黄寺,迫使收容私校学生。⑤以安定门内国子监难民收容所为暂时住处的私立院校学生,不满住宿条件,到教育局去请愿,要求暂住国子监孔庙内,教育局通知社会局转坛庙管委会,据说坛庙管委会以此有损古物,已请社会局考虑。⑥锦州先修班学生到达北平后,无处投奔,只得露宿在中南

---

① 《中正自治会昨招待记者》,《大公报》(津)1948年6月3日,第3版。
② 《沈中正大学生争取参加临大》,《大公报》(津)1948年6月19日,第3版。
③ 《余协中辞长正大后昨对记者发表谈话》,《华北日报》1949年6月21日,第5版。
④ 《东北学生请愿》为了晋升学中正学生上血书》,《大公报》(津)1948年6月27日,第3版。
⑤ 《中正大学学生昨日招待记者》《正大学生已抢先搬入黄寺》,《华北日报》1948年6月3日,第5版。
⑥ 《私立院校生要去住孔庙》,《平明日报》1948年6月5日,第4版。

海怀仁堂走廊下,且被当局认为有碍观瞻,勒令迁移。① 另一拨住在东北同乡会屋檐下的中学生,16日自行搬到美琪电影院的楼上去住了。② 就连国立东北大学学生也不例外,随着到达北平的人数增加,临大黄寺校舍无处收容,遂于6月25日"自动迁入"铁狮子胡同四号宋哲元之房产。③

在各种占住行动中,影响最大的可能是怀仁堂事件。6月18日夜,天降大雨,住在怀仁堂前走廊下的东北流亡学生400余人为避雨搬入怀仁堂内,而怀仁堂正是21日即将开幕的北平市参议会第一届第三次大会会场。于是,警察分局派人交涉,学生不肯搬出,并于19日推派代表往市府请愿,希望在参议会开会期内,白日迁出,夜间仍宿堂内。市府则张贴公告,要求学生即行迁出,搬到宣外法源寺,以免碍及参议会开会,被学生拒绝,因前次安排住拈花寺曾遭到和尚拒绝。经过一番紧张的交涉,学生"自动而知礼的"搬去了广化寺,参议会议长许惠东却因连日奔波中暑,开幕式前的记者招待会亦未能出席。④ 传媒更是借机讥讽参议会,以为:"在怀仁堂左右都不是没有大房子,北平的慈善家也很多,市政当局也很慷慨,何以对这批年青人这么悭吝,想市参议会必能正视现实,更是辞谢不了这责任。"⑤

强行占住,劝告迁出,主人的冷眼,传媒的热议,都有可能增强东北流亡学生的被迫害感,产生强烈的愤怒情绪,随时都有可能迸发出来。

二、导火索、抗议对象与行为特点

狭义的"七五"事件,指1948年7月5日发生于北平的东北流亡学生

---

① 《锦先修班学生抵平就学被拒》,《大公报》(津)1948年6月15日,第3版。
② 《流落古都东北学生饥饿线上苟延残喘》,《大公报》(津)1948年6月17日,第3版。
③ 《东北学生请愿》,《大公报》(津)1948年6月27日,第3版。
④ 《东北流亡生只有去住庙》,《平明日报》1948年6月20日,第4版;《平参议会三次大会今在怀仁堂开幕》,《大公报》(津)1948年6月21日,第3版。
⑤ 《好客古都为何悭吝,东北青年受尽奚落》,《大公报》(津)1948年6月20日,第3版。

游行抗议并遭开枪镇压之事件,镇压者已经被牢牢地钉在历史的耻辱柱上。不过,作为学生运动,"七五"事件的过程,尤其事件发生后的过程描述和历史解释,还存在着诸多需要商榷的疑点。

游行的导火索,为7月1日北平市参议会第一届第三次大会通过之《救济东北来平学生办法案》,原文如下:

> 东北学生源源来平,已成为本市严重问题,市府及社教两局,对于东北来平之学生之食住办法,已尽最大之努力,然不能根本解决此项问题,兹拟具紧急救济办法,敬请公决。办法(一)本会电请中央,对于已到平之东北学生,不论公私立学校,凡有确实学籍及身份证明者,应请傅总司令设法,予以严格军事训练,在训练期间,予以士兵之衣食待遇,并切实考其背景,身份,学历等项,确有学籍及思想纯正之学生,暂时按其程度分发东北临大,或各大学,中学借读,俟东北稳定时,仍令回籍读书。其身份不明,思想背谬者,予以管训,学力不合者,即拨入军队入伍服兵役,期满退伍。(二)电请中央停发东北各国立公立学校之经费,及学生公费,全部汇交傅总司令,会同省市政府审核发放贴补东北来平学生费用,或改汇东北临大作为经费,东北各校一律暂行停办,以免其一面派遣学生进关,一面另招学生,并套取经费公费。(三)东北国立公立学校停办,停发经费,令教职员一律进关,以原薪(照平津指数)在学生军训班,或东北临大工作。①

东北流亡学生不满的理由,据称是"要叫我们东北同学全去当炮灰"②,而且,多数相关记载都接受了此种解释。其实,十分清楚,议案中所谓"入伍服兵役"仅指"学力不合者",即无法证明学生身份、不能考核甄别的收容对象。严格地讲,不义战争的牺牲品都是炮灰,但是,指议案要东北人充

---

① 《救济东北难生热河应该在内:市参会通过建议案》,《益世报》(平)1948年7月4日,第4版。
② 《东北、华北学生抗议"七五"血案联合会告全国同学书》(1948年7月20日),《解放战争时期北平学生运动》,第413页。

当炮灰则是故意曲解。当天,参议会还通过有《建议变通本市兵役办法案》,建议对本市应摊兵额改用征募办法,以"本市壮丁担任本市防卫之责"为原则。此外,呼吁军政机关提供更多职位,是解决毕业生就业的惯常议题,报纸上也屡见军队征召知识青年的广告,可兵役问题从未成为北平学生运动的主题。至于议案中的军训、管训等办法也不是参议会独创,教育部、北平军政机关官员,甚至部分东北人士都曾主张。议案内容的实质,在于建议将东北国立公立学校经费公费和流亡学生的管理权,转移到北平军政机关手里,这是实行总体战之必需,却伤害了大批东北人士的既得利益。

依习惯说法,议案内容被刊登在 7 月 4 日的报纸上,彻底激怒了学生。"同学们骚动了,互相奔走相告。不一会,报纸的面前已拥挤了无数的男女同学,具有着同样阴森严肃的面部表情,和燃烧着愤怒之火的心。积压在心底的仇恨像火山样的爆发了。"①无疑,此种事后描述带有夸张的成分,而且在进一步考量之后,便能发现明显的漏洞。

其一,因战乱影响,纸张供应已经十分紧张,质量亦有所下降,印刷质量难以保证,且当时报纸均以小号字印刷,即使个人在安静的环境下捧读,也并非易事,无法想象一群人拥挤在一起能够读到多少内容。

其二,何种报纸刊登了此项议案?在东北流亡学生驻地设置了多少阅报栏?每日能够提供何种报纸以供阅读?都不清楚。事后追述尽管可谓异口同声,但都未言明所读何报。官方记载只提到《世界日报》载有决议案。② 经查,7 月 4 日当天,北平发行的各日报中,《大公报》《北平日报》《华北日报》《平明日报》等均未刊登此项消息,后两种报纸又与北平军政

---

① 《为"争生存,争自由"而遭屠杀——"七五"血案前后记详》,《反剿民要活命》,第 5 页。
② 《北平市教育局长王季高为报告"七五"事件经过致朱家骅函》(1948 年 7 月 6 日),《解放战争时期北平学生运动》,第 455 页。1948 年 7 月 4 日《世界日报》第 3 版在《参议会通过议案办法全文》的标题下,刊登了两项议案原文:(一)建议变通本市兵役办法案;(二)救济东北来平学生办法案。

当局关系密切。消息来源的诡异,助长了此项议案为参议会阴谋的解释,①自然也增加了东北学生如何获取消息的疑点。

罗荣渠日记为这一疑点提供了一个旁证。作为北京大学史学系学生,罗荣渠参与了当时的各项学生运动,7月5日上午,华北17院校河南同学会在北大民主广场召开国民党军滥炸开封控诉示威大会,史学会送的挽联即为其所书。至于"七五"事件,罗荣渠先是"听说",吃晚饭时自治会临时发起募捐"送点吃食",晚上在大街散步时碰见一队"请愿归来"的东北同学,赶回学校后"才知道"出了惨案。② 随后几日,罗荣渠参加了北大学生慰问东北同学的活动,与他们有面对面的交谈,并热心关注事态的发展,日记中有详细记载。所记内容曾被研究者转引,作为亲历者已认定的"事实",研究者却未对材料加以认真分析。③ 其实,日记所记,主要是用于个人分析,罗荣渠对事件起因并不十分了解。7月14日,罗荣渠去图书馆期刊阅览室翻阅报纸,偶见"七五"追悼开封十万冤魂大会报道中几位先生的挽联很好,抄录下来作为"内战文献"。由此,发现了"七五"事件发起消息来源之疑点:

> 关于"七五"事件导火索之市参议会议案,我查了好几种报均未查到,结果在北平《益世报》7月4日的报上找到,也把它抄了下来。④

---

① 焦点集中于提案人参议员丁履进的身份,以及自行将议案提供报刊发表的行为。王化一的回忆直指提案及其发表"阴险万分","有意掀起波澜"。王化一:《北平"七五"事件真相》,中国人民政治协商会议全国委员会文史资料研究委员会编:《文史资料选辑》第42辑,北京:文史资料出版社,1980年版,第231页。许惠东家属的回忆亦强化此种认识:"市参议会的参议员丁履进(中统分子)提出议案,要求北平市政府会同华北'剿总'对流入关内的东北学生甄别考核……当时主持、通过这个议案的是副议长唐嗣尧(议长许惠东因去天津,没有参加这次例会)。这项议案通过后,尚未提交市政府和'剿总',丁履进因为是国民党中央通讯社北平分社社长,即将提案的内容及市参议会通过情况,当做新闻发表了。"许兆林:《记解放前平津地区的风云人物许惠东》,中国人民政治协商会议北京市委员会文史资料研究委员会编:《文史资料选编》第28辑,北京:北京出版社,1986年版,第232页。

② 《北大岁月》,第313—315页。

③ 王春林:《国共内战中的国民政府、地方当局与流亡学生——以1948年北平七五事件为中心》,《南京大学学报》2012年第1期,第108—109页。张皓、陈银屏:《从期望到失望:1948年北平"七五"事件再探讨》,《史学集刊》2012年第3期,第61页。

④ 《北大岁月》,第324页。

原来，即使是在已有预先反复提示，精心坐在图书馆里阅读报纸，想要查到此项议案也要费些周折，也反证《世界日报》或《益世报》均非当时学生惯常阅读的报纸。

其三，就算东北流亡学生恰巧在《世界日报》或《益世报》上读到了此项消息，但有多少人能够完整的阅读议案内容，仍然值得怀疑。纵观整个参议会会期的报道，开会的过程和讨论情况较为透明，议案内容、通过情况基本公开，相关的评论也较为自由，重要议案在表决后在大小报纸上均有相关报道。事实上，《救济东北来平学生办法案》通过次日，多数报纸都报道了此项消息，《市参会宣言》将"救济流亡"列为五大类议案之一，并梗概介绍了相关内容。① 如果确实关心，想要获得完整内容，应该不是什么难事，但东北流亡学生没有任何反应。至于所谓未经呈报便公开全文，并不代表报道别有用心，恰恰说明了民意机关的公开性。报纸拿出版面刊登议案全文，应该只是报纸自己的决定，②多数报纸未加刊载，更多的只是在表达传媒对议会的轻视。③

由此可见，阅报而产生爆炸性结果的叙述明显带有虚构成分，"奔走相告"应该是大多数东北流亡学生获取议案信息的主要方式，并且添加了刻意的曲解。不过，理性的阅读并不是产生大规模集体行动的主要条件，导火索的确定，只是在于选择抗议目标和行动口号。

既然市参议会通过议案成为"七五"事件导火索，选择市参议会为抗议对象，似乎顺理成章。可是，大规模的学生集体行动，通常是为施加政治压力，争取社会同情，以求解决或部分解决问题，自然请愿或抗议对象应该是负有具体责任的权威部门及主管部门。参议会并非实权部门，也

---

① 《市参会宣言》，《益世报》(平)1948年7月2日，第4版。
② 例如，《华北日报》就曾刊登《肃清本市潜匪案》《协助当局从速修筑城防案》《请迅拨美援建设案》原文，更关注军政问题。《市参议会发表通过三案原文》，《华北日报》1948年7月3日，第4版。7月4日，刊登《救济东北来平学生办法案》的《世界日报》和《益世报》(平)，消息来源分别注明为"中央社讯"与"本报讯"。
③ 例如，市参议会刚闭幕，立即出现闹剧、喜剧和说空话的负面评论。社论：《参议会闭幕有感》，《北平日报》1948年7月2日，第1版；《市参会决议案发发牢骚而已》，《平明日报》1948年7月5日，第4版。

不可能对东北流亡学生施加具体迫害,仅仅因为通过了一纸空头建议案,值得如此兴师动众吗?行动口号的选择就更为离谱了。所谓地方歧视完全不是学生运动的话语,也不是参议会议案的内容,《市参会宣言》甚至强调"救济流亡"主旨在于东北、华北为一体,颇有总体战见地。

符合逻辑的解释是:从导火索到对象、口号的选择,主要出自留居北平的东北政商界人士。北平市参议会尽管并无实权,可作为民意机构其言论却十分激昂,具有刺激性。在会期内,除"加强自卫"外,参议会最关注就是"平抑物价",其中又以东北流通券兑换问题最热。6月26日晚7时,参议会通过停止物价上涨紧急措施四项:一、各国家行局即日停止兑现,已到难民所携之小额流通券可在市府先行登记,限期兑换完毕;二、请华北"剿总"转告东北"剿总",通知东北军民,平津即日不再兑现;三、携款二亿以上者均严加审核分期付现,如有问题,应予冻结;四、加强审核小组,请"剿匪总部"派人参加。① 这是针对东北流通券最严厉的处置,许惠东并称,议案内容是与各单位交换意见的结果,要立即将决议送交傅作义,核准后即日实施。显然,紧急措施一旦实施,受影响最大的当为试图迅速转移资产的东北政商界人士,参议会的推动作用也把自己放在易受攻击的位置。

将参议会作为抗议对象,既不会与北平军政当局扯破脸,又可以获取向中央施加政治压力的效果,也更符合以学潮发动"政潮"的结局,此种成府深厚的政治盘算,非一般陷入困境的学生所能为。另外,在时机选择上,6月26日,李宗仁到北平,尽管其北平行辕已在取消之中,但作为驻北平的最高行政长官,仍增加了各派政治势力博弈的机会和场所;7月1日,北平市长刚刚完成新老交接,新任市长刘瑶章还来不及展示施政手段及能力;② 6月24日,在参议会大会上,曾发生参议员与应询的警察局长

---

① 《平参议会通过紧急措施流通券请停止兑换》,《大公报》(津)1948年6月27日,第3版。
② 有回忆老市长何思源的文章称:"'七五'事件后,傅作义对他说:'你晚离职几天,也许就不会出这件事。'"暗指存在交接过程中的短暂失控。万永光:《我所知道的何思源》,中国人民政治协商会议北京市委员会文史资料研究委员会编:《文史资料选编》第18辑,北京:北京出版社,1983年版,第48页。

汤永咸的激烈冲突,结果是汤永咸下台,也造成参议会得罪了地方治安当局的印象。加之因参议会开会,要求强住在怀仁堂内的东北流亡学生搬出,亦对学生动员有所助益。如此,以弱势的参议会为对象而达目的,似乎是一个稳妥的政治策略,也给学生行为添加了别样的特征。

尽管以参议会为抗议对象,以不满地方歧视为动员口号的选择,学生运动与既往相比差别甚大,可在动员速度和规模上却有不凡表现:

> 为了争取最基本的生存权和读书权,为了不愿充当内战的炮灰,也为了抗议残酷的虐待,我们不应该,也不可能再沉默了。于是在下午七时,召开了一个东北流平各校学生的代表会议。会议进行,极为顺利。标语,口号,宣言,抗议书,由当场推派负责人连夜赶出。议决了第二天的请愿游行,夜是沉闷的。每一个人的心中,更加沉闷。在紧张和沉闷的气氛中,度过了通宵。
>
> 五号早晨,分住在各角落庙宇的东北大学、中正大学、长春大学、长白师院、沈阳医学院、锦州先修班,及东北联中等十五个单位学生请愿大队分东西两路出发游行。
>
> 九时许,在市参议会门前,汇成了五千人的巨流。①

仅仅用了一晚上时间,就能够在居住分散的东北流亡学生中间迅速调动起四五千人②的游行队伍,效率之高,很难与之前的零散活动相比较,就连拥有完整组织体系的华北学生也无法做到。高效动员表明,运动的对象和口号选择,确能获得大多数东北流亡学生的响应。不过,在动员过程中,如何进行组织串联,借以弥补流亡中组织不健全的弱点,缺乏清晰的描述。有高度共识就能实现高度的组织化吗?事后记述十分矛盾,游行

---

① 《为"争生存,争自由"而遭屠杀——"七五"血案前后记详》,《反剿民要活命》,第5—6页。
② 当时对于学生游行人数的各种报道不一,均比学生自述要少,但数量也很可观。如同日《大公报》就有三千余人和四千余人两种说法。《北平昨一大惨案》《警备司令部招待会报告冲突发生经过》,《大公报》(津)1948年7月6日,第2版。

行动确实未经充分的组织酝酿①,又似乎一切都很自然,并不成为问题。如此高效的集体行动,在东北流亡学生中也再未出现,"七五"事件只是一个孤立的个案。因此,在"反迫害"的学生运动主述话语环境之下,为标榜遭受严重地域歧视,游行示威的行动,没有同北平学校取得联络以获得声援,而是试图将运动限制在东北流亡学生之中,把自身封闭起来,这与学生运动的开放性特征形成强烈反差。②

然而,更严重的是行动中的暴力行为,并带有鲜明的别样特征。7月5日全天的游行请愿行动,大致分成三段:晨9时结队游行至府前街市参议会抗议,随后有捣毁行动;11时大队转往北长街李宗仁副总统私邸请愿,等候约一小时李由中南海返回,在私邸召见学生代表,再由代表将谈话转达全体学生;下午2时大队开赴东交民巷许惠东议长住宅,随即与警宪发生冲突并僵持,晚7时大队拟离去时遭开枪射击。③ 仅从学生行为观察,游行开始不久便发生捣毁市参议会行动,第三阶段则有冲击许惠东私宅的情形,只有中间一段算是较为典型的和平请愿,可谓激烈—温和—激烈的三段式。依据当时惯用的解释学潮形成并逐步激烈化的刺激—反应模式,学生的过激行为,哪怕只是标语、口号的语言暴力,都是当局刺激的结果。即使是一次较大规模的学生集体行动,也往往因为

---

① 东北大学校史记载:"'东大'地下党紧急决定,党员、盟员都参加到游行队伍中去,因势利导,必要时参与领导。"《东北大学史稿》,第161页。此种依据事后个人回忆的记载,主要为表达中共组织在学生运动中的存在,也从一个侧面说明此项行动没有在学生中充分酝酿。

② 事实上,当时在北平的外国记者已注意到此种反常情况:"北平各大学的学生自治会,一向对于学生的游行等计划的消息是极为灵通的。这次对于七五请愿的事,事先却一点都不晓得。""我在北大听说,在东北的学生刚来的时候,有些北平学生曾送给他们礼物和信件表示欢迎,但都遭退回。北大学生相信东北学生曾受到警告,不要和本地大学生混在一起。"Jean Lyon:《七五惨案前后》(北平通讯),《中建》第3卷第4期,1948年,第22页。

③ 《北平昨一大惨案》,《大公报》(津)1948年7月6日,第2版。另有报纸记作晨8时结队游行前往市参议会请愿;中午12时复至李宗仁副总统官邸请愿;下午2时大队至东交民巷许惠东宅,7时发生不幸事件。《东北学生昨捣毁市参议会》,《世界日报》1948年7月6日,第3版。区别主要在早晨分路出发和进入参议会的时间,以及大队相继离开参议会和到达李宅的时间计算。对于组织松散的大规模群体行动,当天不同记载的误差在所难免。不过,不同的时间叙述,无形中拉长了学生在市参议会请愿阶段的时间,日后东北学生以遭遇"等待再等待"等"刺激"为捣毁参议会行为辩解时,更是将此阶段的时间模糊化。《为"争生存,争自由"而遭屠杀——"七五"血案前后记详》,《反剿民要活命》,第7页。

过程中的各种应激反应,存在着由较为温和渐次升级到激烈,乃至于失控的现象。为什么"七五"事件在开始阶段就有所谓捣毁行为发生呢?

和平请愿既是学生运动最常见的形式,也是学生运动潜在力量的核心条件,在学生运动成熟时期,"七五"游行的发动者和组织者应该十分清楚,更何况从一开始的有限目标设想,更不应该带有十分激烈的暴力行为。然而,学生一经发动,其行为往往会超越主观预想。据"七五"事件发生后次日报道:

> 东北来平大中学生三千余人,对平市参议会通过之"救济东北学生办法"不满,五日上午九时结队游行呼口号,至府前街市参议会抗议。警察于事前即赶往戒备。学生大队抵参议会后,无人接见,大队遂无阻冲入,将所有门窗、玻璃、家具、办公室均捣毁,损失惨重;并将门首之"北平市临时参议会"洋灰字挖掉,改为"北平市土豪劣绅大会"。①

尽管游行的结果是酿成血案,但从开始便十分激烈,仍然对学生行动造成某种负面影响。学生只能强调受到刺激后的情绪过激反应。最直接的刺激,当然源于参议会的建议案,激怒了本来就已经十分窘迫的东北流亡学生。但是,这只是发动示威游行的导火索,学生也始终强调其行动在于"请愿"。于是,"请愿"过程中的受阻,便成为再度刺激的缘由:

> 五日早九时,不期而会者约两千人,齐集于市参议会门前,派代表十余人,要求见该会负责人,询问议案缘由,拟请撤销原案,以安人心。不料该会无人负责答复,时间既久,青年学生不免由愤激而情感冲动,且因与警宪争执,入会寻觅负责人,商谈未果,不免有撞坏什物玻璃情事。②

5日为周一,由于刚刚闭会,参议会负责人并未到会办公。参议会并

---

① 《北平昨一大惨案》,《大公报》(津)1948年7月6日,第2版。《大公报》的通讯稿,在各报纸中较为温和。

② "七五"不幸事件东北同乡会发表真像,《世界日报》1948年7月9日,第3版。值得注意的是,东北同乡会的辩解,不但淡化了捣毁行动,也淡化了游行的组织性,强调了自发的、偶然的情绪化行动。

辩称:"纵令东北学生对于本会建议认为未尽妥善,亦当提出具体意见依法向本会正式请愿","不应捣毁会所及包围住宅"。① 在各式各样的学生请愿行动中,遭遇当局冷落是常有之事,或闭门不见,或出面接待者层级较低,或打官腔敷衍推诿,但极少有立即捣毁之举。因此,学生又找出了第三种刺激源:

> 等待再等待,同学们的情绪却愈来愈高,大家一致认为非得到圆满的答复不可。
>
> 突然从参议会楼上向请愿大队抛下了许多石头碎片,有的同学因为躲避不及而负了伤。同学们受到这样的刺激,实在再也抑制不住心底的悲愤。大家认为参议会负责人是不会出来和同学见面的,于是大家涌进了参议会,参议会果然没有一个负责人,这当然是有意规避。于是,同学们在愤怒之余,损坏了一些玻璃和门窗。②

由提案到请愿遭遇冷落,等来的简直就是挑衅,在一而再、再而三的刺激下,学生忍无可忍,"捣毁"也就可以理解了,虽然反应过于强烈,甚至与刺激极不相称。

参议会不依不饶,以为"捣毁"并非偶发的刺激升级,而是"有计划的行动"。③ 在前往参议会抗议的过程中,学生自述的标语、口号为:"反对市参会非法议案""反对摧残东北青年""要吃饭,要读书""挽救东北教育危机"等,漏夜赶编了《打垮参议会》的歌曲,歌中唱道:"参议员哪坏良心","兄弟们快起来,一定把它打垮台"。地方当局公布的学生口号为:"反迫害""打死参议员""打垮参议会"等。两者均表明对参议会及参议员的敌视和蔑视。"捣毁"过程持续时间较长,甚至去而复来,参议会遭遇多批次的打砸,警察也未加干涉。值得注意的是,学生行动口号中的"非法",并不是"反迫害"运动中从人权出发,质疑国民党政府法律的合法性,

---

① 《市参会分电全国报告被捣毁真相》,《华北日报》1948年7月7日第4版;《平参议会通电全国报告会所被捣经过》,《大公报》(津)1948年7月7日,第2版。两份报纸在同一报道上,存在明显差异。
② 《为"争生存,争自由"而遭屠杀——"七五"血案前后记详》,《反剿民要活命》,第7页。
③ 《平参议会谈话会》,《大公报》(津)1948年7月6日,第2版。

仅仅在于北平市参议会议事的管辖范围。另外,"捣毁"过程中,需要花费气力和时间将门首上的水泥大字铲去,是出于学生对参议会的怨恨,但以"土豪劣绅会"取代,则有些耐人寻味。"土豪劣绅"一词在国民革命时期常见,多指封建专制时期的残余势力,在战后已经较少使用,在学生运动中更是极少出现。东北流亡学生离开参议会时,留下一张《驳斥参议会议案的抗议书》,作为请愿的诉求,其中语言和内容,与事件后东北同乡会的多次发言基本相同。由此可见,东北流亡学生对于北平市参议会①的情况,尤其是职权范围和议事规则并不了解,因此,他们照搬了前辈政客的话语,多数人只是把参议会当作发泄怨气的对象,稍加刺激便难以收拾。

不过,把东北流亡学生理解为非理性的乌合之众,似乎也难以成立。"七五"事件的第二阶段可以说是十分温和,算得上一次典型的请愿活动。

> 学生行列于到达北长街李副总统私邸门前,即席地而坐,北长街两端交通再为之阻断,徒手警察百余人随而赶来在副总统私邸大门内,排成肉阵,以防意外。时因副总统外出未归,由甘介侯、黄雪邨出见。……学生坚持不去。最后黄允给副总统打电话,并预先准许主席团十六人进入副总统私邸会客室等候。一时许,副总统果然由北长街南口步行而来,学生见汽车来,皆鼓掌欢迎,副总统且行且以手示意,频向学生颔首,入私邸,即刻进入会客室,与主席团晤面。……主席团对于副总统答复颇感满意,鞠躬道谢而去。
>
> 主席团进入李副总统官邸后,其余学生在外面唱起《团结就是力量》的歌来,好像很高兴的样子。一时二十分,主席团出来,向同学报告李副总统答复的结果,代表们因情绪关系,说话与李氏原意略有出入,首先说:李副总统很同情我们,很爱护我们,引起一片热烈的掌声。代表继续报告李副总统答复三点:第一,将建议政府,加强东北临中、临大,使东北同学都有求学的机会。同学又是一片掌声。第

---

① 对于北平市参议会参议员结构及其提案情况的专题研究以为,"其议政品质尚属优良,议员更是一时之选",评价很高。肖守贸:《党意与民意:北平市参议会研究(1928—1948)》,北京:社会科学文献出版社,2017年版,第305页。

二,在自卫特捐下拨款给同学,原则上已无问题。关于打参议会的事,李副总统说:你们都是小孩子,你们的行动我也知道,打几块玻璃算不了什么,希望以后不要再发生类似的事件。李氏并解释:参议会是民意机关,他们的言论,政府不见得一定采纳。当主席团报告时,同学便发生分歧的意见,有的人认为不满意,便喊:"我们要向参议会抗议",有人便主张:"请许议长当面解释"。最后决定:再推代表谒李副总统,请许议长前来道歉,代表们进去以后,外面学生又有了几种不同的意见,有的主张限制时间,请许议长前来道歉,有的主张干脆到许议长私邸去等他。代表们还在里面接谈,学生已经等不了……①

此通讯稿与其他报纸描述略有出入,但却十分形象。

照此叙述,请愿者与请愿对象甚为协调,相互都很有礼貌。学生虽然也遭遇李宗仁外出的困扰,但在合乎情理的接待下,也能安然面对,平静地等待。请愿学生表现出了相当高的组织水平,在正午的烈日之下,大队学生在街上静坐近三个小时,秩序井然,连亲政府报纸都赞扬"结果相当圆满"②。李宗仁私邸的请愿,更多地表现为学生运动中不可缺少的仪式,或者是一场政治表演,即街头运动式的请愿,意在公开向当局表达不满,遵守秩序则是在强调行动的合法性,并争取社会及舆论同情。还应看到,李宗仁能够充当北平学生首选的请愿对象,与其政治地位、行事风格和请愿者的政治目标、行动策略紧密相关。对于东北流亡学生,李宗仁是联结中央政府和北平地方当局的最佳人选,自然和平与知礼。当然,学生并非只要受到礼遇,或是听到空洞的口头承诺,便会感恩知足,理性地权衡下一步的进退策略。相反,烈日下苦等的煎熬,模棱两可的许诺,高超的推诿技巧,都可能迅速摧毁脆弱的理性,产生更大的受挫折感和不满,同时激起内部的意见分歧。另一方面,在李宗仁处获得的语言安抚,也可能促使学生的期待有所膨胀,更想得到一个直接可见的结果。

---

① 《一个议案惹大祸,市参会惨遭粉碎》,《北平日报》1948年7月6日,第4版。
② 社论:《忠告纯洁爱国青年》,《华北日报》1948年7月11日,第2版。

"七五"事件的第三阶段类似于"五四"运动的火烧赵家楼,愤怒而疲倦的学生直奔参议会议长许惠东私宅,试图得到一个不可能也毫无意义的"道歉":

> 午后二时许学生请愿大队开赴东交民巷,企图包围许惠东议长住宅,并拟冲入,与警宪发生冲突,警宪四度开枪镇压,双方均有人受伤。院内外相持至下午六时,又开来装甲车六辆及士兵一部戒备,据警察局称:张局长手枪一支被学生夺去。当东北流亡学生与军警在东交民巷许惠东宅僵持,四时许代理警察局长白世维赶到,与学生代表交涉,请夺取警员之枪支发还,大队即可离去。旋各代表返队,自行检查,未能查出。七时许,学生大队拟东西会合离去,正在行动之际,忽一阵枪声……①

第三阶段由于最终演出开枪之血案,叙述最为混乱。开枪射击是有意镇压还是偶发的失控悲剧,是学生挑衅还是军人指挥失当,是"七五"事件善后调查的主要争议点,不过,学生作为受害者,在道德上占据着优势,其开枪前的行为,也就由模糊而逐渐淡化了。可是,为什么明知许惠东不在家中,还要反复冲击其私宅呢?为什么已经感受到有大批军警戒备,还要在街头与其长时间僵持呢?这些举动,已经和行动前的目标选择发生了根本变化。第三阶段的学生行动,已经丧失了明确的目标,成为自认为正义在握的愤怒的一群。

依据学生的叙述,冲击许惠东私宅和街头与军警对峙,也都是受到许惠东避而不见及军警阻拦、蔑视学生之"刺激"的反应。可是,学生在第一阶段的"泄愤"和第二阶段的"请愿"之后,已经基本达到了行动预设目标;如果说第三阶段只是抗议激情的补充释放,试图以痛打"落水狗"彰显力量,但是,在遭遇军警强力弹压的情况下,在街头一块狭小的固定区域对峙近五个小时,在学生运动则是反常之举。历次学生运动都有其目标,但都不可能通过一次集体行动,获得所谓具体的结果。

---

① 《北平昨一大惨案》,《大公报》(津)1948年7月6日,第2版。

应该说,运动的第三阶段已经有所失控,东北流亡学生内部组织的弱点暴露无遗。骨干学生的激情膨胀,急于发泄压抑多时的怒火。为什么一般学生没有大量自行散去?或是因反对地方歧视的口号发挥了作用,产生了特殊的群体凝聚力;再者,学生只能在集体行动中彰显强势,规模越大,也就相对越安全。如此,也就更不能保证学生个人或小群体自行行动,事态更为混乱。① 学生行为是否对引发军人开枪有所刺激?则是另一个层面的问题。总之,学生在反抗行动中,即使遭遇激烈的对峙,对于赤裸裸的暴力仍然心怀畏惧。当枪声响起,学生便四散了。

三、不同目标的声援

7月5日当天,北平学生界还有另一场大型活动,平津各院校学生自治会及河南同学会在北京大学民主广场举行"哀悼开封死难同胞控诉大会"。两场活动同时举行,但没有直接的关系,在北大的活动,更具"反内战"色彩,不过,集体行动前之消息来源、酝酿发动诸方面,也存在着若干疑点或特点。

开封战役期间,国民党军机狂轰滥炸的消息,首先来自国民党政府炫耀其空中优势。"守军在黄海东海强大机群协助下,浴血力战,士气益加旺盛。"②此类宣传着意吹嘘轰炸之猛烈,战果之重大。至于轰炸造成城市建筑被毁、平民伤亡惨重的信息,则主要来自两个方面:其一,各类豫籍民意代表在南京等地大肆活动,表达对开封战役的不满,要求"查明开封失守及狂滥轰炸之责任"。③ 民意代表的言论,对于舆论界影响甚大,强调受损严重,主要目的是争取对于学生及难民之救济。其二,流亡师生及

---

① 例如,"七五"事件发生后之官方报告及善后调查报告,都指有抢夺枪支并开枪和警宪受伤之事发生。《警备司令部招待会报告冲突发生经过》《七五事件调查结果监院发表报告全文》,《大公报》(津)1948年7月6日、8月28日,第2版。《北平市警察局内七分局关于"七五"东北学生捣毁参议会等结果情形的报告》(1948年7月6日),《解放战争时期北平学生运动》,第456—459页。至于是确有其事,还是政府嫁祸学生之阴谋,各说各话,但可以反映事态之混乱。
② 《强大机群凌云助剿,开封守军正奋战中》,《中央日报》1948年6月21日,第2版。
③ 《豫来京议员集议》,《中央日报》1948年6月29日,第4版。

难民的叙述,尤其是前者,通过对于传媒及当地学生的叙述,以及各种通信,将战事之惨烈传播出去,再经过报刊报道和学生集体行动,向更大范围内散布,①"反内战"色彩逐步强化。

消息传到北平,最先起而反应的是介乎民意代表与学生之间的教授群体。6月27日,北平师范学院豫籍教授徐炳昶发起签名运动,以河南大学学生在轰炸中死伤严重,抗议内战不应以文化机关为对象。② 响应者由豫籍教授扩展到进步教授。28日,徐炳昶、周炳琳、梅贻宝、樊弘、费青、潘光旦、费孝通、朱光潜等106位教授发表宣言,明确指出:"自内战爆发以来,于今两载,民生凋敝,惨不忍言。"呼吁全国父老兄弟共起抗议,停止破坏文化机关及轰炸城市。北大、清华、燕大、师院、辅仁等八院校河南同学会率先响应,上总统书表示严重抗议。③

当消息转为行动,国民党政府便忙着出来澄清。6月29日,河南大学校长姚从吾在南京致函胡适,内中为空军轰炸开封辩解,并称:"希望平中师友不要拿外卖的痛苦作为攻击政府的口实,使我们看了这些话更觉伤心。"④30日,姚从吾会见记者公开称:"日来各地报章对汴垣大中学生死亡之消息之报道,恐系传闻失实。"诸教授之抗议,"更属不明真象"。其中,河南大学伤亡估计从1000至3000余人直降为区区二人,且非由轰炸直接造成。⑤ 空军亦"认为外传滥炸之说有损军誉"。⑥ 稍后,又有较为详尽的调查数据公布。⑦

尽管官方澄清极力降低轰炸损失,还是挡不住华北学生团体响应教授们号召的行动。7月2日,北大、清华、燕大、南大、北洋、师院、中法等

---

① 例如,国立中央大学河南同学会的通讯稿《开封战役的前前后后》中描述:"轰炸中开封的机关民房仍完全无伤者已无几,学生市民死亡者约六万余人,听说在开封郊外就可以闻到腐尸的臭味,这是如何惨绝人寰的大屠杀。"又被北平学生刊物登载。《北大半月刊》第8期,1948年7月20日,第6页。
② 《抗议战争罪孽》,《大公报》(津)1948年6月28日,第2版。
③ 《"戡乱"应以民命为重》,《大公报》(津)1948年6月29日,第2版。
④ 《姚从吾致胡适函》,《华北日报》1948年7月5日,第3版。
⑤ 《汴垣学生死伤极微》,《华北日报》1948年7月1日,第2版。
⑥ 《滥炸开封事空军说不确》,《大公报》(津)1948年7月4日,第2版。
⑦ 《空军滥炸说绝对不确》,《中央日报》1948年7月9日,第2版。

第五章　别样学生运动行为:"七五"事件　　381

十三院校学生自治会发出致总统电及宣言,抗议滥炸开封,屠杀人民。并电全国学联,呼吁支援。3 日,华北、东北十七院校河南同学会成立,并发起 5 日在北大民主广场举行哀悼开封十万冤魂控诉大会。① 4 日,河南同学会会见记者,对姚从吾的谈话表示愤慨。② 下午 3 时,徐炳昶、冯友兰、冯景兰、傅铜、张伯驹等 16 位豫籍教授在中南海北平研究院举行谈话会,决定全体出席控诉大会,并发起救济捐款。③

7 月 5 日,控诉大会如期召开,据报载:

> 华北、东北十七院校河南同学会五日九时在北大民主广场举行哀悼开封十万冤魂控诉大会,豫籍教授徐炳昶、冯友兰、冯景兰、傅铜等均出席参加。主席台前悬满挽联花圈,天气阴晦,会场情绪悲愤。许德珩所赠挽联悬于正面:"人民何辜,遭此荼毒;时日曷丧,及汝皆亡。"开会后,仅傅铜教授讲话,继宣读控诉书,各院校代表诵哀悼诗,十时半散会。④

参加控诉大会的师生千余人,气氛肃穆而低调,较之情绪发泄,更多地表现为一种优雅的仪式感,这与教授们的直接参与密切相关。控诉大会的举行,丝毫没有理会所谓事实澄清及调查,说明参加师生对政府的高度不信任,亦表明开封轰炸造成损失究竟有多大,或者说辩明何为真相,对于集体行动并不十分重要,所要控诉的是整体的内战,开封轰炸只是一个鲜明的、有震撼力的象征而已。

对于学生,广场上的控诉,毕竟不如街头的呼号来得刺激。当得知东北流亡学生的行动后,11 时左右,北大、清华等八院校学生自治会送去慰问函,献上写有"要自由,争生存"六字的绿色布旗一幅。随后又发表宣言,表示支持东北同学,并发起募捐活动,很自然地将当天的两个行动联系在一起。因此,血案发生后,东北流亡学生遭受沉重打击,华北学生便

---

① 《抗议滥炸开封》,《大公报》(津)1948 年 7 月 3 日,第 2 版。
② 《华北东北十七院校追悼开封死难同胞》,《燕京新闻》第 15 卷第 6 期,1948 年 7 月 12 日,第 2 版。
③ 《哀悼开封被难人民》,《大公报》(津)1948 年 7 月 5 日,第 2 版。
④ 《哀悼开封冤魂》,《大公报》(津)1948 年 7 月 6 日,第 2 版。

走到了前面,也使得运动的目标和口号发生了重大转变。

  与其他遭遇暴行的学生运动相类似,随着消息的传播,很快就会激起更大规模的声援运动。又与对开封轰炸事件的反应相类似,北平院校中的东北籍学生最先开展支援活动。7月6日,北大、清华、朝阳三校东北同学互助会及师院、中法、燕大三校东北同学会发表告全国人士书,控诉东北同学因请愿而遭屠杀,呼吁支援。华北学联召开紧急会议,决定各校成立抗议七五血案后援会。① 当天的活动,还包括清华大学在清华园内召开"惋惜会",请到东北同学报告"七五"事件之经过。燕京大学于燕园召开在校同学全体大会,通过发起募捐救济东北同学和慰问全体受伤东北同学两项决议。② 7日,各种慰问、募捐、公祭活动继续进行。北大学生自治会代表就支援东北同学事与校长胡适沟通,胡适表示希望同学冷静,不要多事。③ 北大、师院、清华、朝阳、燕大、华院、中法、铁院等八院校学生自治会代表向李宗仁呈请愿书,称"站在维护人权,维护教育立场",提出政府拒绝参议会议案、救治伤员、释放被捕同学、惩凶、道歉、立即成立临大临中,无条件收容东北学生并一律发给公费等九条要求,李宗仁表示盼东北父老出来解决善后问题。④ 华北十三院校学生决定8日素食一天,以节省之款捐助东北学生,清华同学决定7日起素食三天。⑤ 清华、燕京同学将纪念"七七"晚会,开成了"声援七五惨案控诉示威大会",情绪热烈悲愤。⑥ 至于东北流亡学生,部分人已对捣毁参议会、冲击许惠东私宅的激烈行为有了反思,华北同学的支援行动也部分打消了"地方歧视"之认识,组织抬棺游行继续激烈对抗的提议也无多少响应,多数人向华北

---

① 《北平"七五"惨案及"七九"大请愿》(1948年9月),《中国青年运动历史资料(1948.4—1948.11)》第18集,第404页。
② 《"七五事件"各校响应》,《北平日报》1948年7月7日,第4版。
③ 《胡适说别多事》,《北平日报》1948年7月8日,第4版。
④ 《八院校自治会为"七五"请愿》,《北平日报》1948年7月7日,第4版;《八院校学生代表谒李副总统请愿》,《世界日报》1948年7月8日,第3版。
⑤ 《北大清华燕大学生组慰问队》,《世界日报》1948年7月8日,第3版。
⑥ 《北平"七五"惨案及"七九"大请愿》(1948年9月),《中国青年运动历史资料(1948.4—1948.11)》第18集,第406页。

同学靠拢,试图以联合行动将运动继续下去。于是,学生运动回到了"反迫害""反内战"的主题。

然而,由血案激发出来的愤怒情绪在升温,并不满足于学生团体代表的发宣言、递请愿和分散的慰问,也不能满足于校内的小型集会,需要有大型化活动来发泄情绪和展示力量。由此推论,渐次扩大声援规模和激烈程度,似乎完全符合运动发展的行为逻辑。

7月8日,各校代表秘密决定9日突击请愿。不过,此项决定的依据却极为混沌,充斥着不少假消息,导致行动带有突发性、偶然性的特征:

> 8日京沪各校来电支援及快报上发表,东北10万工矿工人罢工,沈大中小学生集会游行,北平东北籍空军总辞,北平宪七团士兵(东北人多)缴械等消息,而此时敌又镇压稍缓,学生大为兴奋,估计傅匪已受舆论指责。如向沽名钓誉的李宗仁请愿,李、傅均未必敢再施屠杀,及决定七九请愿游行。①

其中,各地学生发出宣言通电,表达激愤及声援,早已成为惯常行为。值得注意的是,来自东北的各种抗议声援的消息,存在着不合逻辑的明显放大,似乎东北的工、学、军各界均对地方歧视十分敏感,并均以东北流亡学生的不幸遭遇为共同利益基础,尤其是大批工人罢工的消息影响最大。这些从未被证实过的消息②,基本来源应该就是寓居北平、南京等地的各类东北人士,他们在"七五"事件后十分活跃,试图借善后问题施压。可是,此种假消息,却被因悲愤暂时克服了苦闷、疲劳、恐惧心理,在声援控诉活动中变得亢奋起来的华北学生,当成了决定采取更大规模集体行动的判断依据。北京大学的酝酿过程如下:

---

① 《关于学生运动情况》(1947年7月)(该文件内容为七五事件后之总结,年份应为1948年),《中国青年运动历史资料(1947.1—1948.2)》第17集,第321页。
② 例如,刚从沈阳讲学返回北平的王铁崖教授称:确有工人罢工,但数目不详。《北平"七五"惨案及"七九"大请愿》(1948年9月),《中国青年运动历史资料(1948.4—1948.11)》第18集,第402页。另外,沈阳"七五"血案后援会的较大活动,也是决定7月12日举行追悼控诉大会。观察特约记者:《关于七五惨案最近的报道》(八月十七日),《观察》第5卷第1期,1948年,第17页。

> 7月8日下午2时后开会决定行动,当时仍估计主观力量不够,对群众大会一行动得不到协议。下午5时党指示"七九务必行动"。同时联络部得到消息①东北10万工人罢工;②东北籍宪兵缴械……北大代表才召开学联紧急会议,决定了控诉大会的行动。①

决定行动的主要因素有两个:一是组织指示,一是消息传递。所谓"党指示",实际是北平城内中共组织,他们对城内复杂的学生运动情况并不能完全掌握,与城外的上级领导也缺乏有效沟通手段,在认识上受到学生骨干的影响,"务必行动"主要为团结东北同学和振奋华北同学精神,尤其是不要落在群众后面。在对敌人不敢再次屠杀的客观形势的判断下,还是强调"先开群众大会,依情况而决定游行请愿"的走走看策略。因此,以消息刺激情绪从而发起行动,就变得更为重要,学生也就更愿意接受被严重夸张的不实消息。于是,声援控诉的主导权便由最激进的学生所控制,使用了当时环境下最激烈的行动,喊出了最激烈的口号。

7月9日晨8时前,华北、东北各校学生集体出发,9时许,清华、燕大、北大、中法、师院、铁院、朝阳、华北学院、唐山工院、东北大学及先修班、东北中正大学、沈阳医学院、长白师院、辽东学院、辽宁省立师专、沈阳私立东北女子文理学院等20余院校学生万余人在北京大学民主广场集合,又以东北学生为多。主席团(由各校代表组成)临时同意清华代表的意见,决定先到北长街李宗仁副总统私邸请愿。大队由清华、燕京领头,北大、师院殿后,其他华北、东北各院校相间排列。队伍前面,有两人高举"反剿民要活命大请愿"的旗帜,之后是追悼"七五"死难东北同学的挽联:"廿年屈辱却盼祖国原是梦,两月流离投奔内地丧残生",还有许多花圈,再后就是万人长队。大队在出北大西门和沙滩拐角处,曾两度受军警阻止,均顺利突破。沿途高呼各种口号,如"反对华北特殊化""反对物价高

---

① 《北平"七五"惨案及"七九"大请愿》(1948年9月),《中国青年运动历史资料(1948.4—1948.11)》第18集,第411页。

涨""反对政府剿民戕民政策""严惩七五惨案凶手傅作义""以血还血""枪毙凶手傅作义""枪毙陈继承""还我十七烈士的血来""反剿民反迫害",①以及反对政府的卖国政策、反对政府卖国外交、反对滥发钞票等,可谓五花八门,涉及多个斗争主题,也是为容纳不同学生群体,进行突发动员,势必会出现的混乱现象。10时许到达北长街,学生占据了整条街道,仅在马路中间留出供二三人行走的空隙。

学生代表向李宗仁呈上"东北华北学生为七五惨案死难同学伸冤,反对华北剿总剿民暴行向李副总统请愿书",内容包括十项要求:一、惩凶;二、交还尸体;三、释放被捕同学;四、撤销医院监视;五、撤销对东北同学之封锁;六、撤销戒严令;七、拒绝参议会的建议;八、立即设立临大临中;九、立即解决东北同学食宿;十、负担死伤同学费用。李宗仁当即答复:渠等对"七五"不幸事件极为关怀,对死伤同学亦非常惋惜,但因所处地位并无命令权,只有向中央及地方当局转达,请他们赶快回去安心听候解决。至于谁是凶手的问题,双方亦有较长时间的纠缠。等候在街上的学生已经不耐烦,于是,第二批学生代表进入李宅,要求继续请愿。李宗仁建议,可由各方人士共同组成善后委员会,他可负责找政治的负责人,由学生聘社会名流(如胡适)及东北国大代表、立监委等,再加学生代表,别无具体结果。此刻,学生已在太阳底下晒了近三个钟头,又由南边来了四辆装甲车,横在北长街南口,第三批学生代表遂再度向李宗仁请愿,要求:一、立即撤退装甲车;二、释放被捕同学;三、如发生血案由地方当局负责。李宗仁即以电话通知陈继承,撤退装甲车。中午1时许,装甲车撤退。就在主席团向全体同学宣布结果,学生们准备返回北大民主广场时,又接到城外消息,清华、燕京第二批进城学生在西直门受阻,于是,又派出第四批学生代表进行请愿,要求将城外同学放入城内,被李宗仁拒绝。

请愿期间,街上的学生在马路中间举行了祭祀哀悼活动,有同学捧着死难者的遗像,或手持花圈及挽联,唱着挽歌。同时,还有清华同学的街

---

① 《七五事件发展至今学生行动显已变质》,《华北日报》1948年7月10日,第4版。

头活动,诸如大字报,随时报告消息,宣传队向军警进行口头宣传等。① 总之,请愿进行中的学生行动相对克制。

返回途中,因街道自 11 时已处于戒严状态,军警加强了戒备,经与警察局代局长白世维交涉,决定经北长街南口、南长街、东长安街、南池子、沙滩等地,由警局开路,沿途不得喊口号,学生代表表示接受。学生大队秩序井然,但行至长安街即开始高呼口号,可见,学生在大规模集体行动中,不甘心受到严格约束,更何况请愿这种温和行为,并不能够满足情绪释放的要求。此外,口号呼喊的方式增加了娱乐性,例如,问答式的彼呼此应,由一人领先跳跃高呼:"凶手是谁?"众人和声齐答:"是傅作义!""怎么样?""枪毙他!"又如,将《打倒军阀》歌曲的曲调填上新词,编成《枪毙傅作义》一歌,其词为:"凶手是谁? 凶手是谁? 傅作义! 傅作义! 严惩凶手傅作义,严惩凶手傅作义,枪毙他! 枪毙他!"沿途高唱。还有学生在沿途墙壁及电杆上用油漆大书标语,其中,写在天安门三座门上的标语:"严惩屠杀学生的凶手傅作义、许惠东",他们的姓名都被加上反犬旁②,不但直接使用了语言暴力,而且运用了最原始、最恶毒的文字巫术,是理性的政治斗争的一种反动。约下午 2 时半,学生大队安然返回北大民主广场,有 100 余留守同学整队欢迎,高唱"团结就是力量",并有同学散发华北十三院校七五惨案后援会印制之传单《欢迎胜利归来的战士们》,内称:"我们的胜利由于坚强的团结和铁的纪律。""我们要永远记着这个宝贵的经验,今后东北华北同学必须更坚强的团结起来,在一个目标、一个指挥之下奔向前去。"③

下午 5 时,在北大民主广场举行"东北华北学生抗议七五惨案追悼控诉大会",原计划的活动正式开始。会场中悬"七五"殉难同学灵位与死者大幅画像,两旁几十个花圈,所有挽联多用白报纸白粉纸写成。首先由大会主席沉痛致词,次由东北同学代表报告惨案经过,继由平津十院校的东

---

① 《北平"七五"惨案及"七九"大请愿》(1948 年 9 月),《中国青年运动历史资料(1948.4—1948.11)》第 18 集,第 412—413 页。
② 《七五事件发展至今学生行动显已变质》,《华北日报》1948 年 7 月 10 日,第 4 版。
③ 《解放战争时期北平学生运动》,第 408—409 页。

北同学会朗诵诗。接着,大会主席宣布"东北华北学生抗议七五血案联合会"成立,并朗读成立宣言和大会通电。最后,全体同学一律举起右手宣誓:"为了要求活命,争取生存,我们东北华北学生坚决的站起,决齐心合力,团结一致,来保卫我们的基本人权,我们决心以钢铁的意志和坚强的信心,来坚持我们的斗争。谨誓。"6时,主席宣布散会,全场再次唱起"团结就是力量"。此时,民主广场已被军警包围,经北大校方与军警当局交涉,学生保证返校时不喊口号、不散传单和收起大旗,遂以学校为单位相隔5分钟退场,至7时许各队分别返校。①

校园内的控诉大会,举行的更具仪式性,致词、报告、朗诵、宣言、通电、宣誓、合唱等,各项议程井井有条,时间安排紧凑,场面肃穆,情绪悲愤,退场更是展示出了高度的理性与配合。似乎即使是在当时环境下,当局的处置与学生的应对,仍能够达成某种平衡。但是,街头的收束则没有这般利落,并再度发生了暴力冲突。

因西直门关闭,被阻在城外的清华、燕京学生300余人,便就地展开宣传工作,除张贴标语、散发传单,还表演话剧,台上书有"剿民总部"字样,引来大批民众围观。此时,沿街商户被命令关门停业,一些依靠进城作小生意维持生活的市民,因学生连日行动,城门不断关闭,生意大受影响,亦有所不满。另外,下午四五点钟,全体学生至三贝子花园前树林内进餐,所吃为米饭、馒头、绿豆稀饭等,在旁围观、议论的民众也很多。但是,这些并未引发直接冲突。然天有不测风云:

> 下午七时余,同学在城门附近整队休息准备回校时,突有三百多人从铁道西侧赶到,阻着学生归路,除将同学旗帜缴去外,并用石块向同学投击,结果同学十余人受伤。其中三人头部伤势很重。两校派往迎接同学的大卡车也被阻止,燕京大汽车一辆被击坏,所有玻璃窗俱被击碎,司机一人也受伤。结果开去的汽车被迫开回两校。经过同学交涉后,对方始以不准同学呼口号及唱歌为条件,放同学通

---

① 《北平学生昨请愿》,《大公报》(津)1948年7月10日,第2版;《午后举行控诉大会宣布抗联正式成立》,《世界日报》1948年7月10日,第4版。

行。同学队伍行近海甸时,又为另一批人所阻,这批人自称执行戒严,对于清华校方开出的救护车也不放行。后来清华、燕京两校的负责人和燕京的几位美籍教授同去交涉,那些人才散去。①

对于此次暴力事件,政府控制的传媒倾向于民众自发的行为,即民众不满学生的宣传,刻意诋毁政府、侮辱长官;不满学生享受政府优容待遇,还要"反饥饿";不满学生连日滋事,威胁了商民生活等,并指冲突初则"对骂",继而以"砖石互击"。② 事后撤退到解放区的学生骨干则强调,宣传工作很深入,有街头讲演,也有家庭访问,冲突是当局通过警察导演的"骗局",由所谓"人民服务队"预先布置,"忽然石块如雨点似的向大队打来"。③ 当然,较多的是类似《燕京新闻》的报道,将学生的街头活动与暴力冲突分割开来,一方面同情受暴力伤害的学生,一方面对冲突的起因、过程及施暴者进行模糊的处理。④

且不论事实究竟如何,西直门发生的插曲表明,即使暴力披上了"民众"或"群众"的外衣,学生仍旧毫无招架之力,只能"忍气吞声"⑤回归校园,寻求学校的庇护。此种现象也说明,此时此刻,学生走上街头为全社会利益振臂高呼的感召力正在减退,学生的口号和行为与社会各阶层民众的日常生活之间的隔膜,非但未能随着日益增多的学生街头行动而缩小,反而有所扩大,无论是在官方还是民间,学生好像已经成为凌驾社会之上的特殊一群。因此,也可以说,大规模的街头学生运动已经变得不合时宜。

---

① 《平学生万人游行》,《燕京新闻》第 15 卷第 6 期,1948 年 7 月 12 日,第 1 版。
② 《诋毁政府侮辱长官触怒了善良的群众》,《华北日报》1948 年 7 月 10 日第 4 版。使用"中央社讯"的报道内容类似。《西直门外发生纠纷民众阻止学生行动》,《世界日报》1948 年 7 月 10 日,第 3 版。
③ 《北平"七五"惨案及"七九"大请愿》(1948 年 9 月),《中国青年运动历史资料(1948.4—1948.11)》第 18 集,第 416 页。
④ 《大公报》的报道方式较为典型,仅报道冲突时间、地点,以及群众包围、打伤学生、捣毁校车之事件发生。《平西直门外昨不幸事件》,《大公报》(津)1948 年 7 月 10 日,第 2 版。
⑤ 罗良:《当学生与"人民"相遇的时候——记"七九"清华燕京请愿队伍被阻于西直门外》,《北大半月刊》第 8 期,1948 年 7 月 20 日,第 15 页。

四、善后中的分化、痞化①及回归校园

东北流亡学生参加集体控诉活动更为热心,意在试图通过与华北学生的联合行动,扩大影响,谋求更有利的善后解决。可是,"七九"请愿中的口号及标语,大大超出了"七五"时的相关内容,矛头直接指向地方最高军政长官,也就吓退了部分东北学生,出现了东北学生与华北学生的队伍分化。事后,有所谓辽宁学院等十单位学生代表发表联合签名之紧急声明,极力撇清干系:

> 关于七五不幸事件,东北各院校学生正在静候东北乡老与当局作合理合法解决中,不幸七月九日又有所谓北平各院校学生大游行事件发生,此一事件,与东北各院校学生绝对无关系,即便有同学参加,亦系为参加追悼会而去,并无参加游行之意图。东北各院校流平学生绝对拥护华北当局傅总司令,亦绝对静候东北乡老作合理合法解决,特此联合声明,以免外界不明真像,发生误会。②

十分明显,签署紧急声明的这些人,就是动员发起"七五"请愿的中坚分子,当然,他们背后还有各类所谓东北乡老。在"七五"时,他们便刻意与华北学生划清界线,只是在惨案发生后,不得已才与华北学生联合行动,一遇行动的激烈程度升级,便立即重新划清界线。不过,"七九"已不

---

① 大型群众运动发起之后,由于参加者人数众多,特别是当大量下层民众加入进来后,会给运动带来各种旧式的斗争形式和语言特征,严重冲击现存社会秩序及道德观念,更多地使用暴力,使得运动更为激烈。此种现象在农民运动中较为常见,亦被右派及绅士们称为"痞子运动"。《湖南农民运动考察报告》(1927年3月),《毛泽东选集》第1卷,第15—18页。当解放区的土地改革运动掀起高潮后,在下层自发斗争干扰革命战争的总目标时,"在群众已经认真发动和已经展开斗争的地方,必须防止'左倾'"。《关于目前党的政策中的几个重要问题》(1948年1月18日),《毛泽东选集》第4卷,第1268页。学生运动的痞化,则特指当学生运动高涨之后,为能够持续发展,学生运动有可能出现暴力行为增加和标语口号低俗化现象,一方面可能加剧运动的激烈程度,一方面又可能堕入为运动而运动的游戏化状况,降低了学生运动的正义性及理性因素。部分学生亦可能利用学生运动形成的权威,转而要求日常生活中的种种特权,甚至堕落为地痞流氓。

② 《东北学生声明证明"奸匪"操纵》,《中央日报》1948年7月10日,第3版。

是"七五",对于集体行动的公开背叛,在学生中间属极为可耻行为,有可能遭遇严重孤立,于是,7月10日下午,"东北学生抗议七五血案联合会"发表辩正声明,认为前项声明有分化离间同学之嫌:

> 今天我们读到中央社所发表的一篇声明,我们感到无比的愤怒,我们看到分化我们团结的诡计了。
>
> 声明中所谓东北学生无意参加游行之意图等语,我们坚决的否认,我们没有这样的声明。昨天我们东北各院校派代表参加东北同乡会所举行的谈话会,主要的目的在报告"七五"惨案的经过及讨论善后事宜的处理,讨论中途,同乡们得知我们游行的消息,希望我们不要如此行动,当时各代表并没有表示首肯,同时更无签字发表联合声明之举动。
>
> 我们否认,我们坚决郑重的否认这篇声明。我们提出严重的抗议,要追究这篇声明是谁发出的,要追究其法律上应负责任。我们的行动是我们大家所同意的,我们要和一切同情我们的正义人士紧紧地携起手来,我们要粉碎一切离间我们团结的诡计!①

"辩正声明"的语言较之"紧急声明"要严厉得多。在学生运动中,反抗的声音总比表示效忠更富有战斗性,在谴责"诡计"时尤其如此。所以,东北流亡学生内部的分化更为严重,他们中的多数人还不愿反对现政府,但又不明白为什么当局会向他们开枪,是一种处于混乱和恐惑之中的分裂。但是,队伍内部的分化又集中表现为学生骨干的分化,即当一批被临时推选出来的学生代表听从规劝表示服从政府时,另一批在运动中涌现出来的学生骨干可能利用新组织站出来反驳,其声明也可以在学生报刊上公开发表。此外,两篇声明分别使用联合签名和团体的名义,前者似乎更加具体也更可信,却不是学生运动中的有效形式。个人签名能否代表全体,答案显然是否定的。学生运动是一种大民主状态,学生代表只是临时性的一个领头人或中介,并非集权组织的全权代表,而且,在运动处于激情

---

① 《血联发表声明驳斥不确报导》,《燕京新闻》第15卷第7期,1948年7月19日,第1版。

高涨时期,任何呼吁冷静的刹车行为,都可能被视为背叛,对代表个人也是难以承受的。因此,签名代表中的分化,也就在所难免了。一位在"紧急声明"上具名的东北学生对记者说:"有些东北元老曾经劝他签字,但他拒绝了。他说并没有征得他的同意,而他也不晓得,他的名字就被写上了。"①东北流亡学生中的多重性分化,不仅坐实了"紧急声明"是一个"诡计",也深刻表明了学生运动试图完全左右局势的可操作性较低,几乎不可能。

事实上,在华北各校学生中,对于"七九"的口号及行动,亦存在不同的认识。罗荣渠在7月9日的日记中写道:

> 今天提出枪毙傅作义的口号是不策略的。我觉得提出枪毙凶手的口号就够了,何必说得如此干脆呢?这个口号除了引起一些坏的反应以外,绝无半点好处。今天中央正重用傅氏,就是中央也还奈何他不得。喊枪毙傅作义与在昆明时喊枪毙关麟徵、李宗黄是时异事异,情况大不相同,不可相提并论。
>
> 一个运动的开展,有时是骑虎难下、欲止不能的。今天的游行很冒险,自"七五"以来,当局一直持续宣布戒严,并重申禁止集会游行之令。今天的游行不啻是威武不屈的公然反抗,很容易使统治者感到难堪而恼羞成怒,我们应该了解这点利害关系。当然,我承认感情经常征服并推动了我们。②

此种认识,可谓是当时学生中最清醒的认识之一。遗憾的是,准确地把握历史和冷静地观察现实,并不是一件容易的事情,更何况在激烈的学生运动中,情绪往往压倒理智,历史的经验教训也就得不到尊重。

不过,迫于情势,大规模的街头学生行动就此告终。针对政府当局把"七五"与"七九"分开处理,以为"七九"学潮"显然已经变质","已经渗入了'奸匪'职业学生的操纵和煽惑,而不是要吃饭要读书的单纯行动

---

① Jean Lyon:《七五惨案前后》(北平通讯),《中建半月刊》第3卷第4期,1948年,第22页。
② 《北大岁月》,第322页。

了"①,是"职业学生利用纯正学生为扰乱性政治斗争工具,作越轨行动牺牲"②,采取安抚与高压的两手。北平学生则主要借助"东北华北学生抗议七五血案联合会"的组织形式,借"七五"事件的善后进行活动。

活动的内容主要有三种。最容易引起社会关注的依旧是请愿活动,并由街头示威为后盾的请愿改为以团体名义由少数代表实施的请愿,在行动上成本更低,也更为灵活。

7月10日,李宗仁举行茶会招待北平各校教授及教育界人士,参加者对大局认识虽有不同,"但对于学生问题则有近乎一致的看法,即必须疏导",采取近两年的"大事化小,小事化无"办法,减少不必要的纠纷。11日,北平各校404名教授发表宣言,就"七五"事件向政府当局提出抗议,在善后问题上支持了学生的请愿要求。受此鼓舞,"抗联"决定派代表于12日再谒李宗仁,要求实行"七九"请愿诺言,同时对"七九"西直门事件提出抗议。③学生的策略在于强调"七九"行动与"七五"的联系,以履行"七九"诺言为"七五"善后的基础,并顺带抗议西直门事件,自然使"七九"合法化,并使学生团体在"七五"善后中保持一定的发言权。此后,涉及"七五"事件的相关学生行动,便在冲出校门和代表请愿之间徘徊,但是,学生再次走上街头的企图,多是政府当局的揣测,稍有一定数量学生的聚集,就有可能被指为试图游行。④因此,在高压之下,最可行的依然是代表请愿的方式。

可是,代表请愿方式可能施加的社会压力有限,还需要看被请愿对象的权威和态度,以及社会及传媒的关注程度。既然"七九"请愿诺言出自

---

① 《七五事件发展至今学生行动显已变质》,《华北日报》1948年7月10日,第4版。
② 《平津维护正义联合会对职业学生提抗议》,《平明日报》1948年7月13日,第4版。
③ 《李副总统茶会上各教授谈天下事对学生则都主疏导》《北平教授发表宣言促速处理七五事件》《联合会的代表决定再谒李》,《大公报》(津)1948年7月12日,第2版。
④ 例如,7月12日,燕京、清华两校学生"企图再度借机违法游行",当地民众"自动齐集"学校附近,"加以劝阻","学生游行企图终未实现"。《学生昨又企图游行终经西郊民众劝阻》,《华北日报》1948年7月13日,第4版。7月31日晚,在北大民主广场举行欢送南下请愿团晚会,且有次日晨借出发游行之说。8月1日晨,当局出动徒手警察及防护团员,在各院校及东北学生住所前"劝阻",未发生游行事件。《学生又要游行经警劝阻未果》,《北平小报》1948年8月2日,第4版。

李宗仁,李氏自然便成为北平学生最重要的请愿对象,截止到7月16日,"抗联"代表就有三次密集的请愿,所提均为重申"七九"请愿八项要求,并抗议新的迫害。李宗仁回答含糊,内容未超过"七九"所谈,对于新发生的迫害,更是强调自己"有职无权,只能从旁协助"①。尤其是后两次,李宗仁干脆避而不见,仅派秘书甘介侯代表答复。传媒的态度也在发生变化,对于此种少数代表的重复而无结果之行动,报道的兴趣都快消失了。

下一步将如何行动呢? 着实看不清楚。7月19日,依据华北"剿总"颁布的东北汇款提现补充办法,东北流通券开放兑换,每日以一百号为限,每日每人兑换额不过法币两百亿,两百亿以上者仍须经过审核。② 25日上午,"七五"事件调查委员会开会讨论调查程序。29日,行政院长翁文灏电北平市长刘瑶章,提出迅即成立临大临中、抚恤受伤学生和调查肇事真相并依法处理的"七五"事件善后三项指示。③ 中央政府调查大员国防部次长秦德纯及监察院谷凤翔、胡文晖二委员,亦将来平展开工作。这一切似乎表明,政府当局内部已经达成某些妥协,"七五"事件善后有可能加快进行,至少可以说看到了具体解决的端倪。

可是,也就是在此一时刻,北平学生重复了既往学生运动曾经出现过的行为特征,即提升请愿对象的等级,直接向最高当局请愿。26日,"抗联"开会决定推代表十人日内进京谒蒋介石请愿,代表包括东北大学、沈阳医学院、长白师院、中正大学、锦州先修班、东北学生慰问团、北大、清华、燕京、师院各一人。④ 30日,"抗联"致电总统蒋介石及教育部长朱家骅称:"七五"血案迄无解决端绪,本会特派代表即日进京请愿,谨先电达。31日,东北华北学生在北大民主广场欢送"七五"事件南下请愿代表团,代表们宣誓:

我们代表东北华北全体学生南下请愿,决以全体同学意志为意

---

① 《北平"七五"惨案及"七九"大请愿》(1948年9月),《中国青年运动历史资料(1948.4—1948.11)》第18集,第430—431,441页。
② 《流通券有限制开放北平昨天已经实行》,《大公报》(津)1948年7月20日,第3版。
③ 《七五事件善后问题翁文灏三项指示》,《大公报》(津)1948年7月30日,第2版。
④ 《在平学生将派代表赴京请愿》,《大公报》(津)1948年7月27日,第3版。

志,全体同学要求为要求,绝对忠于全体,坚持八项要求,全力促其实现,不避一切艰难困苦,不怕一切阻扰迫害,如有违背誓言,愿受全体同学最严厉制裁。谨誓。①

誓词内容空洞,如同在昭示南下请愿行动并无实质目标,仅仅是表达存在的一种仪式,也并非是对中央政府还抱有某种幻想②,所谓"看政府之诚意如何"③,不过是把球踢回政府的一种策略。一方面,在官方主导的善后处置中,学生必须要表达存在感,以免被边缘化甚至完全抛开,华北学生的感觉可能更为突出。另一方面,学生要借南下请愿扩大影响,尤其是对外展示团结。强调团结,强调集体,明显是针对"七九"出现的分化现象,故使用空洞的"全体"相互制约,其中,表面上主要是东北同学与华北同学的团结问题,还应该注意到,在大规模集体行动中反复使用代表请愿模式,少数学生"代表"多数学生说话,也会造成权力与利益上的分化。

其实,在南下请愿的同时,"抗联"还组织了北上请愿团,派遣代表三人赴沈阳向父老控诉,呼吁支援。④ 以"父老"为对象的请愿,也不能算是认识上的进步,只可谓另一类幻想,基础同样建立在虚幻之上。"父老"之所以有力量,主要源于东北人士有关地方歧视观念的建构,想当然地以为"东北人"一定支持"东北人";再就是对大规模工人声援的场景仍然抱有期望,以为经过面对面的控诉,就可以把想象中的消息变成真实。向政府的请愿,尽管受到"优待",可"结果并不圆满,但知政府只能如此"⑤。向"父老"的请愿就更惨了,既无"优待"又无答复,便无声无息地不了了

---

① 《七五事件无解决端绪》,《大公报》(津)1948年8月1日,第3版。
② 据进入解放区的北平学生事后所谈,之所以南下请愿,是由于东北同学对中央政府还抱有幻想,目的是打破他们的幻想和南下宣传、募捐。此种解释只能作为中共基层组织的策略分析,而非学生运动的具体情况,既无法说明"七五"后北平的一系列请愿活动,也不能论证南下的结果是否打破了幻想。《北平"七五"惨案及"七九"大请愿》(1948年9月),《中国青年运动历史资料(1948.4—1948.11)》第18集,第437、439页。
③ 《北平市警察局为报北大学生自治会举行欢送南下请愿团晚会致市府代电》(1948年8月2日),《解放战争时期北平学生运动》,第474页。
④ 《另组北上请愿团赴沈阳呼吁支援》,《大公报》(津)1948年8月1日,第3版。
⑤ 《七五事件南京请愿结果不圆满》,《大公报》(津)1948年8月16日,第2版。

之了。

华北东北学生抗议"七五"血案联合会的另两种活动,一是宣传,主要有"抗联"宣传部编印之铅印《抗联新闻》,每天一期,共出 11 期,报导华北东北同学团结的情形及东北同学的生活,以及编印了《反剿民要活命》的小册子,发行 2000 册,被一扫而光,是研究"七五"事件的重要资料。一是各种形式的校园活动,最突出的是暑期补习班,使部分东北中学生及先修班同学进入正常的校园生活;次为各种募捐、义演、义赛活动,以改善东北同学的生活条件;再就是各种小型座谈会、联欢活动。

相比而言,东北流亡学生的环境更为恶劣,成员更为复杂,分化的现象也更为明显。"七五"事件后,临大、临中的设立很快由议论转向具体实施,学生之间的利益冲突也随之扩大。7 月 20 日,华北剿总与有关单位就房子、经费、学籍三事磋商,房子和经费属办学硬件,回旋余地不大,只能在学籍问题上做文章,①以便将部分东北流亡学生挡在收容之外,尤其是数量众多、程度参差不齐、学籍混乱的中学生及先修班学生。22 日,北平市教育局等部门公布东北流亡中学生登记办法,自 26 日起至 31 日止为登记时间:

> 登记后经审查合格之学生,其家庭经济尚未断绝或有亲友可资接济者,即由登记机关直接洽请教育局,分发北平市学校肄业,不再分发。审查合格学生如家庭经济来源断绝,又无亲友接济者,分送临时中学补习班、临时中学肄业,学生由学校暂给予以膳食救济费,分全数与半数两种。②

办法显然不能令人满意,此前学生的要求是全数收容、全数公费,而积极参与集体行动者,恰恰多是未享受公费者、未立案院校者和情况不清的中学生。于是,东北来平中学 28 单位学生为反对临中登记办法名额限制,争取全体同学加入临中,在奉天会馆成立东北来平中学生联合办事

---

① 《东北学生读书问题》,《大公报》(津)1948 年 7 月 21 日,第 3 版。
② 《登记东北中学生》,《大公报》(津)1948 年 7 月 23 日,第 2 版。

处,试图抗争。① 在眼见的利益面前,抗争显得徒劳无用,②虽有学生在登记处阻挠或向当局请愿,很快便退下阵来。登记工作应该说十分顺利,29日即宣布登记完毕,全部学生6050人,除职校及证件不符者外,拟收容5000人入学。③ 因仍有东北流亡学生陆续到平,登记工作延至8月4日,共登记学生9700余人。审核的结果令人诧异,因证件不完全者甚多,预计合格学生可能超过5000人。④ "抗联"提供的合格学生数字更低,缴有证件者7000多人,依照必须持有三十七年度上学期毕业证明或转学书的限定条件,合格者仅有2000多人。⑤ 登记学生虽然有较大幅度增加,但合格收容者却维持不动⑥,甚至有所减少,可见,一个月来的时局变化,已经严重挤压了东北流亡学生的生存空间,而且,试图借学生运动搭便车者的遭遇最惨。

东北四所国立大学(东北大学、长春大学、长白师范学院、沈阳医学院)联合在北平招生,以及对私立学校和先修班学生进行编级甄试,都遭遇了阻扰报名等抵制行动。⑦ 甄试时,又有抵制者"成群结队妨害他人考试,甚至撕毁试卷及报名底册,并裹胁其他考生出场,击毁所借考场的玻璃",且"有伪造证件变通报名事",均为免除考试之托词;⑧新生考试成绩亦不佳,英文有四分之一不及格,国文试题"故都之秋"约十分之一不及格。"应试的学生对'故都'两字非常生疏,虽然他们流亡'故都',有许多人并不知道'故都'就是'北平',把'故都'误解为'故乡'。"⑨这是战时的

---

① 《东北来平学生分别成立组织争取就学机会》,《大公报》(津)1948年7月27日,第3版。
② 《东北临中昨登记第一日逾两千人》,《平明日报》1948年7月27日,第4版。
③ 《临中学生登记完毕》,《平明日报》1948年7月30日,第4版。
④ 《平东北临中学籍审核已超过半数》,《大公报》(津)1948年8月10日,第3版。
⑤ 《为请求无条件加入临中抗联代表今晨谒王季高》,《平明日报》1948年8月10日,第4版。
⑥ 据最后公布的审查分发结果,证件齐全之中学学生分发到一、二、三临时中学肄业,计第一临中2033人,第二临中1974人,第三临中1974人,共5980人;一时无法提交合法证明文件之学生暂行分入临时补习班,期满经考核再行保送临中或转学,补习班学生1233人。《东北生登记审查竣事分发办法决定》《东北三临中放榜》,《平明日报》1948年9月10、11日,第4版。
⑦ 《东北私校学生要求免试入学》,《大公报》(津)1948年9月9日,第3版。
⑧ 社评:《请东北来平学生自重》,《平明日报》1948年10月3日,第2版。
⑨ 《东北国立院校在平招考新生成绩不佳》,《大公报》(津)1948年10月5日,第3版

认同混乱,还是知识程度确实较差?总之,流亡为求学的自辩,被打上了一个大大的折扣。

安抚的另一面自然便是高压。除去惯常的登记、点名、拘捕、传讯等措施得以加强之外,对待东北流亡学生,当局还试图通过暴露各种学生的负面行为,提升学生与市民之间的矛盾冲突。

"七五"事件后,公共传媒上有关学生各种扰乱破坏行为的报道有所增加,态度也发生了较大变化。诸如,出于流亡悲情和学生运动形成的强势形象,对于东北流亡学生的强占、强住现象,传媒在报道时多会秉持同情态度,呼吁当局尽快解决。事件之后,情况渐次出现变化。暑假间,东北流亡学生认为各市立小学校舍空闲不用,遂迁入四根柏、分司厅、北池子、绒线胡同、史家胡同、新鲜胡同、头发胡同、报房胡同、厂桥、府右街等10校暂住,这本是一件善事,但当暑假即将届满时,学生却不愿迁出。迫于无奈,7月31日下午,小学校长联谊会代表访东北同乡会负责人,请协助劝导学生迁出。同乡会表示力量薄弱,不领导学生去占小学,也不能阻拦学生此种不得已之行动,①表现出失控状,且带有些许无赖相。8月7日上午,市立国民学校校长联谊会以及小学学生家长等40余人以东北流亡学生如不即刻迁出,校务势必无法推进,儿童亦将因之失学为由,联合赴教育局及市政府请愿。② 侵占小学校舍不比寺庙及私人住宅,势必引起社会震动及公愤。

"七五"事件后,东北流亡学生的身份似乎成了一种特权符号,吃饭不给钱、乘车不购票的情况时有发生,并以集体形式要求免费医疗、免费洗浴、免费观影等。其中,影响大者当属乘车不购票反打人的现象。7月28日上午11时50分,东单电车站有东北学生三人,因下车时未曾购票,致与司机发生冲突,学生将司机殴伤。③ 据电车公司工会理事长称:自6月25日迄今,电车员工被流亡学生殴伤36人,虽经向警宪当局请求保护,

---

① 《平小学校长要求占房东北学生迁出》,《大公报》(津)1948年8月1日,第3版。
② 《平市小校长昨向市府教局请愿》,《大公报》(津)1948年8月8日,第3版。
③ 《学生打司机》,《平明日报》1948年7月29日,第4版。

而事故依然发生。① 更恶劣的是 9 月 12 日中午 12 时驶往北新桥的电车上,有东北流亡学生因购票问题与售票生冲突,学生下车后,又邀集流亡学生 50 余人,在该车南返行经东四十二条时包围电车,司机生见势不佳,冲出重围,学生大怒,遂对车下售票生大打出手。② 警局唯恐事态扩大,要求双方和解,但工人并非议员般易受暴力恫吓,13 日,北平电车停驶,电车工会特发表《敬告市民书》:

> 本市电车工人,时遭一部流亡学生殴打,近数日来,更变本加厉,对于服务员工,作有计划之集体寻衅殴打,日昨竟复集五六十人,对于十二条站售票生,无故加以毒打……本日车辆,不能畅通,实因工人鉴于环境过于恶劣,迫不得已所致……此种不幸事件,屡屡发生,本会对于工人,始终无所表示,因对方系流亡至平学生,本人类互助精神,应予以同情,奈公司现状,自给不能自足,工人所得,不足一饱,况又负家庭之累,较之流亡学生,困苦犹甚,工人等服务则有生命危险,车票放弃,则有挨饿可能,为维持北平交通计,故冒险出车,除向各界正义呼吁外,要求政府妥筹有效保障办法……③

同样控诉恶劣环境,同样呼吁社会正义,电车工人的诉求显然更为迫切。中午,市政府召集有关各单位会商,拟定保障办法。下午 6 时,电车恢复行驶。当然,并非所有的殴打行为均由东北流亡学生所为,此种霸道行为,就如毒素一般,也传染到来平稍晚的山西流亡学生身上。

东北流亡学生自行建立形形色色的团体,以集体名义向当局及商会要求各种待遇,是此次学生运动的一个新特点,试图将学生因追求正义、为民疾呼而获得的优越感,以及因集体行动而获得的力量感,直接转变为某种事实上的特权。如果说免费医疗、免费洗浴对于流亡学生尚不为过,免费观影的要求则就几近荒唐。据电影院业公会呈报,其所属各会员影院均收到"东北中学生流平同学会"来函,要求免费观影:

---

① 《平电车公司请当局保护员工安全》,《大公报》(津)1948 年 9 月 9 日,第 3 版。
② 《东北流亡学生昨殴伤电车售票生》,《大公报》(津)1948 年 9 月 13 日,第 3 版。
③ 《抗议流亡学生无理殴辱平电车昨全部停驶》,《平明日报》1948 年 9 月 14 日,第 3 版。

> 本会自成立以来至今将及一月,所收容东北逃亡来平同学不下千名之多,迩来鉴于同学精神日益颓靡,兹为挽救此种现象起见,恳请贵院以文化事业立场赐予免费优待,实为德便。①

不仅如此,又有"东北中学流平同学会"呈请北平市政府,要求"将游览场所票价增加一倍,以所得之款救济东北流平学生"。尽管社会局指令"不予置议",免费观影之事依然不断,有些亦演化为暴力事件。例如,大都市影院前的丑陋表演:

> 前日上演七彩影片《天堂之夜》,晚七时第四场开演前,有自称东北流亡学生者十余人,因欲无票观影,与该院职员发生争执,旋由治安当局将其中一叶姓学生捕获带走,不料至十一时三刻左右,该场电影业已散场,大门关闭之后,突有学生约三十名,手持木棍等物,在影院门外击斗,该院职员自楼上下窥,见此数十人气势汹汹,不敢开门,彼等即以砖石棍棒等物,将该院前面之玻璃二十余块及门灯,广告牌等砸毁……②

学生为何因自身精神颓靡便强行要求免费观影?为何观影不成便上演全武行?这是学生运动高潮中值得思考的问题,其危害程度已经超过散兵游勇或流氓地痞。次日下午,影院经理及电影公会理事长一同至市府谒见市长,请求保障。

东北学生在流亡北平过程中,借助学生运动所造就的一种外在强势,向地痞转化,最典型的就是"蘑菇团"③。蘑菇团成员陆颉夫为铁岭中学学生,流亡北平后,住交道口南肃宁府内,自称东北临中学生自治会主席,

---

① 《电影院业公会呈请制止东北流亡学生要求免费入场观影呈文及社会局的指令》(1948年7月10日),北京市档案馆藏:J002-004-0077。
② 《为无票看电影学生砸大都市》,《平明日报》1948年9月1日,第3版。
③ 蘑菇团在天津称蘑菇队,为一般无业青年组织,通过拜盟兄弟,结为团伙,内部由核心组织及大小首领控制,带有黑社会性质,在中学生中亦有发展。东北流亡学生到达平津后,一些原成员通过相互联络再行组织,一些学生则仿效成立类似团体,主要在流亡学生中活动,欺凌同学,并危害社会。《东北学生中之败类蘑菇队队员被检举》《蘑菇队队员李锡晋被捕》,《大公报》(津)1948年7月13日、8月24日,第5版。

又冒充军人,招摇撞骗,组织"蘑菇团"吸收同学,每人发给电刀一把,不受愚弄之学生即以电刀手枪恫吓,威胁同学做流氓不法行动,同学多敢怒不敢言,并有逼奸东北女中学生等情事。① 因东北流亡学生暗中向警局告密,7月22日,警方捕获了陆颉夫等人。最终陆颉夫以犯有伪造公印、强暴胁迫使人行无义务之事、侵占因公益所持有之物等罪行,判处有期徒刑一年零四个月。② 该案的被揭露,无疑暴露出东北流亡学生内部鱼龙混杂,严重破坏了学生在运动中极力塑造的纯正形象,也表明了学生运动高潮中还可能隐藏着另一类的分化。

对待北平学生,当局则主要使用高压之分化策略。7月12日,北大、清华、燕京三校突遭军警包围,限制师生出入。首先站出来表态的是各校教授会等组织,出面应付的是校方,学生则处于联络、求助并派代表见校长的位置。13日上午,清华教授会开会商讨对策,决议四项:一、为包围学校事发表宣言。二、向地方当局提出抗议。三、向教部提出抗议。四、发表告同学书。同日,北大教授、讲助、工警、学生各组织联合签名向地方当局提出抗议,以为军警包围造成"学府尊严,全被摧残,师生安全遭受威胁"。北大校长胡适郑重表示,包围学校殊属非法,乃请刘市长速通知陈总司令将封锁人员予以解除。北大训导长贺麟称:日来本人屡次召集学生代表劝导冷静,切勿出外募捐宣传,已为学生所接受。③ 十分明显,当教授会抗议当局行为及校方积极交涉时,也对学生行为进行了相应的规劝。反之,当局在撤除对学校的包围时,也要求校方承担更多责任,"约束学生,免生事端"④,尤其加强对于宿舍的管理⑤。

8月14日,国民党当局教育部公布1946年12月至1948年6月的学潮统计分析,在一年七个月期间,各地共发生学潮109次,波及18个重要

---

① 《东北学生败类陆颉夫送警局》,《大公报》(津)1948年7月24日,第3版;《东北学生"蘑菇团"陆颉夫等带警局》,《平明日报》1948年7月24日,第4版。
② 《陆颉夫案宣判》,《大公报》(津)1948年9月10日,第3版。
③ 《清华北大教授会又将发表宣言》,《平明日报》1948年7月14日,第4版。
④ 《当局电西郊各大学约束学生》,《平明日报》1948年7月17日,第4版。
⑤ 《北大当局清查学生宿舍》,《平明日报》1948年7月24日,第4版。

都市和29所主要学校,以为其中90%为共产党有计划之策动。① 17日,行政院颁布《后方"戡乱"应行注意事项》四点,以为"最近各地学潮、工潮迭起,职业学生盘踞学校,操挟群众,肆行暴动,对社会秩序尤有严重之影响",其中第三点规定:

> 对于各校学生意图妨害"戡乱",而罢课游行,聚众请愿,扰乱治安,或文字鼓动,或口头煽惑,为匪宣传破坏秩序者,应切实禁止、制止或解散,其重要之现行犯,应捕送特种刑事法庭依法处理。②

该注意事项或可视为国民党政府修正所谓对于学生运动的"姑息政策"的标志。③ 8月18日,北平高等特种刑事法庭致函北京大学,以执行行政院"肃清'奸匪'职业学生"的命令为理由,由警宪依拘票对学生执行逮捕。校园空气顿时紧张。学生自治会贴出布告,提醒同学警觉,有事互相关照。校方则于下午召开行政会议,决议三条:一、希望政府不令军警进入学校;二、希望对逮捕事采取合法手续,根据普通法律;三、希望同学镇定。明显在适用法律和采用措施上,"想先探听紧张空气的真假"④,也给了学生抗争迂回的空间。19日晨,北平高等特种刑事法庭以"危害国家""共匪嫌疑分子"的罪名拘传250名学生的拘票、传票陆续送达各院校,报纸上刊载了被拘传学生名单,限期一天投案,否则将由警宪实施逮捕。次日,又公布了第二批被拘传学生名单共74人。是谓"八一九"大迫害。

面对国民党当局使用司法手段的大迫害,学生可能采取的对策不多。北大学生自治会召集文理法三学院暑期留校学生数百人在沙滩子民堂前召开会议,决议:一、要求校方退还传票拒绝出庭。二、一人被捕全体坐

---

① 《职业学生策动学潮教育部昨发表统计》,《华北日报》1948年8月15日,第5版。
② 《清除间谍安定后方政院颁布注意事项》,《大公报》(津)1948年8月18日,第2版。
③ 社论:《要求安定的读书机会》,《华北日报》1948年8月17日,第2版。"七五"事件后,北平教育界对学生问题的主流意见仍是"必须疏导"。《李副总统茶会上各教授谈天下事对学生则都主疏导》,《大公报》(津)1948年7月12日,第2版。"八一九"之前,北大校长胡适与清华校长梅贻琦曾劝阻北平治安当局、行政院及蒋介石,但未能生效。王学珍等主编:《北京大学纪事(1898—1997)》,北京:北京大学出版社,2008年第2版,第463页。
④ 《北大空气突紧》,《大公报》(津)1948年8月19日,第3版。

牢。三、成立安全小组,保护自己。① 清华、燕京、师院、中法等校,也只由学生自治会贴出布告、号外、壁报等,提出抗议,号召反迫害,以及夸张地介绍各校的紧张状况。作为学生运动的必备形式,北大、清华、燕京、中法四校学生自治会联合发表抗议宣言,一方面抗议国民党政府为爱国学生加上"红帽"然后进行逮捕的一贯手段,一方面为校园增添神圣的色彩。宣言所提严重迫害的三点理由为:特种刑事法庭是违宪的不法机关;行政院准许军警不依法定程序入校逮捕是违宪的指令;学术自由学府尊严必须维持,坚决拒绝军警随意非法侵入学校。② 前两点为法与非法的解释,后一点则涉及历史政治文化传统的认识,均非学生运动中的惯常话语,也无法激起社会的广泛同情,况且只是当局之"虚张声势"③而已。应该指出,此种认识主要来自同情学生的教授们及部分校方的主张,试图以法律、文化的概念来解释政治问题。8月21日,北大、师院55教授为拘传学生发表抗议书,内称:"学生既非正在犯罪,更非希图逃脱,政府有何理由不依照正当法律程序,而随便包围学校,搜捕学生?"抗议所谓"危害国家"是"莫须有"的罪状。23日,北大56教授等上校长胡适书,强调"同人等为学校前途着想","为维护学府尊严,请阻止军警入校搜查逮捕学生"④。多数校方的态度相同,即所谓"公的立场,希望同学出庭。私人立场,希望同学逃跑",借以保证军警不入校逮捕。⑤ 例如,胡适一方面劝学生到案,同时请法律系教授做顾问,根据证据替他们辩护;一方面重申其对学生运动的认识,以为学生"离开学校去干政治是你自己的责任,我不反对,但把学校变为政治机关则不可以"。⑥

---

① 《北大学生集会决议抗传》,《大公报》(津)1948年8月20日,第3版。
② 北京大学、清华大学、燕京大学、中法大学学生自治会:《为抗议当局摧残教育迫害学生宣言》(8月20日),《北大半月刊》第10、11期合刊,1948年9月1日,第2页。
③ 中央华北局城工部编:《平津"八一九"大迫害经过》(1948年9月),《中国青年运动历史资料(1948.4—1948.11)》第18集,第471页。
④ 《北大师院两校教授为拘传学生抗议书》《北大教授先生上胡适校长书》,《北大半月刊》第10、11期合刊,1948年9月1日,第4、5页。
⑤ 《平津"八一九"大迫害经过》,《中国青年运动历史资料(1948.4—1948.11)》第18集,第467页。
⑥ 《胡适表示要劝学生到案》,《大公报》(津)1948年8月20日,第3版。

由于校园内外被严格区分,故大迫害到来时校园内反显得十分平静,甚至多少有些出乎意料。① 校园的平静,除教授及校方的态度外,主要原因是当局的拘传行为更像是一场走过场的闹剧,并未引起学生的过分关注甚至恐慌。在第一批250人的拘传名单中,北大最多,达71人,其中拘提43人,全属两周前校方公布违反教务规则开除学籍之学生,已全部离校;传讯28人,2人已休学,5人已南下返家,其余21人在训导员递交传票时已离校不在宿舍。清华31人,其中拘提6人,全是已毕业或已开除的学生,根本没有在校;传讯25人,有的名字错误,有的毕业了,有的暑期回家没有在校。辅仁被拘传学生共24人,拘提10人中有6人已毕业或因故退学,传讯14人中只有5人住校。师院被拘提的20名学生中,有2人与师院无关,其他学生都毕业离校。朝阳被拘传学生共12人,有7人已毕业离校或他住。也就是说,当局精心准备的大迫害名单,居然大多数是已经毕业和主动撤离了学校,或者刚刚离开了校园的学生。第二批名单则多为现任学生自治会理事,当局意图明显在于瓦解整个学生组织,学生自治会理事经由选举产生,担任理事即为"匪谍",这就戳破了所谓少数人把持学生自治会的谎言,势必引起学生及教师的反感。

在拘传少有到案的情况下,除继续通缉外,当局可做的也只有警宪入校搜捕。在如何应对入校搜捕行动上,体现出学生运动中的"强校"与"弱校"之分。对于"强校",警宪入校主要具象征意义,是宣示法律尊严的一种形式;对于"弱校",则是实实在在地搜捕。当自动投案的一天期限过后,警宪如何入校,主要取决于教授的影响力及校方态度,学生并无具体的行动。中国学院校长王正廷对学校控制较强,12名被传讯学生中有8人当天便自动投案,19日晚校外徒手军警就已解除戒严。朝阳学院在校被传讯学生19日拒绝到案,20日,该校所在区域被部分戒严,警宪在校

---

① 如8月19日下午5时北平市警察局长杨清植赴北大访训导长贺麟,商谈拘讯学生问题,贺麟表示原以为今日必起轩然大波,但各校尚称平静,有些意外。《平市各院校昨日尚平静》,《大公报》(津)1948年8月20日,第3版。《华北日报》记者专门采访了数所院校,亦感叹过于平静,没有任何事故发生。《传拘职业学生声中各院校空前安静》《职业学生拘传以后读书环境将可安定》,《华北日报》1948年8月20、21日,第4版。

方同意并配合的情况下入校搜捕。学生亦对校方态度十分不满,大骂校训导处主任李贵民为汉奸国特,并动手将其殴伤。① 在师范学院,尽管多数教授及校方同情学生,但当局似乎不太理会校方的交涉,21日强行入校搜捕。对于规模大、地位高的学校,当局的入校搜捕则更加谨慎。在警宪进入燕京大学前,军方与校方达成四项条件:一、军队不开进学校,徒手的警宪可以进来三四十人。二、只查人,不查物件。三、只查名单上的30人,不查别人。四、学校绝不会同警宪来搜查学生。校长陆志韦并在贝公楼礼堂召集全体同学讲话:

> 这样的聚集,在燕大的历史上还是头一回,从前有一回,跟今天的情形有点相像的,那是三十年十二月八日上午十点钟的聚集。所不同的,那一天来的是仇敌,是日本人,今天来的是我们的同胞。是同胞,将来共患难的日子多着呐!
>
> 从十八日晚上起,学校让军警宪包围了。学生员工都不许出入。食粮断绝。同时,学校方面两次检查宿舍跟校场上其他各处,名单上的三十人之中,并无一人在校。我们就根据事实,报告郊六分局跟这一回负责审查燕大的林团长,他是二○八师的。直到今天十二点钟为止,地方当局依然不能完全信任学校的报告,以为非进来搜查不可。……军警搜查学校,在民主国家是非常的事件。②

校方的态度发挥了重要的稳定作用,仪式性搜查在和平中完成。22日轮到了清华大学,多数学生的诉求就是要求援引燕京模式,并要求有校方代表陪同检查。进入清华的警宪人数增加许多,但过程还算平和。③ 同日,北京大学再次自行清查宿舍,并发出布告:"很诚恳的希望尚未到案的同学,务必认清当前的环境,顾念自己的前途,于八月二十三日下午三时以前,到训导处报到,由本校派员陪往特种刑事法庭,经过询问后,当即由本

---

① 《传拘朝阳"匪谍"学生事告一段落》,《华北日报》1948年8月21日,第4版。
② 陆志韦:《三十七年八月二十一日下午四时为警宪在校内搜查学生事对在场学生教职员跟军警宪说话》,《燕大双周刊》第61期,1948年9月6日,第453页。
③ 《平津"八一九"大迫害经过》(1948年9月),《中国青年运动历史资料(1948.4—1948.11)》第18集,第495—499页。

校设法具保。其过期不到者,学校一律停止其学籍。"①23日,胡适致函北平警备司令部总司令陈继承,称经北大高级负责人员调查,校园内已无被传讯学生,期望军警不致入校检查。② 24日上午,北平警备司令部政工处长汪道渊、宪兵十九团团长梅庆岚、北平市警察局长杨清植率随从警宪赴北京大学拜访校长胡适,说明关于特种刑事法庭拘传学生事,治安机关有执行责任,北大被拘传学生尚未全数到案,请校方予以协助。胡则说明学校态度,以及校方自行检查的情形。最后,由训导长贺麟等陪同至红楼等处视察,并转赴医学院、工学院及第四院等学生宿舍。同时,北平警备总部林副参谋长率警宪赴骆道庄北大农学院,由该院负责人陪同在农学院视察。③ 随后,北大周边的戒严解除。

在公共传媒上,对于警宪进入学校缉拿被传讯学生的行动,用词从"搜捕"到"搜查""检查""视察"的变化,明显反映出校方对于所谓学府尊严的权威程度,这是学术传统、历史精神和政治权力的现实运作的产物,展现着教授、校方和学生三者之间的复杂关系。不过,保持校园内学生活动的相对自由,既是学生运动酝酿的重要条件,又是学生运动斗争的宝贵成果。然而,能够在大迫害中维持校园秩序,学生也付出了一定的代价,也就是说,凡是被列入当局的嫌疑名单中的学生,拒不到案或未能通过所谓问讯者,都被排除在校园之外。9月6日,北大政治、经济、历史、法律等16个系的代表持请愿函谒见胡适,请求学校重新考虑因拒绝传讯而被停学处分之学生,被胡适拒绝。④

事实上,大迫害之时学生运动已步入低潮,学生回归校园也是必然结果。也就在8月19日,国民党政府颁布了《财政经济紧急处分令》,规定发行金圆券代替法币和东北流通券,按法币300万、东北流通券30万元兑换金圆券1元,限期收兑人民所有黄金、白银和外汇,以及冻结物价等。无可奈何的是,物价很快便如脱缰野马般一路疯涨,日常经济生活问题再度突出。

---

① 《北大布告被传讯学生今日不报到停止学籍》,《华北日报》1948年8月23日,第4版。
② 《关于拘传学生胡陈往来函件》,《大公报》(津)1948年8月25日,第3版。
③ 《平警宪负责人员昨访胡适校长》,《华北日报》1948年8月25日,第4版。
④ 《北大停学学生绝对不准返校》,《华北日报》1948年9月8日,第5版。

理论上讲,遭受迫害回到校园的学生,完全有可能提升经济斗争,作为学生运动继续发展的新主题。可是,如果仔细观察,以反饥饿为口号的经济斗争,学生所占据的位置和发挥的作用,在逐步后退,或者说,经济斗争并非学生运动的长项,尤其是不能反复使用。因此,当新一轮经济危机的压迫袭来时,在校园内,教职员首先发难,社会地位较高的教授冲在前面,学生只是起到了充当声援者的配角作用。

10月11日下午二时,北大教授在孑民纪念堂举行谈话会,讨论生活问题,向达、芮沐、胡传揆、袁翰青等80余人出席,要求校方向政府洽商三事:一、从速调整待遇。二、维持去年每人冬煤二吨之例。三、每人每月配粉一袋办法必须继续维持,九月份配给粮食抵发代金,决不接受。① 16日,北大学生自治会为全体同学公费副食费问题上书校方,请求公费全部配予面粉,副食费亦请按官价调整。19日下午1时,市立小学234单位在府学胡同小学召开临时代表大会,以收入无法维持生活需要,决定自20日起请假四天,并向市府及蒋总统请愿,要求改善待遇,配给面粉及冬煤。② 北大、清华、师院、北洋、唐工、燕京及北平研究院讲师、助教、职工联合致电行政院、教育部,提出应按照"八一九"限价配售公教人员生活日用必需品及实物配给等要求。③

10月25日,北平数家报纸在同一版面都刊登了三条消息,可以说明校园内对经济困苦问题的不同反应。其一是北平各大学教授朱光潜、郑华炽、王聿修、贺麟等17人为"解除人民的经济苦难与不平",联名拟具"为民请命"书,并由胡适转呈蒋介石及翁文灏,以为政府毅然实行财经改革并无错误,只是现时经济停滞受国内国外的整个不安状况所影响,"整个问题未解决,经济问题绝不会单独解决,从这个观点看,财经改革能成功多少算多少,无所谓失败"。但是,还是开出了按"八一九"限价由政府配给主要生活品、政府加税和公用事业合理加价、其他限价一律取消并维持自由市场等三剂药方。其二是24日北大学生自治会向蒋介石呈递请

---

① 《教书生涯苦到极点》,《大公报》(津)1948年10月13日,第3版。
② 《平市小教职员辍教》,《大公报》(津)1948年10月21日,第3版。
③ 《各院校教职员要求提高待遇》,《益世报》(平)1948年10月20日,第4版。

求书,由训导长贺麟转陈,要求:一、在校同学一律公费;二、46斤面粉一律配给实物;三、副食品配发实物,或按指数调整。既无新意,也无行动,只是夹带了一项请求:"'八一九'被捕同学,未闻起诉,亦不准保释,坐失青春,无所贡献于国家民族,敬祈总统转饬有关机关,早日处理。"其三是数量更多的教授采取了行动,反应最为强烈。24日北大教授王烈等82人发表停教宣言,内称:"政府对于我们的生活如此忽视,我们不能不决定自即日(十月二十五日)起忍痛停教三日,进行借贷,来维持家人目前的生活。"并要求校方"在一周内借支薪津二月"。①

北大教授的停教行动,立即产生了一片响应与声援效应。10月25日,北大讲师助教会以签名结果90%以上赞成,宣布自26日起停教五天。清华讲师助教会开会决定,亦从26日起停教五天。教授会则以校方允诺发煤两吨和发两个月薪金,决定继续任教,如近期不能实现,亦将停教。师院教授会召开紧急会议,议决自26日起请假五天,并发表宣言。铁院、艺专部分教授、讲师,也在酝酿停教。辅仁全体教职员向校方提出按实际生活指数发薪及配煤等要求。南开教授、讲师、教师、助教经签名决定,自27日起停教三天。在学生方面,北大学生自治会主席团发布通告称:

> 本校教授因生活问题,自本日起停教三日,主席团曾接到经济系等十三单位之建议,主张以行动支援师长,经以签名方式,征集全体同学之意见,签名者为一一一七赞成自即日起罢课(沙滩区总人数一六一七人),特此通告。②

北大、清华、燕京、师院学生自治会发表宣言,以为师长停教行动合情合理,"我们决以全力支援"。③ 26日,响应与声援的浪潮继续。清华教授会公告,自27日起请假四日,学生自治会代表随即决定总请假四天,并成

---

① 《北平教授为民请命上书总统陈述意见》《北大学生会上书蒋总统》《北大八二教授宣述困苦今天起停教三天》,《大公报》(津)1948年10月25日,第2版。《大学教授十七人发表"为民请命"书》《北大自治会向总统呈递请求书》《北大教授八十二人今起停教三日》,《益世报》(平)1948年10月25日,第4版。
② 《北大学生支援教授昨起总请假》,《益世报》(平)1948年10月26日,第4版。
③ 《同情支援教授行动北大学生宣布罢课》,《大公报》(津)1948年10月26日,第2版。

立"反饥饿争生存委员会"。北大学生自治会召开代表大会,决定自 26 日起总请假五天,成立"争温饱委员会"。南开学生经过半数的签名,决定自 27 日起停课三天。随后,燕京教授会、讲助职联合会决定自 28 日起停课三日,响应国立院校师生争取待遇之停课行动,学生亦总请假三天。冀工教授、讲师、教员决定自 28 日起停教三天。铁院学生自 28 日起总请假三天。停教风潮亦波及中小学,27 日上午 9 时,市立中学十六单位代表开会商讨生活问题,决议即刻停教四天,提出借薪、借米、配煤等要求。国民小学教师联谊会则于下午开会,同样要求借薪、借米、配煤,如无圆满答复,下星期一起全体请假。

以请假方式的变相罢教、罢课,具有很强的传染性,很快由重点或核心学校波及一般院校,由国立院校波及私立院校,由大学波及中小学,由北平波及外埠,在一片响应和支援声中,出现了一个运动小高潮。

遗憾的是,仅就学生运动而言,在此风潮中,学生只是跟随者,在运动的要求、方式等方面,似乎都是消极地跟随或搭便车,多数学生在参与活动上,可能更关注的还是联谊和竞选。10 月 17 日,北大、中法、朝阳、辅仁、中院、华院等校学生畅游香山,在双清别墅高歌《我们大家在一起》及《团结就是力量》。① 郊游联谊活动,可能是当时不多的一种各校学生聚集方式,同声放歌毕竟可以提振精神。尽管有断炊之虞,北大学生自治会竞选的热度不减,"沙滩区到处贴满普选标语,民主墙上一切争论咸告敛迹,均集中此一民主之问题"②。民主乃学生最热衷之话题之一,在时代变革前夕,政治民主的形式及投票方法,更受学生关注,在时间上,学生自治会选举的提名、竞选、投票、开票全过程,被安排在 10 月 19 日至 29 日,也恰好形成学生对于组织形态与经济生活两类问题关注及参与的反差。③

---

① 《北平零讯》,《大公报》(津)1948 年 10 月 18 日,第 3 版。
② 《北大普选热》,《益世报》(平)1948 年 10 月 22 日,第 4 版。
③ 值得思考的是,罗荣渠在 1948 年 10 月 26 日的日记中,分析了学校同学对团体活动或课外活动的四派:一派是不理派,只是少数。二是热心派,也算少数。三是无所谓派,大抵占绝大多数。最末一派是风马牛派,"这种人在每个学校甚至在社会各个阶层中都不少,是一切运动和事业中最坏事的危险分子,但是他们是容易获得群众拥护的,他们狡黠的伪装是不容易被一般人识破的,真是可怕,可恨,更可恼!"《北大岁月》,第 382—383 页。从当天及后几天的日记看,此感慨似乎针对学生支持教授停教一事而发。

另一方面,9月12日,辽沈战役正式发起,东北、华北战局被根本改变。对于经济和军事问题,学生所能施加的影响均很有限,实际上,学生运动在国统区城市政治斗争方面的作用也在降低①。因此,轰轰烈烈的学生运动走向边缘化在所难免。

随着新学期的到来,新同学走进了校园,学生组织随着新人的加入亦有所更新,自然也给校园生活增添了一些新气象,或者说又开始了一个新的循环。

有意思的是,1948年11月21日,《北大清华联合报》在"停刊号"刊登有两篇文章,似乎说明了"七五"事件以来的学生运动的归宿,也可以视为战后学生运动的另类转向。一篇是郑钧的《向南方迁移？——一个流亡学生的通讯》,倾诉着流亡之苦及悔恨:

> 当大家被饥饿,寒冷,疾病紧紧抓住的时候,很自然地便想起家乡。许多人都失悔这一次毫无意义的逃亡。许多人已经废然的归去。江南已不是安乐窝,这里尤其没有我们这群"难生"的安乐。到南方找一点安静,以继续自己的学业的想法,每个人都已认识到它的虚妄与可笑。战争已渐渐逼近这里,有钱人又在筹划着逃难了,然而对于我们这些"难生",恐怕大半已没有再逃的勇气了。②

一篇是转载香港《文汇报》的文章《佳木斯的东北大学——新土地上的新大学》,展现了一所生机勃勃的新型学校:

> 东大在佳木斯南郊,有一座雄伟的高层建筑,四周有六所宽畅的校舍,现在拥有一千九百男女同学和五百个教职员。在这里经过的人会看见一堆堆的男女青年在那儿打球,唱歌,读书,散步,宽敞和明亮的教室的窗子映着阳光。

---

① 中共中央华北局城工部指出:"目前我们的紧急任务是迎接解放而立即进行具体的准备工作,以期在解放时能保护尽可能多的重要的物资财产,留下尽可能多的知识青年及公教人员及技术人员等有用的人材。"因此,不能只从学运着眼,只为掩护学生工作,必须看到全局,必须建立范围更广阔、意义更重大的统一战线。《中共中央华北局城工部关于目前平津学运的紧急任务的意见》(1948年10月),《解放战争时期第二条战线》(学生运动卷)下册,第31页。

② 《北大清华联合报》第6期,北京,清华大学学生自治会发行,1948年11月21日,第10页。

我们现在穿的是草绿色军装,大家都抱着人民必胜的信心,我们不再想到冻馁和失学。这就是所要知道的东大的同学。①

编辑的目的,主要针对当时北平高校"谣传将要南迁",试图为"我们如何从黑暗里获得新生"②提供选择方案,明确表达了"流亡"是一种必须纠正的错误的选择,新大学的校园充满着活力和光明。由此,东北流亡学生的悲情牌可以告终。

五、别样行为特征及学运终结

所谓别样,并非特指"七五"事件的特殊性,乃是相对于学生运动成熟而言之别样。从逻辑上讲,在学生运动成熟之后,其思想认识、组织体系和行为特征,会以惯性影响并推动运动的持续发展,更何况整体政治局势已经明朗化。然而,"七五"事件却展示了别样的发展可能性,表明学生运动所具有的不稳定及不确定性。

"七五"和"七九"两次大规模学生集体行动,既是时局局部发展的一种激烈反应,又与整体发展形成某种冲突,尤其是"七五"当天的学生行为,与战后学生运动之成熟完全不相称。"七五"在组织动员形式和目标、口号、导火索选择上,都与既有的战后学生运动相左,诸如选择参议会及其议案为抗议目标,以反对地方歧视为主要口号,将参与者限制在一个狭隘的小圈子内,以及未经理性思考和充分酝酿的突发盲从,等等,距离成熟甚远。唯一得以延续的是利用了学生运动已经形成的气势及部分外在形式。"七九"亦是如此,无论对于时局发展判断,还是惨案事实判断,或是声援浪潮判断,都存在重大偏差,从而形成口号与形式之间的较大冲突,在由校园集会转向街头示威的变动中也过于生硬,造成学生队伍内部的过早分化。

由此表明,即使是战后学生运动的收官之战,学生运动仍然具有理性的学生与感性的运动之特点。是故,处在变革期中的学生,并没有认真吸

---

① 《北大清华联合报》第6期,1948年11月21日,第11页。
② 卓瑞:《由战局看迁校》,《北大清华联合报》第6期,1948年11月21日,第5页。

取既往学生运动的经验教训,更为理性地思考复杂的现实问题,采取适当的应对行动,反而变得十分焦躁,试图借助学生运动已经形成的某种强势,把自身视为正义代表,差不多是盲目地发动大规模集体行动,强调把握时机为天下先,或是要求维护自身的权利,或是提出更激进的口号以影响时局,设想以声势实现诉求。由此,学生运动出现了一些既带有一般共性又有具体个性的别样行为。

其一,大规模集体行动需要及时而准确的信息,对于利益多元化的学生群体尤其如此。[①]

信息传播的重要性可以分成两个方面:一是传播的速度和准确性,一是对于传播内容的分析。理论上讲,战后的传播环境,信息传播的迅速和内容的多样化似乎不成问题,随着学生运动的深入,学生组织的健全,通过民主讨论的方式,理性地分析各种信息,从而采取合理的应对行动,应该也不难实现。可是,"七五"事件时期的学生运动却表明,越是大规模的集体行动,学生越是受到情绪的支配,参与者很难冷静地分析各种信息来源的可靠性,以及所涉内容的真实指向。"七五"请愿游行以并无行政权力的民意机关及尚无行政约束力的参议会议案作为抗议对象,表明学生在行动之时,根本不了解参议会在政治运作中的角色,也没有认真研读议案的内容,只是凭借个别词句,找到了一个可以随意撒气又能免遭报复的对象而已。影响"七九"请愿的决定,主要凭借的则是一条来源不明、事实不清的信息,仅仅由于符合教条的阶级分析法,便全然不顾环境条件的逻辑合理性,构建了想象中的声援高潮,几近鲁莽地发起了行动,自然无法认清运动的前景。所以,当临近政治制度发生根本性变革之际,学生运动并没有变得更加理性,更加清晰,反而增添了几分混乱,这些都强化了学生运动不稳定性的特征。

其二,战后学生运动高涨所展现的力量,使得学生不仅是政党之间进行人心、人才争夺的对象,也是地方各种利益集团争相试图把握、利用的工具。

"七五"事件是介入势力最多、阵线最复杂的学生运动,由于东北利益

[①] 如果视"五四"运动为近代大规模学生运动的开端,运动与信息传播的关系,近年来得到了更多的关注。可参阅董振平的《信息传播与"五四"运动》(《齐鲁学刊》2010年第2期)、熊玉文的《信息传播技术与"五四"运动》(《社会科学动态》2018年第3期)等文。

集团的积极介入,为运动增添了地方政争的色彩,也为运动提供了组织、宣传、交涉等方面的渠道,有助于东北学生获得某些实际利益。在学生运动的自主性与被利用的传统命题中,"七五"事件似乎较难评价,主要在于研究者多关注是否有中共的直接介入,未能认真分析东北地方势力与东北流亡学生之间的利益关系,甚至将两者简单视为地位不同的利益共同体。如此,表面上具有自发性的"七五"请愿游行,在发展过程中的自主性却极低,很难到达发起时的诉求。另一方面,学生运动并不容易被完全操控。"七五"请愿游行一旦发起,便立即失控,其结果则完全走向了发起者预期的反面。"七九"游行请愿所喊出的激进口号,也远远超出了中共对于城市学生工作的整体目标和华北战局的策略考虑,甚至起到了某种负面作用。"七五"事件期间,外部政治力量对学生运动的直接干预并不强,但学生在集体行动中的自主理性亦很弱,尤其是在大规模街头行动之中,主要受情感和经验的支配。

其三,学生运动需要声势,故需要发动大规模的街头示威游行,需要喊出最激进的口号以震撼人心。学生在振臂一呼后,如何能够产生重大的社会反响,自"五四"运动后就提出了青年学生与工农群众相结合的问题。① 但是,学生运动也需要特别强调纯洁性,以便充分展现历史使命感和道德优势。

在战后学生运动中,"联合阵线"并没有取得明显进展,尤其是与工农群众相结合。相反,"七五"事件期间,学生运动出现了很强的自我封闭特征。不但东北流亡学生在"七五"请愿游行中试图独立行动,即使是实现了东北华北学生联合行动的"七九"游行请愿,由于口号的激烈,学生之间的统一战线亦显得十分脆弱,更不可能实现学生与社会的一致行动。当局反而利用学生与市民之间的利益冲突,制造所谓民众团体对抗学生,并取得了较为明显的效果。此外,学生运动的声势高涨之后,通常都会由于如何继续而出现分化。可是,"七五"事件期间的学生分化到来过早,也更

---

① 值得注意的是,在 1948 年北京大学的"五四"纪念中,仍然强调"学生与社会的团结"和建立"联合阵线"的问题。许德珩:《五四二十九周年》,夏晖:《五四的历史意义和任务》,《北大半月刊》第 4 期,1948 年 5 月 1 日,第 6、10 页。

为剧烈。东北华北学生由于运动诉求差异巨大,导致联合行动刚一开始就出现裂痕,为求团结,在策略上,华北学生也更多地向东北学生靠拢。行为更加封闭的东北学生,其分化更为剧烈,不但多数试图"搭便车"的学生希望落空,就是在国立学校中,学生与学生、学生与校方的冲突也与日俱增,十分激烈。① 这些都说明学生运动中的内外团结与联合均较薄弱。

其四,纯洁的学生运动,通常指不带或少带自身利益的正义呐喊,借以警醒世人。另一方面,正义呐喊免不了激情,激情高涨时又难免失去理智,故大规模的、激烈的学生运动往往会带有一定程度的暴力,不过此种暴力是渐次刺激而成的、偶发的和短暂的,因而容易被社会所认可或谅解,成为一种"合法性"暴力。

"七五"事件期间的学生运动却是别一种样式,学生谋求的并非是公众正义,而是特定的学生群体利益,其中还混入了大批"搭便车"者。再者,"七五"行动一开始便充斥着暴力,而且持续到收束之前,其中对运动形势刺激主要是学生因无人接待而感受到冷落。因此,"七五"出现的学生集体暴力,乃是学生运动高涨后所产生的权威和力量的一种表现,即学生暴力行为都可解释成为合理的反抗,学生从正义的象征转变为现实正义秩序的执行者。权力的滥用,使得学生运动出现了痞化现象,其特征不仅在于行动中更频繁地使用暴力,更经常地表现为语言暴力。在"七五"和"七九"行动中,标语、口号中充斥着辱骂与恐吓的言词,严肃的政治斗争,通过对于现行威权的侮辱性轻蔑,转变成了一场轻松的游戏。如果说,在学生运动高潮后,由于其形式被大量借用或模仿复制,尤其是当运动由突发行动转为一种试图持续使用的斗争形式时,学生运动的痞化难以避免。更为严重的是,借助学生运动的权威,部分学生将各种流氓地痞行为引入日常生活,成为社会一霸。学生的痞子化,也许是动乱年代的特

---

① 例如,"七五"事件后,吉林长白师范学院院方及部分学生要求自行上课,部分学生则要求与北大、清华、燕大联络,院方及部分学生遂检举其中 18 名学生为"职业学生",8 月 4 日由警宪入院传讯法办。随后,该院学生自治会进行了改选。《长白师院发生纠纷》《长白师院昨起复课》,《大公报》(津)1948 年 8 月 5、10 日,第 3 版。该事件可谓"八一九"大迫害的先导,较之华北各校更为严重,学校内部的高度分化是特点之一。

殊产物,可还是给学生运动的过程留下了深刻印记,极大地败坏了学生的社会形象,在"七五"事件期间学生运动中,已经足以显现这些端倪。

值得注意的是,"七五"与"七九"学生运动均以请愿为外在形式,从受迫害者的弱势地位控诉种种不公,不过,从向请愿对象施暴的行为和游行中标语口号的内容看,学生又不像是个弱者,他们提出的请愿诉求倒向给政府下的最后通牒。学生到底是一种强势威权还是遭受迫害的弱者,在政治制度变革的最后关头,依然十分混沌。学生的力量,主要来自集体行动,来自公众正义的呐喊和社会大众的同情响应,至于此种力量能否变为某种社会特权,或者说学生是否会成为享有某些特权的社会群体,是一个值得长期观察的问题。"七五"事件期间所反映出来的问题,或许只是一种短暂的表象,面对武装的军警和真正的社会流氓,学生还是不堪一击的弱者,只能逞口舌之强。在学生运动之中,强与弱的变换复杂而迅速,有时还有几分说不清楚的暧昧,这主要取决于学生运动的主旨、规模、声势和持续的时间,以及政府当局的态度与对策,即利用、容忍、镇压的程度,也进一步表明,学生虽然是近代中国一支重要的社会力量,但却极不稳定,其趋向具有很强的不确定性。

当战后学生运动取得较大发展之后,共产党的"操纵"和国民党的迫害,已经成为议论学生运动最常见的话题。可是,国共两党对于"七五"事件时期的学生运动均介入不深,并且双方均不清楚运动的发展过程,多少有些令人感到疑惑不解甚至吃惊。

共产党没有直接介入"七五"学生行动的酝酿和发起,对于"七九"游行的判断有误且指示含混,城内外共产党组织对于继续开展学生运动的策略和作用,在认识上存在较大分歧。6月15日,中央城工部便确定北平学运任务是"配合解放区及准备解放后的管理、建设工作"。[①]"七五"事件发生后,城内党组织认为形势大好,遂赞同"七九"游行,中央城工部事后认为,此举在运动规模和斗争性质上过于偏激,致使学生有"山穷水

---

① 《刘仁致中央局及中央城工部关于4月运动后北平学生情绪的电报》(1948年6月15日),《中国青年运动历史资料(1948.4—1948.11)》第18集,第166页。

尽之感"①,并强调战后初期的"积蓄力量,等待时机"策略依然适用②。另一方面,城外中央城工部的指导,则存在较为严重的情报收集与传递问题,想要获得全面准确的情报进行及时、细致的指导,实际上十分困难。③

国民党对于"七五"事件的处置失当,策略上游移于疏导与镇压之间,最糟糕的是其顽固的鸵鸟态度,对于学生行动及言词稍不如意,便指为共产党"阴谋操纵",少数"职业学生"煽惑,近乎歇斯底里,又有些神经过敏,时常释放假消息恫吓社会,其所采取的各种策略都以失败告终。国民党自以为尽在掌握之中,却连一份准确的拘传名单也开不出来,第二批名单中又多为现任学生自治会理事,④结果弄巧成拙。

"七五"事件时期学生运动中存在的种种别样行为,并非说明学生运动的倒退,更准确地说,即使是在战后成熟之后,学生运动也很难达到高度模式化,仍然是一种偶发的、激情的、多样化的和难以控制的集体行为,成熟则是一种有限的、相对的状态。十分明显,战后学生运动发展至此,

---

① 《华北局对平津学运的意见》(1948年7月21日),《中国青年运动历史资料(1948.4—1948.11)》第18集,第197—198页。
② 《中央城工部对平津学生运动的意见》(1948年7月11日),《中国青年运动历史资料(1948.4—1948.11)》第18集,第193页。
③ 以当时的组织活动及通讯条件,社会情报的收集主要依靠对公开报刊的分析,以及人员往来口头报告,很难做到全面、准确、及时。例如,1948年9月中央华北局城工部编写的《北平"七五"惨案及"七九"大请愿》和《平津"八一九"大迫害经过》两份文件,内容主要由从北平撤出的学生提供,大多取自公开报刊,特别是学生刊物,部分源自学生组织内部认识,在事实叙述和分析判断中,存在诸多模糊不清之处。
④ 据王效挺回忆,北大校内国民党员、三青团员把"明知早已离校的学生列入'黑名单',是应付差事、邀功求赏,特刑庭予以'通缉',是虚张声势、自欺欺人"。又称在两批名单的北大学生中,地下党员占61.29%。《关于"八一九"大逮捕及"黑名单"的一些情况》,杜家贵主编:《北大红楼:永远的丰碑(1898—1952)》,北京:社会科学文献出版社,2012年版,第484—485页。本文在此不进行史实考辨,只在说明回忆的解释存在逻辑漏洞。如果名单本身就是一个自渎的滑稽戏,也就无所谓"大迫害",还不如从组织、情报收集情况着手分析;名单中地下党员的高比率又说明情报准确,只是抓捕能力太差,也不合逻辑。本文想要说明的是,地下党当时处在秘密状态,充任学生自治会及社团等公开职务,并非以地下党员的身份,而且绝大多数学生并不知道其地下党身份,此比率只能说明学生骨干活跃分子中地下党员较多,但不代表学生在选举中支持或同情共产党。

大规模街头请愿、游行、示威、抗议等形式,已不适合现实发展的需要,①学生充当社会运动先锋的作用已经丧失,学生运动的内容、形式、作用亟须重新定位,学生与学生、学生与教师、学生与学校、学生与社会之间的相互关系,也亟须进行重新整合。

然而,此时此刻,常规的整合已经不可能了,战后学生运动在面临社会政治制度剧变之时,表现出一种特殊的低沉氛围。究其原因,国民党当局垂死前实施战时体制②的高压政策,共产党指示进步学生的撤退与疏散,③都是可能造成沉静的重要因素,出于安全考虑和实际需要,轰轰烈烈的运动形式已无必要。但是,作为学生运动的主体,学生在战后学生运动终结时所表现出来的具体状态,还是需要进行细致的观察和分析。

如果将《燕京新闻》定位为以进步学生为主体的燕京大学新闻系的实习报纸,以其可见的最后一期④内容为分析对象,可能会展现出一个战后学生运动终结状态的断面。其时,一些报纸对学生问题已不再十分关注,或者调整了报道的态度,学生报纸或许能够更为全面地反映具体状态及其问题,也是一个可行的、便捷的分析方法。

首先,一个极为重要但又被长期忽略的信号,就是"一二·一"三周年

---

① "八一九"后,"很多人都认为学生运动到今天已经达到了顶点,如果再提高就得成为武力革命了"。学生运动应该出现一个"转折点"。史筏:《"八一九"大迫害》,《解放战争时期北平学生运动》,第502页。此种学生认识与中央城工部基本相同,侧重于学生运动如何服务于中国革命,尚未分析学生运动行为可能造成的惯性影响。

② 华北"剿总"决定自11月22日起宣布华北全辖区为警戒区,实施戒严。《华北全区戒严"剿总"通令明天起实行》,《大公报》(津)1948年11月21日,第2版。11月26日,第八十一次市政会议通过《北平市战时工作纲领》《北平市战时体制组织纲领》和《北平市战时工作》,并提请华北"剿总"通过。北京市档案馆编:《北平历届市政府市政会议决议录》,北京:中国档案出版社,1998年版,第735页。华北"剿总"直接、全面地介入北平市政。

③ 大逮捕发生后,"中央指示在目前紧急情况下,方针是疏散隐蔽、积蓄力量、以待时机"。《中共中央华北局城工部在大逮捕后的指示》(1948年8月31日),《解放战争时期第二条战线》(学生运动卷)下册,第24页。

④ 本文所指的是1948年12月6日出版的《燕京新闻》第15卷第23期。该期第4版刊登了一封读者来信《燕新决不能停刊应该继续干下去》,并加了《编者的话》,表示"决定继续努力的干下去,不使大家失望"。王士谷在回忆中称:"从征求基本读者的启示来看,订费至少已收到第二十四期。"王士谷:《解放战争时期的〈燕京新闻〉》,《新闻资料研究》1982年第4期,第123页。燕京大学地区于12月14日解放,为迎解放,《燕京新闻》第15卷第24期可能就没有出版。

纪念日"黯然"度过,各校大多没有举行纪念仪式。北大中午12时鸣钟志念,自治会呼吁各膳团节食一天;清华同学在午饭时全体起立默哀三分钟,自治会代表朗诵纪念词,并举行募书运动。"清华同学本来预备要有个纪念晚会,但是因为客观环境,而且筹备不及,所以没有举行。"①理由似乎也能成立,可是,考虑到"一二·一"是战后学生运动开始的最鲜明的标志,是联系抗战胜利前后学生运动源流的标志,以当时学生集体活动的活跃程度,在校内搞个纪念晚会应该没有筹备问题。也许,正是即将发生的历史巨变,对于学生而言,很难使用既有历史经验去加以解释,历史纪念也就被大大简化了。

如何面对巨变,学校去留是另一个重要问题。11月底,教育部主任督学黄曾樾北来,平津国立院校南迁问题又嚣尘上。"北大、清华、师大、艺专、北平研究院各院校负责人都公开校方不作迁校准备。"东北流平四院校继续南迁,但学生都表示淡漠。② 不过,情况也非一面倒。铁院学生自治会征询同学意见,赞成迁校者占全校学生总数五分之三,遂计划组织迁校委员会。③ 唐山工学院南迁已成定局,学生纷纷离校赴津候轮,暂且留校不愿南迁者仅数十人。④ 当平津学生决定去留时,张家口、宣化等地七所中学学生举行联席会议,决定推举代表十人组成察省中等学校代表团,向傅作义请求准予迁往平津。⑤ 此种情形,表明相当部分学生对前途认识并不清楚,国民党当局的模糊对策亦有影响。12月8日,陈雪屏在北平国立院校长谈话会上称,"平津国立院校及重要文教机关在原则上已不迁移","但以各院校南籍师生有愿送眷返里者,或偕眷辞职南返者,学生有欲到南方各校借读者",愿予协助。⑥

另一个不起眼但十分重要的消息是孟宪功终得保释。"被地院羁押

---

① 《"一二一"三周年平各校黯然度过》,《燕京新闻》第15卷第23期,1948年12月6日,第1版。
② 《五院校表示不动东大师生也反对》,《燕京新闻》第15卷第23期,第1版。
③ 《多数同学赞成迁校》,《燕京新闻》第15卷第23期,第1版。
④ 《唐工迁到萍乡》,《燕京新闻》第15卷第23期,第4版。
⑤ 《察七校请迁平津》,《燕京新闻》第15卷第23期,第4版。
⑥ 《陈雪屏发表谈话国立院校将不南迁》,《大公报》(津)1948年12月9日,第3版。

一年多的北大经济系三年级同学孟宪功,已被校方保释,在四日下午返校。"①不足40字的新闻,包含着众多内容,孟案可谓经历了反迫害斗争的全过程,涉及法律法规的制定与适用、法庭组织及程序之司法实践、学生运动的合法性等一系列重大问题。当学生再次重回校园后,校方加大了催促当局清理积案的力度。11月9日,北大、清华、师院、铁院、朝阳、华院等六院校训导长贺麟、褚士荃、温广汉、李膏煜、张寅旭、向圆书联名致电陈雪屏并转有关机关,内称:"八一九北平特刑庭传讯此间各院校学生,瞬将三月,现仍有六十余人羁押狱中,既未起诉,又不许保释,各方至为关切,深恐别生枝节。"②要求迅予结案,无罪者释放。虽然最后还是留有尾巴,校方的督促确实发挥了较大作用,尤其是孟宪功保释这个经过多次请愿、抗议亦无果的老大难问题,也能捎带解决,反映了地方当局最后对学生运动的态度,也说明学生在进行合法斗争时,校方的态度及作用十分重要。

此外,学潮中常见的各种现象,差不多也都能够见到。为减轻食粮、冬煤不足的压力和躲避战乱局势,多所院校提前放假,如朝阳决定提前一个月于12月中旬放寒假,辅仁、中大均在12月25日结束学期③,铁院校方也宣布于23日结束本学期学程。教育部只是通令国立院校不准提前放假,不准缩短学程,④但此举在学生中有不同反应。在辅仁,四年级全体同学向校方要求提前毕业,理由是放假时四年级继续上课,课程结束就进行毕业考试,试图搭便车轻松毕业。也有学生贴出匿名小壁报,反对缩短学程,以为如此,学生既损失了学费,也无法按学期计划读书。⑤ 更为激烈的是铁院学生,11月30日,学生自治会以各宿舍尚未生火向校方交涉无果,宣布总请假3天。12月2日,校方答应每学生先发12月份公费

---

① 《孟宪功保释了》,《燕京新闻》第15卷第23期,第1版。
② 《六院校训导长联名电请中央》,《益世报》(平)1948年11月10日,第4版。
③ 《提前结束学期辅仁中大已经决定》,《燕京新闻》第15卷第23期,第1版。
④ 《教部通令国立院校学期须按常规》,《燕京新闻》第15卷第23期,第1版。
⑤ 《辅大有怪壁报反对缩短学程》,《燕京新闻》第15卷第23期,第1版。

100元,短期内筹措再发100元,学生于3日销假。① 经济互助是学生自治会的一项重要工作,北大、清华、燕京三校分别成立互助委员会,各系级成立生活互助小组,主要工作是开展节约运动,号召节约水电,以及进行储粮、义卖、募捐等活动。② 不过,活动空间和实效不大。燕京学生自治会主办的储蓄部因面粉价格飞涨,已暂停接受存款,为配合互助委员会储粮工作,又勉强筹办"大米存款"。③ 街头募捐,因东北流亡学生有向行人、住户、商铺强行募捐现象,已被教育局明令制止。④ 最蹊跷的是,该期《燕京新闻》刊登了一则朝阳学院发生严重血案的消息:2日晚11时多,忽有三四十人持手枪、铁棒,到处殴打、绑架学生,至3日晨5时多方止,挨打同学七八十人,被架走五人。⑤ 然而,如此严重的暴行,其他报纸均未报道,更没有善后的消息。假定《燕京新闻》披露的是一件被精心掩盖的事实,但却没有出现其他院校声援和抗议的反应,未免也过于"沉静"了。

最后,该期《燕京新闻》还刊登了几条校园生活的消息,紧张中也有着轻松的一面。受围城影响首当其冲的西郊两所大学,似乎一切正常。燕京燕剧社排演的由小说改编的《罗亭》⑥已经完成,共四幕十一场九景,将于10、11两日在贝公楼礼堂演出。剧本故事的选择,从艺术到内容,从历史到现实,都有其深刻含义。由于经费困难,燕京校方本学期不再管理未名湖冰场,由学生自治会康乐部负责出租冰鞋,播放音乐,聘请指导员,每日轮流服务。⑦ 清华"星社"举办的"看彗星"活动,每天清晨五时半在善

---

① 《铁院同学总请假》,《燕京新闻》第15卷第23期,第1版。
② 《解决今后经济困难三校分组互助委员会》,《燕京新闻》第15卷第23期,第1版。
③ 《燕大储蓄部暂停收存款》,《燕京新闻》第15卷第23期,第1版。
④ 《饿死事情小街头勿募捐》,《燕京新闻》第15卷第23期,第1版。
⑤ 《朝阳发生不幸事件》,《燕京新闻》第15卷第23期,第1版。
⑥ 《燕京本周演出〈罗亭〉》,《燕京新闻》第15卷第23期,第1版。《罗亭》为俄国作家屠格涅夫的长篇小说,发表于1856年,主人公罗亭出身于破落贵族家庭,接受过良好的教育,热爱自由,能言善辩,向往理想的生活、事业和爱情,但却是"语言的巨人,行动的矮子",一直过着穷途潦倒和漂泊的生活。
⑦ 《未名湖上溜冰人多》,《燕京新闻》第15卷第23期,第1版。

斋屋顶用望远镜观看,虽然必须起个大早,但是看的同学还很多。① 北大校园文化的消息则有些沉重。11月30日,学生自治会主持的"北大文化服务社"宣布结束,原因一是书籍来源断绝,二是所存书籍过于陈旧,三是教科书部于学期中业务无多。② 那么,新书何在? 又如何能够方便学生获得? 想想实在有些悲凉。

仔细观之,在一期进步学生报纸中所报道的校园及学生新闻中,反映着复杂的多种面向,多数学生在沉静的思考中迎接新生,但模糊不清的地方也比比皆是,既有历史定位及解释问题,也有现实的去留方向问题,搭便车的激烈方式也仍在使用,衰败与希望并存。可以说,报道所展现的战后北平学生运动终结时的断面,并不是一种清晰的、直线式的发展状态,学生间思考的问题及深度也不尽相同,甚至相差巨大,所有这些,无疑都会在未来发展中留下深刻的印记。

然而,无论终结时期的状况如何复杂与混沌,还是可以用该期《燕京新闻》题为《继承》的一首小诗作为当时情境的写照,从而理解,前进中必然存在曲折与艰难,最为重要的是,对于光明不懈追求的信念:

> 没有阳光的夜里
> 工作交给了月亮
>
> 没有月亮的晚上
> 星星出来发光
>
> 月亮和星星都没有时
> 火把将烧亮四方
>
> 如果大风吹灭了火把
> 夜行人的意志将做太阳

---

① 《看彗星清华同学兴致好》,《燕京新闻》第15卷第23期,第1版。
② 《书籍来源断绝北大文化服务社结束》,《燕京新闻》第15卷第23期,第1版。

哼,黑暗的只是夜晚
但夜晚又到处闪耀着光芒①

---

① 长林:《继承》(1948年10月1日夜),《燕京新闻》第15卷第23期,第3版。

结　语

一、新政权下之发展趋向

1948年12月22日,中国人民解放军平津前线司令部宣布约法八章,其中第四章规定:保护学校、医院、文化教育机关、体育场所及其他一切公共建筑,任何人不得破坏。学校教职员、文化教育卫生机关及在其他社会公益机关供职的人员均照常供职。① 校园内部秩序得以保持相对稳定。1949年1月1日,北平市人民政府成立,叶剑英为市长,徐冰为副市长,以建设新民主主义的新北平。② 1月31日,北平宣告和平解放。2月12日,北平20万人在天安门广场举行庆祝解放大会,大中学校学生5万多人参加,中共地下党学委大学委员会委员、北京大学党总支书记萧松代表大中学校向叶剑英献旗,并在讲话中称:"我们青年学生,应向有组织的生产者——工人阶级学习,我们要加紧学习革命理论、革命政策,改造自己的思想和劳动群众打成一片,为人民服务,紧紧地团结在中国共产党的周围,在毛主席的

---

① 《中国人民解放军平津前线司令部约法八章》(1948年12月22日),北京市档案馆编:《北平和平解放前后》,北京:北京出版社,1988年版,第78页。
② 《北平市人民政府成立布告》(1949年1月1日),《北平和平解放前后》,第88页。

领导下,把革命进行到底。"①可谓新政权下学生运动发展方向的宣示。

新政权接管期间,变动最大的便是立即着手建立新的全国性学生统一组织,作为代表学生表达意愿、进行宣传动员和一致行动的上层集中化组织。

1月1日,中共中央颁布《关于建立中国新民主主义青年团的决议》,规定:青年团"是在中国共产党的政治领导之下坚决地为新民主主义而斗争的先进青年们的群众性的组织,是党去团结与领导广大青年群众的核心,是党以马克思列宁主义教育青年的学校"。要求青年团必须把争取人民解放战争的彻底胜利和恢复与发展工农业生产两大战略任务,"作为自己一切工作的中心"。②

对于学生运动而言,则是全国学联的重建。新年前后,太行、太岳、冀南、冀鲁豫、冀东等华北解放区分别召开学生代表大会,正式成立学生联合会。③ 1月13日至23日,中原解放区学生联合会第一届代表大会在开封举行,正式成立中原学联。④ 1月15日,在上海的全国学联负责人陈震中、史继陶、周寿昌等先后到达石家庄,决定将总部移往华北解放区。⑤ 1月24日,华北学生第一届代表大会闭幕,正式成立华北学联。应该指出,此华北学联与战时华北学联并无直接关系,系由华北解放区各行政区学联及直属学校学生组织联合组成,北平郊外的清华、燕京及北大农学院代表于大会召开三天后才仓促赶到参加。冯文彬在报告中特别强调学生会的性质与任务:

> 在人民政府领导的学校里,学校当局和同学的利益是完全一致的。但学生会是群众组织,应保持其组织上的独立性;它有权对学校行政上进行批评、建议,并协助学校的行政措施。同时它应接受学校

---

① 《北平人民欢庆解放廿万人集会大游行》,《人民日报》1949年2月15日,第1版。
② 《中国共产党中央委员会关于建立中国新民主主义青年团的决议》(1949年1月1日),《人民日报》1949年1月3日,第1版。
③ 《各地学联先后成立》,《人民日报》1949年1月21日,第2版。
④ 《中原学联成立邓子恢潘梓年做专题报告》,《人民日报》1949年2月5日,第3版。
⑤ 《上海全国学联总部决移设华北解放区》,《人民日报》1949年2月6日,第1版。

当局的指导,响应与执行学校行政号召。学校当局对学生会有指导的责任,但不能命令和干涉学生会。总起来说,学生会与学校行政方面都是围绕"使同学们学的更好"这样一个目标工作。违及了这目标就是错误的。①

考虑到战时学生自治会的行为及作用,加强校方行政权力应是报告重点。1月25日至2月9日,华东解放区第一届学生代表大会召开,明确规定今后学生运动的方向是向工农兵和人民大众学习,为工农兵和人民大众服务,并正式成立华东学联。② 2月21日至24日,北平市第一届学生代表大会在北大四院礼堂举行,正式成立北平市学生联合会,确定今后学运的方针和任务主要为协助人民政府建设人民民主的新北平,各校学生会组织应从院、系、级中产生代表,再由代表大会中产生执行委员会,以使学联、学校、同学更紧密地联合为一体。大会仍在《团结就是力量》的歌声中闭幕。③ 这样一系列动作,均围绕全国学联的筹备,并且在组织结构和区域重心上,已经显露出来诸多重大改变。

3月1日下午一时半,中华全国学生第十四届代表大会在帅府园北平艺术专科学校大礼堂开幕,出席代表204人,代表解放区和国统区的102万学生。冯文彬在《与工农群众结合,为工农群众服务》的讲话中,明确否定学生运动的独立性:

> 应该知道,学生和知识分子从来就不是一个独立的社会力量,因此,从来也就没有所谓既不与反动的统治阶级相结合又不与劳动人民相结合的独立的学生运动或知识分子运动。从来的学生和知识分子就只有两条路走,或者是为反动的剥削阶级服务,或者是为被剥削的劳动人民服务。除此以外,是没有第三条路走的。④

---

① 《团结全华北学生推动学运正确发展》,《人民日报》1949年2月8日,第2版。
② 《华东学代会闭幕》,《人民日报》1949年2月22日,第1版。
③ 《平市学代会闭幕北平学联正式成立》,《人民日报》1949年2月28日,第1版。
④ 《与工农群众结合,为工农群众服务:冯文彬在全国学代会上讲话》,《人民日报》1949年3月12日,第1版。

讲话从学生和知识分子的阶级性的解释出发,对学生运动的属性和趋向给予了解释。大会通过《中国学生运动的当前任务》,号召全国同学,把革命进行到底,将在全国范围内建立新民主主义的中华人民民主共和国,作为当前中国学生运动的首要任务。在解放区,"同学们首先必须加强学习,学习新民主主义革命理论,学习政治、经济、文化、科学等一切现代知识,并建立为劳动人民服务的人生观和世界观"。学生会的基本任务,"一般地就是团结师生,从下而上地组织和开展以正课为中心的学习互助与学习竞赛,启发同学们学习的自觉性,并发挥其创造性与积极性。此外,组织同学们参加社会服务活动,并为同学们谋福利,如帮助解决同学们的困难,组织文化、娱乐、体育、卫生、参观、旅行等活动"。① 学生自治组织职能去政治化的要求,来得相当之急促。

对于仓促组建的上层学联组织,中共领导并不十分满意,其中主要表现为干部队伍问题。来自老解放区的代表人数多,但过于分散,相互间不熟悉,且缺乏经验,工作不够得力。实际主持大会的是刚从国统区来的旧学联的代表,虽然也是党团员,可"思想意识差,组织观念薄弱,自由主义的作风浓厚"②,容易出岔子。甚至"会议中有人发表不正确意见,进步学生常群起'围剿'将其压下,有争论时亦发生不耐心解释说服而采简单化的'表决'"。③可见,战后学生运动中成长起来的骨干们,对于新环境下学生运动的话语、行动、风格等方面的变化,还并不熟悉,可能还有些格格不入,他们习惯于既往学生运动中的常见行为,在掌握一定权力后更变本加厉。新组织自上而下式的动员能力也很有限,与各学校基层学生组织缺乏有机联系。全国学代会召开期间,计划在平津两地举行学生庆祝游行,因各校统一动员能力不足及控制困难,未能实行,改为校园内

---

① 《中国学生运动的当前任务——中华全国学生第十四届代表大会三月五日通过》,《人民日报》1949年3月14日,第1版。
② 《冯文彬关于全国学生代表大会给毛泽东的报告》(1949年5月19日),《中国青年运动历史资料(1948.11—1949.9)》第19集,第473页。
③ 《冯文彬为转报许立群关于解放后清华燕京两大学情况及我党在两校工作情况的报告给毛泽东并书记处的信》(1949年2月3日),《中国青年运动历史资料(1948.11—1949.9)》第19集,第217页。

的野火晚会。① 3月6日,在北大民主广场上举行的营火晚会,依然被描写得隆重、热烈,"无数学生行列向场上奔来,到处是旗,到处是欢声,从楼顶垂下的一条红布上写着'把胜利旗帜插遍全中国'!"②当然,游行或晚会哪个更具象征意义,更能表达情感,在文人笔下似乎并不重要,可是,实际运作中对于学生组织弱点的忧虑,还是进一步促使中共加强了党团及行政对学生组织的直接领导。4月11日,中国新民主主义青年团第一次全国代表大会在北平召开,全国性青年学生统一组织的组建工作告一段落。

新政权还必须处理大量的遗留问题,其中,遭返流亡人口是建设新北平的重要问题之一,这中间又以处理流平东北学生问题最为迫切。此时,部分流平东北学生已经继续南下,对于剩余部分,新政权所能提供的解决措施,仅是在吸收学生参加军队工作的任务中"吸收一部分"③东北流亡学生。这个过程同样需要学历证明和考试录用等手续,同样包含政治甄审内容,④不过新政权对青年在追求政治进步和个人前途发展方面具有吸引力,此项措施没有遭遇不满的质疑,得以在自愿的气氛下圆满进行。多数流平东北学生还是返回原籍。此刻的返乡,失去了抗战胜利后返乡时的胜利者身份,背井离乡的悲情牌也不再适用,新政权已经着手创建新的学校体系,流亡中的学校在返回东北后,反而丧失了其正统地位,成为被改编与改造的对象。⑤ 因此,流平东北学生返乡后的就学、升学和就业

---

① 《冯文彬向任弼时并中央简报全国学代会第四日开会情形》(1949年3月4日),《中国青年运动历史资料(1948.11—1949.9)》第19集,第276页。
② 刘白羽:《胜利的欢呼——全国学生代表大会通讯》,《人民日报》1949年3月13日,第1版。
③ 《中共中央关于在北平吸收一万学生参加军队工作给东北野战军总前委和华北局电》(1949年2月17日),《中共中央青年运动文件选编》,第720页。
④ 华北大学、人民革命大学、军大等学校的招生标准为初中以上文化程度,均属短期训练班性质,并含有是否"特务分子"的甄审,且要求分散到乡村及各县设立分校。《中共中央关于尽量收录知识青年入我所办学校给华北局的指示》(1949年3月9日),《中共中央青年运动文件选编》,第721页。
⑤ 据记载,"1949年3月上旬,东北大学师生乘火车返回东北。根据上级政府的指示,文、法、理、商、教育学院迁到长春,与解放区的东北大学合并。最初仍称东北大学,1950年改为东北师范大学"。《东北大学史稿》,第180页。

问题,也不再是一个热门的公共话题,几乎没有受到社会舆论及研究者的关注。

当然,学生并非一无所得,或者说学生运动并非没有在新社会留下任何印记。伴随国民党华北军政首脑傅作义毅然回到人民阵营,社会上立即出现了以国统区人民名义要求追加战犯名单的议论,"北平人认为许惠东、吴铸人应列为战犯"。① 东北各校在平学生联合组成"'七五'血案控诉复仇委员会",要求军管会逮捕罪魁。② 很快,许惠东被定案为劫收汉奸资产的大特务③和"七五"血案祸首④而锒铛入狱,没几年便冤死狱中。⑤ 许惠东曾积极呼吁、奔走和平并坚持留在北平⑥,此刻遭清算,安抚东北学生可能是因素之一。从此后的角度看,学生运动被称作第二条战线最重要的内容,已经贴上了反抗国民党反动政权的革命标签,进而成为一种判断政治态度、立场和是非功过的界线,能够较为方便地在现实政治斗争中反复使用。在反右派斗争期间,追究屠杀东北学生"七五"惨案的责任,也是揭发刘瑶章的重要内容。⑦ 当学生运动成为政治标签时,历史事件的真相有时并不十分重要,在历史叙述中也经常被有意遮掩或模糊化处理。

---

① 《国民党统治区人民欢迎毛主席声明,纷纷讨论战犯名单,认为尚有许多重要战犯被遗漏》,《人民日报》1949年1月27日,第1版。
② 《北平中共当局逮捕许惠东》,《大公报》(沪)1949年2月20日,第1版。
③ 《北平市人民政府代管自来水公司,大汉奸的私股一律没收》,《人民日报》1949年3月22日,第2版。
④ 《平市公安局举办反特治安展览会》,《人民日报》1949年8月14日,第1版。
⑤ 据许惠东亲属的回忆文章称,1984年北京市中级人民法院经再审查明,许惠东对和平解放北平确有贡献,应按起义、投诚人员对待,并撤销了原裁定。许兆林:《记解放区平津地区的风云人物许惠东》,《文史资料选辑》第28辑,第238页。
⑥ 至少从公开表看,在和平问题上,作为北平市参议会议长的许惠东,较之市长刘瑶章、国民党市党部主任委员吴铸人更为积极。《华北七省市议长昨会商和平问题》,《大公报》1949年1月2日,第1版。在和平协议签字后,许惠东曾发表《和平之展望》的文章,还幻想在新政权下能够有所作为。《平明日报》1949年1月26日,第1版。
⑦ 《驳倒他的反共谬论,揭开他的反动丑史,水利部追击刘瑶章》,《人民日报》1957年9月12日,第2版。

至于学生的出路问题,新政权主要依靠军政部门的大量吸纳来暂时缓解。吸纳方式大致包含三个方面:其一是让学生积极参加北平地方新政权建立的各项工作。仅在欢庆解放之初,清华、燕京、北大、辅仁、朝阳、师大、艺专、铁院等院校学生就组成了许多街头宣传队,配合解放军宣传队,在各街道宣传,清华、燕京入城学生就有2300余人。有480个同学参加了军管会工作组,深入各保各甲访问贫户,了解生活状况,颁发兑换金圆券的优待证。① 其二是让学生参加解放军南下工作团。自2月26日起的五天内,北平各大学报名投考南下工作团者即达2478人,亦有部分教授报名。② 3月12日晚,第一批清华、北大、燕京、师大、东大等校学生697人在蟾宫电影院举行开学典礼,罗荣桓、陶铸等出席并相继讲话。即将入营受训的北平大中学生达3000余人。③ 4月间,南下工作团的规模进一步扩大,预计在平津收1万学员。④ 其三是让学生进入由解放区迁来的华北大学和新创办的华北人民革命大学、华北军政大学学习、培训后参加工作。自2月15日三校在平分区开始招生,截止3月15日,报名总人数已达3万余人,其中学生占60%以上。报名投考华北大学者9000余人,录取5468人;报名投考华北人民革命大学者17000余人,录取8344人;报名投考华北军政大学者3500余人,录取1747人。⑤ 而且,三所大学仍在继续招生,培养方向是新中国所需要的军事、政治、经济、文化及群众工作等方面的干部,并许诺"毕业后由学校介绍适当的工作"⑥。

经济生活问题是新政权所面临的更为棘手的问题。随着地区战乱结束,交通恢复,加之一系列经济管制措施,学生生存问题虽然无虑,但却很

---

① 《北平学生喜获解放帮助建立革命秩序》,《人民日报》1949年2月17日,第1版。
② 《北平各大学师生踊跃参加解放军工作团》,《人民日报》1949年3月10日,第1版。
③ 《平大学生入营》,《大公报》(沪)1949年3月15日,第2版。
④ 柏生:《南下工作团正式开学六千学员紧张学习》,《人民日报》1949年4月16日,第1版。
⑤ 《三个人民大学在平招生万余》,《人民日报》1949年3月18日,第1版。
⑥ 《华大革大军大继续招生有志青年可去投考》,《人民日报》1949年4月1日,第4版。

难达到反饥饿斗争时的学生要求。① 战后学生运动频繁涉及的公费问题,就是新政权想尽快摆脱的难题之一。② 4月间,北平文化接管委员会以为普遍发给学生公费的办法已不适用,为减轻人民负担,制定草案发交各校学生会讨论,参照讨论结果,将公费改称"人民助学金",公布《学生人民助学金暂行条例》,其中特别强调:

> 人民助学金是为照顾经济上确有困难而学业优良志愿为人民服务的学生,使能继续学业,因此每一学生都应自觉地来节省人民财富,不以获得助学金为应得权利,评议委员会亦应秉此原则作公平合理之评定。③

在校方组织的评议委员会之下,负责办理学生申请事宜的则是由学生会组织之各系级学生评议小组,也就是说,曾经极力要求并鼓动普遍公费的组织转变为人民助学金申请资格审查的基层组织,由主张享受公费为每一学生的权利转变为自觉节省人民财富,转弯十分急速。不过,学生的调适也很快,"他们认清了旧公费的本质是国民党反动派对付爱国学生的卑劣阴谋,而人民助学金则是人民节衣缩食培养新中国建设人才的血汗"④。在清华,有同学为退让申请出卖了他的自行车,又有同学打算把十四真空管的收音机卖掉缴纳费用,可担心落到享乐寄生阶级手里,于是

---

① 新政权接管后,极少公开报道学生日常生活饮食情况。沪版《大公报》的相关记载,略可反映。接管前,因围城造成的粮、煤恐慌,自1月8日起,北大各伙食团多改食窝窝头。(《平粮煤感恐慌北大学生改食窝窝头》,《大公报》(沪)1949年1月10日,第1版)接管后,据4月6日美国经济合作总署中国分署北平办事处代表戴维斯向记者谈北平近况:"北平学生的情绪比共军刚进城时还要热烈,虽然他们现在吃着玉蜀黍,比以前吃得少,可是他们都说很愉快。"(《戴维斯谈北平》,《大公报》(沪)1949年4月7日,第2版)可见解放而迸发出来的精神力量十分重要。但学生因日常生活困难而产生消极情绪甚至不满,在当时乃至以后都很少公开报道。

② 新政权接管之初,中共中央关于改革学校教育的指示的第四条为:关于学生公费制,同意你们所提意见,通过群众讨论,组织评议委员会具体审查决定,通过群众大多数的赞同后,加以改革。《中共中央关于改革学校教育的指示》(1949年2月15日),《中共中央青年运动文件选编》,第719页。

③ 《文管委公布北平国立专科以上学校学生人民助学金条例》,《人民日报》1949年5月6日,第2版。

④ 金凤:《清华北大等校学生热烈评议助学金》,《人民日报》1949年5月24日,第1版。

决定捐献给需要用的机关或工厂,自己申请人民助学金;在北大,有同学本要申请甲种,以维持每日两个炸糕、二十支纸烟的生活,经系级小组讨论会讨论,自动降低为乙种。① 此种阶级分析法的大转弯,又令人哭笑不得。

当组织、出路和经济生活等问题都难以根本解决时,政治学习便成为最重要的任务和手段。通过普遍、深入、多样化的政治教育,建立革命的世界观与人生观,成为"目前学生的迫切要求",同时要求坚决"克服学校中无政府,无纪律现象"②,以建立新政权领导之下的新秩序。学生由第二条战线的主力,即刻转变为需要重新塑造的被改造对象。

二、行为特征之归纳

学生运动是特定人群、特定时期、特定场所的非常规政治参与,即使成熟,也无法形成稳定的、普遍的行为模式。

近代中国社会发展的整体环境,造就了频发的、大规模的、多样性的学生运动,成为唤醒并推动中国民众奋起斗争的重要力量,既是中国近代政治参与的重要内容与形式,也使得此种政治参与行为具有特殊性并缺乏稳定性。此种情形,仅从战后北平学生运动观察,已经表现得十分明显,因此,直线式的简单化解释,无法说明复杂环境中学生运动的多种面向,更不能从较长时段清晰地展示学生运动发生的原由与去向。

一般而言,学生运动的主题决定参与行为。在第十四届全国学生代表大会上,战后中国学生运动的主体被概括为:1945年的"一二·一"、1946年的"六二三"和"一二三〇"、1947年的"五二〇"、1948年的四月和六月运动。主要口号为:反对美帝国主义干涉中国内政,抗议美军在中国的暴行,反对美帝国主义扶植日本,反对国民党反动政府出卖中国、进行反人民的战争,反对国民党反动政府对人民的迫害,反对国民党政府造成人民

---

① 《北大评议助学金结束》,《人民日报》1949年5月29日,第2版。
② 《陆平在华北第一次团代会上关于华北建团工作与今后方针任务的报告》(1949年4月3日),《中国青年运动历史资料》第19集,第344页。

饥饿的暴政。目的是要求建立一个独立、自由和幸福的新民主主义的国家。① 所有这些,构成了战后学生运动的主干及主要方向,展现了其进步性、人民性和战斗性。但是,它也明显缺失了许多部分,事后高度政治化的总结概括,也与学生运动具体过程的实态存在着某种程度的距离。

战后国内外局势的发展,逐步形成了以美苏为核心的国际冷战格局,以及以国共内战为主要内容的国内政治斗争格局,此种两极对立、高度分化的力量格局态势,表面上看已经十分鲜明,学生运动剩下的只是站队问题,或是被某个党派或团体所"运动",这种情况实则并不利于学生群体的集体行动,故而产生出一些被遮掩了的学生运动行为特征。

在争取国家政治民主化的斗争中,学生所要求的内容侧重于保障基本人权,即要求政府保障言论、出版、结社、集会、请愿、游行、示威等项自由,之后又增加了免于饥饿的生存权,重大运动之发起,往往与国民党政府的宪政进程相关,含有在体制内谋求进步的意图。在反饥饿、反内战反迫害运动中,如按中共第二条战线的任务分析,反内战应该是重心,可是,反内战必然涉及国共两党的责任问题,这不单单是事实问题,更重要的是政治问题,何况在战火纷飞之中常因信息不畅而难以判断事实。即使学生运动标榜不计党派就是反内战,也可能因空洞无力,削弱号召力与凝聚力。所以,学生运动中的具体活动内容,明显偏于反饥饿与反迫害,虽然也能够打击国民党政府,但又势必掺杂学生诸多特殊的利益要求,反而降低了运动的纯洁性,伤害到为民请命的道德优势。

另一方面,美苏两国与国共两党之间两两对立的复杂纠葛,也影响到民族主义口号运用的有效性。民族主义原本是中国学生运动最重要的口号,从"五四"运动到"一二·九"运动,民族主义口号都被置于最重要的位置。可是,战后环境发生了根本变化。美苏两国同为战时中国的盟国,战后两国在中国的所为,都有新帝国主义之嫌,然而,国民党政府对于战后国际关系的处置和依靠美援的内战政策,当时的共产党对于苏联在华行

---

① 《中国学生运动的当前任务——中华全国学生第十四届代表大会三月五日通过》,《人民日报》1949年3月14日,第1版。

为及对香港政策、周边国家排华行为的态度没有及时在学生中宣传,都对民族主义口号在学生运动中的运用产生了影响。反对一切帝国主义的口号,同样空洞无力,反而使学生的分化出现扩大化倾向,当局极力制造或鼓励对立的民族主义宣传及行动,学生则顾虑受到愚弄和欺骗。更重要的是,战后中国虽然仍然遭遇新旧强权的不公正对待,但环境已经较一战后出现了巨大变化,民族主义口号在社会上的吸引力明显减弱,所以,战后学生运动中各类民族主义口号的行动,或内容较为分散,或充斥政治对立,大多难以成为运动的重心,更不能成为学生运动连续发动、开展的动力。

学生运动组织状况亦是观察此一时期学生运动行为特征的要素之一。战后北平学生运动组织,存在着一个大型化的过程,[①]即由社团、系级组织到院系联合会,再到学校学生自治会的普遍建立,进而成立区域内各学校学生自治会联盟的华北学生联合会,最后则是跨区域的全国学联的建立,这是运动发展及各学校、各地区学生相互联络、呼应的必然产物。但是,必须指出,与"五四"运动时期相比,此一时期的学生组织没有出现地方各界联合会,学生运动基本在学生中及校园内独自发展,与其他社会群体缺乏横向的组织联系和共同行动。而北平地区其他社会群体组织较为薄弱,也造成学生运动行动的局限性。再者,学生组织的大型化,不能理解成学生组织已经具备了能够垂直领导的组织网络,学校以上的联合会组织,尽管自身更加严密,也更容易掌控,但是由于与基层组织的联系较弱,组织权威有限,且越高的组织层级,越显空壳化。

学生运动得以发动并开展的组织基础在于基层,多数情况下还在于系级会及社团,大型活动的发起,一般需要召开系级代表大会决定,具体工作则分别由系级会和社团承担,社团在学生自治会选举中亦扮演重要角色。学生自治会则是对外联络和校内协调系级会、社团工作的中枢。这样,较大规模的学生集体行动,也能够在短时间内准备完成,即使是突

---

① "五四"运动时期,学生运动就已出现了组织大型化现象。刘一皋:《"五四"运动中的学生群体行为分析》,《开放时代》2009 年第 10 期,第 44—47 页。

发的临时行动,也能做到井井有条。上层组织的主要作用,是以学生集体名义发表宣言,壮大声势,在行动中,则被作为各院校一致行动或对外声援响应行动的"旗子"。因此,也可以说,学生运动开展形式的成熟,在某种程度上,也就是校园学生自治组织的高度成熟。

学生组织的特点,在自由表达和灵活结合的形态下,可能会造成运动要求与行动意愿的分散,从而增添学生运动的不确定性,无法形成稳定的核心力量及领袖人物,其涨落起伏也远不是有组织、有计划的策略运用。这些特点有力地证明了学生运动不可能被完全操控。

学生是一个具有高度流动性的特殊社会群体,校园学生自治组织的更替又异常频繁,多数院校是每学期选举一次,最长也就是每学年一次,竞选激烈,并有多个政治党派、团体及势力争夺,学生也将校园选举作为民主政治的实验,极少能够作弊,而且低年级同学更为活跃。社团是学生兴趣团体,骨干分子需要具备修养、技能、服务、人品等多方面的条件和能力。假设有学生共产党员及党的外围组织成员具备各项条件,又能够连续当选,占据学生自治会理事的多数,也不可能完全利用组织手段操控运动。在决定罢课等重大事项时,多数院校都会采用同学签名表决的直接民主形式,更愿意使用多数民意以强调行动的合理性,而非简单地运用组织工具,来展示运动发起的自发、自愿与自觉。

事实上,处在秘密中的中共党组织及外围组织,不但不能直接出面领导学生运动,自身组织也处于分散状态,无力在不断壮大的学生运动中实现自我整合。北大建团时,有"民主青年同盟""民主青年联盟""民主革命青年联盟""民主进步青年联盟""农业青年联盟""进步青年联盟会"等六个革命青年组织,因它们在政治上、组织上已不适应目前形势及盟员要求,于是3月24日召开盟员大会,参加建团工作。① 秘密小团体数量很多,且只能在不得不取消的情况下完成整合,其自身在学生运动中的态度与行为,亦需要研究者进行认真考查。

通常,学生运动的口号内容宏大、要求模糊,这是学生运动振臂一呼

---

① 《北大六个青年组织统一建立新青年团》,《人民日报》1949年3月24日,第2版。

的重要特征之一。在战后,对于言论、出版的管制相对有所放宽,学生运动中大量的宣言、声明、通电、口号、请愿书等文件,都可以通过公开报刊发表,学生自治组织也经常举行记者招待会,对外进行主张、目的、事实的介绍、说明及辩驳。同时,还有数种学生刊物出版,较大规模的行动又出版有运动专刊,也能通过自行售卖而公开流行。传播方式的公开性、多样性,传播范围的扩大和传播速度的快捷,有助于社会各阶层民众了解学生运动,又能补组织之集中程度不足的缺陷,有利于各地学生之间的相互学习、支持和响应,形成此起彼伏、声势浩大的学生运动浪潮。在校园内,还有着各式各样的壁报,差不多各校都有自己的民主墙以供张贴,壁报多为社团主办,也是个人发表意见的重要方式;多数壁报都有团体或个人具名,也有极少数神秘的匿名告示。

学生运动中各种主张的话语表达,主要受到教授们的影响,校园中丰富、多样的讲演会、座谈会,架起了一座由学术到现实的认识桥梁,尤其是经济性斗争的各项主张,学生基本上处于响应教职员工的位置,并未提出独立的口号。报刊上的新闻及言论报道,以及广播所传递的各种消息,对学生运动的影响亦很大。不过,傅斯年所称"现在延安两星期前的广播词,就变成学生两星期后的口号了"①,则有些过于夸张了。若仔细核对学生口号的内容,则会发现它们在教授的讲演和国统区报纸的言论中都能找到,共产党的主张之所以有力量,并不是依靠煽动学生去呼号,而是善于吸取大多数民众的要求,转化为能够激励共同行动的正确主张。

学生作为最善于学习的社会群体,不仅表现在吸纳与接受方面,还充分表现在对运动资料的收集、编纂上,以此积累、总结运动经验,成为从事宣传、鼓动的有力武器。其中,与其他社会群体的集体行动相比较,学生更富于历史感,特别是在运动处于下行或沉寂阶段时,历史纪念往往是汲取营养、凝聚力量的方法。因此,战后学生运动中的历史纪念活动很多。如果说学生是一个缺乏共同利益,或基本利益较为分散、只能附着于其他社会阶级之上的社会群体,那么,历史纪念就是寻求认同的重要资源。在

---

① 《五四精神而今安在! 傅斯年感慨系之》,《世界日报》1947年5月5日,第2版。

历史纪念中,寻找源流,确定任务,学习方法,陶冶精神,把握方向,展望未来。研究者也可以从学生运动中历史纪念的情况,了解运动的涨落、转折,以及运动发展的实态及困惑。总之,纪念过去的历史,记录活着的历史,并通过解释赋予历史新的意义,可谓是战后学生运动的特征之一。

战后北平学生运动的活动空间,大致在街头与校园两者,高潮时期一般是冲出校门,走上街头,当局压迫严重时则退回校园,很少直接进入工厂和乡村。事实上,学生运动的主要活动场所是校园。校园中的讲演、座谈、讨论、集会、壁报,以及高唱的歌曲、表演的戏剧和放映的电影,在内容上与校外有着明显不同。在"五二○"运动中,北大"民主广场"的命名,在空间上塑造了一个具有强烈政治象征意义和影响力的学生运动行动中心,重大的集会在这里举行,重大的决定在这里产生,游行示威从这里出发,又回到这里,好像民主广场就是一个战斗堡垒,以至于当局导演的对抗行动也试图进入民主广场举行集会。当然他们也不可能得逞。进步的校园,甚至有了"小解放区"的美名,部分激进学生也热衷于模仿解放区"搞大的轰轰烈烈运动"①。可见,校园是一处较之整体社会环境更为宽松的特殊活动场所,可以产生思想的火花和改造现存不合理社会秩序的激情,但却不是强大组织生长和整体社会运动持续发展的场所。

校园的特殊性,主要源于历史政治文化的传统,"学府尊严"在中西文化中都有相当体现,尤其是近代西方文化中基于学术自由的学府尊严,对中国影响甚大,政府当局如若以强力直接干预校园活动,不但会招致学校师生的坚决反对,而且会震动整个社会秩序并引发各界不满,同时也有碍国际观瞻,有损国家形象及国际地位。因此,战后学生运动中当局与学生的对峙,大多发生在校门外、校园外,军警极少直接进入学校。当然,在现实的学生运动中,校园特殊性的维护,还有赖于校方的态度及学校的地位。在战后的北平,多数院校校方对学生持同情及宽容态度,也发挥了一定的保护作用。在"八一九"大逮捕过程中,胡适称"学校无治外法权,校

---

① 中央城工部在"八一九"大逮捕前,再次强调"积蓄力量,等待时机"的方针,要求"必须适当地改变这些学校过分突出的某些'小解放区'的工作方式"。《中央城工部对平津学生运动的意见》(1948年7月11日),《中国青年运动历史资料(1948.4—1948.11)》第18集,第193页。

方无法阻止传讯及拘提"①,同时要求名单上的同学尽快撤离校园,展现了校方的两面。官方传媒叫嚣法律必须进入学校②,试图以所谓"法律尊严"对抗"学府尊严",而军警进入学校搜捕则多是走形式。在燕京和清华,在与校方协商后,少许军警在校方严密监视下,象征性地进入校园走了一圈。在北大,当局最终还是采信了校方的说明,没有派遣军警进入校园。

战后北平学生运动在城市空间布局上也逐步稳定,较之其他城市更为合理,亦是学生运动得以持续发展的重要条件。在城内,以地处城市核心区域的北京大学为中心,城内各院校距离不远,便于集体行动;距离北平行辕、市政府及外国驻平机构也不远,开展请愿、游行、示威等活动十分方便;周边即为繁华商业区,居民众多,学生一旦走上街头,就能产生较大社会影响。在西郊,清华大学、燕京大学构成另一个学生运动中心,且由于在郊外,校园周边环境较为简单,当局监控程度低于城内,校园活动更加自由、开放,与解放区联系也更为便利。再者,西郊与城内交通亦算发达,两校均有校车连通城内外,即使步行,当天往返也不成问题。城内外遥相呼应,清华、燕京至北大沿途,又可串联其他院校,既可保证城内中心开花向四周辐射的态势,又能避免一校沉寂招致运动停滞的局面,确保运动持续健康推进。此种格局,"一二·九"运动期间已经出现,战后则上升为一种较为稳定的学生运动空间布局。

在多数情况下,学生运动属于使用合法手段表达抗议并提出要求的社会运动,但由于是激烈的群体行动,可能包含着暴力的现象。同样的道理,学生理应是一个讲求理性的群体,即对行动有一个合理的判断,但事实上,运动中诸多行为,都充斥着情绪因素的影响。因此,合法与暴力、理性与情绪的冲突,在战后北平学生运动中也很常见,表现的形式更为复杂。学生运动中的暴力现象,或是行动过程中自卫性的以暴制暴,即所谓"互殴",有学生对军警、学生对学生、学生对各类便衣人物等多种;或是在

---

① 《胡适发表意见》,《益世报》(平)1948 年 8 月 20 日,第 4 版。
② 社论:《法律必须进入学校》,《华北日报》1948 年 8 月 28 日,第 2 版。

行动中遭遇冷落、轻视之后的情绪性发泄,类似于"五四"运动的火烧赵家楼;或是在集体行动中自以为是正义代表或蒙受冤屈而过度显示力量,即自认为有权行使暴力。应该说,前两类现象在战后北平学生运动中较为常见,也易于理解,需要认真分析并反思的是第三类。例如,在学生运动行为方式基本成熟的情况下,"七五"事件却展示出来了两种极端的暴力现象,对于当局开枪镇压学生的行为,历史书写都给予了揭露与批判,学生的暴力,则被掩盖在当局的血腥之下。还需要说明的是,学生即使使用暴力,也多是短暂的、分散的、低烈度的暴力,施暴对象也多相对较弱,学生运动中的暴力现象大多是软暴力,即语言的暴力。语言暴力又主要表现在壁报中,或是以多数名义压制不同观点和意见,进行无原则的辱骂和攻击;或是制造小道消息,无中生有,造谣生事,匿名陷害、恐吓。校园中频发的壁报被撕毁、覆盖事端,有些也起于壁报内容中的语言暴力现象。

至于情绪问题,群体行动本身就需要情绪化的调动,战后学生运动中的情绪因素,一般都归因于对各种"刺激"的反应。所谓"刺激",大致可分为三类:一是社会环境的刺激,诸如内战愈演愈烈,经济越来越糟,直接导致学生的生存、出路问题,是学生运动产生的社会基础。二是国民党当局各项政策、措施的刺激,从当局的内外政策,到与学生直接相关的甄审、公费、学生组织等措施的推行,都成为引发学生运动的原因。三是国民党当局对学生运动处置的刺激,其中又以给学生戴"红帽子"和不断制造血案最具刺激性。当局惯于给学生戴"红帽子",是不敢正视现实的愚蠢的态度,本想以此吓阻学生,反而激起更为强烈的反弹。学生为表明其参与行为并非出于煽动,往往会采取更激烈的行动,借以证明自身的独立性。当局虽不时强调对学潮宜以疏导为主、依法处理,但各地贯彻不一,所依之法也不为学生所承认,特别是所谓以学生对学生、民众对学生的对抗策略,每每制造血案,成为运动再起或相互响应的刺激源。

伴随战后学生运动的发展壮大,学生成为一支重要的政治力量,这无疑加大了各方力量对学生的争夺。共产党将学生运动作为第二条战线的代表,国民党制定了组织、宣传、行动高度对抗的竞争策略,其他党派、地方实力派也极力争取学生为其所用,学校里的教授及校方也利用学生发动学潮,达到他们的要求。与此同时,各式各样的学校行政管理、教学秩序和日常生活问题,诸如学历及升学资格、考试科目与程度、公费获得标准与分配、粮煤配给、就业安排等,都使用运动的方式,夹杂在学生运动中间一并提出,使得学生运动也具有了全能性特征。各种势力的渗透,尤其是其中的利益交换,势必加重原本就十分松散的学生群体的分化。搭便车现象的增加,导致了学生运动行为方式的滥用,也势必会削弱学生运动作为公义象征的地位,造成运动的低俗化,并丧失了在时代剧变过程中实现自我整合的可能性。

三、历史惯性及其启示

战后北平学生运动既波澜壮阔,又复杂多样,其行为方式既有成熟的征兆,又好像似是易于情绪冲动的毛头小子,然而,学生运动继续发挥着中国城市社会群体政治参与的先锋作用,自"五四"运动以来,这种状况还没有发生重大改变。究其根本原因,并非由于学生对现实政治状况更为敏感,或是中国学生更热衷于从事政治活动,也不是受到某个政治党派的煽动,而是没有其他社会阶层能够在国家政治危机的时刻挺身行动起来,进而形成有组织的、联合的、强大的社会抗议运动。近代中国社会的此种特点,使得学生为唤醒社会而牺牲自己的振臂高呼,显得格外珍贵,在某种程度上,也规定了中国革命的道路和方式。

如此,战向北平地区学生运动即成为认识中国近代社会发展及中国革命的重要问题,而且,此后也凭借其强大的历史惯性持续发挥影响。因此,如何对待、处理和利用这些历史惯性的冲击,是社会发展必须面对的问题,也是历史研究必须回答的问题。

从共和国时期的历史发展脉络观察,战后学生运动的历史惯性,主要包含三个方面:

第一,中国共产党如何实现对于学生运动的领导,以及由此派生出来的学生和学生运动的阶级属性问题。这是一个传统的学生运动研究命题,也是无可回避的重大问题。

党的领导是一个历史事实,但是,如何实现或体现党的领导,在解释上则有一个逐渐宽松化、宏观化的过程。金冲及使用"顺势而为,因势利导"①八个字概括党对学生运动的领导,偏重于"势"的客观历史发展趋势,也强调"为"与"导"的具体工作指导,能够包容党的大政方针主张的指导与影响、基层党组织的主动性与灵活性、党员个人的积极工作与表率作用等各种因素的解释,也为学生运动的复杂性、多样性解释留下了一些余地。

然而,关于学生及学生运动的阶级属性问题却未能引起同样关注,似乎这是一个客观事实,不值得讨论。尤其是当青年学生与知识分子相关联时,阶级属性问题便陷入了理论黑洞,在用于解释实证历史问题时,自然矛盾百出,难以自圆其说。例如,学生运动作为党领导的第二条战线的重要部分,为什么不能在党的领导下继续发展呢?为什么新政权会格外警惕学生运动向其他力量方向发展呢?

毛泽东在论述国统区学生运动出现了"新高涨"和"出现了第二条战线"时,明确将学生运动作为整个人民运动的一部分。② 他在分析中国阶级状况时,也曾笼统地把"学"归为知识分子,"大部分是地主富农的家庭出身",并与民族资产阶级和开明士绅放在一起。③ 在论述人民民主专政的性质时,他强调"小资产阶级和民族资产阶级不可能领导任何真正的革命到胜利"④,偏重其革命的动摇性、妥协性和不彻底性。而他在谈及统一战线内部的团结时,"青年学生"又被放在"觉悟了的工人"与"进步的知识分子"中间。⑤ 由此可见,对于战后学生运动,毛泽东肯定其进步性,并将其作为整个人民运动的一部分。但在新政权的阶级属性的论述中,学生及

---

① 《第二条战线——论解放战争时期学生运动》,第57页。
② 《迎接中国革命的新高潮》(1947年2月1日)、《蒋介石政府已处在全民的包围中》(1947年5月30日),《毛泽东选集》第4卷,第1212、1224—1225页。
③ 《关于民族资产阶级和开明绅士问题》(1948年3月1日),《毛泽东选集》第4卷,第1287—1290页。
④ 《论人民民主专政——纪念中国共产党二十八周年》(1949年6月30日),《毛泽东选集》第4卷,第1480页。
⑤ 《丢掉幻想,准备斗争》(1949年8月14日),《毛泽东选集》第4卷,第1487—1488页。

知识分子都是一个不确定的因素,又由于其家庭出身和文化教育,被划入人民内部中靠拢剥削阶级的一部分,是一个需要被彻底改造的社会群体。这种阶级分析方法,使得学生运动的阶级属性,落入到一个尴尬的矛盾境地。

新政权建立初期,赞颂工人、农民的先进性,再度成为风气,似乎阶级意识与阶级觉悟可以由血缘和职业自然获得,又回到了抗战爆发前革命意识形态的极端认识。强调学生运动缺乏独立性,学生及知识分子必须与工农群众相结合,表面上看,是回到了毛泽东在抗战时期的相关论述,即毛泽东在延安"五四"运动二十周年纪念会上说:"看一个青年是不是革命的,拿什么做标准呢?拿什么去辨别他呢?只有一个标准,这就是看他愿意不愿意、并且实行不实行和广大的工农群众结合在一块。"可是,毛泽东讲话的目的,是要建立最广泛的抗日民族统一战线,是要求知识青年和学生青年到工农中去,"把占全国人口百分之九十的工农大众,动员起来,组织起来"。① 中共对于阶级成分的忧虑,则主要源于国民革命失败后,对中共组织的阶级构成,尤其是领导机关的阶级构成,是否能够适应中国革命发展的需要的疑虑,导致一度试图以阶级出身作为衡量党的无产阶级化的标准,未曾想新政权成立后,阶级成分的忧虑仍然存在。

因此,认识上的时空差异,造成了对战后学生运动阶级属性解释的严重矛盾:一方面认为学生运动是人民运动的一部分,另一方面又要求学生和知识分子在劳动人民和小资产阶级、民族资产阶级之间进行抉择,那么,在没有强大的工人运动的情况下,具有人民性的学生运动又如何发动并深入开展呢?于是,在解释上就必须强调党对学生运动的领导,可这样仍然无法说明,为什么在战争环境下学生们都能够在党的领导下坚决向反动统治阶级进行斗争,在中共取得政权后学生又会出现阶级立场问题呢?解释的混乱,势必导致理论的僵化,从而出现普遍的阶级分析法的滥用。如果说,家庭出身是知识分子的原罪,社会主义改造后成长起来的知识分子的阶级属性,则主要依据文化概念判断,结合的内容,也由到工农群众中从事动员、组织工作,转变为到农村去接受贫下中农的再教育。

---

① 《青年运动的方向》(1939年5月4日),《毛泽东选集》第2卷,第565—566页。

改革开放前夕,邓小平关于知识分子"已经是工人阶级自己的一部分"①,而且是工人阶级的先进部分的观点,解决了长期以来困扰知识分子的"皮毛"②问题,有力地推动了思想解放和改革开放的进行。

经过一段较长时期的社会发展,以及正反两方面的经验总结,对阶级性、阶级基础全面、客观的认识,又回到了毛泽东思想成熟时期的阐释,即无产阶级化或工人阶级意识的形成,"只有在长期的群众斗争中"③逐步养成。对于知识分子阶级属性的更为包容性的解释,强调参与革命实践过程是改造与提高的主要途径,也为学生运动的研究提供了更大的解释空间。

尽管1949年初,青年学生与知识分子的阶级属性问题即被重提,且在较长一段时期都是中国社会波及甚广的严重政治问题,学生运动却始终被作为中国革命史的重要组成部分,这种现象势必会影响到相关历史的写作。这便产生出战后学生运动之历史惯性的第二个方面的问题,即战后学生运动的哪些精神与传统被记载、宣扬和提倡,或者说,战后学生运动对共和国时期的学生政治活动产生了怎样的影响?

事实上,学生运动一旦被贴上革命的标签,学生运动史自然成为革命史的一个从属部分,通过对学生运动历史传统的建构,将复杂多样的学生运动行为固定化,并使用此种历史书写教育新一代青少年学生,以期被倡导的精神与传统得到继承、传播、发扬、光大,这是一个包含史实、书写、教育各环节的典型的传播过程。

共和国建立初期,学生依旧大量参加各种政治运动,所不同的是,此

---

① 《在全国科学大会开幕式上的讲话》(1978年3月18日),《邓小平文选》第2卷,北京:人民出版社,1994年第2版,第89页。

② 即毛泽东使用"皮之不存,毛将焉附"说明知识分子对其他各阶级的依附性。尽管毛泽东也要求"知识分子应当成为无产阶级的知识分子",但其改造的途径则是被动的、消极的。《打退资产阶级右派的进攻》(1957年7月9日),《毛泽东选集》第5卷,北京:人民出版社,1977年版,第452页。

③ 抗战期间,毛泽东肯定了革命知识分子对于中国革命具有先锋和桥梁作用,其小资产阶级性的缺点,"只有在长期的群众斗争中才能克服"。《中国革命和中国共产党》(1939年12月),《毛泽东选集》第2卷,第642页。

时的参与,不再是为国家安危的振臂高呼,而是响应党和政府号召的积极行动。学生运动成为群众运动的一部分。学生参加政治运动,也不再以学业为牺牲,而是在群众运动的大风大浪中学习,例如社会访问、调查、宣传,以及师生集体报告、讨论、批判等形式,这些都是战后学生运动曾有过的形式。最值得注意的是,在全民参与的群众运动中,学生仍被鼓励冲在前面,"文革"初期尤其如此。从鼓励"小人物""开火"①到支持"红卫兵""造反"②,特别是某些记载中出现的毛泽东在撤销工作组时对"凡是镇压学生运动的人都没有好下场"③的表述,极大地鼓舞了学生的参与热情。可是,学生对于"文革"的主张和目标并不清楚,于是,为表达行为的革命性与合理性,学生往往使用了战后学生运动中最为极端的形式,使得既往学生运动及文化传统中最丑陋、最阴暗的部分,得到了淋漓尽致的展示与发挥。行为劣化的表现,诸如,标语、口号的极端化、空洞化,对领袖人物的盲目崇拜,各种形式的语言暴力,以及大量使用直接的暴力,等等。当然,在运动过程中,学生内部的分化现象极为严重,投机行为则大大增加。

在新的历史发展时期,当国家政治生活及社会经济发展取得明显改善之时,学生运动还会以何种方式表现出来?这就是历史惯性的第三方面问题,因涉及过去、现在、未来之间更复杂的问题,更需要谨慎对待。

改革开放初期,邓小平在不同场合、针对不同问题反复强调不再搞大规模的群众运动,以为"我们过去在社会主义改造完成以后,仍然搞这个运动、那个运动,一次运动耽误多少事情,伤害多少人","人民需要一个安

---

① 《关于红楼梦研究问题的信》(1954年10月16日),《毛泽东选集》第5卷,第134页。
② 《给清华大学附属中学红卫兵的信》(1966年8月1日),《建国以来毛泽东文稿》第12册,北京:中央文献出版社,1998年版,第87页。
③ 穆欣:《关于工作组存废问题》,《当代中国史研究》1997年第2期,第59页。毛泽东的表述:谁去镇压学生运动?只有北洋军阀。凡是镇压学生运动的人都没有好下场。这些话在"文革"时期广为传抄,流行甚广,并被写入较早出版的"文革"历史专著及多种回忆文章,例如,高皋、严家其:《文化大革命十年史》,天津:天津人民出版社,1986年版,第31页;王年一:《大动乱的年代》,郑州:河南人民出版社,1988年版,第46页;王学泰:《文革前高校清理"反动学生"事件》,《炎黄春秋》2009年第4期,第59页。值得注意的是,官方修订的《毛泽东文集》《建国以来毛泽东文稿》《毛泽东传(1949—1976)》《毛泽东年谱(1949—1976)》,记有对工作组不满的意思表达,但无上述话语的记载。

定团结的政治局面,对大规模的运动厌烦了"。① 然而,旧的印记不可能马上褪去,战后学生运动的影子仍依稀可见。在1979年以后的学生运动中,仅以北京地区的学潮为主,起因就有校舍之争、区级人大代表竞选试验、"九一八"纪念中的爱国与民主、南北学潮之响应、刑事案件之发挥和借悼念引发的政治抗争等多种,②学生的组织形态、宣传动员方式、行动之部署、内外之串联等各种表现,也都有模仿战后学生运动的痕迹。这些表明,改革开放再度激起了学生的政治参与热情,但替代群众运动的参与形式尚未建立或完善,学生自然会向历史寻求。

在新的历史环境下,学生运动应该处于何种位置呢?1998年5月4日,江泽民在庆祝北京大学建校一百周年大会上的讲话中指出:"当代中国的广大青年,要继续继承和发扬'五四'运动的光荣传统,努力担当起振兴中华的历史使命,创造出无愧于时代和人民的业绩。"在行动上,"首先要刻苦学习,掌握现代科学文化知识","而且要向社会实践学习,自觉地投身于火热的改革开放和现代化建设实践"。③ 在校园刻苦读书,出校园投身于现代化建设,成为青年学生继承和发扬五四光荣传统的主要形式。2019年4月30日,习近平在纪念"五四"运动一百周年大会的讲话中进一步强调,新时代中国青年运动的主题、方向和使命,"就是坚持中国共产党领导,同人民一道,为实现'两个一百年'奋斗目标、实现中华民族伟大复兴的中国梦而奋斗"。④ 讲话继续强调党对青年运动的领导,以及青年学生运动是人民运动一部分的认识,当然,也就突出了中国共产党的先进性和正确性问题。

---

① 《目前的形势和任务》(1980年1月16日)、《答意大利记者奥琳埃娜·法拉齐问》(1980年8月21、23日),《邓小平文选》第2卷,北京:人民出版社,1994年第2版,第251、349页。
② 可参考船夫编著一书中的相关记载。船夫:《十年学潮纪实(1979—1989)》,北京:北京出版社,1990年版。
③ 江泽民:《在庆祝北京大学建校一百周年大会上的讲话》(1998年5月4日),《人民日报》1998年5月5日,第1版。
④ 习近平:《在纪念"五四"运动100周年大会上的讲话》(2019年4月30日),《人民日报》2019年5月1日,第2版。

回顾战后历史,国民党政府当局也曾试图引导[①]学生在校园中安心苦读,并重新解释"五四"传统,其言语之表达,有些部分不可谓不中肯,但终因其内外政策的倒行逆施,致使学生运动不断,并成为第二条战线的重要组成部分。20世纪90年代后,中国社会经济进入快速发展时期,政治体制改革亦稳步推进,并实现了香港、澳门回归祖国,同时高等学校学生数量成倍增加,在此环境下,青年学生作为社会中最积极、最活跃、最有生气的一部分力量,能够在刻苦读书与努力实践两个环节,敢于担当,勇于创新,承担起了中华民族伟大复兴的重任。

历史永远伴随现实、与现实同在,无论是继承优秀历史传统再出发,还是对历史现象的刻意模仿或曲解地再现,对于战后学生运动而言,都需要认真处理好如何评价既往历史、如何利用历史资源、如何准确认识历史遗产对于未来发展可能有的影响等项问题。学生是一个极为复杂的社会群体,学生运动对于推动中国近代历史发展作用重大,应该给予更多的关注和更细致的研究。

---

① 1946年3月29日,蒋介石在第三届青年节发表告全国青年书中称:"抗战是结束了,我们的国家已经步入了一个新的时代,我们的革命也走到了一个新的阶段,国家对于青年提出更高的要求,而革命对于青年也赋予了一个更大的使命,这个要求就是维护国家独立平等的地位,这个使命就是建筑一个统一民主富强康乐的现代国家。"要求青年"首先致力于和平统一的确保,养成民主法政的习惯,提高学术文化的水准"。《胜利后首届青年节蒋主席勉全国青年》,《中央日报》1946年3月29日,第2版。

附录：参考文献要目

一、经典理论论著

《马克思恩格斯全集》第 8 卷，北京：人民出版社，1996 年版。

《列宁全集》第 7、39 卷，北京：人民出版社，1986 年版。

《毛泽东选集》第 1—4 卷，北京：人民出版社，1991 年第 2 版。

《毛泽东选集》第 5 卷，北京：人民出版社，1977 年版。

《毛泽东文集》第 4 卷，北京：人民出版社，1996 年版。

《建国以来毛泽东文稿》第 12 册，北京：中央文献出版社，1998 年版。

《周恩来选集》上卷，北京：人民出版社，1980 年版。

《邓小平文选》第 2 卷，北京：人民出版社，1994 年第 2 版。

江泽民：《在庆祝北京大学建校一百周年大会上的讲话》（1998 年 5 月 4 日）。

习近平：《在纪念"五四"运动 100 周年大会上的讲话》（2019 年 4 月 30 日）。

二、档案、文集、资料汇编

北京市档案馆编:《解放战争时期北平学生运动》,北京:光明日报出版社,1991年版。

北京市档案馆编:《北平和平解放前后》,北京:北京出版社,1988年版。

北京市档案馆编:《北平历届市政府市政会议决议录》,北京:中国档案出版社,1998年版。

中央档案馆编:《中共中央文件选集(1945)》第15册,北京:中共中央党校出版社,1991年版。

团中央青运史研究室、中央档案馆编:《中共中央青年运动文件选编(1921年7月—1949年9月)》,北京:中国青年出版社,1988年版。

共青团中央青运史工作指导委员会、中国青少年研究中心、中央档案馆利用部编:《中国青年运动历史资料》第16—19集,北京:中国青年出版社,2002年版。

中共南京市委党史办公室编:《解放战争时期第二条战线》(学生运动卷)上中下三册,北京:中共党史出版社,1997年版。

荣孟源主编:《中国国民党历次代表大会及中央全会资料》上下册,北京:光明日报出版社,1985年版。

中国第二历史档案馆编:《中华民国史档案资料汇编》第5辑第3编政治(四),江苏古籍出版社,1999年版。

第二历史档案馆编:《国民政府立法院会议录(三一)》,桂林:广西师范大学出版社,2004年版。

王铁崖编:《中外旧约章汇编》第三册,北京:三联书店,1962年版。

"一二·一"运动史编写小组:《"一二·一"运动史料汇编》(共三辑),昆明:昆明师范学院、云南省历史研究所内部发行,1979年版。

一二·一运动史编写组编:《一二·一运动史料选编》上下册,昆明:云南人民出版社,1980年版。

中共北京市委党史研究室编:《抗议美军驻华暴行运动资料汇编》,北京:北京大学出版社,1989年版。

中共北京市委党史研究室编:《反饥饿反内战运动资料汇编》,北京:北京大学出版社,1992年版。

中国第二历史档案馆、中共南京市委党史办公室编:《五二〇运动资料》(共二辑),北京:人民出版社,1985—1987年版。

王学珍、郭建荣主编:《北京大学史料》第3、4卷,北京:北京大学出版社,2000年版。

王学珍等主编:《北京大学纪事(1898—1997)》,北京:北京大学出版社,2008年第2版。

清华大学校史研究室编:《清华大学史料选编》第4卷,北京:清华大学出版社,1994年版。

欧阳哲生编:《胡适文集》第12册,北京:北京大学出版社,1998年版。

《闻一多全集》第3册,北京:生活·读书·新知三联书店,1982年版。

罗荣渠:《北大岁月》,罗荣渠文集之四,北京:商务印书馆,2006年版。

《魏宏运自订年谱》,北京:商务印书馆,2015年版。

中国人民政治协商会议北京市委员会文史资料研究委员会编:《北平地下党斗争史料》,北京:北京出版社,1988年版,第271—305页。

中国人民政治协商会议全国委员会文史资料委员会编:《文史资料选辑》第42辑,北京:中国文史出版社,1964年版。

中国人民政治协商会议北京市委员会文史资料研究委员会编:《文史资料选编》第18、20、28、49辑,北京:北京出版社,1983、1984、1986、1994年版。

陈雷编著:《向炮口要饭吃——全国学生反饥饿反内战运动纪实》,上海:沪滨书店,1947年7月版。

三、报刊(含不定期刊物)与小册子

《新华日报》(重庆版)
《解放日报》
《人民日报》
《大公报》(重庆、天津、上海、汉口版)
《益世报》(北平版)
《世界日报》
《经世日报》
《华北日报》
《平明日报》
《北平日报》
《北平小报》
《中央日报》(含昆明版)
《申报》
《新闻报》
《前线日报》(上海版)
《新青年》
《群众》
《观察》
《民主半月刊》
《周论》
《中建》
《现代妇女》
《妇女月刊》
《青年导报》
《文萃》
《教育部公报》

《国立北京大学周刊》
《北大师大校友会刊》
《北大半月刊》
《北大讲助通讯》
《北大清华联合报》
《清华副刊》
《清华周刊》复刊
《清华旬刊》
《燕京新闻》
《燕大双周刊》

《北京大学示威运动专刊》,北京大学非常学生会编印,1932年1月15日出版。

《吾爱吾师,吾尤爱真理》,西南联大学生出版社,1946年5月。

《五四在北大》,北大壁报联合会委托风雨社编辑兼发行,1947年。

《北大一年》,北京大学院系联合会编印,1947年10月12日出版。

《学运资料》,华北学联秘书处编印,油印本,1947年。

《新"五四"运动》,学习出版社印行,无出版地和出版时间(依内容应为1947年出版)。

《风暴四月》,北大四院自治会编印,1948年。

《团结战斗在四月——反迫害反饥饿纪念手册》,清华文丛之一,清华大学学生自治会编印,1948年。

《生与死的搏斗》,北平燕京大学反迫害反饥饿行动委员会编印,1948年4月。

《五四谈文艺》,中华全国文艺协会编印,1948年版

《华北学生运动小史》第一分册,华北学生运动小史编辑委员会编印,1948年。

《北大1946—48》,北京大学学生自治会北大半月刊社编印,1948年7月2日出版。

《反剿民要活命》,东北华北学生抗议"七五"血案联合会编印,1948

年 8 月。

《1948 年的南大》,南开大学学生自治会编印,1948 年 7 月 10 日。

《学风与学潮》,北平华北日报社印行,1947 年 5 月版。

四、中文论著

艾群:《"沈崇事件"真相》,北京:中共党史出版社,2012 年版。

北京大学历史系编写组:《北京大学学生运动史》,北京:北京出版社,1964 年版。

北京大学历史系编写组:《北京大学学生运动史(1919—1949)》,北京:北京出版社,1979、1988 年版。

东北大学史志编研室:《东北大学校志》第一卷下册,沈阳:东北大学出版社,2008 年版。

杜家贵主编:《北大红楼:永远的丰碑(1898—1952)》,北京:社会科学文献出版社,2012 年版。

高天主编:《复旦大学青年运动史(1905—1949)》,上海:复旦大学出版社,2015 年版。

共青团北京市委青年运动史研究室:《北京青年运动史(1919—1949)》,北京:北京出版社,1989 年版。

共青团上海市委青运史研究室编:《上海学生运动史》,上海:学林出版社,1995 年版。

广州青年运动史研究委员会编:《广州学生运动史(1919—1949)》,广州:华南理工大学出版社,2002 年版。

何长胜、邹乃山、郭仁成执笔:《岳麓风云:1945—1949 年湖大学运史》,长沙:湖南大学出版社,1987 年版。

和平、王军主编:《世界青年运动史论》,北京:中央编译出版社,2008 年版。

华彬清:《五二〇运动史:1947 年伟大的正义的学生运动》,北京:中共党史出版社,2007 年版。

黄坚立：《难展的双翼：中国国民党面对学生运动的困境与决策：1927—1949年》，北京：商务印书馆，2010年版。

黄现璠：《宋代太学生救国运动》，上海：商务印书馆，1936年版。

金冲及：《第二条战线——论解放战争时期的学生运动》，北京：生活·读书·新知三联书店，2016年版。

廖风德：《学潮与战后政治：1945—1949》，台北：东大图书股份有限公司，1994年版。

廖深基：《全国解放战争时期福建学生运动研究》，福州：福建人民出版社，2014年版。

柳轶：《1919—1949年国民党对学生运动的控制研究》，北京：人民日报出版社，2014年版。

罗炳权、王慧君主编：《解放战争时期的南京学生运动》，南京：南京大学出版社，2002年版。

吕芳上：《从学生运动到运动学生（民国八年至十八年）》，台北："中研院"近代史研究所专刊（71），1994年版。

马军：《1948年：上海舞潮案——对一起女性集体暴力抗议事件的研究》，上海：上海古籍出版社，2005年版。

施惠群：《中国学生运动史：1945—1949》，上海：上海人民出版社，1992年版。

同济大学中共党史教研室编：《同济大学学生运动史（1919—1949）》，上海：同济大学出版社，1985年版。

王念昆：《学生运动史要讲话》，上海：上杂出版社，1951年版。

王振乾、丘琴、姜克夫编：《东北大学史稿》，长春：东北师范大学出版社，1988年版。

西南交通大学校史编辑室编：《西南交通大学（原唐山交通大学）校史》第一卷，成都：西南交通大学出版社，1996年版。

西南联合大学北京校友会编：《国立西南联合大学校史——一九三七至一九四六年的北大、清华、南开》，北京：北京大学出版社，1996年版。

肖守贸：《党意与民意：北平市参议会研究（1928—1948）》，北京：社会科学文献出版社,2017年版。

谢瑞华编著:《20世纪40年代青岛学生运动》,青岛:青岛出版社,2009年版。

徐康编著:《青春永在——1946—1948北平学生运动风云录》,北京:北京出版社,2004年版。

许平、朱晓罕:《一场改变了一切的虚假革命——20世纪60年代西方学生运动》,上海:上海人民出版社,2004年版。

杨立德:《民主革命时期的云南学生运动》,昆明:云南教育出版社,2001年版。

于建:《天津现代学生运动史》,天津:天津古籍出版社,2007年版。

于学仁:《中国现代学生运动史长编》,长春:东北师范大学出版社,1988年版。

翟作君、蒋志彦:《中国学生运动史》,上海:学术出版社,1996年版。

张大中、宋柏、马句:《解放战争时期北平学生运动史》,北京:北京出版社,1995年版。

张海蒲主编:《第二条战线:解放战争时期湖南学生运动》,长沙:岳麓书社,1997年版。

郑春生:《拯救与批判:马尔库塞与六十年代美国学生运动》,上海三联书店,2009年版。

中共南京市委党史工作办公室编:《青春壮歌——全国五二〇运动亲历者回忆录》,北京:中共党史出版社,2007年版。

中共上海市委党史资料征集委员会主编:《抗日战争时期上海学生运动史》,上海:上海翻译出版公司,1991年版。

中共上海市委党史资料征集委员会主编:《解放战争时期上海学生运动史》,上海:上海翻译出版公司,1991年版。

周开庆:《学生运动的改造》,南京:中心评论社,1936年版。

左双文:《困境中的突围——重大突发事件与国民政府的对策》,北京:社会科学文献出版社,2006年版。

丁磐石:《也谈谈我对"沈崇事件"的见闻》,《书屋》2011年第4期。

董振平:《信息传播与"五四"运动》,《齐鲁学刊》2010年第2期。

贺江枫:《从学潮走向政潮——1948年北平"七五"惨案研究》,《南京大学学报》2012年第1期。

贺江枫:《革命、党争与上海罢工:一九四八年申九"二二"工潮起因研究》,《中共党史研究》2015年第7期。

贺金林、袁洪亮:《1947年北洋大学北平部的归属风波》,《现代大学教育》2010年第5期。

郑庆声:《论一九四八年初上海申新九厂大罢工》,《史林》1996年第2期。

胡耀:《战后青岛"费筱芝惨案"始末》,《河北广播电视大学学报》2016年第3期。

黄景山:《一九四八年北平地区反美扶日运动》,《北京党史》1988年第5期。

黄芷君:《论"五·二〇"运动总口号的形成》,《史林》1987年第4期。

江沛:《1946年春反苏运动述评》,《江西师范大学学报》2003年第1期。

李秉奎:《沈崇身份疑点补正》(《中共党史研究》2006年第5期。

李坤:《党对五二〇运动的领导特点》,《中共党史研究》1990年第6期。

李凌:《从"一二·一"到抗议美军暴行运动》,《北京党史研究》1997年第3期。

李凌:《抗暴运动亲历记》,《中共党史资料》2006年第4期。

李凌、胡邦定、沙叶:《驳关于沈崇事件的一种谬说》,《百年潮》2010年第4期。

罗久蓉:《抗战胜利后教育甄审的理论与实际》,《中央研究院近代史研究所集刊》第22期下,1993年6月。

马句、宋柏:《沈崇事件与抗议美军暴行的再回顾》,《百年潮》2010年第4期。

欧阳军喜:《"五四"的变奏:1946—1947年的"新"五四"运动"述评》,

《党史研究与教学》2010年第3期。

裴宜理(Elizabeth J. Perry):《民国时期的学生运动应对——燕京大学与圣约翰大学之比较》,刘东主编:《中国学术》第十一卷第二辑,总第三十四辑,北京:商务印书馆,2015年版。

沙健孙:《论抗暴运动》,《近代史研究》1984年第4期。

石天河:《关于"沈崇案"及其他》,《书屋》2010年第10期。

孙清标、柯在铄:《回忆解放战争中的华北学联》(上),《青运史研究》1982年第1期。

孙琪:《个人叙事与历史真实——以"沈崇事件"的叙事争议为中心》,《江苏社会科学》2012年第6期。

王春林:《国共内战中的国民政府、地方当局与流亡学生——以1948年北平七五事件为中心》,《南京大学学报》2012年第1期。

闻黎明:《论一二一运动中的大学教授与联大教授会——中国40年代的自由主义考察之一》,《近代史研究》1992年第4期。

谢泳:《个人遭遇如何成为公共事件——以1946年发生的沈崇事件为例》,《读书文摘》2010年第2期。

熊玉文:《信息传播技术与"五四"运动》,《社会科学动态》2018年第3期。

严海建:《1946—1948年北平学潮:国民政府中央与地方处置的歧异》,《民国档案》2008年第1期。

燕凌:《我参加的1946年"反苏"游行》,《炎黄春秋》2006年第9期。

杨俊:《国共两党学运策略之比较研究——以"五二〇"运动为例》,《民国档案》2018年第3期。

杨奎松:《国民党人在处置昆明学潮问题上的分歧》,《近代史研究》2004年第5期。

于化民:《"一二·一"运动中的西南联大教授会》,《史学月刊》2008年第6期。

于吉楠:《北平"七五"事件》,《中共党史资料》2007年第2期。

张皓、陈银屏:《从期望到失望:1948年北平"七五"事件再探讨》,《史学集刊》2012年第3期。

张俊义:《1948年广州沙面事件之始末》,《中国社会科学》2008年第6期。

张世惠:《我组织反苏游行的经过》,《炎黄春秋》2007年第2期。

朱彧:《张莘夫遇害事件真相考》,《炎黄春秋》2013年第3期。

左双文:《1946年沈崇事件:南京政府的对策》,《近代史研究》2005年第1期。

五、西文论著及其中文译本

Anthony Oberschall, *Social Conflict and Social Movement*, Englewood Cliffs, New Jersey: Prentice-hall, Inc. 1973.

Anthony Oberschall, *Social Movement: Ideologies, Interests, and Identities*, New Brunswick, New Jersey: Transaction Publishers, 1993.

Jeffrey N. Wasserstrom, *Student Protests in Twentieth-Century: The View from Shanghai*, Stanford, California: Stanford University Press, 1991.

Jeffrey N. Wasserstrom and Elizabeth J. Perry edited, *Popular Protest and Political Culture in Modern China: Learning from 1989*, Boulder: Westview Press, 1992.

John Israel, *Student Nationalism in China, 1927—1937*, Stanford University Press, 1966.

John Israel and Donald W. Klein, *Rebels and Bureaucrats: China's December 9ers*, University of California Press, 1976.

Philip G. Altbach Edited, *Student Politics: Perspectives for the Eighties*, Metuchen, NJ.: The Scarecrow Press, Inc., 1981.

Philip G. Altbach Edited, *Student Political Activism: An International Reference Handbook*, New York: Greenwood Press, Inc. 1989.

Philip G. Altbach, *Student Politics in America: A Historical Analysis*, New Brunswick: Transaction Publishers, 1997.

Robert Shaffer, *A Rape in Beijing, December 1946: GIs, Nationalist Protests, and U. S. Foreign Policy*, Pacific Historical Review, vol. 69 no. 1 (Feb. 2000).

Seymour Martin Lipset and Philip G. Altbach edited, *Students in Revolt*, Boston: Beacon Press, 1967.

Seymour Martin Lipset, *Revolution and Counterrevolution: Change and Persistence in Social Structures*, New Brunswick (U. S. A.) and Oxford (U. K.): Transaction Books, 1988.

Todd Gitlin, *The Sixties: Years of Hope Days of Rage*, New York: Bantam Books, 1987.

查尔斯·蒂利(Charles Tilly):《集体暴力的政治》,谢岳译,上海:上海人民出版社,2011年版。

霍布斯鲍姆(Eric J. Hobsbawm):《极端的年代》,郑明萱译,南京:江苏人民出版社,1998年版。

赫伯特·马尔库塞(Herbert Marcuse):《单向度的人——发达工业社会意识形态研究》,刘继译,上海:上海译文出版社,1989年版。

古斯塔夫·勒庞(Gustave Le Bon):《乌合之众:大众心理研究》,冯克利译,北京:中央编译出版社,2000年版。

约翰·希克斯(John Hicks):《经济学展望》,余皖齐译,北京:商务印书馆,2013年版。

易社强(John Israel):《战争与革命中的西南联大》,饶佳荣译,北京:九州出版社,2012年版。

凯特·米利特(Kate Millett):《性的政治》,钟良明译,北京:社会科学文献出版社,1999年版。

肯尼斯·雷(Kenneth W. Rea)、约翰·布鲁尔(John C. Brewer)编:《被遗忘的大使:司徒雷登驻华报告,1946—1949》,尤存、牛军译,南京:江苏人民出版社,1990年版。

曼瑟尔·奥尔森(Mancur Olson):《集体行动的逻辑》,陈郁、郭宇峰、李崇新译,上海:格致出版社、上海三联书店、上海人民出版社,1995年版。

马克斯·韦伯(Max Weber):《学术与政治》,冯克利译,北京:生活·读书·新知三联书店,2016年第4版。

梅里·E. 威斯纳-汉克斯(Merry E. Wiesner-Hanks):《历史中的性别》,何开松译,北京:东方出版社,2003年版。

西摩·马丁·李普塞特(Seymour Martin Lipset):《政治人:政治的社会基础》,张绍宗译,上海人民出版社,1997年版。

塔尔科特·帕森斯(Talcott Parsons):《社会行动的结构》,张明德、夏遇南、彭刚译,南京:译林出版社,2012年版。

叶文心(Wen-hsin Yeh):《民国时期大学校园文化(1919—1937)》,冯夏根等译,北京:中国人民大学出版社,2012年版。

北京大学人文学科文库·北大中国史研究丛书

荣新江　张　帆　主编

古代北京与西方文明/欧阳哲生　著

重构契丹早期史/苗润博　著

江督易主与晚清政治/韩　策　著

货品易代:古丝路的衰落与新商道的开辟/郭卫东　著

抗战胜利后北平地区学生运动行为研究(1945—1949)/刘一皋　著

现当代中国的城市与乡村:对城乡关系的新探索/王元周　等著